Hessisches Personalvertretungsgesetz
Basiskommentar mit Wahlordnung

Vorwort

Der erstmals zum HPVG erschienene Basiskommentar wendet sich an die neu gewählten und erfahrenen Personalratsmitglieder, die sich einen Überblick über die Grundlagen des HPVG verschaffen wollen oder aber ein Nachschlagewerk zur Vorbereitung von Sitzungen und Rückschriften etc. benötigen.

Das HPVG wurde in den zurückliegenden Jahrzehnten immer wieder von Novellierungen heimgesucht. Zumindest seit Mitte des ersten Jahrzehnts des neuen Jahrtausends ist das HPVG beständig. Dazwischen lag eine Zeit, in der konservative und fortschrittliche Kräfte um die richtige Balance zwischen Mitbestimmungsrechten und deren verfassungsrechtlichen Grenzen diskutierten. Aus Anlass des novellierten HPVG 1984 hat der Hessische Staatsgerichtshof 1986[1] nicht nur neues, sondern auch bereits vorher geltendes Hessisches Personalvertretungsrecht außer Kraft gesetzt. Leider wurde insbesondere im Land Hessen die bereits 1999 begonnene Politik der Verschlechterung der personalvertretungsrechtlichen Möglichkeiten zur gesetzlichen Interessensvertretung der Beschäftigten kontinuierlich gesteigert. Einschränkende Sondervorschriften wurden insbesondere im Zusammenhang mit Regelungen über die Personalvermittlungsstelle gemäß Zukunftssicherungsgesetz vom 18. Dezember 2003 getroffen. Durch Art. 1 Nr. 9 des 2. Gesetzes zur Beschleunigung von Entscheidungsprozessen innerhalb der öffentlichen Verwaltung vom 18. Dezember 2003 wurde § 81 HPVG durch die Erstreckung der Mitwirkung auf die Einführung der neuen Verwaltungssteuerung (NVS) und entsprechender neuer Steuerungsverfahren einschließlich der damit zusammenhängenden technischen Verfahren geändert. Es erfolgte die Begrenzung des bestehenden Mitwirkungstatbestands auf die Einführung »grundlegend« neuer Arbeitsmethoden sowie in Absatz 5 die Anordnung des Zurücktretens von gleichzeitig vorliegenden Mitbestimmungsrechten bei allen unter die Absätze 1 bis 4 fallenden Maßnahmen. Begründet wurde dies gemäß dem Gesetzentwurf der Fraktion der CDU mit den »verfassungsrechtlichen Vorgaben zur demokratischen Legitimation staatlichen Handelns und die Ermöglichung eines effizienten Beteiligungsverfahrens«. Ebenfalls durch Art. 1 Nr. 7 des 2. Beschleuni-

---
1 HessStGH 30.4.1986 – P.St. 1023 –, PersR 1986, 148.

Vorwort

gungsgesetzes vom 18. Dezember 2003[2] wurde die aktuelle Regelung des Absatzes 5 in § 77 HPVG aufgenommen, wonach bei Reform- oder Umstrukturierungsmaßnahmen personelle Mitbestimmungsrechte suspendiert werden.

In der Folge war die Anrufung des HessStGH erfolglos. Dieser hat mit Urteil vom 8. November 2006[3] entschieden, dass diese Gesetzesänderungen über die eingeschränkte Beteiligung der Personalvertretung verfassungsgemäß seien. Überdies führte der HessStGH aus, dass weder Art. 37 der Hessischen Verfassung (HV) noch das Sozialstaatsprinzip eine gleichberechtigte Mitbestimmung der Beschäftigten des öffentlichen Dienstes gebieten würden.[4] Es ist jedoch die Aufgabe der gewählten Personalratsmitglieder, mit den ihnen durch das HPVG zur Verfügung gestellten Beteiligungsmöglichkeiten das Bestmögliche für die Beschäftigten der Dienststellen zu erreichen. Persönliche Interessen und Motive müssen bei der Wahrnehmung eines Ehrenamts – und hierzu zählt auch die Personalratstätigkeit – soweit wie möglich in den Hintergrund treten. Es ist allerdings auch unter den Personalratskolleginnen und -kollegen darauf zu achten, dass diese durch die Wahrnehmung ihrer personalrechtlichen Tätigkeit nicht benachteiligt werden.

Eine vom HPVG gewollte partnerschaftliche Zusammenarbeit verlangt auch von den Führungskräften der öffentlichen Verwaltung, dass sich diese mit den Grundlagen des Personalvertretungsrechts befassen.

Mit diesem Basiskommentar verbinde ich die Hoffnung, die Handlungsmöglichkeiten und Rechte der Personalräte für die tägliche Praxis und Schulung unter Berücksichtigung der Rechtsprechung verständlich dargestellt zu haben.

St. Augustin und Fulda im Juni 2012
Dirk Lenders

---

2 GVBl. I, S. 494, 495.
3 HessStGH 8.11.2006 – P.St. 1981 –, PersR 2007, 72.
4 Kritisch hierzu Rothländer, PersR 2007, 57; v. Roetteken/Rothländer, HPVG, § 77 Rn. 817 und § 81 Rn. 13 ff.

Inhaltsverzeichnis

Vorwort 5
Abkürzungsverzeichnis 9
Literaturverzeichnis 13

Gesetzestext und Kommentierung zum Hessischen Personalvertretungsgesetz

Erster Teil:	**Personalvertretungen (§§ 1–83)** . . .	15
Erster Abschnitt:	Allgemeine Vorschriften (§§ 1–8) . . .	15
Zweiter Abschnitt:	Der Personalrat (§§ 9–43)	44
Erster Titel:	Wahl und Zusammensetzung (§§ 9–22)	44
Zweiter Titel:	Amtszeit (§§ 23–28)	79
Dritter Titel:	Geschäftsführung (§§ 29–43)	92
Dritter Abschnitt:	Die Personalversammlung (§§ 44–49) .	134
Vierter Abschnitt:	Stufenvertretungen und Gesamtpersonalrat (§§ 50–53)	144
Fünfter Abschnitt:	Jugend- und Auszubildendenvertretung (§§ 54–59)	152
Sechster Abschnitt:	Beteiligung des Personalrats (§§ 60–83)	164
Erster Titel:	Allgemeines (§§ 60–68)	164
Zweiter Titel:	Formen und Durchführung der Beteiligung (§§ 69–73a)	213
Dritter Titel:	Beteiligung in sozialen Angelegenheiten (§§ 74–76)	248
Vierter Titel:	Beteiligung in Personalangelegenheiten (§§ 77–80)	287
Fünfter Titel:	Beteiligung in organisatorischen und wirtschaftlichen Angelegenheiten (§§ 81–82)	337
Sechster Titel:	Zusammenarbeit mit Personalrat, Stufenvertretung und Gesamtpersonalrat (§ 83)	356

Inhaltsverzeichnis

Zweiter Teil:	**Besondere Vorschriften für einzelne Zweige des öffentlichen Dienstes und für den Hessischen Rundfunk (§ 84–110)**	364
Erster Abschnitt:	*(aufgehoben)*	366
Zweiter Abschnitt:	Polizei, Berufsfeuerwehr (§§ 86–89)	366
Dritter Abschnitt:	Landesbetrieb Hessen-Forst (§ 90)	369
Vierter Abschnitt:	Schulen (§§ 91–96a)	370
Fünfter Abschnitt:	Hochschulen und andere Bildungseinrichtungen (§§ 97–104)	376
Sechster Abschnitt:	Besondere Vorschriften für das Landesamt für Verfassungsschutz (§ 105)	384
Siebenter Abschnitt:	Hessischer Rundfunk (§ 106)	386
Achter Abschnitt:	Rechtsreferendare, Fachlehreranwärter, Lehramts- und Studienreferendare (§§ 107, 108)	388
Erster Titel:	Rechtsreferendare (§ 107)	388
Zweiter Titel:	Fachlehreranwärter, Lehramts- und Studienreferendare (§ 108)	389
Neunter Abschnitt:	Justizvollzug (§ 109)	390
Zehnter Abschnitt:	Mitglied in der Arbeitsgruppe Personalvertretung der Deutschen Rentenversicherung (§ 110)	390
Dritter Teil:	**Gerichtliche Entscheidungen, Tarifverträge und Dienstvereinbarungen, Übergangs- und Schlussvorschriften (§§ 111–123)**	392
Erster Abschnitt:	Gerichtliche Entscheidungen (§§ 111, 112)	392
Zweiter Abschnitt:	Tarifverträge und Dienstvereinbarungen (§ 113)	403
Dritter Abschnitt:	Übergangs- und Schlussvorschriften (§§ 114–123)	407

Wahlordnung zum Hessischen Personalvertretungsgesetz (WO-HPVG) 412

Stichwortverzeichnis 439

Abkürzungsverzeichnis

a. a. O.	am angegebenen Ort
ABl.	Amtsblatt
a. F.	alte Fassung
AG	Aktiengesellschaft; Arbeitgeber
AGG	Allgemeines Gleichbehandlungsgesetz
AiB	Arbeitsrecht im Betrieb (Zeitschrift)
Alt.	Alternative
AN	Arbeitnehmer
AP	Arbeitsrechtliche Praxis (Nachschlagewerk des BAG)
ArbGG	Arbeitsgerichtsgesetz
ArbSchG	Arbeitsschutzgesetz
ArbStättV	Arbeitsstättenverordnung
Art.	Artikel
ASiG	Arbeitssicherheitsgesetz
AÜG	Arbeitnehmerüberlassungsgesetz
AuR	Arbeit und Recht (Zeitschrift)
BAG	Bundesarbeitsgericht
BAGE	Entscheidungen des BAG
BayVGH	Bayerischer Verwaltungsgerichtshof
BBiG	Berufsbildungsgesetz
BDSG	Bundesdatenschutzgesetz
BeamtStG	Beamtenstatusgesetz
BBesG	Bundesbesoldungsgesetz
BEEG	Bundeselterngeld- und Elternzeitgesetz
BetrVG	Betriebsverfassungsgesetz
BGB	Bürgerliches Gesetzbuch
BGBl.	Bundesgesetzblatt
BJASV	Bezirksjugend- und -auszubildendenvertretung
BPersVG	Bundespersonalvertretungsgesetz
BRRG	Beamtenrechtsrahmengesetz
BT-Drucks.	Bundestags-Drucksache
Buchst.	Buchstabe(n)
BVerfG	Bundesverfassungsgericht
BVerfGE	Entscheidungen des Bundesverfassungsgerichts

Abkürzungsverzeichnis

BVerwG	Bundesverwaltungsgericht
BVerwGE	Entscheidungen des Bundesverwaltungsgerichts
BW	Baden-Württemberg
BWVPr.	Baden-Württembergische Verwaltungspraxis
bzw.	beziehungsweise
DÖD	Der öffentliche Dienst (Zeitschrift)
DRiG	Deutsches Richtergesetz
EGMR	Europäischer Gerichtshof für Menschenrechte
EigBGes	Eigenbetriebsgesetz
EMRK	Europäische Konvention zum Schutze der Menschenrechte und Grundfreiheiten
EuGH	Europäischer Gerichtshof
f./ff.	folgende
GG	Grundgesetz
GJAV	Gesamtjugend- und -auszubildendenvertretung
GmbH	Gesellschaft mit beschränkter Haftung
GVBl.	Gesetz- und Verordnungsblatt
HAZVO	Hessische Arbeitszeitverordnung
HBG	Hessisches Beamtengesetz
HDSG	Hessisches Datenschutzgesetz
HebG	Hebammengesetz
HessStGH	Hessischer Staatsgerichtshof
HessVGH	Hessischer Verwaltungsgerichtshof
HGlG	Hessisches Gleichstellungsgesetz
HHG	Hessisches Hochschulgesetz
HJASV	Hauptjugend- und -auszubildendenvertretung
HLVO	Hessische Laufbahnverordnung
h. M.	herrschende Meinung
HR	Hessischer Rundfunk
HRiG	Hessisches Richtergesetz
HRKG	Hessisches Reisekostengesetz
Hs.	Halbsatz
HSchG	Hessisches Schulgesetz
HV	Verfassung des Landes Hessen
IÖD	Informationsdienst Öffentliches Dienstrecht
i. S. d.	im Sinne des
i. S. v.	im Sinne von
i. V. m.	in Verbindung mit

Abkürzungsverzeichnis

JAG	Juristenausbildungsgesetz
KGG	Gesetz über kommunale Gemeinschaftsarbeit
KrPflG	Krankenpflegergesetz
KSchG	Kündigungsschutzgesetz
LAG	Landesarbeitsgericht
LPVG	Landespersonalvertretungsgesetz
LT-Drucks.	Landtags-Drucksache
MTA-G	Medizinisch-Technische-Assistenten-Gesetz
MuSchG	Mutterschutzgesetz
Nds.	Niedersachsen
Nr.	Nummer(n)
NRW	Nordrhein-Westfalen
NVS	Neue Verwaltungssteuerung
NVWBl.	Nordrhein-Westfälische Verwaltungsblätter
NVwZ	Neue Zeitschrift für Verwaltungsrecht
NVwZ-RR	NVwZ-Rechtsprechungsreport
NZA	Neue Zeitschrift für Arbeitsrecht
NZA-RR	NZA-Rechtsprechungsreport
PersR	Der Personalrat (Zeitschrift)
PersV	Die Personalvertretung (Zeitschrift)
PersVG	Personalvertretungsgesetz
PflegeZG	Pflegezeitgesetz
RhPf	Rheinland-Pfalz
RiA	Recht im Amt (Zeitschrift)
rkr.	rechtskräftig
Rn.	Randnummer
Rspr.	Rechtsprechung
RundfG	Gesetz über den Hessischen Rundfunk
RVG	Rechtsanwaltsvergütungsgesetz
RVO	Reichsversicherungsordnung
SGB	Sozialgesetzbuch
sog.	so genannte(s)
StAnz.	Staatsanzeiger
StGH	Staatsgerichtshof
ThürVerf	Verfassung des Landes Thüringen
TVG	Tarifvertragsgesetz
TV-L	Tarifvertrag für den öffentlichen Dienst der Länder

Abkürzungsverzeichnis

TVöD	Tarifvertrag für den öffentlichen Dienst (Bund und Gemeinden)
UK-Gesetz	Gesetz über die Errichtung des Universitätsklinikums Gießen und Marburg
UK-UmwVO	Verordnung zur Umwandlung des Universitätsklinikums Gießen und Marburg in eine Gesellschaft mit beschränkter Haftung
UniKlinG	Gesetz für die hessischen Universitätskliniken
VerwFHG	Verwaltungsfachhochschulgesetz
VG	Verwaltungsgericht
VGH	Verwaltungsgerichtshof
vgl.	vergleiche
VO	Verordnung
VV	Verwaltungsvorschrift
VwGO	Verwaltungsgerichtsordnung
VwVfG	Verwaltungsverfahrensgesetz
WO-HPVG	Wahlordnung zum HPVG
WRV	Weimarer Reichsverfassung
z.B.	zum Beispiel
ZBR	Zeitschrift für Beamtenrecht
ZfPR	Zeitschrift für Personalvertretungsrecht
ZPM	Zentralstelle für Personalmanagement
ZPO	Zivilprozessordnung
ZTR	Zeitschrift für Tarifrecht

Literaturverzeichnis

Altvater/Baden/Kröll/Lemcke/Peiseler, Bundespersonalvertretungsgesetz, Kommentar für die Praxis, 7. Auflage 2011 (zitiert: Altvater-Bearbeiter)
Aufhauser/Warga/Schmitt-Moritz, Bayerisches Personalvertretungsgesetz, Basiskommentar mit Wahlordnung, 6. Auflage 2011
Badura, Das Recht der Koalitionen – Verfassungsrechtliche Fragestellungen, in: Müller, Das Arbeitsrecht der Gegenwart, Band 15, 1978, S. 17 ff.
Battis, Bundesbeamtengesetz, Kommentar, 4. Auflage 2009
Berg/Platow/Schoof/Unterhinninghofen, Tarifvertragsgesetz und Arbeitskampfrecht, Kompaktkommentar, 3. Auflage 2010
Cecior/Vallendar/Lechtermann/Klein, Das Personalvertretungsrecht in Nordrhein-Westfalen, Kommentar, Loseblattwerk
Daniels, Personalvertretungsgesetz Berlin, Basiskommentar, 2010
Däubler (Hrsg.), Tarifvertragsgesetz, Kommentar, 2. Auflage 2006
Däubler, Handbuch Schulung und Fortbildung von betrieblichen Interessenvertretern, 5. Auflage 2004
Däubler/Kittner/Klebe/Wedde (Hrsg.), Betriebsverfassungsgesetz mit Wahlordnung und EBR-Gesetz, Kommentar für die Praxis, 13. Auflage 2012 (zitiert: DKKW-Bearbeiter)
Erfurter Kommentar zum Arbeitsrecht, Hrsg. Müller-Glöge/Preis/Schmidt, 10. Auflage 2010 (zitiert: ErfK-Bearbeiter)
Fischer/Goeres/Gronimus, Gesamtkommentar Öffentliches Dienstrecht – GKÖD, Band V: Personalvertretungsrecht des Bundes und der Länder, Teil 2, §§ 1 bis 68 BPersVG, Loseblattwerk
Fitting/Engels/Schmidt/Trebinger/Linsenmaier, Betriebsverfassungsgesetz mit Wahlordnung, Handkommentar, 26. Auflage 2012 (zitiert: Fitting)
Fricke/Dierßen/Otte/Sommer/Thommes, Niedersächsisches Personalvertretungsgesetz, Basiskommentar, 4. Auflage 2012
Geppert, Rechtliche Probleme des sog. allgemein-politischen Mandats der Gewerkschaften, 1974
Germelmann/Binkert/Germelmann, PersVG Berlin, Kommentar für die Praxis, 3. Auflage 2010
Havers, Personalvertretungsgesetz für das Land Nordrhein-Westfalen, 9. Auflage 1995

Literaturverzeichnis

Heuberger, Sachliche Abhängigkeit als Kriterium des Arbeitsverhältnisses, 1982, S. 78 ff., 96 ff.

Ilbertz/Widmaier, Bundespersonalvertretungsgesetz mit Wahlordnung unter Einbeziehung der Landespersonalvertretungsgesetze, Kommentar, 11. Auflage 2008

Kater/Leube, Gesetzliche Unfallversicherung SGB VII, 1997

Kittner/Zwanziger/Deinert (Hrsg.), Arbeitsrecht – Handbuch für die Praxis, 6. Auflage 2011

Klimpe-Auerbach, Leitfaden für Personalratswahlen, Eine Handlungsanleitung für Wahlen nach dem Bundespersonalvertretungsgesetz, 2. Auflage 2012

Lenders, Beamtenstatusgesetz, Kommentar, 2012

Lenders/Peters/Weber, Das neue Dienstrecht des Bundes, Handbuch für die Praxis, 2009

Lenders/Wehner/Weber, Postpersonalrechtsgesetz, Kommentar für die praktische Anwendung, 2006

Lorenzen/Etzel/Gerhold/Schlatmann/Rehak/Faber, Bundespersonalvertretungsgesetz, Kommentar, Loseblattwerk

Maunz/Dürig, Kommentar zum Grundgesetz, Band 2 (Art. 6 bis 15), Loseblattwerk

Rauschenberg, Flexibilisierung und Neugestaltung der Arbeitszeit, 1993

Repkewitz/Richter, Personalrecht A-Z, Handbuch für den öffentlichen Dienst, Loseblattwerk

Richardi (Hrsg.), Betriebsverfassungsgesetz mit Wahlordnung, Kommentar, 12. Auflage 2010

Richardi/Dörner/Weber, Personalvertretungsrecht – Bundespersonalvertretungsgesetz und Personalvertretungsgesetze der Länder, Kommentar, 3. Auflage 2007

Richardi/Wlotzke/Wißmann/Oetker, Münchener Handbuch zum Arbeitsrecht, Band I: Individualarbeitsrecht, Band II: Kollektives Arbeitsrecht, Arbeitnehmerschutz, Arbeitsgerichtsverfahren, 3. Auflage 2009

v. Roetteken/Rothländer, Hessisches Bedienstetenrecht (HBR), Kommentar, Loseblattwerk

Schaub/Koch/Linck/Treber/Vogelsang, Arbeitsrechts-Handbuch, 14. Auflage 2011

Schmidt-Bleibtreu/Klein, Grundgesetz, Kommentar, 12. Auflage 2011

Schwegmann/Summer, Bundesbesoldungsrecht des Bundes und der Länder, Kommentar, Loseblattwerk

Spieß, Personalvertretungsrecht Hessen 2010, Kommentar mit Wahlordnung, 9. Auflage 2010

Wallerstedt/Schleicher/Faber, Bayerisches Personalvertretungsgesetz mit Wahlordnung, Kommentar, Loseblattwerk

Warga, Handbuch Dienstvereinbarung, 2009

Welkoborsky/Herget, Landespersonalvertretungsgesetz Nordrhein-Westfalen, Basiskommentar mit Wahlordnung, 5. Auflage 2012

Gesetzestext und Kommentierung zum Hessischen Personalvertretungsgesetz[1]

vom 24. März 1988, zuletzt geändert durch Artikel 2 des Gesetzes vom 10. Juni 2011 (GVBl. I S. 267, 290)

Erster Teil
Personalvertretungen

Erster Abschnitt
Einleitende Vorschriften

§ 1

In Ausgestaltung des Art. 37 Abs. 1 der Verfassung des Landes Hessen werden in den Verwaltungen und Betrieben des Landes, der Gemeinden, Gemeindeverbände und sonstigen nicht bundesunmittelbaren Körperschaften, Anstalten und Stiftungen des öffentlichen Rechts sowie in den Gerichten des Landes Personalvertretungen gebildet.

In Art. 37 der Verfassung des Landes Hessen (HV) ist landesverfassungsrechtlich die Einrichtung von Personalvertretungen mit echten Mitbestimmungsrechten garantiert. 1

Art. 37 HV lautet:

»(1) Angestellte, Arbeiter und Beamte in allen Betriebe und Behörden erhalten unter Mitwirkung der Gewerkschaften gemeinsame Betriebsvertretungen, die in allgemeiner, gleicher, freier, geheimer und unmittelbarer Wahl von den Arbeitnehmern zu wählen sind.

(2) Die Betriebsvertretungen sind dazu berufen, im Benehmen mit den Gewerkschaften gleichberechtigt mit den Unternehmern in sozialen, personellen und wirtschaftlichen Fragen des Betriebs mitzubestimmen.

(3) Das Nähere regelt das Gesetz.«

Bei § 37 HV handelt es sich um ein ausgestaltungsfähiges Grundrecht.[2]

---
1 Alle Gesetzestexte sind aus redaktionellen Gründen in neuer Rechtschreibung abgedruckt.
2 LAG Frankfurt/M. 11.3.1947 – I LA 8/47; zu Art. 37 Abs. 3 ThürVerf: ThürVerfGH 20.4.2004, PersR 2005, 32 ff.

§ 1

Art. 37 Abs. 1 HV vermittelt allen in Behörden und öffentlichen Betrieben Beschäftigten das Recht, gemeinsame Personalvertretungen in unmittelbarer, freier, gleicher und allgemeiner Wahl zu wählen. Die Vorschrift erfasst neben den in Art. 37 Abs. 1 HV ausdrücklich erwähnten Beamtinnen und Beamten auch Richterinnen und Richter.

Angestellte und Arbeiter im Sinne des Art. 37 HV sind alle, die nach allgemeinen arbeitsrechtlichen Bestimmungen in einem Arbeitsverhältnis stehen. Daher gehören die sog. Ein-Euro-Kräfte nicht zu der Beschäftigtengruppe, denen das Grundrecht aus Art. 37 Abs. 1 HV zusteht.[3]

Art. 37 Abs. 1 HV garantiert die Existenz, die Wahl sowie die Tätigkeit von Vertretungen der Arbeitnehmer/innen, Beamtinnen und Beamten in den Verwaltungen und Betrieben des Landes, in den Gemeinden bzw. Gemeindeverbänden und in den sonstigen nicht bundesunmittelbaren Körperschaften, Anstalten und Stiftungen des öffentlichen Rechts sowie in den Gerichten des Landes. Demgegenüber enthält Art. 37 Abs. 1 HV keine Aussage zum konkreten Inhalt der Betätigungsrechte.[4] **§ 37 Abs. 2 HV** ermächtigt Betriebsvertretungen gleichberechtigt mit den Unternehmen in sozialen, personellen und wirtschaftlichen Fragen des Betriebs mitzubestimmen. Durch den Wortlaut ist klargestellt, dass diese Regelung nicht für Behörden i. S. v. Art. 37 Abs. 1 HV gilt. Sie beansprucht jedoch Geltung für die wirtschaftlich tätigen Betriebe und Unternehmen der öffentlichen Hand. Solche Betriebe und Unternehmen, etwa Stadtwerke, Sparkassen oder Versicherungen, sind genauso wie ihre privatrechtliche Konkurrenz auf Gewinnerzielung ausgerichtet. Unzutreffend ist daher die Ansicht des HessStGH, wonach Art. 37 Abs. 2 HV im Bereich des öffentlichen Dienstes keinerlei Anwendung findet.[5] Durch die Regelung in Art. 37 Abs. 2 HV wird eine **gleichberechtigte Mitbestimmung** in sozialen, personellen und wirtschaftlichen Fragen in den Betrieben i. S. d. § 1 HPVG gewährleistet.

2 § 1 legt die Voraussetzungen der Personalratsfähigkeit der öffentlich-rechtlichen Einrichtungen fest. Der **Geltungsbereich des Gesetzes** ist in sachlicher und in räumlicher Hinsicht begrenzt, wobei eine weitere Eingrenzung durch die Aufzählung von bestimmten öffentlich-rechtlichen Institutionen, auf die das Gesetz Anwendung finden soll, erfolgt. Das Gesetz gilt für alle Verwaltungen des Landes.

3 Die Verwaltung des Landes besteht aus verschiedenen Behörden, Dienststellen und Verwaltungsstellen, in denen nach Vorgabe des § 7 Personalvertretungen zu wählen sind.

4 Verwaltungen sind alle Behörden und Verwaltungsstellen, die Auf-

---
3 BAG 26.9.2007 – 5 AZR 857/06 –, NZA 2007, 1422, 1423.
4 V. Roetteken/Rothländer, HPVG, § 1 Rn. 77.
5 Hessischer Staatsgerichtshof 8.11.2006, PersR 2007, 72, 74.

gaben der öffentlichen Verwaltung wahrnehmen. **Betriebe** sind organisatorische Einheiten, die keine materielle Verwaltungstätigkeit ausüben, sondern – insbesondere im Rahmen der öffentlichen Versorgung – andere arbeitstechnische Zwecke erfüllen. In der maßgeblichen bundesrechtskonformen Auslegung umfasst der Oberbegriff »Verwaltungen und Betriebe« in § 1 jedoch nicht nur Behörden, Verwaltungsstellen und Betriebe im vorgenannten Sinne, sondern auch alle **sonstigen Einrichtungen** des Landes und der seiner Aufsicht unterstehenden juristischen Personen des öffentlichen Rechts, die nicht Organe der Rechtsprechung oder Gesetzgebung sind.

Zur **Verwaltung** des Landes zählen alle dem Ministerpräsidenten und der Staatskanzlei sowie den jeweiligen Ministerien als obersten Dienstbehörde unterstehenden Behörden, ferner die Landtagsverwaltung sowie der Landesrechnungshof. Die unmittelbare Verwaltung des Landes besteht grundsätzlich aus einem dreistufigen Aufbau.

Auch die **Gerichte** als die Rechtsprechungsorgane des Landes Hessen fallen unter die Regelung des HPVG. Hierzu gehören:

1. der Staatsgerichtshof
2. die Verwaltungsgerichte inklusive des Verwaltungsgerichtshofs Kassel
3. die Zivil- und Strafgerichte, nämlich die Amtsgerichte, die Landgerichte sowie das Oberlandesgericht Frankfurt/Main
4. die Arbeitsgerichte inklusive des Landesarbeitsgerichts Frankfurt/Main
5. die Sozialgerichte inklusive des Hessischen Landessozialgerichts in Darmstadt.

Bei diesen Gerichten handelt es sich zwar nicht um Verwaltungen im eigentlichen Sinn, da die Aufgabe der Gerichte in erster Linie in der Rechtsprechung besteht. Es handelt sich bei ihnen jedoch um Behörden im Sinne des Art. 37 Abs. 1 HV, so dass sie folglich unter den Geltungsbereich des HPVG fallen. In den Gerichten unterliegt nur das nichtrichterliche Personal dem HPVG.

Das HPVG gilt auch für die Verwaltungen der **Gemeinden** sowie der kreisfreien und kreisangehörigen Städte und der Gemeindeverbände. Es gilt auch für Zweckverbände, die u. a. von den Gemeinden nach dem KGG gebildet wurden.

Körperschaften des öffentlichen Rechts sind mitgliedschaftlich organisierte, rechtsfähige Verbände des öffentlichen Rechts, die staatliche Aufgaben mit hoheitlichen Mitteln unter staatlicher Aufsicht wahrnehmen. Sie werden durch staatlichen Hoheitsakt, in der Regel durch ein Gesetz geschaffen, das die Rechtsform festlegt, und besitzen Selbstverwaltungsrechte wie das Satzungsrecht. Sie bestehen aus einer Mitgliedschaft von Personen, die freiwillig sein kann oder auf Zwang beruht. Zu den Körperschaften zählen die verschiedenen Kammern der freien Berufe (Ärzte, Apotheker, Architekten, Rechtsanwälte etc.), die Industrie- und Handelskammern, die Handwerkskammern, die Sozialversicherungsträger sowie die Hochschulen u. a.

9 Gemäß § 116 gilt dieses nicht für **Religionsgemeinschaften** und ihre karitativen und erzieherischen Einrichtungen ohne Rücksicht auf ihre Rechtsform. Ihnen bleibt vielmehr die selbständige Ordnung eines Personalvertretungsrechts überlassen.

10 Das HPVG findet ferner auch für **Anstalten des öffentlichen Rechts** Anwendung. Die Anstalt des öffentlichen Rechts ist eine durch Gesetz oder sonstigen staatlichen Hoheitsakt mit eigener Rechtspersönlichkeit ausgestattete Einrichtung, deren sachliche Grundlage nicht (wie etwa bei der Körperschaft des öffentlichen Rechts) die Mitgliedschaft von Personen ist, sondern der verselbständigte Zusammenschluss von Personen- und Sachmitteln. Sie zeichnet sich dadurch aus, dass sie regelmäßig Benutzer hat. Ebenso wie bei der Körperschaft spielt es auch bei der Anstalt keine Rolle, ob sie rechtsfähig ist. Maßgebend ist allein, ob die Einrichtung dienststellenfähig ist. Anstalten des öffentlichen Rechts sind z. B. der Hessische Rundfunk, die Landesbank Hessen-Thüringen (jedoch nur hinsichtlich ihrer Frankfurter Zweigstelle) und das Universitätsklinikum der Johann-Wolfgang Goethe-Universität.

11 **Stiftungen des öffentlichen Rechts** sind Vermögensmassen mit eigener Rechtspersönlichkeit, die in Hessen die Voraussetzungen des § 2 Abs. 1 Hessisches Stiftungsgesetz (HessStiftG) erfüllen müssen. Die Stiftung des öffentlichen Rechts ist eine selbständige, mit eigener Rechtspersönlichkeit ausgestattete Vermögensmasse, die der Stifter auf Dauer einem bestimmten Zweck gewidmet hat. Sie wird durch staatlichen Hoheitsakt gegründet und dient öffentlichen Aufgaben unter staatlicher Aufsicht.

12 Das HPVG gilt insbesondere auch in allen **Betrieben des Landes, der Gemeinden, Gemeindeverbände** und sonstigen nicht bundesunmittelbaren Körperschaften, Anstalten und Stiftungen des öffentlichen Rechts.

13 Die Abgrenzung zwischen dem Geltungsbereich des BetrVG und der Regelung des Personalvertretungsrechts richtet sich ausschließlich nach der **Rechtsform des Rechtsträgers**. Auf den Zweck, der mit einer Einrichtung verfolgt wird, oder deren Organisation kommt es nicht an. Deshalb gilt das BetrVG auch für Versorgungsbetriebe, die in Form einer juristischen Person des Privatrechts als AG oder als GmbH betrieben werden, auch wenn sich alle Anteile in der Hand einer öffentlichen Körperschaft befinden. Gleiches gilt, wenn zwei Gebietskörperschaften in der Rechtsform der BGB-Gesellschaft ein Theater unterhalten. Andererseits fällt der Betrieb bei gleicher Organisation nicht unter das BetrVG, wenn er von der öffentlichen Körperschaft unmittelbar geführt wird. Daher gilt für wirtschaftliche Unternehmen einer Gemeinde ohne eigene Rechtspersönlichkeit (sog. Eigenbetriebe) und Sparkassen, die Anstalten des öffentlichen Rechts sind, nicht das BetrVG, sondern das jeweils maßgebliche LPersVG. Nur in § 130 BetrVG befindet sich eine Regelung zur Abgrenzung des BetrVG vom Personalvertretungsrecht:

»§ 130 Öffentlicher Dienst

Dieses Gesetz findet keine Anwendung auf Verwaltungen und Betriebe des Bundes, der Länder, der Gemeinden und sonstigen Körperschaften, Anstalten und Stiftungen des öffentlichen Rechts.«

Unter den Anwendungsbereich des HPVG fallen daher die Landesbetriebe, die Eigen- und Regiebetriebe der Kommunen und die von der öffentlichen Hand betriebenen Krankenanstalten oder Kur-/Badebetriebe.

Haben ein privatrechtlicher und ein öffentlich-rechtlicher Rechtsträger zur gemeinsamen Verfolgung arbeitstechnischer Zwecke durch einen einheitlichen Leistungsapparat in Form eines gemeinsamen Betriebes eine BGB-Gesellschaft gegründet, erfolgt die Betätigung des öffentlich-rechtlichen Rechtsträgers innerhalb des gemeinsamen Betriebs in privatrechtlicher Rechtsform, weshalb für den gesamten gemeinsamen Betrieb das BetrVG gilt. Andererseits führt die Beteiligung von Personen des Privatrechts an einer öffentlich-rechtlich verfassten Einrichtung nicht bereits zur Anwendung des BetrVG, da es nur auf die öffentlich-rechtliche Verfassung der Einrichtung ankommt.[6] Die Verwaltung der **Betriebskrankenkassen**, die nach den §§ 147 SGB V i. V. m. § 29 Abs. 1 SGB IV die Rechtsform einer Körperschaft des öffentlichen Rechts haben, gehören zum Geltungsbereich des HPVG, und zwar unabhängig davon, ob es sich bei ihnen um Betriebskrankenkassen öffentlicher Verwaltungen handelt (§ 156 SGB V) oder ob sie von privaten Arbeitgebern errichtet sind. Ob für sie das HPVG gilt, hängt wie bei anderen sozialen Versicherungsträgern maßgeblich davon ab, ob sie der Aufsicht des Landes Hessen unterstehen. **14**

Der **persönliche Geltungsbereich** des HPVG wird durch den in § 3 definierten Kreis der Beschäftigten bestimmt. **15**

§ 1 stellt den allgemeinen Grundsatz auf, dass in allen zu seinem Anwendungsbereich gehörenden Verwaltungen und Betrieben **Personalvertretungen** gebildet werden. Falls die wahlberechtigten und wählbaren Beschäftigten keine Bereitschaft zeigen, eine Personalvertretung zu bilden, so sieht das HPVG hierfür keine Sanktionen vor. Die Beschäftigten müssen jedoch bedenken, dass die Nichtbildung einer Personalvertretung erhebliche Nachteile für sie hat. Die Überlegung, die Dienststellenleitung nimmt die Interessen der Beschäftigten umfassend wahr, ist nicht nur angesichts der immer noch voranschreitenden Privatisierungswelle fatal. **16**

---
6 V. Roetteken/Rothländer, HPVG, § 1 Rn. 155.

§ 2

17 Der Personalrat ist innerhalb einer Dienststelle (§ 7) der **Repräsentant der Gesamtheit der Beschäftigten.** Er hat die Aufgabe, die Beteiligung der Beschäftigten an der Regelung des Dienstes und der Dienst- und Arbeitsverhältnisse zu verwirklichen und die Interessen der Beschäftigten zu vertreten, soweit sie von der Tätigkeit in der Dienststelle berührt werden.[7] Der Personalrat steht in dieser Funktion dem Leiter der Dienststelle gegenüber, der wiederum als Repräsentant des Dienstherrn und öffentlichen Arbeitgebers Partner der Personalvertretung ist. Die Personalvertretung und die Dienststellenleitung sind bei der Ausübung ihrer Funktionen als gleichberechtigte Partner anzusehen.[8] Den Beteiligungsrechten der Personalvertretung kommt die maßgebliche Aufgabe zu, die Ausübung der Dienstherren-/Arbeitgeberfunktion vor allem dort, wo sie nicht unmittelbar rechtlich vorgeformt ist, zu begrenzen und sie im Übrigen auch zu kontrollieren und damit die Stellung der Beschäftigten gegenüber der Herrschaftsgewalt der Dienststellenleitung zu verbessern.[9]

§ 2

Die Aufgaben der Gewerkschaften und Arbeitgebervereinigungen werden durch dieses Gesetz nicht berührt.

1 Als Form der besonderen Vereinigungsfreiheit garantiert Art. 9 Abs. 3 GG die Koalitionsfreiheit. Sie bezeichnet das Recht von Arbeitnehmern und Arbeitgebern, zur Wahrung und Förderung der Arbeits- und Wirtschaftsbedingungen **Vereinigungen** zu bilden. Die Koalitionsfreiheit ist nicht lediglich ein bloßer Programmsatz. Sie ist vielmehr unmittelbar geltendes, den Einzelnen und die Koalitionen selbst berechtigendes, den Staat und Dritte bindendes, aktuelles Recht.

2 Die Koalitionsfreiheit enthält eine besondere gesellschaftspolitische Konkretisierung des Sozialstaatsprinzips. Sie ist somit nicht nur liberales Freiheitsrecht, sondern auch **soziales Schutzrecht.** Art. 9 Abs. 3 GG zielt zum einen auf die freiheitliche Bildung von Koalitionen als Berufsverbände der Arbeitnehmer und Arbeitgeber als auch auf deren gesicherte Funktionsentfaltung.

3 Von Verfassungs wegen ist den Koalitionen die Aufgabe zugewiesen, im Prozess freiheitlicher Interessensauseinandersetzung und autonomer Interessensausgleichung das Arbeitsleben bzw. den dieses maßgebend mitprägenden Gegensatz der Produktionsfaktoren von Kapital und Arbeit zu ordnen und zu gestalten. Über diese verfassungsrechtlichen Funktionsgarantien hinaus nehmen die Koalitionen aber eine Fülle

---
7   Vgl. BVerfG 26. 5. 1970 – 2 BvR 311/67 –, AP Nr. 18 zu Art. 9 GG.
8   BVerwG 12. 3. 1986 – 6 P 5.85 –, PersR 1986, 116.
9   V. Roetteken/Rothländer, HPVG, § 1 Rn. 167.

anderer Aufgaben, sowohl im gesellschaftlichen wie im staatlichen Bereich, wahr.[10]

Das Grundrecht der Koalitionsfreiheit umfasst nicht nur ein subjektives Freiheitsrecht; es konstituiert auch ein **objektives Ordnungsprinzip**, dessen gesellschaftspolitischer Anspruch noch über den, dem gesamten Art. 9 immanenten Grundsatz gesellschaftlicher Selbstorganisation hinausweist. Art. 9 Abs. 3 GG umfasst nach den Worten des BVerfG die »autonome Ordnung des Arbeitslebens« durch die Koalitionen.[11] Die von der Koalitionsfreiheit intendierte kollektive Ordnung des Arbeitslebens ist eine Kampf- und Ausgleichsordnung der Koalitionen.[12] Mit dieser Maßgabe verkörpert die Koalitionsfreiheit eine maßgebende Ordnungsentscheidung im System der grundgesetzlichen Arbeitsverfassung. Unter der Arbeitsverfassung in diesem Sinne ist der Komplex aller derjenigen Verfassungsnormen zu verstehen, die das Arbeitsleben in seinen sachlichen, personellen und funktionellen sowie in seinen individual- wie kollektivrechtlichen Ordnungsbezügen regeln bzw. für dessen konkrete Ausführung prinzipale Direktiven aufstellen.[13]

Die Koalitionsfreiheit bedarf der unterverfassungsrechtlichen Konkretisierung:

»Mehr noch als die in Art. 9 Abs. 1 GG gewährleistete allgemeine Vereinigungsfreiheit bedarf die Koalitionsfreiheit von vornherein der gesetzlichen Ausgestaltung. Diese besteht nicht nur in der Schaffung der Rechtsinstitute und Normenkomplexe, die erforderlich sind, um die grundrechtlich garantierten Freiheiten ausüben zu können. Die Bedeutung und Vielzahl der von der Tätigkeit der Koalitionen berührten Belange namentlich im Bereich der Wirtschafts- und Sozialordnung machen vielmehr vielfältige gesetzliche Regelungen notwendig, die der Koalitionsfreiheit auch Schranken ziehen können; dies umso mehr, als der Gegenstand der Gewährleistung auf sich wandelnde wirtschaftliche und soziale Bedingungen bezogen ist, die mehr als bei anderen Freiheitsrechten die Möglichkeit zu Modifikationen und Fortentwicklungen lassen müssen.«[14]

Das BVerfG erkennt somit im Rahmen des Art. 9 Abs. 3 GG einen maßgebenden Gestaltungs- bzw. Konkretisierungsauftrag des Gesetzgebers.

Innerhalb des Art. 9 Abs. 3 Satz 1 GG sind verschiedene Gewährleistungsschichten zu unterscheiden:

- Zunächst gewährleistet die Koalitionsfreiheit das **individuelle Freiheitsrecht** des Einzelnen, sich mit anderen zu einer Koalition, d. h. zu einer Gewerkschaft oder einem Arbeitgeberverband, zusammenzuschließen, einem solchen Verband beizutreten, in ihm zu verblei-

---

10 Geppert, Rechtliche Probleme des sog. allgemeinpolitischen Mandats, S. 112 ff.
11 BVerfGE 44, 322, 341.
12 Badura, Dar Arbeitsrecht der Gegenwart, S. 17 ff.
13 Scholz, in: Maunz/Dürig/Herzog, Art. 9 Rn. 164.
14 BVerfGE 50, 290, 368; 58, 233, 247.

§ 2

ben sowie sich in ihm zu betätigen (positive Koalitionsfreiheit) oder einer Koalition fernzubleiben bzw. aus ihr auszutreten (negative Koalitionsfreiheit).[15]

- Darüber hinaus garantiert Art. 9 Abs. 3 GG auch ein **kollektives Freiheitsrecht** auf freien Bestand und freie Betätigung.
- Überdies ist das Grundrecht der Koalitionsfreiheit gemäß Art. 9 Abs. 3 Satz 2 GG mit **unmittelbarer Drittwirkung** ausgestattet. Art. 9 Abs. 3 GG verpflichtet nicht nur die Träger öffentlicher Gewalt, sondern auch alle anderen Rechtssubjekte des Privatrechts.
- Art. 9 Abs. 3 GG enthält zudem die objektiv-rechtliche Garantie eines arbeitsverfassungsrechtlichen Ordnungsprinzips.

7 **Grundrechtsträger** des Art. 9 Abs. 3 GG sind sowohl **Arbeitnehmer** als auch **Arbeitgeber**, wobei beide nur jeweils für sich, d. h. geschieden von der Gegenseite, Grundrechtsträger sein können. Wer arbeitnehmerischer Grundrechtsträger der Koalitionsfreiheit ist, beantwortet grundsätzlich das Arbeitsrecht. Der Begriff des Arbeitnehmers ist hiernach vor allem durch das Merkmal unselbständiger Arbeit gekennzeichnet. Dieses Merkmal ist auch für den Arbeitnehmerbegriff des Art. 9 Abs. 3 GG maßgebend.[16]

8 Das Gleiche gilt für **Beamte und Arbeitnehmer des öffentlichen Dienstes**. Auch soweit für sie statt Art. 12 GG Art. 33 GG maßgebend ist, schließt dieser die Koalitionsfähigkeit nicht aus. Grenzen im Koalitionsrecht ergeben sich auch für die Beschäftigten des öffentlichen Dienstes erst im Rahmen der Koalitionsbetätigung.

9 Das für jedermann und für alle Berufe gewährleistete Grundrecht der **Koalitionsfreiheit** gemäß Art. 9 Abs. 3 GG steht auch den **Beamtinnen und Beamten** zu. Die Besonderheit der Koalitionsfreiheit für Beamte liegt darin, dass dieses Grundrecht wegen Art. 33 Abs. 5 GG über das sonst zulässige Maß hinaus beschränkt werden kann.[17]

10 Allerdings geht dieses **Beschränkungsverbot** nur so weit, wie dies von Art. 33 Abs. 5 GG gefordert wird. Danach sind nur solche Grundrechtsbeschränkungen zulässig, die durch Sinn und Zweck des konkreten Dienst- und Treueverhältnisses des Beamten (§ 3 Abs. 1 BeamtStG) gefordert werden. Ein generelles Betätigungsverbot der Beamtinnen und Beamten für eine Koalition gehört jedoch nicht zu den hergebrachten Grundsätzen des Berufsbeamtentums. Der Ausgleich zwischen Art. 9 Abs. 3 GG und Art. 33 Abs. 5 GG wird dabei gegenwärtig insbesondere so verstanden, dass im Bereich des Beamten-

---

15 BAGE 20, 210 ff.
16 Scholz, Koalitionsfreiheit, S. 42 ff.; Heuberger, Sachliche Abhängigkeit als Kriterium des Arbeitsverhältnisses, S. 78 ff., 96 ff.; Griebeling, NZA 1998, 1137 f.
17 Battis, BBG, § 116 Rn. 3.

rechts der Abschluss von Tarifverträgen ausscheidet und zudem ein umfassendes Streikverbot gilt.[18]

Im Einzelfall können sich weitere, durch Art. 33 Abs. 5 GG legitimierte Schranken der Ausübung des Koalitionsrechts ergeben. Als Beispiele werden genannt die Pflicht zur Amtsverschwiegenheit, die Mäßigungspflicht bei politischer Tätigkeit, die politische Treuepflicht. **11**

Die **individuelle Koalitionsfreiheit** der Beamtinnen und Beamten hat der Gesetzgeber aufgenommen und in § 52 BeamtStG geregelt. Das Landesrecht enthält in Ergänzung zu § 52 BeamtStG vergleichbare Normen. § 52 Satz 1 BeamtStG, der weitgehend als deklaratorische Norm verstanden wird, konkretisiert für Beamtinnen und Beamte das in Art. 9 Abs. 3 Satz 1 GG enthaltene Grundrecht. § 52 Satz 2 BeamtStG bezieht sich auf Art. 8 Abs. 3 Satz 2 GG. **12**

Der Beamte darf auch einer Koalition, die für sich das Streikrecht in Anspruch nimmt, beitreten. Er darf allerdings nach bisheriger Rechtsauffassung nicht selbst streiken. **13**

Ein **Streikrecht** für Beamtinnen und Beamte, die nicht dem hoheitlichen Bereich angehören, hat hingegen das VG Kassel angenommen. Durch die für die Bundesrepublik Deutschland verbindliche Auslegung der EMRK durch den EGMR hat sich der hergebrachte Grundsatz des Berufsbeamtentums, der zuvor einen Streik ausnahmslos verbot, dergestalt gewandelt, dass nunmehr unter bestimmten Voraussetzungen auch die Streikteilnahme von Beamtinnen und Beamten als mit ihren Beamtenpflichten vereinbar angesehen werden muss. Ein Streikrecht für Beamtinnen und Beamte, die nicht dem hoheitlichen Bereich angehören, ist daher im Rahmen des Art. 33 Abs. 5 GG i. V. m. Art. 11 EMRK anzuerkennen.[19] **14**

Die jüngste Rechtsprechung des EGMR sieht in einem ausnahmslos geltenden Streikverbot für jegliche Beamtinnen und Beamte einen Verstoß gegen Art. 11 Abs. 2 EMRK. Nach dieser Vorschrift haben alle Menschen das Recht, sich friedlich zu versammeln und sich frei mit anderen zusammenzuschließen, einschließlich des Rechts zum Schutze ihrer Interessen, Gewerkschaften zu bilden und diesen beizutreten. Einschränkungen dieser Rechte sind nur zulässig, wenn sie im Interesse der äußeren und inneren Sicherheit, zur Aufrechterhaltung der Ordnung, zur Verbrechensverhütung, zum Schutze der Gesundheit und der Moral oder zum Schutz der Rechte und Freiheiten anderer notwendig sind, wobei Art. 11 Abs. 2 Satz 2 EMRK ausdrücklich klarstellt, dass die Ausübung der Rechte aus Art. 11 für Mitglieder der Streitkräfte, der Polizei oder der Staatsverwaltung gesetzlichen Einschränkungen unterworfen werden kann. **15**

Nachdem der EGMR zuvor in mehreren Entscheidungen klargestellt **16**

---

18 Battis, a. a. O.
19 VG Kassel 27. 7. 2011 – 28 K 574/10. KS.D –, ZBR 2011, 386 ff.

§ 2

hatte, dass auch das Streikrecht von der Vereinigungsfreiheit des Art. 11 EMRK umfasst ist, hat er in zwei Entscheidungen aus den Jahren 2008 und 2009 festgestellt, dass die Einschränkungen des Streikrechts für öffentliche Bedienstete nur unter engen Voraussetzungen möglich sind. Das Streikverbot dürfe nur bestimmte Gruppen von Angehörigen des öffentlichen Dienstes treffen, nicht aber insgesamt für den öffentlichen Dienst ausgesprochen werden. Ferner müssten die Regelungen über das Streikrecht so eindeutig und begrenzt wie möglich die Gruppen der betroffenen Angestellten des öffentlichen Dienstes bestimmen.[20] Nach Ansicht des VG Kassel hat sich durch die für die Bundesrepublik Deutschland verbindliche Auslegung der EMRK durch den EGMR der hergebrachte Grundsatz des Berufsbeamtentums, der zuvor einen Streik ausnahmslos verbot, dergestalt gewandelt, dass nunmehr unter bestimmten Voraussetzungen auch die Streikteilnahme von Beamtinnen und Beamten als mit ihren Beamtenpflichten vereinbar angesehen werden müsse.

17 Nach Ansicht des VG Düsseldorf hat die Rechtsprechung des EGMR nur zur Folge, dass die konkrete Streikteilnahme einzelner Beamtinnen und Beamter, die im nicht hoheitlichen Bereich tätig seien, nicht disziplinarisch geahndet werden könne.[21]

18 Während bislang ein Streikverbot beinahe unstreitig bestand, ist diese Rechtsfrage nunmehr wieder offen. Nach weit verbreiteter Ansicht beinhalten die hergebrachten Grundsätze des Berufsbeamtentums aus Art. 33 Abs. 5 GG auch weiterhin ein allgemeines Streikverbot für Beamte. Eine funktionsbezogene Differenzierung, wie sie der EGMR gemäß Art. 11 EMRK in seinen Entscheidungen zum türkischen Streikverbot fordere, würde einen Verstoß gegen Art. 33 Abs. 5 GG in seiner durch das BVerfG vorgenommenen Auslegung darstellen. Ein Streikrecht für Beamte könne auch weder aus anderen völkerrechtlichen Übereinkommen noch aus unmittelbar geltendem EU-Recht abgeleitet werden.[22] Soweit Beamtinnen und Beamte in privatisierten ehemaligen Staatsunternehmen bzw. in privatrechtlichen Gesellschaften zum Einsatz kommen, üben sie in aller Regel keine hoheitlichen Aufgaben mehr aus. Sie dienen auch nicht dem ganzen Volk. Gemäß § 5 Abs. 1 Satz 3 BetrVG gelten als Arbeitnehmer auch Beamtinnen und Beamte sowie Arbeitnehmer des öffentlichen Dienstes, die in Betrieben privatrechtlich organisierter Unternehmen tätig sind. Die Neuregelung im BetrVG ist ausdrücklich zu begrüßen. Sie schließt eine Lücke der gesetzlichen Interessensvertretung für diese Beschäftigtengruppe.

19 Zwar stehen diese Beschäftigten auch weiterhin in einem Beamten-

---

20 EGMR 12.11.2008 – Nr. 34503/97 – Demir und Baykara; 21.4.2009 – Nr. 68959/01 – Enerji Yapi-Yol Sen –, NZA 2010, 1423 ff.
21 VG Düsseldorf 15.12.2010 – 31 K 3904/10.O –, ZBR 2011, 177 ff.
22 VG Osnabrück 19.8.2011 – 9 A 1/11 –, ZBR 2011, 389 ff.

verhältnis zu ihrem bisherigen oder neuen Dienstherrn. Tatsächlich dienen sie jedoch einer privatrechtlichen Gesellschaft, deren Zielsetzung auf Gewinnmaximierung orientiert ist. Ihre Tätigkeit unterscheidet sich nicht von der der Tarifbeschäftigten. Sie unterliegen wie diese den Weisungen der Gesellschaft. Das BVerfG hat für sog. beurlaubte Beamtinnen und Beamte der Postnachfolgeunternehmen ein Streikrecht anerkannt.[23] Zumindest für die Gruppe der Beamtinnen und Beamten, die in privatisierten ehemaligen Staatsunternehmen bzw. in privatrechtlichen Gesellschaften etwa auf der Rechtsgrundlage einer Zuweisung zum Einsatz kommen, muss ebenfalls ein Streikrecht anerkannt werden, soweit sie nicht ausnahmsweise hoheitliche Tätigkeiten ausüben.

Gewährleistet Art. 9 Abs. 3 GG grundsätzlich den Tarifvertragsparteien die Tarifautonomie, so ist die Ausübung dieses Grundrechts dennoch von der rechtlichen **Ausgestaltung der Tarifautonomie** durch den Gesetzgeber abhängig. Die rechtliche Ausgestaltung der durch Art. 9 Abs. 3 GG gewährleisteten Tarifautonomie findet sich im TVG. Gemäß § 1 Abs. 1 TVG regelt der Tarifvertrag die Rechte und Pflichten der Tarifvertragsparteien und enthält Rechtsnormen, die Inhalt, Abschluss und Beendigung von Arbeitsverhältnissen sowie betriebliche und betriebsverfassungsrechtliche Fragen ordnen können. Der Begriff Arbeitsverhältnisse wird dabei als »terminus technikus« verstanden und soll nur die Rechtsverhältnisse erfassen, die aufgrund zivilrechtlicher Vertragsgrundlage geschaffen wurden. Öffentlich-rechtliche Dienstverhältnisse sind keine Arbeitsverhältnisse i. S. v. § 1 TVG. 20

Eine andere Rechtsgrundlage für den Abschluss von Tarifverträgen für Beamtengewerkschaften gibt es nicht. Ein Anspruch auf Abschluss ohne gesetzliche Ausgestaltung gewährt Art. 9 Abs. 3 GG nicht. 21

Die Gründe für die fehlende Tarifautonomie sind sehr vielfältig, sie liegen vor allem in Art. 33 Abs. 4 und 5 GG sowie im Demokratieprinzip begründet. Vorrangig greift der **Gesetzesvorbehalt im Beamtenrecht**. Rechte und Pflichten im Beamtenrecht werden primär durch Gesetz festgelegt. Im Beamtenrecht besteht ein besonderer Vorbehalt des Gesetzes. Unbestritten gilt ein besonderer Gesetzesvorbehalt im Besoldungs- und Versorgungsrecht, der zumindest strenger ist als der allgemeine Parlamentsvorbehalt und weitergehende Ziele verfolgt. Darüber hinaus gilt ein weitreichender Gesetzesvorbehalt im Beamtenrecht. 22

Der **Gewerkschaftsbegriff** ist der gleiche, wie er für Art. 9 Abs. 3 GG zugrunde zu legen ist. Es müssen freie Vereinigungen sein, Zwangsverbände fallen nicht unter den Gewerkschaftsbegriff. Sie müssen in ihrem Bestand unabhängig vom Mitgliederwechsel sein. Bei ihnen handelt es sich um privat-rechtliche Organisationen, die nach dem 23

---
23 BVerwGE 111, 231 ff.

§ 2

Vereinsrecht (§§ 31 ff. BGB) zu organisieren sind. Eine Rechtsfähigkeit ist nicht erforderlich. Auch nicht rechtsfähige Vereine, wie die meisten Gewerkschaften, fallen unter den Gewerkschaftsbegriff. Ein maßgebliches Kriterium ist, dass die entsprechende Organisation auf Dauer ausgerichtet ist. Neben den Spitzenorganisationen zählen zu den Gewerkschaften und Arbeitgebervereinigungen auch deren Unterorganisationen, soweit sie die notwendige selbständige Stellung besitzen. Die Verbände der Arbeitnehmer des öffentlichen Dienstes müssen darüber hinaus auch tariffähig sein. Die Tariffähigkeit ergibt sich aus § 2 TVG. Danach sind tariffähig die Gewerkschaften, einzelne Arbeitgeber und Vereinigungen von Arbeitgebern sowie die Spitzenorganisationen. Darunter sind Zusammenschlüsse von Gewerkschaften und von Vereinigungen von Arbeitgebern zu verstehen sind.[24]

24 Die Tariffähigkeit einer Arbeitnehmer- oder Arbeitgeberkoalition wird nicht durch einen staatlichen Anerkennungsakt oder eine arbeitsgerichtliche Entscheidung – als Erlaubnis des Tätigwerdens als Tarifvertragspartei – festgestellt, sondern ergibt sich aus der **faktischen Erfüllung** ihrer – in erster Linie von der Rechtsprechung entwickelten – Voraussetzungen. Ist eine Koalition, bei der die Voraussetzungen der Tariffähigkeit nicht vorliegen, am Abschluss eines Tarifvertrags beteiligt, ist dieser allerdings unwirksam. Hinsichtlich der Tariffähigkeit einer Arbeitnehmerkoalition sind folgende Mindestanforderungen zu beachten:

- Die Koalition muss sich als satzungsmäßige Aufgabe die Wahrnehmung der Interessen ihrer Mitglieder in deren Eigenschaft als Arbeitnehmer zum Ziel gesetzt haben. Organisationen mit anderer Zielsetzung, wie etwa Verbraucherverbände, werden vom Gewerkschaftsbegriff nicht erfasst.

- Voraussetzung der Tariffähigkeit ist weiterhin, dass die Arbeitnehmerkoalition tarifwillig ist. In der Regel ist der Abschluss von Tarifverträgen in den Gewerkschaftssatzungen als Verbandszweck festgeschrieben. Die Tarifwilligkeit kann sich allerdings bereits aus dem tatsächlichen Verhalten der Koalition ergeben und muss nicht als solche in der Satzung verankert sein.

- Schließlich muss eine Gewerkschaft geltendes Tarifrecht als für sich verbindlich anerkennen.

- Zur Erfüllung des Gewerkschaftsbegriffs ist es schließlich notwendig, dass ein Zusammenschluss von Arbeitnehmern auf freiwilliger Basis vorliegt. Zwangssyndikate oder öffentlich-rechtlich organisierte berufsständige Vereinigungen erfüllen diese Voraussetzungen nicht.

- Die Arbeitnehmerkoalition muss auf Dauer angelegt sein. Die Funktion von Tarifverträgen macht es zwingend erforderlich, dass der Bestand der Tarifvertragsparteien gesichert und vom Ein- und Aus-

---

[24] Germelmann/Binkert/Germelmann, PersVG Berlin, § 2 Rn. 34.

tritt ihrer Mitglieder weitgehend unabhängig ist. Dies setzt eine körperschaftliche Struktur der Arbeitnehmerkoalition voraus. So sind die DGB-Gewerkschaften in aller Regel als nicht rechtsfähige Vereine organisiert und entsprechen somit diesen Anforderungen.

- Die Funktion der Tarifautonomie im Allgemeinen und die Legitimation der mit der Verleihung der Tariffähigkeit verbundenen Normsetzungsbefugnis im Besonderen setzen eine demokratischen Prinzipien entsprechende innere Ordnung und Willensbildung der Gewerkschaften voraus.
- Die Gewerkschaftseigenschaft setzt ferner voraus, dass die Arbeitnehmervereinigung gegnerfrei und unabhängig ist. Gegnerfrei bedeutet, dass der Vereinigung grundsätzlich nur Arbeitnehmer angehören dürfen. Unproblematisch für die Tariffähigkeit ist die Mitgliedschaft von Beamten, Rentnern bzw. Pensionären und Studierenden.
- Die Tariffähigkeit setzt nach zutreffender Ansicht auch die Bereitschaft zum Arbeitskampf voraus. Nur wenn auf Seiten der Arbeitnehmervereinigung die Bereitschaft zum Arbeitskampf und die Fähigkeit, diesen auch durchzuführen, vorhanden sind, kann die Bildung von Gegenmacht auf Arbeitnehmerseite gelingen und das Ziel, der Arbeitgeberseite Zugeständnisse abzuringen, erreicht werden und damit von einer Gewerkschaft die Rede sein.[25]
- Die Gewerkschaft muss so mächtig, durchsetzungs- und leistungsfähig sein, dass sie auf die Gegenseite einen fühlbaren Druck ausüben kann, die den sozialen Gegenspieler veranlasst, auf Verhandlungen über den Abschluss einer tariflichen Regelung der Arbeitsbedingungen einzugehen und zum Abschluss eines Tarifvertrags zu kommen.[26]
- Erforderlich ist auch, dass eine Gewerkschaft auf überbetrieblicher Grundlage organisiert ist. Eine auf ein einzelnes privatrechtliches Unternehmen beschränkte Arbeitnehmerkoalition kann die Erfordernisse der Durchsetzungsfähigkeit und Gegnerunabhängigkeit nicht ausreichend erfüllen, da ihre Existenz unmittelbar von der wirtschaftlichen Entwicklung und dem Bestand des Unternehmens abhängig ist.[27] Eine Tariffähigkeit wird jedenfalls nicht bei Gewerkschaften und Verbänden verlangt, die Beamtinnen und Beamte organisieren.

§ 2 schützt die allgemeinen Aufgaben der Koalitionen. Durch sie wird klargestellt, dass die Stellung der Koalitionen durch die Erweiterung der Rechte der Personalvertretung nicht eingeschränkt worden ist. Zu den typisch koalitionsgemäßen Aufgaben gehört insbesondere die Ge-

---
25 Berg/Platow/Schoof/Unterhinninghofen, § 2 TVG Rn. 13.
26 BAG 15.3.1977, AP Nr. 24 zu Art. 9 GG; BVerfG 20.10.1988, AP Nr. 31 zu § 2 TVG.
27 Däubler, TVG, § 2 Rn. 52.

§ 3

staltung der Arbeits- und Wirtschaftsbedingungen der Mitglieder. Bei der Betätigung für die Gewerkschaft dürfen deren Beauftragte nicht Einrichtungen der Dienststelle für gewerkschaftliche Zwecke verwenden (z. B. Telefaxgeräte, Kopiergeräte, EDV-Anlagen oder dienststelleninterne Postverteilsysteme).

§ 3

(1) Beschäftigte im Sinne dieses Gesetzes sind die Beamtinnen und Beamten und Arbeitnehmer einschließlich der zu ihrer Berufsausbildung Beschäftigten. Richter und Staatsanwälte sind Beschäftigte im Sinne dieses Gesetzes, wenn sie an eine Verwaltung oder einen Betrieb nach § 1 abgeordnet sind.

(2) Die Beamten und die Arbeitnehmer bilden je eine Gruppe. Die in Abs. 1 Satz 2 genannten Richter und Staatsanwälte treten zur Gruppe der Beamten.

(3) Als Beschäftigte im Sinne dieses Gesetzes gelten nicht Personen,

1. **die dem Organ der Körperschaft, Anstalt oder Stiftung des öffentlichen Rechts angehören, das zu deren gesetzlichen Vertretung berufen ist;**
2. **die an der Hochschule, an der sie als Studenten immatrikuliert sind, eine Beschäftigung ausüben;**
3. **deren Beschäftigung vorwiegend durch Beweggründe karitativer oder religiöser Art bestimmt ist;**
4. **die vorwiegend zu ihrer Heilung, Wiedereingewöhnung, sittlichen Besserung oder Erziehung beschäftigt werden;**
5. **die ein mit einer Schul- oder Hochschulausbildung zusammenhängendes Praktikum ableisten;**
6. **die einer geringfügigen Beschäftigung im Sinne des § 8 des Vierten Buches des Sozialgesetzbuches nachgehen.**

1 Der Begriff »Beschäftigte« ist der personalvertretungsrechtliche Oberbegriff für die Personen, denen als abhängige Mitarbeiter des öffentlichen Dienstes die in diesem Gesetz geregelten Rechte zustehen. Zu den Beschäftigten gehören daher nur Angehörige des öffentlichen Dienstes. Der Beschäftigte muss begriffsnotwendig zu einem Träger der in § 1 genannten Verwaltungen oder Körperschaften, Anstalten oder Stiftungen des öffentlichen Rechts in einem Beamtenverhältnis oder in einem nach Tarifrecht oder durch Einzelarbeitsvertrag begründeten **Arbeitsverhältnis oder** in einem **Berufsausbildungsverhältnis** stehen.[28] Auch ein rein faktisches Arbeitsverhältnis kann die Be-

---

28 Gemeinsamer Senat der obersten Gerichtshöfe des Bundes 12. 3. 1987 – GmS-OGB 6/86; BVerwG 6. 6. 1991 – 6 P 8.89.

schäftigteneigenschaft begründen. Im Übrigen setzt der Beschäftigtenbegriff in Abs. 1 die Unselbständigkeit der auszuübenden Tätigkeit und grundsätzlich die Weisungsgebundenheit hinsichtlich ihrer Ausübung voraus.

Abs. 1 enthält eine Legaldefinition, wer Beschäftigter im Sinne des HPVG ist. Nach **Satz 1** sind dies die Beamten und Arbeitnehmer einschließlich der zu ihrer Berufsausbildung Beschäftigten. Wer Beamter und wer Arbeitnehmer in diesem Sinne ist, ergibt sich aus den §§ 4, 5 (siehe die Kommentierung dort). 2

Auch die zu ihrer **Berufsausbildung** beschäftigten Personen gehören zu den Beschäftigten im Sinne des § 3. Für die Beurteilung, ob ein Beschäftigungsverhältnis zum Zwecke der Berufsausbildung besteht, ist entscheidend, ob die Dienststelle den Betreffenden aufgenommen hat, um ihn in einem entsprechend eingerichteten Ausbildungsgang in eigener rechtlicher und tatsächlicher Verantwortung zu einer auf ihre Bedürfnisse oder die weit gefassten Bedürfnisse ihres Trägers zugeschnittenen beruflichen Qualifikationen zu führen. Daran fehlt es, wenn die Dienststelle lediglich ihre personellen und sachlichen Mittel zur Verfügung stellt, um einzelne, unselbständige Ausbildungsleistungen im Rahmen einer Berufsausbildung zu erbringen, die von einer anderen Dienststelle oder einem Privaten geleitet wird und zu verantworten ist.[29] 3

Gemäß **Abs. 1 Satz 2** sind auch **Richter und Staatsanwälte** Beschäftigte im Sinne dieses Gesetzes, sofern sie an eine Verwaltung oder einen Betrieb nach § 1 abgeordnet worden sind. Wegen der richterlichen Unabhängigkeit und Weisungsfreiheit unterscheidet sich das Richterverhältnis vom Beamtenrechtsverhältnis. Nach § 72 DRiG sind für Richterinnen und Richter besondere Richtervertretungen zu bilden. Nur soweit sie keine richterliche Tätigkeit ausüben, d. h., sofern sie zu einer nicht richterlichen Tätigkeit abgeordnet wurden, gelten sie als Beschäftigte im Sinne des HPVG. 4

Rechtspfleger sind stets Beschäftigte im Sinne des § 3. 5

Das Gleiche gilt für **Staatsanwältinnen und Staatsanwälte**. Die Vertretung der Staatsanwälte erfolgt nach § 78a HRiG durch Staatsanwaltsräte, die bei jeder Staatsanwaltschaft gebildet werden. Da es sich bei den Staatsanwälten im Unterschied zu Richtern um weisungsgebundene Beamte handelt, ruft ihre Ausklammerung aus dem HPVG im Hinblick auf Art. 37 Abs. 1 HV rechtliche Bedenken hervor. 6

Nicht zu den Beschäftigten zählen **Personen**, die aufgrund eines **Werkvertrags** oder sonstiger die Selbständigkeit nicht berührender Vertragsverhältnisse in der Dienststelle tätig sind. Dies gilt auch für Beschäftigte, die nach einem sog. Outsourcing für und in der Dienststelle tätig sind, z. B. Wach- und Pförtnerdienste. 7

---
29 BVerwG 3.7.1984, PersR 1987, 218.

§ 4

8 **Leiharbeitnehmer**, die aufgrund eines Leiharbeitsverhältnisses in der Dienststelle tätig sind, ohne zu ihrem Träger in einem Arbeitsverhältnis zu stehen, sind nach dem HPVG keine Beschäftigten.

9 **Telearbeitnehmer** sind Beschäftigte im Sinne des HPVG.

10 **Arbeitnehmerähnliche Personen** sind keine Beschäftigten im Sinne des HPVG. Nach § 12a TVG handelt es sich um Personen, die wirtschaftlich abhängig und vergleichbar einem Arbeitnehmer sozial schutzbedürftig sind, wenn sie aufgrund von Dienst- und Werkverträgen für andere Personen tätig sind, die geschuldeten Leistungen persönlich und im Wesentlichen ohne Mitarbeit von Arbeitnehmern erbringen und überwiegend für eine Person tätig sind oder ihnen von einer Person mehr als die Hälfte des Entgelts zusteht, das ihnen für ihre Erwerbstätigkeit insgesamt zusteht. Schon wegen der fehlenden arbeitsrechtlichen Beziehung zu einem Träger der Verwaltung sind sie keine Beschäftigten im Sinne des § 3 Abs. 1.

11 **Abs. 2 Satz 1** HPVG bilden die Beamten und die Arbeitnehmer jeweils eine Gruppe. Das **Gruppenprinzip** stellt ein wesentliches Grundelement des Personalvertretungsrechts dar. Es ist historisch gewachsen und war bereits in Art. 130 Abs. 3 WRV vorgesehen. Das Gruppenprinzip dient dem Schutz der Interessen und Besonderheiten der einzelnen Gruppen. Dieser Schutz geht von dem Gedanken aus, dass die sich in unterschiedlicher Rechtsstellung befindlichen Gruppen das Recht haben sollen, über ihre eigenen Angelegenheiten selbst zu entscheiden, und dass sie nicht gezwungen werden sollen, sich in bestimmten Fragen den nur mittelbar betroffenen anderen Gruppen unterzuordnen. Der Schutz der Gruppen hat insbesondere bei der Wahl des Personalrats, bei der Wahl neuer Mitglieder, bei der Geschäftsführung und bei der Beschlussfassung des Personalrats Bedeutung. Für den Bereich des BetrVG wurde das Gruppenprinzip im Zuge der BetrVG-Novelle 2001 gestrichen.

12 **Keine Beschäftigen** im Sinne dieses Gesetzes sind die in **Abs. 3 Nr. 1 bis 6** HPVG abschließend aufgezählten Personen.

§ 4

Beamte im Sinne dieses Gesetzes sind Beschäftigte, die nach Maßgabe der beamtenrechtlichen Vorschriften in das Beamtenverhältnis berufen worden sind, mit Ausnahme der Ehrenbeamten. Als Beamte gelten auch zu ihrer Berufsausbildung Beschäftigte, die in einem öffentlich-rechtlichen Ausbildungsverhältnis stehen.

1 Das **Beamtenverhältnis auf Lebenszeit** dient der dauernden Wahrnehmung von Aufgaben und bildet den Regelfall (§ 4 Abs. 1 BeamtStG). Unter die Regelung des § 4 fällt auch das Beamtenverhältnis **auf Zeit**. Dieses dient gemäß § 4 Abs. 2 BeamtStG der befristeten

Wahrnehmung von Aufgaben nach § 3 Abs. 2 BeamtStG oder der zunächst befristeten Übertragung eines Amts mit leitender Funktion. Ebenfalls unter die Regelung fällt das Beamtenverhältnis **auf Probe**. Es dient gemäß § 4 Abs. 3 BeamtStG der Ableistung einer Probezeit zur späteren Verwendung auf Lebenszeit oder zur Übertragung eines Amts mit leitender Funktion. Zu den unter die Regelung des § 4 fallenden Beamtenverhältnissen zählt auch das Beamtenverhältnis **auf Widerruf**, das gemäß § 4 Abs. 4 BeamtStG der Ableistung eines Vorbereitungsdienstes oder der nur vorübergehenden Wahrnehmung von Aufgaben nach § 3 Abs. 2 BeamtStG dient.

Keine Beschäftigten im Sinne des HPVG sind die sog. **Ehrenbeamten**. Das Ehrenbeamtenverhältnis ist durch die Unentgeltlichkeit der Aufgabenwahrnehmung gekennzeichnet (§ 5 BeamtStG). Ehrenbeamte sind Personen, die neben ihrem Beruf, den sie innehaben können und der auch derjenige eines Berufsbeamten sein kann, hoheitliche Aufgaben nach § 3 Abs. 2 BeamtStG unentgeltlich wahrnehmen. Die Erfüllung der übertragenen Aufgaben stellt keinen Lebensberuf dar, sondern wird ohne Anspruch auf Alimentation ausgeübt. **2**

Das **Dienst- und Treueverhältnis** umschreibt den Wesenskern des Beamtenverhältnisses. Es ist keine einseitige Verpflichtung, sondern legt die gegenseitige Verpflichtung zwischen Beamten und dem Dienstherrn fest. Dieses wird im BeamtStG bzw. im HBG einerseits durch die Fürsorgepflicht, andererseits durch die festgelegten Rechte und Pflichten konkretisiert. **3**

Damit unterscheidet sich das Beamtenverhältnis von anderen Beschäftigungsverhältnissen, insbesondere denen des Arbeitsrechts, aber auch gegenüber den Tarifbeschäftigten des öffentlichen Dienstes durch **besondere Rechte und Pflichten**. Diese **Zweiteilung des öffentlichen Dienstes** beruht auf den historischen Erfahrungen in Deutschland. Sinn der institutionellen Garantie des Berufsbeamtentums ist es, Beamtinnen und Beamten die hervorgehobene Rolle bei der Wahrnehmung öffentlicher Aufgaben zuzuweisen, welche auf die Erwartung einer besonderen fachlichen Qualifikation gegründet sind. Gleichzeitig ist das Dienst- und Treueverhältnis einer der hergebrachten Grundsätze des Berufsbeamtentums, der durch Art. 33 Abs. 5 GG geschützt ist.[30] **4**

Aus der Ausgestaltung des Beamtenverhältnisses als öffentlich-rechtliches Dienst- und Treueverhältnis folgt nach bisheriger Rechtsauffassung das **Fehlen des Streikrechts**. Etwas anderes hat das BVerwG für die Beamtinnen und Beamten der Postnachfolgeunternehmen entschieden, die nach erfolgter Beurlaubung in einem privatrechtlichen Arbeitsverhältnis bei den Postnachfolgeunternehmen bzw. deren **5**

---

30 Lenders/Peters/Weber, Das neue Dienstrecht des Bundes, § 4 Rn. 26.

§ 4

Tochter- oder Beteiligungsgesellschaften zum Einsatz kommen.[31] Da sie nicht mehr dem Gemeinwohl verpflichtet, sondern in Unternehmen mit Gewinnerzielungsabsichten beschäftigt sind, unterfallen sie nicht dem Streikverbot.[32]

6 Die Legaldefinition des Beamtenverhältnisses gemäß § 3 Abs. 1 BeamtStG entspricht den verfassungsrechtlichen Vorgaben des Art. 33 Abs. 4 GG. Danach ist die Ausübung hoheitsrechtlicher Befugnisse als ständige Aufgabe in der Regel Angehörigen des öffentlichen Dienstes zu übertragen, die in einem öffentlich-rechtlichen Dienst- und Treueverhältnis stehen. Das öffentlich-rechtliche Dienst- und Treueverhältnis wird durch die prägenden Strukturmerkmale der hauptberuflichen Beschäftigung auf Lebenszeit verbunden mit der Treuepflicht des Beamten und das hiermit korrespondierende Alimentationsprinzip konstituiert. Hierbei handelt es sich um einen hergebrachten Grundsatz des Berufsbeamtentums im Sinne von Art. 33 Abs. 5 GG, der unmittelbar geltendes Recht ist und einen Regelungsauftrag an den Gesetzgeber sowie eine institutionelle Garantie des Berufsbeamtentums enthält. Die genannten, das öffentlich-rechtliche Dienstverhältnis prägenden Grundsätze zählen zum Kernbestand von Strukturprinzipien des Berufsbeamtentums, die sich in der Tradition entwickelt und bewährt haben. Sie werden von der Einrichtungsgarantie des Art. 33 Abs. 5 GG umfasst.[33] Die das öffentlich-rechtliche Dienst- und Treueverhältnis prägenden hergebrachten Grundsätze berühren die persönliche Rechtsstellung der Beamtinnen und Beamten mit der Folge, dass sie über Art. 33 Abs. 5 GG ein grundrechtsgleiches Recht der Beamtinnen und Beamten enthalten.[34]

7 Gemäß § 4 **Satz 2** gelten als Beamte auch **zu ihrer Berufsausbildung Beschäftigte**, die in einem öffentlich-rechtlichen Ausbildungsverhältnis stehen. Damit sind nicht die Beamtinnen und Beamten gemeint, die in einem Vorbereitungsdienst einer Laufbahn

- des einfachen Dienstes (§ 12 HLVO, HBR IV 2010)
- des mittleren Dienstes (§ 13 HLVO)
- des gehobenen Dienstes (§ 15 HLVO)
- des höheren Dienstes (§ 17 HLVO)

stehen. Denn hierbei handelt es sich um Beamte auf Widerruf der betreffenden Laufbahn. Damit handelt es sich bei ihnen um Beamte im Sinne des § 4 **Satz 1**.

8 Die Berufung in ein öffentlich-rechtliches Ausbildungsverhältnis erfolgt durch Aushändigung einer entsprechenden Urkunde. Hierunter fallen insbesondere **Praktikanten** nach § 23a HBG oder nach § 187a

---

31 BVerwGE 111, 231 ff.
32 Lenders/Wehner/Weber, Postpersonalrechtsgesetz, § 29 Rn. 10.
33 BVerfG 19.9.2007 – 2 BvF 3/02 –, DVBl. 2007, 1359.
34 BVerfG 7.11.2002 – 2 BvR 1053/98 –, BVerfGE 106, 225.

§ 5

HBG. Personen, die wegen fehlender deutscher Staatsangehörigkeit nicht in ein Beamtenverhältnis berufen werden können und nach § 23 b HBG in den Vorbereitungsdienst aufgenommen sind, stehen ebenfalls in einem öffentlich-rechtlichen Ausbildungsverhältnis und fallen daher zur Gruppe der Beamten nach § 4 Satz 2.

Mit ihrer Aufnahme in den juristischen Vorbereitungsdienst werden die Rechtsreferendarinnen und **Rechtsreferendare** in ein öffentlich-rechtliches Ausbildungsverhältnis berufen (§ 23 Abs. 2 JAG). Somit gelten auch sie personalvertretungsrechtlich gemäß § 4 **Satz 2** als Beamte. **9**

§ 5

Arbeitnehmer im Sinne dieses Gesetzes sind die Angehörigen des öffentlichen Dienstes, die nach ihrem Arbeitsvertrag als Angestellte, Arbeiter oder Arbeitnehmer eingestellt sind. Als Arbeitnehmer gelten auch arbeitnehmerähnliche Personen nach § 12 a des Tarifvertragsgesetzes, sobald sie mehr als fünfzig vom Hundert ihrer Gesamteinkünfte vom Träger ihrer Dienststelle beziehen, sowie Beschäftigte, die sich in einer beruflichen Ausbildung für eine Arbeitnehmertätigkeit befinden.

Arbeitnehmer im Sinne dieser Vorschrift sind die Angehörigen des öffentlichen Dienstes, die entsprechend ihrem Arbeitsvertrag entweder als Angestellte, Arbeiter oder Arbeitnehmer eingestellt sind. Maßgebend für die Zuordnung ist daher der dem Beschäftigungsverhältnis zugrunde liegende **Arbeitsvertrag**. Demgegenüber spielt die ausgeübte Tätigkeit keine Rolle. **1**

Nach dem neuen TVöD kommt es für die **Gruppenzuordnung** nicht mehr darauf an, welchem Rentenversicherungsträger die auszuübende Tätigkeit zuzuordnen ist und welcher Rentenversicherung der Beschäftigte aufgrund seiner Tätigkeit unterliegt. Arbeitnehmer im Sinne des HPVG sind unabhängig von der Art der Tätigkeit diejenigen Beschäftigten in einer Dienststelle, die aufgrund eines privatrechtlichen Arbeitsvertrags unter den Kreis der Personen nach § 1 Abs. 1 TVöD fallen oder unter einen anderen für die Dienststelle im Sinne des § 1 geltenden Tarifvertrag. **2**

Im Unterschied zu der öffentlich-rechtlichen Natur des Beamtenverhältnisses beruht das Arbeitsverhältnis auf rein **zivilrechtlichen Grundlagen**. Dies gilt selbst dann, wenn die Tarifverträge für den Abschluss der Arbeitsverträge in der Regel keine Spielräume für die das Zivilrecht kennzeichnende Vertragsfreiheit lassen. **3**

Der Arbeitsvertrag findet seine Rechtsgrundlage in § 611 Abs. 1 BGB. Er unterscheidet sich vom sog. freien Dienstvertrag durch das Merkmal der den öffentlichen Dienst prägenden **Weisungsabhängigkeit** des Dienstverpflichteten. Der Arbeitnehmer ist auf der Grundlage des **4**

§ 5

privatrechtlichen Arbeitsverhältnisses gegen Zahlung einer Vergütung zur Leistung in dienstlich abhängiger weisungsgebundener Stellung verpflichtet.

5 Im Gegensatz zu § 4 Abs. 3 BPersVG führt § 5 HPVG die sog. **Dienstordnungsangestellten** nicht ausdrücklich auf. Nach § 4 Abs. 3 BPersVG werden sie zu Recht der Gruppe der Arbeitnehmer zugeordnet. Nichts anderes kann daher für deren Berücksichtigung innerhalb des HPVG gelten.

6 Vor allem bei den Berufsgenossenschaften sowie bei den Orts- und Innungskrankenkassen ist die Dienstordnung als ein öffentlich-rechtliches Regelungsinstrument zur Festlegung der Ein- und Anstellungsbindungen und der Rechtsverhältnisse von Angestellten vorgesehen, die nicht nach Tarifvertrag oder außertariflich angestellt werden (§§ 144 ff. SGB VII bzw. §§ 351 ff. RVO). Sie wird von der Vertreterversammlung bzw. dem Verwaltungsrat des Versicherungsträgers als autonomes Satzungsrecht erlassen und bedarf der Genehmigung der Aufsichtsbehörde. Obwohl ihr materieller Inhalt weitgehend dem Beamtenrecht entspricht, beruht das Dienstverhältnis zwischen dem Versicherungsträger und dem DO-Angestellten auf einem privatrechtlichen Arbeitsvertrag.[35]

7 Für die Eigenschaft von Arbeitnehmern als Beschäftigte im Sinne des HPVG sind der Umfang der wöchentlichen oder täglichen **Arbeitszeit** und die Höhe des **Arbeitsentgelts** unerheblich. Deshalb sind auch **Teilzeitkräfte** im Sinne des § 2 Abs. 1 TzBfG Beschäftigte, ohne dass es auf die Form der Teilzeitarbeit ankommt. Dies gilt auch für sog. Abrufkräfte gemäß § 12 TzBfG, die entsprechend einer Vereinbarung mit dem Arbeitgeber ihre Arbeitsleistung nach Maßgabe des jeweiligen Arbeitsanfalls zu erbringen haben. Weiterhin gelten als Arbeitnehmer auch Beschäftigte, die nach § 8 Abs. 1 SGB IV **geringfügig** beschäftigt sind oder die Tätigkeit haupt- oder nebenberuflich ausüben.

8 Die Beschäftigteneigenschaft wird auch nicht dadurch ausgeschlossen, dass die zu leistende Arbeit außerhalb der Räume der Dienststelle verrichtet wird. Die im **Außendienst** eingesetzten Arbeitnehmer gelten daher ebenfalls als Beschäftigte im Sinne des HPVG. Das Gleiche gilt für Teleheimbeschäftigte, die außerhalb der Dienststelle, z.B. in ihrer Wohnung oder extern, unter Verwendung neuer Informations- und Kommunikationstechniken im Online- oder – je nach Ausgestaltung ihrer Tätigkeit – im Offlinebetrieb für die Dienststelle tätig sind.[36]

9 Nach Satz 2 gelten als Arbeitnehmer auch **arbeitnehmerähnliche Personen** nach § 12a des TVG, sobald sie mehr als 50 vom Hundert ihrer Gesamteinkünfte vom Träger ihrer Dienststelle beziehen. § 12a

---

35 BAG 20.2.2008 – 10 AZR 440/07 –, AP Nr. 272 zu § 611 BGB = PersR 2008, 179.
36 Lorenzen u.a., BPersVG, § 4 Rn. 22.

§ 5

TVG eröffnet den Tarifvertragsparteien die Möglichkeit, Tarifverträge für bestimmte arbeitnehmerähnliche Personen abzuschließen. Normalerweise gelten die Tarifverträge und das in §§ 1 bis 12 TVG geregelte Tarifrecht nur für Arbeitnehmer. Da aber die in § 12a TVG näher beschriebenen Beschäftigten genauso sozial schutzbedürftig sind wie Arbeitnehmer, können Koalitionen nach Art. 9 Abs. 3 GG die Rechtsverhältnisse dieser arbeitnehmerähnlichen Personen regeln. Arbeitnehmerähnliche Personen sind in erster Linie wirtschaftlich abhängig von ihren Vertragspartnern und müssen diese »strukturelle Unterlegenheit« und individuelle Verhandlungsschwäche durch kollektive Gegenmachtbildung ausgleichen können. Sie werden aufgrund von Dienst- oder Werkverträgen für andere Personen tätig. Sie erbringen die geschuldeten Leistungen persönlich und im Wesentlichen ohne Mitarbeit von Arbeitnehmern. Sie sind überwiegend für eine Person tätig oder ihnen steht von einer Person im Durchschnitt mehr als die Hälfte des Entgelts zu, das ihnen für ihre Erwerbstätigkeit insgesamt zusteht (§ 12a Abs. 1 Nr. 1 Buchst. b TVG).

Somit unterscheiden sich arbeitnehmerähnliche Personen von Arbeitnehmern durch den **Grad der persönlichen Abhängigkeit**. Sie unterliegen in der Regel keinen Weisungen, allenfalls in geringem Umfang, sind nur wenig oder gar nicht in die betriebliche Organisation eingegliedert und daher in wesentlich geringerem Maße persönlich abhängig als Arbeitnehmer.[37] **10**

Die vom Gesetz – wenn auch nur zum Teil konkretisiert – in § 12a Abs. 1 Nr. 1 TVG vorgegebene soziale Schutzbedürftigkeit soll nach Ansicht des BAG nicht durch Tarifvertrag erweitert werden können.[38] Dies überzeugt nicht. Die umfangreiche Rechtsprechung zum Arbeitnehmerbegriff und zur arbeitnehmerähnlichen Person zeigt, dass aufgrund der unbestimmten Rechtsbegriffe Rechtsunsicherheit besteht. Im Rahmen ihrer Rechtssetzungsbefugnis können die Tarifvertragsparteien für die unter den Geltungsbereich fallenden Personen Recht setzen und die unbestimmten Rechtsbegriffe ausfüllen.[39] **11**

Arbeitnehmer im Sinne des HPVG sind auch Beschäftigte, die sich in einer beruflichen Ausbildung für eine Arbeitnehmertätigkeit befinden. Hierbei handelt es sich um **Auszubildende**, die aufgrund eines Berufsausbildungsvertrags in einem anerkannten Ausbildungsberuf im Sinne des § 4 BBiG ausgebildet werden. Ausbildungen, die auf eine Arbeitnehmertätigkeit hinzielen, sind solche, deren rechtliche Grundlage, die jeweilige Berufsausbildungsverordnung, auf § 5 BBiG gestützt wird. In § 5 Abs. 1 BBiG sind die Inhalte aufgelistet, die in der Ausbildungsordnung unbedingt festzulegen sind, während in Abs. 2 die Inhalte aufgelistet sind, die die Ausbildungsordnung vorsehen kann. **12**

---

37 BAG 30.8.2000, AP Nr. 75 zu § 2 ArbGG 1979.
38 BAG 2.10.1990, AP Nr. 1 zu § 12a TVG.
39 Berg/Platow/Schoof/Unterhinninghofen, § 12a TVG Rn. 10.

§ 7

13 Neben den Auszubildenden, die aufgrund eines Berufsausbildungsvertrags nach den §§ 10 bis 25 BBiG in einem anerkannten Ausbildungsberuf im Sinne des § 4 BBiG ausgebildet wurden, fallen auch die Auszubildenden unter das HPVG, die in **Ausbildungsverhältnissen anderer Art** ausgebildet wurden. Dazu gehören etwa die Ausbildung zum Krankenpfleger/zur Krankenpflegerin und zur Hebamme/zum Entbindungspfleger nach dem Krankenpflegegesetz bzw. Hebammengesetz. Dazu zählen aber auch Personen, die sich aufgrund eines Umschulungsvertrags in einer Maßnahme der beruflichen Umschulung nach § 62 BBiG befinden.

§ 6

(aufgehoben)

§ 7

(1) Dienststellen im Sinne dieses Gesetzes sind die einzelnen Behörden, Verwaltungsstellen und Betriebe der in § 1 genannten Verwaltungen und die Gerichte. Gemeinden und Gemeindeverbände bilden unter Ausschluss der Eigenbetriebe und Krankenanstalten eine Dienststelle im Sinne dieses Gesetzes; Eigenbetriebe und Krankenanstalten gelten als selbständige Dienststellen.

(2) Die einer Behörde der Mittelstufe unmittelbar nachgeordnete Behörde bildet mit den ihr nachgeordneten Stellen eine Dienststelle; dies gilt nicht, soweit auch die weiter nachgeordneten Stellen im Verwaltungsaufbau nach Aufgabenbereich und Organisation selbständig sind. Behörde der Mittelstufe im Sinne dieses Gesetzes ist die der obersten Dienstbehörde unmittelbar nachgeordnete Behörde, der andere Dienststellen nachgeordnet sind.

(3) Nebenstellen oder Teile einer Dienststelle, die räumlich weit von dieser entfernt liegen, gelten als selbständige Dienststellen, wenn die Mehrheit ihrer wahlberechtigten Beschäftigten dies in geheimer Abstimmung beschließt. Die oberste Dienstbehörde kann Nebenstellen oder Teile einer Dienststelle im Einvernehmen mit der Personalvertretung zu selbständigen Dienststellen im Sinne dieses Gesetzes erklären; die Personalvertretung ist insoweit antragsberechtigt. Satz 1 gilt nicht für die Regierungspräsidien, das Hessische Landesamt für Umwelt und Geologie, den Landesbetrieb Landwirtschaft Hessen und den Landesbetrieb Hessisches Landeslabor.

(4) Mehrere Dienststellen gelten als eine Dienststelle, wenn die Mehrheit der wahlberechtigten Beschäftigten jeder Dienststelle dies in geheimer Abstimmung beschließt.

§ 7

(5) **Bei gemeinsamen Dienststellen der in § 1 genannten Verwaltungen, Betriebe oder Gerichte mit Einrichtungen, die nicht unter dieses Gesetz fallen, gelten nur die im Dienste dieser Verwaltungen, Betriebe oder Gerichte stehenden Beschäftigten als zur Dienststelle gehörig. Im Übrigen wird bei Dienststellen, denen Beschäftigte mehrerer Dienstherren angehören, nur eine gemeinsame Personalvertretung gebildet, wenn nicht die Mehrheit der wahlberechtigten Beschäftigten eines Dienstherrn in geheimer Abstimmung die Bildung getrennter Personalvertretungen beschließt.**

Abs. 1 dieser Vorschrift umschreibt den Begriff der **Dienststelle** und definiert damit jene Organisationseinheit, in der unter den Voraussetzungen des § 12 ein (örtlicher) Personalrat gebildet wird. Nach Abs. 1 Satz 1 sind Dienststellen im Sinne des HPVG die einzelnen Behörden, Verwaltungsstellen und Betriebe der in § 1 genannten Verwaltungen und die Gerichte. 1

Dienststelle ist die für das Personalvertretungsrecht maßgebende organisatorische Einheit, die einen selbständigen Aufgabenbereich hat und innerhalb der Verwaltungsorganisation verselbständigt ist, möge sie hoheitliche Aufgaben wahrnehmen oder sonstige Verwaltungsaufgaben erfüllen. Der Begriff der Dienststelle entspricht dem des Betriebs im Sinne des BetrVG. In Anlehnung an das Betriebsverfassungsrecht können als **Dienststellen im personalvertretungsrechtlichen Sinne** diejenigen von einer juristischen Person des öffentlichen Rechts getragenen und innerhalb der Verwaltungsorganisation verselbständigten Einheiten angesehen werden, in denen die dort Beschäftigten mit Hilfe von sächlichen und immateriellen Mitteln Aufgaben der öffentlichen Verwaltung oder andere arbeitstechnische Zwecke fortgesetzt verfolgen und ihr Einsatz von einer einheitlichen Leitung gesteuert wird. Entscheidend für die personalvertretungsrechtliche Dienststelleneigenschaft ist nicht die von einer Organisationseinheit jeweils wahrzunehmende Aufgabe, sondern ihre **organisatorische Selbständigkeit**. Die Dienststelleneigenschaft nach **Abs. 1** verlangt grundsätzlich, dass der Leiter der Einrichtung bei den für eine Beteiligung der Personalvertretung in Betracht kommenden personellen, sozialen, organisatorischen und sonstigen innerdienstlichen Angelegenheiten einen eigenen Entscheidungs- und Handlungsspielraum hat. Nur dann kann er dem Personalrat als verantwortlicher Partner gegenübertreten und dieser eigenständig Gespräche und Verhandlungen mit ihm führen. Die Dienststelleneigenschaft ist zu verneinen, wenn der Leiter der Einrichtung hinsichtlich der Mehrzahl der bedeutsamen Maßnahmen als verantwortlicher Partner einer Personalvertretung ausscheidet, weil er insoweit nicht selbständig handeln darf.[40] 2

An erster Stelle sind die einzelnen Behörden des Landes zu Dienst- 3

---

40 BVerwG 26. 11. 2008 – 6 P 7.08 –, PersV 2009, 138–144.

§ 7

stellen im Sinne dieses Gesetzes erklärt. Behörde ist eine vornehmlich auf den Organisationsnormen des öffentlichen Rechts beruhende, von einem Vorstand repräsentierte, in die staatliche Organisation eingegliederte, organisierte und nichts rechtsfähige Einheit von Waltern, Aufgaben und Zuständigkeiten, die die Befugnis besitzt, nach außen hin hoheitlich tätig zu werden. Der Begriff **Behörde** wird vom HPVG als bekannt vorausgesetzt. Bei den sog. Gebietskörperschaften (das Land, die Gemeinden und die Landkreise) sind die einzelnen Behörden Dienststellen im Sinne des HPVG.

4 **Verwaltungsstellen** unterscheiden sich von den Behörden dadurch, dass ihnen keine hoheitliche, sondern eine sonstige, dem Gemeinwohl unmittelbar dienende Tätigkeit zukommt. Verwaltungsstellen gibt es etwa bei Anstalten und Stiftungen des öffentlichen Rechts (§ 212 Abs. 1 HBG).

5 Die **Betriebe** des Landes sind ebenfalls Dienststellen im Sinne des HPVG. Ob es sich um einen Betrieb handelt, ist nach dem HPVG von besonderer Bedeutung, da die Personalräte in Betrieben erweiterte Zuständigkeiten gemäß § 82 besitzen. Im Unterschied zu den Behörden und Verwaltungsstellen üben Betriebe keine materielle Verwaltungstätigkeit aus, sondern verfolgen – wie Betriebe des privaten Rechtsträgers – ertragswirtschaftliche Ziele, etwa im Bereich der öffentlichen Versorgung. Zu den Betrieben gehören gemäß **Abs. 1 Satz 2** auch die sog. **Eigenbetriebe**. Dies sind kommunale Unternehmen ohne eigene Rechtspersönlichkeit. Gleichwohl sind sie organisatorisch unabhängig und treten unter eigenem Namen auf. Der Eigenbetrieb ist die älteste öffentliche Rechtsform für kommunale Betriebe. **Regiebetriebe** sind ebenfalls kommunale Unternehmen ohne eigene Rechtspersönlichkeit. Sie sind unselbständige Teile der Gemeinde- oder Landkreisverwaltung. Ihre Rechnungsführung bildet einen Teil der Gemeinde- bzw. Landkreishaushaltsrechnung und erfolgt nach den Grundsätzen der Kammeralistik gemäß § 121 HGO. Demgegenüber erfolgt die Rechnungsführung bei den Eigenbetrieben nach wirtschaftlichen Gesichtspunkten. Regiebetriebe gibt es im Land nur in Gemeinden mit nicht mehr als 10 000 Einwohnern oder aufgrund besonderer Befreiung von den Vorschriften des EigBGes.

6 **Krankenanstalten** bilden gemäß **Abs. 1 Satz 2** ebenfalls wie die Eigenbetriebe selbständige Dienststellen.

7 Das HPVG geht für die öffentliche Verwaltung von einem **dreistufigen Verwaltungsaufbau** als Normfall aus. Der obersten Dienstbehörde folgt die Behörde der Mittelstufe und ihr die untere Behörde. Dieser dreistufige Verwaltungsaufbau wirkt sich auch auf das Personalvertretungsrecht im Hinblick auf die Stufenvertretungen aus. Eine Behörde der Mittelstufe im Sinne des HPVG ist die der obersten Dienstbehörde unmittelbar nachgeordnete Behörde, der andere Dienststellen nachgeordnet sind. Eine sog. Behörde der Mittelstufe sind das Regierungspräsidium bzw. das Hessische Landesamt für Ernährung, Landwirtschaft und Landentwicklung oder das Landesamt für Straßenbau, die Staatsanwaltschaft beim Oberlandesgericht.

Für die Möglichkeit der **Verselbständigung von Nebenstellen** müssen gemäß **Abs. 3** nur zwei Voraussetzungen erfüllt sein, damit Nebenstellen oder Teile einer Dienststelle als selbständige Dienststelle gelten. Zum einen muss die Nebenstelle oder der Teil der Dienststelle von der zentralen Dienststelle (der Hauptdienststelle) räumlich weit entfernt sein, zum anderen müssen die Beschäftigten einen Verselbständigungsbeschluss fassen. Die strengen organisatorischen Maßstäbe, die sonst gemäß Abs. 1 und 2 für die Personalratsfähigkeit von Dienststellen zu beachten sind, sind für die Nebenstellen oder Teile einer Dienststelle im Sinne des Abs. 3 gerade nicht anzulegen. Der wirksame Verselbständigungsbeschluss hat auch nicht zur Voraussetzung, dass der Leiter der Nebenstelle personalvertretungsrechtlich relevante Befugnisse hat.[41] Dafür bieten weder der Wortlaut des Abs. 3 noch Sinn und Zweck des Hessischen Landespersonalvertretungsgesetzes Anhaltspunkte. 8

In atypischen Fällen setzt sich der **Grundsatz ortsnaher Betreuung** durch. So kann es zwar sein, dass ein Außenstellenmitarbeiter nur in der Hauptdienststelle Vorgesetzte hat. Damit sind Beteiligungsprobleme aber nicht verbunden. Bei ortsbezogenen Maßnahmen des Außenstellenleiters – etwa dem Erlass von Unfallverhütungsregeln – ist der Außenstellenpersonalrat zur Beteiligung berufen. Wird die Entscheidung dagegen in der Hauptdienststelle getroffen, so ist stets der Gesamtpersonalrat zu beteiligen, der dem Personalrat der Außenstelle Gelegenheit zur Stellungnahme gibt. 9

Voraussetzung für die Bildung eines eigenen Personalrats ist neben dem Verselbständigungsbeschluss die **räumlich weite Entfernung** der Nebenstelle oder von Teilen der Dienststelle von der Hauptdienststelle. Der unbestimmte Rechtsbegriff der räumlich weiten Entfernung, der nach objektiven Maßstäben der uneingeschränkten richterlichen Nachprüfung unterliegt, ist einzelfallbezogen zu prüfen. Hierbei kommt es nicht nur auf die geografische Entfernung an, sondern auch auf die bestehenden Verkehrsverhältnisse, etwa auf den benötigten Zeitaufwand, um den bei der Hauptdienststelle gebildeten Personalrat persönlich sprechen zu können. Die räumliche Nähe zwischen Personalrat und Beschäftigten soll nicht nur die Kontaktmöglichkeiten untereinander verbessern, sondern auch eine gute und ausreichende Betreuung der Beschäftigten gewährleisten. Dass es jedem Mitarbeiter grundsätzlich freisteht, sich mit seinen Problemen an den Personalrat der Hauptdienststelle im Rahmen einer telefonischen Kontaktaufnahme oder per E-Mail zu wenden, spricht nicht gegen die Vorteile einer ortsnahen Betreuung der Beschäftigten aufgrund der Verselbständi- 10

---

41 BVerwG 13. 9. 2010, ZfPR Online 2010 Nr. 11, 13 bis 16 = PersR 2010, 494.

§ 7

gung einer Nebenstelle. Selbst innerhalb einer Großstadt können eine Nebenstelle oder ein Teil einer Dienststelle derart räumlich weit entfernt von der Hauptdienststelle liegen, dass der Personalrat die dort Beschäftigten nur unter Überwindung besonderer Schwierigkeiten betreuen kann. So kommt auch in diesen Fällen eine personalvertretungsrechtliche Verselbständigung in Betracht.

11 Neben der räumlich weiten Entfernung ist weitere Voraussetzung, dass die Beschäftigten der Nebenstelle oder des Teils einer Dienststelle einen **Verselbständigungsbeschluss** fassen. Dieser erfolgt in geheimer Abstimmung und bedarf der Mehrheit der wahlberechtigten Beschäftigten. Das Gruppenprinzip ist bei dieser Abstimmung nicht zu beachten und wäre unzulässig. Die Abstimmung kann im Übrigen von jedem Beschäftigten der Nebenstelle bzw. des Teils einer Dienststelle initiiert werden.

12 Liegen die Voraussetzungen für die Verselbständigung vor, so ist die Wahl eines eigenen Personalrats einzuleiten.

13 Ficht die Hauptdienststelle die Personalratswahl in Nebenstellen mit der Begründung an, eine Verselbständigung sei mangels Vorliegen einer Nebenstelle im Sinne des Abs. 3 nicht zulässig, so ist die **Wahlanfechtung** nicht schon deshalb unzulässig, weil im Fall der Ungültigerklärung der Wahlen zu den Personalräten in den Nebenstellen das Wahlergebnis zu den Personalvertretungen der Hauptdienststelle geändert oder beeinflusst werden könnte. Soweit ein Verstoß gegen wesentliche Wahlvorschriften vorliegt, genügt für den Erfolg der Wahlanfechtung zwar schon die Möglichkeit einer Änderung oder Beeinflussung des Wahlergebnisses, ohne dass es der Feststellung einer tatsächlich erfolgten Änderung oder Beeinflussung bedarf. Eine nur denkbare Möglichkeit genügt jedoch dann nicht, die Anfechtung zu begründen, wenn sie nach der Lebenserfahrung vernünftigerweise nicht in Betracht zu ziehen ist. Abstrakt nicht auszuschließende, nach der Lebenserfahrung aber unwahrscheinliche Kausalverläufe bleiben unberücksichtigt, wenn für ihren Eintritt keine tatsächlichen Anhaltspunkte bestehen.[42] Die Wahlanfechtung hat nur dann Erfolg, wenn **konkrete Anhaltspunkte** dafür bestehen, dass ein ausgeschlossener Beschäftigter nicht nur von seinem aktiven Wahlrecht hätte Gebrauch machen, sondern auch kandidieren wollen.[43]

14 Gemäß **Abs. 3 Satz 2** kann die oberste Dienstbehörde Nebenstellen oder Teile einer Dienststelle **im Einvernehmen** mit der Personalvertretung zu selbständigen Dienststellen erklären. Hierbei ist die Personalvertretung antragsberechtigt. Dies ist nicht der Gesamtpersonalrat einer Gemeinde, sondern der Personalrat der Dienststelle, aus der ein Teil bzw. eine Nebenstelle ausgegliedert werden soll.

---

42 BVerwG 27.6.2007 – 6 A 1.06 –, zitiert nach juris.
43 BVerwG 26.11.2008 – 6 P 7.08 –, PersV 2009, 138–144.

§ 8

Gemäß **Abs. 4** gelten **mehrere Dienststellen** als eine Dienststelle, wenn die Mehrheit der wahlberechtigten Beschäftigten jeder Dienststelle dies in geheimer Abstimmung beschließt. In der Praxis ist dies selten anzutreffen. Da die Zuständigkeit verschiedener Personalabteilungen und verschiedener Personalvertretungen im Verhältnis eines Eigenbetriebs zu einer Gemeindeverwaltung oft Komplikationen aufwirft, sind hier entsprechende Beschlüsse zu einer gemeinsamen Dienststelle vereinzelt anzutreffen. Bei Dienststellen, denen Beschäftige mehrerer Dienstherren angehören, wird gemäß § 5 Abs. 2 nur eine gemeinsame Personalvertretung gebildet, wenn nicht die Mehrheit der wahlberechtigten Beschäftigten eines Dienstherrn in geheimer Abstimmung die Bildung getrennter Personalvertretungen beschließt.

§ 8

(1) Für die Dienststelle handelt ihr Leiter. Er kann sich durch seinen ständigen Vertreter, bei obersten Dienstbehörden, Behörden der Mittelstufe, den Hochschulen, dem Landeswohlfahrtsverband Hessen und der Landesversicherungsanstalt Hessen auch durch den Leiter der für Personalangelegenheiten zuständigen Abteilung vertreten lassen.

(2) Als Dienststellenleiter können sich Bürgermeister und Landräte durch ihren allgemeinen Vertreter oder einen anderen allgemein oder im Einzelfall bevollmächtigten Beigeordneten, bei kreisfreien Städten und Landkreisen sowie bei kreisangehörigen Gemeinden mit mehr als 50 000 Einwohnern auch durch den Leiter des für Personalangelegenheiten zuständigen Amtes, vertreten lassen. Als Dienststellenleiter der bei ihnen als Behörden der Landesverwaltung eingerichteten Hauptabteilungen können sich Oberbürgermeister und Landräte durch ihren allgemeinen Vertreter oder den Leiter der Hauptabteilung Allgemeine Landesverwaltung und, soweit diese beim Oberbürgermeister nicht eingerichtet ist, von dem Leiter einer anderen Hauptabteilung vertreten lassen. § 86 Abs. 2 Satz 2 bleibt unberührt. In Eigenbetrieben und Krankenanstalten kann sich ein Betriebsleiter als Dienststellenleiter durch einen allgemein oder im Einzelfall bevollmächtigten anderen Betriebsleiter oder das für Personalangelegenheiten zuständige Mitglied der Betriebsleitung vertreten lassen. In allen Fällen muss der Vertreter zur Entscheidung befugt sein. Beim Hessischen Verwaltungsschulverband kann sich der Verbandsvorsteher als Dienststellenleiter durch den Verbandsgeschäftsführer vertreten lassen.

(3) Abweichend von Abs. 1 handelt bei den der Aufsicht des Landes unterstehenden Körperschaften, Anstalten und Stiftungen des öffentlichen Rechts der Vorstand. Er kann sich durch ein entscheidungsbefugtes Mitglied oder dessen ständigen Ver-

§ 8

treter vertreten lassen. Bei den Sozialversicherungsträgern, den Kommunalen Gebietsrechenzentren, den Handwerkskammern, der Kassenärztlichen Vereinigung Hessen und den Studentenwerken handelt für die Dienststelle der Geschäftsführer.

(4) In Zweifelsfällen bestimmt die oberste Dienstbehörde, wer die Aufgaben des Dienststellenleiters wahrnimmt.

1 Gemäß **Abs. 1** handelt personalvertretungsrechtlich für die Dienststelle deren Leiter. Der Dienststellenbegriff im Sinne des Personalvertretungsrechts ist in § 7 (siehe die Kommentierung dort) definiert.

2 Der Dienststellenleiter vertritt die Dienststelle gegenüber der Personalvertretung, so dass er auch dort als Adressat angesprochen ist, wo im Gesetz Pflichten und Befugnisse der »Dienststelle« als solche auferlegt und eingeräumt sind.[44] Er repräsentiert den Dienstherrn für den als eigenständige Einheit bestehenden Bereich einer Dienststelle. Die **Stellung des Dienststellenleiters** ist demnach dadurch gekennzeichnet, dass er in dem ihm zugewiesenen Bereich öffentlicher Verwaltung – in seiner Dienststelle, die nicht mit dem Dienstherrn identisch ist – als Repräsentant des obersten Organs auftritt, für und gegen das er die im Gesetz vorgesehenen Beteiligungsrechte der Personalvertretung, und zwar als Partner des Personalrats durchführt. Die Dienststelle ist dabei Verkörperung und äußerer Rahmen der Interessenssphäre des Dienstherrn, in der seine Aufgaben und Befugnisse für ihn wahrgenommen werden und in die ein entsprechender Teil seiner Personalhoheit projiziert wird.

3 Wer im Einzelfall berechtigt ist, für die Dienststelle als deren Leiter zu handeln, wird durch das Personalvertretungsrecht nicht festgelegt. Dies richtet sich sowohl nach der Organisationsform der Verwaltung, der die Dienststelle angehört, als auch nach der tatsächlichen Übertragung der Geschäfte des Behörden- oder Verwaltungschefs auf eine oder mehrere Personen. Regelmäßig ergibt sich dies aus dem **Geschäftsverteilungsplan** oder Organisationsplan oder aber aus dem Recht, die Schriftstücke der Dienststelle ohne Zusatz zu unterzeichnen.

4 Prägend für die personalvertretungsrechtliche Stellung als Dienststellenleiter ist die Verantwortung für die **Beaufsichtigung und Regelung des gesamten Dienstbetriebs** und die Zuständigkeit zur **Entscheidung und Umsetzung von Maßnahmen**, die vor ihrem Erlass der Beteiligung des Personalrats unterliegen. Der Leiter der Dienststelle muss nicht die Eigenschaft eines Beamten auf Lebenszeit innehaben. Insoweit kann auch ein Arbeitnehmer Dienststellenleiter sein. Die Person muss in der Dienststelle tätig sein, ohne zugleich nach § 3 Beschäftigter im Sinne des HPVG sein zu müssen.

5 Durch einen Beschluss der Beschäftigten nach § 7 Abs. 3 erhalten die

---

44 Fischer/Goeres/Gronimus, BPersVG, § 7 Rn. 6; Ilbertz/Widmaier, BPersVG, § 7 Rn. 2.

Leiter solcher Nebenstellen oder Dienststellenteile die **Qualität eines Dienststellenleiters** im personalvertretungsrechtlichen Sinne. Denn diese sind für ihren Teilbereich gegenüber dem bei ihnen gebildeten Personalrat zum Handeln befugt, soweit ihnen innerhalb der Behördenhierarchie für die konkrete personalvertretungsrechtliche Angelegenheit die Entscheidungsbefugnis zusteht.

Das Gesetz hat die Vertretung des Dienststellenleiters in Personalvertretungsangelegenheiten bewusst beschränkt. Danach kann sich der Leiter der Dienststelle nur durch seinen **ständigen Vertreter** im Falle seiner Verhinderung vertreten lassen. Der ständige Vertreter ist nicht nur Vertreter im Verhinderungsfall, sondern darüber hinaus auch Anwesenheitsvertreter. Allerdings kann er gegenüber der Personalvertretung als ständiger Vertreter nur handeln, sofern der Dienststellenleiter selbst verhindert ist.

Nur dann, wenn begründete Zweifel an der Verhinderung des Dienststellenleiters bestehen, er z.B. in der Dienststelle sogar anwesend ist, kann der Personalrat ausnahmsweise die Bekanntgabe des Grundes der Verhinderung verlangen. Sollte sich im Nachhinein jedoch herausstellen, dass tatsächlich eine Verhinderung vorgelegen hat, so wirkt sich dies nicht auf die Rechtswirksamkeit der Maßnahme aus.

Tritt gegenüber der Personalvertretung für die Dienststelle eine Person auf, die zum ständigen Vertreter bestellt ist, liegt kein Handeln für die Dienststelle im personalvertretungsrechtlichen Sinne vor. Allerdings muss der Personalrat einen Mangel in der Vertretung unverzüglich rügen. Handelt somit ein **Vertreter ohne Vertretungsmacht**, kann dies weder Fristen noch das Beteiligungsverfahren ordnungsgemäß in Gang setzen. Selbst wenn die Personalvertretung diesen Fall als eine Vorlage des Vertreters ohne Vertretungsmacht behandelt und hierüber einen Beschluss fasst, ist dieser gleichwohl unwirksam. In diesem Zusammenhang wird zu Recht darauf hingewiesen, dass eine von der Funktion des Handelnden her nicht vorliegende Vertretungsbefugnis nicht durch einen zustimmenden Beschluss der Personalvertretung geheilt werden kann. Es ist somit ein neues, ordnungsgemäßes Beteiligungsverfahren einzuleiten.[45]

Bei obersten Dienstbehörden, Behörden der Mittelstufe, den Hochschulen, dem Landeswohlfahrtsverband Hessen und der Landesversicherungsanstalt Hessen kann sich der Leiter der Dienststelle auch durch den **Leiter der für Personalangelegenheiten** zuständigen Abteilung vertreten lassen.

Bei den der Aufsicht des Landes unterstehenden Körperschaften, Anstalten und Stiftungen des öffentlichen Rechts ist der **Vorstand** das handelnde Organ. Dieser kann sich durch ein entscheidungsbefugtes Mitglied oder dessen ständigen Vertreter vertreten lassen.

---

45 Lenders/Richter, Die Personalvertretung, S. 2 f.

§ 9

11 Für die in **Abs. 3 Satz 3** aufgeführten Dienststellen handelt deren **Geschäftsführer**, etwa für die Handwerkskammern, die Kassenärztliche Vereinigung Hessen bzw. die Studentenwerke.

Zweiter Abschnitt
Der Personalrat

Erster Titel
Wahl und Zusammensetzung

§ 9

(1) Wahlberechtigt sind alle Beschäftigten, die am Wahltag das achtzehnte Lebensjahr vollendet haben, es sei denn, dass sie infolge strafgerichtlicher Verurteilung das Recht, in öffentlichen Angelegenheiten zu wählen oder zu stimmen, nicht besitzen. Wahlberechtigt sind auch Personen, deren Beschäftigungsverhältnis aufgrund tariflicher Bestimmungen wegen Unterbrechung der Arbeiten ohne besondere Kündigung beendet worden ist und die Anspruch auf Wiedereinstellung haben. Beschäftigte, die am Wahltag seit mehr als sechs Monaten unter Wegfall der Bezüge beurlaubt sind, sind nicht wahlberechtigt.

(2) Wer zu einer Dienststelle abgeordnet ist, wird in ihr wahlberechtigt, sobald die Abordnung länger als drei Monate gedauert hat; im gleichen Zeitpunkt verliert er das Wahlrecht in der alten Dienststelle. Das Gleiche gilt, wenn ein Beschäftigter mit mehr als der Hälfte seiner regelmäßigen Arbeitszeit länger als drei Monate in einer anderen Dienststelle tätig ist. In Fällen einer Zuweisung verliert der Beschäftigte das Wahlrecht in der alten Dienststelle, sobald die Zuweisung länger als drei Monate gedauert hat. Satz 1 ist auf Teilnehmer an Lehrgängen nicht anzuwenden.

(3) Beamte im Vorbereitungsdienst und Beschäftigte in entsprechender Berufsausbildung sind nur in ihrer Stammbehörde wahlberechtigt. Für Rechtsreferendare gilt § 107, für Fachlehreranwärter, Lehramts- und Studienreferendare gilt § 108.

(4) Erwirbt der Beschäftigte das Wahlrecht in einer anderen Dienststelle, auf die dieses Gesetz keine Anwendung findet, so verliert er gleichzeitig das Wahlrecht in der alten Dienststelle.

1 § 9 regelt das **aktive Wahlrecht** (= Wahlberechtigung), während § 10 das passive Wahlrecht (= Wählbarkeit) beinhaltet. Die Wahlberechtigung ist das Recht zur Stimmabgabe. Sie ist u. a. Voraussetzung für die Wählbarkeit, für das Recht, einen Wahlvorschlag zu unterzeichnen, und für die Mitgliedschaft im Wahlvorstand. Sie muss **am Tag der Wahl** vorliegen. Erstreckt sich die Stimmabgabe über mehrere Tage, reicht es aus, wenn die Wahlberechtigung an einem dieser Tage besteht.[46] § 9 gilt für die Wahlberechtigung zu den Stufenvertretungen (§ 50 Abs. 2) und zum Gesamtpersonalrat (§§ 52, 53) entsprechend.

Wahlberechtigt sind Beschäftigte der Dienststelle. Das Wahlrecht setzt also voraus, dass der Beschäftigte in die Dienststelle tatsächlich organisatorisch eingegliedert ist. Die **Dienststellenzugehörigkeit** beginnt grundsätzlich mit dem Eintritt in die Dienststelle. Dieser kann auf einer Einstellung oder Versetzung beruhen. Im Falle einer Abordnung oder einer Zuweisung gilt Abs. 2. Die Dienststellenzugehörigkeit endet mit dem Ausscheiden aus der Dienststelle oder der Beendigung des Dienst- bzw. Arbeitsverhältnisses. Durch eine Versetzung zu einer anderen Dienststelle scheidet ein Beschäftigter aus der Dienststelle aus. Dies ist auch im Falle des Eintritts in die **Freistellungsphase** des nach dem **Blockmodell** vereinbarten Altersteilzeitarbeitsverhältnisses der Fall.[47] 2

Das **Beamtenverhältnis endet** durch 3

1. Entlassung,
2. Verlust der Beamtenrechte,
3. Entfernung aus dem Beamtenverhältnis nach dem Landesdisziplinargesetz
4. Eintritt oder Versetzung in den Ruhestand und
5. Tod.

Das **Arbeitsverhältnis endet** außer durch den Tod durch ordentliche oder außerordentliche Kündigung, durch Aufhebungsvertrag bzw. wegen verminderter Erwerbsfähigkeit oder durch Erreichen der Altersgrenze bzw. durch die Anfechtung oder Feststellung der Nichtigkeit des Arbeitsvertrags bzw. – bei befristeten Arbeitsverträgen – durch bloßen Zeitablauf. Ein Beamter, gegen den ein Disziplinarverfahren anhängig ist, verliert seine Wahlberechtigung auch dann nicht, wenn er während des Disziplinarverfahrens vorläufig des Dienstes enthoben ist.[48] 4

Nach einer **Kündigung des Arbeitsverhältnisses** bleibt der ordentlich bzw. außerordentlich gekündigte Arbeitnehmer über den Zeitpunkt des Ablaufs der Kündigungsfrist bzw. über den Zugang der Kündigung hinaus dann wahlberechtigt, wenn er die Kündigung beim Arbeitsgericht angegriffen und während des Kündigungsschutzprozesses **weiterbeschäftigt** wird. Anders verhält es sich bei gekündigten 5

---

46 Altvater-Lemcke, BPersVG, § 13 Rn. 1 b.
47 BVerwG 15. 5. 2002 – 6 P 8.01 –, PersR 2002, 434.
48 Altvater-Lemcke, BPersVG, § 13 Rn. 8.

§ 9

Arbeitnehmern, die während des Kündigungsschutzstreits **nicht weiterbeschäftigt** werden. Sie sind mangels ihrer tatsächlichen Eingliederung in die betriebliche Organisation des Arbeitgebers bzw. in die Dienststelle nicht wahlberechtigt. Sie bleiben aber wählbar, weil die rechtswirksame Beendigung des Arbeitsverhältnisses durch die Kündigung bis zum rechtskräftigen Abschluss des Kündigungsschutzrechtsstreits in der Schwebe bleibt.[49]

6 Das aktive Wahlrecht setzt voraus, dass der Beschäftigte am Wahltag das **18. Lebensjahr vollendet** hat. Wird er erst am letzten Tag einer sich über mehrere Tage hinziehenden Wahl 18 Jahre alt, kann er seine Stimme schon an einem der vorhergehenden Tage abgeben. Der 18. Geburtstag am Tage nach dem letzten Wahltag erfüllt die Erfordernisse von **Abs. 1 Satz 1** nicht. Bei der Berechnung des Lebensalters wird jedoch der erste Tag, der Tag der Geburt, mitgezählt.

> **Beispiel:** Ein Beschäftigter, der am 8. Mai geboren ist, hat nach 18 Jahren mit Ablauf des 7. Mai sein 18. Lebensjahr erreicht und darf am 8. Mai, an seinem Geburtstag, sein Wahlrecht ausüben.

7 Nicht wahlberechtigt sind Beschäftigte, die infolge strafgerichtlicher Verurteilung das Recht, in öffentlichen Angelegenheiten zu wählen oder zu stimmen, nicht (mehr) besitzen. So hat die richterliche Aberkennung des aktiven Wahlrechts wegen schwerer Straftaten nach **§ 45 StGB** auch den Verlust des Wahlrechts zum Personalrat zur Folge. Gemäß § 45 Abs. 5 StGB kann durch richterliche Bestimmung dem als Straftäter in Erscheinung tretenden Beschäftigten für die Dauer von zwei bis fünf Jahren das Recht, in öffentlichen Angelegenheiten zu wählen oder zu stimmen, aberkannt werden. Die Aberkennung des aktiven Wahlrechts ist trotz ihrer gesetzlichen Bezeichnung als Nebenfolge ihrer Art nach eine Nebenstrafe. Es liegt im pflichtgemäßen Ermessen des Strafgerichts zu prüfen, in welcher zeitlichen Dauer die Aberkennung des Wahlrechts bzw. Stimmrechts erfolgt. Der Verlust des aktiven Wahlrechts wird gemäß § 45a Abs. 1 StGB mit Rechtskraft des Urteils wirksam. Nach § 45a Abs. 2 StGB wird die Dauer des Verlustes von dem Tage an gerechnet, an dem die Freiheitsstrafe verbüßt, verjährt oder erlassen ist. Ob der Betreffende sich dann in Freiheit oder noch in anderer Sache in Haft befindet, ist gleichgültig.

8 Wahlberechtigt sind nach **Abs. 1 Satz 2** auch Personen, deren Beschäftigungsverhältnis aufgrund tariflicher Bestimmungen wegen Unterbrechung der Arbeiten ohne besondere Kündigung beendet worden ist und die **Anspruch auf Wiedereinstellung** haben. Die Regelung bezieht sich auf **Waldarbeiter/innen**. Deren Beschäftigungsverhältnis gilt auch ohne besondere Kündigung als unterbrochen, wenn in den Fällen außerordentlicher Witterungseinflüsse oder anderer, nicht vorherzusehender Umstände die Arbeiten nicht weitergeführt werden

---

[49] BAG 10.11.2004 – 7 ABR 12/04 –, AP Nr. 11 zu § 8 BetrVG 1972; so auch Fitting, BetrVG, § 7 Rn. 34 sowie Altvater-Lemcke, BPersVG, § 13 Rn. 8.

können. Fallen diese Umstände weg, sind sie wieder einzustellen. Damit ihr Wahlrecht infolge unvorhersehbarer Ereignisse nicht infrage gestellt wird, wurde die Regelung in Abs. 1 Satz 2 zu Recht aufgenommen.

Nach **Abs. 1 Satz 3** sind beurlaubte Beschäftigte nicht wahlberechtigt, wenn sie am Wahltag **seit mehr als sechs Monaten** unter Wegfall der Bezüge **beurlaubt** sind. Der Verlust des Wahlrechts tritt somit erst ein, wenn der Zeitraum von sechs Monaten überschritten ist. Unterhalb dieser Zeitgrenze besteht das aktive Wahlrecht. Sonstige beurlaubte Beamte, die während ihres Sonderurlaubs Bezüge beziehen, sind von der Regelung des Abs. 1 Satz 3 nicht erfasst.   9

Die Regelung ist auch nicht auf die **Mutterschutzfrist** oder die **Elternzeit** anwendbar. Das Wahlrecht besteht vielmehr auch während der Schutzfrist von sechs Wochen vor und acht Wochen – in Ausnahmen zwölf Wochen – nach der Geburt sowie bei Beschäftigungsverboten nach dem MuSchG weiter. Während der Mutterschutzfrist bestehen sowohl das Arbeitsverhältnis wie auch das Beamtenverhältnis uneingeschränkt fort. Das Gleiche gilt für die Elternzeit.[50] Die Verneinung des Wahlrechts während der Mutterschutzfrist wäre auch in Bezug auf die Elternzeit als ein Verstoß gegen das Benachteiligungsverbot anzusehen und schon wegen ihrer unmittelbar diskriminierenden Wirkung unzulässig.[51] Auch bei der **Pflegezeit** handelt es sich zwar um eine Freistellung von der Arbeitsleistung, jedoch nicht um eine Beurlaubung im Sinne des Abs. 1 Satz 3.   10

Das aktive Wahlrecht verliert ein Beschäftigter, wenn er länger als drei Monate zu einer Dienststelle abgeordnet ist. Gleichzeitig wird er in der Dienststelle, zu der er abgeordnet wurde, wahlberechtigt. Unter **Abordnung** ist hierbei die nur vorübergehend zugewiesene Tätigkeit oder tatsächliche Beschäftigung eines Beschäftigten bei einer anderen Dienststelle zu verstehen.[52] Vollzieht sich die Abordnung zwischen zwei verschiedenen Dienstherrn, liegt ebenfalls eine Abordnung im Sinne des **Abs. 2 Satz 1** vor. Der personalvertretungsrechtliche Begriff der Abordnung in Abs. 2 Satz 1 ist weitergehender als Abordnungen im Sinne des Beamtenrechts. Nicht erfasst sind sog. Teilabordnungen, da Beschäftigte in dieser Variante nicht vollständig aus der bisherigen Dienststelle herausgegliedert sind. Das Wahlrecht in der neuen Dienststelle erwirbt ein Beschäftigter auch dann, wenn seine zunächst auf unter drei Monate befristete Abordnung nachträglich verlängert wird. Eine Abordnung mit dem Ziel der Versetzung wird erst dann im Hinblick auf das Wahlrecht relevant, wenn die Abordnung länger als drei Monate andauert.[53]   11

---

50 BVerwG 25.5.2005 – 7 ABR 45/04 –, NZA 2005, 1002 f.
51 VG Frankfurt/Main 25.7.2005, PersR 2006, 174.
52 BVerwG 2.9.1983 – 6 P 29.92 –, ZBR 1984, 80.
53 BVerwG 27.1.2008 – 6 P 16.07 –, zitiert nach juris.

§ 9

12 Die Vorschrift des Abs. 2 Satz 1 HPVG erfasst auch Abordnungen im Sinne des Arbeitsrechts. Unter Abordnung wird hiernach die vorübergehende Beschäftigung eines Arbeitnehmers innerhalb oder außerhalb des bisherigen Dienstorts verstanden.[54] Endet die Abordnung, besteht das Wahlrecht wieder bei der ursprünglichen Dienststelle.

13 Das Vorgesagte gilt gemäß **Abs. 2 Satz 2** auch, wenn ein Beschäftigter mit mehr als der Hälfte seiner regelmäßigen Arbeitszeit länger als drei Monate in einer anderen Dienststelle tätig ist. Hierbei kann es sich um eine Eingliederung in eine Dienststelle handeln, ohne dass eine Abordnung vorliegt.

14 Auch in den Fällen einer **Zuweisung** verliert der Beschäftigte das aktive Wahlrecht in der alten Dienststelle, sobald die Zuweisung länger als drei Monate andauert. Nach § 20 Abs. 1 BeamtStG kann Beamten mit ihrer Zustimmung vorübergehend ganz oder teilweise eine Tätigkeit bei einer öffentlichen Einrichtung zugewiesen werden. Diese Einrichtungen haben keine Dienstherrenfähigkeit nach deutschem Beamtenrecht, so dass eine Abordnung oder Versetzung nicht zulässig wäre. Nach § 20 Abs. 2 BeamtStG kann die Zuweisung einer Tätigkeit auch an eine Einrichtung erfolgen, die ganz oder teilweise von einer Dienststelle in eine Einrichtung ohne Dienstherrenfähigkeit oder in eine privatrechtlich organisierte Einrichtung umgewandelt wird. Eine Zuweisung muss zu einer dem bisherigen Amt entsprechenden Tätigkeit erfolgen.

15 Die Mitgliedschaft eines Beamten einer Gemeinde, der Aufgaben nach dem SGB II in der bisherigen ARGE wahrgenommen hat, ist mit der zum 1.1.2011 gemäß **§ 44g Abs. 1 SGB II** wirksam gewordenen gesetzlichen Zuweisung von Tätigkeiten bei der gemeinsamen Einrichtung (Jobcenter), die die Aufgaben der ARGE weiterführt, erloschen. Gemäß § 44g Abs. 1 Satz 1 SGB II wurden Beamten und Arbeitnehmern der Träger und der nach § 6 Abs. 2 Satz 1 SGB II herangezogenen Gemeinden und Gemeindeverbände Tätigkeiten bei den Jobcentern für die Dauer von fünf Jahren gesetzlich zugewiesen. Da es sich um eine Zuweisung kraft Gesetzes handelt, ist diese nicht von der Zustimmung des Beschäftigten abhängig. In Fällen einer Zuweisung verliert der Beschäftigte das aktive Wahlrecht in der alten Dienststelle, sobald die Zuweisung länger als drei Monate dauert. Bei einer gesetzlichen Zuweisung etwa nach Maßgabe von § 44g Abs. 1 SGB II verliert der Beschäftigte mit dem Tag des Wirksamwerdens der Zuweisung sein aktives und passives Wahlrecht in der alten Dienststelle und erwirbt zugleich ein Wahlrecht in der neuen Dienststelle.

16 **Abs. 3 Satz 1** schließt aus, dass **Beamte im Vorbereitungsdienst und Beschäftigte in entsprechender Ausbildung**, die ausschließlich zum Zwecke der Ausbildung und ohne engere Bindung zur

---

54 BVerwG 29.1.2003, ZfPR 2003, 325.

Dienststelle beschäftigt werden, bei ihrer Stammbehörde wahlberechtigt sind. Sie wählen also nicht in derjenigen Dienststelle, in der sie aktuell ihren Dienst leisten. Im personalvertretungsrechtlichen Sinn bleibt die Zugehörigkeit zu der bisherigen Dienststelle (Stammbehörde) erhalten. Bei Dienstkräften in der Ausbildung ist dies die Dienststelle, die die Ausbildung leitet.

Für **Rechtsreferendare** sowie für Fachlehreranwärter, Lehramts- und Studienreferendare gelten die Sonderregelungen in §§ 107 bzw. 108. 17

Nach Abs. 4 verliert ein Beschäftigter zeitgleich das Wahlrecht in der alten Dienststelle, wenn er das Wahlrecht in einer anderen Dienststelle erwirbt, auf die das HPVG keine Anwendung findet. Die Regelung bezieht sich auf Abordnungen und Beurlaubungen von Beschäftigten aus dem Dienst eines Dienstherrn des Landes Hessen zu einem anderen Dienstherrn, z. B. zum Bund oder zu einem anderen Bundesland. Erfasst werden auch die Fälle einer Zuweisung gemäß § 20 BeamtStG. 18

Das **aktive Wahlrecht** besitzen 19

- Beamte, auch wenn gegen sie ein Disziplinarverfahren eingeleitet wurde und dies auch dann, wenn sie vorläufig des Dienstes enthoben worden sind oder ihnen das Führen von Dienstgeschäften verboten ist
- Arbeitnehmer, auch noch während des Laufs einer Kündigungsfrist
- Beschäftigte während der Mutterschutzfristen
- Beschäftigte während der Elternzeit
- Beschäftigte, die unter Fortzahlung der Bezüge beurlaubt sind
- Beschäftigte, die als Langzeiterkrankte gelten
- Beschäftigte, die zu einer Wehrübung einberufen werden
- Beschäftigte, die zur Ableistung eines freiwilligen sozialen Jahres beurlaubt sind, verlieren das Wahlrecht, sobald sechs Monate gemäß § 9 Abs. 1 Satz 3 überschritten sind
- Teilzeitbeschäftigte
- Beschäftigte, die nach dem PflegeZG pflegebedürftige nahe Angehörige in häuslicher Umgebung pflegen (Wahlrecht bleibt bestehen, auch wenn zwei pflegebedürftige Angehörige über einen Zeitraum von mehr als sechs Monaten gepflegt werden)
- Beschäftigte während des Sabbatjahrs nach § 3b Abs. 1 Satz 2 AZV während der ersten sechs Monate der Freistellung
- Beschäftigte, die sich im Erholungsurlaub befinden
- Beschäftigte, die nur vorübergehend aufgrund von Arbeitsbeschaffungsmaßnahmen nach § 260 Abs. 1 SGB II beschäftigt werden
- Beschäftigte, wenn sie als arbeitnehmerähnliche Personen mehr als

§ 9

50% ihres Gesamteinkommens von einem Arbeitgeber beziehen (§ 12a TVG)
- Leiharbeitnehmer, wenn sie im Rahmen der Arbeitnehmerüberlassung seit mehr als drei Monaten in einer Dienststelle weisungsabhängig tätig sind[55]
- Ein-Euro-Beschäftigte, sobald sie mindestens drei Monate in einer Dienststelle weisungsabhängig tätig sind[56]
- Mitglieder des Wahlvorstands
- die Dienststellenleitung sowie ihre Stellvertretung und andere zu Personalentscheidungen befugte Beschäftigte mit Ausnahme des Ministerpräsidenten und der Minister
- Auszubildende, sofern sie das 18. Lebensjahr vollendet haben.

20 Wählen kann nur, wer in die **Wählerliste** eingetragen ist (§ 15 WO-HPVG). Jeder Beschäftigte kann beim Wahlvorstand schriftlich innerhalb einer Woche seit Auslegung oder Berichtigung der Wählerliste (§ 2 Abs. 3 WO-HPVG) Einspruch gegen ihre Richtigkeit gemäß § 3 Abs. 1 WO-HPVG einlegen. Auf sein **aktives** oder **passives Wahlrecht** zum Personalrat kommt es nicht an. Auch der Dienststellenleiter ist einspruchsberechtigt. Dies ist jedoch ausnahmsweise dann nicht der Fall, wenn er nicht Beschäftigter im Sinne des HPVG ist; das trifft für die in einem öffentlich-rechtlichen Amtsverhältnis stehenden Dienststellenleiter, z. B. Minister, und für die im Richterverhältnis stehenden Präsidenten der Gerichte zu. Ist der Einspruch zulässig und begründet, hat der Wahlvorstand die Wählerliste zu berichtigen. Andernfalls hat er den Einspruch zurückzuweisen. Die Entscheidung über den Einspruch ist dem Einspruchsführer unverzüglich schriftlich mitzuteilen, spätestens jedoch einen Tag vor Beginn der Stimmabgabe. Gegen die ablehnende Entscheidung des Wahlvorstands gibt es kein förmliches Rechtsmittel. Die Entscheidung kann aber bereits vor Abschluss der Personalratswahl im Rahmen eines verwaltungsgerichtlichen Beschlussverfahrens nach § 111 Abs. 1 HPVG angegriffen werden. Grundsätzlich ist eine einstweilige Verfügung mit der Zielsetzung, in das Wählerverzeichnis aufgenommen zu werden, unzulässig. Liegt jedoch eine offensichtliche Fehlerhaftigkeit vor, kann insbesondere zur Vermeidung einer ansonsten anfechtbaren Wahl eine einstweilige Anordnung eingereicht werden.[57]

---

55 VG Frankfurt/Main 3.11.2008 – 23 K 1568/08.F.PV –, PersR 2009, 84; 15.3.2010 – 23 K 3864/09.F.PV; v. Roetteken/Rothländer, HPVG, § 9 Rn. 83–88.
56 V. Roetteken/Rothländer, HPVG, § 9 Rn. 92.
57 Fischer/Goeres/Gronimus, BPersVG, § 13 Rn. 27; Ilbertz/Widmaier, BPersVG, § 14 Rn. 34.

§ 10

(1) Wählbar sind alle Wahlberechtigten, die am Wahltag seit sechs Monaten der Dienststelle angehören oder seit einem Jahr in öffentlichen Verwaltungen oder von diesen geführten Betrieben beschäftigt sind; Unterbrechungen im Sinne von § 9 Abs. 1 Satz 2 sind unschädlich. Nicht wählbar ist, wer infolge strafgerichtlicher Verurteilung die Fähigkeit, Rechte aus öffentlichen Wahlen zu erlangen, nicht besitzt.

(2) Die in § 9 Abs. 3 genannten Personen sind nur in ihrer Stammbehörde wählbar. Für Rechtsreferendare gilt § 107, für Fachlehreranwärter, Lehramts- und Studienreferendare gilt § 108.

(3) Nicht wählbar sind für die Personalvertretung ihrer Dienststelle die in § 8 genannten Personen sowie Beschäftigte, die zu selbständigen Entscheidungen in Personalangelegenheiten der Dienststelle befugt sind.

Diese Vorschrift regelt das **passive Wahlrecht** (Wählbarkeit), also die Eignung, bei einer Wahl als Bewerber aufgestellt, gewählt zu werden und Mitglied einer Personalvertretung sein zu können. Wählbar sind alle Wahlberechtigten, die das 18. Lebensjahr (mindestens am letzten Wahltag) vollendet haben und der Dienststelle sechs Monate angehören oder seit einem Jahr in öffentlichen Verwaltungen oder von diesen geführten Betrieben beschäftigt sind. Wählbar sind daher auch alle Teilzeitbeschäftigten einschließlich geringfügig Beschäftigter, sowie in den Grenzen des § 9 Abs. 1 und 2 abgeordnete, zugewiesene oder beurlaubte Beschäftigte. Die Wählbarkeit ist an die Wahlberechtigung geknüpft, so dass der Wegfall der Wahlberechtigung automatisch auch zum Verlust der Wählbarkeit führt. Die Wahlberechtigten müssen am Wahltag seit sechs Monaten dem Geschäftsbereich der Dienststelle angehören (**sog. Dienststellenzugehörigkeit**). Hierfür genügt es, dass der Beschäftigte aufgrund des bestehenden Dienst- oder Arbeitsverhältnisses in der und für die Dienststelle weisungsgebunden tätig wird und dabei der Dienststelle obliegende Aufgaben erfüllt.[58] Die Dienststellenzugehörigkeit setzt die **Eingliederung** in die Dienststelle voraus, bei der der Personalrat gebildet ist. Beschäftigter einer Dienststelle ist derjenige, der auf der Grundlage eines Beamten- oder Arbeitsverhältnisses in eine Dienststelle eingegliedert ist und dort an der Erfüllung öffentlicher Aufgaben mitwirkt. Dabei ist die Eingliederung geprägt durch das Weisungsrecht der Dienststelle, dem eine entsprechende Weisungsgebundenheit des Beschäftigten gegenübersteht. Da die Wahlberechtigung zum Personalrat notwendig mit der **Zugehörigkeit zu einer bestimmten Dienststelle** verbunden ist, geht sie mit dem Ausscheiden aus der Dienststelle verloren. Die Dienststellen-

---
58 BVerwG 25. 9. 1995, PersR 1996, 147.

zugehörigkeit ist nach Maßgabe der tatsächlichen Eingliederung zu bestimmen. Es kommt daher nicht maßgeblich auf die durch Ernennung oder Arbeitsvertrag begründete rechtliche Beziehung an.[59] Die sechsmonatige Zugehörigkeit zu der Dienststelle, in die der Personalrat gewählt wird, ist nicht maßgeblich, wenn der Beschäftigte seit einem Jahr in öffentlichen Verwaltungen oder von diesen geführten Betrieben beschäftigt wird.

2   Die sechsmonatige Zugehörigkeit zu einer Dienststelle ist gegeben, wenn die Wahlberechtigten in den sechs Monaten, die dem Wahltag vorausgegangen sind, der Dienststelle ununterbrochen als Beschäftigte angehört haben.[60] Unschädlich ist es, wenn die Unterbrechung durch Arbeitsunfähigkeit oder Erholungsurlaub bedingt ist. Dies gilt auch dann, wenn es sich um Unterbrechungen von erheblicher Dauer handelt.[61] Solche Unterbrechungen sind bei der Berechnung der Dienststellenzugehörigkeit mitzuzählen. Zeiten vor Vollendung des 18. Lebensjahrs zählen bei der Berechnung der Sechsmonats- und auch der Jahresfrist mit. Eine Beschäftigung in öffentlichen Verwaltungen oder von diesen geführten Betrieben liegt u. a. vor, wenn der Beschäftigte in Eigenbetrieben oder Regiebetrieben zum Einsatz kommt. Hinsichtlich der Beschäftigung in öffentlichen Verwaltungen ist nicht maßgeblich, ob das HPVG oder andere Personalvertretungsgesetze zur Anwendung kommen. In Betrieben, auf die das BetrVG Anwendung findet, kann eine anrechenbare Tätigkeit im Sinne des § 10 nicht erfolgen.

3   Wählbar sind gemäß **Abs. 1 Hs. 2 i. V. m.** **§ 9 Abs. 1 Satz 2** auch Personen, deren Beschäftigungsverhältnis aufgrund tariflicher Bestimmungen wegen Unterbrechung der Arbeiten ohne besondere Kündigung beendet worden ist und die Anspruch auf Wiedereinstellung haben.

4   Nicht wählbar sind Beschäftigte, die infolge rechtskräftiger **strafgerichtlicher Verurteilung** die Fähigkeit, Rechte aus öffentlichen Wahlen zu erlangen, nicht besitzen. Wer gemäß § 45 Abs. 1 StGB wegen eines Verbrechens zu einer Freiheitsstrafe von mindestens einem Jahr verurteilt wird, verliert für die Dauer von fünf Jahren die Fähigkeit, öffentliche Ämter zu bekleiden und Rechte aus öffentlichen Wahlen zu erlangen. Der Verlust der Wählbarkeit kann in zwei Formen auftreten: Nach § 45 Abs. 1 StGB tritt die Nebenfolge durch die Verurteilung gesetzlich ein, wenn der als Straftäter in Erscheinung tretende Beschäftigte wegen eines Verbrechens, und zwar auch wegen Versuchs, Teilnahme oder strafbarer Vorbereitung, zu einer Freiheitsstrafe im Sinne von § 38 StGB von mindestens einem Jahr verurteilt wird. Dabei ist es ohne Bedeutung, dass eine Anrechnung von Unter-

---
59 BVerwG 21. 3. 2007 – 6 P 4.06 –, PersR 2007, 301.
60 BVerwG 4. 2. 2010 – 6 PB 38.09 –, PersR 2010, 260.
61 Altvater-Lemcke, BPersVG, § 14 Rn. 5.

suchungshaft erfolgt. Bei einer Gesamtstrafe kommt es darauf an, dass eine Einzelstrafe wegen eines Verbrechens diese Höhe erreicht. Nach Abs. 2 erfolgt der Verlust der Wählbarkeit durch richterlich bestimmte Aberkennung, die trotz ihrer gesetzlichen Bezeichnung als Nebenfolge ihrer Art nach eine Nebenstrafe ist und die vom Gericht nach pflichtgemäßem Ermessen, einzeln oder insgesamt, auf die von ihm zu bestimmende Dauer von zwei bis zu fünf Jahren verhängt wird.

Der Verlust der Wählbarkeit wird mit der Rechtskraft des Urteils gemäß § 45a StGB wirksam. Eine Wiederverleihung der Wählbarkeit kommt nach § 45b StGB in Betracht, wenn der Verlust der Wählbarkeit (bzw. der Wahlberechtigung) die Hälfte der Zeit, für die er dauern sollte, wirksam war und zu erwarten ist, dass der verurteilte Beschäftigte künftig keine vorsätzlichen Straftaten mehr begehen wird. **5**

Abs. 3 schließt aus, dass die in § 8 genannten Personen und die zu selbständigen Entscheidungen in Personalangelegenheiten der Dienststelle befugten Personen für den Personalrat ihrer Dienststelle wählbar sind. Hierdurch wird ein Interessens- und Gewissenskonflikt bei diesem Personenkreis, der die Interessen der Dienststelle gegenüber den Personalräten zu vertreten hat, verhindert. **Nicht wählbar** in den Personalrat ihrer Dienststelle sind daher der **Leiter der Dienststelle** und sein ständiger Vertreter. Dies gilt auch bei Außenstellen, Nebenstellen oder Teilen einer Dienststelle, die nach § 7 Abs. 3 verselbständigt sind, auch für den Leiter der verselbständigten Organisationseinheit und dessen ständigen Vertreter. Dies gilt ohne Rücksicht für die dem Dienststellenleiter zustehenden Entscheidungsbefugnisse. **6**

Nach § 8 Abs. 1 Satz 2 kann sich der Dienststellenleiter durch seinen ständigen Vertreter, bei obersten Dienstbehörden, Behörden der Mittelstufe, der Hochschulen, dem Landeswohlfahrtsverband Hessen und der Landesversicherungsanstalt Hessen auch durch den Leiter der für Personalangelegenheiten zuständigen Abteilung vertreten lassen. Der ständige Vertreter des Dienststellenleiters und der Leiter der für Personalangelegenheiten zuständigen Abteilung der oben genannten Verwaltungen sind von der Wählbarkeit für die Personalvertretung der Dienststelle ausgeschlossen. Ihnen verbleibt jedoch das aktive Wahlrecht zum Personalrat ihrer Dienststelle. **7**

Nicht wählbar sind weiterhin Beschäftigte, die zu **selbständigen Entscheidungen in Personalangelegenheiten** der Dienststelle befugt sind. Auch für diesen Personenkreis soll die Regelung eine Pflichten- und Interessenskollision verhindern.[62] Bei diesen Beschäftigten muss sich die Entscheidungsbefugnis auf Personalangelegenheiten beziehen, die in den §§ 77 bis 80 aufgezählt sind. Die selbständige Entscheidungsbefugnis ergibt sich regelmäßig aus einem Stellen-, Or- **8**

---

62 BVerwG 22.6.2005, PersR 2005, 464; Ilbertz/Widmaier, BPersVG, § 14 Rn. 22.

§ 10

ganisations- oder Geschäftsverteilungsplan, sie kann sich aber auch aus einer mündlichen Übertragung oder einer langjährigen Verwaltungspraxis ergeben und muss stets auf Dauer angelegt sein.[63] Die selbständige Entscheidungsbefugnis besitzt insbesondere derjenige, der zur Schlusszeichnung berechtigt ist. Wer Personalentscheidungen nur vorbereitet oder sie auf Weisung umzusetzen hat, trifft keine selbständige Entscheidung.

9 Vorgesetzte, die jenseits der §§ 77 bis 80 Personalentscheidungen treffen, indem sie etwa dienstliche Beurteilungen erstellen oder Erholungsurlaub und Dienstbefreiungen erteilen, besitzen die Wählbarkeit für den Personalrat ihrer Dienststelle. Dies gilt auch für Personen, die zur Verhängung von Disziplinarstrafen befugt sind.[64]

10 Für den in Abs. 3 aufgeführten Personenkreis ist die Wählbarkeit für den bei der Dienststelle gebildeten örtlichen Personalrat, Gesamt-, Bezirks- oder Hauptpersonalrat ausgeschlossen. Der HessVGH verneint die Wählbarkeit der in § 8 genannten Personen zu den Stufenvertretungen. Das Gericht stützt sich dabei auf eine entsprechende fehlende gesetzliche Regelung im HPVG im Unterschied zum BPersVG (vgl. § 53 Abs. 3 Satz 2 BPersVG).[65]

11 **Streitigkeiten** über die Wählbarkeit eines Bewerbers können bereits im Vorfeld einer Wahl in einem personalvertretungsrechtlichen **Beschlussverfahren** geltend gemacht werden. Zuständig sind die Verwaltungsgerichte. Gemäß § 111 Abs. 1 Nr. 1 entscheiden diese im Beschlussverfahren über die Wahlberechtigung und Wählbarkeit. Antragsberechtigt sind z.B. Bewerber, deren Wählbarkeit vom Wahlvorstand verneint wird. Beschäftigte können deutlich im Vorfeld einer Personalratswahl in einem Beschlussverfahren beantragen festzustellen, dass ihre Wählbarkeit nicht durch die Regelung in § 10 Abs. 3 ausgeschlossen ist.[66] Aufgrund der Dauer eines Beschlussverfahrens ist ein effektiver Rechtsschutz vor einer Personalratswahl oft nicht zu erreichen, so dass dieser nur über den Antrag auf Erlass einer einstweiligen Anordnung zu erzielen ist. Denn ansonsten droht der Bewerber, von der Wahl ausgeschlossen zu werden. Einstweiliger Rechtsschutz kommt bei Streitigkeiten über die Wählbarkeit und Wahlberechtigung in Betracht.

12 Auch **außerhalb einer Wahlanfechtung** kann z.B. der Dienststellenleiter im Rahmen eines personalvertretungsrechtlichen Beschlussverfahrens die Feststellung beantragen, dass ein in den Personalrat gewählter Beschäftigter nicht wählbar ist.[67] Problematisch ist ein gerichtlicher Eingriff während eines laufenden Wahlverfahrens. Doch

---

63 BVerwG 6.9.2005, ZfPR 2006, 36; 12.1.2006, PersR 2006, 164.
64 V. Roetteken/Rothländer, HPVG, § 10 Rn. 193.
65 HessVGH 12.3.1980 – I OE 73/79.
66 V. Roetteken/Rothländer, HPVG, § 10 Rn. 204.
67 BVerwG 18.10.1977, PersV 1979, 71.

auch hier muss eine einstweilige Verfügung dann zulässig sein, wenn dadurch eine aufwendige Aufhebung und Wiederholung der Wahl vermieden werden kann. Allerdings muss in diesem Fall schon eine sog. summarische Prüfung ergeben, dass ein Wahlfehler droht, der zu einer erfolgreichen Anfechtung der Wahl führen wird.[68] Nach Abschluss der Wahl kommt nur noch die Anfechtung der Wahl gemäß § 22 Abs. 1 in Betracht. Besteht nach erfolgter Wahl Uneinigkeit über den nachträglichen Verlust der Wählbarkeit, kann dies nach § 111 Abs. 1 Nr. 1, Abs. 3 zum Gegenstand eines Beschlussverfahrens gemacht werden.[69]

§ 11

Besteht die Dienststelle weniger als ein Jahr, so bedarf es für die Wählbarkeit nicht der sechsmonatigen Zugehörigkeit zur Dienststelle.

Die Vorschrift enthält **Ausnahmen** von den in § 10 Abs. 1 Satz 1 geregelten Voraussetzungen der Wählbarkeit. Besteht eine Dienststelle weniger als ein Jahr, bedarf es für die Wählbarkeit dann nicht der sechsmonatigen Zugehörigkeit zu der Dienststelle, in der der Personalrat gewählt wird. Ansonsten bestünde die Gefahr, dass in dieser Dienststelle kein Personalrat bestellt werden könnte. Die Bildung von Personalvertretungen soll bei neu eingerichteten Dienststellen somit erleichtert werden. 1

Für das **Bestehen** der Dienststelle kommt es darauf an, wann die Tätigkeit in derselben aufgenommen wird. Entscheidend ist die Aufnahme der Amtsaufgaben nach außen. Besteht die Dienststelle am Wahltag weniger als ein Jahr, greifen die erleichterten Voraussetzungen nach § 11 für die Annahme der Wählbarkeit. 2

§ 12

(1) In allen Dienststellen, die in der Regel mindestens fünf Wahlberechtigte beschäftigen, von denen drei wählbar sind, werden Personalräte gebildet.

(2) Dienststellen, in denen ein Personalrat nach Abs. 1 nicht gebildet wird, werden von der übergeordneten Dienststelle im Einvernehmen mit der Stufenvertretung einer anderen Dienststelle zugeteilt.

(3) Der Personalrat besteht in Dienststellen mit in der Regel

5	bis 15	**Wahlberechtigten**	aus einer Person,
mit 16	bis 60	**Wahlberechtigten**	aus 3 Mitgliedern,

---

[68] OVG Rheinland-Pfalz 16.2.2000 – 4 B 10280/00 OVG –, PersR 2000, 123.
[69] Altvater-Lemcke, BPersVG, § 14 Rn. 17.

§ 12

mit 61	bis 150	Wahlberechtigten	aus 5 Mitgliedern,
mit 151	bis 300	Wahlberechtigten	aus 7 Mitgliedern,
mit 301	bis 600	Wahlberechtigten	aus 9 Mitgliedern,
mit 601	bis 1000	Wahlberechtigten	aus 11 Mitgliedern

Die Zahl der Mitglieder erhöht sich in Dienststellen mit 1001 bis 5000 Wahlberechtigten um je zwei für je weitere angefangene 1000, mit 5001 und mehr Wahlberechtigten um je zwei für je weitere angefangene 2000 Wahlberechtigte bis zur Höchstzahl von 23 Mitgliedern.

(4) Als Wahlberechtigte im Sinne dieser Vorschrift gelten auch diejenigen Beschäftigten, die zur Jugend- und Auszubildendenvertretung wahlberechtigt sind.

1 In Dienststellen, die in der Regel mindestens fünf Wahlberechtigte beschäftigen, von denen drei wählbar sind, sind Personalräte zu bilden. »In der Regel« bedeutet, dass üblicherweise mindestens fünf Wahlberechtigte, von denen drei wählbar sind, in der Dienststelle beschäftigt sein müssen. Diese Voraussetzung kann auch dann erfüllt sein, wenn zur Zeit der Wahl ausnahmsweise die Mindestzahlen nicht erreicht werden. So ist der Wahlvorstand verpflichtet, als erste wahlvorbereitende Maßnahme die Zahl der in der Dienststelle in der Regel Beschäftigten und ihre Verteilung auf die Gruppen (der Beamten und der Arbeitnehmer) festzustellen (§ 2 Abs. 1 WO-HPVG). Bei der Ermittlung der Zahl der wahlberechtigten Beschäftigten ist der Dienststellenleiter mitzuzählen, ebenso wie andere Wahlberechtigte, die nach § 10 Abs. 3 nicht wählbar sind.[70] Im Einzelnen gilt für die Bestimmung der maßgeblichen Zahl der »in der Regel« Beschäftigten durch den Wahlvorstand, nach der sich die Größe des Personalrats und Verteilung der Sitze auf die vertretenen Gruppen richtet, Folgendes: Die Bestimmung der Zahl der **»in der Regel« Beschäftigten** erfordert eine Prognoseentscheidung darüber, welcher Beschäftigungsstand für den überwiegenden Teil der Amtsdauer der Personalvertretung im Geschäftsbereich der betreffenden Dienststelle zu erwarten steht.[71] Bei dieser Entscheidung ist zunächst einmal von der tatsächlichen **Beschäftigungssituation** bzw. den bestehenden Stellenplänen im Zeitpunkt des Wahlausschreibens auszugehen. Denn es spricht bei Fehlen anderweitiger Anhaltspunkte regelmäßig eine tatsächliche Vermutung für ein gleich bleibendes Verhältnis des Ist-Bestands und des Stellenplans zum Regelbestand an Beschäftigten. Andere Umstände sind allerdings zu berücksichtigen, wenn sie voraussichtlich – allein oder zusammen mit den bisherigen Verhältnissen – in ihrer Art und Weise für die bevorstehende Wahlperiode den zu erwartenden Personalbestand beeinflussen und dies durch ein höheres Maß an Gewissheit

---

70 Fischer/Goeres/Gronimus, BPersVG, § 12 Rn. 7.
71 BVerwG 3. 7. 1991 – 6 P 1.89 –, PersR 1991, 369; OVG NRW 15. 4. 2003 – 1 A 3281/02.PVB –, PersV 2004, 12.

gekennzeichnet ist. Bei der Wahl zu einer Stufenvertretung ist danach gegebenenfalls insbesondere auch ein **Beschäftigungszuwachs** zu berücksichtigen, der durch eine absehbare Erweiterung des Geschäftsbereichs der Dienststelle, bei der die Stufenvertretung gebildet wird, auf weitere nachgeordnete Behörden zu erwarten steht. Das »Mehr« an Gewissheit des Zuwachses an Beschäftigten muss allerdings so eindeutig sein, dass es gerechtfertigt erscheint, die Regelvermutung, die sich aus dem Ist-Bestand und dem aktuellen Stellenplan ergibt, außer Acht zu lassen. Dies erfordert grundsätzlich einen Rückblick auf die bisherige personelle Stärke bzw. Größe der Dienststelle wie auch eine Einschätzung der zukünftigen Entwicklung. Daraus erschließt sich, dass – da eine Prognoseentscheidung des Wahlvorstands in Rede steht – grundsätzlich nur die Umstände und Entwicklungen ein Abweichen vom Ist-Bestand zum Zeitpunkt des Wahlausschreibens durch den Wahlvorstand erfordern, die für den Wahlvorstand erkennbar sind.[72] Es kommt somit insgesamt darauf an, wie viele wahlberechtigte Beschäftigte unter normalen Verhältnissen üblicherweise in der Dienststelle tätig sind. Maßgeblicher Stichtag hierfür ist der Tag des Erlasses des Wahlausschreibens, da darin gemäß § 6 Abs. 2 Nr. 2 WO-HPVG die Zahl der Personalratsmitglieder anzugeben ist. Maßgebend ist aber die Zahl der wahlberechtigten Beschäftigten, die »voraussichtlich über die Dauer des überwiegenden Teils der kommenden Amtszeit des zu wählenden Personalrats dessen Aufgabenerfüllung prägen wird«.[73] Bei den »in der Regel« Wahlberechtigten kommt es nicht auf die Durchschnittszahl der Beschäftigten an, sondern auf die Feststellung, wie viele Beschäftigte unter gewöhnlichen Verhältnissen der Dienststelle angehören.[74]

Die Dienststelle hat den Wahlvorstand gemäß § 1 Abs. 2 WO-HPVG bei der Erfüllung seiner Aufgaben zu unterstützen, insbesondere die notwendigen Unterlagen zur Verfügung zu stellen und – wenn erforderlich – zu ergänzen sowie die erforderlichen Auskünfte zu erteilen. Angesichts der dem Wahlvorstand nach § 2 Abs. 1 WO-HPVG obliegenden Aufgaben, die Beschäftigtenzahl festzustellen, ist danach insbesondere die Vorlage von Übersichten und sonstigen Informationen erforderlich, aus denen sich die für das Wahlverfahren maßgebende Zahl der »in der Regel« Beschäftigten feststellen lässt. Die Dienststelle hat diese Unterlagen – selbständig – auf dem Laufenden zu halten und dem Wahlvorstand in diesem Zusammenhang auch bevorstehende Änderungen unverzüglich anzuzeigen.

2

Als Wahlberechtigte im Sinne dieser Vorschrift gelten auch diejenigen Beschäftigten, die zur Jugend- und Auszubildendenvertretung wahlberechtigt sind (**Abs. 4**). Diese haben somit ein Doppelwahlrecht.

3

---

72 OVG NRW 14.4.2004 – 1 A 4408/02.PVB –, PersV 2004, 423, 425.
73 Lorenzen u. a., BPersVG § 12 Rn. 8.
74 V. Roetteken/Rothländer, HPVG, § 12 Rn. 28.

§ 12

4 **Abs. 1** normiert die Pflicht zur Bildung von Personalräten. Gegen den Willen der Beschäftigten der Dienststelle kann jedoch die Bildung von Personalräten nicht erzwungen werden. Dies hat zur Folge, dass keine Interessenvertretung der Beschäftigten nach dem HPVG besteht und somit auch keine personalvertretungsrechtlichen Beteiligungsrechte ausgeübt werden können. Blindes Vertrauen in die soziale Amtsführung des Dienststellenleiters liegt dem in der Regel nicht zugrunde, sondern fehlendes engagiertes Personal, welches sich auch zutraut, streitige Auseinandersetzungen mit Führungskräften und der Dienststellenleitung zu führen. Doch nur wenn aus der Mitte der Beschäftigten solche Personen gefunden werden, kann Demokratie gelebt werden.

5 Nach **Abs. 2** werden sog. **Kleindienststellen** andern Dienststellen zugeteilt.

Die **Größe des Personalrats** ist in **Abs. 3** verbindlich geregelt. Die hierin enthaltenen Regelungen über die Größe des Personalrats sind zwingend. Die Feststellung der Anzahl der Wahlberechtigten ist Aufgabe des Wahlvorstands. In der fehlenden Unterrichtung des Wahlvorstands durch die Dienststellenleitung über mögliche bzw. tatsächliche Veränderungen der Zahl der Wahlberechtigten liegt eine Wahlbehinderung. Von der vorgegebenen Größe der Personalvertretung kann im Einzelfall abgewichen werden, wenn weniger wählbare Beschäftigte vorhanden sind, als an sich zu wählen wären, wenn die Vorschlagslisten nicht genug Kandidaten enthalten oder bei Personenwahl zu wenig Kandidaten eine Stimme erhalten haben.

6 Die **Höchstzahl** der Mitglieder des Personalrats beträgt gemäß Abs. 3 Satz 2 **23**. Die Regelung ist zwingend, von ihr kann nicht im Wege eines Tarifvertrags oder einer Dienstvereinbarung oder auf anderer rechtlicher Grundlage abgewichen werden.[75]

7 Besteht Uneinigkeit über die Zahl der zu wählenden Mitglieder des Personalrats, kann dies nur im Wege des **Wahlanfechtungsverfahrens beim Verwaltungsgericht** geltend gemacht werden. Der Erlass einer einstweiligen Verfügung kommt dagegen nur in Betracht, wenn offensichtliche und schwerwiegende Fehler vorliegen, was etwa dann der Fall ist, wenn die Höchstzahl von 23 zulässigen Mitgliedern z.B. auf der Grundlage einer Dienstvereinbarung überschritten wird.

8 Das **Wahlanfechtungsverfahren** ist nur **begründet**, wenn die vom Wahlvorstand festgestellte und zugrunde gelegte Zahl der in der Regel beschäftigten Dienstkräfte so weit vom Tatsächlichen abweicht, dass bei Zugrundelegung der richtigen Zahl eine andere Zahl von Personalratsmitgliedern zu wählen gewesen wäre.[76] Da die Wahl des Personalrats dann an einem erheblichen Mangel leidet, ist die gesamte

---

75 OVG NRW 25.5.2005, ZTR 2005, 496.
76 Daniels, PersVG Berlin, § 14 Rn. 5.

Wahl für unwirksam zu erklären, so dass sie im Ganzen wiederholt werden muss.

§ 13

(1) Männer und Frauen sind bei der Bildung des Personalrats entsprechend ihrem Anteil an den wahlberechtigten Beschäftigten der Dienststelle zu berücksichtigen. Sind in einer Dienststelle Angehörige verschiedener Gruppen beschäftigt, so müssen in jeder Gruppe Männer und Frauen entsprechend ihrem Anteil und jede Gruppe entsprechend ihrer Stärke im Personalrat vertreten sein, wenn dieser aus mindestens drei Mitgliedern besteht. Macht ein Geschlecht innerhalb einer Vorschlagsliste oder eine Gruppe von ihrem Recht, im Personalrat vertreten zu sein, keinen Gebrauch, so verlieren sie bis zur nächsten Wahl ihren Anspruch auf Vertretung. Die auf das jeweilige Geschlecht oder die Gruppe entfallenden Sitze werden auf das andere Geschlecht innerhalb der Vorschlagsliste oder die anderen Gruppen entsprechend ihrer Stärke verteilt. Entfällt bei der Berücksichtigung der Geschlechter entsprechend ihrem Anteil an den wahlberechtigten Beschäftigten der Dienststelle innerhalb einer Gruppe auf ein Geschlecht kein Sitz im Personalrat, so kann gleichwohl ein Angehöriger des in der Minderheit befindlichen Geschlechts auf einem Wahlvorschlag benannt und gewählt werden.

(2) Der Wahlvorstand stellt fest, wie hoch der Anteil an Männern und Frauen bei den wahlberechtigten Beschäftigten insgesamt und in den einzelnen Gruppen ist, und errechnet die Verteilung der Sitze auf die Gruppen und innerhalb der Gruppen auf die Geschlechter nach den Grundsätzen der Verhältniswahl.

(3) Eine Gruppe erhält mindestens

bei	weniger	als 51	Gruppenangehörigen	einen Vertreter,
bei	51 bis	200	Gruppenangehörigen	zwei Vertreter,
bei	201 bis	600	Gruppenangehörigen	drei Vertreter,
bei	601 bis	1000	Gruppenangehörigen	vier Vertreter,
bei	1001 bis	3000	Gruppenangehörigen	fünf Vertreter,
bei	3001 bis	5000	Gruppenangehörigen	sechs Vertreter,
bei	5001 bis	9000	Gruppenangehörigen	sieben Vertreter,
bei	9001 bis	15 000	Gruppenangehörigen	acht Vertreter,
bei	über	15 000	Gruppenangehörigen	neun Vertreter.

(4) Eine Gruppe, der in der Regel nicht mehr als fünf Beschäftigte angehören, erhält nur dann eine Vertretung, wenn sie mindestens ein Zwanzigstel der Beschäftigten der Dienststelle umfasst. Erhält sie keine Vertretung und findet Gruppenwahl

§ 13

statt, so kann sich jeder Angehörige dieser Gruppe durch Erklärung gegenüber dem Wahlvorstand einer anderen Gruppe anschließen.

(5) Der Personalrat soll sich aus Vertretern der verschiedenen Beschäftigungsarten zusammensetzen.

1 § 13 regelt, dass bei der **Verteilung der Sitze** im Personalrat sowohl die **Gruppen** als auch die **Geschlechter** entsprechend ihrem Anteil an den wahlberechtigten Beschäftigten der Dienststelle zu berücksichtigen sind. In einem Personalrat mit mindestens drei Mitgliedern müssen die Geschlechter entsprechend ihrem Anteil an den wahlberechtigten Beschäftigten der Dienststelle berücksichtigt werden. Die Gruppen müssen im Verhältnis der ihnen zugehörigen wahlberechtigten Beschäftigten der Dienststelle vertreten sein. Hierbei kommt es nur auf die Zahl der Gruppenangehörigen an. Der Geschlechterproporz ist nach Abs. 1 zwingend vorgeschrieben.

2 Nach Abs. 1 Satz 1 müssen **Männer und Frauen** entsprechend ihrem zahlenmäßigen Anteil an den wahlberechtigten Beschäftigten der Dienststelle im Personalrat vertreten sein. Gemäß **Satz 4** sind die auf das jeweilige Geschlecht oder die Gruppe entfallenden Sitze auf das andere Geschlecht innerhalb der Vorschlagsliste oder die anderen Gruppen entsprechend ihrer Stärke zu verteilen. Beide Bestimmungen tragen dem Gleichberechtigungsgebot der Art. 3 Abs. 2 GG Rechnung. Sie sollen insbesondere der ungenügenden Berücksichtigung weiblicher Beschäftigter im Personalrat insgesamt und unter den Vertretern der in ihm repräsentierten Gruppen entgegenwirken.

3 Mit Urteil vom 22.12.1993 hat der Staatsgerichtshof die Einführung des Geschlechterproporzes mit Art. 1 und Art. 37 Abs. 1 HV für vereinbar erklärt. Die Einführung der Geschlechterrepräsentanz verstoße auch nicht gegen die Wahlrechtsgrundsätze der allgemeinen, gleichen, freien, geheimen und unmittelbaren Wahl.[77]

4 Fehlt es innerhalb einer **Gruppe** an einer Kandidatur, obwohl dem Geschlecht mindestens ein Sitz zusteht, verliert dieses Geschlecht bis zur nächsten Wahl gemäß Abs. 1 Satz 3 ihren Anspruch auf Vertretung. Besteht für ein **Geschlecht** keine Kandidatur, so ist damit grundsätzlich den Erfordernissen an einem ordnungsgemäßen Wahlvorschlag gemäß § 8 Abs. 1 WO-HPVG nicht Genüge getan, so dass der Wahlvorstand gemäß § 10 Abs. 5 WO-HPVG eine Nachfrist von drei Arbeitstagen gewähren muss. Wird innerhalb der gesetzten Frist keine geschlechterspezifische Kandidatur nachgereicht, ist der Wahlvorschlag gültig mit der Folge, dass nach der Wahl auch ein männlicher Beschäftigter einen Platz in Anspruch nehmen kann, der ursprünglich für eine Frau vorgesehen war. Aufgrund der Tatsache, dass für ein Geschlecht niemand kandidiert, verlieren die Beschäftigten gleichen

---

[77] HessStGH 22.12.1993 – PSt. 1141 –, ZfPR 1994, 116.

§ 13

Geschlechts der Dienststelle nicht ihr aktives Wahlrecht. Anders verhält es sich etwa bei der Gruppenwahl. Kandidiert niemand für eine Gruppe, dann verlieren die Wahlberechtigten dieser Gruppe ihr aktives Wahlrecht.

Ist die Anzahl der Bewerber eines Geschlechts geringer als die Anzahl der Sitze, die diesem Geschlecht zustehen, so regelt die WO-HPVG in § 24 Abs. 3 Satz 4 für die Verhältniswahl, dass die überschüssigen Sitze in diesem Fall dem anderen Geschlecht in derselben Vorschlagsliste in der Reihenfolge der benannten Bewerber zustehen. Letztendlich muss dies auch für die Mehrheitswahl gelten, wenngleich es an einer entsprechenden Regelung in der WO-HPVG fehlt.[78]   5

Besteht eine Personalvertretung aus mindestens drei Mitgliedern und sind in der Dienststelle Angehörige verschiedener Gruppen beschäftigt, müssen nach Abs. 1 Satz 3 in jeder Gruppe Männer und Frauen entsprechend ihrem Anteil und jede Gruppe entsprechend ihrer Stärke im Personalrat vertreten sein. Im Personalrat sind daher in der Regel **zwei Gruppen** vertreten, nämlich die Gruppe der Beschäftigten und die Gruppe der Beamten oder gegebenenfalls eine Sondergruppe.   6

Diese Unterscheidung zwischen den Gruppen ist im Rahmen der Wahl insbesondere deshalb von Bedeutung, weil ein aus mehreren Mitgliedern bestehender Personalrat grundsätzlich aus Vertretern jeder Gruppe bestehen muss und in Gruppenwahl zu wählen ist, wenn nicht die wahlberechtigten Angehörigen jeder Gruppe vor der Neuwahl die gemeinsame Wahl beschließen. Dementsprechend hat auch der Wahlvorstand die Wählerliste gemäß § 2 Abs. 2 WO-HPVG getrennt nach Gruppen aufzustellen.   7

Der **Wahlvorstand** stellt gemäß Abs. 2 fest, wie hoch der Anteil an Männern und Frauen bei den wahlberechtigten Beschäftigten insgesamt und in den einzelnen Gruppen ist. Anschließend hat er die auf Männer und Frauen entfallenden Sitze in den einzelnen Gruppen zu berechnen. Die **Verteilung der Sitze** auf die Gruppen und innerhalb der Gruppen auf die Geschlechter erfolgt nach den Grundsätzen der **Verhältniswahl**. Dabei schreibt Abs. 2 nicht vor, welches Berechnungsverfahren zugrunde zu legen ist. Seit der Änderung der WO-HPVG 1988 ist es das Berechnungsverfahren nach Hare-Niemeyer. Entsprechend diesem Sitzverteilungssystem regelt § 5 Abs. 2 WO-HPVG, dass »*den in der Dienststelle vertretenen einzelnen Gruppen so viele Sitze zugeteilt werden, wie ihnen im Verhältnis der ihnen angehörenden Beschäftigten zur Gesamtzahl der Beschäftigten der Dienststelle zustehen. Dabei erhält jede Gruppe zunächst so viele Sitze, wie sich für sie ganze Zahlen ergeben. Sind danach noch Sitze zu vergeben, so sind sie in der Reihenfolge der höchsten Zahlenbruchteile, die sich bei der Berechnung nach Satz 1 ergeben, auf die Gruppen zu verteilen. Über die Zuteilung des letzten*   8

---
78 V. Roetteken/Rothländer, HPVG, § 13 Rn. 37.

§ 13

Sitzes entscheidet bei gleichen Zahlenbruchteilen das Los«. Der Nachteil des Hare-Niemeyer-Verfahrens besteht somit in der Berechnung von Zahlenbruchteilen. Im ersten Schritt werden jeweils die Anteile der Gruppen, der Männer und Frauen in der Gruppe und gegebenenfalls der Stimmanteile der Listen bzw. mit der Zahl der insgesamt zu vergebenen Sitze multipliziert und durch die Gesamtstärke der wahlberechtigten Beschäftigten bzw. der insgesamt abgegebenen Stimmen dividiert:[79]

$$\frac{\text{Anzahl der Gruppenangehörigen} \times \text{Anzahl der Personalratssitze}}{\text{wahlberechtigte Beschäftigte}} = \text{Sitze (der Gruppe)}$$

Jede Gruppe erhält so viele Sitze, wie die »Zahl vor dem Komma« ergibt. Sind noch weitere Sitze in der Verteilung, so ist die »Zahl hinter dem Komma« maßgebend. Über die Zuteilung des letzten Sitzes entscheidet bei gleichen Zahlenbruchteilen beider oder mehrerer Gruppen gemäß § 24 Abs. 1 Satz 4 WO-HPVG das Los.

Das Eintreten bzw. Nachrücken von Ersatzmitgliedern erfolgt nach Maßgabe der Regelung des § 28 HPVG.

> **Beispiel: Sitzverteilung bei zwei Gruppen**
>
> Eine Dienststelle hat in der Regel 320 wahlberechtigte Beschäftigte, wobei es in der Gruppe der Arbeitnehmer 185 und in der Gruppe der Beamten 135 wahlberechtigte Mitglieder gibt. Gemäß § 12 Abs. 3 Satz 1 besteht der Personalrat aus neun Mitgliedern.
>
> **a) Berechnung der Sitze der Gruppe der Arbeitnehmer**
>
> $$\frac{9 \times 185}{320} = 5{,}203$$
>
> **b) Berechnung der Sitze der Gruppe der Beamten**
>
> $$\frac{9 \times 135}{320} = 3{,}796$$
>
> 1. Schritt: Danach stehen der Gruppe der Arbeitnehmer fünf Sitze und der Gruppe der Beamten drei Sitze zu. Denn: Jede Gruppe erhält im ersten Schritt so viele Sitze, wie sich für sie **ganze Zahlen** ergeben (§ 5 Abs. 2 Satz 2 WO-HPVG)
>
> 2. Schritt: Die sich beim ersten Schritt ergebenden Zahlen werden in ihren ganzzahligen Anteil und den verbleibenden Zahlenbruchteilen aufgespalten. Die fehlenden Sitze werden in der Reihenfolge der höchsten Zahlenbruchteile, also der Zahlen hinter dem Komma, zugeteilt
>
> | | |
> |---|---:|
> | Zahl der Gruppe der Arbeitnehmer hinter dem Komma | **203** |
> | Zahl der Gruppe der Beamten hinter dem Komma | **797** |
>
> Aufgrund des höheren Zahlenbruchteils (konkrete Zahlen nach dem Komma) erhält die Gruppe der Beamten den letzten noch zu vergebenden Sitz (Zahlenbruchteil 797). Bei Gleichstand hätte das Los gemäß § 5 Abs. 2 Satz 4 WO-HPVG entscheiden müssen.

---

[79] Spieß, HPVG § 13, S. 58.

§ 13

Der Personalrat besteht daher aus 9 Mitgliedern, wobei 5 Mitglieder aus der Gruppe der Arbeitnehmer und 4 aus der Gruppe der Beamten stammen.

Beispiel: Geschlechterproporz

Anzahl der Gruppenangehörigen

$$\frac{\text{Gruppe AN} \times \text{Anzahl der Personalratssitze}}{\text{Gesamtzahl der Beschäftigten}} = \text{Anteil der Sitze der Frauen in der Gruppe AN}$$

$$\frac{\text{Gruppe AN} \times \text{Anzahl der Personalratssitze}}{\text{Gesamtzahl der Beschäftigten}} = \text{Anteil der Sitze der Männer in der Gruppe AN}$$

Die 320 Beschäftigten der Dienststelle verteilen sich hinsichtlich der Geschlechter wie folgt:

Gruppe Arbeitnehmer:
185 = 75 Frauen, 110 Männer

Gruppe Beamte:
135 = 65 Frauen, 70 Männer

Gemäß § 13 Abs. 1 Satz 2 müssen in jeder Gruppe die Männer und Frauen entsprechend ihrem Anteil im Personalrat vertreten sein. Die Berechnung erfolgt wieder nach dem Hare-Niemeyer-Verfahren:

Gruppe Arbeitnehmer:

Anzahl der Frauen
$$\frac{75 \times 5}{185} = \mathbf{2},027$$

Anzahl der Männer
$$\frac{110 \times 5}{185} = \mathbf{2},972$$

In der Gruppe der Arbeitnehmer gehen somit drei Sitze an die Männer und zwei Sitze an die Frauen.

Gruppe Beamte:

Anzahl der Sitze für Frauen
$$\frac{65 \times 4}{135} = \mathbf{1},925$$

Anzahl der Sitze für Männer
$$\frac{70 \times 4}{135} = \mathbf{2},074$$

Nach dem Hare-Niemeyer-Verfahren gehen somit nach den Ganzzahlen (Zahlen vor dem Komma) ein Sitz an die Frauen und zwei Sitze an die Männer. Nach den im zweiten Schritt relevanten Zahlen hinter dem Komma ist aufgrund des höheren Zahlenbruchteils der letzte Sitz an die Frauen zu vergeben.

Verteilung der Sitze nach Geschlechtern in der Gruppe der Beamten: Frauen zwei Sitze, Männer zwei Sitze

Bei einer **Listenwahl** wird im Fall der **Gruppenwahl** die Zahl der auf den jeweiligen Wahlvorschlag entfallenden Stimmen mit der Zahl der Personalratssitze der jeweiligen Gruppe multipliziert. Die Summe wird wiederum dividiert durch die Gesamtstimmenzahl der Gruppe.

§ 14

11 Bei **Listenwahl** im Falle der **gemeinsamen Wahl** wird die Anzahl der auf den jeweiligen Wahlvorschlag entfallenden Stimmen mit der Anzahl aller Sitze des Personalrats multipliziert. Diese Summe wird wiederum dividiert durch die Gesamtstimmenzahl.

§ 14

(1) Die Verteilung der Mitglieder des Personalrats auf die Gruppen kann abweichend von § 13 geordnet werden, wenn die Mehrheit der Wahlberechtigten jeder Gruppe dies vor der Neuwahl in getrennten geheimen Abstimmungen beschließt.

(2) Für jede Gruppe können auch Angehörige anderer Gruppen vorgeschlagen werden. Die Gewählten gelten als Vertreter derjenigen Gruppe, für die sie vorgeschlagen worden sind. Satz 2 gilt auch für Ersatzmitglieder.

1 § 14 Abs. 1 begründet das Recht der in der Dienststelle vertretenen Gruppen zu beschließen, dass die im Personalrat zu besetzenden Sitze in anderer Weise auf die einzelnen Gruppen verteilt werden, als dies § 13 vorsieht. So können die in der Dienststelle vorhandenen Gruppen eine **andere Aufteilung der Gruppensitze** bestimmen. Niemals darf aber die Höchstzahl der zu vergebenden Sitze überschritten werden. Die Möglichkeit zur Abweichung besteht unabhängig davon, ob der Personalrat in Gruppenwahl oder gemeinsamer Wahl gewählt wird. Jede abweichende Regelung zur Verteilung der Sitze auf die Gruppen muss vor der Personalratswahl durchgeführt werden und gilt dabei jeweils nur für die bevorstehende Wahl und nicht darüber hinaus.

2 Nach Abs. 1 ist es möglich, in den Personalrat einen Vertreter einer Gruppe zu entsenden, der nach § 13 gar kein Vertreter zusteht.[80] Nicht eindeutig ist, ob auch abweichend von § 13 ein **anderes Berechnungsverfahren** als nach Hare-Niemeyer angewandt werden kann, etwa nach D'Hondt.[81]

3 Die Abweichung muss in **Vorabstimmungen** beschlossen werden. In jeder Gruppe muss eine Mehrheit für die Abweichung zustande kommen. Dies gilt auch dann, wenn es nur um die Sitzverteilung in einer bestimmten Gruppe geht. In jeder Gruppe ist jeweils die Mehrheit der Stimmen aller Gruppenangehörigen erforderlich. Nicht ausreichend ist die Mehrheit der an der Vorabstimmung beteiligten Wahlberechtigten.

4 Die **Abstimmung** muss unter der Leitung eines Abstimmungsvorstandes erfolgen, der aus mindestens drei wahlberechtigten Beschäftigten nach § 4 Abs. 1 Satz 1 WO-HPVG bestehen muss. Die Wahl

---

[80] Fischer/Goeres/Gronimus, BPersVG, § 18 Rn. 6f.; Lorenzen u.a., BPersVG, § 18 Rn. 8.
[81] V. Roetteken/Rothländer, HPVG, § 14 Rn. 14.

erfolgt in geheimen und nach Gruppen getrennten Abstimmungen. Dem Abstimmungsvorstand muss ein Mitglied jeder in der Dienststelle vertretenen Gruppe angehören. Dabei **sollen** im Abstimmungsvorstand Männer und Frauen vertreten sein. Ort und Zeit der Vorabstimmungen sind gemäß § 4 Abs. 2 WO-HPVG in geeigneter Weise allen Beschäftigten bekannt zu geben.

§ 15

Die regelmäßig durchzuführenden Personalratswahlen sollen in Abständen von vier Jahren (§ 23 Abs. 1), jeweils in der Zeit zwischen dem 1. und dem 31. Mai, stattfinden.

Die Regelung schreibt einen regelmäßigen Turnus von vier Jahren und einen konkreten Monat (Mai) vor, in denen Personalratswahlen regelmäßig durchzuführen sind. Abweichungen sind denkbar, wenn eine neue Dienststelle geschaffen wurde oder im Falle einer Neuwahl nach § 24 Abs. 1.

1

§ 16

(1) Der Personalrat wird in geheimer und unmittelbarer Wahl gewählt.

(2) Besteht der Personalrat aus mehr als einer Person, so wählen die Beamten und Arbeitnehmer ihre Vertreter (§ 13) je in getrennten Wahlgängen, es sei denn, dass die Mehrheit der Wahlberechtigten jeder Gruppe vor der Neuwahl in getrennten geheimen Abstimmungen die gemeinsame Wahl beschließt.

(3) Zur Wahl des Personalrats können die wahlberechtigten Beschäftigten sowie die im Personalrat vertretenen Gewerkschaften Vorschläge machen. Die Wahlvorschläge müssen mindestens so viele Bewerber und Bewerberinnen enthalten wie erforderlich sind, um die anteilige Verteilung der Sitze im Personalrat auf Männer und Frauen zu erreichen. Jeder Wahlvorschlag der Beschäftigten muss von mindestens einem Zwanzigstel der wahlberechtigten Gruppenangehörigen, jedoch mindestens von zwei Wahlberechtigten unterzeichnet sein. In jedem Falle genügt die Unterzeichnung durch fünfzig Gruppenangehörige.

(4) Die Wahl wird nach den Grundsätzen der Verhältniswahl durchgeführt. Für die ab 1. Mai 1996 stattfindenden örtlichen Personalratswahlen ist wahlweise die Möglichkeit vorzusehen, dass die Wahlberechtigten abweichend von § 13 Abs. 1 Satz 2 aus den Bewerbern und Bewerberinnen einer unter Berücksichtigung des Anteils der Geschlechter aufgestellten Vorschlagsliste so viele Personen wählen können, wie bei Gruppenwahl Vertreter der jeweiligen Gruppe und bei gemeinsamer

§ 16

Wahl Personalratsmitglieder zu wählen sind. Wird nur ein Wahlvorschlag eingereicht, so findet Mehrheitswahl statt. In Dienststellen, deren Personalrat aus einer Person besteht, wird dieser mit einfacher Stimmenmehrheit gewählt. Das gleiche gilt für Gruppen, denen nur ein Vertreter im Personalrat zusteht.

(5) Ist gemeinsame Wahl beschlossen worden, so muss jeder Wahlvorschlag der Beschäftigten von mindestens einem Zwanzigstel der wahlberechtigten Beschäftigten unterzeichnet sein; Abs. 3 Satz 3 und 4 gilt entsprechend.

(6) Jeder Beschäftigte kann nur auf einem Wahlvorschlag und nur mit seiner Zustimmung benannt werden.

1 Abs. 1 formuliert die überragenden **Grundsätze** der geheimen und unmittelbaren Wahl. **Geheim** ist eine Wahl, wenn eindeutig sichergestellt ist, dass ein Nachvollzug des Abstimmungsverhaltens einzelner Beschäftigter ohne ihren Willen unmöglich ist. Damit sind offene Abstimmungen (Zuruf, Handaufheben) verboten. In jedem Fall muss sichergestellt werden, dass die Wahlberechtigten bei der Abgabe ihrer Stimme nicht beobachtet werden können. Auch die Stimmzettel sind so zu gestalten, dass nur noch das Ankreuzen des Wahlvorschlags nötig ist. Ansonsten könnte etwa durch die Handschrift das persönliche Stimmverhalten nachvollzogen werden.

2 Die Wahl durch die wahlberechtigten Beschäftigten muss **unmittelbar** erfolgen. Die Zwischenschaltung von Dritten, z.B. Wahlmännern oder zur Stimmabgabe bevollmächtigter Dritter, ist unzulässig. Eine Vertretung bei der Stimmabgabe ist ausgeschlossen. Zulässig ist jedoch, dass ein Wähler, der wegen eines körperlichen Gebrechens (z.B. wegen des Fehlens von Händen oder Armen oder wegen Blindheit) in der Stimmabgabe behindert ist, sich bei der Kennzeichnung des Stimmzettels einer Person seines Vertrauens bedient. Dadurch bleibt die Wahl nämlich die Willenserklärung der wahlberechtigten Dienstkraft selbst.

3 Ein Personalrat, der aus mehreren Personen besteht, wird grundsätzlich in **Gruppenwahl** gewählt, wenn nicht vorher die wahlberechtigten Beschäftigten gemeinsame Wahl beschließen. Hierzu muss die Mehrheit der Wahlberechtigten jeder Gruppe gemäß § 16 Abs. 2 **vor** der Neuwahl in getrennten geheimen Abstimmungen die **gemeinsame Wahl** beschließen.

4 Bei gemeinsamer Wahl wählen die Arbeitnehmer und Beamten die Vertreter der Arbeitnehmergruppe und die Vertreter der Beamtengruppe im Personalrat in einem gemeinsamen Wahlgang. Bei Gruppenwahl wählen die Arbeitnehmer und die Beamten ihre jeweiligen Vertreter im Personalrat in getrennten Wahlgängen.

5 Besteht der Personalrat nur aus einer Person, kann stets nur eine

§ 16

gemeinsame Wahl stattfinden. Besteht der Personalrat aus mehreren Personen, kann eine gemeinsame Wahl der Personalratsmitglieder nur dann durchgeführt werden, wenn die wahlberechtigten Angehörigen der jeweiligen Gruppe dies vor der Neuwahl in getrennten geheimen Abstimmungen beschließen. Durch die gemeinsame Wahl verändert sich die Sitzverteilung unter den Gruppen im Personalrat nicht.

Jeder wahlberechtigte Beschäftigte kann die Initiative zur Durchführung der Abstimmungen über die gemeinsame Wahl ergreifen. Die Abstimmungen müssen von einem Abstimmungsvorstand geleitet werden, der aus mindestens drei wahlberechtigten Beschäftigten bestehen und dem ein Mitglieder jeder in der Dienststelle vertretenen Gruppe angehören müssen (§ 4 Abs. 1 WO-HPVG). Dabei kann auch der **Wahlvorstand als Abstimmungsvorstand** fungieren.[82] Der Abstimmungsvorstand wird in der Regel von Beschäftigten gebildet, die die gemeinsame Wahl anstreben. Es ist nicht zu beanstanden, dass diese Beschäftigten derselben Gewerkschaft angehören. Es liegt in der Natur der Sache und ist erlaubt, dass die Mitglieder des Abstimmungsvorstands zu der Vorabstimmung auffordern und den Nutzen einer gemeinsamen Wahl aus ihrer Sicht in einer Bekanntmachung herausstellen.[83] **6**

Die **Vorabstimmungen** über die Durchführung der gemeinsamen Wahl können nicht mit den Vorabstimmungen über eine andere Verteilung der Personalratssitze verbunden werden.[84] **7**

Jede im Personalrat vertretene Gruppe hat für sich abzustimmen. Stimmrechtigt sind jeweils nur die wahlberechtigten Angehörigen jeder Gruppe. Die Vorabstimmung muss den Mindestanforderungen an eine unmittelbare, allgemeine, freie und gleiche Willensbekundung der abstimmungsberechtigten Beschäftigten genügen und eine zuverlässige Ermittlung des Abstimmungsergebnisses gewährleisten (§ 4 Abs. 2 WO-HPVG). Der Beschluss, der sich für die gemeinsame Wahl ausspricht, bedarf der Mehrheit der Stimmen aller Wahlberechtigten – jeder Gruppe. **8**

> **Beispiel:** In einer Dienststelle sind 106 Arbeitnehmer und 72 Beamte wahlberechtigt. Eine gemeinsame Wahl kann nur durchgeführt werden, wenn sich mindestens 54 Arbeitnehmer und 37 Beamtinnen und Beamte dafür aussprechen.

Die Vorabstimmungen können gemäß § 4 Abs. 1 Satz 1 WO-HPVG nur innerhalb von zwei Wochen nach Bekanntgabe des Wahlvorstands gemäß § 1 Abs. 3 WO-HPVG bzw. der in diesem Aushang genannten Frist zulässig sein. **9**

Die Wahl des Personalrats erfolgt auf der Grundlage von **Wahlvor- 10**

---

82 HessVGH 26. 4. 1978 – HPV TL 13/76.
83 BVerwG 21. 7. 1980 – 6 P 13.80 –, PersV 1981, 501.
84 Altvater, BPersVG, § 4 WO Rn. 5.

§ 16

schlägen. Diese können von allen wahlberechtigten Beschäftigten gemacht werden. Vorschlagsberechtigt nach **Abs. 3** sind auch die im Personalrat vertretenen Gewerkschaften. Eine Gewerkschaft ist dann in der Dienststelle vertreten, wenn ihr wenigstens ein Beschäftigter, der nicht wahlberechtigt zu sein braucht, als Mitglied angehört.

11 Der Wahlvorschlag selbst besteht aus zwei Bestandteilen: der Bewerberliste, die die Vorgeschlagenen enthält, und der Unterschriftenliste, die die Vorschlagenden enthält.[85] Beide Teile müssen eine einheitliche Urkunde bilden. Das Prinzip der urkundlichen Einheit soll sicherstellen, dass die wahlberechtigten Beschäftigten bei der Unterzeichnung die Bewerberliste gekannt und sie sich in vollem Umfang zu Eigen gemacht haben.[86] Dabei muss der Wahlvorschlag so beschaffen sein, dass jede nachträgliche Zusammenfügung von Bewerber- und Unterschriftenliste ausgeschlossen ist.[87]

12 Gemäß Abs. 3 Satz 2 darf jeder Vorschlag nur wählbare Beschäftigte enthalten. Bei einem Verstoß ist der Vorschlag ungültig und zurückzuweisen.[88] Wer nach § 10 wählbar ist, kann dann gewählt werden, wenn er in die Wählerliste eingetragen und in einem Wahlvorschlag benannt worden ist (§ 15 WO-HPVG). Dabei muss der Wahlvorschlag mindestens so viele Bewerber und Bewerberinnen enthalten wie erforderlich sind, um die anteilige Verteilung der Sitze im Personalrat auf Männer und Frauen zu erreichen. Nach § 8 Abs. 1 WO-HPVG **soll** jeder Wahlvorschlag nach Geschlechtern getrennt und mindestens doppelt so viele männliche Bewerber und doppelt so viele weibliche Bewerber enthalten, wie bei **Gruppenwahl** in der jeweiligen Gruppe männliche oder weibliche Gruppenvertreter oder bei **gemeinsamer Wahl** männliche und weibliche Personalratsmitglieder in den Personalrat zu wählen sind. Diese Regelung ist jedoch nicht zwingend.

13 § 8 Abs. 2 WO-HPVG regelt konkret, dass das Prinzip der Gruppen- und Geschlechterrepräsentanz bereits in den Wahlvorschlägen zum Ausdruck kommt. Hiernach sind die Namen der weiblichen Bewerber links und die Namen der männlichen Bewerber rechts auf dem Wahlvorschlag untereinander aufzuführen und mit fortlaufenden Nummern zu versehen. Außer dem Familiennamen sind der Vorname, das Geburtsdatum, die Amts- oder Berufsbezeichnung und die Gruppenzugehörigkeit anzugeben. Bei **gemeinsamer Wahl** sind in dem Wahlvorschlag die weiblichen Bewerber links und die männlichen Bewerber rechts jeweils nach Gruppen zusammenzufassen. Entfällt nach § 5 Abs. 5 WO-HPVG innerhalb einer Gruppe auf ein Geschlecht kein Personalratsmitglied, können die Wahlvorschläge gleich-

---

85 BVerwG 10.4.1978 – 6 P 27.78 –, PersV 1979, 154.
86 BVerwG 10.4.1978, a.a.O.; BAG 25.5.2005 – 7 ABR 39/04 –, NZA 2006, 116.
87 Klimpe-Auerbach, Leitfaden für Personalratswahlen, S. 62.
88 BVerwG 13.3.1973, PersV 1973, 143.

wohl einen Angehörigen des in der Minderheit befindlichen Geschlechts enthalten. Besteht der Personalrat aus einer Person, entfällt die Trennung nach Geschlechtern bei der Aufstellung der Wahlvorschläge und bei der Berechnung der Mindestzahl der Bewerber. Dies gilt entsprechend, wenn einer Gruppe nur ein Sitz zusteht.

Der Wahlvorschlag muss bei **Gruppenwahl** von mindestens $^1/_{20}$ der wahlberechtigten Gruppenangehörigen, jedoch mindestens von zwei wahlberechtigten Gruppenangehörigen und bei **gemeinsamer Wahl** von mindestens $^1/_{20}$ der wahlberechtigten Beschäftigten, jedoch mindestens von zwei wahlberechtigten Beschäftigten unterzeichnet sein. Es genügen bei Gruppenwahl jedoch die Unterschriften von 50 wahlberechtigten Gruppenangehörigen, bei gemeinsamer Wahl die Unterschriften von 50 wahlberechtigten Beschäftigten (§ 8 Abs. 3 Satz 1 und Satz 2 WO-HPVG). **14**

Ein Wahlvorschlag der im Personalrat vertretenen Gewerkschaften muss von zwei Beauftragten der Gewerkschaft gemäß § 8 Abs. 3 Satz 3 WO-HPVG unterzeichnet sein. Jeder Wahlberechtigte kann gemäß § 9 Abs. 3 WO-HPVG seine Unterschrift zur Wahl des Personalrats rechtswirksam nur für einen Wahlvorschlag abgeben. Jeder Bewerber kann für die Wahl des Personalrats nur auf einem Wahlvorschlag benannt werden (§ 9 Abs. 1 WO-HPVG). Ein **Wahlvorschlag** ist in Urschrift einzureichen. Dieser ist von dem Aussteller eigenhändig durch Namensunterschrift zu unterzeichnen (§ 126 BGB). Bis zur Einreichung des Wahlvorschlags können die Unterzeichner ihre mittels Unterschrift dokumentierte Unterstützung zurücknehmen. Dies hat durch eine schriftliche Erklärung gegenüber dem Listenvertreter zu erfolgen, der gemäß § 8 Abs. 4 WO-HPVG dem Wahlvorschlag zu entnehmen sein soll. Eine Übermittlung des Wahlvorschlags per Telefax ist unwirksam.[89] Gemäß § 48 Abs. 2 WO-HPVG kann die vorgeschriebene Schriftform auch nicht durch die elektronische Form (z. B. per E-Mail) ersetzt werden. **15**

Gemäß **Abs. 4 Satz 1** wird die Wahl nach den Grundsätzen der **Verhältniswahl** durchgeführt. **Mehrheitswahl** findet dann statt, wenn gemäß **Abs. 4 Satz 3** nur ein Wahlvorschlag eingereicht worden ist oder wenn der Personalrat nur aus einer Person besteht (§§ 26, 28 WO-HPVG), ebenfalls wenn bei Gruppenwahl nur ein Vertreter zu wählen ist (§ 28 Abs. 1 Nr. 1 WO-HPVG). Gemäß § 23 Abs. 1 Satz 1 erfolgt die **Verhältniswahl** grundsätzlich als **Listenwahl**. Dies hat zur Folge, dass die Wähler nicht einen bestimmten Kandidaten wählen können, sondern ihre Stimme einer Liste geben. Auf dem Stimmzettel sind daher gemäß § 23 Abs. 2 WO-HPVG die Vorschlagslisten in der Reihenfolge der Ordnungsnummern unter Abgabe von Familienname, Vorname, Amts- oder Berufsbezeichnung und Gruppenzugehörigkeit der an erster und zweiter Stelle benannten männlichen und **16**

---
[89] VG Hamburg 11.12.1992, PersR 1993, 508.

§ 16

weiblichen Bewerber, bei **gemeinsamer Wahl** die für die Gruppe an erster Stelle benannten männlichen und weiblichen Bewerber untereinander aufzuführen.

17 Für den Bereich des HPVG und der WO-HPVG findet das Verteilungsverfahren nach dem **Hare-Niemeyer-Verfahren** statt.

18 Jeder Beschäftigte kann nur auf einen Wahlvorschlag und nur mit seiner Zustimmung benannt werden. Eine **Mehrfachkandidatur** ist unzulässig. Hiergegen muss der Wahlvorstand gemäß § 10 Abs. 3 WO-HPVG vorgehen und den Bewerber von sämtlichen Wahlvorschlägen streichen.[90]

19 Über **Streitigkeiten** haben die **Verwaltungsgerichte** nach § 111 Abs. 1 Nr. 1 und 2 zu entscheiden. Ein Verstoß gegen die Grundsätze der Personenwahl stellt einen Verstoß gegen wesentliche Vorschriften und das Wahlverfahren dar.[91] Ordnet ein Wahlvorstand für bestimmte Beschäftigtengruppen schriftliche Stimmabgabe an, ist ein davon betroffener Beschäftigter gleichwohl zur persönlichen Stimmabgabe berechtigt.[92]

20 Auch bei Personalratswahlen in Hessen darf eine Gewerkschaft in Bezug auf eine Beschäftigtengruppe nur einen Wahlvorschlag zur Wahl stellen. Es gilt das Verbot des Mehrfach- bzw. Doppelwahlvorschlags.[93]

21 Ein Wahlvorstand erfüllt die ihm obliegenden Pflichten nach der WO (Befragung von Doppelunterzeichnern) schon dann, wenn er einem Wahlbewerber oder Listenvertreter ein einziges Mal die Gelegenheit gibt, den Wahlvorschlag nachzubessern, so dass es einer erneuten Anhörung nicht mehr bedarf.[94] Hat wiederum ein Wahlvorstand die Zahl der wahlberechtigten Beschäftigten, von denen ein Wahlvorschlag zu Personalratswahlen unterzeichnet sein muss, im Wahlausschreiben zu niedrig angegeben, ist dieser berechtigt, den Wahlrechtsverstoß dadurch zu berichtigen, dass er den Wahlvorschlag zur Beseitigung des Mangels zurückgibt.[95]

22 Der Wahlvorschlag muss auch die **Amts- oder Berufsbezeichnung** des Bewerbers enthalten. Bei Beamtinnen und Beamten ergibt sich die entsprechende Einordnung innerhalb der Verwaltungshierarchie schon aus der Amtsbezeichnung. Demgegenüber muss bei Arbeitnehmern, zumal bei denjenigen, die sich in leitender Position befinden, die Funktion konkret angegeben werden.[96]

---

90 V. Roetteken/Rothländer, HPVG, § 16 Rn. 147.
91 OVG Niedersachsen 9.1.1962, PersV 1962, 88.
92 OVG NRW 19.9.1997 – OVG 1 A 778/97.PVL –, ZfPR 1999, 19.
93 HessVGH 24.2.2005 – 22 TL 2583/04 –, PersV 2005, 432.
94 BVerwG 5.10.1989, ZBR 1990, 184.
95 OVG NRW 20.1.1994 – 1 A 3698/93.PVL –, ZBR 1994, 190.
96 BVerwG 10.1.2007 – 6 PB 18.06 –, ZfPR 2008, 2.

Grundsätzlich kann eine Personalratswahl auch in mehreren **Wahl-** 23
lokalen durchgeführt werden. Allerdings ist es hierbei erforderlich,
dass in jedem Wahllokal mindestens ein Wahlvorstandsmitglied und
ein Wahlhelfer anwesend sind. Sollte ein Wahlvorstandsmitglied zeitweilig verhindert sein, kann es durch ein Ersatzmitglied vertreten
werden.[97]

§ 17

(1) **Spätestens acht Wochen vor Beginn des Zeitraums für die**
nächsten allgemeinen Personalratswahlen (§ 15) bestellt der
Personalrat mindestens drei Wahlberechtigte als Wahlvorstand
und einen von ihnen als Vorsitzenden. Im Wahlvorstand sollen
Männer und Frauen vertreten sein. Die Mehrheit der Mitglieder
des Wahlvorstandes soll dem Geschlecht angehören, auf das die
Mehrheit der in der Dienststelle Beschäftigten entfällt. Sind in
der Dienststelle Angehörige verschiedener Gruppen beschäf-
tigt, so soll jede Gruppe im Wahlvorstand vertreten sein.

(2) **Besteht sechs Wochen vor Beginn des Zeitraums für die**
nächsten allgemeinen Personalratswahlen (§ 15) kein Wahlvor-
stand, so beruft der Leiter der Dienststelle auf Antrag von
mindestens drei Wahlberechtigten oder einer in der Dienststelle
vertretenen Gewerkschaft eine Personalversammlung zur Wahl
des Wahlvorstandes ein. Abs. 1 gilt entsprechend. Die Personal-
versammlung wählt sich einen Versammlungsleiter.

Die **Bestellung des Wahlvorstands** hat acht Wochen vor dem 1. Mai 1
der nächsten Wahlperiode zu erfolgen. Besteht in der Dienststelle ein
Personalrat, muss er den Wahlvorstand bestellen. Über die Bestellung
des Wahlvorstands entscheidet grundsätzlich der gesamte Personalrat
durch **Beschluss**. Dieser gehört nicht zu den laufenden Geschäften des
Personalrats und zählt daher nicht zur Zuständigkeit des Vorstands des
Personalrats oder gar zu der des Vorsitzenden. Es handelt sich vielmehr
um eine gemeinsame Angelegenheit der Gruppe der Beamten und
Arbeitnehmer, über die der Personalrat grundsätzlich gemeinsam zu
beraten und zu beschließen hat. Der Wahlvorstand muss aus mindestens drei Wahlberechtigten bestehen. Eines der Mitglieder wird vom
Personalrat zur/zum Vorsitzenden bestimmt.

Im Wahlvorstand sollen **Männer und Frauen** vertreten sein. Die 2
Mehrheit der Mitglieder des Wahlvorstands soll dem Geschlecht angehören, auf das die Mehrheit der in der Dienststelle Beschäftigten
entfällt. Sind in der Dienststelle Angehörige verschiedener Gruppen
beschäftigt, soll jede Gruppe im Wahlvorstand vertreten sein. In den
durch das Gruppenprinzip somit vorgegebenen Grenzen ist der Per-

---

97 OVG NRW 27.11.1997 – 1 A 878/97.PVB –, ZfPR 2000, 4.

§ 18

sonalrat – bei Beachtung der Vertretung beider Geschlechter – in der Auswahl der Mitglieder des Wahlvorstands frei.

3 Für die Mitglieder des Wahlvorstands können **Ersatzmitglieder** bestellt werden. Das Gruppenprinzip gilt in gleichem Umfang wie bei der Bestellung der Mitglieder. Die Namen der Ersatzmitglieder müssen veröffentlicht werden.[98]

4 Besteht sechs Wochen vor Beginn des Zeitraums für die nächsten allgemeinen Personalratswahlen (§ 15) kein Wahlvorstand, geht die Zuständigkeit zur Bestellung des Wahlvorstands auf die **Personalversammlung** über. Die Einberufung erfolgt durch den Leiter der Dienststelle auf Antrag von mindestens drei Wahlberechtigten oder einer in der Dienststelle vertretenen Gewerkschaft. Für diesen Antrag bestehen keine Formvorschriften, wobei Schriftform auch hierbei stets zu empfehlen ist. Dem Leiter der Dienststelle steht kein Ermessen zu. Vielmehr ist er verpflichtet, dem Antrag zu entsprechen. Sollte er sich weigern, stellt dies in aller Regel ein Dienstvergehen dar. Die Personalversammlung ist unverzüglich einzuberufen. Einziger Gegenstand einer solchen Personalversammlung ist die Wahl eines Wahlvorstands. Sie findet grundsätzlich während der Arbeitszeit statt. Die Personalversammlung besteht aus den Beschäftigten der Dienststelle.

5 Der Leiter der Dienststelle hat die Personalversammlung lediglich einzuberufen und zu eröffnen. Im Folgenden wählt die Personalversammlung formlos aus ihrer Mitte heraus einen **Versammlungsleiter**. Unabhängig von der Zahl ihrer Teilnehmer ist die Personalversammlung beschlussfähig. Es ist allerdings dafür Sorge zu tragen, dass grundsätzlich alle Beschäftigten der Dienststelle effektiv Gelegenheit hatten, an der Personalversammlung teilzunehmen. Dies setzt eine ordnungsgemäße Einberufung voraus. Fehlt es an einer solchen, ist die Wahl des Wahlvorstands nichtig.

6 Es ist kein bestimmtes **Wahlverfahren** für die Wahl der Mitglieder bzw. Ersatzmitglieder des Wahlvorstands vorgeschrieben. Maßgeblich ist die Mehrheit der Anwesenden in der Personalversammlung. Gewählt ist, wer die Mehrheit der abgegebenen Stimmen erhält. Stimmberechtigt ist jeder anwesende Beschäftigte, unabhängig davon, ob er zum Personalrat wahlberechtigt ist oder nicht.[99]

§ 18

Besteht in einer Dienststelle, die die Voraussetzung des § 12 erfüllt, kein Personalrat, so beruft der Leiter der Dienststelle unverzüglich eine Personalversammlung zur Wahl des Wahlvorstandes ein. § 17 Abs. 2 Satz 2 und 3 gilt entsprechend.

---

98 V. Roetteken/Rothländer, HPVG, § 17 Rn. 8; OVG NRW 25. 2. 1957, ZBR 1957, 209 und 372.
99 Altvater-Lemcke, BPersVG, § 20 Rn. 26.

§ 20

Die Vorschrift regelt die Bestellung des Wahlvorstands für Dienststellen, die nach § 12 personalratsfähig sind, die aber – aus welchen Gründen auch immer – keinen Personalrat haben. In einem solchen Fall ist der für die Durchführung einer rechtmäßigen Personalratswahl zwingend erforderliche Wahlvorstand durch eine **Personalversammlung** zu wählen. Die Pflicht des Dienststellenleiters, unverzüglich eine Personalversammlung gemäß § 18 einzuberufen, besteht u. a. bei

- Neuerrichtung einer Dienststelle
- erstmaliger Verselbständigung einer Nebenstelle
- einer rechtskräftig für nichtig bzw. aufgrund einer Wahlanfechtung rechtskräftig für ungültig erklärten Wahl des Personalrats
- Niederlegung des Amts durch alle Mitglieder und Ersatzmitglieder des Personalrats
- Erlöschen ihrer Mitgliedschaft oder Ersatzmitgliedschaft aus anderen Gründen.[100]

§ 19

Findet eine Personalversammlung (§ 17 Abs. 2, § 18) nicht statt oder wählt die Personalversammlung keinen Wahlvorstand, so bestellt ihn der Leiter der Dienststelle auf Antrag von mindestens drei Wahlberechtigten oder einer in der Dienststelle vertretenen Gewerkschaft. § 17 Abs. 1 gilt entsprechend.

Hat eine Personalversammlung einen Wahlvorstand nicht bestellt, muss der **Leiter der Dienststelle** auf Antrag von drei Wahlberechtigten oder einer in der Dienststelle vertretenen Gewerkschaft initiativ werden und einen Wahlvorstand bestellen. Hierbei handelt es sich sozusagen um eine Ultima ratio.

§ 20

Der Wahlvorstand hat die Wahl unverzüglich einzuleiten. Kommt der Wahlvorstand dieser Verpflichtung nicht nach, so beruft der Leiter der Dienststelle auf Antrag von mindestens drei Wahlberechtigten oder einer in der Dienststelle vertretenen Gewerkschaft eine Personalversammlung zur Wahl eines neuen Wahlvorstandes ein. § 17 Abs. 2 Satz 2 und 3 und § 19 gelten entsprechend.

Der Wahlvorstand muss die Wahl unverzüglich, d. h. **ohne schuldhaftes Zögern** einleiten. Kommt er dieser Verpflichtung nicht nach, so hat der Leiter der Dienststelle auf Antrag von mindestens drei Wahlberechtigten oder einer in der Dienststelle vertretenen Gewerkschaft erneut eine Personalversammlung zur Wahl eines neuen Wahl-

---

100 Altvater-Lemcke, BPersVG, § 21 Rn. 1.

§ 21

vorstands einzuberufen. Mit der Wahl des neuen Wahlvorstands wird zugleich der komplette bisherige Wahlvorstand abberufen. Die Wahl muss nicht geheim erfolgen.

2 Besteht Streit darüber, ob der Wahlvorstand zu Unrecht abberufen wurde, so sind hierfür die **Verwaltungsgerichte** nach § 111 Abs. 1 Nr. 2 zuständig.

§ 21

(1) Niemand darf die Wahl des Personalrats behindern oder in einer gegen die guten Sitten verstoßenden Weise beeinflussen. Insbesondere darf kein Wahlberechtigter in der Ausübung des aktiven und passiven Wahlrechts beschränkt werden.

(2) Die sächlichen Kosten der Wahl trägt die Dienststelle. Notwendige Versäumnis von Arbeitszeit infolge der Ausübung des Wahlrechts, der Teilnahme an den in den §§ 17 bis 20 genannten Personalversammlungen oder der Betätigung im Wahlvorstand hat keine Minderung der Dienstbezüge oder des Arbeitsentgelts zur Folge. Für die Mitglieder des Wahlvorstandes gelten § 40 Abs. 1 bis 3 und § 42 Abs. 2 und 3 entsprechend.

(3) Dem Beschäftigten werden die notwendigen Fahrkosten für die Reise von der Beschäftigungsstelle oder von der Ausbildungsstelle zum Wahlort und zurück nach den Vorschriften über die Reisekostenvergütung der Beamten erstattet.

1 Niemand darf die Wahl des Personalrats behindern oder in einer gegen die guten Sitten verstoßenden Weise beeinflussen. Das Verbot richtet sich an jedermann, also nicht nur an den Leiter der Dienststelle, vorgesetzte Dienststellen und Gewerkschaften.[101] Eine **Behinderung** ist jedes Handeln oder Unterlassen, das zu einer Verhinderung oder Erschwerung der Wahl führt, z. B. das Verbot der Dienststelle, Wahlen während der Arbeitszeit durchzuführen, Verweigerung von Wahlräumen und Sachmitteln. Insbesondere dürfen nicht einzelne Beschäftigte bei der Ausübung ihres aktiven oder passiven Wahlrechts beschränkt werden. So darf einem Beschäftigten **nicht untersagt** werden, an der Wahl teilzunehmen. Ihm dürfen keine Nachteile angedroht werden, wie etwa Abordnungen oder Versetzungen. Verboten ist auch eine sittenwidrige Wahlbeeinflussung. Eine solche liegt in den Fällen vor, in denen bei der Wahl zu Organen Straftatbestände wie Wählernötigung (§ 108 StGB), Wählertäuschung (§ 108a StGB), Wählerbestechung (§ 108b StGB) oder Stimmenkauf (§ 108e StGB) erfüllt sind. Liegen solche Tatbestände vor, steht fest, dass ihre Erfüllung auch das Anstands- und Rechtsgefühl aller billig und gerecht Denkenden verletzt, so dass das Urteil der Rechtsordnung, welches das Verhalten als sit-

---

101 BVerwG 7.11.1969 – VII P 2.69 –, PersV 1970, 155.

§ 21

tenwidrig kennzeichnet, in diesen Fällen von vorneherein gerechtfertigt ist.[102] Eine unzulässige Wahlbeeinflussung liegt darüber hinaus auch vor, wenn der Dienststellenleiter Vorteile (wie eine Beförderung oder Höhergruppierung) verspricht oder der Wahlvorstand das Wahlergebnis fälscht etc.[103]

Die nach **Abs. 2 Satz 1** von der Dienststelle zu tragenden **Kosten der Wahl** sind alle notwendigen sächlichen und persönlichen Kosten, die aufgrund wahlberechtigter Vorschriften durch die Vorbereitung und Durchführung der Wahl entstehen, einschließlich der Kosten etwaiger Personalversammlungen und Vorabstimmungen. Dazu gehören insbesondere die Kosten der bereitzustellenden Büro- und Wahlräume einschließlich ihrer Einrichtung, die Kosten des gesamten zu beschaffenden Geschäftsbedarfs inklusiv Literatur sowie die Personalkosten des erforderlichen Büropersonals.[104] Auch die **außergerichtlichen Kosten** einer erfolgreich durchgeführten Wahlanfechtung sind Kosten der Wahl.[105] Letztendlich zählen auch die **Teilnahmekosten** von Wahlvorstandsmitgliedern an einer erforderlichen Schulungsveranstaltung zu den Kosten der Wahl.[106]   **2**

Abs. 2 Satz 2 begründet einen Anspruch der Beschäftigten auf ihr Arbeitsentgelt bzw. ihre Dienstbezüge auch für die Zeiten, in denen sie ihr Wahlrecht ausgeübt, sich an Personalversammlungen beteiligt oder sich als Mitglied des Wahlvorstands betätigt haben. Insoweit darf dieser Personenkreis finanziell nicht schlechter gestellt werden als vergleichbare Beschäftigte, die während dieser Zeit gearbeitet bzw. ihren Dienst verrichtet haben.   **3**

Was notwendig ist, bestimmt sich nach vernünftiger Abwägung der Gegebenheiten.   **4**

Die Mitglieder des Wahlvorstands erhalten für ihre Tätigkeit keine gesonderte Vergütung. Es kann jedoch grundsätzlich ein **Aufwendungsersatz** in Frage kommen. So können Reisekosten anfallen. Hierfür verweist § 21 Abs. 2 Satz 3 auf § 42 Abs. 3. Reisekosten werden nach den Vorschriften über die Reisekostenvergütung der Beamten gezahlt.   **5**

Den Beschäftigten steht gemäß § 21 Abs. 3 ein gesetzlicher Anspruch auf Erstattung der notwendigen **Fahrtkosten** für ihre Reise von der Beschäftigungsstelle bzw. der Ausbildungsstelle zum Wahlort nach den Vorschriften über die Reisekostenvergütung der Beamten zu.   **6**

---

102 Aufhauser/Warga/Schmitt-Moritz, BayPVG, Art. 24 Rn. 3.
103 OVG Thüringen 29.5.2008 – 5 PO 739/07.
104 Altvater-Lemcke, BPersVG, § 24 Rn. 15.
105 BVerwG 29.8.2000 – 6 P 7.99 –, PersR 2000, 513.
106 BayVGH 10.9.1986 – 17 C 86.02076 –, PersV 1988, 181.

§ 22

§ 22

(1) Mindestens drei Wahlberechtigte, jede in der Dienststelle vertretene Gewerkschaft oder der Leiter der Dienststelle können binnen einer Frist von vierzehn Tagen, vom Tage der Bekanntgabe des Wahlergebnisses an gerechnet, die Wahl beim Verwaltungsgericht anfechten, wenn gegen wesentliche Vorschriften über das Wahlrecht, die Wählbarkeit oder das Wahlverfahren verstoßen worden ist, es sei denn, dass durch den Verstoß das Wahlergebnis nicht geändert oder beeinflusst werden konnte.

(2) Ist die Wahl des gesamten Personalrats rechtskräftig für ungültig erklärt, so nimmt der nach § 18 zu bildende Wahlvorstand die dem Personalrat nach diesem Gesetz zustehenden Befugnisse und Pflichten bis zur Neuwahl wahr.

1 Die Wahl des Personalrats kann binnen einer Frist von 14 Tagen, vom Tage der Bekanntgabe des Wahlergebnisses an gerechnet, beim Verwaltungsgericht angefochten werden. Anfechtungsberechtigt sind drei wahlberechtigte Beschäftigte, jede in der Dienststelle vertretene Gewerkschaft und der Leiter der Dienststelle. Die **Anfechtung** ist dann begründet, wenn gegen wesentliche Vorschriften über das Wahlrecht, die Wählbarkeit oder das Wahlverfahren verstoßen worden ist, es sei denn, dass durch den Vorstand das Wahlergebnis nicht geändert oder beeinflusst werden konnte.

2 Die **Wahlanfechtungsfrist** wird vom Tage der Bekanntgabe des Wahlergebnisses an gerechnet. Was unter »Wahlergebnis« zu verstehen ist, ergibt sich aus § 18 Abs. 1 WO-HPVG. Danach nimmt der Wahlvorstand unverzüglich nach Abschluss der Wahl öffentlich die Auszählung der Stimmen vor und stellt das Ergebnis gemäß § 9 Abs. 1 WO-HPVG in einer Niederschrift fest. Wahlergebnis ist somit das sich aus der Stimmenauszählung ergebende Resultat. Zum Wahlergebnis gehören auch die Zahl der insgesamt abgegebenen Stimmen und der ungültigen Stimmen. Die Auszähltätigkeit des Wahlvorstands erfasst also alle abgegebenen Stimmen, wobei gültige und ungültige Stimmen zu unterscheiden sind. Im Übrigen gehören zu dem bekannt zu gebenden Wahlergebnis die Angaben, die auch in der Wahlniederschrift gemäß § 19 Abs. 1 WO-HPVG enthalten sein müssen. Zum Wahlergebnis zählen nicht die Zahl der Wahlberechtigten und auch nicht die Namen der Ersatzmitglieder.[107]

3 Mit Bekanntgabe im Sinne der § 22 Abs. 1 ist gemeint, dass der Wahlvorstand das **Ergebnis der Stimmenauszählung** und die Namen der als Personalratsmitglieder gewählten Bewerber durch zweiwöchigen Aushang bekannt gibt (§ 21 WO-HPVG).

4 Soweit der Aushang des Wahlergebnisses über alle notwendigen Be-

---

107 BVerwG 23.10.2003 – 6 P 10.03 –, ZBR 2004, 201–203.

standteile des Wahlergebnisses (Zahl der abgegebenen sowie der gültigen und ungültigen Stimmen, Zahl der auf die Listen bzw. Einzelbewerber entfallenden Stimmen, Namen der gewählten Bewerber) unterrichtet, wird mit dem Datum des Aushangs die Wahlanfechtungsfrist in Gang gesetzt. Sinnvoll ist es, den Aushang mit der Überschrift »Bekanntmachung« und einem Aushangvermerk »ausgehändigt am ….« zu versehen. Die Wahlanfechtungsfrist endet nach Ablauf von 14 Tagen um 24.00 Uhr des 14. Tages. Da im öffentlichen Dienst die Fünftagewoche üblich ist, gelten als Arbeitstage die Wochentage Montag bis Freitag mit Ausnahme der gesetzlichen Feiertage. Auch § 22 geht von einem derartigen Verständnis aus.

Gemäß § 111 Abs. 1 entscheiden die **Verwaltungsgerichte** über die Wahlanfechtung und wenden gemäß Abs. 3 die Vorschriften des Arbeitsgerichtsgesetzes über das Beschlussverfahren entsprechend an. Nach § 81 Abs. 1 ArbGG kann das Wahlanfechtungsverfahren nur **auf Antrag** eingeleitet werden. Die Antragsschrift muss innerhalb der Frist des § 22 Abs. 1 (14 Tage) beim Verwaltungsgericht eingereicht und eingegangen sein. Der Antrag kann auch zu Protokoll der Geschäftsstelle erklärt werden. 5

Soweit die Auffassung vertreten wird, die Gründe für die Anfechtung müssten bereits innerhalb der Frist geltend gemacht werden, überzeugt dies rechtlich nicht.[108] Grundsätzlich gilt im Wahlanfechtungsverfahren der **Amtsermittlungsgrundsatz**. Das BVerwG hat darauf hingewiesen, dass es der auch das personalvertretungsrechtliche Beschlussverfahren kennzeichnende durch Dispositionsmaxime und Mitwirkungspflicht der Beteiligten geprägten Tendenz widerspreche, wenn die Verwaltungsgerichte ohne erkennbaren aktenkundigen Anlass die Wahlunterlagen beiziehe, um nach Gründen zu forschen, aus denen sich die Ungültigkeit der Wahlergebnisse ergeben könne. Der Gedanke einer Beschränkung der **gerichtlichen Wahlprüfung** im Wesentlichen auf das, was durch das Vorbringen der Beteiligten veranlasst worden ist, verdient im Interesse einer schnellen Durchsetzung des Wählerwillens durch eine Entscheidung über das mit der Antragsbegründung zum Ausdruck gebrachte Wahlprüfungsbegehren Beachtung. Weder ein rechtzeitig gestellter, in der Sache uneingeschränkter Anfechtungsantrag noch der Untersuchungsgrundsatz verpflichten das Verwaltungsgericht, ungefragt sämtlichen hypothetischen Wahlrechtsverstößen nachzugehen. Dies liefe auf eine unzulässige Ausforschung hinaus.[109] 6

Andererseits hat das BVerwG sowohl in dieser Entscheidung als auch aktuell klargestellt, dass die Ungültigkeit einer Wahl auch auf Gründe gestützt werden kann, die **erst nach Ablauf der Anfechtungsfrist** 7

---
108 OVG Mecklenburg-Vorpommern 23. 4. 2003 – 8 L 279/02 –, ZfPR 2004, 43; Spieß, § 22 HPVG, S. 95.
109 BVerwG 13. 5. 1998 – 6 P 9.97 –, BVerwGE 106, 378.

geltend gemacht oder festgestellt würden.[110] Die Offizialmaxime berechtigt und verpflichtet die Gerichte, bei der Entscheidung über einen zulässig erhobenen Anfechtungsantrag auch nachträglich vorgetragene, überhaupt nicht geltend gemachte Anfechtungsgründe zu berücksichtigen. Hat ein Antragsteller in der Antragsschrift im Grundsatz tragfähige Wahlanfechtungsgründe geltend gemacht, genügt dies in verfahrensrechtlicher Hinsicht, um dem Verwaltungsgericht die Befugnis zur Prüfung auch ungerügter Wahlrechtsverstöße zu eröffnen.

8 Das Verfahren kennt keinen Anfechtungsgegner. **Beteiligter der Wahlanfechtung** ist der aus der Wahl hervorgegangene Personalrat, weil der Wahlvorstand mit der Bestellung eines Wahlleiters durch den Personalrat in dessen konstituierender Sitzung seine Tätigkeit beendet hat. Bei Anfechtung der Wahl einer Gruppe ist Beteiligter die betreffende Gruppe. Haben die Antragsteller ein Rechtsschutzbedürfnis für einen auf die Gruppe etwa der Arbeitnehmer beschränkten Wahlanfechtungsantrag erhoben, fehlt es freilich daran, wenn der geltend gemachte Wahlrechtsverstoß das Wahlergebnis auch in der anderen Gruppe beeinflusst haben könnte. Die Wahlanfechtung dient nämlich der Herstellung der gesetzmäßigen Zusammensetzung des Personalrats. Diesen Zweck kann die auf eine Gruppe beschränkte Wahlanfechtung nicht erreichen, wenn sich der festgestellte Wahlrechtsverstoß auf das Wahlergebnis insgesamt oder jedenfalls auch in einer weiteren Gruppe auswirken kann.[111]

9 Der **Wahlanfechtungsantrag** ist **begründet**, wenn ein Verstoß gegen wesentliche Vorschriften über das Wahlrecht, die Wählbarkeit oder das Wahlverfahren vorliegt, der Fehler weder rechtzeitig geheilt noch kompensiert wurde und die Möglichkeit besteht, dass er möglicherweise Auswirkungen auf das Wahlergebnis haben kann.[112] Als wesentlich in diesem Sinne sind die Vorschriften anzusehen, die zwingender Natur sind; hierzu gehören alle Vorschriften, die das HPVG oder die WO-HPVG zwingend vorschreibt, wie das Wählbarkeitsalter (§ 10 Abs. 1 Nr. 1). Ein erheblicher Verstoß kann auch in sittenwidriger Wahlbeeinflussung bestehen. Durch den jeweiligen Verstoß muss die Beeinflussung des Wahlergebnisses möglich gewesen sein. Denn ein Verstoß, der zu keinem anderen als dem bisherigen Wahlergebnis führt, ist nicht anfechtbar.

10 Während des Anfechtungsverfahrens und bis zur rechtskräftigen Entscheidung des Verwaltungsgerichts bleibt der bisherige Personalrat im Amt. Die erfolgreiche Wahlanfechtung wirkt nur für die Zukunft, die vor Rechtskraft gefassten Beschlüsse bleiben wirksam. Der Personalrat muss nach Rechtskraft neu gewählt werden. Wird nur die Wahl einer

---

110 BVerwG 28.5.2009 – 6 PB 11.09 –, PersV 2009, 383f.
111 BVerwG 26.11.2008 – 6 P 7.08 –, PersV 2009, 138–144.
112 BVerwG 26.11.2008 – 6 P 7.08 –, PersV 2009, 138, 140.

oder mehrerer Gruppen ungültig, muss dort eine entsprechende Neuwahl erfolgen.

Ist die Wahl des gesamten Personalrats rechtskräftig für ungültig erklärt, nimmt der nach § 18 zu bildende Wahlvorstand die dem Personalrat nach diesem Gesetz zustehenden Befugnisse und Pflichten bis zu einer Neuwahl wahr **(Abs. 2)**. Das heißt, der Leiter der Dienststelle hat unverzüglich eine Personalversammlung zur Bestellung eines Wahlvorstands einzuberufen. **11**

Wird nach erfolgreicher Wahlanfechtung die Wahl zur Personalvertretung in einer Gruppe wiederholt, dürfen die seit dem Zeitpunkt der ursprünglichen Wahl neu angestellten Beschäftigten, die bei der Wiederholungswahl die Wahlberechtigung erlangt haben, nicht in das Wählerverzeichnis aufgenommen werden. Der neue Wahlvorstand muss das alte Wählerverzeichnis übernehmen.[113] **12**

Zweiter Titel
Amtszeit

§ 23

(1) Die regelmäßige Amtszeit des Personalrats beträgt vier Jahre. Die Amtszeit beginnt mit dem Tage der Wahl oder, wenn zu diesem Zeitpunkt noch ein Personalrat besteht, mit dem Ablauf seiner Amtszeit. Sie endet spätestens am 31. Mai des Jahres, in dem nach § 15 die regelmäßigen Personalratswahlen stattfinden.

(2) Hat außerhalb des für die regelmäßigen Personalratswahlen festgelegten Zeitraums eine Personalratswahl stattgefunden, so ist der Personalrat in dem auf die Wahl folgenden nächsten Zeitraum der regelmäßigen Personalratswahlen neu zu wählen. Hat die Amtszeit des Personalrats zu Beginn des für die regelmäßigen Personalratswahlen festgelegten Zeitraums noch nicht ein Jahr betragen, so ist der Personalrat in dem übernächsten Zeitraum der regelmäßigen Personalratswahlen neu zu wählen.

Amtszeit ist die Zeit, in der der Personalrat als Gremium alle Rechte und Pflichten nach dem Gesetz hat bzw. wahrnehmen kann.[114] Die regelmäßige Amtszeit beträgt nach **Abs. 1** vier Jahre. Sie beginnt mit dem Tag der Wahl oder, wenn zu diesem Zeitpunkt noch ein Personalrat besteht, mit dem Ablauf seiner Amtszeit. Die Amtszeit endet **1**

---

113 OVG NRW 10. 2. 1992 – CB 176/89; Spieß, § 22 HPVG, S. 100.
114 Daniels, PersVG Berlin, § 23 Rn. 1.

§ 24

nach Abs. 1 spätestens am 31. Mai des Jahres, in dem nach § 15 die regelmäßigen Personalratswahlen stattfinden.

2 Nach **Abs.** 2 soll verhindert werden, dass vorzeitige Wahlen dazu führen, dass sich der Zeitpunkt für die Neuwahlen der Personalräte auseinander entwickelt. Er führt deshalb durch Abkürzung oder Verlängerung der Amtszeit der außerhalb des Wahlzeitraums gewählten Personalräte die den Neuwahlen folgenden Wahlen wieder in den regelmäßigen Wahlzeitraum zurück. Die Rückführung in den normalen Wahlrhythmus des Abs. 1 führt entweder zu einer Verkürzung oder Verlängerung der regelmäßigen Amtszeit. Hat etwa die Amtszeit eines Personalrats am 1. Mai 2012 noch kein Jahr gedauert, so verlängert sich die Amtszeit dieses Personalrats bis Mai 2016.

§ 24

(1) Der Personalrat ist neu zu wählen, wenn

1. mit Ablauf von vierundzwanzig Monaten, vom Beginn des Zeitraums für die letzten allgemeinen Personalratswahlen (§ 15) an gerechnet, die Zahl der regelmäßig Beschäftigten um die Hälfte, mindestens aber um fünfzig gestiegen oder gesunken ist, oder

2. die Gesamtzahl der Mitglieder des Personalrats, auch nach Eintreten sämtlicher Ersatzmitglieder, um mehr als ein Viertel der vorgeschriebenen Zahl gesunken ist, oder

3. der Personalrat mit der Mehrheit seiner Mitglieder seinen Rücktritt beschlossen hat, oder

4. der Personalrat durch gerichtliche Entscheidung aufgelöst ist.

(2) In den Fällen des Abs. 1 Nr. 1 bis 3 führt der Personalrat die Geschäfte weiter, bis der neue Personalrat gewählt ist.

(3) Werden Gemeinden, Gemeindeverbände und sonstige Körperschaften, Anstalten oder Stiftungen des öffentlichen Rechts in eine andere juristische Person des öffentlichen Rechts eingegliedert oder schließen sie sich zu einer neuen juristischen Person des öffentlichen Rechts zusammen, so sind die Personalräte neu zu wählen. Die bis zum Zeitpunkt des Wirksamwerdens der Eingliederung oder der Neubildung bestehenden Personalräte bestellen gemeinsam unverzüglich Wahlvorstände für die Neuwahlen. Die bisherigen Personalräte führen die Geschäfte gemeinsam weiter, bis die neuen Personalräte gewählt sind. Die Aufgaben des Vorsitzenden werden von Sitzung zu Sitzung abwechselnd von den Vorsitzenden der bisherigen Personalräte wahrgenommen. Hat sich die Zahl der

§ 24

Beschäftigten der Körperschaft um weniger als zehn Prozent geändert, findet keine Neuwahl statt.

(4) Werden Dienststellen im Sinne dieses Gesetzes ganz in eine andere Dienststelle eingegliedert oder zu einer neuen Dienststelle zusammengeschlossen, so werden die betroffenen Personalvertretungen bis zu den nächsten regelmäßigen Personalratswahlen (§ 15) nach Maßgabe der nachfolgenden Sätze zusammengefasst. Im Falle der Eingliederung treten zur Personalvertretung der aufnehmenden Dienststelle Personalratsmitglieder aus den Personalvertretungen der eingegliederten Dienststellen in der Zahl hinzu, die dem Anteil der in die aufnehmende Dienststelle gewechselten Wahlberechtigten dieser Dienststellen an der neuen Gesamtzahl der Wahlberechtigten der Dienststelle entspricht, mindestens jedoch jeweils ein Personalratsmitglied. Ein Anteils-Restwert von 0,5 und mehr steht für ein Personalratsmitglied. Die hinzutretenden Personalratsmitglieder werden von den jeweiligen bisherigen Personalräten der eingegliederten Dienststellen aus ihrer Mitte in Einzelabstimmungen mit einfacher Mehrheit bestimmt. Die übrigen Mitglieder dieser Personalräte werden Ersatzmitglieder; über die Reihenfolge entscheiden die bisherigen Personalräte in Einzelabstimmungen mit einfacher Mehrheit. Bei den Abstimmungen nach Satz 4 und 5 sollen die Gruppen, die Geschlechter und die in den bisherigen Personalräten vertretenen Listen angemessen berücksichtigt werden. Im Falle des Zusammenschlusses wird entsprechend verfahren, wobei der Personalrat der größten der zusammengeschlossenen Dienststellen als Personalrat der aufnehmenden Dienststelle gilt.

(5) Im Falle der Ausgliederung oder der teilweisen Eingliederung von Dienststellen gilt Abs. 3 entsprechend.

(6) Das für das Dienstrecht zuständige Ministerium wird ermächtigt, durch Rechtsverordnung die Folgen von Umstrukturierungsmaßnahmen auf die Personalvertretungen abweichend von Abs. 3 bis 5 zu regeln, soweit dies erforderlich ist, um Erschwernisse auszugleichen und eine ausreichende Interessenwahrnehmung der Beschäftigten sicherzustellen. Es kann dabei insbesondere Bestimmungen treffen über

1. den Zeitpunkt für die Neuwahl der Personalvertretungen,
2. die vorübergehende Wahrnehmung der Aufgaben neu zu wählender Personalvertretungen durch die bisherigen Personalvertretungen, deren Vorsitzende oder deren Stellvertreter,
3. die Änderung der Amtszeit der Personalvertretungen,
4. die Bestellung von Wahlvorständen für Neuwahlen.

§ 24

1 Eine Neuwahl des Personalrats findet nur in den in Abs. 1 Nr. 1 bis 4 bezeichneten Fällen statt. Die Aufzählung ist abschließend. So ist der Personalrat neu zu wählen, wenn die Zahl der regelmäßig Beschäftigten um 50%, mindestens jedoch um 50 nach oben oder unten verändert wurde. Beide Voraussetzungen müssen am Stichtag 1. Mai des auf die allgemeinen Personalratswahlen folgenden übernächsten Jahres vorliegen.

2 Eine Neuwahl ist ferner durchzuführen, wenn das Gremium um mehr als der vorgeschriebenen Zahl seiner Mitglieder trotz Eintretens von Ersatzmitgliedern gesunken ist. Dies ist etwa dann der Fall, wenn in einem Personalrat mit sieben Mitgliedern nur noch vier Personalratsmitglieder vorhanden sind. Dabei müssen jedoch alle Nachrücker bereits berücksichtigt worden sein. Für diese Feststellung ist kein Stichtag maßgeblich. Unbedeutend sind die Gründe, warum Mitglieder aus dem Personalrat ausscheiden.

3 Eine Neuwahl kommt in Betracht bei Rücktritt des gesamten Gremiums nach Mehrheitsbeschluss. Erforderlich ist die **absolute** Stimmenmehrheit der **Mitglieder**, nicht der **Anwesenden**. Sind etwa in einem siebenköpfigen Personalrat vier Mitglieder anwesend, von denen drei für den Rücktritt stimmen, wäre dieser Beschluss für einen Rücktritt nicht ausreichend. Stimmen hingegen alle vier anwesenden Mitglieder für den Ausschluss, wäre der Beschluss wirksam, auch wenn die restlichen drei Mitglieder trotz ordnungsgemäßer Ladung nicht anwesend waren.

4 Weiterhin ist eine vorzeitige Neuwahl des Personalrats im Falle der gerichtlichen Auflösung des bisherigen Personalrats durch gerichtliche Entscheidung notwendig. Die Auflösung des Personalrats durch gerichtliche Entscheidung kann gemäß § 25 Abs. 1 auf Antrag von der Wahlberechtigten, des Leiters der Dienststelle oder einer in der Dienststelle vertretenen Gewerkschaft wegen **grober Vernachlässigung** der gesetzlichen Befugnisse oder wegen **grober Verletzung** der gesetzlichen Pflichten erfolgen.

5 In den Fällen des Abs. 1 Nr. 1 bis 3 **führt** der bisherige Personalrat die **Geschäfte weiter**, bis das neue Gremium gewählt ist. Wird der Personalrat durch gerichtliche Entscheidung aufgelöst, so werden die Geschäfte dieses Personalrats durch den unverzüglich neu zu bildenden Wahlvorstand geführt. Dies gilt auch, wenn die Nichtigkeit der Personalratswahl durch das Verwaltungsgericht erklärt wurde.

6 Das HPVG sieht in den Fällen der Abs. 3 und 4 ein sog. **Übergangsmandat** vor. Im Falle der Eingliederung und der Neubildung von Gemeinden etc. führen die bisherigen Personalräte die Geschäfte gemäß **Abs. 3 Satz 3** gemeinsam weiter, bis die neuen Personalräte gewählt sind. Werden gemäß **Abs. 4** Dienststellen ganz in eine andere Dienststelle eingegliedert oder zu einer neuen Dienststelle zusammengeschlossen, werden die betroffenen Personalvertretungen bis zu den nächsten regelmäßigen Personalratswahlen nach Maßgabe der Sätze 2 bis 7 zusammengefasst. Im Falle der Ausgliederung oder der teilweisen Eingliederung von Dienststellen gilt gemäß **Abs. 5** Abs. 3 entsprechend, so dass auch hier ein Übergangsmandat besteht. Darüber hinaus ist im HPVG kein **Übergangsmandat** gesetzlich geregelt. Im Betriebsverfassungsgesetz existiert dazu die Regelung des § 21 a BetrVG. Das BPersVG kennt keine vergleichbare Regelung.

Die sich aus dem Übergangsmandat ergebenden **Rechte und Befugnisse** des Personalrats sind inhaltlich nicht eingeschränkt. So hat der Personalrat gemäß Abs. 3 unverzüglich Wahlvorstände für die Neuwahlen einzurichten. Darüber hinaus führt er die Geschäfte so lange weiter, bis die neuen Personalräte im Amt sind. 7

Vom Übergangsmandat zu unterscheiden ist das sog. **Restmandat** eines Personalrats einer aufgelösten Dienststelle. Danach bleibt der Personalrat, der aufgrund der Auflösung der Dienststelle, bei der er gebildet ist, seine Rechtsstellung verloren hat, insoweit funktionsfähig, als mit dem Wegfall der Dienststelle verbundene, noch fortbestehende Aufgaben abzuwickeln sind.[115] Nach **Abs. 6** können durch Rechtsverordnungen des Innenministeriums Regelungen getroffen werden, die eine ausreichende Interessenwahrnehmung der Beschäftigten sicherstellen. Die Rechtsverordnung darf jedoch ausschließlich zum Ausgleich von Erschwernissen und der Sicherstellung einer ausreichenden Interessenwahrnehmung der Beschäftigten dienen. 8

§ 25

(1) Auf Antrag eines Viertels der Wahlberechtigten, des Leiters der Dienststelle oder einer in der Dienststelle vertretenen Gewerkschaft kann das Verwaltungsgericht wegen grober Vernachlässigung der gesetzlichen Befugnisse oder wegen grober Verletzung der gesetzlichen Pflichten den Ausschluss eines Mitgliedes aus dem Personalrat oder die Auflösung des Personalrats beschließen. Der Personalrat kann aus den gleichen Gründen den Ausschluss eines Mitglieds beantragen.

(2) Ist der Personalrat rechtskräftig aufgelöst, so findet § 22 Abs. 2 Anwendung.

Sowohl der Ausschluss einzelner Personalratsmitglieder als auch die Auflösung des Gremiums bedürfen einer verwaltungsgerichtlichen Entscheidung gemäß § 111 Abs. 1 Nr. 2. Erst mit Rechtskraft (§ 83 Abs. 1 i.V.m. §§ 84 ff. ArbGG) endet das Mandat des betroffenen Personalratsmitglieds bzw. des Gremiums. 1

Der Kreis der **Antragsberechtigten** und die Gründe eines Auf- 2

---

115 BayVGH 5.4.1995 – 18 P 94.2942 –, PersR 1995, 436; Lorenzen u.a., BPersVG, § 26 Rn. 6.

§ 25

lösungs- oder Ausschlussantrags sind in Abs. 1 abschließend festgelegt. der Wahlberechtigten, der Leiter der Dienststelle und jede in der Dienststelle vertretene Gewerkschaft können sowohl wegen **grober Vernachlässigung** der gesetzlichen Befugnisse als auch wegen grober Verletzung der gesetzlichen Pflichten die Auflösung des Personalrats oder den Ausschluss einzelner Personalratsmitglieder beantragen. Gemäß Abs. 1 Satz 2 kann der Personalrat aus den gleichen Gründen den Ausschluss eines seiner Mitglieder beantragen.

3 Alle Beschäftigten der Dienststelle, die am Tag der Einreichung wahlberechtigt sind, können unabhängig von ihrer **Gruppenzugehörigkeit** als Antragsteller auftreten, auch wenn sie im Zeitpunkt der letzten Personalratswahl nicht antragsberechtigt waren. Bei der Berechnung des Viertels der Wahlberechtigten muss aufgerundet werden. So ist bei insgesamt 50 Wahlberechtigten rechnerisch 12,5. Tatsächlich müssen aber 13 Wahlberechtigte einen Antrag gemäß Abs. 1 stellen.

4 Soweit auch der **Dienststellenleiter** als Antragsteller gemäß Abs. 1 Satz 1 in Betracht kommt, hat dieser gleichwohl alles zu unterlassen, was geeignet sein könnte, die Arbeit und den Frieden in der Dienststelle zu gefährden. Insoweit kann er von der »Waffe« des Abs. 1 nur in absoluten Ausnahmefällen und mit größter Sorgfalt Gebrauch machen.

5 Einer **Gewerkschaft** steht das Antragsrecht ebenfalls zu, soweit zum Zeitpunkt der Antragstellung zumindest ein Beschäftigter der Dienststelle der Gewerkschaft angehört.

6 Der Personalrat kommt nach Abs. 1 Satz 2 als Antragsteller in Betracht, wenn er den **Ausschluss eines Mitglieds** aus dem Personalrat beantragt. Dazu bedarf es jedoch zuvor eines wirksamen **Mehrheitsbeschlusses** des gesamten Personalrats. Das betroffene Personalratsmitglied ist gemäß § 34 Abs. 3 von der Teilnahme an der Beratung und Beschlussfassung ausgeschlossen.

7 Der Ausschluss von Mitgliedern aus dem Personalrat oder die Auflösung des gesamten Personalrats ist auf die Tatbestände grober Pflichtverletzungen beschränkt. Nur darauf kann ein entsprechender Antrag gestützt werden. In der Vorschrift selbst sind die **grobe Vernachlässigung der gesetzlichen Befugnisse** und die grobe Verletzung der Pflichten nach diesem Gesetz als gleichwertige Voraussetzungen sowohl für den Ausschluss von Einzelmitgliedern als auch für die Auflösung des Personalrats nebeneinander gestellt.

8 Durch die Beschränkung der verletzbaren »Pflichten nach diesem Gesetz« ist verdeutlicht, dass nur solche Verstöße zur **Amtsenthebung** führen, die sich als eine Verletzung der Pflichten aus dem Personalratsamt darstellen, mit diesem also in Zusammenhang stehen. Denn nur dessen ordnungsgemäße Führung soll hier sichergestellt und vor Beeinträchtigungen geschützt werden.

9 Andere Pflichtverletzungen, insbesondere solche aus dem Beamten-

oder Arbeitsverhältnis, fallen nicht hierunter. Die Pflichten aus der Personalratstätigkeit sind streng von den Pflichten aus dem Dienstverhältnis bzw. Arbeitsverhältnis zu unterscheiden. Wird gegen Letztere verstoßen, richtet sich die zu ergreifende Maßnahme danach, ob die in Frage kommenden Personalratsmitglieder zum Träger der betreffenden Dienststelle im Beamtenverhältnis oder als Arbeitnehmer im Arbeitsverhältnis stehen. Gegen die beamteten Mitglieder kommt – bei einem disziplinaren Überhang – die Einleitung eines Disziplinarverfahrens in Betracht, während der Verstoß bei den im Arbeitsverhältnis befindlichen Mitgliedern Anlass zu einer Abmahnung oder Kündigung sein kann.

Wann eine grobe Pflichtverletzung vorliegt, ergibt sich aus dem Einzelfall. Eine Pflichtverletzung kann dann als grob angesehen werden, wenn sie ein mangelndes Pflichtbewusstsein des Personalratsmitglieds oder des gesamten Gremiums erkennen lässt oder auf die gesetzmäßige Tätigkeit des Personalrats von nicht unbedeutendem Einfluss sein kann. Sie muss **objektiv schwerwiegend** sein. Die in ihr zum Ausdruck kommende Pflichtverletzung setzt gleichzeitig ein schuldhaftes Verhalten des Personalratsmitglieds voraus. Subjektiv schuldhaft ist ein Verhalten dann, wenn es auf Vorsatz oder Fahrlässigkeit beruht. Dabei reicht bereits **einfache Fahrlässigkeit** aus; grobe Fahrlässigkeit wird nicht verlangt. Der Verstoß gegen die gesetzlichen Pflichten muss von einem solchen Gewicht sein, dass er von dem Standpunkt eines objektiv urteilenden verständigen Beschäftigten aus gesehen das Vertrauen in eine künftige ordnungsgemäße Amtsführung zerstört oder zumindest schwer erschüttert.[116] Der Verstoß muss so gravierend sein, dass er die einschneidende Folge des Ausschlusses rechtfertigt. **10**

Ein Verstoß gegen die **Verschwiegenheitspflicht** kann den Ausschluss aus dem Personalrat rechtfertigen, wobei allerdings die Umstände des Einzelfalls zu berücksichtigen sind.[117] Ist eine Schweigepflichtverletzung nur schwer zu erkennen, kann sie nicht als derart schwerwiegend angesehen werden, dass die weitere Amtsausübung des Personalratsmitglieds nicht als untragbar erscheint.[118] **11**

Das Abstimmungsverhalten der Personalräte innerhalb des Personalrats unterliegt der Verschwiegenheitspflicht. Äußert sich ein Personalratsmitglied über das Abstimmungsverhalten eines oder mehrerer Kollegen gegenüber Dritten, so begeht er eine Verschwiegenheitspflichtverletzung, die zum Ausschluss aus dem Personalrat führt.[119] **12**

Wiederholte **parteipolitische** Agitation oder die Verteilung von Flugblättern parteipolitischen Inhalts innerhalb oder außerhalb der **13**

---

116 BVerwG 22. 8. 1991 – 6 P 10.90 –, PersR 1991, 417; BVerwG 14. 4. 2004 – 6 PB 04.
117 BayVGH 8. 12. 1999 – 17 P/99.1582 –, PersV 2000, 173.
118 VG Braunschweig 24. 1. 2006 – 9 A 3/05.
119 OVG Rheinland-Pfalz 5. 8. 2005 – 4 A 10571/05.

§ 25

Dienststelle kann eine grobe Pflichtverletzung darstellen, sofern dies noch der Sphäre der Dienststelle zuzurechnen ist und im Zusammenhang mit der Stellung des Personalratsmitglieds steht.[120]

14 Die Nichteinladung bestimmter Mitglieder zu Sitzungen des Personalrats durch den Vorsitzenden kann ebenso eine grobe Pflichtverletzung darstellen wie die Nichtausführung oder Weitergabe eines Beschlusses durch den Vorsitzenden oder die eigenmächtige Abwandlung eines Beschlusses. Gezielte Störungen der Personalratssitzungen, bösartige Diffamierungen anderer Personalratsmitglieder, Nichteinberufung von Personalratssitzungen oder Personalversammlungen können als grobe Pflichtverletzungen gewertet werden. Demgegenüber ist die Werbung für eine Gewerkschaft dem Personalratsmitglied grundsätzlich gestattet. Sie ist nur dann eine zum Ausschluss aus dem Personalrat führende grobe Pflichtverletzung, wenn unter Ausnutzung des Amts durch ein verstärktes, hartnäckiges und unter Umständen längeres Einwirken auf einen noch unentschlossenen Beschäftigten Druck ausgeübt wird, ihn zu der gewünschten Entscheidung zu bringen.[121]

15 Wendet sich ein Personalratsmitglied mit einem Rundschreiben einer bestimmten Gewerkschaft über die von ihr geleistete Arbeit im Personalrat an alle Beschäftigten der Dienststelle, ist dies grundsätzlich zulässig. Allerdings muss sich das Rundschreiben mit der Arbeit einer anderen Gewerkschaft im Rahmen einer sachlichen Auseinandersetzung halten.

16 Verfehlungen aus zurückliegender Amtsperiode begründen einen Antrag auf Ausschluss eines Mitglieds aus dem Personalrat nicht, wenn der Antragsberechtigte bereits in der vorangegangenen Amtsperiode, in der die Pflichtverletzung begangen worden ist, den Ausschließungsantrag rechtzeitig hätte stellen können.

17 Die **Wiederwahl** ausgeschlossener Personalratsmitglieder in einer späteren Wahlperiode ist zulässig. Dies gilt auch dann, wenn vor dem Ende der regelmäßigen Amtszeit eine Neuwahl erfolgt. Der Ausschluss hat nicht den Verlust der Wählbarkeit zur Folge.

18 Für die Auflösung des Personalrats kommt es auf ein **Verschulden** nicht an; vielmehr reicht der objektive Tatbestand der groben Vernachlässigung der gesetzlichen Befugnisse bzw. der groben Verletzung der gesetzlichen Pflichten aus. Hier kann grundsätzlich auf die für den Ausschluss einzelner Personalratsmitglieder geltenden Gründe abgestellt werden, jedenfalls dann, wenn der Personalrat und nicht das einzelne Mitglied die entsprechenden Tatbestände erfüllt hat. Eine nachhaltige **grobe Vernachlässigung** der gesetzlichen Befugnisse bzw. eine grobe Verletzung der gesetzlichen Pflichten besteht bei einer

---

120 Altvater-Kröll, BPersVG, § 28 Rn. 10 d.
121 BVerwG 23.2.1979 – 6 P 90.78 –, ZBR 1979, 377; 22.8.1991 – 6 P 10.90 – PersR 1991, 417.

wiederholten Nichtausübung von Beteiligungsrechten. Der Personalrat ist gegenüber seinen Beschäftigten verpflichtet, die ihm zustehenden Befugnisse aus dem HPVG gegenüber der Dienststellenleitung auszuüben. Gleiches gilt hinsichtlich der Durchführung regelmäßiger Personalversammlungen.

Der Personalrat wird mit Rechtskraft des Beschlusses des Verwaltungsgerichts aufgelöst. Damit endet die Amtszeit dieses Personalrats. Abs. 2 verweist auf § 22 Abs. 2, so dass der nach § 18 unverzüglich zu bildende Wahlvorstand die dem Personalrat nach diesem Gesetz zustehenden Befugnisse und Pflichten bis zur Neuwahl wahrzunehmen hat. 19

§ 26
Die Mitgliedschaft im Personalrat erlischt durch

1. **Ablauf der Amtszeit,**
2. **Niederlegung des Amtes,**
3. **Beendigung des Dienstverhältnisses, es sei denn die Wahlberechtigung bleibt bestehen,**
4. **Ausscheiden aus der Dienststelle,**
5. **Verlust der Wählbarkeit,**
6. **gerichtliche Entscheidung nach § 25,**
7. **Feststellung nach Ablauf der in § 22 Abs. 1 bestimmten Frist, dass der Gewählte nicht wählbar war.**

Die Vorschrift befasst sich mit der **Zugehörigkeit des einzelnen Mitglieds zum Personalrat** und bestimmt die Voraussetzungen, bei deren Eintritt die Mitgliedschaft im Personalrat erlischt. Die Vorschrift ist zwingenden Rechts. 1

Hört der Personalrat auf zu bestehen, weil seine **Amtszeit abgelaufen** ist, endet immer auch die Mitgliedschaft des einzelnen Personalratsmitglieds (Nr. 1). 2

Jedes Mitglied einer Personalvertretung kann jederzeit die **Niederlegung des Amts** erklären (Nr. 2). Diese Erklärung ist weder form- noch fristgebunden, daher jederzeit – ohne Angabe von Gründen – möglich. Sie kann auch durch Nichtannahme der Wahl erfolgen. Zwar handelt es sich um eine einseitige empfangsbedürftige Willenserklärung, die dem Personalrat gegenüber (Vorsitzender oder Vorstand) abzugeben ist; sie unterliegt aber als öffentlich-rechtliche Erklärung im Übrigen nicht den Vorschriften des bürgerlichen Rechts. Daraus folgt, dass die Erklärung der Amtsniederlegung unzweideutig den dahingehenden Willen des Betreffenden erkennen lassen muss. Sie kann weder widerrufen noch wegen Irrtums, Drohung oder arglistiger Täuschung angefochten werden. Sie ist bedingungsfeindlich. Der Per- 3

§ 26

sonalrat hat den Dienststellenleiter von einer erfolgten Amtsniederlegung in Kenntnis zu setzen.

4 Mit der **Beendigung des Dienstverhältnisses** endet auch die Mitgliedschaft im Personalrat (Nr. 3). Das Beamtenverhältnis kann durch Tod, Entlassung, Verlust der Beamtenrechte oder im Wege des Disziplinarverfahrens durch Entfernung aus dem Dienst enden. Die Beendigung des Dienstverhältnisses erfolgt auch durch Eintritt in den Ruhestand. Das Arbeitsverhältnis wird durch ordentliche oder außerordentliche Kündigung bzw. bei Erreichen der Altersgrenze oder bei Erwerbs- oder Berufsunfähigkeit beendet.

5 Außer der Beendigung des Dienstverhältnisses kommen hier die weiteren zu einem tatsächlichen Ausscheiden aus der Dienststelle (Nr. 4) führenden Tatbestände in Frage, insbesondere die unanfechtbar gewordene **Versetzung** und **Abordnung** an eine andere Dienststelle. Bei der Abordnung ist zu berücksichtigen, dass diese erst mit Überschreiten der Dreimonatsgrenze personalvertretungsrechtlich entsprechend § 9 Abs. 2 relevant wird.

6 Bei **Beurlaubungen** mit und ohne Bezüge ist maßgeblich, wann die/der Betroffene das aktive und passive Wahlrecht verliert. Dies ist während der Mutterschutzfrist nicht der Fall. Im Zuge einer Zuweisung nach § 20 BeamtStG verliert ein Beschäftigter das Wahlrecht in der alten Dienststelle, sobald die Zuweisung länger als drei Monate andauert.

7 Kehrt der/die Betroffene wieder an die Dienststelle zurück, so lebt das Personalratsamt nicht wieder auf.

Der Wegfall der Beschäftigteneigenschaft und der Verlust der Wahlberechtigung (aktives Wahlrecht) ziehen immer auch den **Verlust der Wählbarkeit** (passives Wahlrecht) und damit das Erlöschen der Mitgliedschaft im Personalrat nach sich (Nr. 5). Der Verlust der Wählbarkeit tritt insbesondere ein, wenn ein Personalratsmitglied nicht mehr Beschäftigter im Sinne des HPVG ist oder infolge Richterspruchs die Fähigkeit, Rechte aus öffentlichen Wahlen zu erlangen, nicht mehr besitzt. Eine Beurlaubung unter Wegfall der Bezüge, die zwar nach dem Wahltag mehr als sechs Monate betragen hat, am Wahltag aber nicht mehr als sechs Monate betrug, führt nicht zum Verlust der Wählbarkeit.

8 Die Mitglieder, die gemäß § 25 Abs. 1 ausgeschlossen werden, verlieren ihr Amt mit der Rechtskraft des Beschlusses des Gerichts (Nr. 6).

9 Nach Ablauf der 14-tägigen Wahlanfechtungsfrist besteht noch die Möglichkeit, gerichtlich feststellen zu lassen, dass das gewählte Personalratsmitglied nicht wählbar war (Nr. 7). Für diese Feststellung der Nichtwählbarkeit existiert keine Frist. Die Feststellung der Nichtwählbarkeit ist jedoch nicht mehr möglich, wenn der Mangel der Wählbarkeit im Zeitpunkt der gerichtlichen Entscheidung bereits behoben ist, etwa mit Vollendung des 18. Lebensjahres.

Die in § 46 aufgeführten Gründe sind nicht abschließend. So führt auch die Auflösung der Dienststelle oder die mit Erfolg durchgeführte Wahlanfechtung zum Erlöschen der Mitgliedschaft. Gleiches gilt auch für die Auflösung des Personalrats.

§ 27

Die Mitgliedschaft eines Beamten im Personalrat ruht, solange ihm die Vornahme von Amtshandlungen verboten oder er wegen eines gegen ihn schwebenden Disziplinarverfahrens vorläufig des Dienstes enthoben ist. Das Gleiche gilt für die Mitgliedschaft eines Angestellten oder Arbeiters, solange ihm die Wahrnehmung dienstlicher Angelegenheiten untersagt oder auf eine Klage wegen fristloser Entlassung noch nicht rechtskräftig entschieden worden ist.

Gegenstand der Regelung ist das **Ruhen der Mitgliedschaft** eines Beamten im Personalrat für die Zeit, in der ihm entweder die Führung der Dienstgeschäfte verboten oder er wegen eines gegen ihn schwebenden Disziplinarverfahrens vorläufig des Dienstes enthoben ist. Das Ruhen der Mitgliedschaft tritt kraft Gesetzes ein, so dass abweichende Anordnungen oder Vereinbarungen ausgeschlossen sind.

Das Ruhen der Mitgliedschaft im Personalrat bedeutet, dass das betreffende Mitglied sich **jeglicher Beteiligung** im Personalrat zu **enthalten** hat. Es ist an der Ausübung der ihm als Personalratsmitglied zustehenden Befugnisse gehindert und von der Erfüllung der ihm obliegenden Pflichten entbunden. Die von ihm gleichwohl vorgenommenen Rechtshandlungen sind unwirksam. Beschlüsse, an deren Zustandekommen er durch Abgabe seiner Stimme beteiligt war, sind so zu behandeln, als wenn daran ein Nichtmitglied mitgewirkt hätte.

Das Gleiche gilt für die Mitgliedschaft eines Angestellten oder Arbeiters, solange ihm die Wahrnehmung dienstlicher Angelegenheiten untersagt oder eine Klage wegen fristloser Entlassung noch nicht rechtskräftig entschieden worden ist.

§ 28

(1) Scheidet ein Mitglied aus dem Personalrat aus, so tritt ein Ersatzmitglied ein. Das Gleiche gilt, wenn ein Mitglied des Personalrats zeitweilig verhindert ist.

(2) Die Ersatzmitglieder werden der Reihe nach aus den nicht gewählten Beschäftigten derjenigen Vorschlagslisten entnommen, denen die zu ersetzenden Mitglieder angehören. Ist das

§ 28

ausgeschiedene oder verhinderte Mitglied mit einfacher Stimmenmehrheit gewählt, so tritt der nicht gewählte Beschäftigte mit der nächsthöheren Stimmenzahl als Ersatzmitglied ein.

(3) Im Falle des § 24 Abs. 1 Nr. 4 treten Ersatzmitglieder nicht ein.

1 Die Vorschrift bestimmt, wann ein **Ersatzmitglied** in den Personalrat eintritt und wer hierfür in Betracht kommt. Die Regelung ist in allen Teilen zwingend. Davon abweichende Vereinbarungen, Anordnungen oder Personalratsbeschlüsse sind unzulässig. Damit ist jeder Austausch zwischen ordentlichen und Ersatzmitgliedern unter Außerachtlassung vorliegender Regelung ausgeschlossen.

2 Voraussetzung für den Eintritt eines Ersatzmitglieds ist zunächst das **Ausscheiden eines ordentlichen Personalratsmitglieds**. Personalratsmitglieder scheiden aus, wenn ihr Amt erlischt (§ 26). In diesen Fällen wird, und zwar im Zeitpunkt des Erlöschens der Mitgliedschaft, das bisherige Ersatzmitglied dauerhaft zum Personalratsmitglied.

3 Anders verhält es sich, wenn die **Mitgliedschaft im Personalrat nur ruht**, weil etwa ein Kündigungsschutzprozess des gekündigten Personalratsmitglieds noch nicht rechtskräftig beim Arbeitsgericht abgeschlossen ist.

4 Auch wenn ein Personalratsmitglied vorübergehend, also **zeitweilig, verhindert** ist, rückt ein Ersatzmitglied während der Dauer der Verhinderung nach. Das Ersatzmitglied scheidet sodann wieder aus dem Personalrat aus.

5 Eine **zeitweilige Verhinderung** liegt u. a. vor bei ruhender Mitgliedschaft während der gerichtlichen Klärung einer Kündigung oder eines Verbots zur Ausübung der Dienstgeschäfte, bei Abordnungen, Urlaub, Sonderurlaub, Kur, Beschäftigungsverbot nach Mutterschutzbestimmungen, Elternzeit, bei Befangenheit. In diesen Fällen ist das Personalratsmitglied nach objektiven Gesichtspunkten verhindert, sein Amt auszuüben, da bei zeitweiliger Verhinderung zwingend ein Ersatzmitglied tätig wird. Eine **krankheitsbedingte Dienst- oder Arbeitsunfähigkeit** führt nicht zwangsläufig stets zu einer zeitweiligen Verhinderung als Personalratsmitglied.[122] Aus Gründen der Rechtsklarheit ist jedoch in diesem Fall von einer vorübergehenden Verhinderung auszugehen, so lange das Mitglied gegenüber der/dem Personalratsvorsitzenden keine gegenteilige Erklärung abgegeben hat.

6 Eine zeitweilige Verhinderung liegt schon vor, wenn ein Mitglied **an einer Sitzung** nicht teilnehmen kann.

7 Liegt eine Verhinderung vor, hat die/der Vorsitzende unverzüglich das nach **Abs. 2** nachrückende Ersatzmitglied von dem Nachrücken zu verständigen. Solange die Verhinderung andauert, ist das Ersatzmit-

---

122 BAG 15.11.1984 – 2 AZR 341/83 –, EzA § 102 BetrVG 1972 Nr. 58.

glied rechtzeitig unter Mitteilung der Tagesordnung zu den Sitzungen des Personalrats zu laden.[123] Ein **willkürliches Verlassen** der Sitzung etwa aus Verärgerung stellt ein pflichtwidriges Handeln des Personalratsmitglieds dar. Zunächst muss der Personalratsvorsitzende in einem solchen Fall das Mitglied auffordern, an der Sitzung teilzunehmen. Weigert sich das Personalratsmitglied jedoch weiterhin, an der Sitzung teilzunehmen und liegen auch objektiv keine Verhinderungsgründe vor, so empfiehlt sich die Einladung des Ersatzmitglieds. Ist es anhand des Verhaltens und der Erklärungen des Personalratsmitglieds nicht erkennbar, ob er an der Sitzung teilnehmen wird, sollte rein vorbehaltlich ein Ersatzmitglied geladen werden. Erscheint das ordentliche Mitglied, so hat dieses den Vorzug.

Während der Zeit der Vertretung hat das Ersatzmitglied alle **Rechte und Pflichten** des ordentlichen Personalratsmitglieds. Ersatzmitglieder sind nach ihrem Eintritt vollwertige Mitglieder des Personalrats. Sie haben alle Aufgaben und Befugnisse eines Personalratsmitglieds, etwa das Recht zur Teilnahme an Personalratssitzungen oder an den monatlichen Besprechungen.

Für die **Reihenfolge**, in der nicht gewählte Wahlbewerber als Ersatzmitglieder in den Personalrat nachrücken, kommt es darauf an, ob die Wahl des Personalrats als Gruppenwahl oder als gemeinsame Wahl stattgefunden hat und ob dabei das ausgeschiedene oder verhinderte Mitglied, an dessen Stelle das Ersatzmitglied tritt, nach den Grundsätzen der Mehrheitswahl (Personenwahl) oder der Verhältniswahl (Listenwahl) gewählt worden ist. Hat eine **Listenwahl** stattgefunden, ergibt sich die Reihenfolge zwingend aus der Platzierung in der jeweiligen Liste. Es rücken die Ersatzmitglieder nach, die den nächsten Listenplatz innehaben. Aufgrund des **Geschlechterproporzes** rückt für ein verhindertes weibliches Personalratsmitglied eine in der Liste nachfolgende Frau nach. Umgekehrt rückt für einen verhinderten Mann ein männliches Personalratsmitglied dieser Liste nach. Dieser Geschlechterproporz ist so lange durchzuführen, wie weibliche bzw. männliche Kandidaten in der Liste vorhanden sind.[124] Steht kein Nachrücker desselben Geschlechts mehr auf der Liste, rückt das nächste Ersatzmitglied des anderen Geschlechts nach.[125] Im Falle der **Mehrheitswahl** (Personenwahl) rückt das Ersatzmitglied aus derselben Gruppe mit der nächsthöheren Stimmzahl nach, das demselben Geschlecht angehört. Steht wiederum kein Ersatzmitglied desselben Geschlechts zur Verfügung, rückt ein Vertreter des anderen Geschlechts nach, auf das die höchste Stimmzahl als Nachrücker entfallen ist (§ 24 Abs. 3 Satz 4 WO-HPVG).

Wird ein Personalrat durch gerichtliche Entscheidung gemäß § 25

---

123 Altvater-Kröll, BPersVG, § 31 Rn. 8.
124 Spieß, § 28 HPVG, S. 113.
125 V. Roetteken/Rothländer, HPVG, § 28 Rn. 54.

§ 29

aufgelöst, ist dies kein Fall des Nachrückens von Ersatzmitgliedern (§ 28 Abs. 3). Vielmehr hat der unverzüglich nach § 18 zu bildende Wahlvorstand die dem Personalrat nach diesem Gesetz zustehenden Befugnisse und Pflichten bis zur Neuwahl wahrzunehmen.

Dritter Titel
Geschäftsführung

§ 29

Der Personalrat wählt aus seiner Mitte mit einfacher Mehrheit den Vorsitzenden und einen oder mehrere Stellvertreter. Bei der Wahl der Stellvertreter sollen die Gruppen und die im Personalrat vertretenen Gewerkschaften berücksichtigt werden.

1 § 29 regelt die Wahl des Vorsitzenden und des oder der Vertreter. Die **Wahl des Vorsitzenden** ist bedeutend für die Handlungsfähigkeit des Personalrats und zwingend vorgeschrieben. Insoweit ist auch die Wahl des Vorsitzenden und des/der Stellvertreter eine Rechtspflicht für alle gewählten Personalratsmitglieder.

2 Bei der **Wahl der Stellvertreter** sollen die Interessen der Gruppen und die im Personalrat vertretenen Gewerkschaften berücksichtigt werden. Die Wahl des Vorsitzenden des Personalrats und seiner Stellvertreter stellt sich nicht als eine Gruppenangelegenheit dar. Das ergibt sich aus den Aufgaben und der Funktion des Vorsitzenden und seiner Stellvertreter sowie aus dem klaren Wortlaut des § 29 (»aus seiner Mitte«). Denn die dem Vorsitzenden – und im Falle seiner Verhinderung seinen Stellvertretern – übertragenen Aufgaben verlangen keine Gruppenrepräsentanz durch von den einzelnen Gruppen gewählte Vertrauenspersonen. Der Vorsitzende repräsentiert nach der gesetzlichen Regelung den gesamten Personalrat; er ist dagegen nicht Vertreter irgendeiner der im Personalrat vertretenen Gruppen.[126] Unbegründet ist die Rechtsauffassung, die Führungsspitze des Personalrats müsse sich – damit der Schutzzweck des Gruppenprinzips zum Tragen komme – aus von den Gruppen jeweils gewählten und damit vom Vertrauen der Mehrheit der Gruppenmitglieder getragenen Personen zusammensetzen. Denn weder geht es um gruppenspezifische Interessenvertretung, noch sind die zu erfüllenden Aufgaben – da die Entscheidungen im Personalrat selbst fallen und bei Gruppenangelegenheiten nicht gegen den Willen der Gruppe getroffen werden können – so beschaffen, dass eine Wahl dieser Funktionsträger durch die dem Personalrat angehörenden Gruppen (statt durch den Personalrat als Ganzem) notwendig ist. Das Gruppenprinzip verbietet eine Entschei-

---

126 BVerfG 19.12.1994 – 2 BvL 8/88 –, PersV 1995, 168–172.

dung gegen den Willen der Mehrheit einer Gruppe nur dann, wenn es sich im materiellen Sinn um eine Gruppenangelegenheit handelt.[127]

Die Auffassung des VG Frankfurt/Main, dass als Stellvertreter ein Personalratsmitglied zu wählen sei, das einer anderen Gewerkschaft und/oder einer anderen Gruppe angehört als der Vorsitzende, kann nicht auf Zustimmung stoßen.[128] § 29 Satz 2 verlangt ausschließlich die Berücksichtigung der im Personalrat vertretenen Gruppen und Gewerkschaften. Bezüglich der Wahl der stellvertretenden Vorsitzenden schafft Satz 2 keine gesetzlichen Einschränkungen der Wählbarkeit.[129] Weder der Vorsitzende des Personalrats noch seine Stellvertreter besitzen während der Dauer der Amtsperiode »Statusschutz«.[130] 3

§ 30

(1) Der Vorsitzende führt die laufenden Geschäfte. Er kann diese Befugnis auf seine Stellvertreter übertragen.

(2) Der Vorsitzende vertritt den Personalrat im Rahmen der von diesem gefassten Beschlüsse. Bei Angelegenheiten, die nur eine Gruppe betreffen, soll bei der Vertretung ein Mitglied dieser Gruppe beteiligt werden.

Nach § 32 Abs. 1 BPersVG führt der aus der Mitte des Personalrats gebildete Vorstand die laufenden Geschäfte. Demgegenüber obliegt nach dem HPVG die Wahrnehmung der laufenden Geschäftsführung der bzw. dem **Personalratsvorsitzenden**. Dabei kann er diese Befugnis auf seine Stellvertreter übertragen. Der Vorsitzende kann die Geschäftsführungsbefugnis zwischen sich und den Stellvertretern aufteilen und ihnen bestimmte Geschäftskreise aus dem Bereich der laufenden Geschäftsführung zur Wahrnehmung übertragen.[131] Die Befugnis nur Kompetenzverteilung steht dem Personalratsvorsitzenden und nicht dem Personalrat als Gesamtheit zu. 1

Unter **laufenden Geschäften** ist das zu verstehen, was an technischer, organisatorischer und büromäßiger Arbeit ständig anfällt. Hierzu zählen Maßnahmen tatsächlicher Art, die vor allem der Vorbereitung der Sitzungen des Personalrats dienen, wie etwa erforderlich werdende Sondierungs- bzw. Aufklärungsgespräche mit dem Dienststellenleiter und anderen Beteiligten. Das ist vor allem die Tätigkeit, die der Vorbereitung der Beschlüsse des Personalrats dient. Sie erfolgt außerhalb der Sitzungen. Hierzu gehören keine Angelegenheiten, die einen förmlichen und offiziellen Schritt des Personalrats erfordern und der 2

---

127 BVerfG 19.12.1994, a.a.O.
128 VG Frankfurt/Main 27.9.2004 – 23 L 3458/04 –, PersV 2005, 184; VG Wiesbaden 30.11.2004 – 23 L 1943/04.
129 V. Roetteken/Rothländer, HPVG, § 29 Rn. 49; Spieß, § 29 HPVG, S. 120.
130 HessVGH 10.11.1982, PersV 1983, 283.
131 V. Roetteken/Rothländer, HPVG, § 30 Rn. 3.

§ 30

Erfüllung der gesetzlichen Aufgaben dienen. Vor allem ist davon die Ausübung der Mitbestimmung und Mitwirkungsrechte ausgeschlossen. Diese bedürfen eines förmlichen Beschlusses des Personalrats. Auch die Wahrnehmung der »**Monatsgespräche**« gemäß § 60 Abs. 4 obliegt nicht dem Vorsitzenden allein, sondern dem Personalrat in seiner Gesamtheit. Im Übrigen besteht die Möglichkeit, die Aufgabenbereiche innerhalb des Gremiums in einer Geschäftsordnung näher zu bestimmen (§ 39). Auch die Art und Weise, wie die laufenden Geschäfte geführt werden, kann in der Geschäftsordnung geregelt werden. Der von der Rechtsprechung entwickelte rechtliche Rahmen der laufenden Geschäfte kann dabei nicht ausgeweitet werden.

3   Die weiteren Aufgaben des Vorsitzenden lassen sich in zwei verschiedene **Aufgabenbereiche** unterteilen. Es handelt sich einmal um die allgemeinen Aufgaben, zum anderen um die Vertretung des Personalrats nach außen.

4   Zu den **allgemeinen Aufgaben** des Vorsitzenden gehört die Organisation der Tätigkeit der Personalvertretung. Der Vorsitzende lädt zu den Personalratssitzungen ein und leitet die Verhandlung. Er beraumt die Sitzungen an und setzt die Tagesordnung fest. Er sorgt dafür, dass eine **Niederschrift über die Verhandlung** gefertigt wird und unterzeichnet diese (neben einem weiteren Mitglied des Personalrats), § 38 Abs. 1. Ferner leitet er gemäß § 44 Abs. 1 Satz 2 die Personalversammlung. Im Übrigen stehen ihm sämtliche Rechte zu, die jedes andere Personalratsmitglied auch innehat. Es steht ihm das gleiche Stimmrecht an der Beschlussfassung des Personalrats zu wie allen anderen Mitgliedern.

5   Ist der Vorsitzende verhindert, übernimmt sein Stellvertreter die speziellen Aufgaben des Vorsitzenden. In seiner Eigenschaft als Personalratsmitglied tritt für ihn aber zugleich das nach § 28 Abs. 1 Satz 2 i. V. m. Abs. 2 bestimmte Ersatzmitglied in den Personalrat ein, und zwar für die Zeit für die Verhinderung und nur als einfaches Mitglied.

6   Gemäß § 30 Abs. 2 Satz 1 vertritt der Vorsitzende den Personalrat im Rahmen der von diesem gefassten Beschlüsse. In Angelegenheiten, die nur eine Gruppe betreffen, soll gemäß Abs. 2 Satz 2 bei der Vertretung ein Mitglied dieser Gruppe beteiligt werden.

7   Besonderes Gewicht erhält das Amt des Vorsitzenden dadurch, dass er für den Personalrat in Angelegenheiten vertretungsrechtlicher Art **nach außen** in Erscheinung tritt und auch legitimiert ist, die an den Personalrat gerichteten Erklärungen entgegenzunehmen.

8   Allerdings ist er nur Vertreter in der Erklärung, nicht in der Willensbildung. Vertretungsrechtliche Angelegenheiten sind neben den allgemeinen Aufgaben der Personalvertretung vor allem die Mitbestimmungs- und Mitwirkungsrechte nach den §§ 74, 77 sowie 78, 81, 81 a. Beschlüsse des Personalrats erhalten erst dadurch nach außen Verbindlichkeit, dass sie vom Vorsitzenden – nicht etwa von einem anderen

Mitglied – bekannt gemacht werden. Diesen Aufgaben kann sich der Vorsitzende nicht entziehen. Seine Stellvertretung ist nur unter den Voraussetzungen einer Verhinderung möglich. Wird eine in der vorgesehenen Weise abgegebene Erklärung nicht durch einen verfahrensgerecht gefassten Beschluss gedeckt, so ist die Vertretungshandlung nur insoweit wirksam, als die Unwirksamkeit nicht geltend gemacht wird. Die Regelungen über den **Vertrauensschutz** sind hier (im Verkehr öffentlicher Organe miteinander) nicht anwendbar.

Die **Vertretungsbefugnis des Vorsitzenden** ist dadurch begrenzt, dass er den Personalrat nur im Rahmen der von diesem gefassten Beschlüsse vertreten darf (**Abs. 2 Satz 1**). Handelt der Vorsitzende innerhalb dieser Grenzen seiner Vertretungsbefugnis, wirken seine Erklärungen unmittelbar für und gegen den Personalrat. Geht er bewusst oder irrtümlich über seine Befugnisse hinaus, indem er ohne vorangegangene Beschlussfassung des Personalrats handelt oder den Beschluss falsch ausführt, ist die von der Dienststelle daraufhin getroffene Maßnahme gleichwohl wirksam, soweit ihre (etwaige) Unwirksamkeit nicht geltend gemacht wird. Bei den Erklärungen des Vorsitzenden handelt es sich um Verlautbarungen, die zwar von einer öffentlich-rechtlichen Einrichtung ausgehen und deshalb entsprechend den für öffentlich-rechtliche Willenserklärungen geltenden Grundsätzen zu behandeln sind. Entscheidend ist jedoch, dass ihnen nur interne Bedeutung zukommt. 9

Mängel in der Erklärung des Vorsitzenden stellen sich als **fehlende oder fehlerhafte Beteiligung** des Personalrats dar. Der Personalrat kann solche Maßnahmen, deren Unwirksamkeit von ihm geltend gemacht werden könnte, nachträglich durch entsprechenden Beschluss billigen. 10

Im Übrigen spricht eine **Vermutung** dafür, dass der Vorsitzende innerhalb seiner Vertretungsbefugnis gehandelt hat. Diese Vermutung muss derjenige, der die Ermächtigung des Vorsitzenden im Einzelfall bestreitet, widerlegen.[132] Zu seinen maßgeblichen Aufgaben gehören beispielhaft die Festlegung der Tagesordnung, Einladung zur Sitzung, Leitung der Sitzung und der Personalversammlung, Verantwortung für die gesetzeskonforme Durchführung und die Ausübung des Hausrechts. 11

Die stellvertretenden Vorsitzenden haben die Aufgabe, den Vorsitzenden zu vertreten, wenn dieser zeitweilig verhindert ist. Das gilt auch, wenn das Amt des bisherigen Vorsitzenden vorzeitig geendet hat, und zwar bis zum Zeitpunkt der Neuwahl eines Vorsitzenden. 12

---

132 BAG 17. 2. 1981 – 1 AZR 290/78 –, AP Nr. 11 zu § 112 BetrVG 1972; Altvater u. a., BPersVG 2008, § 32 Rn. 32.

§ 31

(1) Spätestens eine Woche nach dem Wahltag hat der Wahlvorstand die Mitglieder des Personalrats zur Vornahme der nach § 29 vorgeschriebenen Wahlen einzuberufen.

(2) Die weiteren Sitzungen beraumt der Vorsitzende des Personalrats an. Er setzt die Tagesordnung fest und leitet die Verhandlung. Der Vorsitzende hat die Mitglieder des Personalrats zu den Sitzungen rechtzeitig zu laden und ihnen die Tagesordnung mitzuteilen. Satz 3 gilt auch für die Ladung der Schwerbehindertenvertretung, der Mitglieder der Jugend- und Auszubildendenvertretung und des Vertrauensmannes der Zivildienstleistenden.

(3) Auf Antrag

1. eines Viertels der Mitglieder des Personalrats,
2. der Mehrheit der Vertreter einer Gruppe,
3. des Leiters der Dienststelle,
4. der Schwerbehindertenvertretung in Angelegenheiten, die besonders schwerbehinderte Beschäftigte betreffen, oder
5. der Mehrheit der Mitglieder der Jugend- und Auszubildendenvertretung in Angelegenheiten, die besonders die in § 54 Abs. 1 Satz 1 genannten Beschäftigten betreffen,

hat der Vorsitzende eine Sitzung anzuberaumen und den Gegenstand, dessen Beratung beantragt ist, auf die Tagesordnung zu setzen.

(4) Der Leiter der Dienststelle nimmt an den Sitzungen teil, die auf sein Verlangen anberaumt sind, und an den Sitzungen, zu denen er eingeladen ist. Er ist berechtigt, zu den Sitzungen sachkundige Mitarbeiter hinzuzuziehen. Er ist ferner berechtigt, zu seiner Beratung einen Vertreter des jeweiligen Arbeitgeberverbandes oder des jeweiligen kommunalen Spitzenverbandes hinzuzuziehen. In diesem Fall kann auch der Personalrat Sachverständige beiziehen. Satz 3 und 4 gilt nicht, soweit Gegenstände behandelt werden, die die Mitteilung oder Erörterung schutzwürdiger personenbezogener Daten (§ 33 Satz 3) einschließen, es sei denn, der Betroffene stimmt zu, oder soweit Anordnungen behandelt werden, durch die die Alarmbereitschaft oder der Einsatz der Vollzugspolizei geregelt werden.

(5) Ein Vertreter der Jugend- und Auszubildendenvertretung, der von dieser benannt wird, nimmt an allen Sitzungen mit beratender Stimme teil. An der Behandlung von Angelegenheiten, die besonders die in § 54 Abs. 1 Satz 1 genannten Beschäftigten betreffen, kann die gesamte Jugend- und Auszubil-

dendenvertretung beratend teilnehmen. **Bei Beschlüssen des Personalrats, die überwiegend die in § 54 Abs. 1 Satz 1 genannten Beschäftigten betreffen, haben alle Mitglieder der Jugend- und Auszubildendenvertretung Stimmrecht.**

(6) ...

Der neu gewählte Personalrat konstituiert sich nach den in Abs. 1 festgelegten Regeln. Zweck dieser ersten Sitzung ist die Vornahme der in § 29 vorgeschriebenen Wahlen, d. h. die Bestimmung des Vorsitzenden und seiner Vertreter. Eingeleitet wird diese konstituierende Sitzung durch den Wahlvorstand. Dieser erfüllt mit der Einberufung der Personalratsmitglieder und Leitung der ersten Sitzung die letzte ihm obliegende Amtshandlung. Diese konstituierende Sitzung muss nach dem HPVG spätestens eine Woche nach dem Wahltag einberufen werden. **1**

Bei der **Berechnung dieser Frist** ist der Wahltag selbst nicht mitzurechnen, so dass die Frist am darauf folgenden Arbeitstag nach § 187 Abs. 1 BGB beginnt. Hat die Wahl – wie häufig – an mehreren Tagen stattgefunden, so kommt es auf den letzten Tag der Wahlhandlung an. **2**

Die **konstituierende Sitzung** ist auch dann von dem Vorsitzenden des Wahlvorstands durchzuführen, wenn der alte Personalrat noch im Amt ist oder die Wahl vor der konstituierenden Sitzung bereits angefochten war. **3**

Für den Fall, dass sich der Wahlvorstand weigert oder es schlichtweg unterlässt, die konstituierende Sitzung einzuberufen, treten die gewählten Mitglieder des Personalrats auch ohne ausdrückliche Ladung durch den Wahlvorstand zur konstituierenden Sitzung zusammen. Die Initiative hierzu kann von jedem Mitglied des neu gewählten Personalrats ausgehen, wenn nur die ordnungsgemäße Benachrichtigung an alle Mitglieder gewährleistet und ein angemessener Zeitraum als vereinbart anzusehen ist. Der Wahlvorstand hat nicht das Recht, den Zusammentritt des Personalrats zu verhindern. So ist die Einberufung der Sitzung durch den Wahlvorstand und die Einhaltung der Einwochenfrist eine Ordnungsvorschrift, die keine Auswirkungen auf die Rechtmäßigkeit der in der nächsten Sitzung gefassten Beschlüsse hat. **4**

Nur der Vorsitzende des Personalrats und im Falle seiner Verhinderung sein Stellvertreter sind berechtigt und verpflichtet, die nach der konstituierenden Sitzung erforderlich werdenden **weiteren Sitzungen** anzuberaumen. Er muss eine Sitzung gemäß **Abs. 3** anberaumen, wenn **5**

- eine Minderheit von (von der Gesamtzahl) der Personalratsmitglieder,
- die Mehrheit der Vertreter einer Gruppe,
- der Leiter der Dienststelle oder

§ 31

- in Angelegenheiten, die besonders Schwerbehinderte betreffen, der Schwerbehindertenvertreter oder
- in Angelegenheiten, die besonders die in § 54 genannten Beschäftigten betreffen, die Mehrheit der Mitglieder der JAV

dies beantragen.

6 Der Vorsitzende stellt stets die **Tagesordnung** für die Sitzung auf. Sie hat alle Gegenstände, die verhandelt werden sollen, zu enthalten und hinreichend zu bezeichnen, damit sich die Teilnehmer vorbereiten können. Sie muss dem Personalratsmitglied ermöglichen, sich ein genaues Bild über die zur Beschlussfassung anstehenden Angelegenheiten zu machen. Eine nur globale oder zahlenmäßige Angabe der Beratungsgegenstände reicht hingegen nicht aus.[133] Eine Tagesordnung, die nur die Begriffe »Beförderungen und Umsetzungen« enthält, genügt den Anforderungen nicht. Vielmehr sind die von der Personalmaßnahme betroffenen Beschäftigten näher zu bezeichnen. Die Tagesordnung soll den Teilnehmern zur ausreichenden Unterrichtung und zur Vorbereitung zugleich mit der Ladung zu der Sitzung zugehen. Sie kann aber auch – ausnahmsweise – nachgereicht werden. Dies muss jedoch so rechtzeitig vor der Sitzung geschehen, dass die Mitglieder sich noch einarbeiten können.

7 Viele Mitglieder sind nicht freigestellt und benötigen insoweit mehr Zeit für die Vorbereitung. Liegen zu den vorgesehenen Personalmaßnahmen **Stellungnahmen** der Beschäftigten vor, empfiehlt sich auch deren Übersendung an die Mitglieder.

8 Eine bestimmte Form der Einberufung sieht das Gesetz nicht vor. Es bietet sich somit auch an, Einladung und Tagesordnung per E-Mail zu übersenden.

9 Soll die Tagesordnung erst während der Sitzung geändert oder ergänzt werden, so kann das stets nur dann erfolgen, wenn alle Stimmberechtigten (ggf. die Ersatzmitglieder) erschienen sind und sich einstimmig mit der Behandlung der Angelegenheit noch während der laufenden Sitzung einverstanden erklären. Die Änderung der Reihenfolge der Tagesordnungspunkte kann der Personalrat jedoch jederzeit beschließen.

10 Nach Abs. 2 Satz 2 HPVG obliegt dem Vorsitzenden – bei seiner Verhinderung dem nächstberufenen Stellvertreter – die **Leitung der Sitzung**. Es ist insbesondere auch seine Aufgabe, die übrigen Personalratsmitglieder umfassend zu informieren.

11 Es empfiehlt sich, wenn mehrere komplizierte Tagesordnungspunkte zu verhandeln sind, dass einzelne Mitglieder oder eine Gruppe von Mitgliedern des Personalrats dieses Thema für die Sitzung vorbereiten.

12 Die Sitzungen des Personalrats sind nach § 32 Satz 1 **nicht öffentlich**.

---

133 OVG Nds. 18.3.1992 – 17 L 29/90 –, PersV 1994, 28, 30.

§ 31

Die Angelegenheiten der Beschäftigten und der Dienststelle sollen nicht in die Öffentlichkeit dringen; denn es handelt sich dabei stets um rein interne Fragen. Das BVerwG hat wiederholt[134] entschieden, dass die Hinzuziehung einer nicht dem Personalrat angehörenden Schreibkraft zur Anfertigung der Niederschrift nach dem BPersVG nicht zulässig sei. Nichts anderes gilt nach dem HPVG. Hiernach ist es auch nicht zulässig, das dem Personalrat grundsätzlich zur Verfügung gestellte Büropersonal als Schriftführer in der Personalratssitzung einzusetzen. Auch an dieser Stelle zeigt sich eine Notwendigkeit der Novellierung. In der Praxis besteht ein erheblicher Bedarf, das dem Personalrat zur Verfügung gestellte Büropersonal, das ebenfalls der **Schweigepflicht** nach dem HPVG unterliegt, als Bürokraft einzusetzen.

13 Üblicherweise legt der Personalrat in seiner Geschäftsordnung oder eben durch gesonderten Beschluss die Termine seiner turnusmäßigen Sitzungen fest. Ist dies nicht der Fall, entscheidet der Vorsitzende unter Beachtung von Zahl und Dringlichkeit der zu behandelnden Angelegenheiten nach pflichtgemäßem Ermessen, ob und wann eine Sitzung stattfindet. Er hat stets dann eine Sitzung – gegebenenfalls auch eine **Sondersitzung** – anzuberaumen, wenn dies zur Behandlung fristgebundener Angelegenheiten erforderlich ist.[135]

14 Der Vorsitzende hat die Mitglieder des Personalrats zu den Sitzungen **rechtzeitig** zu laden. Das Gesetz selbst schreibt keine Ladungsfrist vor, so dass in der Geschäftsordnung unter Berücksichtigung der Verhältnisse in der jeweiligen Dienststelle eine angemessene Frist bestimmt werden kann. Ansonsten muss die Einladung inklusive der Versendung der Tagesordnung so rechtzeitig erfolgen, dass sich die einzelnen Mitglieder noch ausreichend für die Sitzung vorbereiten können und dies auch unter Berücksichtigung ihrer nicht vorhandenen Freistellung. In Fällen der Dringlichkeit, also wenn Sondersitzungen anberaumt werden müssen, wird von allen Personalratsmitgliedern ein Höchstmaß an kurzfristiger und konzentrierter Vorbereitung verlangt.

15 Zu allen Sitzungen des Personalrats – und damit auch zur konstituierenden Sitzung – sind ein Vertreter der **JAV** und die **Schwerbehindertenvertretung** einzuladen und im Rahmen des § 33 auch ein Beauftragter einer im Personalrat vertretenen **Gewerkschaft**.

16 Der **Leiter der Dienststelle** ist grundsätzlich nicht berechtigt, an den Personalratssitzungen teilzunehmen. Nur in Ausnahmefällen ist ihm die Teilnahme erlaubt, etwa wenn er die Anberaumung einer Sitzung verlangt hat oder ausdrücklich eingeladen worden ist. Dabei reduziert sich seine Teilnahme auf die Beratung der Tagesordnungspunkte, zu der er ausdrücklich eingeladen worden ist. Auch bei Anwesenheit des

---

134 BVerwG 27.11.1981 – 6 P 38.79 –, PersV 1983, 408; 2.1.1992 – 6 P 13.91 –, PersR 1993, 383.
135 Richardi u.a., § 34 Rn. 19.

§ 31

Leiters der Dienststelle hat alleine der Vorsitzende das Hausrecht. Insbesondere ist die Dienststellenleitung nicht berechtigt, in die Leitung der Sitzung einzugreifen bzw. die Leitung der Sitzung sogar zu übernehmen. Der Dienststellenleiter ist gemäß § 40 Satz 2 berechtigt, zu den Sitzungen **sachkundige Mitarbeiter** hinzuziehen. Hierzu muss er nicht das Einverständnis des Personalrats einholen. Da die Personalratssitzung nicht öffentlich ist (§ 32 Satz 1), können die sachkundigen Mitarbeiter nur soweit an der Sitzung des Personalrats teilnehmen, solange ihr Sachverstand bezogen auf einen oder mehrere Tagesordnungspunkte gefragt ist. Weiterhin ist der Leiter der Dienststelle berechtigt, zu seiner Beratung einen Vertreter des jeweiligen **Arbeitgeberverbands** oder des jeweiligen **kommunalen Spitzenverbandes** hinzuziehen. Hierzu gilt das oben Gesagte. Allerdings kann die Personalvertretung in diesem Fall auch Sachverständige beiziehen. Dabei muss sich der Personalrat nicht der Sachverständigen der Dienststelle bedienen. Er muss sich hinsichtlich eines Sachverständigenrats auch nicht auf eine Rechtsauskunft der Rechtsabteilung der Dienststelle beschränken. Vielmehr ist die Personalvertretung berechtigt, **externe Sachverständige** beizuziehen. Dafür bedarf es jedoch eines gemeinsamen Beschlusses des Personalrats. Dabei ist der Personalrat nach dem Gebot der **sparsamen Haushaltsführung** verpflichtet, die jeweils kostengünstigste Lösungsmöglichkeit zu suchen und den Grundsatz der Verhältnismäßigkeit zu beachten. Werden in der Personalratssitzung Gegenstände behandelt, die die Mitteilung oder Erörterung schutzwürdiger personenbezogener Daten einschließen, so dürfen weder Vertreter des Arbeitgeberverbandes noch der kommunalen Spitzenverbände und auch keine vom Personalrat beigezogenen Sachverständige an ihr teilnehmen, es sei denn, die Betroffenen stimmen zu. Kein Teilnahmerecht besteht insoweit auch, soweit Anordnungen behandelt werden, durch die die Alarmbereitschaft oder der Einsatz der Vollzugspolizei geregelt werden.

17 Nach **Abs. 5** hat ein Vertreter der **Jugend- und Auszubildendenvertretung** das Recht, an allen Sitzungen mit **beratender Stimme** teilzunehmen. Dies erfolgt ohne Rücksicht darauf, ob JAV-Themen auf der Tagesordnung stehen. Aufgrund dieses gesetzlichen Teilnahmerechts der JAV ist der Vorsitzende des Personalrats verpflichtet, die JAV aus Anlass der Personalratssitzungen rechtzeitig und unter Beifügung der Tagesordnung einzuladen. Wer innerhalb der JAV an den Sitzungen des Personalrats teilnimmt, bestimmt nicht der Personalrat oder sein Vorsitzender, sondern die JAV durch Beschluss. Überdies besteht ein Anwesenheits- und Beratungsrecht der gesamten JAV, soweit Angelegenheiten gemäß **Abs. 5 Satz 2** behandelt werden, die besonders die in § 54 Abs. 1 Satz 1 genannten Beschäftigten betreffen. Nur bei Beschlüssen des Personalrats, die überwiegend die Belange der Jugendlichen bzw. Auszubildenden betreffen, haben alle Mitglieder der JAV ein Stimmrecht. Erforderlich hierfür ist, dass die Belange der

Jugendlichen und Auszubildenden im Verhältnis zu den Belangen aller anderen ein größeres Gewicht haben. Dies ist etwa bei Fragen des Jugendarbeitsschutzes und der Berufsausbildung der Fall.[136]

§ 32
Die Sitzungen des Personalrats sind nicht öffentlich; sie finden in der Regel während der Arbeitszeit statt. Der Personalrat hat bei der Anberaumung seiner Sitzungen die dienstlichen Erfordernisse zu berücksichtigen. Der Leiter der Dienststelle ist vom Zeitpunkt der Sitzungen rechtzeitig zu verständigen.

1 Sitzungen der Personalvertretung sind **nicht öffentlich**. Das bedeutet: Nur der gesetzlich zugelassene Teilnehmerkreis ist berechtigt, bei der Sitzung anwesend zu sein. Dies sind in erster Linie die gewählten Personalratsmitglieder und die Ersatzmitglieder, soweit diese nachrücken, und gemäß § 31 Abs. 5 ein Vertreter der JAV oder im Ausnahmefall des Abs. 5 Satz 2 die gesamte JAV. Auch die Schwerbehindertenvertretung hat gemäß § 37 Abs. 1 das Recht, an allen Sitzungen des Personalrats mit beratender Stimme teilzunehmen. Das Gleiche gilt für Beauftragte der im Personalrat der Dienststelle vertretenen Gewerkschaften, soweit dort jedenfalls keine schutzwürdigen personenbezogenen Daten behandelt werden. Allerdings können in diesem Fall die Betroffenen der Teilnahme der Vertreter der Gewerkschaften zustimmen.

2 Der Leiter der Dienststelle kann an Sitzungen nur teilnehmen, soweit sie auf sein Verlangen anberaumt wurden oder er ausdrücklich zu den Sitzungen eingeladen wurde.

3 Weiterhin können sachkundige Mitarbeiter sowie Vertreter des jeweiligen Arbeitgeberverbandes oder des kommunalen Spitzenverbandes an den Sitzungen teilnehmen, soweit der Dienststellenleiter diese hinzuzieht. Ein Teilnahmerecht haben auch interne wie externe Sachverständige, die der Personalrat beiziehen kann, wenn der Dienststellenleiter Verbandsvertreter hinzuzieht.

4 **Kein Teilnahmerecht** haben die Mitglieder der Stufenvertretung oder eines Gesamtpersonalrats. Auch die Formbeauftragte hat kein Teilnahmerecht, da sie der Dienststellenleitung und nicht dem Personalrat zugeordnet ist. Wurde die Frauenbeauftragte aber in den Personalrat gewählt, nimmt sie als ordentliches Mitglied an den Sitzungen des Personalrats teil. Durch den Grundsatz der Nichtöffentlichkeit soll eine sachliche Verhandlung und vertrauliche Behandlung der einzelnen Tagungsordnungspunkte sichergestellt werden. Schon die bloße Anwesenheit von Personen in der Sitzung, die nicht zu dem vom Gesetz ausdrücklich zugelassenen Personenkreis zählen, kann zu

---
136 Altvater u. a., BPersVG, § 40 Rn. 5.

§ 33

einer zumindest psychischen Beeinflussung der Personalratsmitglieder führen.[137]

5 Die Personalrats- und die Ersatzmitglieder haben gemäß § 68 Abs. 1 über dienstliche Angelegenheiten oder Tatsachen, die ihnen aufgrund ihrer Zugehörigkeit zum Personalrat bekannt geworden sind, **Stillschweigen** zu bewahren. Dies gilt gemäß Abs. 3 auch für Sachverständige sowie sachkundige Mitarbeiter und Vertreter des jeweiligen Arbeitgeberverbandes oder des kommunalen Spitzenverbandes, da sie Aufgaben bzw. Befugnisse nach dem HPVG wahrnehmen, soweit sie an den Personalratssitzungen teilnehmen.

6 Über jede Verhandlung des Personalrats ist gemäß § 38 Abs. 1 Satz 1 eine Niederschrift anzufertigen. Die Hinzuziehung einer Schreibkraft zu den Sitzungen ist jedoch unzulässig.[138] Diese Rechtsprechung überzeugt nicht. Denn auch Schriftführer oder Schreibkräfte unterliegen gemäß § 68 Abs. 3 der Schweigepflicht. Mit der Erstellung eines Protokolls nach Maßgabe des § 38 Abs. 1 Satz 1 üben sie Aufgaben nach dem Personalvertretungsrecht aus. Sinnvoll, aber nicht gleichsam verpflichtend ist ein Hinweis des Vorsitzenden auf die Schweigepflicht nach § 68 Abs. 3 gegenüber der hinzugezogenen Schreibkraft.

7 Die Sitzungen des Personalrats sind der arbeitsvertraglichen bzw. dienstlichen Tätigkeit gleichgestellt und finden daher regelmäßig **während der Dienstzeit** statt, also während der dienstplanmäßigen Arbeitszeit des überwiegenden Teils der Beschäftigten. Bei der Terminierung muss die bzw. der Personalratsvorsitzende dienstliche Erfordernisse berücksichtigen. Diese Prüfung soll auch gewährleisten, dass alle Personalratsmitglieder an der Sitzung teilnehmen können und nicht durch dienstliche Notwendigkeiten verhindert sind. Die Berücksichtigung dienstlicher Notwendigkeiten darf jedoch nie dazu führen, dass der Personalrat durch die Nichtanberaumung von Sitzungen die Geltendmachung von Beteiligungsrechten versäumt, wie etwa die Zweiwochenfrist nach § 69 Abs. 2 Satz 2. Denn letztendlich ist auch die Leitung der Dienststelle im Hinblick auf den Grundsatz der vertrauensvollen Zusammenarbeit verpflichtet, darauf zu achten, dass sie die ihr nach dem HPVG obliegenden Pflichten ordnungsgemäß und innerhalb der vorgegebenen Fristen wahrnehmen kann.

§ 33

An allen Sitzungen des Personalrats können Beauftragte der im Personalrat der Dienststelle vertretenen Gewerkschaften teilnehmen. Dies gilt nicht, soweit Gegenstände behandelt werden, die die Mitteilung oder Erörterung schutzwürdiger per-

---

137 BVerwG 14.7.1977, PersV 1978, 126; 27.11.1981, PersV 1983, 408.
138 BVerwG 14.7.1977, a.a.O.; 27.11.1981, a.a.O.; HessVGH 29.6.1977, HessVGRspr. 1977, 39.

sonenbezogener Daten einschließen, es sei denn, der Betroffene stimmt zu, oder soweit Anordnungen behandelt werden, durch die die Alarmbereitschaft und der Einsatz der Vollzugspolizei geregelt werden. Als schutzwürdig gelten Angaben über die Gesundheit, die Eignung, die Leistung oder das Verhalten der Beschäftigten oder Bewerber.

An allen Sitzungen der Personalvertretung können auch **Vertreter von Gewerkschaften** bzw. Berufsverbänden teilnehmen, ohne dass es dazu eines entsprechenden Beschlusses des Personalrats bedarf. Das **Teilnahmerecht** besteht sowohl bei der konstituierenden Sitzung wie auch bei allen anderen Sitzungen. Voraussetzung ist lediglich, dass mindestens ein Mitglied der Gewerkschaft Beschäftigter der Dienststelle ist. 1

Die Teilnahme ist auch nicht etwa von einem **Antrag** des Vertreters **der Gewerkschaft** abhängig. Sinnvoll mag es sein, die Personalvertretung von der beabsichtigten Teilnahme vorab zu informieren. Oftmals werden die Vertreter der Gewerkschaften und der Berufsverbände jedoch gerade von den Personalvertretungen zu ihren Sitzungen eingeladen. 2

Eine **Einschränkung** findet das Teilnahmerecht, soweit in der Sitzung Gegenstände behandelt werden, die die Mitteilung oder Erörterung **schutzwürdiger personenbezogener Daten** einschließen. Dies gilt jedoch dann nicht, wenn der Betroffene der Teilnahme des Vertreters der Gewerkschaft zustimmt. Weiterhin besteht kein Teilnahmerecht, wenn in der Sitzung die Alarmbereitschaft und der Einsatz der Vollzugspolizei geregelt werden sollen. 3

Die Vorschrift berechtigt »nur« zur Teilnahme an Sitzungen und verleiht dem Vertreter der Gewerkschaft naturgemäß **kein Stimmrecht**. Es besteht auch kein Teilnahmerecht an Sprechstunden gemäß § 41 und an Sitzungen des Wirtschaftsausschusses, denen wiederum Mitglieder des Personalrats angehören können (§ 110 Abs. 1). 4

Auf Wunsch eines Beschäftigten kann jedoch auch aus Anlass einer Sprechstunde ein Gewerkschaftsbeauftragter zu dieser beigezogen werden. 5

§ 34

(1) **Der Personalrat beschließt mit einfacher Stimmenmehrheit der anwesenden Mitglieder. Das Gleiche gilt für die Beschlüsse einer im Personalrat vertretenen Gruppe. Bei Stimmengleichheit ist ein Antrag abgelehnt. Stimmenthaltungen und ungültige Stimmen zählen zur Berechnung der Mehrheit nicht mit.**

(2) **Der Personalrat ist nur beschlussfähig, wenn mindestens die Hälfte seiner Mitglieder anwesend ist; Stellvertretung durch Ersatzmitglieder ist zulässig. Kann ein Mitglied des Personal-**

§ 34

rats oder ein anderer Teilnahmeberechtigter an der Sitzung nicht teilnehmen, so hat er dies unter Angabe der Gründe unverzüglich dem Vorsitzenden mitzuteilen. In diesem Falle ist die Einladung des jeweiligen Ersatzmitgliedes sicherzustellen.

(3) An der Beratung und Beschlussfassung über Angelegenheiten, die die persönlichen Interessen eines Mitgliedes des Personalrats unmittelbar berühren, nimmt dieses Mitglied nicht teil. Entsprechendes gilt für diejenigen Personen, die nach diesem Gesetz berechtigt sind, an den Sitzungen des Personalrats beratend oder mit Stimmrecht teilzunehmen.

(4) Abs. 1 und 2 gelten entsprechend für eine im Personalrat vertretene Gruppe.

1 Die **Beschlussfassung** ist die einzige vom Gesetz anerkannte Form der Willensbildung des Personalrats. Nur in Form eines Beschlusses kann der Personalrat seine Entscheidungen als Gremium treffen. Er fasst seine Beschlüsse in förmlichen, d.h. in den nach § 31 Abs. 2 ordnungsgemäß anberaumten und einberufenen Sitzungen. Das gilt auch – ohne Ausnahmeregelung – für Eilfälle, also für Sondersitzungen. **Unzulässig** ist die Beschlussfassung etwa in Form eines Umlaufverfahrens per E-Mail, selbst wenn der Inhalt des Beschlusses niedergelegt, den einzelnen Personalratsmitgliedern zugeleitet und von ihnen unterzeichnet wird. Das HPVG fordert die Anwesenheit der Personalratsmitglieder und im Falle des Nachrückens auch der Ersatzmitglieder. Unwirksam sind somit auch eine Beschlussfassungen per **Telefonkonferenzen**. Sie sind mit dem Anwesenheitserfordernis nicht in Übereinstimmung zu bringen. Etwas anderes gilt auch nicht hinsichtlich sog. Videokonferenzen, soweit die technischen Voraussetzungen hierfür gegeben sind. Denn nach § 38 Abs. 1 Satz 3 ist der Niederschrift eine **Anwesenheitsliste** beizufügen, in die sich jeder Teilnehmer eigenhändig einzutragen hat.

2 Voraussetzung für einen ordnungsgemäßen Beschluss ist die **rechtzeitige Ladung** des Teilnehmers zur Sitzung. Nach Abs. 2 ist der Personalrat bereits beschlussfähig, wenn mindestens die Hälfte seiner Mitglieder anwesend ist. Dies rechtfertigt jedoch nicht die Annahme, es sei nur erforderlich, mindestens die Hälfte der Mitglieder des Personalrats zu den Sitzungen einzuladen.

3 Unzulässig sind sog. Vorbehalts-, oder auch Vorratsbeschlüsse.[139] Nicht erlaubt ist auch die Übertragung der Beschlussfassung auf den Personalratsvorsitzenden, einen Ausschuss oder den Vorstand. Lediglich die **Vorbereitung von Beschlüssen** kann der Personalrat etwa auf die/den Vorsitzenden übertragen. Dabei muss dem Personalrat jedoch die freie Entscheidungsmöglichkeit verbleiben.

---

139 V. Roetteken/Rothländer, HPVG, § 34 Rn. 22.

Der Beschluss ist vom Personalrat gefasst, wenn ihm die anwesenden Mitglieder mit **einfacher Mehrheit** zugestimmt haben. Eine bestimmte Mehrheit aller Personalratsmitglieder wird also nicht vorausgesetzt. Die **Beschlussfassung** ist aber erst dann zulässig, wenn mindestens die Hälfte aller Personalratsmitglieder anwesend ist. Durch Abs. 1 Satz 4, wonach bei – zulässiger – Stimmenthaltung die Enthaltungen bei der Ermittlung der Mehrheit außer Betracht bleiben, ist eindeutig klargestellt, dass nur die abgegebenen Stimmen miteinander verglichen werden, und die Mitglieder, die sich der Stimme enthalten haben, bei der Frage unberücksichtigt bleiben, welche Zahl für die Stimmenmehrheit notwendig ist. Auch ungültige Stimmen werden bei der Berechnung nicht berücksichtigt. Das Gleiche gilt für die Beschlüsse einer im Personalrat vertretenen Gruppe. **4**

Ergibt sich bei der Abstimmung eine **Stimmengleichheit**, so ist der Antrag kraft ausdrücklicher gesetzlicher Regelung in Abs. 1 Satz 3 abgelehnt. **5**

Die Beschlussfassung ist erst zulässig, wenn mindestens die **Hälfte aller Personalratsmitglieder anwesend** ist. Die jeweilige Zahl errechnet sich nach der tatsächlichen Stärke des Personalrats und nicht nach der gesetzlich vorgesehenen Sollstärke. Besteht ein Personalrat also tatsächlich aus weniger Mitgliedern, ist diese Zahl zugrunde zu legen. Bei der Feststellung der **Beschlussfähigkeit** des Personalrats sind die nach § 28 Abs. 1 für ausgeschiedene bzw. zeitweilig verhinderte Personalratsmitglieder nachgerückten Ersatzmitglieder zu berücksichtigen. Auch bei Gruppenangelegenheiten im Sinne des § 34 Abs. 1 Satz 2 kommt es ebenfalls auf die Anwesenheitszahl des gesamten Personalrats, nicht der einzelnen Gruppe an. Dies ergibt sich bereits daraus, dass auch der Beschluss einer Gruppe ein Beschluss des Personalrats ist und vom Vorsitzenden ausgeführt wird.

Kann ein Mitglied des Personalrats oder ein anderer Teilnahmeberechtigter an der Sitzung **nicht teilnehmen**, hat er dies unter Angabe der Gründe **unverzüglich** dem Vorsitzenden mitzuteilen. In diesem Fall ist gemäß Abs. 2 Satz 3 die Einladung des jeweiligen Ersatzmitglieds sicherzustellen. Die Vorschrift verpflichtet ein zeitweilig verhindertes Personalratsmitglied (bzw. einen sonstigen Teilnahmebefugten) dies unverzüglich gegenüber dem Vorsitzenden des Personalrats anzuzeigen, so dass dieser in der Lage ist, gemäß § 28 Abs. 2 HPVG ein Ersatzmitglied zur Sitzung ordnungsgemäß einzuladen. Die Vorschrift dient der Sicherstellung, dass der Personalrat regelmäßig in seiner Sollstärke zusammentritt. **6**

Nach **Abs. 3** ist ein Personalratsmitglied von der Beratung und Beschlussfassung ausgeschlossen, soweit es in der Sitzung um Angelegenheiten geht, die die persönlichen Interessen dieses Mitglieds unmittelbar berühren. Von der Vorschrift erfasst sind die gewählten Mitglieder des Personalrats bzw. die nachgerückten Mitglieder, da sie für die Zeit **7** des Nachrückens Mitglieder des Personalrats sind.[140] Eine unmittelbare Berührung persönlicher Interessen liegt etwa bei Personalangelegenheiten vor, die das Mitglied selbst oder den dienststellenangehörigen Ehepartner, Lebenspartner oder nahen Verwandten betreffen. Bei sozialen Angelegenheiten, wie der Gestaltung der Dienstpläne oder der Arbeitszeitregelung, liegt eine persönliche Betroffenheit jedenfalls auch dann nicht vor, wenn nur das Mitglied von einer solchen Regelung betroffen ist.[141]

8 Entsprechendes gilt gemäß Abs. 3 Satz 2 für diejenigen Personen, die nach diesem Gesetz berechtigt sind, an den Sitzungen des Personalrats beratend oder mit Stimmrecht teilzunehmen, z. B. die JAV.

9 Bei **Gruppenbeschlüssen** etwa nach § 35 Abs. 2, 3 oder nach § 36 Abs. 1 Satz 1 muss die einfache Mehrheit der anwesenden Gruppenmitglieder erzielt werden, wobei die Beschlussfähigkeit der Gruppe nur dann besteht, wenn mindestens die Hälfte ihrer Mitglieder anwesend ist.

§ 35

(1) Über die Angelegenheiten der Beamten und Arbeitnehmer wird vom Personalrat gemeinsam beraten und beschlossen.

(2) In Angelegenheiten, die lediglich die Angehörigen einer Gruppe betreffen, beschließen nach gemeinsamer Beratung im Personalrat auf ihren Antrag nur die Vertreter dieser Gruppe. Der Antrag muss von der Mehrheit der in der Sitzung anwesenden Vertreter der Gruppe gestellt werden.

1 Die Vorschrift stellt den Grundsatz auf, dass über die Angelegenheiten der Beamten und Arbeitnehmer vom Personalrat **gemeinsam** beraten und beschlossen wird. Weder im BPersVG noch in anderen Landespersonalvertretungsgesetzen gibt es vergleichbare Regelungen. Sie steht in Übereinstimmung mit Art. 37 Abs. 1 HV (siehe auch § 1 Rn. 1 ff.).

2 Der gemeinsamen Beratung und Beschlussfassung liegt auch der Gedanke zugrunde, dass die Personalratsmitglieder unabhängig von ihrer Gruppenzugehörigkeit zur Wahrnehmung der Interessen aller Beschäftigten verpflichtet sind. So darf es innerhalb eines Personalrats nicht – unabhängig von ihrer Gewerkschafts- oder Verbandszugehörigkeit – zwei Parteien geben, die jeweils ausschließlich ihre **Gruppeninteressen** vertreten. Oftmals ist auch die Frage, welche Gruppe betroffen ist, streitig, so etwa bei einer Stellenausschreibung, auf die sich sowohl Arbeitnehmer wie auch Beamte beworben haben. Da der Gesetzgeber in Abs. 1 generell von einer gemeinsamen Beschlussfas-

---

140 V. Roetteken/Rothländer, HPVG, § 34 Rn. 48.
141 HessVGH 19. 2. 2004 – 22 TL 2905/02.

sung ausgeht und Abweichungen hiervon nur auf Antrag ausnahmsweise gemäß Abs. 2 zulässt, sind entsprechende Stellenbesetzungsverfahren oder sonstige Konkurrenzen unter Arbeitnehmern und Beamten in einer gemeinsamen Beratung zu behandeln.

Um sog. klassische Gruppenangelegenheiten handelt es sich bei den personellen Maßnahmen, wie Einstellung, Umsetzung etc. Der Antrag auf getrennte Abstimmung kann jeweils nur von der Mehrheit der in der Sitzung anwesenden Vertreter der Gruppe gestellt werden. Hierfür ist erforderlich, dass die Gruppe beschlussfähig ist, also dass mindestens die Hälfte ihrer Mitglieder anwesend ist. Hinsichtlich der Feststellung der Mehrheit ist die Anzahl der im der Sitzung anwesenden Gruppenvertreter maßgeblich. Auch bei Gruppenbeschlüssen kann die Beteiligung der Mitglieder der **JAV** notwendig sein. Nehmen diese mit einem Stimmrecht an Gruppenbeschlüssen teil, sind hinsichtlich der Feststellung der Mehrheit die anwesenden Gruppenmitglieder sowie die Vertreter der JAV mitzuzählen. Demgegenüber sind auch die stimmberechtigten Vertreter der JAV bei der Feststellung der Beschlussfähigkeit der Gruppe nicht mitzuzählen.[142] **3**

Selbst wenn von der Mehrheit der anwesenden Vertreter der Gruppe ein solcher Antrag in der Sitzung gestellt wird, können die Vertreter der Gruppe über die sie als Gruppe betreffende Angelegenheit erst beschließen, nachdem eine **gemeinsame Beratung** der Sache im Personalrat stattgefunden hat. **4**

§ 36

(1) Erachtet die Mehrheit der Vertreter einer Gruppe oder der Jugend- und Auszubildendenvertretung einen Beschluss des Personalrats als eine erhebliche Beeinträchtigung wichtiger Interessen der durch sie vertretenen Beschäftigten, so ist auf ihren Antrag der Beschluss auf die Dauer von sechs Arbeitstagen vom Zeitpunkt der Beschlussfassung an auszusetzen. In dieser Frist soll, gegebenenfalls mit Hilfe der Gewerkschaften, die unter den Mitgliedern des Personalrats oder den Mitgliedern der Jugend- und Auszubildendenvertretung vertreten sind, eine Verständigung versucht werden. Die Aussetzung eines Beschlusses nach Satz 1 hat eine entsprechende Verlängerung einer Frist zur Folge.

(2) Nach Ablauf der Frist ist über die Angelegenheit neu zu beschließen. Wird der erste Beschluss bestätigt, so kann der Antrag auf Aussetzung nicht wiederholt werden.

(3) Abs. 1 und 2 gelten entsprechend, wenn die Schwerbehindertenvertretung einen Beschluss des Personalrats als eine er-

---

[142] V. Roetteken/Rothländer, HPVG, § 35 Rn. 48.

§ 36

hebliche Beeinträchtigung wichtiger Interessen der durch sie vertretenen Beschäftigten erachtet.

1 **Antragsberechtigt** zur Aussetzung eines Beschlusses des Personalrats (oder einer Gruppe) ist die Mehrheit

- der Vertreter einer Gruppe,
- der Jugend- und Auszubildendenvertretung und
- die Schwerbehindertenvertretung gemäß Abs. 3.

2 Dem **Aussetzungsantrag** muss die Mehrheit der Vertreter der Gruppe oder der JAV-Vertretung zustimmen. Die erforderliche Mehrheit ist erreicht, wenn mehr als die Hälfte der tatsächlichen Gruppenvertreter den Aussetzungsantrag stellt. Besteht die Gruppe, die JAV oder die Schwerbehindertenvertretung nur aus einem Vertreter, steht diesem das Antragsrecht zu.

3 Der Antrag auf Aussetzung eines Beschlusses ist nur zulässig, wenn die Antragsberechtigten eine **erhebliche Beeinträchtigung ihrer Interessen** behaupten und dies durch Beschluss festgestellt wird. Die Vorschrift hat nicht den Sinn, den Vollzug von Beschlüssen des Personalrats oder der Gruppen hinauszuzögern oder gar zu verhindern. Sie soll dem Schutz von Minderheiten und der Förderung sachgerechter Entscheidungen dienen, nicht aber eine Waffe rivalisierender Gruppen innerhalb des Personalrats sein.[143] Entscheidend ist die jeweilige Lage des Einzelfalls. Allerdings kommt es offensichtlich nach dem Wortlaut des Gesetzes auf die subjektive Vorstellung der Antragsteller an, wenn sie *»einen Beschluss des Personalrats als eine erhebliche Beeinträchtigung wichtiger Interessen der durch sie vertretenen Beschäftigten«* erachten. Das gilt auch für die Feststellung, ob es sich im konkreten Einzelfall um »wichtige Interessen« handelt.

4 Die Rechtmäßigkeit der Aussetzung eines Beschlusses kann im Beschlussverfahren überprüft werden.[144] Der Aussetzungsantrag ist an keine Form und Frist gebunden. Allerdings geht Abs. 1 davon aus, dass auf Antrag der Beschluss für die Dauer von sechs Arbeitstagen vom Zeitpunkt der Beschlussfassung an auszusetzen ist. Wird der **Aussetzungsantrag** daher am vierten Arbeitstag nach der Beschlussfassung gestellt, so kann nur eine Verschiebung um zwei Arbeitstage bewirkt werden. Wird der Aussetzungsantrag erst nach acht Werktagen gestellt, kann dieser die Wirkung des Abs. 1 nicht mehr erzielen. Insoweit ist ein Aussetzungsantrag im Sinne der Antragsberechtigten unverzüglich zu stellen, so dass eine ausreichende Aussetzungsdauer noch in Betracht kommt.

5 Der Zugang eines Aussetzungsantrags führt zu einer **Sperrwirkung**. Der Vorsitzende darf den beanstandeten Beschluss nicht ausführen. Die

---

143 Havers, LPVG NRW, § 35 Rn. 3.
144 OVG NRW 30. 8. 1989 – CL 45/86 –, PersR 1990, 116.

Aussetzungswirkung gilt für die Dauer von sechs Arbeitstagen vom Zeitpunkt der Beschlussfassung an gerechnet.

Der Vorsitzende muss nach Eingang eines Aussetzungsantrags unverzüglich den Dienststellenleiter hiervon in Kenntnis setzen, ohne den Inhalt des beanstandeten Beschlusses zur Kenntnis zu geben. Die Information an den Dienststellenleiter liegt schon im Interesse der Personalvertretung, damit dieser nach Ablauf der regulären Fristen (etwa nach § 69 Abs. 2 und 3) von einer Zustimmungsfiktion ausgeht und die Maßnahme umsetzt. Die Aussetzung des Beschlusses hat gemäß Abs. 1 Satz 3 eine entsprechende Verlängerung einer Frist zur Folge.

Während der Aussetzungsfrist von sechs Arbeitstagen soll zwischen den Beteiligten eine **Verständigung** versucht werden. Dies kann gegebenenfalls auch unter Hinzuziehung der Gewerkschaften erfolgen. Es ist nicht erforderlich, dass die Verständigung in einer förmlichen Sitzung durchgeführt wird. Der Sinn der Aussetzung liegt gerade darin, dass zwischen den Personalratsmitgliedern der Versuch einer Einigung unternommen wird. Es besteht kein gesetzlicher Einigungszwang. Die Verhandlungen gehören im Übrigen nicht zu den sog. laufenden Geschäften des Vorsitzenden. Es wäre also unzulässig, wenn dieser die Verhandlungen an sich zöge oder darüber entscheidet, ob Gewerkschaftsbeauftragte bei der Verständigung mitwirken sollen.

Scheitern die Verhandlungen, wird die betreffende Angelegenheit gleichwohl in der nächsten Sitzung behandelt und erneut zum Beschluss gestellt. Eine Wiederholung der Aussetzung des Beschlusses ist dann nicht mehr möglich (Abs. 2 Satz 2).

§ 37

(1) Die Schwerbehindertenvertretung hat das Recht, an allen Sitzungen des Personalrats mit beratender Stimme teilzunehmen.

(2) Der Vertrauensmann der Zivildienstleistenden hat das Recht, an Sitzungen des Personalrats der Dienststelle mit beratender Stimme teilzunehmen, wenn Angelegenheiten behandelt werden, die auch die Zivildienstleistenden betreffen.

Die Schwerbehindertenvertretung hat gemäß § 95 Abs. 4 SGB IX das Recht, an allen Sitzungen des Betriebs-, Personal-, Richter-, Staatsanwalts- oder Präsidialrats und deren Ausschüssen sowie des Arbeitsausschusses beratend teilzunehmen.[145] Darüber hinaus besteht ein **Teilnahmerecht** an Besprechungen mit der Leitung der Dienststelle nach Maßgabe des § 95 Abs. 5 SGB IX im Rahmen von sog. Monatsgesprächen nach § 60 Abs. 4.

---
145 LAG München 14.11.2008 – 5 TaBV 36/08.

§ 37

2 In **Abs. 1** ist in Anlehnung an die Regelung in § 95 Abs. 4 SGB IX das Recht der Schwerbehindertenvertretung aufgeführt, an allen Sitzungen des Personalrats mit **beratender Stimme** teilzunehmen. Schon aus dem Wortlaut ergibt sich daher, dass nach dem Willen des Gesetzgebers dieses Recht für alle Sitzungen gilt und nicht bestimmte Sitzungen, etwa die konstituierende Sitzung, davon ausgenommen sein sollen. Hätte der Gesetzgeber dies anders regeln wollen, hätte er unschwer das Teilnahmerecht beschränken können, beispielsweise auf Sitzungen, in denen Angelegenheiten der Schwerbehinderten auf der Tagesordnung stehen, was jedoch nicht geschehen ist.[146]

3 Namentlich das **Rederecht** der Schwerbehindertenvertretung ist ein wichtiges Instrument, um den Interessen der schwerbehinderten Beschäftigten in den Personalvertretungsgremien Gehör zu verschaffen. Unabdingbare Voraussetzung dafür ist aber das Teilnahmerecht der Schwerbehindertenvertretung an ausnahmslos jeder Sitzung. Bei der Wahrnehmung der Mitwirkungsrechte der Schwerbehindertenvertretung sind unter bestimmten Voraussetzungen Entscheidungen der Dienststellenleitung und Beschlüsse des Personalrats auszusetzen.

4 Die Schwerbehindertenvertretung ist vor einer Entscheidung des Dienststellenleiters zu **hören**. Das heißt: Ihr ist Gelegenheit zu geben, innerhalb einer angemessenen Frist Stellung zu nehmen. Ihre Überlegungen sind bei der Entscheidung des Dienststellenleiters ernsthaft mit einzubeziehen.

5 Die Durchführung oder Vollziehung einer Entscheidung des Dienststellenleiters, die dieser ohne die erforderliche Beteiligung der Schwerbehindertenvertretung getroffen hat, ist gemäß **§ 95 Abs. 2 Satz 2 SGB IX** auszusetzen. Entscheidet sich der Dienststellenleiter z.B. zur Umsetzung eines schwerbehinderten Beamten oder Arbeitnehmers und versäumt er die Beteiligung der Schwerbehindertenvertretung, muss er von sich aus die tatsächliche Durchführung dieser Umsetzung zurückstellen. Innerhalb von sieben Tagen ist die Beteiligung der Schwerbehindertenvertretung nachzuholen und anschließend entscheidet der Dienststellenleiter endgültig.

6 Wird eine Maßnahme gegenüber einem schwerbehinderten Menschen ohne vorherige Anhörung der Schwerbehindertenvertretung durchgeführt, kann dies als Ordnungswidrigkeit gem. § 156 Abs. 1 Nr. 9 SGB IX geahndet werden.

7 Die Schwerbehindertenvertretung kann einen Beschluss des Personalrats auf Antrag für die Dauer von einer Woche zum Zeitpunkt der Beschlussfassung aussetzen (§ 95 Abs. 4 Satz 2 SGB IX). Dies setzt im Einzelnen voraus, dass die Schwerbehindertenvertretung den Beschluss des Gremiums als eine erhebliche Beeinträchtigung wichtiger Interessen der Schwerbehinderten erachtet. Hierbei hat sie einen eigenen

---

146 BayVG Ansbach 19.4.2005 – 7 P 04.00739 –, ZfPR 2006, 101.

Beurteilungsspielraum, der vom Personalrat nur eingeschränkt überprüft werden kann. Die **Interessenbeeinträchtigung** muss nicht objektiv bestehen. Vielmehr genügt es, wenn die Schwerbehindertenvertretung eine Interessenbeeinträchtigung als gegeben annimmt. Der Personalrat muss daher auf Antrag der Schwerbehindertenvertretung den gefassten Beschluss aussetzen. Diese Pflicht besteht überhaupt nur dann nicht, wenn die Schwerbehindertenvertretung ihren Antrag gänzlich unbegründet lässt oder die angeführte Begründung sich als offensichtlich willkürlich erweist.

Problematisch ist die Situation, wenn die Aussetzung des Beschlusses von der Personalvertretung verweigert wird. Hier steht der Schwerbehindertenvertretung nur die Möglichkeit zu, über eine **einstweilige Anordnung** die Aussetzung zu bewirken. Dies ist allerdings dann nicht mehr möglich, wenn der Beschluss des Personalrats bereits vollzogen worden ist. Insoweit ist Eile geboten und in einem Eilantrag ist auf die Gefahr des Vollzugs und den unmittelbar bevorstehenden Eintritts des Vollzugs ausdrücklich hinzuweisen, so dass das Gericht in die Lage versetzt wird, die erhebliche Eilbedürftigkeit zu erkennen, und eine rechtzeitige Entscheidung ergehen kann. **8**

Die **Aussetzungsfrist** beginnt mit dem Zeitpunkt der Beschlussfassung und beträgt gemäß § 95 Abs. 4 Satz 2 SGB IX eine Woche. **9**

Soweit in § 36 Abs. 1 Satz 1 eine Frist von sechs Tagen genannt ist (siehe auch die gleichlautende Regelung in § 39 BPersVG), geht die Regelung im SGB IX vor. Dies ergibt sich bereits daraus, dass der Gesetzgeber des SGB IX in Kenntnis der anders lautenden Frist in § 36 Abs. 1 Satz 1 (§ 39 BPersVG) die Fristangabe in § 95 Abs. 4 Satz 2 SGB IX bewusst getroffen hat. **10**

Der **Aussetzungsantrag** kann sowohl in der Personalratssitzung als auch schriftlich gegenüber dem Personalratsvorsitzenden gestellt werden. Es empfiehlt sich, den Aussetzungsantrag auch direkt der Dienststellenleitung mitzuteilen. **11**

Die Schwerbehindertenvertretung hat auch das Recht, Angelegenheiten der Schwerbehinderten auf die Tagesordnung der nächsten Sitzung setzen zu lassen. Deshalb ist die Schwerbehindertenvertretung **rechtzeitig** über den Termin der nächsten Sitzung zu informieren und hierzu einzuladen. Außerdem ist ihr die Tagesordnung in der gleichen Frist **mitzuteilen**, wie den ordentlichen Mitgliedern der Personalvertretung. **12**

Die Dienststellenleitung ist **verpflichtet**, die Schwerbehindertenvertretung in allen Angelegenheiten, die einen einzelnen oder die schwerbehinderten Menschen als Gruppe berühren, unverzüglich und umfassend zu unterrichten und sie vor einer Entscheidung anzuhören. **13**

Rechtsstreite der Schwerbehindertenvertretung gegen die Dienststelle oder andere Beteiligte wegen der Beteiligungsrechte der Schwer- **14**

§ 38

behindertenvertretung nach § 95 Abs. 4 SGB IX sind bei den Arbeitsgerichten anhängig zu machen. Handelt es sich hingegen um einen innerorganisatorischen Streit, etwa zwischen einem Mitglied des örtlichen Personalrats und einem Wahlleiter einer konstituierenden Sitzung, so geht es um die Auslegung von § 37 Abs. 1 mit der Folge, dass die Fachkammern für Personalvertretungsangelegenheiten der Verwaltungsgerichte zuständig sind.

§ 38

(1) **Über jede Verhandlung des Personalrats ist eine Niederschrift aufzunehmen, die mindestens den Wortlaut der Beschlüsse und die Stimmenmehrheit, mit der sie gefasst sind, enthält. Die Niederschrift ist vom Vorsitzenden und einem weiteren Mitglied zu unterzeichnen. Der Niederschrift ist eine Anwesenheitsliste beizufügen, in die sich jeder Teilnehmer eigenhändig einzutragen hat.**

(2) **Die Mitglieder des Personalrats erhalten einen Abdruck der Niederschrift. Hat der Leiter der Dienststelle an der Sitzung teilgenommen, so ist ihm der entsprechende Teil der Niederschrift zur Unterzeichnung vorzulegen und in Abschrift zuzuleiten. Haben Beauftragte der Gewerkschaften an der Sitzung teilgenommen, so ist ihnen der entsprechende Teil der Niederschrift in Abschrift zuzuleiten. Einwendungen gegen die Niederschrift sind unverzüglich schriftlich zu erheben; sie werden der Niederschrift beigefügt.**

1 Über jede Verhandlung des Personalrats ist eine **Niederschrift** zwingend aufzunehmen. Die Vorschrift kann nicht durch Vereinbarungen oder die Geschäftsordnung abgeändert werden. In der Geschäftsordnung dürfen lediglich ergänzende Richtlinien aufgestellt werden, die dem Inhalt des § 38 nicht widersprechen. Denn dieser schreibt den sog. Mindestinhalt der Niederschrift vor.

2 Die über jede Verhandlung/Sitzung des Personalrats zu fertigende Niederschrift dient dem Beweis der in den Sitzungen **verhandelten Gegenstände** und **beschlossenen Maßnahmen** und gibt Auskunft darüber, ob die Beteiligungsrechte gewahrt wurden. Weiterhin dient die Niederschrift über den Zweck der Beweissicherung hinaus auch der Möglichkeit einer Unterrichtung von Personalratsmitgliedern oder Teilnahmeberechtigten an der Personalratssitzung. Das betrifft insbesondere Angelegenheiten aus vorangegangenen Sitzungen, über deren Sachstand die genannten Personen noch nicht oder nicht vollständig informiert sind.

3 Im Streitfall soll sich aus ihnen auch ergeben, ob gegen wesentliche Vorschriften des Gesetzes beim Zustandekommen des Beschlusses

§ 38

verstoßen wurde. Eine Unwirksamkeit lässt sich jedoch nicht daraus herleiten, dass ein Beschluss nicht in der Niederschrift enthalten ist.

In der Verhandlungsniederschrift müssen gemäß **Abs. 1 Satz 1** mindestens der Wortlaut der Beschlüsse und die Stimmenmehrheit, mit der sie gefasst sind, aufgeführt sein. Darüber hinaus empfiehlt es sich, alle für die Gültigkeit der Beschlüsse wesentlichen Tatsachen zu vermerken, z. B., ob die Personalratsmitglieder und ggf. die Ersatzmitglieder ordnungsgemäß, also unter Mitteilung der Tagesordnung geladen waren. Die Niederschrift sollte auch stets die Tagesordnung enthalten, die der Vorsitzende aufgestellt hat und Auskunft darüber geben, über welche Punkte verhandelt, aber nicht beschlossen worden ist. Auch ist es zweckmäßig, die Teilnahme der JAV und der Vertrauensleute der schwerbehinderten Menschen aufzuführen. 4

Verlangt wird überdies nach **Abs. 1 Satz 2** die **Unterzeichnung** der Niederschrift durch den Vorsitzenden und ein weiteres Mitglied der Personalvertretung. Welches Personalratsmitglied neben dem Personalratsvorsitzenden die Unterzeichnung vorzunehmen hat, ist in der Regel durch den Personalrat zu bestimmen. Dies kann entweder generell in der Geschäftsordnung erfolgen, kann aber auch in jedem Einzelfall gesondert bestimmt werden. Wird aus dem Kreis der Personalratsmitglieder ein Schriftführer bestimmt, nimmt dieser in der Regel die Unterzeichnung neben dem Vorsitzenden vor. 5

Nach Abs. 1 Satz 3 ist der Verhandlungsniederschrift eine **Anwesenheitsliste** beizufügen, in die sich jeder Teilnehmer eigenhändig einzutragen hat. Diese ist somit wesentlicher Bestandteil der Verhandlungsniederschrift und ermöglicht die Feststellung über Teilnehmerkreis und Beschlussfähigkeit des Personalrats. Es sind nur die Mitglieder zur eigenhändigen Eintragung befugt, die persönlich und physisch an der Sitzung teilgenommen haben. 6

Die Pflicht zur Niederschrift besteht nicht nur bei Verhandlungen, bei denen Beschlüsse gefasst werden können. Sie gilt auch für andere Zusammenkünfte, etwa dem Monatsgespräch gemäß § 60 Abs. 4 Satz 1, da auch hier zwischen dem Personalrat und der Dienststellenleitung verhandelt wird. Hierfür spricht der Wortlaut in Abs. 1 Satz 1 (»jede Verhandlung«). Jedenfalls ist es in der Praxis empfehlenswert, auch die gemeinschaftlichen Besprechungen, also das Monatsgespräch, in einer Niederschrift festzuhalten. Wie dies im Einzelnen zu erfolgen hat, kann auch in der Geschäftsordnung geregelt werden. Oftmals werden in dem **Monatsgespräch** gegenüber dem Gremium Aussagen getroffen, die im Nachhinein in Vergessenheit geraten. Umso wichtiger ist es aus Sicht der Personalvertretung, dies zu protokollieren. Häufig werden in dem Monatsgespräch Tagesordnungspunkte nicht abschließend erledigt, so dass sie im Laufe der weiteren Monatsgespräche wieder thematisiert werden. Umso wichtiger ist es auch hier, dass die bis dato geführten Gespräche im Protokoll festgehalten werden. Be- 7 deutsam ist dabei auch, wer auf Seiten der Dienststelle und des Personalrats etc. an den Sitzungen teilgenommen hat.

8 Das BVerwG hat mehrfach entschieden, dass die Hinzuziehung einer **Schreibkraft** in den Sitzungen der Personalvertretung **nicht** zulässig sei und der Verstoß dagegen eine grobe Pflichtverletzung darstelle.[147] Diese Rechtsprechung überzeugt nicht und übersieht, dass ein Protokollführer ebenfalls der Schweigepflicht nach § 68 Abs. 3 unterliegt. Sollte sich ein Personalrat aus praktischen Überlegungen heraus jedoch dazu entschließen, eine Protokollführerin einzusetzen, läuft dieser gleichwohl Gefahr, dass die Verwaltungsgerichte hierin einen Verstoß bzw. eine grobe Pflichtverletzung sehen.

9 Hat der Leiter der Dienststelle an der Sitzung teilgenommen, ist ihm der entsprechende Teil der Niederschrift zur Unterzeichnung vorzulegen und in Abschrift zuzuleiten. Auch den Beauftragten der an der Sitzung teilnehmenden Gewerkschaften ist der entsprechende Teil in Abschrift zuzuleiten.

10 Werden Einwendungen gegen die Niederschrift erhoben, ist dies unverzüglich und schriftlich zu veranlassen. Das Recht, Einwendungen zu erheben, steht jedem zu, der an der Sitzung teilgenommen hat. Die Einwendungen werden der Niederschrift beigefügt.

§ 39

Sonstige Bestimmungen über die Geschäftsführung können in einer Geschäftsordnung getroffen werden, die sich der Personalrat gibt.

1 Nur soweit keine gesetzlichen Vorschriften bestehen, kann der Personalrat Einzelheiten der Geschäftsführung in einer Geschäftsordnung festlegen. Die Geschäftsordnung kann nur Vorschriften über die **Führung der Geschäfte** enthalten, d.h. Bestimmungen, in welcher Art und Weise der Personalrat seine Aufgaben erfüllen will. Sie kann dem Personalrat dagegen keine Aufgaben übertragen, die ihm nicht schon kraft Gesetzes obliegen. Es können in der Geschäftsordnung insbesondere nicht Fragen geregelt werden, deren Gestaltung des Einvernehmens mit dem Dienstherrn bedürfen, also Gegenstand einer Vereinbarung mit ihm sein müssen.

2 Die Geschäftsordnung kann folgende Gegenstände etwa zum **Inhalt** haben:

- Vorbereitung, Einberufung und Durchführung von Personalversammlungen
- nähere Regelungen zur Einrichtung von Sprechstunden

---

147 BVerwG 27.11.1981, PersV 1983, 408.

- Regelungen zum Aushang von Informationsschriften (z. B. Personalrats-News)
- Regelungen zur Kommunikation der Personalratsmitglieder untereinander, etwa Versendung der Einladungen und Tagesordnungspunkte per E-Mail
- Festlegung eines Geschäftsverteilungsplans
- Regelungen zu Personalratssitzungen, wie die Festlegung eines Turnus für die Sitzungstage, Inhalt und Form der Sitzungsniederschrift etc.

Die Geschäftsordnung kann nur durch **Beschluss** des gesamten Personalrats erlassen werden. Hierfür genügt die einfache Stimmenmehrheit. **3**

Eine besondere **Form** für die Geschäftsordnung ist nicht vorgeschrieben. Allerdings ist zu empfehlen, die Geschäftsordnung schriftlich zu erlassen, wobei zur Schriftlichkeit auch die Unterzeichnung durch den Vorsitzenden des Personalrats gehört. Weiterhin sollte die Geschäftsordnung eine Regelung zur **Geltungsdauer** enthalten, wobei sie üblicherweise für den jeweiligen Personalrat während dessen Amtszeit gilt. **4**

Es ist dem Personalrat als Plenum jederzeit möglich, durch Beschluss die Geschäftsordnung zu ändern, zu ergänzen oder gänzlich aufzuheben. **5**

§ 40

(1) Die Mitglieder des Personalrats führen ihr Amt unentgeltlich als Ehrenamt.

(2) Versäumnis von Arbeitszeit, die zur ordnungsgemäßen Durchführung der Aufgaben des Personalrats erforderlich ist, hat keine Minderung der Dienstbezüge, des Arbeitsentgelts und aller Zulagen zur Folge. Personalratsmitglieder haben, soweit sie Geschäfte des Personalrats außerhalb ihrer Arbeitszeit erledigen müssen, einen Anspruch auf Dienstbefreiung entsprechend der aufgewandten Zeit. Personalratsmitgliedern ist für die Teilnahme an Schulungs- und Bildungsveranstaltungen, die der Personalratsarbeit dienen, auf Antrag die erforderliche Dienstbefreiung unter Fortzahlung der Dienstbezüge zu gewähren.

(3) Mitglieder des Personalrats sind auf Antrag des Personalrats von ihrer dienstlichen Tätigkeit freizustellen, wenn und soweit es nach Umfang und Art der Dienststelle zur ordnungsgemäßen Durchführung ihrer Aufgaben erforderlich ist. Bei der Freistellung sind nach dem Vorsitzenden die Gruppen entsprechend ihrer Stärke und die im Personalrat vertretenen Gewerk-

§ 40

schaften und freien Listen entsprechend ihrem Stimmenanteil zu berücksichtigen, soweit sie nicht auf die Freistellung verzichten; dabei ist der Vorsitzende anzurechnen. Gewerkschaften, die zur selben Spitzenorganisation gehören sowie freie Listen können sich hierfür gruppenübergreifend zusammenschließen. Die Freistellung darf nicht zur Beeinträchtigung des beruflichen Werdegangs führen. Verweigert die Dienststelle die Freistellung, so kann der Personalrat unmittelbar die Einigungsstelle anrufen; für die Bildung der Einigungsstelle und das Verfahren gilt § 71.

(4) Von ihrer dienstlichen Tätigkeit sind nach Abs. 3 auf Antrag ganz freizustellen in Dienststellen mit in der Regel

300	bis 600	Beschäftigten ein Mitglied,
601	bis 1000	Beschäftigten zwei Mitglieder,
1001	bis 2000	Beschäftigten drei Mitglieder,
2001	bis 3000	Beschäftigten vier Mitglieder,
3001	bis 4000	Beschäftigten fünf Mitglieder,
4001	bis 5000	Beschäftigten sechs Mitglieder,
5001	bis 6000	Beschäftigten sieben Mitglieder,
6001	bis 7000	Beschäftigten acht Mitglieder,
7001	bis 8000	Beschäftigten neun Mitglieder,
8001	bis 9000	Beschäftigten zehn Mitglieder,
9001	bis 10000	Beschäftigten elf Mitglieder.

In Dienststellen mit mehr als 10000 Beschäftigten ist für je angefangene weitere 2000 Beschäftigte ein weiteres Mitglied freizustellen. Eine entsprechende teilweise Freistellung mehrerer Mitglieder ist möglich.

1 Die Personalratstätigkeit erfolgt gemäß Abs. 1 unentgeltlich als **Ehrenamt**. Die Tätigkeit eines Personalratsmitglieds ist weder Dienst im Sinne des Beamtenrechts,[148] noch die Leistung von Arbeit in Erfüllung eines Arbeitsvertrags.[149] Der Personalrat ist auch kein Vertreter kraft Amtes, sondern **Repräsentant der Dienstkräfte**. Das Rechtsverhältnis der Beamten bleibt nach wie vor ein Beamtenverhältnis und das der Arbeitnehmer ein Arbeitsverhältnis. Dessen Inhalt wird lediglich in gewissem Umfang modifiziert, z.B. durch den Anspruch auf Freistellung von der Dienstleistung.[150]

2 Die Unentgeltlichkeit der Amtsführung schließt zugleich ein **Vergütungsverbot** ein. Dieses richtet sich nicht nur gegen den Arbeitgeber bzw. Dienstherrn, sondern auch gegen die Beschäftigten und die Gewerkschaften.[151] Unzulässige Vorteile sind die Zuweisung eines

---

148 OVG NRW 26.6.1986 – 1 A 1045/84.
149 BAG 22.5.1986, PersR 1997, 107.
150 Germelmann/Binkert/Germelmann, PersVG Berlin, § 42 Rn. 7.
151 Lorenzen u.a., BPersVG, § 46 Rn. 17.

besseren Arbeits- oder Dienstpostens, die Ermöglichung einer nach dem Leistungsprinzip nicht gerechtfertigten Beförderung, Zahlung einer höheren Vergütung als an vergleichbare Arbeitnehmer bzw. bevorzugte Höhergruppierung oder Ausstellung einer herausgehobenen guten Beurteilung.

Nach § 32 finden die Sitzungen des Personalrats in der Regel während der Arbeitszeit statt. Aber auch die übrigen Aufgaben, die in unmittelbarem Zusammenhang mit dem Personalratsamt stehen, z. B. Vorbereitung und Abwicklung der Sitzungen, Reisen, Sprechstunden, die Wahrnehmung von Gerichtsterminen, werden grundsätzlich während der Arbeitszeit erledigt. Dies hat zur Folge, dass das Personalratsmitglied während dieser Zeit seinen dienstlichen Obliegenheiten nicht nachkommen kann. Nach Abs. 2 Satz 1 bewirkt dies aber keine Minderung der Bezüge oder des Arbeitsentgelts, soweit die Versäumnis von Arbeitszeit zur ordnungsgemäßen Durchführung der Aufgaben des Personalrats erforderlich war. Die Vorschrift begründet selbst **keinen eigenen Lohn- oder Besoldungsanspruch**, erhält aber bestehende Ansprüche aufrecht. Auch alle sonst in dieser Zeit fällig gewordenen Zahlungen, einschließlich etwaiger regelmäßig anfallender tariflicher Zuschläge für Nacht-, Sonntags- und Feiertagsarbeit, sowie eine bisher gewährte Erschwerniszulage für Dienst zu ungünstigen Zeiten oder allgemeine Zulagen, z. B. unwiderrufliche Stellenzulagen, sind fortwährend zu leisten. Insoweit hat ein freigestelltes Personalratsmitglied Anspruch auf alle Bezüge, die es erhalten würde, wenn es in seinem bisherigen Aufgabenbereich weiter arbeiten würde. Es würde nämlich eine unzulässige Benachteiligung bedeuten, wenn das freigestellte Personalratsmitglied infolge seines Personalratsamts finanziell schlechter dastünde, als es vor der Freistellung der Fall war. Auch Überstundenvergütungen, die angefallen wären, sind zu ersetzen. Dies ist jedenfalls dann der Fall, wenn in der ehemaligen Abteilung, in der das freigestellte Personalratsmitglied tätig war, weiterhin Überstunden anfallen, die in der Vergangenheit auch in entsprechendem Maße bei dem freigestellten Personalratsmitglied angefallen waren.[152] Ein Anspruch auf Weiterzahlung von Aufwendungsersatz (z. B. Kleiderzulage für Kriminalbeamte) besteht jedoch nicht.[153] Entsprechendes gilt für die Fahndungskostenentschädigung, Streckenzulage und für die Tagespauschale bei auswärtiger Beschäftigung etc.

Erforderlich ist eine Arbeitszeitversäumnis nur dann, wenn sie in unmittelbarem Zusammenhang mit der ordnungsgemäßen Durchführung der der Personalvertretung nach dem HPVG obliegenden Aufgaben steht. Wann das der Fall ist, richtet sich grundsätzlich nach den Umständen des Einzelfalls. Darüber »entscheidet« in erster Linie der Personalrat oder das einzelne Mitglied, das mit der Wahrnehmung

---

152 BAG 16. 2. 2005 – 7 AZR 95/04 –, PersV 2005, 429.
153 BVerwG 11. 9. 1984 – 2 C 58.81 –, ZBR 1985, 11.

§ 40

einer bestimmten Aufgabe betraut ist, nach pflichtgemäßem Ermessen. Jedenfalls hat die Dienststelle keine Möglichkeit, wegen versäumter Arbeitszeit eine Minderung der Bezüge vorzunehmen, wenn die objektiven Merkmale vorliegen.

5 Personalratsmitglieder haben darüber hinaus einen Anspruch auf Dienstbefreiung entsprechend der aufgewandten Zeit, wenn sie Geschäfte des Personalrats **außerhalb** ihrer Arbeitszeit erledigen müssen. Die Dienstbefreiung in Form von Freizeitausgleich nach Abs. 2 Satz 2 bedeutet, dass arbeitszeitrechtlich die Personalratstätigkeit wie Dienst behandelt wird.[154] Die zu gewährende Dienstbefreiung muss zeitlich exakt genauso lang bemessen sein, wie die für die Personalratstätigkeit aufgewendete Freizeit. Insoweit werden Pausen zwischen den Personalratstätigkeiten nicht mitgerechnet. Ein finanzieller Ausgleich ist unzulässig.

6 Es ist auf eine **rechtzeitige Geltendmachung** des Freizeitausgleichsanspruchs zu achten. Grundsätzlich verjähren solche Ansprüche entsprechend § 195 BGB nach drei Jahren. Dabei beginnt die Frist mit dem Schluss des Jahres, in dem der Anspruch entstanden ist (§ 199 Abs. 1 Nr. 1 BGB). Bei Arbeitnehmern ist gemäß § 37 TVöD darauf zu achten, dass die sechsmonatige Ausschlussfrist gewahrt bleibt. Dies erfolgt durch eine schriftliche Geltendmachung des Freizeitanspruchs gegenüber dem Arbeitgeber.[155]

7 Ein Anspruch von Personalratsmitgliedern auf Freizeitausgleich für Reisezeiten zu Personalratssitzungen wird überwiegend abgelehnt.[156] Hinsichtlich der Anerkennung von Reisezeiten für die übrigen Personalratstätigkeiten wird überwiegend ein Anspruch auf Freizeitausgleich bejaht. Im Einzelfall ist es daher erforderlich zu begründen, warum die Reisezeit außerhalb der üblichen Arbeitszeit/Dienstzeit durchzuführen war.

8 Gemäß **Abs. 2 Satz 3** ist Personalratsmitgliedern für die **Teilnahme an Schulungs- und Bildungsveranstaltungen**, die der Personalratsarbeit dienen, auf Antrag die erforderliche Dienstbefreiung unter Fortzahlung der Dienstbezüge zu gewähren. Die Regelung betrifft ausschließlich die Freistellung und die Fortzahlung der Bezüge, nicht jedoch die Frage, ob und in welchem Umfang die Dienststelle die **Kosten** für die Schulungsveranstaltung und die Reisekosten zu tragen hat. Dies richtet sich wiederum nach § 42 Abs. 1 bzw. 3. Während bei § 40 Abs. 2 Satz 3 die Schulung bzw. Bildungsveranstaltung der Personalratsarbeit (nur) dienen muss, verlangt die Rechtsprechung bei dem Anspruch auf Kostenersatz nach § 42 Abs. 1 i.V.m. Abs. 3 HPVG, dass die entstandenen Kosten für die ordnungsgemäße Wahr-

---

154 BVerwG 30.1.1986, PersV 1987, 21.
155 BAG 26.2.1992, PersR 1992, 468.
156 A. A. Altvater-Altvater/Peiseler, BPersVG, § 46 Rn. 33 ff.

nehmung von Personalratsaufgaben oder für die Erfüllung von Personalratspflichten erforderlich bzw. notwendig waren.[157]

Da der Anspruch auf Dienstbefreiung und der Anspruch auf Kostenerstattung im engen Zusammenhang stehen, ist auf der Grundlage der Rechtsprechung die **Erforderlichkeit** zu prüfen. **9**

Voraussetzung für jede Teilnahme eines Personalratsmitglieds an einer Schulungs- oder Bildungsveranstaltung ist ein entsprechender Beschluss – **Entsendungsbeschluss** – des Personalrats. Denn bei dem Teilnahmerecht handelt es sich um die Wahrnehmung von Aufgaben und Befugnissen aus dem Personalvertretungsrecht, über die der Personalrat durch Beschluss entscheiden muss. **10**

Das Personalratsmitglied kann trotz des Grundsatzes der Sparsamkeit nicht darauf verwiesen werden, ein Selbststudium zu betreiben. **11**

In zwei Entscheidungen hat das BVerwG sich umfassend mit dem Thema »Ablehnung des Kostenantrags des Personalrats wegen nicht vorhandener Haushaltsmittel« befasst: *»Kosten für die Teilnahme an einer Schulungsveranstaltung, welche für die Personalratstätigkeit erforderliche Kenntnisse vermittelt, sind von der Dienststelle bei Fehlen von Haushaltsmitteln nur dann zu übernehmen, wenn der Schulungsbedarf unaufschiebbar ist.* **12**

Unaufschiebbar ist die Teilnahme des Personalratsmitglieds an einer Spezialschulung, wenn es die dort vermittelten Kenntnisse benötigt, um einem akuten Handlungsbedarf auf Seiten des Personalrats zu genügen. Die Feststellung, dass die Haushaltsmittel erschöpft sind, ist auf der Ebene der Dienststelle, bei der der Personalrat gebildet ist, und auf der Grundlage der für sie geltenden haushaltsrechtlichen Bestimmungen zu treffen. Sind die in der Dienststelle für Zwecke der Tätigkeit der Personalvertretungen verfügbaren Haushaltsmittel erschöpft, so ergeben sich darauf unterschiedliche personalvertretungsrechtliche Konsequenzen. Der Personalrat hat sich grundsätzlich weiterer kostenwirksamer Beschlüsse zu enthalten. Von diesem Grundsatz werden jedoch solche Tätigkeitsbereiche nicht erfasst, für die das Personalvertretungsrecht strikte Festlegungen trifft, welche die Funktions- und Arbeitsfähigkeit der Personalvertretung sicherstellen und keinen zeitlichen Aufschub dulden.«[158]

Unter Berücksichtigung dieser Rechtsprechung dulden folgende Kosten im Hinblick auf die Funktions- und Arbeitsfähigkeit der Personalvertretungen keinen Aufschub: **13**

1. Durchführung einer PR-Wahl

2. Zurverfügungstellung der sächlichen Mittel für die Grundausstattung der Personalratstätigkeit

3. Kosten für die Schulung des neu gewählten Vorsitzenden

---

157 VGH Kassel 4.9.1997 – 22 Tl 4311/96 –, HessVGRspr. 1998, 27; 2.12.2004, ZfPR 2005, 70.
158 BVerwG 26.2.2003 – 6 P 9.02 und 6 P 10.02.

§ 40

4. weitere Schulungen für Personalratsmitglieder, um einem akuten Handlungsbedarf auf Seiten des Personalrats zu genügen

5. Kosten für die Beauftragung eines Rechtsanwalts in personalvertretungsrechtlichen Beschlussverfahren

6. Kosten für die Durchführung einer Personalversammlung und auch der der JAV

14 Für solche in der Sache notwendige und unaufschiebbare Tätigkeiten des Personalrats hat die Dienststelle die Kosten unbedingt auch dann zu übernehmen, wenn im Zeitpunkt der Kostenverursachung dafür Haushaltsmittel nicht zur Verfügung stehen. Es ist im Einzelnen zu untersuchen, ob bei anderen Haushaltstiteln Einsparungen getroffen werden können. Alternativ ist die Bewilligung überplanmäßiger Mittel im Fall eines unvorhergesehenen und unabweisbaren Bedarfs (§ 37 Abs. 1 BHO) zu prüfen. Mit der Berufung auf **fehlende Haushaltsmittel** darf der Personalrat nicht durch Zudrehen des Geldhahns der Funktionsfähigkeit beraubt werden.

15 Auch im Hinblick auf das **Gebot der Sparsamkeit** kann der Dienststellenleiter bei der Beantwortung der vom Personalrat aufgeworfenen rechtlichen Fragen diesen zunächst an die eigene Rechtsabteilung verweisen. Bestehen hiernach weiterhin Unklarheiten oder ist die Rechtsproblematik insgesamt sehr kompliziert, ist der Personalrat berechtigt, **externen Sachverstand** einzuholen.

16 In diesem Zusammenhang muss die Grundschulung von der Spezialschulung unterschieden werden. Jedes Mitglied des PR hat Anspruch auf eine **Grundschulung**. Darunter versteht man Schulungen, ohne die das Amt nicht ausgeübt werden kann. Eine Grundschulung sollte i. d. R. fünf Tage nicht überschreiten. Das Mitglied darf sich zu den wesentlichen gesetzlichen Regelungen schulen lassen, z. B. BPersVG, LPersVG, TVöD/TV-L. Schulungen zum Arbeitsrecht sind Grundschulungen. Das Personalratsmitglied benötigt dieses Wissen, um die Beteiligungsrechte des Personalvertretungsrechts ausüben zu können.[159]

17 Eine **Spezialschulung** im Sinne des § 46 Abs. 6 BPersVG (vgl. LPVG) liegt vor, wenn Kenntnisse vermittelt werden, die über die Grundzüge eines Rechtsgebiets hinausgehen und es um die Wissensvertiefung und -erweiterung geht (Beispiel: »Aktuelle Rechtsprechung zum Personalvertretungsrecht«).[160] Bei Spezialschulungen muss der PR aus dem Grundsatz der vertrauensvollen Zusammenarbeit folgend eine **interne Aufgabenverteilung** vornehmen. Es darf nur die im Einzelfall erforderliche Anzahl von Personalratsmitgliedern geschult werden.

---

159 BVerwG 14.6.2006, PersR 2006, 468 = ZTR 2006, 611 = NZA-RR 2007, 163; Däubler, Handbuch Schulung und Fortbildung von betrieblichen Interessenvertretern, 5. Auflage 2004; Fischer, Sachausstattung des Betriebsrats und Behinderungsverbot nach § 78 BetrVG, BB 1999, 1920 ff.

160 BVerwG 11.7.2006, RiA 2007, 44 = PersR 2006, 428.

§ 40

Beispiele für Schulungsthemen:

Erforderliche	nicht erforderliche Schulungen
• »Aids« • »Grundlagenseminar Beschäftigungsförderungsgesetz« • Bildschirmarbeitsverordnung • Gesprächs- und Verhandlungsführung • Nachweisgesetz (1/2 Tag) • Suchtkrankheiten • Zertifizierung nach ISO 9000f	• Bilanzanalyse • Computer im BR-Büro • ISDN-Technik • »Das Leid mit dem Leiten – Seminar für Betriebsratsvorsitzende« (Inhalte: Führung – was ist das?, ... Führungsstile, ... Macht und Herrschaft, ... Spielregeln für den Umgang miteinander«)[161] • Lohnsteuerrichtlinien • »Managementtechniken für Betriebs- und Personalräte« • Mobbing (ohne konkreten Anlass im Betrieb) • Sozialversicherungsrecht

Zweifelsfälle

- War eine Schulung nicht in vollem Umfang erforderlich, muss der Arbeitgeber die Kosten nur anteilig tragen. Der Rechtsprechung des BAG, wonach die Schulung erforderlich ist, wenn mehr als 50 % der Themen erforderlich sind, kann im Personalvertretungsrecht nicht gefolgt werden.[162]
- Eine Mobbing-Schulung ist erforderlich, wenn hinreichende Anhaltspunkte und erste Anzeichen für Mobbing in der Dienststelle vorliegen.[163]
- Kosten für die Teilnahme an einer Schulungsveranstaltung, die für die Personalratstätigkeit erforderliche Kenntnisse vermittelt, sind von der Dienststelle bei Fehlen von Haushaltsmitteln nur dann zu übernehmen, wenn der Schulungsbedarf unaufschiebbar ist.[164]

Der Personalrat kann grundsätzlich entscheiden, zu welchem Zeitpunkt, an welchem Ort und bei welchem Bildungsträger er die Weiterbildung besucht. Allerdings muss er schützenswerte Belange der Dienststelle berücksichtigen. **18**

Teilzeitbeschäftigten wird nur bis zum Erreichen der individuellen Arbeitszeit reichende Schulungszeit als Freizeit ausgeglichen. **19**

Lehnt die Dienststelle die Dienstbefreiung für die Teilnahme an der vom Personalrat beschlossenen Schulungs- oder Bildungsveranstaltung ab, muss der Personalrat in einem **Beschlussverfahren** gemäß § 111 Abs. 1 Nr. 3 klären lassen, dass die Dienststelle verpflichtet ist, dem Personalratsmitglied die Befreiung zu gewähren. Solange über die **20**

---

161 Vgl. LAG Schleswig-Holstein 21.1.1999 – 4 TaBV –, AuA 1999, 575.
162 BVerwG 14.6.2006, PersR 2006, 468.
163 LAG Hamm 7.7.2006, NZA-RR 2007, 202.
164 BVerwG 26.2.2003 – 6 P 9/02.

§ 40

Rechtmäßigkeit des Entsendebeschlusses Streit besteht, ist es den betreffenden Personalratsmitgliedern verwehrt, an der Schulungsveranstaltung teilzunehmen. Gegebenenfalls kann der Personalrat eine einstweilige Verfügung bei dem Verwaltungsgericht einreichen, sofern das Seminar unmittelbar bevorsteht und es sich bei ihm um die einzige Veranstaltung handelt, die im laufenden Kalenderjahr von dem ausgewählten Veranstalter zu dem Themenbereich angeboten wird.

21 Nach **Abs. 3** bedarf es eines **Antrags** des Personalrats, dass ein Mitglied von seiner dienstlichen Tätigkeit freigestellt wird. Ohne einen entsprechenden Antrag wird eine Freistellung daher nicht erfolgen. Abs. 3 gibt dem Personalrat das Recht, für Mitglieder des Personalrats eine Freistellung zu beantragen. Dies bedeutet letztendlich, dass der Personalrat auf dieses Recht auch ganz oder teilweise verzichten kann. Der Anspruch des Personalrats gegenüber der Dienststelle ist darauf gerichtet, dass diese gegenüber den vom Personalrat ausgewählten Mitgliedern die völlige Dienstbefreiung erklärt.

22 Nach Maßgabe der Abs. 3 und 4 entscheidet der Personalrat in **gemeinsamer Sitzung** darüber, welches Mitglied oder welche Mitglieder ganz oder teilweise freigestellt werden. Über den Freistellungsantrag des Personalrats entscheidet dann der Leiter der Dienststelle, wobei für ihn nur ein eingeschränktes Prüfungsrecht besteht. Dieses ist zu bejahen, wenn der Personalrat mehr Freistellungen begehrt, als ihm nach der Staffel in Abs. 4 zustehen.

23 Die Freistellung erfolgt grundsätzlich für die gesamte Amtszeit des Personalrats, sie ist jeweils an die Person des Personalratsmitglieds gebunden. Sofern das freigestellte Personalratsmitglied aus dem Gremium ausscheidet, ist ein erneuter Beschluss über den zu stellenden Freistellungsantrag vom Personalrat zu treffen. Ergibt sich während der Amtszeit des Personalrats zweifelsfrei, dass der nach der **Freistellungsstaffel** maßgebliche Schwellenwert nach **Abs. 4** erheblich und dauerhaft unterschritten wird, kann sich der Personalrat einer Reduzierung der Freistellungen nicht mit der Begründung verweigern, die Dienststelle habe zunächst über die weiteren Beschäftigungsmöglichkeiten für alle freigestellten Personalratsmitglieder zu informieren.[165] Dass Dienststelle und Personalrat, wenn es um die Verminderung der Zahl der Freistellungen während der laufenden Amtszeit des Personalrats geht, im Gespräch bleiben müssen, solange eine Einigung in angemessener Zeit noch realistisch erscheint, ist ein selbstverständliches, aus dem Grundsatz vertrauensvoller Zusammenarbeit folgendes Gebot. Wann eine solche Einigungsmöglichkeit als erschöpft zu betrachten ist, beurteilt sich nach den Umständen des Einzelfalls.

24 Auf Antrag des Personalrats können anstelle der Vollfreistellungen eines Mitglieds mehrere Mitglieder zum Teil freigestellt (**Teilfreistel-**

---

[165] BVerwG 9.7.2008 – 6 PB 12.08 –, zitiert nach juris.

lungen) werden. Dies kann erfolgen, wenn es für die Personalratsarbeit dienlich ist oder sonstige wichtige Gründe dafür sprechen.[166] Soweit nach der bisherigen Rechtsprechung des BVerwG Teilfreistellungen von Personalratsmitgliedern grundsätzlich unzulässig sein sollen, stellt diese Rechtsprechung eine unzulässige Benachteiligung aller teilzeitbeschäftigten Personalratsmitglieder dar. Für den Bereich des HPVG hat der Gesetzgeber in **Abs. 4 Satz 3** klargestellt, dass Teilfreistellungen zulässig sind.

Die Freistellungsstaffel in Abs. 4 enthält **Mindestzahlen**. So kann der Personalrat gemäß **Abs. 3** zusätzliche Freistellungen über die Freistellungsstaffel hinaus bei dem Leiter der Dienststelle beantragen. Diese muss er aber begründen. Er muss nachweisen, dass die zusätzliche Freistellung nach Umfang und Art der wahrzunehmenden Tätigkeiten des Personalrats erforderlich ist. Hält sich der Personalrat demgegenüber an die Mindestzahlen, ist die Erforderlichkeit der Freistellung nicht zu prüfen. **25**

Abs. 3 Satz 2 belässt den Personalräten im Verhältnis zu § 29 Satz 2 noch weniger Entscheidungsspielraum. So besagt **Abs. 3 Satz 2**, dass die erste Freistellung an die bzw. den Vorsitzenden zu vergeben ist. Soweit weitere Freistellungen in Betracht kommen, muss der Personalrat die Stärke der im Personalrat vertretenen Gruppen und die Stärke der **Gewerkschaften** sowie **freien Listen** nach Maßgabe der von ihnen in der Wahl insgesamt errungenen gültigen Stimmen berücksichtigen. Dabei handelt es sich um eine zwingende Vorgabe, die einen Spielraum nur lässt, soweit unter mehreren Verfahren zur Berechnung der **Quoten** ausgewählt wird. Weiterhin liegt es in der Entscheidungsgewalt des Gremiums, ob **Teilfreistellungen** in Betracht gezogen werden, da Abs. 4 Satz 3 insoweit eine Option eröffnet, ohne eine entsprechende Verpflichtung zur Nutzung dieser Option zu normieren. Im Grundsatz muss jedoch dafür Sorge getragen werden, dass sich die Auswahl der nach dem/der Vorsitzenden des Gremiums zusätzlich noch freizustellenden Mitglieder nach den **Vorgaben des Abs. 3 Satz 2** ausrichtet, soweit nicht einzelne Gruppen, Gewerkschaften, freie Listen durch die für sie in das Gremium gewählten Mitglieder auf eine Berücksichtigung verzichten. Maßgebend ist insoweit allein die Entscheidung der Mitglieder des Personalrats, nicht etwa der jeweiligen Gewerkschaft oder sonstigen Organisation, die den zugrunde liegenden Wahlvorschlag eingereicht hat.[167] **26**

Wie die Berücksichtigung der Listen bei der Verteilung der Freistellung zu erfolgen hat, ist im Gesetz nicht vorgeschrieben. Der HessVGH hat jedoch entschieden, dass das **Berechnungsverfahren** nach **Hare-Niemeyer** anzuwenden ist. Unter Beachtung der Entstehungsgeschichte des Gesetzes sieht der HessVGH den eindeutigen **27**

---

166 Richardi/Dörner/Weber, BPersVG, § 46 Rn. 66–68.
167 VG Frankfurt/Main 27. 9. 2004 – 23 L 3458/04 –, zitiert nach juris.

§ 40

Willen des Gesetzgebers, das Verfahren Hare-Niemeyer auch im Rahmen des § 40 Abs. 3 Satz 2 anzuwenden. *»Dabei sieht der Gesetzgeber diese Auswahl der für eine Freistellung vorzuschlagenden Personalratsmitglieder als einen Wahlvorgang an, auf den ein wahlrechtliches Verteilerfahren anzuwenden ist, wie sein Hinweis auf den Wahlmodus ›Hare-Niemeyer‹ zeigt. Dadurch ... wird hinreichend deutlich, dass dieses Verfahren nach dem gesetzgeberischen Willen, nach dem System des HPVG und nach Sinn und Zweck der eingefügten Vorschrift trotz des nicht eindeutigen Wortlauts grundsätzlich anzuwenden ist und ein Ermessensspielraum des Personalrats insoweit nicht mehr besteht.«*[168]

28 Auch bei der Verteilung des Freistellungsanspruchs auf die Gruppen ist – nachdem die erste Freistellung der/dem Vorsitzenden zugeteilt wurde – das Berechnungsverfahren entsprechend der Rechtsprechung des HessVGH nach Hare-Niemeyer vorgeschrieben. Das bedeutet: Es ist nicht zulässig, das Freistellungskontingent prozentual entsprechend der Zahl der Gruppenmitglieder aufzuteilen.

29 Von der Verpflichtung zur Verwendung des **Hare-Niemeyer**-Berechnungsverfahrens kann nur in Ausnahmefällen und zum Schutze einer Minderheit **abgewichen** werden.[169] Allerdings besteht aufgrund der eindeutigen Entscheidung des HessVGH keine Verpflichtung des Personalrats hierzu. Soweit die erste Freistellungsmöglichkeit der/dem Vorsitzenden zugeteilt wird, ist sie/er anzurechnen. Dies gilt zum einen hinsichtlich ihrer/seiner Gruppenzugehörigkeit, aber auch hinsichtlich der Listenzugehörigkeit. Die Verteilung des restlichen Freistellungskontingents erfolgt unter Anwendung des Verfahrens nach Hare-Niemeyer auf die Gruppen entsprechend ihrer Stärke bzw. Sitze. Die Verteilung des auf die Gruppen verteilten Freistellungskontingents erfolgt wiederum unter Anwendung des Verfahrens nach Hare-Niemeyer auf die Listen entsprechend ihrer Stimmanteile.

> **Beispiele:**
>
> In der Dienststelle sind 900 Wahlberechtigte beschäftigt. Der Personalrat besteht gemäß § 12 Abs. 3 aus elf Mitgliedern. Nach § 40 Abs. 4 können zwei Mitglieder des gewählten Personalrats freigestellt werden, wobei zunächst eine Freistellung an die Vorsitzende/den Vorsitzenden vergeben wird. Der Personalrat hat folgende Zusammensetzung:
>
> Beamte   5 Sitze
> Arbeitnehmer   6 Sitze
>
> In der Gruppe der Beamten erhalten die einzelnen Listen folgende Sitze:
>
> Liste ver.di   2 Sitze
> Liste Comba   3 Sitze

---

168 HessVGH 16.3.2006, PersR 2006, 476.
169 HessVGH 16.3.2006, a.a.O.; BVerwG 4.11.1993 – 6 P 30/83 –, zitiert nach juris.

In der Gruppe der Arbeitnehmer erhalten die einzelnen Listen folgende Stimmen:

Liste ver.di	4 Sitze
Liste Comba	2 Sitze

Zusätzlich zu der Freistellung des Vorsitzenden ist ein weiteres Mitglied freizustellen. Erfolgt kein gruppenübergreifender Zusammenschluss, ist das Freistellungskontingent nach Hare-Niemeyer wie folgt zu verteilen:

Beamte	$5 \times 1 : 11 = 0{,}4545$
Arbeitnehmer	$6 \times 1 : 11 = 0{,}5454$

Bei einer Verteilung nach Hare-Niemeyer erhält die Gruppe der Arbeitnehmer die zweite Freistellung.

In einem Personalrat sind zwei Gruppen vertreten und es kandidieren mehrere Listen. Der Personalrat weist folgende Zusammensetzung auf:

Beamte	11 Sitze
Arbeitnehmer	4 Sitze

In der Gruppe der Beamtinnen und Beamten erhielten die Listen folgende Sitze:

Liste V	7 Sitze
Liste W	2 Sitze
Liste X	1 Sitz
Liste Y	1 Sitz

In der Gruppe der Arbeitnehmer gibt es zwei Listen mit folgenden Sitzen:

Liste V	2 Sitze
Liste Y	2 Sitze

Nach erfolgter Freistellung der oder des Vorsitzenden sind drei Mitglieder freizustellen. Liegt kein gruppenübergreifender Zusammenschluss vor, erfolgt die Verteilung nach Hare-Niemeyer wie folgt:

Beamte	$11 \times 3 : 15 = 2{,}2$
Arbeitnehmer	$4 \times 5 : 15 = 1{,}3333$

Bei einer Verteilung nach Hare-Niemeyer erhält die Gruppe der Beamten zwei Freistellungen und die Gruppe der Arbeitnehmer eine Freistellung.

Innerhalb der Gruppe der Beamtinnen und Beamten sind die beiden Freistellungen auf die Listen »entsprechend ihrem Stimmenanteil« nach Hare-Niemeyer zu verteilen:

Anzahl der Stimmen einer Liste: Anzahl der Gesamtstimmen der Listen in der Gruppe × Anzahl der Freistellungen = ... ergibt ... Freistellungen

§ 41

Der Personalrat kann Sprechstunden während der Arbeitszeit einrichten. Zeit und Ort bestimmt er im Einvernehmen mit dem Leiter der Dienststelle.

§ 41

1 Diese Vorschrift erlaubt dem Personalrat, während der Arbeitszeit Sprechstunden einzurichten. Durch **gemeinsamen Beschluss** legt der Personalrat fest, in welchem Turnus und von welchen Personalratsmitgliedern die Sprechstunden abgehalten werden. Sie werden zweckmäßig zu bestimmten Zeiten jeweils von einem Mitglied des Personalrats durchgeführt. Die Mitglieder sollten sich abwechseln und vor allem auch die Gruppenverhältnisse berücksichtigen. Es empfiehlt sich also, die Sprechstunden auch hinsichtlich der Gruppenvertreter nach einem bestimmten Turnus festzusetzen und dies gegenüber den Beschäftigten bekannt zu geben.

2 **Zugänglich** sind die Sprechstunden **für alle Beschäftigten**. Es ist aber zu beachten, dass die JAV gesonderte Sprechstunden im Einvernehmen mit dem Leiter der Dienststelle ansetzen kann. Auch die in der Dienststelle vertretenen gewerkschaftlichen Organisationen haben Zugang zu der Sprechstunde.

3 Der **Dienststellenleiter** ist vorrangig über den Zeitpunkt der Sprechstunde zu informieren. Nur wenn gewichtige dienstliche Belange entgegenstehen, kann dieser das **Einvernehmen** verweigern. Im Falle der Nichteinigung kann der Hauptpersonalrat um Vermittlung gebeten werden, wenn eine Zuständigkeit besteht. Da in diesem Fall keine Nichteinigung in einer Mitbestimmungsangelegenheit vorliegt, findet das Verfahren nach §§ 80, 81 keine Anwendung. Dienststelle und Personalrat haben somit ein Einvernehmen herzustellen und dabei das allgemeine Verhaltensgebot der vertrauensvollen Zusammenarbeit zu beachten.

4 Neben normalen Sprechstunden im Personalratsbüro oder in einem Nebenbüro ist es auch zulässig, dass die Beschäftigten am Arbeitsplatz durch ein Mitglied des Personalrats aufgesucht werden. Auch dazu ist grundsätzlich das Einvernehmen mit dem Dienststellenleiter herzustellen. Grundsätzlich ist ein **Aufsuchen der Belegschaft am Arbeitsplatz** durch den Personalrat empfehlenswert. Dies gilt insbesondere auch für die Beschäftigten, die in Nebengebäuden ihre Arbeit verrichten oder in unselbständigen Nebenstellen. Das Aufsuchen der Beschäftigten allein zu Werbezwecken im Vorfeld einer Personalratswahl genügt definitiv nicht.

5 Der Raum, in dem die **Sprechstunden** abgehalten werden, sollte von außen her nicht einsehbar sein. Nach Möglichkeit sollte es sich hierbei **nicht** um das Personalratsbüro oder ein Durchgangszimmer handeln. Während der Sprechstunden sollte anderen Personalratsmitgliedern und anderen Beschäftigten der Zugang zu dem Raum untersagt sein. Der physische Zustand des Raumes muss gewährleisten, dass das gesprochene Wort nicht nach außen dringt. Das Gebot des Stillschweigens muss gewahrt bleiben, dazu dienen nicht einsehbare, schallschutzsichere Räume mit möglichst viel Tageslicht. Es soll nicht die Atmosphäre eines Abhörraums aufkommen.

§ 42

Obgleich die Regelung bestimmt, dass Sprechstunden während der Arbeitszeit einzurichten sind, ist der Personalrat auch berechtigt, diese **außerhalb der Arbeitszeit** einzurichten. 6

Personen, die **nicht dem Personalrat angehören**, dürfen die Sprechstunde nicht durchführen. Dies gilt auch für Beauftragte der in der Dienststelle vertretenen Gewerkschaften sowie für die Schwerbehindertenvertretung bzw. die Gleichstellungsbeauftragte. 7

Für die Personalratsmitglieder, die die Sprechstunde durchführen, gelten das **Behinderungsverbot** und die **Freistellungsvorschrift** gemäß § 40. Für nichtfreigestellte Personalratsmitglieder ist die Zeit, in der sie für die Abhaltung der Sprechstunde anwesend sind, zu vergütende Arbeitszeit. Die Beschäftigten, die die Sprechstunde aufsuchen wollen, benötigen hierfür keine Dienstbefreiung. Sie müssen insbesondere ihrem Vorgesetzten gegenüber nicht angeben, warum sie die Sprechstunde des Personalrats aufsuchen. Eine Minderung der Bezüge kommt rechtlich nicht in Betracht. 8

Die Personalratsmitglieder, die aus Anlass einer Sprechstunde Ratschläge oder Empfehlungen abgeben, haften nicht für die Richtigkeit derselben. Anders verhält es sich ausnahmsweise, wenn sie vorsätzlich und sittenwidrig einen Rat erteilen, der dem Beschäftigten einen Schaden zufügt, und dies billigend in Kauf genommen haben.[170] Im Übrigen scheidet eine **Haftung** des Gremiums aus, da dieses nicht rechtsfähig und damit auch nicht deliktfähig ist.[171] 9

§ 42

(1) Die durch die Tätigkeit des Personalrats entstehenden Kosten trägt die Dienststelle.

(2) Für die Sitzungen, die Sprechstunden und die laufende Geschäftsführung hat die Dienststelle die erforderlichen Räume und den Geschäftsbedarf zur Verfügung zu stellen.

(3) Für Reisen von Mitgliedern des Personalrats, die dieser in Erfüllung seiner Aufgaben beschlossen hat, werden Reisekosten nach den Vorschriften über Reisekostenvergütung der Beamten gezahlt. In diesen Fällen ist die Reise der für die Genehmigung von Dienstreisen zuständigen Stelle vorher anzuzeigen.

Von der Dienststelle zu tragen sind alle, aber auch nur die Kosten, die durch die Tätigkeit des Personalrats – im Rahmen der ihm zugewiesenen Aufgaben – entstehen. Die Übernahme aller **notwendigen Kosten** soll die Personalvertretung befähigen, im Verhältnis zur 1

---

170 BVerwG 18.8.2003, PersR 2004, 69.
171 Fischer/Goeres/Gronimus, BPersVG, § 43 Rn. 26.

§ 42

Dienststellenleitung einen qualitativ gleichwertigen Beitrag zu erbringen.[172]

2 Zur Tätigkeit des Personalrats im Sinne dieser Regelung gehört u. a. auch die Wahrnehmung seiner Rechte und Belange gegenüber der Dienststelle, insbesondere seiner gesetzlichen **Beteiligungsrechte**. Dabei ist in einem gerichtlichen Verfahren aus Anlass der Durchsetzung, Klärung oder Wahrnehmung der dem Personalrat zustehenden personalvertretungsrechtlichen Befugnisse und Rechte die Hinzuziehung eines Anwalts grundsätzlich geboten. Die Dienststelle hat grundsätzlich auch die Kosten des Rechtsanwalts zu tragen, es sei denn, das personalvertretungsrechtliche Beschlussverfahren ist mutwillig oder aus haltlosen Gründen in Gang gesetzt worden. Diese Einschränkungen ergeben sich aus dem Grundsatz der vertrauensvollen Zusammenarbeit wie auch aus der Verpflichtung des Personalrats, bei Kosten verursachenden Tätigkeiten das Gebot der sparsamen Verwendung öffentlicher Mittel und den Grundsatz der Verhältnismäßigkeit zu beachten.[173] Die Kostenerstattung ist damit – insgesamt – an die **Notwendigkeit der Aufwendungen** für die Tätigkeit des Personalrats geknüpft. Allein mit dem Hinweis darauf, dass der Wortlaut des § 42 Abs. 1 nur von »entstehenden« – im Sinne von tatsächlich entstandenen – Kosten spricht und nicht von »erforderlichen« oder »angemessenen« Kosten, lässt sich ein geltend gemachter Erstattungs- bzw. Freistellungsanspruch des Personalrats betreffend die auf der Basis eines vereinbarten Zeithonorars abgerechneten Anwaltskosten nicht begründen.

3 Ob die durch die Personalratstätigkeit entstehenden Kosten **notwendig** und damit **erstattungsfähig** sind, ist nicht rückblickend allein nach objektiven Maßstäben zu beurteilen. Vielmehr hat der Personalrat bei der Abwägung, ob in einem gerichtlichen Beschlussverfahren eine Vertretung durch einen Anwalt notwendig ist, einen Beurteilungsspielraum; es genügt, dass bei pflichtgemäßer Beurteilung der objektiven Sachlage die Aufwendungen für die Beauftragung des Anwalts für notwendig gehalten werden durften.[174] Insoweit hat der Personalrat die Beauftragung eines Rechtsanwalts grundsätzlich auf der Basis der gesetzlichen Vergütung nach dem Rechtsanwaltsvergütungsgesetz (RVG) vorzunehmen, wie sie sich – abhängig vom Gegenstandswert der anwaltlichen Tätigkeit – nach dem Vergütungsverzeichnis (Anlage 1 zu § 2 Abs. 2 RVG) bestimmt und damit von der vereinbarten Vergütung zu unterscheiden ist. Dass eine Vergütungsvereinbarung zwischen dem Personalrat und dem von ihm beauftragten Anwalt nicht

---

172 VGH Baden-Württemberg 18. 9. 1990 – 15 S 831/89.
173 VGH Baden-Württemberg 19. 11. 2002 – PL 15 S 744/02 –, PersR 2003, 204.
174 OVG Sachsen-Anhalt 12. 3. 2009 – 5 L 6/07 –, PersV 2009, 317; VGH Baden-Württemberg 2. 11. 2010 – PB 15 S 12710 –, PersR 2011, 122–126.

in Widerspruch zu den Bestimmungen des RVG steht, genügt für eine Kostentragungspflicht der Dienststelle nach Abs. 1 jedoch nicht.

Ein **Wahlanfechtungsbegehren** ist von vornherein nur dann aussichtslos, wenn sich seine Abweisung nach Maßgabe der einschlägigen Rechtsvorschriften und dazu gegebenenfalls vorliegender Rechtsprechung geradezu aufdrängt. Das ist offensichtlich nicht der Fall, wenn sich die Wahlanfechtung im Ergebnis als erfolgreich erweist. Aber auch unabhängig vom Ausgang kann eine Wahlanfechtung nicht als aussichtslos betrachtet werden, wenn sie bisher ungeklärte Rechtsfragen aufwirft oder die Gültigkeit der Wahl aus sonstigen Gründen Zweifeln ausgesetzt ist und deswegen die Herbeiführung der gerichtlichen Wahlprüfung vertretbar erscheint.[175] Eine **Rechtsverfolgung** ist insbesondere dann **mutwillig**, wenn von zwei gleichwertigen prozessualen Wegen der kostspieligere beschritten wird oder wenn die Hinzuziehung eines Rechtsanwalts rechtsmissbräuchlich erfolgt und deshalb das Interesse der Dienststelle an der Begrenzung ihrer Kostentragungspflicht missachtet wird.[176]

Allgemein darf die Dienststelle unter Hinweis auf mangelnde Haushaltsmittel die Übernahme von Kosten **nicht verweigern**, wenn es sich um **notwendige Kosten** handelt, die durch die Erfüllung der gesetzlichen Aufgaben des Personalrats entstehen.[177]

Aus Abs. 1 ergibt sich auch die Berechtigung des Personalrats, **Sachverständige** zur Erfüllung seiner Aufgaben hinzuzuziehen. Die Beauftragung eines Sachverständigen muss zur Durchführung der Aufgaben des Personalrats erforderlich sein, damit eine Verpflichtung der Dienststelle zur Kostentragung besteht. Dabei ist der Personalrat zunächst verpflichtet, alle dienststelleninternen Informationsquellen zu nutzen. Weiterhin bedarf es zur Beauftragung eines Sachverständigen eines Beschlusses, in dem Auftrag und Person des Sachverständigen konkret angegeben werden.

Die Kosten der **Schulung für Wahlvorstände** sind von der Dienststelle zu tragen. Das **Wahlverfahren** im Personalvertretungsrecht ist grundsätzlich kompliziert, so dass nicht nur solche Mitglieder einen Schulungsanspruch haben, die erstmalig in einem Wahlvorstand tätig sind, sondern auch die, die bereits einmal in einem Wahlvorstand tätig waren. Hierfür spricht der Umstand, dass die Wahlen »nur« alle vier Jahre stattfinden und eine Auffrischung der Kenntnisse gerade im Hinblick auf die Formenstrenge des Wahlverfahrens grundsätzlich notwendig ist.

Aus Anlass einer **Personalratsschulung** entstehen in der Regel Kos-

---

175 BAG 29. 7. 2009 – 7 ABR 95/07 – AP Nr. 93 zu § 40 BetrVG 1972; Lorenzen u. a., BPersVG, § 24 Rn. 24 d; Altvater-Lemcke, BPersVG, § 24 Rn. 16.
176 BVerwG 11. 10. 2010 – 6 P 16.09 –, PersR 2011, 33–38.
177 Daniels, PersVG Berlin, § 40 Rn. 2.

§ 42

ten in Form von Teilnehmergebühren, Reisekosten, Kosten für Unterkunft und Verpflegung sowie allgemeine Schulungskosten. Die Reisekosten sind speziell in **Abs. 3** geregelt.

9 Formelle Voraussetzung für die Kostenerstattung ist, dass der Personalrat einen entsprechenden **Entsendungsbeschluss** gemäß § 40 Abs. 2 Satz 3 und § 42 Abs. 1 gefasst hat (siehe auch die Kommentierungen dort). Weiterhin ist für den Fall einer außerhäusigen Schulung die Dienstreise gemäß Abs. 3 Satz 2 anzuzeigen. Die Schulung muss für die Personalratsarbeit, d. h. für die Wahrnehmung der gesetzlichen Aufgaben der Personalvertretung, erforderlich sein.[178] Weitere formelle Voraussetzung sind nach der Rechtsprechung des HessVGH die **Geeignetheit der Schulung** und **deren Kostengünstigkeit**.

10 Streitig ist, ob ein Personalrat einer **gewerkschaftlichen Schulung** stets den Vorrang gegenüber einer behördeninternen Schulung einräumen kann, da ein Interessengegensatz zwischen Dienststelle und Personalrat besteht. Das BVerwG hat hierzu ausgeführt, dass dieser These »in dieser Allgemeinheit keinesfalls gefolgt werden« könne.[179] Die pauschale Annahme, die von einer Dienststelle angebotene Schulung vermittle stets die Ansicht der Dienststellenleitung, treffe so grundsätzlich nicht zu. Etwas anderes könne jedoch gelten, wenn in Fragen der Beteiligungsrechte des Personalrats ein Referent einer übergeordneten Dienststelle zum Thema referieren würde und er zugleich Richtlinien für die nachgeordnete Dienststelle erlassen hätte. Anderes gelte hingegen bei weisungsfreien Dozenten aus wissenschaftlichen Einrichtungen, bei denen keine einseitige Wissensvermittlung zu vermuten sei.[180] Grundsätzlich kann ein Gremium eine Schulungsveranstaltung auswählen, wenn es diese für qualitativ besser erachtet. Im eingeschränkten Maße muss der Personalrat vergleichbare Schulungsinhalte anderer Veranstalter heranziehen. Allein wegen der niedrigeren Kosten braucht er sich jedoch nicht auf eine von dem Dienststellenleiter vorgeschlagene Bildungseinrichtung verweisen zu lassen. Denn der Personalrat ist nicht gehalten, die kostengünstigste Variante zu wählen. Verursacht die vom Personalrat favorisierte Schulungsveranstaltung erheblich höhere Kosten, bedarf es dazu einer plausiblen Begründung. Sind die Schulungs- und Übernachtungskosten fast 50% höher als das vergleichbare Angebot und kann der Personalrat lediglich darauf verweisen, er habe bei dem Referenten erfolgreich Seminare besucht, stellt dies keine plausible Begründung dar.[181]

11 Neben den Kosten kommt es jedoch auch maßgeblich auf die **Vergleichbarkeit** der gewerkschaftlichen und der behördeninternen

---

178 HessVGH 2. 12. 2004, ZfPR 2005, 70.
179 BVerwG 16. 6. 2011 – 6 PB 5.11 –, PersR 2011, 477.
180 BVerwG 16. 6. 2011, a. a. O.
181 OVG Nds. 21. 12. 2010 – 18 LP 6/09; BAG 19. 3. 2008 – 7 ABR 2/07 –, AP Nr. 95 zu § 40 BetrVG 1972.

Schulung an. Der Umstand, dass die Dauer der behördeninternen Schulung einen Tag kürzer ist als die des Vergleichsseminars, führt jedenfalls nicht ohne Weiteres zu einer minderen Qualität. Maßgeblich sind die Inhalte der Seminare. **Gewerkschaftliche Schulungen** haben den deutlichen **Qualitätsvorteil**, dass die Teilnehmer vieles auch über Gruppenarbeiten erlernen und typische Verhandlungen zwischen dem Personalrat und der Dienststellenleitung nachspielen. Ein weiterer qualitativer Unterschied besteht darin, dass aus Anlass von gewerkschaftlichen Schulungen Personalräte aus unterschiedlichen Dienststellen zusammenkommen und hier einen **Erfahrungsaustausch** führen können, was wiederum bei den behördeninternen Schulungen nicht der Fall ist. Letztendlich ergänzen sich die **gewerkschaftlichen** und die **behördeninternen** Schulungen. Denn es gibt auch einen Bedarf, behördenspezifische Fallgestaltungen aus Anlass einer Seminarveranstaltung zu erörtern, was ansonsten aus Anlass allgemeiner Schulungsmaßnahmen grundsätzlich nicht möglich ist und dort eher störend wirkt. Insoweit sind auch behördeninterne Schulungen für die Personalratsarbeit dienlich. Diese müssen nicht von der Dienststelle selbst durchgeführt werden. Eine **sog. Inhouse-Veranstaltung** kann auch von einem externen Referenten, etwa einem Rechtsanwalt, geleitet werden.

Handelt es sich um eine Personalratsschulung, sollten Beschäftigte der Dienststellenleitung und Personalabteilung hieran nicht teilnehmen. Dies versteht sich von selbst. Schulungen der Personalräte dienen gerade auch der Erörterung von tatsächlichen oder rechtlichen Problemen mit der Leitung der betreffenden Dienststelle. In diesem Zusammenhang haben behördeninterne Schulungen den Nachteil, dass die Behörde den Referenten beauftragt.

Gewerkschaftliche Schulungen sollten daher für die Personalvertretungen auch zukünftig die **erste Wahl** sein.[182] Der Teilnahme an gewerkschaftlichen Seminaren steht auch nicht der Grundsatz der vertrauensvollen Zusammenarbeit mit der Dienststelle entgegen. Die Gewerkschaften und ihre Weiterbildungseinrichtungen können ihre personalvertretungsrechtliche Unterstützungsfunktion nur dann sinnvoll ausüben, wenn die Teilnahme an gewerkschaftlichen Seminaren nicht durch eine überzogene Rechtsprechung[183] torpediert wird. Denn auch das BVerwG verlangt nicht, dass stets die kostengünstigste Schulung ausgewählt wird, da der Personalrat auch nach qualitativen Kriterien seine Entscheidung zur Schulungsteilnahme treffen kann. Die Gleichwertigkeit verschiedener Seminare muss der Personalrat jedoch nur dann prüfen, wenn die Dienststelle überhaupt ein vergleichbares behördeninternes Schulungsseminar anbietet. Um den gesteigerten Begründungsanforderungen der Verwaltungsgerichte nach-

---

182 Noll, PersR 2011, 469–471.
183 VG Stade 4.4.2011 – 7 B 384/11.

§ 42

zukommen, empfiehlt es sich, dass die Personalräte bei einer (erheblichen) Preisdifferenz eine nachvollziehbare Begründung im Protokoll aufführen.

14 Nach **Abs.** 2 hat die Dienststelle für die Sitzungen, die Sprechstunden und die laufende Geschäftsführung die erforderlichen Räume und den Geschäftsbedarf zur Verfügung zu stellen. Die **Räume**, die die Dienstselle dem Personalrat zur Ausübung seiner Tätigkeiten zur Verfügung stellt, müssen funktionsgerecht sein und sich in dem Dienstgebäude befinden, in dem der Dienststellenleiter seinen Sitz hat. Sie müssen abschließbar und von außen nicht einsehbar sein. Dies gilt auch für den Raum, der dem Personalrat für das Abhalten der Sprechstunden zur Verfügung gestellt wird. Es ist den Beschäftigten, die die Sprechstunde aufsuchen, nicht zuzumuten, in einem Glaskasten zu sitzen, zumal der Gang zur Personalvertretung vielen Beschäftigten aufgrund der ausgeprägten Beobachtungsgabe einzelner Beschäftigter schwer fällt. Außerdem muss der Raum über einen ausreichenden **Schallschutz** verfügen.

15 Zum **Geschäftsbedarf** des Personalrats gehören **Gesetzestexte** der für seine Arbeit bedeutsamen Rechtsvorschriften sowie Kommentare und Fachzeitschriften. Ob er ein alleiniges Verfügungsrecht beanspruchen kann oder die in der Dienststelle vorhandenen Fachzeitschriften mitbenutzen muss, ist von Fall zu Fall zu entscheiden. In jedem Fall muss gesichert sein, dass die Personalratsarbeit durch die Mitbenutzung nicht (zeitlich) eingeengt wird. Die Dienststelle muss bei der Mitbenutzung gewährleisten, dass der Personalvertretung in angemessener Zeit Einblick in die aktuellen Neuerscheinungen der von der Dienststelle bezogenen **Fachzeitschriften** ermöglicht wird.[184] Die Personalräte haben Anspruch auf mindestens eine Fachzeitschrift zum Personalvertretungsrecht, zum Arbeits-Tarifrecht und zum Beamtenrecht. Jedes Mitglied der Personalvertretung hat darüber hinaus Anspruch auf einen aktuellen **Basiskommentar** zum HPVG. Dies ist das Grundwerk aller Personalvertretungen, so dass der Personalrat diesbezüglich nicht auf die Mitbenutzung eines Werks verwiesen werden kann. Zum Geschäftsbedarf gehören neben dem Telefon, dem Telefax, dem Papier und dem Porto auch ein Anrufbeantworter, ein Internetanschluss mit E-Mail und auch ein PC mit Drucker. Anspruch auf ein Notebook hat die Personalvertretung insbesondere dann, wenn die Behörde landesweit »aufgestellt ist«, so dass die/der Vorsitzende oder ein anderes beauftragtes Personalratsmitglied viele zeitintensive Dienstreisen erledigen muss. Auch einem Personalrat müssen die technischen Möglichkeiten zur Verfügung gestellt werden, eine **Homepage** einzurichten. Erforderlich ist eine eigene Homepage des Personalrats immer dann, wenn die Dienststelle selbst eine Homepage

---

184 VGH Baden-Württemberg 18.9.1990 – 15 S 831/89.

besitzt. Im Übrigen bedarf eine Homepage im Intranet nicht der Zustimmung des Dienststellenleiters.[185]

Büropersonal ist dem Personalrat von der Dienststelle zur Verfügung zu stellen, soweit die Größe des Personalrats oder der Umfang seiner Aufgaben dies rechtfertigt. Bei der Auswahl der Schreibkraft stehen dem Personalrat ein Mitsprache-[186] und ein Vetorecht zu. Stammt die Schreibkraft aus der Dienststelle, behält sie auch während der Zeit, in der sie für den Personalrat tätig ist, ihren bisherigen Arbeitsplatz bzw. Dienstposten.[187] Die Schreibkraft unterliegt während ihrer Tätigkeit für den Personalrat der Schweigepflicht und dem Verbot der Behinderung, Benachteiligung und Begünstigung. Es existiert daher kein konkreter Richtwert. **16**

Auch **Reisekosten** muss die Dienststelle gemäß **Abs. 3** tragen, wenn die Reise zur Erfüllung der Aufgaben des Personalrats notwendig ist. Die Reise ist nach Abs. 3 Satz 2 vorher anzuzeigen. Dies ist eine formelle Voraussetzung dafür, dass ein Erstattungsanspruch tatsächlich besteht. Die Höhe der Reisekostenvergütung richtet sich nach den Vorschriften über die Reisekostenvergütung der Beamten. **17**

§ 43
Der Personalrat darf für seine Zwecke von den Beschäftigten keine Beiträge erheben oder annehmen.

Die Vorschrift verbietet es dem Personalrat, Beiträge für seine Zwecke von den Beschäftigten zu erheben oder anzunehmen. Dies gilt auch für die Anschaffung von Büromaterial oder Möbeln für das Personalratsbüro. Es darf auch nicht verdeckt geschehen, etwa durch den Vertrieb von Sammelkarten etc. **1**

Werden trotz dieses ausdrücklichen Verbots Leistungen bzw. Zuwendungen vom Personalrat angenommen, besteht nach § 817 Satz 1 BGB eine **Rückgabepflicht**. **2**

Eine Personalvertretung darf eine von ihr herausgegebene Informationsschrift weder durch eine Umlage bei ihren Mitgliedern oder den Beschäftigten der Dienststelle noch durch Zuwendungen Dritter, wozu auch der kostenlose Druck gehört, finanzieren. Eine Zuwiderhandlung ist ein Verstoß gegen das **Gebot der Objektivität und Neutralität** der Amtsführung und gegen das Verbot, Beiträge von Beschäftigten zu erheben. Will die Personalvertretung Zuwendungen Dritter annehmen, könnten bei den Beschäftigten Zweifel an der objektiven und neutralen Amtsführung geweckt werden. Insbesondere **3**

---

185 BAG 3.9.2003 – DB 2004, 491; v. Roetteken/Rothländer, HPVG, § 42 Rn. 203.
186 HessVGH 20.2.1980, PersV 1982, 161.
187 VG Potsdam 18.7.2007, ZfPR-Online 2008, 12.

§ 44

Zuwendungen – gleich ob in Form von Geld-, Sach- oder Dienstleistungen – von Gewerkschaften, Berufsorganisationen, politischen Parteien, von dort organisierten Personen oder von anderen Dritten könnten bei den Beschäftigten Anlass zu der Befürchtung geben, dass die Personalvertretung bei der Ausübung ihrer wichtigen Mitbestimmungs- und Mitwirkungsbefugnisse auch Interessen außerhalb der Dienststelle stehender Dritter berücksichtigt.[188]

Dritter Abschnitt
Die Personalversammlung

§ 44

(1) Die Personalversammlung besteht aus den Beschäftigten der Dienststelle. Sie wird vom Vorsitzenden des Personalrats geleitet. Sie ist nicht öffentlich.

(2) Kann nach den dienstlichen Verhältnissen eine gemeinsame Versammlung aller Beschäftigten der Dienststelle nicht stattfinden, so sind Teilversammlungen abzuhalten.

1 Die Personalversammlung erfasst die Dienstgemeinschaft der einzelnen Dienststelle in ihrer Gesamtheit. Gruppenversammlungen sind nicht vorgesehen. Die Personalversammlung ist lediglich ein Organ der Personalvertretung. Sie kann keinerlei Beteiligungsrechte nach dem HPVG ausüben. Sie ist innerhalb der Organe des Personalvertretungsrechts »das schwächste Glied«. »Direkte Einwirkungsmöglichkeiten« wie **Kontroll- und Weisungsrechte** gegenüber dem Personalrat sind ihr versagt.[189] Ihr steht maßgebend das Recht zu, den Tätigkeitsbericht des Personalrats entgegenzunehmen, Angelegenheiten, die zur Zuständigkeit des Personalrats gehören und auf die Tagesordnung gesetzt sind, zu beraten, insbesondere zu den Beschlüssen des Personalrats Stellung zu nehmen und ihm – soweit seine Zuständigkeit gegeben ist – Anträge zu unterbreiten.

2 Es wird differenziert zwischen Personalversammlungen, die im Kalenderjahr mindestens einmal erfolgen (**Abs. 1**), zusätzlichen Personalversammlungen, die entweder der Personalrat für erforderlich hält oder die vom Dienststellenleiter bzw. der wahlberechtigten Beschäftigten verlangt wird (**Abs. 2**), und einer hiermit nicht gleichzusetzenden Personalversammlung zur Wahl des Wahlvorstands (§ 17 Abs. 2).

3 Alle Beschäftigten der Dienststelle und der Dienststellenleiter sind

---

188 BVerwG 10.10.1990, PersV 1991, 727.
189 Leuze, DÖD 1992, 73.

berechtigt, an der Personalversammlung teilzunehmen. Maßgebend ist der **Beschäftigtenbegriff** nach § 3 (siehe die Kommentierung dort). Da das Wahlrecht und die Beschäftigteneigenschaft nicht identisch sein müssen, sind auch Beschäftigte teilnahmeberechtigt, die das Wahlrecht zum Personalrat nicht besitzen. Denn auf einer Personalversammlung können auch Anlässe erörtert werden, die Auswirkungen auf die nicht **wahlberechtigten Beschäftigten** haben, diese also unmittelbar berühren. Daher gehören auch die jugendlichen Beschäftigten unter 18 Jahren zu den teilnahmeberechtigten Beschäftigten. Erholungsurlaub, Urlaub ohne Bezüge oder Sonderurlaub sowie Elternzeit hindern nicht an der Teilnahme. Eine gleichwohl vorgenommene Weigerung zur Teilnahme durch den Leiter der Personalversammlung stellt eine Verletzung seiner Amtspflicht dar.

Auch die in der Dienststelle vertretenen **Gewerkschaften** haben ein Teilnahmerecht, das weder vom Personalrat noch von der Personalversammlung eingeschränkt werden darf. Die Entscheidung, ob der Personalrat aus Anlass einer Personalversammlung einen Gewerkschaftsbeauftragten als Auskunftsperson einlädt, liegt allein in seinem pflichtgemäßen Ermessen. **4**

Mitglieder von **Stufenvertretungen** oder des **Gesamtpersonalrats** haben nur dann ein Teilnahmerecht, wenn sie der Dienststelle angehören. Dem HPVG fehlt eine vergleichbare Regelung wie in § 52 Abs. 1 Satz 3 BPersVG, wonach ein beauftragtes Mitglied einer Stufenvertretung oder des GPR an der Personalversammlung teilnehmen kann. **5**

Die Personalversammlung ist **nicht öffentlich**. Das heißt: Beliebige Personen können nicht teilnehmen. Eine Teilnahme externer Personen, wie Sachverständige oder Auskunftspersonen, kann nur auf Einladung nach vorheriger gemeinsamer Beschlussfassung des Personalrats erfolgen. **6**

Das Gesetz geht von der gemeinsamen Versammlung aller Beschäftigten, der sog. **Vollversammlung** als Regelfall aus. Sie ist nach Möglichkeit anzustreben. Lassen jedoch die dienstlichen Verhältnisse eine solche Vollversammlung nicht zu, sind **Teilversammlungen** abzuhalten. Sie sind z. B. zulässig, wenn in Schichtarbeit Dienst geleistet wird, wenn aus anderen Gründen ein nicht unbedeutender Teil von Beschäftigten dienstlich unabkömmlich ist oder bei räumlich zu großer Entfernung von Dienststellenteilen. **7**

Personalversammlungen sind grundsätzlich in den **Räumen der Dienststelle** durchzuführen. Ist das Platzangebot hierfür nicht ausreichend, kann auf externe Räume unter Beachtung des Grundsatzes der Sparsamkeit zurückgegriffen werden. **8**

Die **Einberufung** der Personalversammlung erfolgt durch den Personalrat, nicht durch den Dienststellenleiter. Der Personalrat hat durch einen entsprechenden förmlichen Beschluss die Einberufung der or- **9** dentlichen Personalversammlung vorzunehmen. Unterlässt er dies, liegt ein Pflichtverstoß vor.

10 Die **Leitung** der Personalversammlung obliegt dem Vorsitzenden des Personalrats bzw. – bei dessen Verhinderung – seinem Stellvertreter. Auch die Ausübung des Hausrechts obliegt ihm und nicht dem Dienststellenleiter. Er trägt die Verantwortung für die gesetzeskonforme Durchführung der Versammlung, eröffnet diese und schließt sie, er erteilt das Wort und kann es gegebenenfalls auch entziehen. Es besteht nach dem HPVG kein Zwang zur Anfertigung einer **Niederschrift**. Es solche ist jedoch ausdrücklich zu empfehlen.

11 Der **Leiter der Dienststelle** kann an der Personalversammlung ebenfalls teilnehmen. Es empfiehlt sich, ihn hierzu rechtzeitig einzuladen.

12 Eine Personalversammlung sollte so rechtzeitig wie möglich, d. h. mindestens sechs Monate vor ihrem Stattfinden konkret geplant werden. Die Beschäftigten sind bereits zu diesem Zeitpunkt auf den Termin hinzuweisen, der wiederum zuvor mit der Dienststellenleitung abzusprechen ist. Mit der Organisation einer Personalversammlung sind vielfältige Aufgaben verbunden, die einer Verteilung bedürfen. Die gesamte Koordination muss **rechtzeitig eingeleitet** werden, damit am Tag der Personalversammlung keine bösen Überraschungen eintreten, wie eine unzureichend vorbereitete Elektronik oder fehlende Getränke etc. Maßgebend ist zunächst, dass ein Termin gefunden wird und ein entsprechender Raum zur Verfügung steht. Der Raum muss ausreichend Platz bieten und für die Beschäftigten gut erreichbar sein. Auf die Akustik im Raum ist ein besonderes Augenmerk zu legen. Die Sitze sind so anzuordnen, dass alle Beschäftigten eine Einsichtsmöglichkeit auf die Bühne haben. **Organisatorische Vorbereitungen und Vorkehrungen** sind zu treffen, wenn behinderte Menschen an der Sitzung teilnehmen, z. B. blinde oder taube Menschen.

13 **Arbeitsgruppen**, die sich mit den einzelnen Themen aus Anlass der bevorstehenden Personalversammlung näher befassen, sollten rechtzeitig gebildet werden. Es ist wichtig, dass auf einer Personalversammlung nicht nur Sachthemen behandelt werden. Die Aufmerksamkeit der Beschäftigten kann durch kurze Bühnenstücke oder Filme aufrechterhalten werden.

14 Die Dienststelle hat die **Kosten** der Personalversammlung zu übernehmen, da die durchführende Personalversammlung eine »Tätigkeit des Personalrats« im Sinne des § 42 Abs. 1 ist. Dazu zählen z. B. die Kosten für die Anmietung eines Raums, die Beleuchtung, die Heizung, die Reinigung und die Verpflegung der Teilnehmenden.

15 Die Abhaltung aller Personalversammlungen erfolgt in der Regel während der Dienststunden. Die Teilnahme an der **während der Arbeitszeit** stattfindenden Personalversammlung hat keine Minderung der Bezüge oder des Arbeitsentgelts zur Folge. Auch alle sonst fälligen Zahlungen einschließlich etwaiger Zulagen usw., die während der Zeit der Personalversammlung anfallen, sind zu leisten. Die Beschäftigten sind so zu behandeln, als hätten sie in dieser Zeit gearbeitet.

§ 45

(1) Der Personalrat hat mindestens einmal im Kalenderjahr in einer Personalversammlung einen Tätigkeitsbericht zu erstatten.

(2) Der Personalrat ist berechtigt und auf Wunsch des Leiters der Dienststelle oder eines Viertels der wahlberechtigten Beschäftigten verpflichtet, eine Personalversammlung einzuberufen und den Gegenstand, dessen Beratung beantragt ist, auf die Tagesordnung zu setzen.

(3) Auf Antrag einer in der Dienststelle vertretenen Gewerkschaft muss der Personalrat vor Ablauf von zwanzig Arbeitstagen nach Eingang des Antrages eine Personalversammlung nach Abs. 1 einberufen, wenn im vorhergegangenen Kalenderjahr keine Personalversammlung durchgeführt worden ist.

Nach **Abs. 1** ist der Personalrat verpflichtet, mindestens einmal im Kalenderjahr eine Personalversammlung durchzuführen und dort einen Tätigkeitsbericht zu erstatten. Bei der terminlichen Festlegung ist er – jedenfalls innerhalb des Kalenderjahres – überwiegend frei. Zur Festlegung von Tag und Stunde einer Personalversammlung bedarf die Personalvertretung nicht der Zustimmung des Dienststellenleiters. Kommt eine Einigung im Rahmen der vertrauensvollen **Zusammenarbeit** zwischen Personalvertretung und Dienststellenleiter nicht zustande, dann steht der Personalvertretung das Recht zu, den Zeitpunkt zu bestimmen. Bei der Beantwortung der Frage, ob die Durchführung einer Personalversammlung den Dienstbetrieb behindern kann, ist zu berücksichtigen, dass eine Personalversammlung ein gesetzlich vorgesehener Bestandteil des Arbeitslebens ist, und dass durch sie verursachte Beeinträchtigungen des Dienstbetriebs grundsätzlich hinzunehmen sind.[190] 1

Soweit ein Dienststellenleiter die Durchführung einer Personalversammlung untersagt, steht der Personalvertretung für diesen Fall auch das Recht zu, im Wege einer **einstweiligen Verfügung** beim Verwaltungsgericht zu beantragen, die Personalversammlung – wie vorgesehen – durchzuführen. Voraussetzung für diesen Antrag ist, dass die Personalversammlung unmittelbar bevorsteht, so dass ein Hauptsacheverfahren zu spät käme. 2

Der Personalrat als Organ hat in der alljährlichen ordentlichen Personalversammlung über seine Tätigkeit zu berichten. Dabei steht es ihm frei, durch einen gemeinsamen Beschluss eines seiner Mitglieder – 3

---
190 OVG NRW 4.9.1989, ZBR 1990, 30.

§ 45

nicht notwendig den Personalratsvorsitzenden – zum Leiter der Personalversammlung zu bestimmen. Zulässig ist auch, hiermit mehrere Personalratsmitglieder zu beauftragen, z. B. die Sprecher der einzelnen Gruppen. Als Leiter der Personalversammlung kommt jedoch vorrangig die/der Vorsitzende des Personalrats in Betracht. Nicht betraut werden können Personen, die keine Personalratsmitglieder sind.

4 Inhaltlich muss der Tätigkeitsbericht alle anfallenden wesentlichen Tätigkeiten der Personalvertretung seit der letzten Personalversammlung erfassen. Der Bericht muss eine ausreichende Unterrichtung und Beratung der Beschäftigten darstellen. Er muss einen **vollständigen Überblick** geben. Dies betrifft etwa die Beteiligungsangelegenheiten, mit denen der Personalrat während des Berichtzeitraums befasst war. Auch Stand und Inhalt von Verhandlungen mit der Dienststellenleitung sind aufzuführen. Dies gilt nicht nur für Verhandlungen im Zuge einer Dienstvereinbarung. Die Personalversammlung hat auch ein Recht zu erfahren, welche Themen bei den Monatsgesprächen im Berichtszeitraum besprochen wurden. Auch Meinungsverschiedenheiten und Konflikte mit der Dienststellenleitung dürfen im Tätigkeitsbericht dar- bzw. offengelegt werden. Der Grundsatz der vertrauensvollen Zusammenarbeit lässt sachliche Kritik an den Maßnahmen der Dienststelle und auch eine gewisse Schärfe bei den Reden zu. Unzulässig sind indes **beleidigende Äußerungen**.[191] Der Tätigkeitsbericht wird üblicherweise durch ein Mitglied oder eine Arbeitsgruppe des Personalrats entworfen und dem Plenum zur Beschlussfassung vorgelegt. In ihm darf nicht durch einseitiges Hervorheben einer oder mehrerer in der Dienststelle vertretenen Gewerkschaften oder Verbände das Neutralitätsgebot verletzt werden.[192] Personelle Angelegenheiten einzelner Beschäftigter und anderer geheimhaltungsbedürftiger Sachverhalte gehören nicht in den Bericht. Auch gegenüber Nachfragen aus der Mitte der Versammlungsteilnehmer sind die Mitglieder des Personalrats zum Schweigen verpflichtet.

5 Die ordentliche Personalversammlung erschöpft sich jedoch nicht in der Erstattung des Tätigkeitsberichts. Selbstverständlich muss den Beschäftigten ausreichend Gelegenheit gegeben werden, zu den im Rechenschaftsbericht behandelten Gegenständen (aber auch darüber hinaus) Stellung zu nehmen, diese also zu erörtern. Das Wort zur **Stellungnahme** erteilt jeweils der Versammlungsleiter. Auch der Dienststellenleiter kann das Wort ergreifen.

6 Neben den ordentlichen Personalversammlungen nach Abs. 1 können auch sog. »**außerordentliche** Personalversammlungen« stattfinden. Der Antrag auf Einberufung einer außerordentlichen Personalversammlung muss den Beratungsgegenstand, der behandelt werden soll, bezeichnen, da ansonsten eine Verpflichtung des Personalrats zur Ein-

---

191 VG Berlin 8. 1. 2008 – 80 Dn 36.07 –, zitiert nach juris.
192 BVerfG 26. 5. 1970, PersV 1970, 227.

berufung nicht besteht.[193] Andere als die in Abs. 2 Aufgeführten, nämlich der Leiter der Dienststelle oder ein Viertel der wahlberechtigten Beschäftigten, sind nicht berechtigt, die Einberufung einer Personalversammlung zu beantragen.

Nach **Abs. 3** kann die in einer Dienststelle vertretene Gewerkschaft die Einberufung der gesetzlich vorgesehenen ordentlichen Personalversammlung beantragen, wenn der Personalrat im vorhergegangenen Kalenderjahr **keine Personalversammlung** durchgeführt hat. Geht ein solcher Antrag bei dem Personalrat ein, ist er verpflichtet, vor Ablauf von 20 Arbeitstagen nach Eingang des Antrags eine Personalversammlung nach Abs. 1 einberufen. 7

§ 46

(1) Die in § 45 bezeichneten Personalversammlungen finden während der Arbeitszeit statt, soweit nicht die dienstlichen Verhältnisse eine andere Regelung erfordern. Die Teilnahme an der Personalversammlung hat keine Minderung der Dienstbezüge oder des Arbeitsentgelts zur Folge. Soweit in den Fällen des Satz 1 Personalversammlungen aus dienstlichen Gründen außerhalb der Arbeitszeit stattfinden müssen, ist den Teilnehmern Dienstbefreiung in entsprechendem Umfang zu gewähren.

(2) Den Beschäftigten werden die notwendigen Fahrkosten für die Reise von der Beschäftigungsstelle zum Versammlungsort und zurück nach den Vorschriften über die Reisekostenvergütung der Beamten erstattet. Dies gilt nicht für Beamte im Vorbereitungsdienst, die an zentralen Ausbildungslehrgängen teilnehmen.

(3) Andere Personalversammlungen finden außerhalb der Arbeitszeit statt. Hiervon kann im Einvernehmen mit dem Leiter der Dienststelle abgewichen werden.

Die Personalversammlungen finden regelmäßig **während der Arbeitszeit** statt. Das Gesetz unterscheidet nicht zwischen den ordentlichen und den außerordentlichen Personalversammlungen sowie die Teilversammlungen. Unter »Arbeitszeit« ist die regelmäßige dienstplanmäßige Arbeitszeit zu verstehen, während der jedenfalls ein erheblicher Teil der Beschäftigten arbeitet.[194] In den Dienststellen, in denen Gleitzeit eingeführt ist, gilt nicht nur die **Kernarbeitszeit** als Arbeitszeit im Sinne des Abs. 1, sondern auch der **Gleitzeitrahmen**.[195] Die Personalversammlungen sind immer dann durchzuführen, wenn die größte Anzahl der Beschäftigten im Dienst ist. Dies ist während der 1

---

193 Lorenzen u. a., BPersVG, § 49 Rn. 20.
194 Fricke u. a., NPersVG, § 44 Rn. 1.
195 V. Roetteken/Rothländer, HPVG, § 46 Rn. 6.

§ 46

Kernarbeitszeit der Fall. Wird in Teilen einer Dienststelle im **Schichtbetrieb** gearbeitet, kann die Personalversammlung nur während der Arbeitszeit einer Schicht erfolgen.

2 Personalversammlungen **außerhalb der Arbeitszeit** kommen nur ausnahmsweise in Betracht, wenn dienstliche Verhältnisse dies erfordern. Abs. 1 Halbs. 2 ist jedoch eng auszulegen. Denn außerhalb der Arbeitszeit finden weitaus weniger Beschäftigte die Motivation, an einer Personalversammlung teilzunehmen. Es besteht aber das **Recht aller Beschäftigten**, an einer Personalversammlung teilzunehmen. Für restriktive Handlungen des Dienststellenleiters ist daher grundsätzlich kein Raum. Der Personalrat hat seiner Verpflichtung aus dem Gesetz nachzukommen und eine Personalversammlung auch zeitlich so zu organisieren, dass alle Beschäftigten in zumutbarer Weise die Gelegenheit zur Teilnahme an der Versammlung haben.

3 Eine **Rechtspflicht** zur Teilnahme der einzelnen Beschäftigten an einer Personalversammlung besteht nicht. Nimmt ein Beschäftigter an der Personalversammlung, die während der Arbeitszeit stattfindet, nicht teil, ist er verpflichtet, Dienst zu verrichten.

4 Die Teilnahme an Personalversammlungen gilt als Dienst und wird somit als Arbeitszeit vergütet. Eine Minderung der **Bezüge oder des Arbeitsentgelts** ist unzulässig. Die an der Personalversammlung teilnehmenden Beschäftigten sind besoldungs- und vergütungsrechtlich so zu behandeln, als hätten sie in dieser Zeit gearbeitet. Insoweit stehen ihnen auch alle Zulagen zu, die ansonsten auch gezahlt worden wären. Der Besoldungs- und Vergütungsanspruch besteht auch für die **Wegezeit**. Damit soll insgesamt verhindert werden, dass die Beschäftigten wegen ihrer Teilnahme finanzielle Einbußen erleiden.

5 Wie § 50 Abs. 1 Satz 3 BPersVG regelt auch § 46 Abs. 1 Satz 3 die **Dienstbefreiung** für den Fall, dass Personalversammlungen aus dienstlichen Gründen außerhalb der Arbeitszeit stattfinden müssen. Hierbei zählen allerdings Wegezeiten von und zu einer außerhalb der Arbeitszeit stattfindenden Personalversammlung nicht zur anrechnungsfähigen Dienstzeit. Für die Reisezeiten gibt es auch keinen Anspruch auf Fortzahlung der Dienstbezüge bzw. des Arbeitsentgelts.[196] Das **Lohnausfallprinzip** gilt nur für die Teilnahme an der Personalversammlung während der Arbeitszeit; bei Abhaltung der Versammlung außerhalb der Arbeitszeit wird die zusätzliche Belastung der Teilnahme durch eine Dienstbefreiung in entsprechendem Umfang ausgeglichen.

6 Einen **Unfallschutz** muss die Dienststelle jedoch sowohl für die während als auch die außerhalb der Arbeitszeit stattfindenden Personalversammlungen sicherstellen.

7 Den Beschäftigten werden nach **Abs. 2** die notwendigen **Fahrtkosten**

---

196 OVG Nds. 25.10.2000 – 4 Sa 2299/00 –, PersV 367 f.

für die Reise von der Beschäftigungsstelle zum Versammlungsort und zurück nach den Vorschriften über die Reisekostenvergütung der Beamten erstattet.

§ 47

Die Personalversammlung kann dem Personalrat Anträge unterbreiten und zu seinen Beschlüssen Stellung nehmen. Sie darf alle Angelegenheiten behandeln, die die Dienststelle oder ihre Beschäftigten betreffen, insbesondere die aktuelle Entwicklung von Tarif-, Besoldungs- und Sozialangelegenheiten sowie Fragen der Gleichstellung von Frau und Mann. § 60 Abs. 3 und § 61 Abs. 1 Satz 2 gelten für die Personalversammlung entsprechend.

Die Personalversammlung ist ein Organ der Gesamtheit der Beschäftigten. Sie ist dem Personalrat weder vorgesetzt noch kann sie neben oder anstelle des Personalrats handeln oder ihm Weisungen erteilen.[197] Die Personalversammlung ist ein **dienststelleninternes Forum** der Information und Aussprache, auf dem die Beschäftigten ihre Meinung äußern und durch Beschlüsse zum Ausdruck bringen können. Nach Satz 1 kann sie dem Personalrat jedoch Anträge unterbreiten und zu seinem Beschlüssen Stellung nehmen. Zu jedem Punkt der Tagesordnung kann aus der Mitte der Beschäftigten ein Antrag zur Erörterung und Abstimmung gestellt werden. Dies gilt sowohl anlässlich der regelmäßigen als auch der außerordentlichen Personalversammlung. Die Themen der Personalversammlung müssen – im Unterschied zu § 51 Satz 2 BPersVG – keinen unmittelbaren Bezug zu der Dienststelle oder den Beschäftigten haben. Anträge können sich auf alle Angelegenheiten beziehen, die zu den Aufgaben und Befugnissen des Personalrats oder auch einer anderen in der Dienststelle vertretenen Personalvertretung gehören.

Antragsberechtigt sind nur die Personen, aus denen die Personalversammlung besteht. Das sind die Beschäftigten der Dienststelle mit Ausnahme des Dienststellenleiters. Das Teilnahmerecht der Stufenvertretung in der Personalversammlung wird nicht dadurch ausgeschlossen, dass der Gesamtpersonalrat einen Vertreter entsendet. Die Teilnahmerechte der Stufenvertretung und des Gesamtpersonalrats sind in Beziehung zu setzen zu den Aufgaben der Personalversammlung. Die Personalversammlung kann dem Personalrat Anträge unterbreiten und zu seinen Beschlüssen Stellung nehmen. Sie darf alle Angelegenheiten behandeln, es sei denn, diese haben überhaupt keinen Bezug zur Dienststelle oder ihren Beschäftigten. In erster Linie werden Angelegenheiten behandelt, die die Dienststelle oder ihre Beschäftigten unmittelbar betreffen. Die Personalversammlung darf sich danach

---
197 BVerwG 25. 5. 1962, PersV 1962, 243.

mit allen Aufgaben befassen, die in den Zuständigkeitsbereich des Personalrats fallen, also vor allem auch mit Fragen im Zusammenhang mit dessen Beteiligungsrechten. Sie ist befugt, beteiligungspflichtige Angelegenheiten zu erörtern und zu entsprechenden Aktivitäten des Personalrats Stellung zu nehmen. Sie ist ein Organ der Personalvertretung mit dem Charakter eines dienststelleninternen Ausspracheforums.[198] Das **Teilnahmerecht der Stufenvertretung** in der Personalversammlung bezweckt somit, dass den Beschäftigten ein kompetenter Gesprächspartner für diejenigen Angelegenheiten zur Verfügung steht, in denen der Stufenvertretung spezielle Aufgaben und Befugnisse erwachsen. Dabei sind – entsprechend der Doppelfunktion der Stufenvertretung – deren Kompetenzen sowohl im Stufenverfahren als auch im Bereich ihrer originären Zuständigkeit in den Blick zu nehmen.[199] Das **Teilnahmerecht des Gesamtpersonalrats** in der Personalversammlung dient denselben Zwecken wie das der Stufenvertretung, allerdings mit der Einschränkung, dass der Gesamtpersonalrat keinerlei Kompetenzen im Stufenverfahren bei der übergeordneten Dienststelle hat. Aus diesen Überlegungen folgt, dass das Teilnahmerecht der Stufenvertretung in der Personalversammlung unabhängig davon besteht, ob der Gesamtpersonalrat einen Vertreter entsendet. Die originäre Zuständigkeit der Stufenvertretung und die Zuständigkeit des Gesamtpersonalrats in beteiligungspflichtigen Angelegenheiten weisen wegen der beschriebenen, voneinander verschiedenen Anknüpfungspunkte keinerlei Überschneidungen auf. Freilich kann sich, wenn es in einer mitbestimmungspflichtigen Angelegenheit zwischen dem Leiter der Dienststelle und dem zur Beteiligung berufenen Gesamtpersonalrat zu keiner Einigung kommt, ein Stufenverfahren bei der übergeordneten Dienststelle anschließen. Diese Fallgestaltung ist aber anders zu beurteilen als die gewöhnlichen Fälle, in denen die fehlende Einigung zwischen Dienststellenleiter und örtlichem Personalrat zum Stufenverfahren führt und für die das Teilnahmerecht der Stufenvertretung wegen des bereits erwähnten Gesichtspunkts der authentischen Erläuterung sachlich gerechtfertigt ist.[200]

3 Die Beschlüsse des Personalrats ergeben sich vornehmlich aus dem **Tätigkeitsbericht** und aus der vom Personalrat beschlossenen **Tagesordnung**. Die Berechtigung zur Stellungnahme umfasst die Befugnis, an den Maßnahmen des Personalrats bzw. dessen Beschlüssen Kritik zu üben und dazu eine Aussprache herbeizuführen, nicht aber das Recht, die Beschlüsse des Personalrats aufzuheben. Sie kann ihm auch nicht durch Billigung der im Tätigkeitsbericht erbrachten Arbeiten eine Entlastung erteilen.

---

198 BVerwG 30.7.2010 – 6 P 11/09 –, zitiert nach juris.
199 BVerwG 21.5.2007 – 6 P 5.06 – zu § 42 HPVG –, zitiert nach juris.
200 BVerwG 30.7.2010 – 6 P 11/09 –, zitiert nach juris.

Nach **Satz 3** gelten für die Personalversammlungen die Regelungen in § 60 Abs. 3 und § 61 Abs. 1 Satz 2 entsprechend. Das heißt: Auch während einer Personalversammlung haben Dienststelle und Personalrat alles zu unterlassen, was geeignet ist, die Arbeit und den Frieden in der Dienststelle zu gefährden. Dies schließt jedoch eine sachliche Kritik nicht aus, auch nicht, wenn sie in einem etwas schärferen Ton erfolgt. Ferner ist das in § 61 Abs. 1 Satz 3 geregelte Verbot parteipolitischer Betätigung zu beachten.   **4**

§ 48

An allen Personalversammlungen können Beauftragte der in der Dienststelle vertretenen Gewerkschaften teilnehmen.

Beauftragte der in der Dienststelle vertretenen **Gewerkschaften** können an allen ordentlichen und außerordentlichen Personalversammlungen sowie Teilversammlungen teilnehmen. Dazu bedarf es keines Beschlusses der Personalvertretung.   **1**

Die in der Dienststelle vertretenen Gewerkschaften sind – obgleich das HPVG hierfür keine Pflicht vorsieht – von der Personalversammlung, von Ort und Zeit sowie den Tagesordnungspunkten rechtzeitig zu informieren, so dass sie Gelegenheit haben, einen von ihnen selbst ausgewählten Beauftragten zur Personalversammlung zu entsenden. Die Information muss so rechtzeitig erfolgen, dass der Beauftragte genügend Zeit für eine Vorbereitung hat. Insoweit besteht gleichwohl eine Verpflichtung zur Information gegenüber dem Gewerkschaftsbeauftragten. Diese Verpflichtung besteht jedoch gegenüber allen in der Dienststelle vertretenen Gewerkschaften. Es muss allen Gewerkschaften und Verbänden, die in der Dienststelle vertreten sind, gleichzeitig und in gleicher Weise die Teilnahme an der Personalversammlung möglich gemacht werden. Dies gilt auch für Gewerkschaften, die nur jugendliche Beschäftigte zu ihren Mitgliedern zählen.[201]   **2**

§ 49

Der Leiter der Dienststelle ist berechtigt, an den Personalversammlungen teilzunehmen, in denen der Tätigkeitsbericht erstattet wird und die auf seinen Wunsch einberufen sind. Er ist von dem Zeitpunkt der Personalversammlung rechtzeitig zu verständigen. § 31 Abs. 4 Satz 3 gilt entsprechend.

Nach § 49 ist der Dienststellenleiter nur zur Teilnahme an Personalversammlungen berechtigt, in denen der Tätigkeitsbericht erstattet wird und die auf seinen Wunsch einberufen sind. Hier unterscheidet sich das HPVG grundlegend vom BPersVG. Nach § 52 Abs. 2   **1**

---

201 VG Ansbach 5.5.2011 – AN 8 PE 11.00950 –, zitiert nach juris; VGH Baden-Württemberg 21.3.1988, ZBR 1989, 153.

§ 50

BPersVG kann der Leiter der Dienststelle an allen Personalversammlungen teilnehmen; an Versammlungen, die auf seinen Wunsch einberufen sind oder zu denen er ausdrücklich eingeladen ist, hat er teilzunehmen. Der Dienststellenleiter kann jedoch in seiner Eigenschaft als Beschäftigter an allen Personalversammlungen auch im Geltungsbereich des HPVG teilnehmen. § 49 gewährt ihm ein besonderes Teilnahmerecht. Dieses beinhaltet zugleich ein Rederecht. Des Weiteren ist er befugt, Anträge zur Tagesordnung bzw. zur Geschäftsordnung usw. zu stellen. Das Teilnahmerecht nach § 49 verpflichtet den Leiter der Dienststelle nicht, auf alle Fragen der Personalversammlung einzugehen. Anders verhält es sich nach § 52 Abs. 2 Satz 2 BPersVG.

2 Der Dienststellenleiter ist von dem **Zeitpunkt** der Personalversammlung **rechtzeitig** zu **verständigen**. Dies dient auch dazu, dass er sich rechtzeitig auf eine Personalversammlung vorbereiten kann.

3 Der Leiter der Dienststelle ist berechtigt, zu seiner Beratung einen Vertreter des jeweiligen **Arbeitgeberverbandes** oder des jeweiligen **kommunalen Spitzenverbandes** hinzuzuziehen. Dies ergibt sich auch aus dem Verweis auf die entsprechende Anwendung des § 31 Abs. 4 Satz 3.

Vierter Abschnitt
Stufenvertretungen und Gesamtpersonalrat

§ 50

(1) Für den Geschäftsbereich mehrstufiger Verwaltungen und Gerichte werden bei den Behörden der Mittelstufe Bezirkspersonalräte, bei den obersten Dienstbehörden Hauptpersonalräte gebildet (Stufenvertretungen).

(2) Die Mitglieder des Bezirkspersonalrats werden von den zum Geschäftsbereich der Behörde der Mittelstufe, die Mitglieder des Hauptpersonalrats von den zum Geschäftsbereich der obersten Dienstbehörde gehörigen Beschäftigten gewählt. Soweit bei unteren Landesbehörden die Personalangelegenheiten der Beschäftigten zum Geschäftsbereich verschiedener Mittelbehörden gehören, sind diese Beschäftigten für den Bezirkspersonalrat bei der jeweils zuständigen Mittelbehörde wahlberechtigt. Soweit bei Behörden der Mittelstufe die Personalangelegenheiten der Beschäftigten zum Geschäftsbereich

verschiedener oberster Landesbehörden gehören, sind diese Beschäftigten für den Hauptpersonalrat bei der jeweils zuständigen obersten Landesbehörde wahlberechtigt.

(3) Die Stufenvertretungen bestehen bei in der Regel

bis zu 1000 Wahlberechtigten im Geschäftsbereich aus 7 Mitgliedern,

1001 bis 3000 Wahlberechtigten im Geschäftsbereich aus 9 Mitgliedern,

3001 bis 5000 Wahlberechtigten im Geschäftsbereich aus 11 Mitgliedern,

5001 bis 7000 Wahlberechtigten im Geschäftsbereich aus 13 Mitgliedern,

7001 bis 10 000 Wahlberechtigten im Geschäftsbereich aus 15 Mitgliedern,

10 001 und mehr Wahlberechtigten im Geschäftsbereich aus 17 Mitgliedern.

Für den Hauptpersonalrat beim Hessischen Minister für Wissenschaft und Kunst gilt § 12 Abs. 3 entsprechend.

(4) Die §§ 9 bis 11, § 13 Abs. 1 und 2, §§ 14 bis 18 und 20 bis 22 gelten entsprechend. Eine Personalversammlung zur Bestellung des Bezirks- oder Hauptwahlvorstandes findet nicht statt. An ihrer Stelle übt der Leiter der Dienststelle, bei der die Stufenvertretung zu errichten ist, im Benehmen mit den in der Dienststelle vertretenen Gewerkschaften die Befugnisse zur Bestellung des Wahlvorstandes nach § 17 Abs. 2, §§ 18 und 20 aus.

(5) Die Wahl der Stufenvertretungen soll möglichst gleichzeitig mit der der Personalräte erfolgen. In diesem Falle führen die bei den Dienststellen bestehenden Wahlvorstände die Wahl der Stufenvertretungen im Auftrag des Bezirks- oder Hauptwahlvorstandes durch. Andernfalls bestellen auf sein Ersuchen die Personalräte oder, wenn solche nicht bestehen, die Leiter der Dienststellen im Benehmen mit den in der Dienststelle vertretenen Gewerkschaften die örtlichen Wahlvorstände für die Wahl der Stufenvertretungen.

(6) In den Stufenvertretungen erhält jede Gruppe mindestens einen Vertreter. § 13 Abs. 4 gilt entsprechend.

Im Bereich **mehrstufiger Verwaltungen** ist die Bildung von Stufenvertretungen zwingend. Dagegen ist die Bildung eines Gesamtpersonalrats in dem Sinne fakultativ, als die Verselbständigung von Nebenstellen und Dienststellenteilen, die von der Hauptdienststelle weit entfernt sind, von der Willensbildung der betroffenen Beschäftigten abhängt (§ 7 Abs. 3). Dementsprechend nimmt sich der Landesgesetz-

§ 50

geber in Bezug auf Wahl, Amtszeit, Geschäftsführung, Rechtsstellung und Beteiligungsrechten primär der Stufenvertretungen an (§§ 50, 51), während er hinsichtlich der Gesamtpersonalräte weitgehend auf die Regelungen für die Stufenvertretungen verweist (§ 53). Dabei behandelt er beide Personalvertretungen als eigenständige, in ihrer Tätigkeit voneinander getrennte Gremien.

2 Bei **einstufigem Verwaltungsaufbau** von Behörden kann nur ein örtlicher Personalrat errichtet werden. Grundvoraussetzung für die Bildung von Stufenvertretungen ist daher die Mehrstufigkeit der Verwaltung. Das HPVG geht von dem Regelfall einer dreistufigen Personalvertretung aus. Dazu sind bei der Behörde der Mittelstufe ein Bezirkspersonalrat und bei der obersten Dienstbehörde ein Hauptpersonalrat von den zum jeweiligen Geschäftsbereich gehörenden wahlberechtigten Beschäftigten zu wählen.

3 Bei einem **zweistufigen Verwaltungsaufbau** existiert keine Behörde der Mittelstufe. Daher können beim zweistufigen Verwaltungsaufbau keine Bezirkspersonalräte gebildet werden. Für diesen Fall dürfen lediglich örtliche Personalräte bei den Landesoberbehörden und als Stufenvertretung Hauptpersonalräte bei den obersten Landesbehörden eingerichtet werden.

4 Der **Geschäftsbereich** erstreckt sich so weit, wie die Berechtigung einer Behörde reicht, unmittelbare Weisungen an (nachgeordnete) Dienststellen zu erteilen. Der Geschäftsbereich einer Behörde der Mittelstufe umfasst ihren gesamten Aufgaben- und Tätigkeitsbereich, damit auch die Tätigkeit innerhalb der eigenen Dienststelle. Die bei der Mittelbehörde tätigen Beschäftigten sind deshalb auch Beschäftigte des Geschäftsbereichs dieser Behörde. Hieraus ist zu schließen, dass in einschlägigen Fällen der Bezirkspersonalrat auch Angelegenheiten von Beschäftigten der Mittelbehörde wahrnimmt. Besitzt z.B. bei der Besetzung eines Dienstpostens an einer nachgeordneten Behörde deren Leiter keine Zuständigkeit, dann ist der Bezirkspersonalrat auch zu beteiligen, wenn der Bewerber Beschäftigter der Mittelbehörde ist.

5 Die Mitglieder des Bezirkspersonalrats werden von den wahlberechtigten Beschäftigten **gewählt**, die zum Geschäftsbereich der Mittelbehörde gehören, bei der diese Stufenvertretung zu bilden ist. Die Mitglieder des Hauptpersonalrats werden von allen wahlberechtigten Beschäftigten des Verwaltungszweigs gewählt, dessen Spitze die oberste Dienstbehörde bildet, bei der der Hauptpersonalrat zu bestellen ist. Daher wird der Hauptpersonalrat von den Beschäftigten der obersten Dienstbehörde, den Behörden der Mittelstufe und den unteren Behörden gewählt.

6 Soweit bei unteren Landesbehörden die Personalangelegenheiten der Beschäftigten zum Geschäftsbereich **verschiedener Mittelbehörden** gehören, sind nach **Abs. 2 Satz 2** diese Beschäftigten für den Bezirkspersonalrat bei der jeweils zuständigen Mittelbehörde wahlberechtigt.

§ 50

Gehören sie zum Geschäftsbereich **verschiedener oberster Landesbehörden**, sind diese Beschäftigten für den Hauptpersonalrat bei der jeweils zuständigen obersten Landesbehörde wahlberechtigt.

Die Bestellung der Stufenvertretung erfolgt in unmittelbarer und geheimer Wahl. Nach **Abs. 4** gelten die Vorschriften über die Wahl des Personalrats entsprechend. — 7

Die **Größe** der Stufenvertretung richtet sich nach der **Staffelung des Abs. 3**, wobei auch hier auf die Zahl der »in der Regel« Wahlberechtigten abzustellen ist. Die Stärke der Stufenvertretung soll ein nahezu ständiges echtes Spiegelbild der Stärke der Beschäftigten in dem Geschäftsbereich wiedergeben.[202] — 8

Das aktive und passive Wahlrecht müssen für die Wahl der Stufenvertretung vorliegen. Im Übrigen gelten die Regelungen über die Wahl des Personalrats entsprechend. Die Wahl der Stufenvertretung wird in der Regel nach den Grundsätzen der **Verhältniswahl** durchgeführt. Personenwahl findet ausschließlich statt bei der Einreichung eines Wahlvorschlags oder wenn einer Gruppe nur ein Vertreter zusteht (§ 16 Abs. 4 Satz 3). — 9

Besonderheiten gelten bei der **Bestellung des Wahlvorstands** gemäß Abs. 4 Satz 2 und 3. Hiernach darf der Leiter der Stufenbehörde keine Personalversammlung zur Bestellung des Bezirks- oder Hauptwahlvorstands einberufen. Nach **Satz 3** übt der Leiter der Dienststelle, bei der die Stufenvertretung zu errichten ist, im Benehmen mit den in der Dienststelle vertretenen Gewerkschaften die Befugnisse zur Bestellung des Wahlvorstands nach §§ 17 Abs. 2, 18 und 20 aus. — 10

Besteht noch keine Stufenvertretung, muss der Leiter der Stufenbehörde entsprechend § 18 unverzüglich, d. h. ohne schuldhaftes Zögern, handeln. Entgegen dem Wortlaut des § 18 findet jedoch auch in diesem Fall keine Personalversammlung zur Bestellung des Bezirks- und Hauptwahlvorstands statt. Vielmehr ist der Leiter der Stufenbehörde nach § 4 Satz 3 verpflichtet, im Benehmen mit den in seiner Dienststelle vertretenen Gewerkschaften den Stufenvorstand unverzüglich zu bestellen. — 11

Der Stufenwahlvorstand hat gemäß § 20 zunächst die Wahl unverzüglich einzuleiten. Ihm obliegt die Leitung der Wahl der Stufenvertretung. — 12

Nach **Abs. 5** soll die Wahl der Stufenvertretung möglichst gleichzeitig mit der der Personalräte erfolgen. In diesem Fall führen gemäß **Abs. 5 Satz 2** die bei den örtlichen Dienststellen bestehenden Wahlvorstände die Wahl der Stufenvertretung auch im Auftrag des Bezirks- oder Hauptwahlvorstands durch. Bei gleichzeitiger Wahl der Personalräte und der Stufenvertretung können nach Maßgabe von **Abs. 5 Satz 3** — 13

---

202 V. Roetteken/Rothländer, HPVG, § 50 Rn. 82.

§ 51

getrennte örtliche Wahlvorstände dann bestellt werden, wenn die Beschäftigten der Dienststelle ausnahmsweise verschiedene Stufenvertretungen wählen, so z. B. Beschäftigte des Personalrats bei der Wahl unterschiedlicher Hauptpersonalräte.[203]

14 Bei der Durchführung der Wahl zu den Stufenvertretungen ist der örtliche Wahlvorstand an die Weisungen des Bezirks- oder Hauptwahlvorstands gebunden. Nach Beendigung der Wahlhandlung übersendet er die Stimmzettel und die ihm überlassenen Unterlagen an den Wahlvorstand der betreffenden Stufenvertretung, der die Feststellung des Ergebnisses, die Verteilung der ermittelten Vertreter auf die zur Verfügung stehenden Sitze und die Benachrichtigung der gewählten Bewerber selbst vornimmt.

15 Nach **Abs. 6** erhält in den Stufenvertretungen jede Gruppe mindestens einen Vertreter. Abweichend hierzu bekommt eine Gruppe entsprechend § 13 Abs. 4 Satz 1 keinen Sitz in der Stufenvertretung, wenn im Geschäftsbereich nicht mehr als fünf Gruppenangehörige vorhanden sind, es sei denn, diese geringe Anzahl umfasst ausnahmsweise mindestens $1/20$ der Beschäftigten der Dienststelle.

§ 51

(1) Für die Amtszeit und die Geschäftsführung der Stufenvertretungen gelten die §§ 23 bis 36, §§ 38 und 39, § 40 Abs. 1 bis 3, §§ 42 und 43 entsprechend.

(2) In Stufenvertretungen sind von ihrer dienstlichen Tätigkeit auf Antrag freizustellen

ab 7 Mitgliedern ein Mitglied mit der Hälfte der regelmäßigen wöchentlichen Arbeitszeit,

ab 9 Mitgliedern ein Mitglied ganz und

ab 13 Mitgliedern zwei Mitglieder.

(3) § 31 Abs. 1 gilt mit der Maßgabe, dass die Mitglieder der Stufenvertretung spätestens zwei Wochen nach dem Wahltag einzuberufen sind.

1 Für die **Amtszeit und** die **Geschäftsführung** der Stufenvertretung verweist Abs. 1 auf §§ 23 bis 36, §§ 38 und 39, § 40 Abs. 1 bis 3, §§ 42 und 43. Hinsichtlich der für die Stufenvertretungen maßgeblichen Beteiligungsnormen und der Pflichten der Stufenvertretungen sowie der Rechtsstellung und Pflichten der Mitglieder verweist § 83 **Abs. 5** auf die allgemeinen Vorschriften.

2 Auch Bezirks- und Hauptpersonalräte wählen aus ihrer Mitte eine Vorsitzende/einen Vorsitzenden und einen oder mehrere Stellvertreter, die den Personalrat in der Willensäußerung nach außen vertreten

---

203 V. Roetteken/Rothländer, HPVG, § 50 Rn. 157.

und für die Geschäftsführung verantwortlich zeichnen. Bei der Wahl der Stellvertreter schreibt die Soll-Vorschrift des § 29 Satz 2 vor, dass die Gruppen und die in der Stufenvertretung vertretenen Gewerkschaften angemessen berücksichtigt werden.

Sprechstunden sind bei den Stufenvertretungen nicht vorgesehen. Nach dem Vorbild des BPersVG wurde die ursprünglich vorhandene Verweisung auf § 41 gestrichen. Gleichwohl ist es zulässig, dass die Stufenvertretung für Besprechungen ihrer Beschäftigten zu bestimmten Zeiten zur Verfügung steht. Nur einen zusätzlichen Raum für diese Besprechungen – außerhalb der Personalratsräume der Stufenvertretung – wird sie kaum durchsetzen können. 3

Die **Freistellungsstaffel** nach **Abs. 2** erfolgt nicht nach Maßgabe der Beschäftigtenzahl wie bei den örtlichen Personalräten nach § 40 Abs. 4. Maßgebend ist vielmehr die nach der Anzahl der Wahlberechtigten festgelegte Mitgliederzahl innerhalb der Stufenvertretung. Eine konkrete Reihenfolge sieht Abs. 2 nicht vor. Aufgrund der Verweisung in Abs. 1 auf § 40 Abs. 3 Satz 2 ist jedoch die erste Freistellung dem Vorsitzenden zu übertragen. Hiernach sind die Gruppen entsprechend ihrer Stärke und die in der Stufenvertretung vertretenen Gewerkschaften und freien Listen entsprechend ihrem Stimmenanteil zu berücksichtigen. 4

Zur **konstituierenden Sitzung** sind nach **Abs. 3** die Mitglieder der jeweiligen Stufenvertretung spätestens zwei Wochen nach dem Wahltag einzuberufen. Der Wahlvorstand hat wegen des gesetzlichen Gebots der Nichtöffentlichkeit der Sitzungen der Stufenvertretung kein Recht auf Teilnahme an der konstituierenden Sitzung.[204] 5

§ 52

(1) Neben den einzelnen Personalräten wird in den Fällen des § 7 Abs. 3 ein Gesamtpersonalrat errichtet. Das Gleiche gilt in Gemeinden, Gemeindeverbänden und sonstigen Körperschaften des öffentlichen Rechts mit einstufigem Verwaltungsaufbau auch in den Fällen des § 7 Abs. 1 und des § 86 Abs. 1 Nr. 1.

(2) In Gemeinden, Gemeindeverbänden und sonstigen Körperschaften, Anstalten und Stiftungen des öffentlichen Rechts tritt an die Stelle der Stufenvertretung der Gesamtpersonalrat.

Die Bildung eines Gesamtpersonalrats ist im Unterschied zur Bildung von Stufenvertretungen in dem Sinne fakultativ, als die Verselbständigung von Nebenstellen und Dienststellenteilen, die von der Hauptdienststelle weit entfernt sind, von der Willensbildung der betroffenen Beschäftigten abhängt (§ 7 Abs. 3). Haben sich die Nebenstellen oder die Teile einer Dienststelle jedoch verselbständigt, ist die Errichtung 1

---

204 V. Roetteken/Rothländer, HPVG, § 51 Rn. 106.

von Gesamtpersonalräten **zwingend**. Weder die betroffenen Personalräte noch die Beschäftigten in dem jeweiligen Bereich können bei Vorliegen der Voraussetzungen des Abs. 1 von der Bildung eines Gesamtpersonalrats absehen oder aber statt seiner eine andere Vertretung schaffen.

2 Mit der Verweisung auf § 7 Abs. 3 wird überdies konkretisiert, dass die Bildung eines Gesamtpersonalrats nur innerhalb des Geschäftsbereichs einer **Gesamt- bzw. Hauptdienststelle** möglich ist. Die Errichtung eines Gesamtpersonalrats für mehrere selbständige Dienststellen ist ausgeschlossen.

3 In Gemeinden und Gemeindeverbänden ist ein Gesamtpersonalrat zu bilden, wenn **Eigenbetriebe und Krankenanstalten** sich in der Hand der Gemeinden befinden. Sie gelten als selbständige Dienststellen und werden personalvertretungsrechtlich ausgegliedert. Eigenbetriebe sind nach § 1 EigBGes kommunale wirtschaftliche Unternehmen ohne Rechtspersönlichkeit. Dazu zählen insbesondere Energieversorgungsbetriebe, Wasserwerke, Verkehrs- und Hafenbetriebe. Diese Eigenbetriebe und Krankenanstalten gelten als selbständige Dienststellen. Dies gilt auch für die Berufsfeuerwehr. Es muss daher eine übergeordnete Interessenvertretung die allgemeinen Interessen des gesamten bei der Gemeinde beschäftigten Personals wahrnehmen. Daher ist ein Gesamtpersonalrat bei den Kommunen zu bilden.

4 Der Gesamtpersonalrat ist ein **selbständiges personalvertretungsrechtliches Organ**, er ist den Personalräten der einzelnen Dienststellen nicht übergeordnet. Er kann daher den einzelnen Personalräten weder Weisungen erteilen, noch kann er verbindliche Richtlinien für den Abschluss von Dienstvereinbarungen aufstellen. Grundsätzlich wachsen ihm auch keine Zuständigkeiten bei fehlender Einigung zwischen Dienststellenleiter und Personalrat der einzelnen Dienststellen zu.

5 Der Gesamtpersonalrat ist den einzelnen Personalräten der Dienststelle aber auch nicht untergeordnet, er ist also nicht verpflichtet, deren Weisungen zu folgen. Aufgabe des Gesamtpersonalrats ist in erster Linie die Gewährleistung einer geschlossenen Interessenvertretung gegenüber dem für die einzelnen Dienststellen zuständigen Dienstherrn.[205] Die Gesamtpersonalräte sind auch keine Stufenvertretungen wie der Bezirks- bzw. Hauptpersonalrat. Sie sind im Verwaltungsaufbau den Personalräten organisatorisch horizontal zugeordnet, d.h., sie bestehen neben den einzelnen Personalräten der einzelnen Dienststellen in einem Verwaltungsbereich.

6 Das Teilnahmerecht der Stufenvertretung in der Personalversammlung wird nicht dadurch ausgeschlossen, dass der **Gesamtpersonalrat** ei-

---

205 Germelmann/Binkert/Germelmann, PersVG Berlin, § 50 Rn. 24 ff.

nen Vertreter entsendet.[206] Der Gesetzgeber behandelt beide Personalvertretungen, also die Stufenvertretungen und den Gesamtpersonalrat, als eigenständige, in ihrer Tätigkeit voneinander getrennte Gremien. Deren Aufeinandertreffen nimmt er nicht in den Blick, sondern überlässt damit zusammenhängende Fragen der Rechtsanwendung. Der Gesamtpersonalrat ist ein Gremium, das die Stufenvertretung nicht verdrängt, sondern ergänzt. Das Teilnahmerecht der Stufenvertretung an Personalversammlungen ist ebenso wie dasjenige des Gesamtpersonalrats in Beziehung zu den Aufgaben der Personalversammlung zu setzen. Die Personalversammlung kann dem Personalrat **Anträge** unterbreiten und zu seinen Beschlüssen Stellung nehmen. Sie darf alle Angelegenheiten behandeln, die die Dienststelle oder ihre Beschäftigten unmittelbar betreffen. Sie darf sich danach mit allen Aufgaben befassen, die in den Zuständigkeitsbereich des Personalrats fallen, also vor allem auch mit Fragen im Zusammenhang mit dessen Beteiligungsrechten. Das Teilnahmerecht der Stufenvertretung in der Personalversammlung bezweckt somit, dass den Beschäftigten ein kompetenter Gesprächspartner für die Angelegenheiten zur Verfügung steht, in welchen der Stufenvertretung spezielle Aufgaben und Befugnisse erwachsen.

Das Teilnahmerecht des **Gesamtpersonalrats** in der Personalversammlung dient denselben Zwecken wie das der Stufenvertretung. Allerdings gilt die Einschränkung, dass der Gesamtpersonalrat keinerlei Kompetenzen im Stufenverfahren bei der übergeordneten Dienststelle hat. Dagegen ist er zur Beteiligung berufen, wenn der Leiter der Hauptdienststelle eine Maßnahme beabsichtigt, die Beschäftigte der verselbständigten Dienststellen oder alle Beschäftigten der Gesamtdienststelle betrifft. In diesen Angelegenheiten ist ein Mitglied des Gesamtpersonalrats der geeignete Gesprächspartner für die Beschäftigten in der Personalversammlung der verselbständigten Dienststellen. 7

§ 53
Für die Wahl, die Amtszeit und die Geschäftsführung des Gesamtpersonalrats gelten § 12, § 50 Abs. 2, 4 bis 6 und § 51 Abs. 1 und 3, für Gesamtpersonalräte nach § 52 Abs. 2 auch § 51 Abs. 2 entsprechend.

Diese Vorschrift verweist für Wahl, Amtszeit und Geschäftsführung des Gesamtpersonalrats auf § 12, § 50 Abs. 2, 4 bis 6 und § 51 Abs. 1 und 3. Die Verweisung erfasst alle nach § 7 Abs. 1 und 3 gebildeten Gesamtpersonalräte. 1

Über § 50 Abs. 4 Satz 1 sind die dort im Einzelnen aufgeführten Vorschriften über die Wahl und Zusammensetzung des Personalrats entsprechend anwendbar. Die Regelung in § 50 Abs. 5 Satz 1 regt 2

---
206 BVerwG 30.7.2010 – 6 P 11.09 –, PersR 2010, 400–403.

§ 54

ausdrücklich an, dass in den einzelnen Dienststellen Personalräte und Gesamtpersonalräte nach Möglichkeit gleichzeitig gewählt werden. Für den Gesamtwahlvorstand empfiehlt es sich, in seinem Wahlausschreiben die für die **örtlichen Personalratswahlen** in den einzelnen Dienststellen bereits festgelegten Wahltage als mögliche Wahltage auch für den Gesamtpersonalrat allgemein festzulegen. Entsprechend der Regelung in § 50 Abs. 5 Satz 2 führen die bei den Dienststellen bestehenden Wahlvorstände kraft Gesetzes die Wahl des Gesamtpersonalrats im Auftrag des Gesamtwahlvorstands durch. Insoweit ist kein Raum für die Bestellung besonderer örtlicher Wahlvorstände. Diese müssen jedoch bei Fehlen der Gleichzeitigkeit der Wahlen entsprechend § 50 Abs. 5 Satz 3 gebildet werden. Entsprechend der Regelung in § 50 Abs. 6 ist sichergestellt, dass im Gesamtpersonalrat jede Gruppe mindestens einen Vertreter erhält. Hierin besteht eine Abweichung zu § 13 Abs. 3.

3 Der Gesamtwahlvorstand hat die Mitglieder des Gesamtpersonalrats entsprechend § 51 Abs. 3 spätestens zwei Wochen nach dem Wahltag zur **konstituierenden Sitzung** einzuberufen.

4 Für Gesamtpersonalräte, die anstelle der Stufenvertretungen in Gemeinden, Gemeindeverbänden und sonstigen Körperschaften, Anstalten und Stiftungen des öffentlichen Rechts treten, gilt die **Freistellungsstaffel** des § 51 Abs. 2 entsprechend. Dabei ist die Beteiligungsbefugnis des Gesamtpersonalrats nur auf die Fälle beschränkt, in denen der Dienststellenleiter Entscheidungen trifft, die sich auf die Gesamtdienststelle und somit auf alle Beschäftigten dieser Gesamtdienststelle auswirken.[207]

Fünfter Abschnitt
Jugend- und Auszubildendenvertretung

§ 54

(1) **Beschäftigte, die das achtzehnte Lebensjahr noch nicht vollendet haben oder als Beamtenanwärter oder Auszubildende für einen Beruf ausgebildet werden, wählen in Dienststellen mit mindestens fünf Jugendlichen oder in einer Berufsausbildung befindlichen Beschäftigten eine Jugend- und Auszubildendenvertretung. Diese besteht in Dienststellen mit**

---

207 Spieß, § 53 HPVG, S. 192.

§ 54

5 bis 10 der vorgenannten Beschäftigten aus einem Jugend- und Auszubildendenvertreter,

11 bis 50 der vorgenannten Beschäftigten aus drei Jugend- und Auszubildendenvertretern und

mehr als 50 der vorgenannten Beschäftigten aus fünf Jugend- und Auszubildendenvertretern.

Als Jugend- und Auszubildendenvertreter können Beschäftigte vom vollendeten sechzehnten bis zum vollendeten sechsundzwanzigsten Lebensjahr sowie in einer Berufsausbildung befindliche Beschäftigte gewählt werden. Dabei sind Männer und Frauen entsprechend ihrem Anteil an den Wahlberechtigten zu berücksichtigen. Insofern findet § 13 Abs. 1 und 2 sinngemäß Anwendung.

(2) Der Personalrat bestimmt den Wahlvorstand und seinen Vorsitzenden. § 10, § 13 Abs. 5, § 16 Abs. 1, 3 bis 6, § 17 Abs. 1 Satz 2 und 3, §§ 21 und 22 gelten entsprechend.

(3) Die Amtszeit der Jugend- und Auszubildendenvertretung beträgt zwei Jahre. Im übrigen gelten die Vorschriften der §§ 23 bis 28 mit Ausnahme des § 24 Abs. 1 Nr. 1 sinngemäß. Ein Mitglied der Jugend- und Auszubildendenvertretung, das im Laufe der Amtszeit das sechsundzwanzigste Lebensjahr vollendet oder seine Berufsausbildung abschließt, bleibt bis zum Ende der Amtszeit Mitglied der Jugend- und Auszubildendenvertretung.

(4) Besteht die Jugend- und Auszubildendenvertretung aus drei oder mehr Mitgliedern, so wählt sie mit einfacher Mehrheit aus ihrer Mitte einen Vorsitzenden und einen oder mehrere Stellvertreter.

Die JAV ist **keine selbständige Personalvertretung**. Sie besitzt kein eigenes Mitwirkungs- und Mitbestimmungsrecht. Ihr personalvertretungsrechtlicher Partner ist nicht der Dienststellenleiter, sondern der Personalrat. Rechte und Pflichten bestehen somit im Verhältnis zum Personalrat und nicht zur Dienststelle. Die Beteiligungsrechte in Angelegenheiten der JAV werden in dem jeweiligen Personalrat wahrgenommen. Dieser hat jedoch gegenüber der JAV und deren Mitgliedern weder eine Vorgesetztenfunktion noch eine Weisungsbefugnis. **1**

Die JAV kann trotz ihrer nur abgeleiteten Befugnisse als ein in der Verfassung der Dienststelle besonders verankertes, wenn auch nicht selbständiges Organ bezeichnet werden. Die besondere Stellung ergibt sich vor allem daraus, dass das Gesetz die Vorschriften über die Organisation, Amtsführung und Rechtsstellung des Personalrats für die JAV entsprechend anwendbar erklärt und in § 57 überdies eine JAV-Versammlung vorsieht. **2**

§ 54

3 Die **Wahl** einer JAV knüpft nach dem HPVG an folgende Erfordernisse an:

- Vorhandensein einer Dienststelle im Sinne des HPVG
- Bestehen eines Personalrats innerhalb der Dienststelle und
- der Dienststelle müssen in der Regel mindestens fünf Beschäftigte im Sinne des Abs. 1 angehören.

Der Dienststellenbegriff entspricht dem in § 7.

4 Das **aktive Wahlrecht** steht nach Abs. 1 Satz 1 Beschäftigten bis zur Vollendung des 18. Lebensjahres zu. Infolge der Einbeziehung der Beamtenanwärter und Auszubildenden in der sprachlich verunglückten Regelung des Abs. 1 sind auch diese zur JAV wahlberechtigt. Für sie gibt es jedoch keine Altersgrenze. Wer Auszubildender ist, ergibt sich grundsätzlich aus § 65 Abs. 1 (siehe die Kommentierung dort). Wer Beamtenanwärter ist, ergibt sich aus dem Beamtenrecht. Wahlberechtigt sind auch **Teilzeitbeschäftigte**. Keine Voraussetzung für die Wahlberechtigung ist die deutsche Staatsangehörigkeit oder ausreichende deutsche Sprachkenntnisse.[208]

5 Im Zusammenhang mit der Wahlberechtigung und der **Abordnung** eines jugendlichen Beschäftigten oder eines Auszubildenden gilt nach Abs. 2 Satz 2 die Besonderheit, dass die Regelung nicht auf § 9 verweist, nach dessen Abs. 3 Beamte im Vorbereitungsdienst und Beschäftigte in entsprechender Berufsausbildung nur in ihrer Stammbehörde wahlberechtigt sind. Die Wahlberechtigung zur JAV besteht daher bei der Dienststelle, der die Beschäftigten zum Wahlzeitpunkt zur Ausbildung zugewiesen sind. Es gilt jedoch auch nicht die Regelung nach § 9 Abs. 2, wonach ein abgeordneter Beschäftigter in der neuen Dienststelle erst wahlberechtigt wird, sobald die Abordnung länger als drei Monate gedauert hat. Die Wahlberechtigung zur JAV beginnt bereits am Tage des Dienstantritts in der neuen Dienststelle.

6 Wahlberechtigt zur JAV sind auch die Beschäftigten im Sinne des § 54, wenn sie mit mehr als der Hälfte ihrer regelmäßigen Arbeitszeit länger als drei Monate in einer anderen Dienststelle tätig sind. Denn auch auf die Regelung in § 9 Abs. 2 Satz 2 verweist die Regelung in § 54 Abs. 2 nicht.

7 Als Jugend- und Auszubildendenvertreter können Beschäftigte vom vollendeten 16. bis zum vollendeten 26. Lebensjahr gewählt werden. Diese Altersgrenzen gelten nicht für die sich in einer Berufsausbildung befindlichen Beschäftigten (Abs. 1 Satz 1). Weitere Voraussetzung für die **Wählbarkeit** ist gemäß Abs. 2 i. V. m. § 10, dass die Beschäftigten am Wahltag seit sechs Monaten der Dienststelle angehören oder seit einem Jahr in öffentlichen Verwaltungen oder von diesen geführten

---

208 So auch v. Roetteken/Rothländer, HPVG, § 54 Rn. 36.

Betrieben beschäftigt sind. Wählbar sind auch **Teilzeitbeschäftigte** und dies bis zur Grenze der geringfügigen Beschäftigung. Die Wählbarkeit verlangt auch **nicht** die deutsche Staatsangehörigkeit; ausländische Beschäftigte sind unter den gleichen Voraussetzungen wählbar.

Bei der Wählbarkeit von abgeordneten jugendlichen Beschäftigten wird das in Rn. 5 zum aktiven Wahlrecht Gesagte verwiesen. Auch das passive Wahlrecht beginnt im Fall einer Abordnung bereits am Tage des Dienstantritts in der neuen Dienststelle. Dies ergibt sich aus Abs. 2 Satz 2, der nicht auf die für Personalratswahlen geltende einschränkende Regelung des § 9 verweist. 8

Die Größe der JAV ergibt sich aus der **Staffel in Abs. 1 Satz 2** und ist abhängig von der Anzahl der Beschäftigten im Sinne des Abs. 1 Satz 1. Besteht die JAV aus drei oder mehr Mitgliedern, wählt sie mit einfacher Mehrheit aus ihrer Mitte einen Vorsitzenden und einen oder mehrere Stellvertreter. Die Höchstzahl der JA-Vertreter ist nach dieser Bestimmung auf fünf begrenzt. Bei der Zusammensetzung der JAV sind Frauen und Männer entsprechend ihrem Anteil an den Wahlberechtigten zu berücksichtigen. Insoweit verweist Abs. 1 Satz 4 auf § 13 Abs. 1 und 2. Die sinngemäße Anwendung dieser Vorschrift hat zur Folge, dass die anteilsmäßige Berücksichtigung von Frauen und Männern zu beachten ist, wenn die JAV aus mindestens drei Mitgliedern besteht. Das Wahlverfahren für die Sitzverteilung nach Geschlechterproporz richtet sich nach der entsprechenden Anwendung des § 13 Abs. 1 und 2. 9

§ 55

(1) Die Jugend- und Auszubildendenvertretung hat folgende allgemeine Aufgaben:

1. Maßnahmen, die den in § 54 Abs. 1 Satz 1 genannten Beschäftigten dienen, insbesondere in Fragen der Berufsbildung, beim Personalrat zu beantragen,

2. Maßnahmen, die der Gleichberechtigung von männlichen und weiblichen Jugendlichen und Auszubildenden dienen, zu beantragen,

3. darüber zu wachen, dass die zugunsten der in § 54 Abs. 1 Satz 1 genannten Beschäftigten geltenden Gesetze, Verordnungen, Unfallverhütungsvorschriften, Tarifverträge, Dienstvereinbarungen und Verwaltungsanordnungen durchgeführt werden,

4. Anregungen und Beschwerden von in § 54 Abs. 1 Satz 1 genannten Beschäftigten, insbesondere in Fragen der Berufsbildung, entgegenzunehmen und, falls sie berechtigt erscheinen, beim Personalrat auf eine Erledigung hinzuwirken; die

§ 55

Jugend- und Auszubildendenvertretung hat die betroffenen Beschäftigten über den Stand und das Ergebnis der Verhandlungen zu informieren.

(2) Die Zusammenarbeit der Jugend- und Auszubildendenvertretung mit dem Personalrat bestimmt sich nach § 31 Abs. 3 und 5 sowie § 36.

(3) Zur Durchführung ihrer Aufgaben ist die Jugend- und Auszubildendenvertretung durch den Personalrat rechtzeitig und umfassend zu unterrichten. Die Jugend- und Auszubildendenvertretung kann verlangen, dass ihr der Personalrat die zur Durchführung ihrer Aufgaben erforderlichen Unterlagen zur Verfügung stellt.

(4) Der Personalrat hat die Jugend- und Auszubildendenvertretung zu den Besprechungen zwischen Dienststellenleiter und Personalrat nach § 60 Abs. 4 beizuziehen, wenn Angelegenheiten behandelt werden, die besonders die in § 54 Abs. 1 Satz 1 genannten Beschäftigten betreffen.

(5) Die Jugend- und Auszubildendenvertretung kann nach Verständigung des Personalrats Sitzungen abhalten; § 31 Abs. 1 und 2 gilt sinngemäß. An den Sitzungen der Jugend- und Auszubildendenvertretung kann ein vom Personalrat beauftragtes Personalratsmitglied teilnehmen.

1 In Anlehnung an die allgemeinen Aufgaben der Personalvertretung (siehe § 62 Abs. 1) sind in Abs. 1 dieser Vorschrift die allgemeinen Aufgaben bei JAV aufgelistet. Im Wesentlichen sind dies

1. Antrags-, Anregungs- und Überwachungsrechte

2. das Recht auf Teilnahme an Sitzungen und Abstimmungen des Personalrats

3. das Recht, Aussetzungsanträge stellen zu können

4. der Anspruch gegenüber dem Personalrat auf rechtzeitig und umfassende Unterrichtung

5. das Recht auf Beiziehung zu Erörterungsgesprächen zwischen dem Dienststellenleiter und dem Personalrat, sofern Angelegenheiten behandelt werden, die besonders die aktiven Wahlberechtigten der JAV betreffen.

Zu den allgemeinen Aufgaben gehört auch, Maßnahmen bei der Personalvertretung zu beantragen, die den aktiven Wahlberechtigten der JAV dienen. Hierbei handelt es sich insbesondere um Fragen der **Berufsbildung**.

§ 55

> **Allgemeine Aufgaben der JAV – Themen**
> - ausreichenden Nutzung der Ausbildungskapazitäten
> - effektiver Einsatz und Gestaltung der Ausbildungsanweisungen
> - das Verhalten von Vorgesetzten
> - berufliche Fortbildung und Umschulung
> - Weiterbeschäftigung nach beendeter Ausbildung
> - Gestaltung von Arbeits- und Ausbildungsplätzen
> - Arbeitszeit und Urlaubsgrundsätze

Kaum ein anderes Thema berührt die Beschäftigten im Sinne des § 75 mehr als die Frage der **Weiterbeschäftigung** nach der beendeten Ausbildung.

Eine wesentliche Aufgabe der JAV ist es, **Anregungen und Beschwerden** der Beschäftigten, insbesondere zu Fragen der Berufsbildung, entgegenzunehmen und, sofern sie nach Ansicht der JAV berechtigt erscheinen, beim Personalrat auf eine Erledigung hinzuwirken. 2

Die Beteiligungsrechte in Angelegenheiten der JAV werden vom Personalrat wahrgenommen. Er hat umfassende **Kooperations- und Unterstützungspflichten** gegenüber der JAV, da er der Ansprechpartner in allen beteiligungspflichtigen Maßnahmen der jugendlichen Beschäftigten für die JAV ist. Abs. 2 soll sicherstellen, dass die JAV in die Willensbildung des Personalrats eingebunden wird, soweit es um Angelegenheiten der aktiven Wahlberechtigten geht. 3

Abs. 2 verweist auf § 31 Abs. 3 und 5 sowie § 36. Der Mehrheit der JAV-Mitglieder hat gem. § 31 Abs. 3 in Angelegenheiten, die die oben genannten Beschäftigten betreffen, das Recht, vom Personalratsvorsitzenden die Anberaumung einer Personalratssitzung zu verlangen, wobei der Gegenstand, dessen Beratung beantragt ist, auf die Tagesordnung gesetzt werden muss. Nach § 31 Abs. 5 nimmt ein Vertreter der JAV an allen Sitzung des Personalrats mit **beratender Stimme** teil. Wer aus der Mitte der JAV entsandt wird, bestimmt die JAV mit einfacher Mehrheit. Werden im Personalrat jedoch Angelegenheiten behandelt, die überwiegend die Wahlberechtigten der JAV betreffen, haben alle Mitglieder der JAV bei der betreffenden Personalratssitzung aus Anlass der entsprechenden Tagesordnungspunkte ein **Stimmrecht**. 4

Erachtet die Mehrheit der Vertreter der JAV einen Beschluss des Personalrats als eine erhebliche Beeinträchtigung wichtiger Interessen der durch sie vertretenen Beschäftigten, so ist auf ihren Antrag der Beschluss auf die Dauer von sechs Arbeitstagen vom Zeitpunkt der Beschlussfassung an auszusetzen (§ 36 Abs. 1 Satz 1). Innerhalb dieser sechs Arbeitstage soll eine Verständigung versucht werden. Nach Ablauf der Frist ist über die Angelegenheit im Rahmen der nächsten Personalratssitzung erneut zu beschließen. Sofern der erste Beschluss 5

§ 55

bestätigt wird, kann der Antrag auf **Aussetzung** durch die JAV nicht wiederholt werden. Die Entscheidung über den Aussetzungsantrag obliegt dem Personalratsvorsitzenden. Ihm ist jedoch nur ein eng begrenzter Überprüfungsspielraum eingeräumt. So hat er lediglich zu prüfen, ob die gesetzlichen Voraussetzungen für den Antrag vorliegen, also ob der Antrag rechtzeitig gestellt ist, ob die Antragsberechtigung und die erforderliche Mehrheit vorliegen sowie deren Berufung auf die gesetzlichen Antragsgründe. Die JAV muss in diesem Zusammenhang eine **erhebliche Beeinträchtigung wichtiger Interessen** der durch sie vertretenen Beschäftigten darlegen. Wichtige Interessen können in den unmittelbar berührten Interessen der Beschäftigten selbst liegen. Ein solcher Aussetzungsantrag kann sich auch auf gemeinsame und Gruppenbeschlüsse des Personalrats beziehen. Ein Aussetzungsantrag ohne jegliche Begründung für eine erhebliche Beeinträchtigung wichtiger Interessen ist unzulässig.

6 Ist der Personalratsvorsitzende der Ansicht, der **Aussetzungsantrag** sei offensichtlich **unbegründet**, kann die JAV bei dem örtlich zuständigen Verwaltungsgericht ein Beschlussverfahren einleiten. Bei Eilbedürftigkeit kann sie auch den Erlass einer einstweiligen Anordnung gemäß § 85 Abs. 2 ArbGG i. V. m. § 123 VwGO beantragen.

7 Darüber hinaus hat die JAV das **Recht zur beratenden Teilnahme** an Personalratssitzungen. Werden Angelegenheiten behandelt, die die aktiven Wahlberechtigten betreffen, kann die gesamte JAV beratend teilnehmen. Bei Beschlüssen des Personalrats, die überwiegend die Interessen der oben genannten Beschäftigten betreffen, hat die JAV ein Stimmrecht. Bei der Feststellung, ob eine überwiegende Betroffenheit vorliegt, sind objektive Gesichtspunkte entscheidend. Dies wird i. d. R. zu bejahen sein, wenn bei der gegenseitigen Interessenabwägung die Belange von jugendlichen und auszubildenden Beschäftigten gegenüber denen der übrigen Beschäftigten ein stärkeres Gewicht erhalten.

8 Der Personalrat (und nicht die Dienststelle) ist zur **rechtzeitigen und umfassenden Unterrichtung der JAV** zur Durchführung seiner Aufgaben verpflichtet. Insoweit ist er gehalten, von sich aus und ohne Aufforderung das Wissen und die Unterlagen der JAV weiterzugeben, die die Beschäftigten i. S. d. **Abs. 3 Satz 1**. Das kann sich auf Angelegenheiten beziehen, die diesen Personenkreis ausschließlich oder besonders betreffen, erstreckt sich aber auch auf solche Begebenheiten, die alle Beschäftigen unter Einschluss der jugendlichen und auszubildenden Beschäftigten angehen.

9 Nach **Abs. 3 Satz 2** kann die JAV verlangen, dass ihr die erforderlichen Unterlagen zur Verfügung gestellt werden. Verfügt der Personalrat selbst nicht über die von der JAV angeforderten Unterlagen, ist er gehalten, diese bei der Dienststelle unter Hinweis auf die Aufgabenstellung der JAV oder gegebenenfalls auch auf eigene Rechte anzufordern.[209] Zum **Monatsgespräch** nach § 60 Abs. 4 hat der Personalrat die JAV beizuziehen, sofern Angelegenheiten behandelt werden, die die Wahlberechtigten der JAV besonders betreffen. Um eine umfassende Einbindung der JAV in die Personalratsarbeit zu sichern, ist eine restriktive Auslegung der Regelung kontraproduktiv. Es zeichnet einen Personalrat im positiven Sinne aus, wenn er die Interessen der JAV nachhaltig unterstützt. Dies gilt jedoch gleichsam auch für die Dienststellenleitung, die sich hier nicht aus der Verantwortung stehlen kann.

Die JAV kann nach Verständigung des **Personalrats** Sitzungen abhalten (**Abs. 5**). Sie benötigt dafür weder die Zustimmung noch die Genehmigung des Personalrats oder des Dienststellenleiters. Verständigung bedeutet lediglich, dass dem Personalrat vor jeder JAV-Sitzung über Zeitpunkt und Ort der Sitzung Kenntnis gegeben werden muss. Weiterhin muss die JAV ein Teilnahmerecht des vom Personalrat beauftragten Personalratsmitglieds sichern. Dies verlangt eine rechtzeitige Unterrichtung. Eine entsprechende Information an den Dienststellenleiter verlangt das Gesetz nicht. Eingriffe des Personalrats in die Angelegenheiten der JAV sind unzulässig, da dieser der JAV nicht übergeordnet ist. Insoweit kann der Personalrat auch nicht die Anberaumung einer Sitzung verlangen. **10**

Die Vorsitzende der JAV setzt die **Tagesordnung** – insoweit auch autonom – nach pflichtgemäßem Ermessen fest. Dies ergibt sich ebenfalls aus der sinngemäßen Anwendung des § 31 Abs. 2 Satz 2. Hiernach leitet der Vorsitzende auch die JAV-Sitzung. Er muss die Mitglieder rechtzeitig zu den Sitzungen laden und ihnen jeweils die Tagesordnung nach Maßgabe des § 31 Abs. 2 Satz 3 mitteilen. Der Vorsitzende hat auch die Schwerbehindertenvertretung zu jeder Sitzung der JAV zu laden. **11**

Das an der JAV-Sitzung teilnehmende Mitglied des Personalrats hat kein Stimmrecht. Es steht ihm jedoch ein **Beratungsrecht** zu.[210] **12**

§ 56

Für die Jugend- und Auszubildendenvertretung gelten § 40 Abs. 1 bis 3, §§ 41 bis 43 und 61 Abs. 1 Satz 2 sinngemäß, § 42 Abs. 3 mit der Maßgabe, dass Reisekosten nur gezahlt werden, wenn der Personalrat die Reise beschlossen hat. § 64 Abs. 2 gilt entsprechend mit der Maßgabe, dass die Versetzung und die Abordnung von Mitgliedern der Jugend- und Auszubildendenvertretung, der Wahlvorstände und von Wahlbewerbern der Zustimmung des Personalrats bedürfen.

Die Mitglieder der JAV üben ihr Amt unentgeltlich als **Ehrenamt** aus. **1**

---

209 Lenders/Richter, Die Personalvertretung, S. 12f.
210 V. Roetteken/Rothländer, HPVG, § 55 Rn. 135; Fischer/Goeres/Gronimus, BPersVG, § 61 Rn. 47.

§ 56

Für ihre Zwecke darf die JAV keine Beiträge erheben oder annehmen – hier gilt das Gleiche wie bei der Personalvertretung. Arbeitsversäumnisse der JAV, die durch die Wahrnehmung von Personalvertretungsaufgaben entstehen, führen nicht zur Minderung der Vergütung bzw. der Bezüge einschließlich aller Zulagen entsprechend § 40 Abs. 2 Satz 1.

2 Für die außerhalb der Arbeitszeit aufgewendete Zeit für die Wahrnehmung von Geschäften der JAV besteht für jedes Mitglied der JAV **Anspruch auf Dienstbefreiung** gemäß § 40 Abs. 2 Satz 2.

3 Die Mitglieder der JAV haben das Recht zur **Teilnahme an Schulungen und Seminaren**, die der JAV-Arbeit dienen. Dazu bedarf es eines entsprechenden Entsendungsbeschlusses der JAV. Die Seminare können sich speziell mit Themen der JAV befassen, aber auch generell mit der Personalratstätigkeit. Dazu gehören auch Seminare zum Individualarbeitsrecht, zum Beamtenrecht sowie zur Vermittlung von Kenntnissen über arbeitsrechtliche bzw. beamtenrechtliche Schutzvorschriften. Die Schulungen können von der Dienststellenleitung nicht mit dem Argument versagt werden, die Seminarteilnahme sei im Hinblick auf die kurze Amtsperiode der JAV (zwei Jahre) unökonomisch. Alle erstmalig in eine JAV gewählten Mitglieder bedürfen einer Schulung hinsichtlich der Aufgaben, Befugnisse und Pflichten des Gremiums. Der Entsendungsbeschluss ist Voraussetzung für den Kostenerstattungsanspruch nach Satz 1 i. V. m. § 42 Abs. 1 und somit für die Übernahme der Veranstaltungsgebühren und Reisekosten durch die Dienststelle.

4 Die JAV hat gemäß Satz 1 i. V. m. § 40 Abs. 3 Satz 1 einen **Freistellungsanspruch**, wenn und soweit dies nach Umfang und Art der Dienststelle zur ordnungsgemäßen Durchführung ihrer Aufgaben erforderlich ist. Je nach Umfang kommt eine völlige oder teilweise Freistellung von der dienstlichen Tätigkeit in Betracht.[211] Die **Freistellungsstaffel** nach § 40 Abs. 4 findet auf die JAV **keine** Anwendung. Die Zahl und der Umfang der Freistellungen ist vielmehr abhängig vom Betreuungsaufwand, der wiederum von der Zahl der in § 54 genannten Beschäftigten in der Dienststelle und von der Art der Dienststelle, wie deren räumliche Ausdehnung, die Verteilung der Arbeitsplätze der in § 54 genannten Beschäftigten innerhalb der Dienststelle usw., abhängt.[212] Die Freistellung darf entsprechend § 40 Abs. 3 Satz 4 nicht zur Beeinträchtigung des beruflichen Werdegangs des JAV-Mitglieds führen. Für den Fall, dass die Dienststelle die Freistellung verweigert, kann nach § 40 Abs. 3 Satz 5 der Personalrat unmittelbar, also ohne vorheriges Stufenverfahren die Einigungsstelle anrufen.

---

211 Fischer/Goeres/Gronimus, BPersVG, § 62 Rn. 21.
212 OVG NRW 20.1.2004 – 1 B 1430/03.PVB; Lorenzen u. a., BPersVG, § 62 Rn. 18.

§ 57

Entsprechend § 41 kann auch die JAV während der Arbeitszeit **Sprechstunden** einrichten. Dazu bedarf es nicht der Zustimmung des Personalrats oder der Leitung der Dienststelle. Das Einvernehmen hinsichtlich Zeit und Ort der Sprechstunden wird zwischen dem Personalrat und dem Leiter der Dienststelle hergestellt. **5**

Die Dienststelle trägt die durch die Tätigkeit der JAV entstehenden **Kosten** entsprechend § 42 Abs. 1. Die entstandenen Kosten müssen zur Durchführung der Aufgaben der JAV erforderlich sein. Hierüber hat die JAV unter Beachtung des Grundsatzes der Sparsamkeit nach pflichtgemäßem Ermessen zu entscheiden. **6**

Weiterhin kann die JAV entsprechend § 42 Abs. 2 von der Dienststelle **Räume** für die Durchführung ihrer Aufgaben verlangen. Es ist ihr auch der notwendige **Geschäftsbedarf** von der Dienststelle zur Verfügung zu stellen. Hierzu zählen ein PC mit Drucker, aber auch ein Telefon und ein Internetzugang. Gesetzestexte, Fachbücher und Fachzeitschriften sind im Zweifel nach dem Grundsatz der Sparsamkeit bei der Personalvertretung zu nutzen. Im Übrigen kann auf die Ausführungen zu § 42 (siehe dort) verwiesen werden. **7**

§ 57

In Dienststellen, in denen eine Jugend- und Auszubildendenvertretung besteht, hat diese mindestens einmal in jedem Kalenderjahr eine Jugend- und Auszubildendenversammlung einzuberufen und in der Versammlung einen Tätigkeitsbericht zu erstatten. Auf Antrag eines Viertels der in § 54 Abs. 1 Satz 1 genannten Beschäftigten der Dienststelle ist die Jugend- und Auszubildendenvertretung verpflichtet, eine Jugend- und Auszubildendenversammlung einzuberufen. Die Jugend- und Auszubildendenversammlung soll möglichst unmittelbar vor oder nach einer ordentlichen Personalversammlung stattfinden. Sie wird vom Vorsitzenden der Jugend- und Auszubildendenvertretung geleitet. Der Personalratsvorsitzende oder ein beauftragtes Mitglied des Personalrats nimmt an der Jugend- und Auszubildendenversammlung teil. § 44 Abs. 1 Satz 3 und Abs. 2 sowie §§ 46 bis 49 gelten entsprechend.

§ 57 schreibt vor, dass die JAV **einmal in jedem Kalenderjahr** eine JAV-Versammlung durchzuführen hat. Darüber hinaus kann eine weitere JAV-Versammlung während der Arbeitszeit stattfinden. Der Vorsitzende des Personalrats oder ein Mitglied der Personalvertretung sollen hieran teilnehmen. Im Übrigen sind die für die Personalversammlung geltenden Vorschriften sinngemäß anzuwenden. **1**

Eine JAV-Versammlung ist sehr **rechtzeitig** zu organisieren. Dazu gehören etwa **2**

- die Beschaffung eines ausreichend großen Saals,

§ 58

- die Beschaffung der Elektronik,
- Absprachen mit der Dienststellenleitung und dem Personalrat,
- die rechtzeitige Einladung aller aktiven Wahlberechtigten, des Personalrats, der Dienststellenleitung, der Gewerkschaften mit Nennung der Schwerpunktthemen (etwa Weiterbeschäftigungsanspruch).

3 Einige Wochen vor der Versammlung sollte die JAV mit einer Information nochmals auf den Termin und die Themen hinweisen.

§ 58

(1) Für den Geschäftsbereich mehrstufiger Verwaltungen werden, soweit Stufenvertretungen bestehen, bei den Behörden der Mittelstufe Bezirksjugend- und -auszubildendenvertretungen und bei den obersten Dienstbehörden Hauptjugend- und -auszubildendenvertretungen gebildet. Für die Jugend- und Auszubildendenstufenvertretungen gelten § 50 Abs. 2 und 5 sowie §§ 54 bis 56 mit Ausnahme der Regelung über die Einrichtung von Sprechstunden entsprechend. Erfolgt die Wahl der Jugend- und Auszubildendenstufenvertretung gleichzeitig mit den nach § 50 Abs. 4 in Verbindung mit § 15 regelmäßig durchzuführenden Wahlen der Stufenvertretung, so gilt § 50 Abs. 5 mit der Maßgabe, dass die danach gebildeten Wahlvorstände auch die Aufgaben der Wahlvorstände für die Wahl der Jugend- und Auszubildendenstufenvertretung wahrnehmen. In den übrigen Fällen gilt § 50 Abs. 5 mit der Maßgabe, dass im Falle des § 50 Abs. 5 Satz 3 die Aufgaben des örtlichen Wahlvorstandes dem Bezirks- oder Hauptwahlvorstand obliegen. Soweit danach in Dienststellen kein Wahlvorstand bestellt wird, kann der Bezirks- oder Hauptwahlvorstand die Stimmabgabe in diesen Dienststellen durchführen oder die briefliche Stimmabgabe anordnen.

(2) In den in § 52 Abs. 1 bezeichneten Fällen wird neben den einzelnen Jugend- und Auszubildendenvertretungen eine Gesamtjugend- und -auszubildendenvertretung gebildet. Abs. 1 Satz 2 gilt entsprechend.

1 Bestehen Stufenvertretungen, werden für den Geschäftsbereich mehrstufiger Verwaltungen bei den Behörden der Mittelstufe **Bezirksjugend- und -auszubildendenvertretungen** (BJASV) und bei den obersten Dienstbehörden **Hauptjugend- und -auszubildendenvertretungen** (HJASV) gebildet.

2 Die Jugend- und Auszubildendenstufenvertretungen sind – genauso wie die JAV in der unteren Verwaltungsstufe – keine eigenständigen und gleichberechtigten Organe neben den Stufenvertretungen nach §§ 50, 51. Bei ihnen handelt es sich um personalvertretungsrechtliche Einrichtungen besonderer Art, die in ihren Funktionen an die Tätigkeit und Aufgaben der Stufenvertretungen gebunden und von diesen abhängig sind, wie dies bei den JAV der unteren Stufe im Verhältnis zu ihren Personalräten der Fall ist.[213] Die Beteiligungsrechte werden auch für die jugendlichen und in Ausbildung befindlichen Beschäftigten ausschließlich von der jeweiligen Stufenvertretung wahrgenommen. Das Gleiche gilt im Verhältnis eines Gesamtpersonalrats gemäß § 52 zu einer Gesamtjugend- und -auszubildendenvertretung (GJAV) nach § 58 Abs. 2. Im Verhältnis zur Dienststelle stehen ihnen keine Beteiligungsrechte und Entscheidungsbefugnisse zu.[214] Sie sind weder der Stufenvertretung noch dem Gesamtpersonalrat untergeordnet. Mit Ausnahme der Regelung über die Einrichtung von Sprechstunden gelten die Vorschriften der JAV (§ 50 Abs. 2 und 5 sowie §§ 54 bis 56) entsprechend.

Im Verhältnis zur örtlichen JAV stehen die B(H)JASV und GJAV in keinem Über-Unterordnungsverhältnis. Somit bestehen **keine Weisungs- oder sonstigen Eingriffsrechte** gegenüber der örtlichen JAV.[215]   **3**

Gemäß § 50 Abs. 5 Satz 1 soll die **Wahl** der Stufenvertretungen möglichst zeitgleich mit der Wahl der Personalräte erfolgen. Gleiches gilt gemäß § 53 für die Wahl des GPR, der auf § 50 Abs. 5 verweist.   **4**

Abs. 1 Satz 2 i. V. m. § 54 Abs. 2 Satz 1 schreibt für die Wahl der B(H)JASV vor, dass die Stufenvertretung einen besonderen **Stufenwahlvorstand** bestellt. Dieser hat die Aufgabe, die Wahl der JASV zu organisieren und unverzüglich einzuleiten.[216] Der Stufenwahlvorstand ist also auch für den Erlass des Wahlausschreibens zuständig.   **5**

Aufgrund der nur **zweijährigen Amtszeit** der JASV kann die gleichzeitige Wahl zur allgemeinen Stufenvertretung und zur JASV nicht regelmäßig zusammenfallen. Können die Wahlen gleichzeitig durchgeführt werden, regelt Abs. 1 Satz 3, dass die allgemeinen örtlichen Wahlvorstände für die Wahl der Stufenvertretungen auch für die Wahl der JASV zuständig sind. Das Gleiche gilt, wenn die Stufenvertretung vorzeitig neu gewählt werden muss und somit gleichzeitig auch die JASV neu zu wählen ist.[217] Kann die Wahl der JASV nicht gleichzeitig mit der der Stufenvertretung erfolgen, soll nach Abs. 1 Satz 4 i. V. m. § 50 Abs. 5 die Wahl der JASV möglichst gleichzeitig mit der der örtlichen JAV erfolgen. In diesem Fall führen die bestehenden örtlichen Wahlvorstände die Wahl im Auftrag des Stufenwahlvorstands (Abs. 1 Satz 2 i. V. m. § 54 Abs. 2) durch.   **6**

Für die **GJAV** verweist Abs. 2 Satz 2 im Hinblick auf die Wahl,   **7**

---

213 Fischer/Goeres/Gronimus, BPersVG, § 64 Rn. 6.
214 BVerwG 28. 10. 1993, PersR 1994, 119.
215 V. Roetteken/Rothländer, HPVG, § 58 Rn. 12.
216 Lorenzen u. a., BPersVG, § 60 Rn. 15.
217 So auch v. Roetteken/Rothländer, HPVG, § 58 Rn. 35.

§ 60

Mitgliederzahl, Amtszeit, Aufgaben sowie den Abordnungs- und Versetzungsschutz auf Abs. 1 Satz 2. Die GJAV kann auch dann gebildet werden, wenn in nicht allen verselbständigten Dienststellen eine JAV gewählt wurde. Voraussetzung ist, dass wenigstens in einer Dienststelle eine JAV besteht.

8 Die **Verselbständigung** von Nebenstellen und Dienststellenteilen gemäß § 7 Abs. 3 können die Beschäftigten im Sinne des § 54 Abs. 1 nicht isoliert von den übrigen Beschäftigten beschließen.

§ 59
(aufgehoben)

Sechster Abschnitt
Beteiligung des Personalrats

Erster Titel
Allgemeines

§ 60

(1) Dienststelle und Personalrat arbeiten vertrauensvoll und im Zusammenwirken mit den in den Dienststellen vertretenen Gewerkschaften und Arbeitgebervereinigungen zur Erfüllung der dienstlichen Aufgaben und zum Wohle der Beschäftigten zusammen.

(2) Der Personalrat hat das Recht, die Gewerkschaften bei der Erfüllung ihrer Aufgaben in der Dienststelle zu unterstützen. Die Mitglieder der Personalvertretungen und die nach § 54 gewählten Vertreter können in der Dienststelle als Gewerkschaftsmitglieder im Rahmen ihrer Aufgaben tätig werden.

(3) Dienststelle und Personalrat haben alles zu unterlassen, was geeignet ist, die Arbeit und den Frieden in der Dienststelle zu gefährden. Insbesondere dürfen Dienststelle und Personalrat keine Maßnahmen des Arbeitskampfes gegeneinander durchführen. Arbeitskämpfe tariffähiger Parteien werden hierdurch nicht berührt.

(4) Der Leiter der Dienststelle und der Personalrat sollen mindestens einmal im Monat zu gemeinschaftlichen Besprechungen zusammentreten. In diesen Besprechungen hat der Dienststellenleiter beabsichtigte Maßnahmen, die der Beteiligung

unterliegen, rechtzeitig und eingehend mit dem Personalrat zu erörtern. In ihnen sollen auch die Frage der Gleichstellung von Männern und Frauen, die Gestaltung des Dienstbetriebs, Maßnahmen der Wirtschaftlichkeitsüberprüfung, Maßnahmen der Rationalisierung, Vergabe oder Privatisierung von Arbeiten oder Aufgaben, die bisher durch die Beschäftigten der Dienststelle wahrgenommen werden, behandelt werden, insbesondere alle Vorgänge, die die Beschäftigten wesentlich berühren. Der Leiter der Dienststelle und der Personalrat haben über strittige Fragen mit dem ernsten Willen zur Einigung zu verhandeln und Vorschläge für die Beilegung von Meinungsverschiedenheiten zu machen. An diesen Besprechungen können Beauftragte der im Personalrat der Dienststelle vertretenen Gewerkschaften sowie Vertreter des jeweiligen Arbeitgeberverbandes oder kommunalen Spitzenverbandes teilnehmen. Der Leiter der Dienststelle und der Personalrat sind berechtigt, sachkundige Mitarbeiter oder Sachverständige zu den Besprechungen hinzuzuziehen.

(5) Abs. 4 Satz 5 gilt nicht, soweit Gegenstände behandelt werden, die die Mitteilung oder Erörterung schutzwürdiger personenbezogener Daten (§ 33 Satz 3) einschließen, es sei denn, der Betroffene stimmt zu, oder soweit Anordnungen behandelt werden, durch die die Alarmbereitschaft oder der Einsatz der Vollzugspolizei geregelt werden. An den Besprechungen nach Abs. 4 nehmen der Vertreter der Jugend- und Auszubildendenvertretung und die Schwerbehindertenvertretung teil.

1. Grundsatz der vertrauensvollen Zusammenarbeit (Abs. 1)

Abs. 1 normiert den **Grundsatz der vertrauensvollen Zusammenarbeit** zwischen Dienststelle und Personalvertretung. Er ist im gesamten Personalvertretungsrecht zu beachten und wird durch weitere Vorschriften des HPVG konkretisiert und ergänzt. Es handelt sich bei diesem Grundsatz um unmittelbar geltendes und zwingendes Recht, das als Generalklausel direkt auf den Inhalt und die Abgrenzung der Einzelrechte und -pflichten von Personalvertretung und Dienststelle bzw. Diensttherrn wirkt.[218]

Das Gebot der **vertrauensvollen Zusammenarbeit** richtet sich sowohl an den Dienststellenleiter, der als Repräsentant des Dienstherrn und öffentlichen Arbeitgebers für die Dienststelle handelt, als auch an die Personalvertretung, die Repräsentantin der Beschäftigten der Dienststelle ist.[219] Danach verlangt eine vertrauensvolle Zusammenarbeit gegenseitiges Vertrauen und Offenheit. Ausfluss dieses Gebots ist

---
218 BVerwG 24.10.1969, BVerwGE 34, 143, 145.
219 Altvater-Altvater/Peiseler, BPersVG, § 2 Rn. 2 ff.

§ 60

u. a., dass jede Seite es der anderen ermöglicht, die ihr obliegenden Aufgaben zu erfüllen, und dass etwaige **Meinungsverschiedenheiten** in den vom Gesetz vorgesehenen Formen bereinigt werden. Es verstößt z. B. gegen das Gebot der vertrauensvollen Zusammenarbeit, wenn der Personalrat gegen den Willen des Dienststellenleiters außerhalb der Dienstzeit eine Besprechung mit Ausbildern durchführt und auf diese Weise versucht, unter Ausschaltung der Dienststelle Einfluss auf die Kriterien für die Auswahl der einzustellenden Auszubildenden zu nehmen.[220]

3 Die **Pflicht zur Zusammenarbeit** bedeutet nicht die Erfüllung irgendwelcher Funktionen des Personalrats gegenüber dem Dienstherrn. Vielmehr obliegt der Personalvertretung in erster Linie die Wahrnehmung der Interessen der von ihr repräsentierten Dienstkräfte gegenüber der Dienststelle.[221] Das Wohl der Beschäftigten besteht in der Wahrung ihrer **sozialen Interessen**. Die Aufgaben der Dienststelle sind durch deren Bindung an Gesetz und Recht vorgegeben. Ihre Erfüllung liegt im Interesse des Gemeinwohls. Beide Ziele stehen **gleichrangig** nebeneinander.[222]

4 Das Gebot der vertrauensvollen Zusammenarbeit bindet Dienststellenleiter und Personalvertretung hinsichtlich der Art und Weise ihres **gesamten personalvertretungsrechtlichen Tätigwerdens**.[223] Nicht das Gegeneinander, sondern das Miteinander – im Geiste gegenseitigen Vertrauens – muss **tragender Gesichtspunkt** ihrer Tätigkeit sein. Gegenstand der beiderseitigen Aufgaben ist die Erfüllung der dienstlichen Angelegenheiten und die Wahrung des Wohls der Beschäftigten. Das darin enthaltene **Prinzip der Fürsorge** verpflichtet den Dienststellenleiter – über die ihm den Beamten gegenüber ohnehin obliegende Fürsorgepflicht hinaus – gegenüber aller Beschäftigten.[224] So dürfen etwa Informationsveranstaltungen der Dienststelle nicht als »Personalversammlungen« bezeichnet werden.[225] Post, die erkennbar den an den Personalrat oder dessen Vorsitzenden gerichtet ist, darf der Dienststellenleiter nicht öffnen oder öffnen lassen.[226] Der Personalrat darf unter Berücksichtigung des Grundsatzes der vertrauensvollen Zusammenarbeit kein Flugblatt mit verbalen Angriffen auf den Dienststellenleiter herausgeben, das eine mehr oder minder versteckte Rücktrittsforderung enthält.[227] Bedenken, die der Personalrat etwa gegen eine beabsichtigte beteiligungspflichtige Maßnahme erhebt, darf der Dienststellenleiter auch dann nicht ohne Weiteres über-

---

220 HessVGH 23.1.1991 – HPV TL 1533/85 –, PersV 1992, 490.
221 BVerwG 21.10.1993, PersR 1994, 165.
222 BVerwG 25.6.1984 – 6 P 2.83 –, PersV 1984, 500.
223 Fischer/Goeres/Gronimus, BPersVG, § 2 Rn. 4.
224 Havers, LPVG NRW, § 2, S. 82 ff.
225 BVerwG 23.5.1986 – 6 P 5.85 –, PersR 1986, 116.
226 ArbG Wesel 23.1.1992 – 2 BV 51/91 –, AiB 1993, 43.
227 BVerwG 27.11.1981 – 6 P 38.79 –, PersV 1983, 408.

gehen, wenn diese Bedenken im Sinne des § 77 Abs. 4 unbeachtlich sein sollten. Er muss diese vielmehr ernsthaft prüfen und gegebenenfalls mit dem Personalrat erörtern.[228] Auf einen vor Fristablauf erkannten Fehler des Personalrats darf sich der Dienststellenleiter dann nicht berufen, wenn er zu erkennen gegeben hat, er werde dem Fehler keine Bedeutung beimessen.[229]

Eine Personalvertretung darf sich nicht Aufgaben anmaßen, die ihr nach dem HPVG nicht zustehen. Deshalb dürfen Personalvertretungen nicht über den Bereich der Dienststelle hinausgehen und gegen Maßnahmen anderer Behörden protestieren.[230] **5**

Dienststellenleiter und Personalrat sind grundsätzlich als **gleichberechtigte Partner** anzusehen. Sie stehen in keinem Über- oder Unterordnungsverhältnis. Gleichberechtigt bedeutet, dass der Personalrat als **kollektives Vertretungsorgan** der Angehörigen des öffentlichen Dienstes auf der Grundlage interner Willensbildung selbständig und alleinverantwortlich, also ohne den Weisungen oder der Rechtsaufsicht des Dienststellenleiters zu unterliegen, seine ihm obliegenden Aufgaben erfüllt.[231] Insbesondere ist es der Dienststellenleitung untersagt, sich in die Amtsführung des Personalrats einzumischen. **6**

Unzulässig ist es auch, dass die eine Seite auf die andere Seite Druck ausübt, um ihre eigenen personellen Vorstellungen durchzusetzen. So bestehen nach Ansicht des HessVGH zu Recht Bedenken dagegen, dass ein Antrag auf Zustimmung zu einer beteiligungspflichtigen Maßnahme mit der Behandlung einer anderen Maßnahme verknüpft wird, insbesondere, wenn dies in der Weise geschieht, dass der Antrag im Ergebnis mit einer echten Bedingung verknüpft ist. Damit kann der Dienststellenleiter durch Schnüren eines Pakets von Personalmaßnahmen den Grundsatz der vertrauensvollen Zusammenarbeit verletzen. Dies gilt z. B., wenn entsprechende Einigungsbemühungen gescheitert sind und der Dienststellenleiter an der Verknüpfung seines Antrags mit der gestellten Bedingung festhält und die Weitergabe der Personalmaßnahmen ablehnt, denen die Personalvertretung grundsätzlich zugestimmt hat.[232] **7**

Nach **Abs. 1** arbeiten Dienststelle und Personalrat vertrauensvoll und im Zusammenwirken mit den in den Dienststellen vertretenen Gewerkschaften und Arbeitgebervereinigungen zur Erfüllung der dienstlichen Aufgaben und zum Wohle der Beschäftigten zusammen. Eine **Gewerkschaft** ist nach ständiger Rechtsprechung des BAG eine Arbeitnehmervereinigung, die sich als satzungsgemäße Aufgabe die Wahrnehmung der Interessen ihrer Mitglieder in deren Eigenschaft **8**

---

228 BVerwG 20. 6. 1986 – 6 P 3.83 –, PersR 1986, 197.
229 BVerwG 14. 7. 1986, PersR 1986, 233.
230 HessVGH 23. 11. 1988, ZfPR 1989, 142.
231 V. Roetteken/Rothländer, HPVG, § 60 Rn. 31.
232 HessVGH 28. 9. 1990 – HPV TL 1654/86 –, HessVGRspr. 5/92, S. 38.

§ 60

als Arbeitnehmer gesetzt hat und willens ist, Tarifverträge abzuschließen. Sie muss frei gebildet, gegnerfrei, unabhängig und auf überbetrieblicher Grundlage organisiert sein und das geltende Tarifrecht als verbindlich anerkennen. Ferner muss sie ihre Aufgabe als Tarifpartnerin sinnvoll erfüllen können, wozu zum einen die Durchsetzungskraft gegenüber dem sozialen Gegenspieler, zum anderen auch eine gewisse Leistungsfähigkeit der Organisation gehört.[233] **Arbeitgebervereinigungen** sind freiwillige Zusammenschlüsse von einzelnen Arbeitgebern, deren Aufgabe darin besteht, die Arbeits- und Wirtschaftsbedingungen ihrer Mitglieder gegenüber den Gewerkschaften, insbesondere durch die Aushandlung von Tarifverträgen, zu fördern. Ihnen dürfen keine Arbeitnehmer angehören und sie müssen von der Gegenseite unabhängig sein.[234]

9 Der Personalrat kann sich nur in solchen Angelegenheiten der **gewerkschaftlichen Unterstützung** bedienen, die sich im Rahmen seiner gesetzlich zugewiesenen Aufgaben befinden. Es liegt in seiner Entscheidungskompetenz, ob er die Unterstützung der Gewerkschaft in Anspruch nimmt. Das Gleiche gilt für die Dienststelle in Bezug auf ihr Verhältnis zur Arbeitgebervereinigung. Der Personalrat und die gewerkschaftlich gebundenen Personalratsmitglieder können sich aus Anlass der Wahrnehmung ihrer Personalratsaufgaben von ihrer Gewerkschaft fachlich beraten lassen. Diese kann in der Regel eine umfassende Rechtsübersicht über aktuelle Probleme des Personalvertretungsrechts bieten. Sie verfügt über umfassende Erfahrungen bei der Durchsetzung von Beteiligungstatbeständen und kann somit auch deren Grenzen aufzeigen.

2. Personalrat und Gewerkschaften (Abs. 2)

10 Abs. 2 Satz 1 erlaubt dem Personalrat ferner, die Gewerkschaften bei der Erfüllung ihrer Aufgaben in der Dienststelle zu unterstützen. Die Gewerkschaften sollen nach dem Willen des Gesetzgebers in die Arbeit der Dienststelle eingebunden werden. Dies ergibt sich insbesondere auch aus Abs. 1, wonach die vertrauensvolle Zusammenarbeit zwischen Dienststelle und Personalrat auch »im Zusammenwirken« mit den Gewerkschaften (und Arbeitgebervereinigungen) erreicht werden soll.

11 Zur Wahrnehmung ihrer personalvertretungsrechtlichen Aufgaben und Befugnisse haben die in der Dienststelle vertretenen Gewerkschaften (und Arbeitgebervereinigungen) auch ein **Zugangsrecht zur Dienststelle**. Im Gegensatz zu § 2 Abs. 2 BPersVG ist dieses

---

233 BAG 25.3.2006 – 1 ABR 58/04 –, NZA 2006, 112; BVerwG 25.7.2006 – 6 P 17.05 –, PersR 2006, 512.
234 V. Roetteken/Rothländer, HPVG, § 60 Rn. 68; Altvater-Altvater/Peiseler, BPersVG, § 2 Rn. 25.

Zugangsrecht der Gewerkschaften im HPVG nicht ausdrücklich geregelt, sondern ergibt sich vielmehr aus Abs. 1, der die Verpflichtung zum Zusammenwirken mit den in den Dienststellen vertretenen Gewerkschaften regelt. Das Zugangsrecht steht nur den in der Dienststelle vertretenen Gewerkschaften und Berufsverbänden zu. Sie sind in der Dienststelle vertreten, wenn wenigstens ein Beschäftigter Mitglied dieser Gewerkschaft ist. Auf die Wahlberechtigung der Beschäftigten kommt es dabei nicht an. Das Zugangsrecht bezieht sich auf die Dienststelle insgesamt und damit auch zu jedem einzelnen Arbeitsplatz, wenn ein Zusammenhang zur **gewerkschaftlichen Tätigkeit** besteht. Dabei ist eine vorherige Unterrichtung der Dienststellenleitung zu empfehlen. Der Zutritt kann nur dann ausnahmsweise verweigert werden, wenn zwingende Sicherheitsvorschriften oder der Schutz von Dienstgeheimnissen entgegenstehen. In einem solchen Fall ist jedoch zu prüfen, ob das Zutrittsrecht zumindest zeitlich oder örtlich modifiziert gewährt oder auf bestimmte Teile der Dienststelle, bestimmte Räumlichkeiten oder bestimmte Zeiten beschränkt werden kann. Im Übrigen unterliegen auch die Gewerkschaftsbeauftragten der Geheimhaltungspflicht. Die Zutrittsversagung wegen einer möglichen Verletzung von Dienstgeheimnissen bedarf daher einer besonders nachvollziehbaren Begründung.

Dienststelle und Personalrat haben sich für die Wahrung der Vereinigungsfreiheit der Beschäftigten einzusetzen. Diese Verpflichtung folgt aus der Bindung an Art. 9 Abs. 3 GG. Unter Vereinigungsfreiheit ist die **positive Koalitionsfreiheit** zu verstehen, also das Recht, zur Wahrung und Förderung der Arbeits- und Wirtschaftsbedingungen Vereinigungen zu bilden. Dienststelle und Personalrat haben sich hierfür aktiv einzusetzen. Sie haben alles zu unterlassen, was das Recht der Beschäftigten beeinträchtigen könnte, sich einer Gewerkschaft anzuschließen oder für sie einzutreten. Aus Art. 9 Abs. 3 GG leitet sich auch das Recht zur **negativen Koalitionsfreiheit** her. Danach steht es jedem frei, einer Koalition auch fernzubleiben.

Den gewerkschaftlich organisierten Beschäftigten ist es unbenommen, sich – gegebenenfalls nach entsprechender Einführung – innerhalb einer Dienststelle, am gemeinsamen Dienstort, werbend und unterrichtend zu betätigen, in zulässigem Umfang Plakate aufzuhängen, Prospekte auszulegen und zu verteilen und mit den Arbeitnehmern zu sprechen. Das BVerfG hat überdies bereits in einer Entscheidung aus dem Jahr 1970[235] bestätigt, dass der grundgesetzliche Schutz der gewerkschaftlichen Betätigung aus Art. 9 Abs. 3 GG auch die Werbung neuer Mitglieder umfasst. Damit wird auch die Mitgliederwerbung durch einzelne Gewerkschaftsmitglieder geschützt. Gewerkschaften können sich auch mittels Nutzung der neuen Informationstechnologien an die Beschäftigten wenden. Gewerkschaftliche Werbung und

---

235 BVerfG 26.5.1970, PersV 1970, 227.

Informationen unter Verwendung der betrieblichen E-Mail-Adresse sind grundsätzlich erlaubt, soweit keine Störung der betrieblichen Kommunikation damit verbunden ist.[236] Zur zulässigen durch Art. 9 Abs. 3 GG geschützten gewerkschaftlichen Betätigung gehört insbesondere die Gewerkschaftswerbung im Betrieb bzw. in der Dienststelle, in dem sich das Arbeitsleben praktisch abspielt. Die Gewerkschaften haben das **eigenständige Recht**, im Betrieb für ihre Ziele zu werben, die Beamten und Arbeitnehmer zu informieren und zum Gewerkschaftsbeitritt aufzufordern.[237] Zulässig ist insbesondere auch die Plakatwerbung. Sie darf jedoch nicht an beliebiger Stelle im Betrieb oder in der Dienststelle, sondern nur nach Rücksprache mit dem Dienststellenleiter vorgenommen werden. Zweckmäßig ist die Benutzung des Schwarzen Bretts oder anderer dienstlicher Anschlagflächen. Da sich eine Gewerkschaft an die Beschäftigten über deren dienstliche bzw. betriebliche E-Mail-Adresse mit Werbung und Informationen wenden kann, ist auch die gewerkschaftliche Nutzung eines hausinternen **Postverteilungssystems** zulässig.[238]

14 Ferner ist auch die Verteilung einer **Gewerkschaftszeitung** in der Dienststelle oder im Betrieb zulässig, da auch diese zur gewerkschaftlichen Betätigung und Werbung gehört. Die Verteilung, sei es an Gewerkschaftsmitglieder oder an alle Beschäftigten der Dienststelle oder des Betriebs, ist ebenfalls durch das Grundrecht der Koalitionsbetätigung der Gewerkschaft als solcher und ihrer einzelnen Mitglieder geschützt.[239] Insbesondere darf die Dienststellenleitung das Verteilen der Gewerkschaftszeitung nicht etwa deshalb untersagen, weil sie nach ihrer Ansicht unzulässige (partei-)politische Beiträge enthalte.[240]

15 Während der Arbeitszeit muss sich die Werbung allerdings auf die Dauer eines normalen Gesprächs zwischen Beschäftigten beschränken.[241]

16 Nach Auffassung des BVerwG ist eine nachhaltige Werbung, also ein wiederholtes Zureden, dauerndes Einwirken auf einen Beschäftigten oder ein verstärktes, hartnäckiges und unter Umständen längeres Einwirken auf einen noch unentschlossenen Beschäftigten unzulässig.[242] Nach dieser Rechtsprechung liegt überdies eine grobe, sogar zum Ausschluss führende Pflichtverletzung eines Personalratsmitglieds vor, wenn die Werbung für eine Gewerkschaft als nachhaltige Werbung unter Ausübung von Druck stattfindet.[243] Dies ist zu bejahen, wenn ein

---

236 BAG 20.1.2009 – 1 AZR 515/08 –, ZfPR 2009, 105.
237 BVerfG 14.11.1995, AP Nr. 80 zu Art. 9 GG; BAG 28.2.2006, AP Nr. 127 zu Art. 9 GG.
238 Anders noch BAG 23.9.1986, AP Nr. 45 zu Art. 9 GG.
239 BVerfG 14.11.1995, AP Nr. 80 zu Art. 9 GG.
240 BAG 23.2.1979, AP Nr. 29 zu Art. 9 GG.
241 BVerfG 14.11.1995, ZfPR 1996, 77.
242 BVerwG 23.2.1979, PersV 1980, 205.
243 BVerwG 2.8.1991, PersV 1992, 158.

Personalratsmitglied sein Engagement für die Belange eines Beschäftigten gerade davon abhängig macht, dass er in die Gewerkschaft eintritt.[244]

3. Friedenspflicht (Abs. 3)

Gemäß **Abs. 3** haben die Dienststelle und der Personalrat alles zu unterlassen, was geeignet ist, die Arbeit und den Frieden in der Dienststelle zu gefährden. So dürfen Dienststelle und Personalrat insbesondere keine Maßnahmen des Arbeitskampfes gegeneinander führen. Arbeitskämpfe tariffähiger Parteien gemäß Abs. 3 Satz 3 werden hierdurch aber nicht berührt. Friedenspflicht und Arbeitskampfverbot betonen den Unterschied zwischen der gesetzlich eingerichteten Personalvertretung einerseits und den autonom errichteten Gewerkschaften andererseits. Das Verbot, den Frieden in der Dienststelle zu beeinträchtigen, richtet sich an beide Seiten – Dienststelle und Personalrat. Die oftmals harte Austragung von Konflikten im Rahmen der Beteiligungsrechte stellt jedoch keine friedensstörende Handlung dar.[245] 17

Als **arbeits- bzw. friedensstörende Handlungen** können solche betrachtet werden, die den Ablauf des Dienstbetriebs in seiner Gesamtheit beeinträchtigen können. Die Friedenspflicht soll maßgeblich auch die Funktionsfähigkeit der Verwaltung sichern. Kein Verstoß gegen die Friedenspflicht liegt vor, wenn es aus Anlass eines Monatsgesprächs oder eines Beteiligungsverfahrens zu einer Kontroverse zwischen einem Personalratsmitglied und dem Dienststellenleiter kommt. Ein beiderseitiger Verstoß gegen die Friedenspflicht ist zu bejahen bei der gegenseitigen Vernichtung der Schriften am Schwarzen Brett oder bei gegenseitigen Angriffen in sachlich nicht gerechtfertigter Weise.[246] 18

In sachlicher Form geäußerte und »erfragte« **Kritik** an vorhandenen Missständen (etwa Arbeitsschutz) im Betrieb oder in der Dienststelle, insbesondere auch Kritik an Vorgesetzten und der Dienststellenleitung bzw. Mitarbeitern und Mitgliedern der Vertretungsorgane der Arbeitnehmerschaft selbst sind **zulässig**, wenn der Betriebsfrieden nicht beeinträchtigt wird.[247] 19

Bei einem Verstoß gegen die Friedenspflicht kann gegen einen Beamten ein **Disziplinarverfahren** eröffnet werden, gegenüber Arbeitnehmern kann eine **Abmahnung** oder eine ordentliche bzw. außerordentliche Kündigung erfolgen. 20

Kommt es seitens der Dienststellenleitung zu einer Verletzung der Friedenspflicht, steht dem Personalrat nach Abs. 3 ein **Unterlassungsanspruch** zu. So ist der Personalrat auch berechtigt, dem Dienst- 21

---

244 So auch Altvater, BPersVG, § 67 Rn. 32.
245 Fricke u. a., NPersVG, § 2 Rn. 2 ff.
246 HessVGH 23.10.2003, PersR 2004, 155.
247 BAG 8.2.1977, AuR 1977, 121.

stellenleiter im Wege einer einstweiligen Verfügung nach § 85 Abs. 2 ArbGG eine Handlung untersagen zu lassen, die die Friedenspflicht in der Dienststelle gefährdet.[248] Bei dem Unterlassungsanspruch nach Abs. 3 handelt es sich um einen eigenständigen Unterlassungsanspruch. Darüber hinaus besteht auch ein Unterlassungsanspruch nach § 111 Abs. 2.

22 Untersagte Arbeitskampfmaßnahmen sind Streiks und Warnstreiks sowie Aussperrungen. Das Verbot dieser gegeneinander gerichteten Arbeitskampfmaßnahmen richtet sich an beide Seiten. Abs. 3 Satz 3 stellt klar, dass Personalratsmitglieder durch die Wahrnehmung dieser Funktion nicht in ihrer Betätigung für ihre Gewerkschaft in der Dienststelle beschränkt werden. **Tariffähige Parteien** werden von dem Arbeitskampfverbot nicht berührt. Wird von einer Gewerkschaft ein Streik geleitet, können sich auch Personalratsmitglieder an diesem Streik beteiligen, jedoch nicht in ihrer Eigenschaft als Personalratsmitglied.[249] Den Mitgliedern einer Personalvertretung ist es auch nicht verwehrt, als Gewerkschaftsbeauftragte im Rahmen zulässiger gewerkschaftlicher Streikmaßnahmen bei Arbeitnehmern in der Dienststelle zu werben. Dies gilt auch für verbeamtete Personalratsmitglieder.[250]

4. Das Monatsgespräch (Abs. 4)

23 Nach **Abs. 4** sollen der Leiter der Dienststelle und der Personalrat mindestens einmal im Monat zu gemeinschaftlichen Besprechungen zusammentreten (sog. Monatsgespräch). Die Soll-Vorschrift drückt aus, dass nur ausnahmsweise in gegenseitigem Einvernehmen und nur bei Vorliegen wichtiger Gründe das Monatsgespräch nicht stattfinden muss.[251] Nach einer Entscheidung des HessVGH soll die **gemeinschaftliche monatliche Besprechung** einen offenen und unbefangenen, auf die Verständigung beider Seiten abzielenden wechselseitigen Informations- und Meinungsaustausch ermöglichen.[252] Ohne dass ein konkretes Beteiligungsverfahren eingeleitet ist, soll die Dienststellenleitung bereits im Vorfeld beabsichtigte Maßnahmen, die der Beteiligung unterliegen, mit dem Gremium erörtern. Gegenstand der Besprechung können andererseits nur solche Angelegenheiten sein, die in die Entscheidungskompetenz des Dienststellenleiters fallen. Nach Abs. 4 Satz 3 können folgende Themen Gegenstand eines Monatsgesprächs sein:

- Gleichstellung von Männern und Frauen

---

248 V. Roetteken/Rothländer, HPVG, § 60 Rn. 145; Fischer/Goeres/Gronimus, BPersVG, § 66 Rn. 16.
249 BVerwG 23.2.1994, PersV 1980, 205.
250 Bundesdisziplinargericht 16.6.1987, PersR 1988, 81.
251 Daniels, PersVG Berlin, § 70 Rn. 1.
252 HessVGH 29.1.1986, PersV 1987, 290.

§ 60

- Gestaltung des Dienstbetriebs
- Maßnahmen der Wirtschaftlichkeitsüberprüfung
- Maßnahmen der Rationalisierung
- Vergabe oder Privatisierung von Arbeiten oder Aufgaben, die bisher durch die Beschäftigten der Dienststelle wahrgenommen werden
- alle Vorgänge, die die Beschäftigten wesentlich berühren

Hierbei handelt es sich nur um **besondere Beratungspunkte**; darüber hinaus können im Monatsgespräch alle beabsichtigten Maßnahmen erörtert werden, die der Beteiligung im Wege der Mitbestimmung, der Mitwirkung, der Anhörung oder auch nur der Information unterliegen.

24 Die Besprechung selbst erfolgt nicht öffentlich. Ein Protokoll ist nicht zwingend vorgeschrieben, aber sinnvoll. Dies gilt auch für die Aufstellung einer Tagesordnung. Zulässig ist es auch, dass das Monatsgespräch im Zuge einer Personalratssitzung stattfindet. In einem solchen Fall ist der Personalratsvorsitzende für das Festlegen der Tagesordnung und die Verhandlungsführung zuständig.

25 Themen, die mit der Dienststellenseite aus Anlass des Monatsgesprächs besprochen werden, sollten im Gremium vorher erörtert werden. Interne Auseinandersetzungen sind bei einem Monatsgespräch unbedingt zu vermeiden. Dies gilt auch für widersprechende oder Unmutsäußerungen gegenüber Personalratsmitgliedern im Beisein der Dienststellenleitung. Die **Themen** des Monatsgesprächs können auch in Arbeitsgruppen **vorbereitet** werden. Unabhängig von ihrer Gewerkschafts- oder Verbandszugehörigkeit sollten die Mitglieder der Personalvertretung gegenüber der Dienststellenseite »**eine Sprache sprechen**«. So wie der Dienststellenseite Widersprüche und Meinungsverschiedenheiten auf Seiten der Personalvertretung auffallen, zieht auch der Personalrat aus entsprechend festgestellten Mängeln in der Kommunikation der Dienststellenseite entsprechende Konsequenzen hinsichtlich seiner künftigen Strategie.

26 Sowohl der Leiter der Dienststelle als auch der Personalrat sollen streitige Fragen mit dem ernsten Willen zur **Einigung** verhandeln und dabei Vorschläge für die Beilegung von Meinungsverschiedenheiten erarbeiten und der Gegenseite vorlegen. Allerdings gibt es für beide Seiten keine Verpflichtung, etwa unter Aufgabe der eigenen Rechtsposition eine Einigung zu erzielen.

27 Das Teilnahmerecht von **Gewerkschaftsbeauftragten und Vertretern des Arbeitgeberverbands** oder des kommunalen Spitzenverbandes am Monatsgespräch leitet sich unmittelbar aus **Abs. 5 Satz 5** her. Die Gewerkschaft kann unter der Voraussetzung am Monatsgespräch teilnehmen, dass mindestens ein Mitglied des Personalrats auch Mitglied der entsprechenden Gewerkschaft ist. Es ist nicht aus-

reichend, dass die Gewerkschaft nur Mitglieder unter den Beschäftigten hat.

28 Der Dienststellenleiter entscheidet, ob er **sachkundige Mitarbeiter oder Sachverständige** zum Monatsgespräch hinzuzieht. Das Gleiche gilt auch für den Personalrat. Dabei bedarf er nicht der vorherigen Zustimmung des Dienststellenleiters.[253] Auch der Frauenbeauftragten ist gemäß § 18 Abs. 5 HGlG Gelegenheit zu geben, am Monatsgespräch teilzunehmen. Da diese jedoch der Dienststellenseite zugehörig ist, ist es Aufgabe des Dienststellenleiters, sie über den Zeitpunkt des Monatsgesprächs zu informieren.

§ 61

(1) Dienststelle und Personalrat haben darüber zu wachen, dass alle in der Dienststelle tätigen Personen nach Recht und Billigkeit behandelt werden, insbesondere, dass jede Benachteiligung von Personen aus Gründen ihrer Rasse oder wegen ihrer ethnischen Herkunft, ihrer Abstammung oder sonstigen Herkunft, ihrer Nationalität, ihrer Religion oder Weltanschauung, ihrer Behinderung, ihres Alters, ihrer politischen oder gewerkschaftlichen Betätigung oder Einstellung, ihres Geschlechts oder wegen ihrer sexuellen Identität unterbleibt. Der Leiter der Dienststelle und die Personalvertretung haben bei der Wahrnehmung ihrer Aufgaben nach diesem Gesetz jede parteipolitische Betätigung in der Dienststelle zu unterlassen; die Behandlung von Tarif-, Besoldungs- und Sozialangelegenheiten wird hierdurch nicht berührt.

(2) Der Personalrat hat sich für die Wahrung der Vereinigungsfreiheit der Beschäftigten einzusetzen.

1 Abs. 1 Satz 1 enthält ein auf die Behandlung der Beschäftigten der Dienststelle gerichtetes Überwachungsgebot, **Abs. 1 Satz 2** ein Verbot parteipolitischer Betätigung in der Dienststelle und **Abs. 2** eine Regelung zur gewerkschaftlichen Betätigung in der Dienststelle.

1. Überwachungsgebot (Abs. 1 Satz 1)

2 Abs. 1 Satz 1 beinhaltet sowohl für die Dienststelle als auch für den Personalrat das Gebot, darüber zu wachen, dass alle Angehörigen der Dienststelle nach Recht und Billigkeit behandelt werden. Unter Personalvertretung sind neben dem örtlichen Personalrat auch der BPR, der HPR und der GPR sowie jedes einzelne Mitglied des Gremiums zu verstehen. Das **Überwachungsgebot** richtet sich aber an alle Beschäftigten in der Dienststelle, denen Vorgesetzteneigenschaft zukommt.[254]

---

[253] Im Einzelnen: v. Roetteken/Rothländer, HPVG, § 60 Rn. 223 ff.
[254] Wallerstedt/Schleicher/Faber, BayPVG, Art. 68 Rn. 4.

§ 61

Aus der Formulierung »darüber zu wachen« ergibt sich zunächst, dass der Dienststellenleiter und seine Vertreter und Beauftragten sowie die Personalvertretung und ihre Mitglieder ihr eigenes Handeln an den in der Vorschrift genannten allgemeinen Grundsätzen zu messen haben. Die Überwachung umfasst aber auch diskriminierende Maßnahmen Dritter, denen sie vorzubeugen haben, auf deren Unterlassung sie hinwirken müssen, für deren Beseitigung sie zu sorgen haben. An der Einhaltung dieses Überwachungsgebots sind sie inklusive aller Führungskräfte zu messen.

Der vom Gesetzgeber geforderte Behandlungsmaßstab »Recht und Billigkeit« gebietet es, dass sich Handlungen und Maßnahmen nicht nur im Rahmen des für die Verwaltung grundsätzlich bindenden Rechts bewegen, sondern dass sie auch mit dem allgemeinen Gerechtigkeits- und Verhältnismäßigkeitsgedanken in Einklang stehen. Unter **Recht** sind die zugunsten der Dienststellenangehörigen geltenden geschriebenen und ungeschriebenen Rechtsnormen zu verstehen. Dies sind Gesetze, Tarifverträge und Dienstvereinbarungen. Mit **Billigkeit** ist die Gerechtigkeit im Einzelfall gemeint. Ihre Beachtung besteht darin, dass auf die berechtigten persönlichen, sozialen und wirtschaftlichen Belange des einzelnen Dienststellenangehörigen Rücksicht genommen wird, soweit dies im Rahmen des geltenden Rechts unter Wahrung der Funktionsfähigkeit der Dienststelle und der berechtigten Interessen anderer Dienststellenangehöriger möglich ist.[255] Dem Grundsatz kommt besondere Bedeutung bei dem Dienstherrn bzw. Arbeitgeber eingeräumten Ermessensentscheidungen zu. Gegenüber den Beamten muss der Dienstherr hierbei auch die beamtenrechtliche Fürsorgepflicht in »gebührender Weise« berücksichtigen. Der Arbeitgeber hat sein Direktionsrecht gemäß § 315 Abs. 3 Satz 1 BGB »nach billigem Ermessen« auszuüben. Er muss die wesentlichen Faktoren des Einzelfalls abwägen und die beiderseitigen Interessen angemessen berücksichtigen.[256]

3

Aus dem Auftrag, die Beschäftigten der Dienststelle nach Recht und Billigkeit zu behandeln, ergibt sich unmittelbar die Verpflichtung zur Beachtung des allgemeinen Gleichheitsgrundsatzes des Art. 3 Abs. 1 GG, der eine Ungleichbehandlung ohne sachlichen Grund verbietet. Der Gleichheitssatz gebietet bei steter Orientierung am Gerechtigkeitsgedanken **Gleiches gleich** und **Ungleiches seiner Eigenart entsprechend verschieden** zu behandeln. Anders ausgedrückt: Art. 3 Abs. 1 GG verbietet die Ungleichbehandlung von wesentlich Gleichem und die Gleichbehandlung von wesentlich Ungleichem.[257] Die

4

---

255 Altvater, BPersVG, § 67 Rn. 6; Fischer/Goeres/Gronimus, BPersVG, § 67 Rn. 6a.
256 ErfK-Preis, § 611 BGB Rn. 384.
257 BVerfGE 72, 141, 150; 84, 133, 158; 98, 365, 385; Schmidt-Bleibtreu/Klein, GG, Art. 3 Rn. 14ff.

§ 61

Ungleichbehandlung muss auf einem Differenzierungsgrund beruhen, der **sachlich vertretbar** und **nicht sachfremd** ist.

5 Der Grundsatz der Gleichberechtigung der Geschlechter nach **Art. 3 Abs. 2 GG** konkretisiert den allgemeinen Gleichheitssatz des Art. 3 Abs. 1 GG. Dem Gesetzgeber steht hierbei kein Gestaltungsspielraum zu. Bei **Diskriminierungen**, die **an das Geschlecht** anknüpfen, ist auch Art. 3 Abs. 3 Satz 1 GG einschlägig. Der über das Diskriminierungsverbot hinaus reichende Regelungsgehalt des Art. 3 Abs. 2 GG besteht darin, dass er ein Gleichberechtigungsgebot aufstellt und dieses auch auf die gesellschaftliche Wirklichkeit erstreckt. Der Handlungsauftrag an den Staat zielt auf eine Angleichung der Lebensverhältnisse zwischen Frauen und Männern. Die Chancengleichheit von Männern und Frauen ist vor allem im **Arbeitsleben** von der Begründung/Ernennung des Arbeits- bzw. Beamtenrechtsverhältnisses bis zu dessen Beendigung und darüber hinaus sicherzustellen. Zu beachten ist weiter § 9 **BeamtStG**. Die Vorschrift legt die zu beachtenden bzw. die unzulässigen Auswahlkriterien fest. Die als Kriterien der Ernennung unzulässigen Gesichtspunkte knüpfen dabei an die Maßstäbe von Art. 33 Abs. 2 GG und Art. 3 Abs. 3 GG an.

6 Spezielle **Differenzierungsverbote** enthält Art. 3 Abs. 3 GG. Das Verbot einer Ungleichbehandlung von Personengruppen ist umso strikter zu beachten, je mehr sich die personenbezogenen Merkmale den in Art. 3 Abs. 3 GG genannten annähern und je größer deshalb die Gefahr ist, dass eine an sie anknüpfende Ungleichbehandlung zur Diskriminierung einer Minderheit führt.[258] Die in Art. 3 Abs. 3 GG aufgeführten unzulässigen Unterscheidungsmerkmale sind weitgehend mit denen in § 61 Abs. 1 identisch.

7 Weiter gilt im gesamten öffentlichen Dienst der **spezielle Gleichheitsgrundsatz**, wonach jeder Deutsche nach seiner Eignung, Befähigung und fachlichen Leistung gleichen Zugang zu jedem öffentlichen Amt haben muss. Unverträglich hiermit ist jede Form der Ämterpatronage. Ämterbesetzungen rein nach Parteibuch sind hiermit unvereinbar. In der Praxis ist eine bedenkliche Toleranz hinsichtlich der »Parteibuch-Karriere« festzustellen. Jede Personalauswahlentscheidung hat sich im öffentlichen Dienst an den Grundsätzen der Bestenauslese zu orientieren. Die Bewertung der Frage, ob eine **Benachteiligung** eines Bewerbers oder eines Beschäftigten der Dienststelle vorliegt, ist an den in Art. 33 Abs. 2 GG aufgeführten leistungsbezogenen Kriterien zu messen.

8 Maßgeblich zu beachten sind die EU-Antidiskriminierungsrichtlinien 2000/43/EG, 2000/78/EG und 2002/73/EG. Wesentliche Inhalte dieser Richtlinien finden sich in den Vorschriften **des Allgemeinen Gleichbehandlungsgesetzes (AGG)**; die hierin aufgeführten Be-

---

258 Schmidt-Bleibtreu/Klein, GG, Art. 3 Rn. 58.

nachteiligungsverbote haben Dienststellenleiter und Personalvertretung im Rahmen der Überwachung zu beachten. Ziel des AGG ist es, Benachteiligungen aus Gründen der Rasse oder wegen der ethnischen Herkunft, des Geschlechts, der Religion oder Weltanschauung, einer Behinderung, des Alters oder der sexuellen Identität zu verhindern oder zu beseitigen (§ 1 AGG). Es bietet antidiskriminierende Schutzbestimmungen für Beschäftigte, Bewerber, Beamte und Richter. Es erfordert Anpassungen der Personalverwaltung und Personaldatenverarbeitung und betrifft insbesondere den Schutz sensitiver Daten.[259]

Das Kriterium »**Rasse**« wurde im BeamtStG (wie auch in § 9 Satz 1 BBG n. F.) durch den Zusatz »**ethnische Herkunft**« ergänzt. Bewerber dürfen wegen ihrer Zugehörigkeit zu einer Volksgruppe oder einem bestimmten Kulturkreis nicht benachteiligt werden. Damit ist es auch unzulässig, einen Migrationshintergrund negativ zu bewerten. **9**

Unter **Abstammung** ist die natürliche biologische Beziehung eines Menschen zu seinen Vorfahren zu verstehen.[260] Wegen ihrer Vorfahren dürfen Beamte weder bevorzugt noch benachteiligt werden. Unzulässig war es beispielsweise, Kindern, deren Eltern im NS-Regime eng verstrickt waren, den Zugang zum öffentlichen Dienst zu untersagen. Gleiches gilt für Kinder von Eltern, die in der ehemaligen DDR für die Staatssicherheit tätig waren.

Herkunft bedeutet die von den Vorfahren hergeleitete sozialstandesgemäße Verwurzelung.[261] Deshalb ist eine Benachteiligung oder Bevorzugung nach »Klassen- oder Kastenzugehörigkeit« verboten. Die Regelung ist auch Ausdruck des Verbots der Ämterpatronage. **10**

Unter der **Nationalität** ist die Staatsangehörigkeit zu verstehen. Dies bedeutet: Angehörige der Dienststelle, die die deutsche Staatsangehörigkeit nicht besitzen, dürfen grundsätzlich nicht anders behandelt werden als Deutsche. Einschränkungen ergeben sich jedoch aus dem Beamtenrecht. **11**

Gemäß Art. 4 Abs. 1 GG sind die Freiheit des Glaubens, des Gewissens und des religiösen und weltanschaulichen Bekenntnisses unverletzlich. **Religion und Weltanschauung** liegt eine Gewissheit über bestimmte Aussagen zum Weltganzen sowie zur Herkunft bzw. zum Ziel menschlichen Lebens zugrunde.[262] Regelmäßig gehört zu Religion und Weltanschauung eine Gemeinschaft von Gleichgesinnten, mag sie auch erst noch aufzubauen sein. Schließlich liegt sowohl der Religion wie der Weltanschauung eine Gewissensentscheidung zugrunde. **12**

---

259 Hierzu im Einzelnen: Aufhauser/Warga/Schmitt-Moritz, BayPVG, Art. 68 Rn. 2 ff.
260 BVerfGE 9, 124, 128.
261 BVerfGE 48, 281, 287.
262 BAGE 79, 319/338; BVerwGE 90, 112/115.

Aus dem Glauben ergeben sich für den Gläubigen bindende Verpflichtungen, von denen er ohne ernste Gewissensnot nicht abweichen kann. Dies gilt auch für die Weltanschauung im Sinne des Art. 4 Abs. 1 GG.[263] Die Forderung in § 9 Satz 1 BeamtStG, niemanden in seiner beruflichen Tätigkeit wegen seiner Religion oder Weltanschauung zu bevorzugen oder zu benachteiligen, ist Ausdruck der **Neutralität des Staates** in religiösen Fragen. Die Religion bzw. Weltanschauung kann im Einzelfall als Eignungsmerkmal dann beachtlich sein, wenn eine bestimmte Religionszugehörigkeit für die sachgerechte Erfüllung der mit einem bestimmten Amt verbundenen Dienstaufgaben notwendig ist. Dies trifft etwa zu auf die Einstellung von Lehrern an Bekenntnisschulen.[264] Unzulässig wäre es, die **Konfessionszugehörigkeit** als Kriterium heranzuziehen, wenn es um die Einstellung an einer allgemeinbildenden Schule geht. Das Tragen eines Kopftuchs aus rein religiöser Überzeugung fällt grundsätzlich in den Schutzbereich der Glaubensfreiheit gemäß Art. 4 Abs. 1 GG. Dieses Grundrecht der Glaubensfreiheit tritt etwa dann in Widerspruch zum staatlichen Erziehungsauftrag nach Art. 7 Abs. 1 GG bzw. zum Neutralitätsgebot im öffentlichen Dienst, wenn sich eine Lehrerin weigert, das Kopftuch während des Unterrichts abzulegen. Das BVerfG[265] hat es dem jeweiligen Landesgesetzgeber überlassen, eine gesetzliche Grundlage für das Verbot des Kopftuchtragens im Unterricht zu schaffen. Mehrere Länder haben entsprechende Vorschriften getroffen.

13 Das Verbot der Benachteiligung **behinderter Menschen** ist in Art. 3 Abs. 3 Satz 2 GG grundrechtlich verankert. Die Vorschrift ist aber nicht darauf gerichtet, die Geltung des Leistungsgrundsatzes nach Art. 33 Abs. 2 GG für die Vergabe öffentlicher Ämter generell einzuschränken. Eine bevorzugte Berücksichtigung von Behinderten wäre sowohl nach dem Unionsrecht (Richtlinie 2006/54/EG) als auch nach § 8 Satz 1 BGleiG bzw. nach den jeweiligen Landesgleichstellungsgesetzen ausdrücklich auf die Fälle gleicher Qualifikation beschränkt und greift überdies nur ein, wenn nicht in der Person eines Mitbewerbers liegende Gründe überwiegen. Deshalb enthalten die einfachgesetzlichen Schutzvorschriften zugunsten Schwerbehinderter lediglich **Benachteiligungsverbote** (vgl. §§ 81 Abs. 2 Satz 1, 128 Abs. 1 SGB IX; §§ 1, 7 Behinderten-Gleichstellungsgesetz). Nach § 128 Abs. 1 SGB IX sind Vorschriften und Grundsätze für die Besetzung von Beamtenstellen so zu gestalten, dass die Einstellung und Beschäftigung von Schwerbehinderten gefördert werden; eine Regelung über die **Bevorzugung** im Rahmen von Beförderungsentscheidungen fehlt.[266]

---

263 BVerwGE 89, 368, 370.
264 BVerwGE 17, 276; GKÖD-Zängl, Band I, Teil 2 c, § 9 Rn. 91.
265 BVerfGE 108, 282.
266 BVerwG 30.6.2011 – 2 C 19.10.

§ 61

Die Begünstigung oder Benachteiligung Einzelner wegen ihrer **politischen Anschauungen** schädigt die Zusammenarbeit in der Behörde und führt zur Resignation gerade der qualifizierten Beamten, deren Chancen sich ungerecht verschlechtern. Es führt zum Leistungsabfall auch in der Aufgabenwahrnehmung gegenüber der Bevölkerung. Die Ämterpatronage ist für den öffentlichen Dienst schädlich. Unzulässig ist es daher, Personalauswahlentscheidungen nach Parteizugehörigkeiten zu treffen. Solche Entscheidungen und Ernennungen sind rechtlich angreifbar.[267]

§ 9 BeamtStG ist, soweit er eine Berücksichtigung des **Geschlechts** bei beamtenrechtlichen Auswahlentscheidungen ausschließt, im Zusammenhang mit Art. 33 Abs. 2 und Art. 3 Abs. 2 und 3 GG zu sehen. Zweck der Einfügung dieses Negativkriteriums war damals, der Diskriminierung von Frauen beim Zugang zum Beamtenverhältnis und beim beruflichen Fortkommen im Beamtenverhältnis entgegenzuwirken. Heute ist die volle Gleichstellung zwischen Frauen und Männern im öffentlichen Dienst unumstritten. § 9 BeamtStG verbietet eine Heranziehung des Kriteriums Geschlecht weder zum Vorteil noch zum Nachteil von Bewerbern. Geboten ist vielmehr eine Gleichstellung von Frauen und Männern.[268] Bei § 9 Satz 1 BeamtStG steht im Vordergrund, wie durch besondere Frauenförderungsmaßnahmen die Chancen von Frauen gegenüber männlichen Konkurrenten bei der Besetzung beamtenrechtlicher Stellen verbessert werden können, und ob bzw. in welchem Ausmaß solche Förderungsmaßnahmen mit Art. 3 Abs. 2 und 3 GG und dem in Art. 33 Abs. 2 GG und § 9 Satz 1 BeamtStG verankerten Leistungsgrundsatz vereinbar sind. Das BGleiG sowie die jeweiligen Landesgleichstellungs- bzw. Landesgleichberechtigungsgesetze (z. B. § 10 HGlG) sehen u. a. die bevorzugte Berücksichtigung von weiblichen Bewerbern bei der Auswahlentscheidung in Bereichen vor, in denen Frauen unterrepräsentiert sind. Nach den Gleichstellungsgesetzen (z. B. § 4 HGlG) besteht die Pflicht für Dienststellen ab einer Mindestbeschäftigungszahl Frauenförderpläne bzw. Gleichstellungspläne zu erstellen und fortzuschreiben, wobei sie als ein wesentliches Instrument der Personalplanung, insbesondere der Personalentwicklung, zu bewerten sind. In den hessischen Gemeinden und Gemeindeverbänden sind die **Frauenförderpläne** bzw. **Gleichstellungspläne** durch den Kreistag zu beraten und zu beschließen (vgl. § 6 Abs. 3 HGlG).

Eine **Unterrepräsentanz** von Frauen in einzelnen Bereichen liegt vor, wenn deren Anteil an der Gesamtbeschäftigtenzahl unterhalb der zu beachtenden Schwelle von 50 % liegt. Bei dem Begriff »Bereiche« handelt es sich um einen unbestimmten Rechtsbegriff. Es kommt u. a. darauf an, ob bei Konkurrenzen um einen Beförderungsdienst-

---
267 BVerwG 4.11.2010 – 2 C 16.09.
268 Lenders, BeamtStG, § 9 Rn. 165.

§ 61

posten bzw. um eine Beförderung auf der Ebene des angestrebten Amts eine Unterrepräsentanz von weiblichen Beschäftigten besteht.

17 Bei der Frauenförderung bzw. dem Frauenförderungskonzept handelt es sich nicht um ein **leistungsbezogenes Kriterium**. Insoweit ist eine Bevorzugung von Frauen wegen ihres Geschlechts dann unzulässig, wenn männliche Bewerber unter Ausschöpfung der leistungsbezogenen Kriterien nach Maßgabe von Eignung, Befähigung und fachlicher Leistung besser qualifiziert sind. Sind sie hingegen nach Ausschöpfung aller zur Verfügung stehenden Leistungskriterien gleich qualifiziert, greift bei bestehender Unterrepräsentanz die Frauenförderung.

18 Besteht eine Beförderungsauswahlpraxis, wonach bei gleichem Gesamturteil der aktuellen sowie der vorletzten Regelbeurteilung zunächst die schwerbehinderten Frauen, dann die anderen Frauen, dann die schwerbehinderten Männer und zum Schluss die restlichen Männer berücksichtigt werden, verstößt dieses Vorgehen in mehrfacher Hinsicht gegen den **Leistungsgrundsatz** nach Art. 33 Abs. 2 GG. Durch den – vorschnellen – Rückgriff auf die **Hilfskriterien** »Behinderteneigenschaft« und »weibliches Geschlecht« hat die Dienststelle Schwerbehinderte und Frauen unter Verstoß gegen Art. 33 Abs. 2 GG bevorzugt. Diesen Kriterien darf erst dann Bedeutung beigemessen werden, wenn sich aus dem Vergleich anhand leistungsbezogener Kriterien kein Vorsprung von Bewerbern ergibt.[269]

19 Zwar sind die **Förderung der Gleichberechtigung** in Art. 3 Abs. 2 Satz 2 GG (und das **Verbot der Benachteiligung Behinderter** in Art. 3 Abs. 3 Satz 2 GG) grundrechtlich verankert. Beide Grundsätze sind aber nicht darauf gerichtet, die Geltung des Leistungsgrundsatzes nach Art. 33 Abs. 2 GG für die Vergabe öffentlicher Ämter generell einzuschränken. Die bevorzugte Berücksichtigung von Frauen ist sowohl nach dem Unionsrecht (insbesondere Richtlinie 2006/54/EG) als auch nach § 10 Abs. 1 Satz 1 HGlG ausdrücklich auf die Fälle gleicher Qualifikation beschränkt und greift überdies nur ein, wenn nicht in der Person eines Mitbewerbers liegende Gründe überwiegen. Die Dienststelle hätte vor Berücksichtigung dieser Hilfskriterien die herangezogenen Beurteilungen ausschöpfen müssen.[270]

20 Bei dem Begriff »**Beziehungen**« als negatives Auswahlkriterium handelt es sich um einen sog. Auffangtatbestand. Der Dienstherr darf bei der Auswahlentscheidung nicht die sozialen Kontakte, über die der Bewerber verfügt, berücksichtigen.

21 Das Kriterium der **sexuellen Identität** verbietet es, bei Auswahlentscheidungen zwischen Bewerbern danach zu differenzieren, ob es sich um heterosexuelle, homosexuelle oder bisexuelle Bewerber handelt.

22 Der Personalrat kann im Zuge seiner Beteiligung seine **Zustimmung**

---

269 BVerwG 30. 6 2011 – 2 C 19.10 –, zitiert nach juris.
270 BVerwG 30.6.2011, a.a.O.

zur Einstellung oder zu einer anderen Personalmaßnahme aus dem Grund, dass eines der Differenzierungsverbote verletzt worden sei, verweigern. Hierbei kommt es gerade nicht darauf an, ob er den **Verweigerungsgrund** in sich schlüssig vorträgt. Entscheidend ist, ob das Vorliegen einer Benachteiligung **mindestens möglich** erscheint.

Weiterhin ist der Personalrat **rechtzeitig und umfassend** über Benachteiligungsfälle durch die Dienststellenleitung zu **unterrichten**. Er muss hierdurch in die Lage versetzt werden, rechtzeitig Rechtsverstöße und Diskriminierungen unterbinden bzw. beseitigen zu können. Dienststellenleitung und Personalrat sind jedoch gleichsam zum Handeln verpflichtet. 23

2. Verbot der parteipolitischen Betätigung (Abs. 1 Satz 2)

Nach **Abs. 1 Satz 2** haben der Leiter der Dienststelle und die Personalvertretung grundsätzlich jede **parteipolitische Betätigung** in der Dienststelle zu unterlassen. Dieses Verbot dient ebenso wie die Friedenspflicht dem Zweck, die Arbeit und den Frieden der Dienststelle vor Beeinträchtigungen zu schützen. Politische Betätigung meint die Betätigung für oder gegen eine politische Partei. Dabei muss es sich um keine Partei im Sinne des Art. 21 GG handeln. Das Verbot der parteipolitischen Betätigung in der Dienststelle bezieht sich auf alle Gruppen mit politischer Zielsetzung.[271] Dazu gehören auch Bürgerinitiativen, wie z. B. »Stuttgart 21«. 24

Außerhalb des räumlichen Bereichs **der Dienststelle** gilt das Verbot des Abs. 1 Satz 2 nicht. Die Behandlung von Tarif-, Besoldungs- und Sozialangelegenheiten wird durch das grundsätzliche Verbot der parteipolitischen Betätigung in der Dienststelle nicht berührt. 25

3. Wahrung der Vereinigungsfreiheit (Abs. 2)

Abs. 2 enthält ein ausdrückliches Gebot, wonach sich die Personalvertretung für die Wahrung der Vereinigungsfreiheit der Beschäftigten einzusetzen hat. Gemeint ist die durch Art. 9 Abs. 3 GG gewährleistete **Koalitionsfreiheit**, die auch den Arbeitnehmern im öffentlichen Dienst und den Beamten (§ 52 BeamtStG) zusteht. Im Gegensatz zur Regelung des Abs. 1 Satz 1 trifft diese Verpflichtung ausschließlich den Personalrat und nicht die Dienststellenleitung. Die Pflicht nach Abs. 2 besteht darüber hinaus in erster Linie **gegenüber dem Dienststellenleiter**.[272] 26

Vordergründig hat sich der Personalrat dafür einzusetzen, dass auf die Beschäftigten kein Druck ausgeübt wird, in eine bestimmte Gewerkschaft einzutreten bzw. nicht einzutreten oder aus ihr auszutreten. 27

---

271 Lorenzen u. a., BPersVG, § 67 Rn. 13.
272 Altvater, BPersVG, § 67 Rn. 34.

Gegenüber den Gewerkschaften und Berufsverbänden ist die Personalvertretung zur **Neutralität** verpflichtet. Ihr gegenüber bestehen keine Überwachungspflichten.

28 Art. 9 Abs. 3 GG gewährleistet das Recht des einzelnen Beschäftigten, eine Koalition zu gründen, einer Koalition beizutreten und an koalitionsmäßigen Tätigkeiten teilzunehmen (**positive Koalitionsfreiheit**). Elemente der Gewährleistung der Koalitionsfreiheit sind demnach insbesondere die **Gründungs- und Beitrittsfreiheit**. Geschützt ist auch die **negative Koalitionsfreiheit**, d. h. der Austritt oder das Fernbleiben. Durch eine unterschiedliche Behandlung von Mitgliedern und Nichtmitgliedern darf nicht mehr als ein **geringfügiger Druck** zum Beitritt oder Austritt ausgeübt werden.[273] Die Werbung für eine Gewerkschaft ist zulässig, wenn sie ohne Druck, also ohne Nachhaltigkeit erfolgt. Eine solche Nachhaltigkeit ist nach Auffassung des BVerwG zu bejahen, wenn ein wiederholtes Zureden und dauerndes Einwirken auf den Beschäftigten vorliegt bzw. wenn es sich um ein verstärktes, hartnäckiges und unter Umständen längeres Einwirken auf einen noch unentschlossenen Beschäftigten handelt, um ihn zu der gewünschten Entscheidung zu bringen.[274]

29 Das Grundrecht der Koalitionsfreiheit steht der Personalvertretung und ihren Mitgliedern bei der Wahrnehmung ihres personalvertretungsrechtlichen Amts nicht zu.[275]

4. Rechtsschutz

30 Bei **Streitigkeiten** über die in § 61 geregelten Rechte und Pflichten der Personalvertretung und ihrer Mitglieder einerseits sowie des Dienststellenleiters andererseits entscheiden die Verwaltungsgerichte gemäß § 111 Abs. 1 Nr. 3. Bei einer groben Pflichtverletzung des Dienststellenleiters kann ein Antrag gemäß § 111 Abs. 2 gestellt werden.[276] Verstößt ein Personalrat gegen die Grundsätze des § 61, kann dies durchaus ein Grund sein, seine Auflösung gemäß § 25 zu beantragen.

§ 62

(1) Der Personalrat hat folgende allgemeine Aufgaben:

1. Maßnahmen, die der Dienststelle und ihren Angehörigen dienen, zu beantragen,

2. darüber zu wachen, dass die zugunsten der Beschäftigten geltenden Gesetze, Verordnungen, Tarifverträge, Dienst-

---

[273] BVerwGE 55, 722; Maunz/Dürig/Herzog, GG, Art. 9 Rn. 231.
[274] BVerwG 23. 2. 1979, PersV 1980, 205; 6. 2. 1979, PersV 1980, 196.
[275] BVerfGE 28, 314.
[276] V. Roetteken/Rothländer, HPVG, § 61 Rn. 207.

vereinbarungen und Verwaltungsanordnungen durchgeführt werden,

3. Anregungen und Beschwerden von Beschäftigten entgegenzunehmen und, falls sie berechtigt erscheinen, durch Verhandlung mit dem Leiter der Dienststelle auf ihre Erledigung hinzuwirken,
4. die Eingliederung und berufliche Entwicklung schwerbehinderter Beschäftigter und sonstiger schutzbedürftiger, insbesondere älterer Personen zu fördern,
5. Maßnahmen zur beruflichen Förderung schwerbehinderter Beschäftigter zu beantragen,
6. Maßnahmen zu beantragen, die der Gleichstellung und Förderung von Frauen dienen,
7. die Eingliederung ausländischer Beschäftigter in die Dienststelle und das Verständnis zwischen ihnen und den deutschen Beschäftigten zu fördern,
8. mit der Jugend- und Auszubildendenvertretung zur Förderung der Belange der in § 54 Abs. 1 Satz 1 genannten Beschäftigten eng zusammenzuarbeiten.

Entsprechende Anträge des Personalrats sind eingehend zwischen Dienststellenleiter und Personalrat zu erörtern und in angemessener Frist zu beantworten.

(2) Der Personalrat ist zur Durchführung seiner Aufgaben rechtzeitig und umfassend zu unterrichten. Ihm sind die hierfür erforderlichen Unterlagen vorzulegen. Dazu gehören in Personalangelegenheiten Bewerbungsunterlagen aller Bewerber. Personalakten dürfen nur mit Zustimmung des Beschäftigten und nur von den von ihm bestimmten Mitgliedern des Personalrats eingesehen werden. Dienstliche Beurteilungen sind auf Verlangen des Beschäftigten dem Personalrat zur Kenntnis zu bringen.

(3) Bei Prüfungen, die eine Dienststelle von den Beschäftigten ihres Bereichs abnimmt, wird eines der Mitglieder der Prüfungskommission vom Personalrat benannt; dieses muss zumindest die gleiche oder eine entsprechende Qualifikation besitzen, wie sie durch die Prüfung festgestellt werden soll. Bei Auswahlverfahren, Aufnahmetests oder Auswahlen, denen sich Bewerber für eine Einstellung oder eine Ausbildung zu unterziehen haben, und bei Auswahlverfahren zur Besetzung eines Amtes mit Funktionsbezeichnung entsendet der Personalrat, der mitzubestimmen hat, einen Vertreter in das Gremium. Diese Regelung findet keine Anwendung bei Prüfungen, Aufnahmetests und Auswahlen, die durch Rechtsvorschriften ge-

§ 62

regelt sind, sowie in den Fällen des § 79 Nr. 1 und Nr. 2 Buchst. a.

1. Allgemeines

1 Die Vorschrift regelt in Abs. 1 die **allgemeinen Aufgaben** der Personalvertretung, Abs. 2 beinhaltet die Informationspflichten der Dienststelle gegenüber der Personalvertretung. Personalvertretung im Sinne des § 62 sind im Rahmen ihrer in § 83 geregelten Zuständigkeit der **örtliche Personalrat** sowie die **Stufenvertretungen**, also **BPR** und **HPR** und **GPR**. Nicht dazu zählen die Jugend- und Auszubildendenvertretungen, deren allgemeine Aufgaben und Informationsrechte in § 55 Abs. 3 (siehe die Kommentierung dort) geregelt sind.

2. Allgemeine Aufgaben der Personalvertretung

2 Die allgemeinen Aufgaben der Personalvertretung in den §§ 60 bis 62 und insbesondere in § 62 Abs. 1 stellen eine wichtige Ergänzung dar. Sie stehen selbständig neben den anderen ausdrücklich im HPVG genannten Beteiligungsrechten, wie §§ 74, 77 (Mitbestimmung), §§ 78, 81, 81 a (Mitwirkung), und den Rechten nach §§ 75, 76. Zwar können allgemeine Aufgaben auch in Bezug auf diese Beteiligungsfälle wahrgenommen werden. Abs. 1, der eine Konkretisierung des Grundsatzes der vertrauensvollen Zusammenarbeit darstellt, geht aber darüber hinaus.[277] Er verleiht dem Personalrat die Befugnis, innerhalb seines Zuständigkeitsbereichs die Interessen der Beschäftigten auch in Fallgestaltungen zu vertreten, für die der Gesetzgeber einen speziellen Beteiligungstatbestand nicht vorgesehen hat. Die allgemeinen Aufgaben können sich aber nur auf solche Gegenstände beziehen, die einen personalvertretungsrechtlichen Bezug haben und sie müssen Sinn und Zweck der Personalvertretung entsprechen. So können sie sich nicht auf den Bereich der dem Dienstherrn gegenüber der Allgemeinheit obliegenden Aufgaben erstrecken.

a. Allgemeines Antragsrecht (Nr. 1)

3 Nach Abs. 1 Satz 1 **Nr. 1** hat der Personalrat die Aufgabe, Maßnahmen zu beantragen, die der Dienststelle und ihren Angehörigen dienen. In Betracht kommen insbesondere Anträge auf **Maßnahmen in innerdienstlichen, sozialen und persönlichen Angelegenheiten** der Dienststellenangehörigen. Nr. 1 beinhaltet ein allgemeines **Initiativrecht**, von dem der Personalrat Gebrauch machen kann, soweit ihm kein Initiativrecht in Mitbestimmungsangelegenheiten nach § 69 Abs. 3 bzw. in Mitwirkungsangelegenheiten nach § 72 Abs. 4 zusteht. Insoweit ist die Personalvertretung berechtigt, initiativ für die Beschäf-

---

[277] Ilbertz/Widmaier, BPersVG, § 68 Rn. 6.

tigten der Dienststelle gegenüber der Dienststellenleitung tätig zu werden. Dabei können sich die Anträge jeweils nur auf Angelegenheiten beziehen, für deren Regelung die Dienststelle auch zuständig ist.[278] Obliegt einer übergeordneten Dienststelle die Kompetenz zur Regelung einer Angelegenheit, ist der Leiter der mit dem Antrag befassten nicht zuständigen Dienststelle zwar nicht gehindert, den Antrag an die zuständige Dienststelle als Anregung weiterzuleiten. Er ist hierzu jedoch nicht verpflichtet. Der Personalvertretung ist es jedoch unbenommen, sich an die Stufenvertretung zu wenden, damit diese den Antrag aufnimmt und ihn als eigenen stellt.

Über einen Antrag nach Abs. 1 Satz 1 Nr. 1 gegenüber der Dienststelle hat der Personalrat nach pflichtgemäßem Ermessen in Form eines **gemeinsamen Beschlusses** zu entscheiden. Der Antrag kann schriftlich oder mündlich bei dem Dienststellenleiter gestellt werden. Dieser ist verpflichtet, sich mit dem Antrag zu befassen. Für die Behandlung eines solchen Antrags gibt es kein förmliches Beteiligungsverfahren – im Gegensatz zu den §§ 69 Abs. 3, 70 für Mitbestimmungs- und § 72 Abs. 4 und 5 für Mitwirkungsangelegenheiten.[279] Beabsichtigt der Dienststellenleiter, den Antrag abzulehnen, ist er nach dem Grundsatz der vertrauensvollen Zusammenarbeit verpflichtet, gemäß § 60 Abs. 4 Satz 4 mit dem Personalrat über strittige Fragen mit dem ernsten Willen zur Einigung zu verhandeln und auch selbst Vorschläge zur Beilegung der Meinungsverschiedenheit zu unterbreiten.[280] **4**

Gemäß **Abs. 1 Satz 2** ist der Dienststellenleiter verpflichtet, eingehende Anträge des Personalrats umfassend mit dem Personalrat zu erörtern und in angemessener Frist zu beantworten. Letztendlich entscheidet der Dienststellenleiter in eigener Verantwortung über den Antrag. Kommt eine Einigung mit der Personalvertretung nicht zustande, kann – anders als bei der Mitbestimmung oder Mitwirkung – ein Stufenverfahren nicht durchgeführt werden.[281] Dem Personalrat bleibt allenfalls noch die Möglichkeit, gegen die Ablehnung seines Antrags im Wege der beamtenrechtlichen Dienstaufsichtsbeschwerde die Entscheidung der nächsthöheren Dienststelle einzufordern.[282] **5**

b. Überwachungsaufgaben (Nr. 2)

Nach Abs. 1 Satz 1 Nr. 2 hat der Personalrat darüber zu wachen, dass die zugunsten der Beschäftigten geltenden Gesetze, Verordnungen, Tarifverträge, Dienstvereinbarungen und Verwaltungsanordnungen durchgeführt und eingehalten werden. Dieses Überwachungsrecht soll **6**

---

278 Fischer/Goeres/Gronimus, BPersVG, § 68 Rn. 7.
279 HessVGH 29.3.1989, HessVGRspr. 1989, 91.
280 Lorenzen u.a., BPersVG, § 68 Rn. 14; Ballerstedt/Schleicher/Faber, BayPVG, Art. 69 Rn. 25.
281 BVerwG 20.1.1993 – 6 P 21.90 –, PersR 1993, 311.
282 Ilbertz/Widmaier, BPersVG, § 68 Rn. 7.

den Personalrat nicht zu einem dem Dienststellenleiter übergeordneten Kontrollorgan machen, sondern vielmehr die Überwachungsbefugnis sicherstellen, dass alle **Rechts- und Verwaltungsvorschriften** sowie **EU-Richtlinien** eingehalten werden bzw. zur Anwendung kommen. Dazu benötigt die Personalvertretung in zahlreichen Einzelfällen einen Überblick über die Tatsachen und Planungen, die die Belange der Dienstkräfte betreffen können.[283]

7 Liegen dem Personalrat Anhaltspunkte für Verstöße, Ungleichbehandlungen etc. vor, muss er dies der Dienststellenleitung gegenüber darlegen. An die **Darlegung** werden keine besonders hohen Anforderungen gestellt.[284] Die Erfüllung der Überwachungsaufgaben durch die Personalvertretung ist eng verbunden mit ihrem Anspruch auf rechtzeitige und umfassende Information durch die Dienststellenleitung gemäß Abs. 2. Ohne ausreichende Information kann der Personalrat diese Aufgabe nicht oder nur unzulänglich erfüllen. Die Dienststellenleitung darf daher dem Personalrat die für die Erfüllung dieser Aufgaben notwendigen Informationen nicht vorenthalten.[285] Es genügt nicht, den Personalrat nur über Einzelmaßnahmen zu unterrichten, weil er damit seiner Überwachungspflicht nicht oder nur unvollkommen nachkommen könnte. Die Überwachungsaufgabe erfordert vielmehr einen breiten, jedenfalls über Konfliktfälle hinausgehenden Kenntnisstand der Personalvertretung, um Konflikte zu vermeiden und damit den Frieden in der Dienststelle zu erhalten.[286]

c. Anregungen und Beschwerden von Beschäftigten (Nr. 3)

8 Der Personalrat muss die an ihn herangetragenen Anregungen und Beschwerden selbst dann entgegennehmen, wenn er sie in der Sache für unzulässig, unbegründet oder aussichtslos hält. Die Behandlung der Anregungen und Beschwerden der Beschäftigten muss wiederum im Personalrat erfolgen. Denn deren Überwachung bzw. Prüfung gehört nicht zu den laufenden Geschäften des Vorsitzenden. Das Plenum prüft, ob die Anregungen und Beschwerden sachlich berechtigt sind. Die Formulierung »berechtigt erscheinen« in **Abs. 1 Satz 1 Nr. 3** macht zudem deutlich, dass das Plenum eine gewisse **Schlüssigkeitsprüfung** vorzunehmen hat, ob die Anregungen und Beschwerden berechtigt sein können. Mehr kann von der Personalvertretung nicht verlangt werden. Der Personalrat ist jedoch befugt, den oder die betroffenen Beschäftigten zur **Personalratssitzung** einzuladen, da er auch eigene Sachverhaltsermittlungen vornehmen kann.

9 Die Weitergabe der Anregungen und Beschwerden nach erfolgter

---

283 BVerwG 22.12.1993, PersR 1994, 78.
284 BVerwG 22.12.1993, a.a.O.
285 Fischer/Goeres/Gronimus, BPersVG, § 68 Rn. 10.
286 BVerwG 22.12.1993, a.a.O.; Fischer/Goeres/Gronimus, a.a.O.

Schlüssigkeitsprüfung kann **schriftlich oder mündlich** vorgebracht werden – z. B. in einer Personalversammlung oder aus Anlass eines Monatsgesprächs. Auch die Verhandlung über die Anregungen und Beschwerden kann aus im Monatsgespräch nach § 60 Abs. 4 zwischen Personalrat und der Dienststellenleitung erörtert werden.

Der Personalrat muss die Entscheidung der Dienststellenleitung dem betroffenen Beschäftigten mitteilen. Danach ist das Verfahren nach Abs. 1 Satz 1 Nr. 3 abgeschlossen. Für den Fall der Ablehnung bleibt dem betroffenen Beschäftigten die Möglichkeit der Inanspruchnahme gerichtlichen Rechtsschutzes. **10**

d. Eingliederung und berufliche Entwicklung (Nr. 4)

Abs. 1 Satz 1 Nr. 4 weist dem der Personalrat die allgemeine Aufgabe zu, die Eingliederung und berufliche Entwicklung **schwerbehinderter und sonstiger Schutzbedürftiger**, insbesondere **älterer Personen** zu fördern. Nach § 2 Abs. 2 SGB IX gelten Menschen als schwerbehindert, wenn bei ihnen ein Grad der Behinderung von mindestens 50 vorliegt. Behindert sind Menschen, wenn ihre körperliche Funktion, geistige Fähigkeit oder seelische Gesundheit mit hoher Wahrscheinlichkeit länger als sechs Monate von dem für das Lebensalter typischen Zustand abweicht und daher ihre Teilhabe am Leben in der Gesellschaft beeinträchtigt ist (§ 2 Abs. 1 Satz 1 SGB IX). Als schwerbehindert gelten auch den Schwerbehinderten **gleichgestellte Menschen** mit einem Behinderungsgrad von weniger als 50 aber mindestens 30 (§ 2 Abs. 3 SGB IX), die auf Antrag durch die Bundesagentur für Arbeit gleichgestellt sind, da sie infolge ihrer Behinderung ohne die Gleichstellung keinen geeigneten Arbeitsplatz im Sinne des § 73 SGB IX erlangen oder behalten können (§§ 2 Abs. 3, 68 Abs. 2 SGB IX). Weitere Überwachungspflichten und -rechte des Personalrats bei der Eingliederung schwerbehinderter Menschen ergeben sich aus **§ 93 Satz 1 SGB IX**. Dies sind u. a.: **11**

- Einhalten der Beschäftigungsquoten (§§ 71, 72 SGB IX)
- Verpflichtung, auf die Wahl der Schwerbehindertenvertretung hinzuwirken (§ 93 Satz 2 SGB IX)
- Abschluss einer verbindlichen Integrationsvereinbarung gemäß § 83 Abs. 1 Satz 1 SGB IX
- konstruktive Zusammenarbeit mit der Schwerbehindertenvertretung nach § 99 Abs. 1 SGB IX
- Überwachung, ob und wie ein **betriebliches Eingliederungsmanagement** durchgeführt wird.[287]

Sonstige schutzbedürftige Personen sind Menschen, die aufgrund **12**

---
[287] Daniels, PersVG Berlin, § 72 Rn. 5.

§ 62

ihrer Lebenssituation oder der Verhältnisse in der Dienststelle besonderen Gefährdungen ausgesetzt sind und besonderen Schutzes bedürfen, um einen geeigneten Arbeitsplatz zu erlangen oder behalten zu können. Dazu gehören etwa chronisch Kranke, Suchtkranke, schwangere Frauen, Alleinerziehende und Beschäftigte in mindergeschützten Beschäftigungsverhältnissen,[288] aber auch Arbeitnehmer, die besonderen Arbeitsbelastungen ausgesetzt sind.

13 Der Personalrat hat bei der Wahrnehmung seiner Aufgaben nach Abs. 1 Nr. 4 auch die Vorschriften des **Allgemeinen Gleichbehandlungsgesetzes** (AGG) zu beachten, welches in § 7 Abs. 1 i. V. m. § 1 bestimmt, dass Beschäftigte wegen **ihres Alters** oder **ihrer Behinderung** nicht benachteiligt werden dürfen, bzw. eine ungleiche Behandlung nur unter den in §§ 5, 8 Abs. 1, 10 AGG aufgeführten Voraussetzungen zulässig ist.

14 Der Begriff **Eingliederung** meint die Einfügung des einzelnen Beschäftigten in die Dienstgemeinschaft bzw. die Integration schwerbehinderter Beschäftigter in die Arbeitswelt.[289] Insoweit haben der Personalrat und – im Zusammenwirken mit ihm – die Schwerbehindertenvertretung insbesondere darauf zu achten, dass die dem Dienstherrn nach den §§ 71, 72 und 81 bis 84 SGB IX obliegenden Verpflichtungen zur Beschäftigung und Integration schwerbehinderter Menschen erfüllt werden. Von zentraler Bedeutung ist die Vorschrift des § 83 SGB IX, wonach die Förderung der beruflichen Entwicklung schwerbehinderter Menschen in einer verbindlichen **Integrationsvereinbarung** aufgenommen werden kann.

15 In einer alternden Gesellschaft, in der sich das Renteneintrittsalter/Versorgungsalter erhöht, steigt die Zahl leistungsgewandelter Mitarbeiter. Zugleich ist der öffentliche Dienst – wie die Privatwirtschaft – darauf angewiesen, dass ältere, (schwer-)behinderte und/oder kranke Beschäftigte nicht frühzeitig aus dem Arbeits- und Erwerbsleben ausscheiden – Die traurige Ausnahme bilden hier u. a. die Postnachfolgeunternehmen. – Der Gesetzgeber hat auf diese Anforderungen reagiert und mit dem sog. **Betrieblichen Eingliederungsmanagement (BEM)** in § 84 Abs. 2 SGB IX eine Fürsorgepflicht des Arbeitgebers gegenüber Arbeitnehmern gesetzlich verankert. Das BEM, das einen Baustein in einem Gesamtsystem der betrieblichen Gesundheitsförderung, besser eines betrieblichen Gesundheitsmanagements darstellen kann, setzt zunächst die Beachtung des staatlichen Arbeitsschutzes voraus. Hierunter fallen u. a. folgende Gesetze und Verordnungen: Allgemeines Gleichbehandlungsgesetz (AGG), Arbeitsschutzgesetz (ArbSchG), Arbeitssicherheitsgesetz (ASiG), Arbeitsstättenverordnung (ArbStättV), Arbeitszeitgesetz (ArbZG), Bildschirmarbeitsverordnung (BildScharbV), Gewerbeordnung (GewO), Jugendarbeitsschutzgesetz

---

288 Altvater, BPersVG, § 68 Rn. 17.
289 Ballerstedt/Schleicher/Faber, BayPVG, Art. 69 Rn. 80.

§ 62

(JArbSchG), Mutterschutzgesetz (MuSchG) usw.[290] Im Unterschied zum Arbeitsschutz will das BEM nicht nur Arbeitsunfälle und -krankheiten verhindern, sondern diese **präventiv** vermeiden bzw. die Gesundheit wiederherstellen. Es besteht ein Dreiklang aus

1. Vorbeugen der Arbeitsunfähigkeit
2. Überwinden von Arbeitsunfähigkeit
3. Erhalt des Arbeitsplatzes.

Der Dienstherr wird zum »Frühwarner« mit einer neuen Aufgabe in der betrieblichen Prävention. Es gelten die Grundsätze »Vorrang der Prävention« (§ 3 SGB IX), »Prävention statt Kuration und Rehabilitation« und »Rehabilitation statt Entlassung«.[291] Das BAG hat inzwischen die Anwendbarkeit des § 84 Abs. 2 SGB IX auch auf nicht schwerbehinderte Menschen bejaht.[292] Umstritten ist jedoch, ob das BEM uneingeschränkt für Beamte gilt. Dafür spricht der Zusammenhang mit den §§ 71 und 73 SGB IX. Deshalb gelten die §§ 80 ff. SGB IX, trotz der Bezugnahme auf »Arbeitnehmer«, auch für Beamtinnen und Beamte.[293] Die Regelung im SGB IX ist eine Spezialregelung, die dem Beamtenrecht vorgeht bzw. die beamtenrechtliche Fürsorgepflicht konkretisiert. Weiterhin ist zu berücksichtigen, dass BBG und HBG sowie die §§ 26, 27 BeamtStG eine Zurruhesetzung für rechtswidrig erachten, wenn der Beamte zwar dienstunfähig ist, aber eine andere Beschäftigungsmöglichkeit besteht.[294] Beim Betrieblichen Eingliederungsmanagement sind Personalrat und – bei schwerbehinderten Menschen –Schwerbehindertenvertretung zu beteiligen.[295]

16

e. Maßnahmen zur beruflichen Förderung Schwerbehinderter (Nr. 5)

Abs. 1 Satz 1 Nr. 5 hat keine eigenständige Bedeutung, weil diese allgemeine Aufgabe bereits in Nr. 4, die die Förderung der beruflichen Entwicklung Schwerbehinderter regelt, enthalten ist (siehe Rn. 11 ff.).

17

f. Durchsetzung der tatsächlichen Gleichberechtigung (Nr. 6)

Nach Abs. 1 Satz 1 Nr. 6 hat der Personalrat die allgemeine Aufgabe, in allen Fragen der Durchsetzung der tatsächlichen Gleichberechtigung gegenüber der Dienststelle tätig zu werden. Die Gleichstellungsmaßnahmen, deren Förderung die Personalvertretung bei der Dienststelle

18

---

290 Schaub, §§ 152 ff.
291 Braun, ZTR 2005, 630.
292 BAG 12.6.2007, NZA 2008, 173.
293 Bauschke, RiA 2006, 97, 104; Nds. OVG 29.1.2007 – 5 ME 61/07; VG Gelsenkirchen 25.6.2008 – 1 K 3679/07.
294 Repkewitz/Richter, Personalrecht A-Z, B 401, Rn. 6.
295 VG Berlin 4.4.2007 – VG 61 A 28.06 –, PersR 2007, 323; BVerwG 23.6.2010 – 6 P 8.09 –, PersR 2010, 442.

anregen und in Bewegung bringen soll, ergeben sich u. a. aus dem BGleiG und dem HGlG sowie dem AGG. § 17 Abs. 1 AGG enthält die Pflicht für Vorgesetzte und Personalvertretungen, aktiv an der Verwirklichung der Gleichbehandlungsgebote mitzuwirken. Bei Verstößen haftet der Arbeitgeber bzw. Dienstherr gemäß § 15 AGG.

g. Förderung der Eingliederung ausländischer Beschäftigter (Nr. 7)

19 Angesichts der gestiegenen Zahlen ausländischer Beschäftigter auch im öffentlichen Dienst hat die Personalvertretung an der Herstellung der Gleichberechtigung von ausländischen und deutschen Beschäftigten mitzuwirken (Abs. 1 Satz 1 Nr. 7). Vor allem soll der Personalrat dafür sorgen, dass Sprachschwierigkeiten überwunden, Vorurteile abgebaut und alle Beschäftigten zu einer toleranten Haltung gegenüber anderen, insbesondere religiösen Auffassungen und Lebensweisen veranlasst werden, um ein besseres gegenseitiges Verständnis herbeizuführen.[296] Insoweit hat er sich für die Eingliederung ausländischer Beschäftigter in die Dienststelle einzusetzen. Weiterhin hat er auch im Rahmen seiner Beteiligungsrechte die Interessen der ausländischen Beschäftigten zu berücksichtigen, etwa bei der Einstellung oder anderen personellen Einzelmaßnahmen, bei der Berufs- und Fortbildung etc.

h. Förderung der Belange der jugendlichen und der in Ausbildung befindlichen Beschäftigten (Nr. 8)

20 Die geforderte Zusammenarbeit von Personalrat und JAV ist im Gesetz ausdrücklich vorgeschrieben. Die Rechte der JAV sollen dabei großzügig erfüllt werden. Nach Abs. 1 Satz 1 Nr. 8 besteht seitens der Personalvertretung die Aufgabe bzw. das Gebot einer engen Zusammenarbeit mit der JAV zur Förderung der Belange der jugendlichen und der in Ausbildung befindlichen Beschäftigten. Maßgebend hat der Personalrat sich dafür einzusetzen, dass überhaupt eine JAV gewählt wird und dass die JAV ihre Aufgaben ungehindert vornehmen kann.

3. Informationspflichten der Dienststelle (Abs. 2)

21 Die Personalvertretung ist zur Durchführung ihrer Aufgaben rechtzeitig und umfassend von der Dienststelle zu unterrichten (Abs. 2). Ihr sind die hierfür erforderlichen Unterlagen vorzulegen. Nach der bisherigen Rechtsprechung des BVerwG entstand der Informationsanspruch erst durch die konkrete Aufgabenwahrnehmung. Nur soweit deren Erfüllung es erforderte, war der Personalrat entsprechend zu unterrichten.[297] Von diesen Grundsätzen ist das BVerwG im Hinblick auf die Parallelvorschrift des § 68 Abs. 2 Satz 2 BPersVG nunmehr

---

296 Fischer/Goeres/Gronimus, BPersVG, § 68 Rn. 23.
297 BVerwG 22. 12. 1993, PersR 1994, 78; 22. 4. 1998, ZTR 1999, 88.

abgewichen:[298] »*Unterlagen, die der Personalrat zur Wahrnehmung seiner Beteiligungsrechte immer wieder benötigt, sind ihm gem. § 68 Abs. 2 Satz 2 BPersVG in Kopie auf Dauer zu überlassen. Danach erstreckt sich das Überwachungsrecht des Personalrats auf die Einhaltung des Gleichbehandlungsgrundsatzes sowie der zugunsten der Beschäftigten geltenden Regelwerke ... Zur ordnungsgemäßen Wahrnehmung seiner Überwachungsaufgaben gehört auch, dass der Antragsteller (der Personalrat) von Zeit zu Zeit die Richtigkeit der Eingruppierungen im Lichte neuerer Erkenntnisse überprüft und gegebenenfalls beim Dienststellenleiter eine korrigierende Höhergruppierung anregt. Die darauf gestützte Vorlagepflicht ist von der Darlegung eines besonderen Anlasses, namentlich einer zu besorgenden Rechtsverletzung unabhängig. Der Einblick in die Unterlagen (Stellenplan sowie Personalbedarfsberechnung) setzt die Personalvertretung in die Lage, Rechtsverstößen und Unbilligkeiten bereits im Vorfeld entgegenwirken zu können. § 68 Abs. 2 Satz 2 BPersVG erlaube die dauerhafte Aushändigung von Unterlagen an den Personalrat, soweit dies zur ordnungsgemäßen Wahrnehmung der Aufgaben der Personalvertretung erforderlich ist.*«

Nach dieser Entscheidung steht dem Personalrat ein **Anspruch auf dauerhafte Überlassung** von Unterlagen zu, die er generell für die Wahrnehmung seiner Überwachungspflichten benötigt. Neben dem **Stellenplan** und der **Personalbedarfsberechnung** können zu den auf Dauer zu überlassenden Unterlagen auch die **Beförderungsrangfolgeliste** und eine Zusammenfassung der Gesamtergebnisse der dienstlichen Beurteilungen gerechnet werden. Der Inhalt dieser Unterlagen habe eine über den Einzelfall hinausgehende Bedeutung und insoweit kann die Personalvertretung unabhängig vom Einzelfall diese Unterlagen verlangen. Hiergegen wurde Kritik geäußert, da die neue Rechtsprechung dem Personalrat die Möglichkeit einer unzulässigen, totalen Überwachung der Dienststelle eröffne.[299] Der Personalrat erhalte faktisch Kontrollrechte, die ihm nicht zustünden. Das BVerwG begründet den umfassenden Informationsanspruch auch mit der in § 68 Abs. 2 BPersVG (entspricht wortgleich § 62 Abs. 1 Satz 1 und 2 HPVG) zum Ausdruck kommenden Einstellung des Gesetzgebers zugunsten eines aufgabengerechten Informationsrechts des Personalrats, nach der es nahe liege, die dauerhafte Überlassung von Unterlagen in Kopie jedenfalls dann von der Regelung in § 68 Abs. 2 BPersVG gedeckt anzusehen, wenn dies zur Aufgabenerfüllung erforderlich sei. Zur Wahrnehmung ihres Mitbestimmungsrechts bei personellen Einzelmaßnahmen gemäß den einschlägigen Vorschriften des HPVG benötigt die Personalvertretung u. a. die **dauerhafte Aushändigung** des Personalbedarfsrechte und des Stellenplans. Nur wenn sie diese Unterlagen ständig zur Verfügung hat, ist sie in der Lage, die vom Dienststellenleiter vorgeschlagenen Maßnahmen daraufhin zu überprüfen, ob

---

298 BVerwG 23. 1. 2002 – 6 P 5/01 –, PersV 2003, 153–158.
299 Vogelgesang, ZTR 2003, 366, 373; Leuze, ZTR 2002, 558, 566.

§ 63

andere Beschäftigte benachteiligt werden.[300] Die gegen den weiten **Informationsanspruch** der Personalvertretung geäußerte Kritik überzeugt auch deshalb nicht, weil die einzelfallbezogene Überlassung von erforderlichen Unterlagen gegen den Grundsatz der gleichberechtigten vertrauensvollen Zusammenarbeit verstößt, als dessen Konkretisierung sich das Informationsgebot letztlich darstellt. Der Personalrat ist nicht der Bittsteller der Dienststellenleitung. Ihm ist das »Basismaterial«, das für zahlreiche verschiedene beteiligungspflichtige Angelegenheiten erforderlich ist, auf Dauer in Kopie zu überlassen.

22 Wie sich aus Abs. 2 Satz 3 ausdrücklich ergibt, sind dem Personalrat in Personalangelegenheiten auch die **Bewerbungsunterlagen aller Bewerber** vorzulegen.

23 **Grenzen des Informationsrechts** setzt bereits Abs. 2 Satz 5. Danach dürfen Personalakten nur mit Zustimmung des Beschäftigten und nur von den Mitgliedern der Personalvertretung eingesehen werden, die dieser dazu bestimmt hat. Ebenso dürfen dienstliche Beurteilungen dem Personalrat nur auf Verlangen des Beschäftigten zur Kenntnis gebracht werden. Dem widerspricht hingegen nicht der Anspruch des Personalrats auf dauerhafte Überlassung eines Notenspiegels – aufgeteilt etwa nach Abteilungen und Laufbahngruppen. Nicht vorlagefähig sind außerdem die von den Personalakten getrennt zu führenden Sicherheitsakten gem. § 18 SÜG.

4. Prüfungskommission (Abs. 3)

24 Bei Prüfungen, die eine Dienststelle von den Beschäftigten ihres Bereichs abnimmt, wird eines der **Mitglieder der Prüfungskommission** vom Personalrat **benannt**. Gemäß Abs. 3 muss dieses Mitglied zumindest die gleiche oder eine entsprechende Qualifikation besitzen, wie sie durch die Prüfung festgestellt werden soll.

25 Nach Abs. 3 Satz 2 entsendet die Personalvertretung bei Auswahlverfahren, bei Aufnahmetests oder Auswahlen, denen sich Bewerber für eine Einstellung oder eine Ausbildung zu unterziehen haben, und bei Auswahlverfahren zur Besetzung eines Amts mit Funktionsbezeichnung einen Vertreter in das Gremium. Voraussetzung ist, dass dem Personalrat bezüglich der Maßnahme ein **Mitbestimmungsrecht** zusteht.

§ 63

(1) Der Personalrat hat mitzuwirken, wenn eine Dienststelle Verwaltungsanordnungen für die innerdienstlichen sozialen und personellen Angelegenheiten der Beschäftigten ihres Geschäftsbereichs erlassen will, sofern nicht nach § 110 des Hessi-

---

300 BVerwG 23.1.2002 – 6 P 5.01 –, PersV 2003, 153–158.

§ 63

schen Beamtengesetzes die Spitzenorganisationen der zuständigen Gewerkschaften zu beteiligen sind.

(2) Soweit beabsichtigte Verwaltungsanordnungen über den Geschäftsbereich einer Mittelbehörde oder einer obersten Dienstbehörde hinausgehen, sind die Stufenvertretungen der bei der Vorbereitung beteiligten Dienstbehörden entsprechend Abs. 1 zu beteiligen.

Nach **Abs. 1 Satz 1** hat der Personalrat beim Erlass von **Verwaltungsanordnungen** einer Dienststelle für die innerdienstlichen, sozialen und personellen Angelegenheiten der Beschäftigten seines Geschäftsbereichs mitzuwirken. Ausgeschlossen ist dieses Mitwirkungsrecht, wenn es sich um Verwaltungsanordnungen handelt, bei deren Vorbereitung nach § 110 HBG die Spitzenorganisationen der zuständigen Gewerkschaft zu beteiligen sind. 1

Verwaltungsanordnungen im Sinne des Abs. 1 setzen im Unterschied zu Rechtsverordnungen kein allgemein verbindliches Recht; sie gelten nur innerhalb des Verwaltungsausschnitts, für den sie erlassen sind. Sie erzeugen also keine Rechtswirkung gegenüber jedermann, sondern haben nur **innerdienstliche Anweisungen** an Behörden oder deren Beschäftigte zum Gegenstand und sind ausschließlich für diese verbindlich. Zu ihnen zählen etwa allgemeine Weisungen und Anordnungen, die die Beschäftigten in ihrer Gesamtheit oder aber an einen unbestimmten Teil der Beschäftigten und eine unbestimmte Anzahl von Sachverhalten betreffen.[301] An bestimmte Beschäftigte oder einen eng begrenzten Kreis von Beschäftigten gerichtete Anordnungen und solche, die konkret bestimmte Einzelsachverhalte betreffen, sind danach durch diese Vorschrift nicht erfasst.[302] Diese Rechtsprechung überzeugt nicht. Entscheidend ist allein, dass ein **kollektiver Tatbestand** vorliegt. Dies ist in der Regel zu bejahen, wenn eine verwaltungsinterne Regelung die Interessen der Beschäftigten unabhängig von der Person und den individuellen Wünschen des Einzelnen berührt; hierbei ist die Anzahl der betroffenen Beschäftigten unerheblich. Sie kann nur ein Indiz für das Vorliegen eines kollektiven Tatbestands sein.[303] Nicht zu folgen ist der Rechtsprechung auch, soweit sie zu dem Ergebnis gelangt, **Ausführungsbestimmungen zu höherrangigen Regelungen** in Gesetzen oder Rechtsverordnungen oder entsprechende Erläuterungen seien mangels eigenen Regelungsinhalts grundsätzlich nicht als Verwaltungsanordnungen anzusehen. So ist z. B. ein Runderlass einer übergeordneten Dienststelle, durch den im Tarifvertrag mit erläuternden Bemerkungen bekannt gegeben wird, mitwirkungsbedürftig. Zwar handelt es sich hierbei um eine ausschließlich auslegende Regelung, die jedoch gleichwohl als Verwaltungsanord- 2

---
301 BVerwG 31.7.1990, ZBR 1991, 55.
302 HessVGH 23.11.1988, PersV 1990, 38.
303 So auch Altvater-Altvater/Baden, BPersVG, § 78 Rn. 11.

nung zu verstehen ist, weil die Dienststelle die Beschäftigten an eine bestimmte, von ihr für zutreffend angesehene Anwendung der interpretierten Vorschrift binden will.[304] Immer dann, wenn die Dienststelle nicht lediglich ein Gesetz, eine Rechtsverordnung oder einen Tarifvertrag wiedergibt, sondern eine eigenständige Anweisung formuliert, sind die Beschäftigten der Dienststelle an die von der Dienststelle verbindlich in der Anordnung vorgegebenen Auslegung der jeweiligen Vorschriften gebunden. In diesem Fall greift die verbindliche Anordnung in die Rechtsstellung der Beschäftigten ein. Damit werden ihre personellen Angelegenheiten berührt.

3 Die Herausgabe, Änderung und Aufhebung von Verwaltungsanordnungen für die innerdienstlichen, sozialen oder persönlichen Angelegenheiten der Beschäftigten sind ebenfalls mitwirkungspflichtig.

4 Die **Tatbestandsmerkmale** »innerdienstlich«, »sozial« und »persönlich« stehen gleichberechtigt nebeneinander, d. h. für das Mitwirkungserfordernis ist es ausreichend, wenn eines der Merkmale erfüllt ist.

5 Ein **innerdienstlicher Vorgang** liegt vor, wenn die Verwaltungsanordnung unmittelbar auf die Regelung der Angelegenheiten der Beschäftigten abzielt. Dies ist stets der Fall, wenn die Anordnung von den Beschäftigten im Bereich ihrer innerdienstlichen, sozialen und personellen Angelegenheiten ein Tun oder Unterlassen abfordert, Befugnisse gewährt oder entzieht.[305]

6 **Soziale Angelegenheiten** entsprechen den in § 74 genannten Angelegenheiten (siehe die Kommentierung dort). **Personelle Angelegenheiten** sind betroffen, wenn eine Verwaltungsanordnung den Status der Beschäftigten oder ihre dienstliche Stellung und Verwendung berührt.[306] **Innerdienstliche Angelegenheiten** sind alle sonstigen Angelegenheiten im internen Bereich, soweit sie die spezifischen Interessen der Beschäftigten berühren[307]

> **Beispiele für innerdienstliche Verwaltungsanordnungen:**
> - Kantinenrichtlinien
> - Regelungen zur Erteilung von Dienstbefreiungen sowie zur Gewährung von Bildungs- oder Sonderurlaub
> - Beförderungs- und Aufstiegsrichtlinien
> - Entzug übertariflicher Vergünstigungen bei Rufbereitschaftsvergütung
> - Unterstützungs-, Verpflegungs- oder Beihilferichtlinien

7 Auch **Personalentwicklungskonzepte** können eine Verwaltungsanordnung darstellen, wobei einzelne Instrumente einer Personalent-

---

304 So auch OVG Berlin 22.9.1976 – OVG PV Bln 23.75; Altvater-Altvater/Baden, BPersVG, § 78 Rn. 13; v. Roetteken/Rothländer, HPVG, § 63 Rn. 12; anders BVerwG 2.1.1986 – 6 P 16.82 –, PersR 1986, 120.
305 Fischer/Goeres/Gronimus, BPersVG, § 78 Rn. 10.
306 Lorenzen u. a., BPersVG, § 78 Rn. 14.
307 BVerwG 16.4.2008 – 6 P 8.07 –, PersR 2008, 481.

wicklungsplanung, wie Regelungen zu Vorgesetzten-Mitarbeiter-Gesprächen, zur Einarbeitungsqualifizierung und Führungskräfteentwicklung, als Regelung über Grundsätze der Fortbildung der Mitbestimmung bzw. der Mitwirkung unterliegen können.[308]

Die Beteiligungsrechte an den **personellen Einzelmaßnahmen** (z. B. Versetzung, Umsetzung, Abordnung oder Kündigung/Änderungskündigung), die sich aus der Entscheidung über die Umorganisation der Dienststelle ergeben, können unabhängig davon geltend gemacht werden, dass der Personalrat der organisatorischen Maßnahme zugestimmt hat.[309]   8

Soweit sich das Mitwirkungsrecht nach Abs. 1 mit den Mitbestimmungstatbeständen, insbesondere aus §§ 74, 77, überschneidet, verdrängt das stärkere Mitbestimmungsrecht nicht das schwächere Beteiligungsrecht, nämlich die Mitwirkung.[310]   9

Nach **Abs. 2** ist die **Stufenvertretung** zu beteiligen, wenn beabsichtigte Verwaltungsanordnungen über den Geschäftsbereich einer Mittelbehörde oder einer obersten Dienstbehörde hinausgehen. Die Mitwirkung bezieht sich somit schon auf die Vorbereitung von Verwaltungsanordnungen; der Gesetzgeber verlangt für die Stufenvertretung somit eine frühzeitigere Beteiligung, die bereits bei der Erstellung erster Entwürfe für eine Verwaltungsanordnung durch die Dienststellenleitung ansetzt.   10

§ 64

(1) Personen, die Aufgaben oder Befugnisse nach diesem Gesetz wahrnehmen, dürfen darin nicht behindert und wegen ihrer Tätigkeit nicht benachteiligt oder begünstigt werden; dies gilt auch für ihre berufliche Entwicklung.

(2) Mitglieder des Personalrats, der Wahlvorstände sowie Wahlbewerber dürfen gegen ihren Willen nur versetzt oder abgeordnet werden, wenn dies aus wichtigen dienstlichen Gründen auch unter Berücksichtigung der Mitgliedschaft im Personalrat unvermeidbar ist und der Personalrat zustimmt; dies gilt nicht für einen Dienststellenwechsel zum Zwecke der Ausbildung sowie bei Auflösung einer Behörde oder bei einer auf Rechtsvorschrift beruhenden wesentlichen Änderung des Aufbaus oder der Verschmelzung einer Behörde mit einer anderen. Als Versetzung im Sinne des Satz 1 gilt auch die mit einem Wechsel des Dienstortes verbundene Umsetzung in derselben Dienststelle.

---

308 VG Frankfurt/Main 22. 5. 2000, PersR 2001, 120.
309 BVerwG 19. 2. 1987, PersR 1987, 167.
310 BVerwG 19. 5. 2003, PersR 2003, 314, 317.

§ 64

1 Die Vorschrift regelt tragende **Grundprinzipien des Personalvertretungsrechts**: Abs. 1 enthält das Verbot der Behinderung, Benachteiligung oder Begünstigung aller Personen, die Aufgaben oder Befugnisse wahrnehmen, die im Personalvertretungsrecht vorgesehen sind. In Abs. 2 ist ein weitgehender Schutz der Mitglieder des Personalrats, der Wahlvorstände sowie der Wahlbewerber vor ungewollten Versetzungen, Abordnungen und Umsetzungen geregelt.

2 Abs. 1 ist eine **allgemeine Schutzvorschrift**. Die hier aufgeführten Verbote gelten zugunsten der geschützten Personen nur, soweit diese Aufgaben und Befugnisse nach dem HPVG wahrnehmen. Der Wirkungsbereich dieser Schutznorm endet dort, wo die Rechte anderer entgegenstehen. Denn ein rechtmäßiges Handeln der Dienststelle oder auch anderer Beteiligter im Personalvertretungsrecht (Vertrauensperson der Schwerbehinderten, Einigungsstelle etc.) kann keine unzulässige Behinderung oder Benachteiligung im Sinne des Abs. 1 sein, selbst wenn sie sich objektiv als hinderlich oder nachteilig für den betroffenen Funktionsträger auswirkt.

Zu dem von Abs. 1 geschützten **Personenkreis** gehören insbesondere

- Mitglieder und Ersatzmitglieder der Personalvertretungen inklusive Stufenvertretungen, GPR und JAV (inklusive BJASV, HJASV und GJAV)
- Mitglieder und Ersatzmitglieder des Wahlvorstands und Wahlhelfer
- den/die Vorsitzende und die Besitzer der Einigungsstelle
- Teilnehmer an Personalversammlungen und Jugend- und Auszubildendenversammlungen
- Besucher von Sprechstunden von Personalrat und JAV
- Büropersonal, das nach § 42 Abs. 2 tätig ist
- Schwerbehindertenvertretung
- Beauftragte von Gewerkschaften und Arbeitgebervereinigungen
- Dienststellenleiter
- sachkundige Mitarbeiter (§ 31 Abs. 4 Satz 2 und § 60 Abs. 4 Satz 6)
- Sachverständige im Sinne von § 31 Abs. 4 Satz 4 und § 60 Abs. 4 Satz 6.

3 Die Verbote des Abs. 1 richten sich gegen jedermann. Zu ihren Adressaten gehören auch die Gewerkschaften sowie die Personalratsmitglieder und das Gremium.

4 Das Verbot der **Behinderung** umfasst jede Erschwerung und Störung bis zur Verhinderung der Aufgabenwahrnehmung des Personalrats. Dabei genügt bereits der objektive Tatbestand einer rechtswidrigen Behinderung, ein Verschulden oder eine Absicht ist nicht erforderlich. Eine Behinderung liegt z.B. vor, wenn ein Personalratsmitglied von einer Führungskraft von der Teilnahme an einer Personalratssitzung

§ 64

abgehalten wird; wenn der Besuch der Sprechstunde des Personalrats untersagt wird; wenn der Personalvertretung bzw. der JAV die notwendigen Kosten, Räume und der Geschäftsbedarf nicht zur Verfügung gestellt werden; bei Nichterfüllung von Informationspflichten; bei der Aufzeichnung von Telefondaten des Personalrats, sofern es sich um Haus-, Orts- und Nahgespräche handelt. Werden aber Ferngespräche des Personalrats nebst Zeitpunkt und Dauer der Gespräche zum Zweck der Kostenkontrolle gespeichert, ist dies zulässig.[311] Liegt eine objektiv feststellbar unzulässige Beeinträchtigung vor, haben die davon Betroffenen einen Anspruch auf Beseitigung und Unterlassung der Beeinträchtigung,[312] der nach § 111 Abs. 1 Nr. 3 und Abs. 2 im Beschlussverfahren vor dem Verwaltungsgericht durchsetzbar ist.

Benachteiligungsverbot bedeutet u. a., dass Personalratsmitglieder nicht schlechter behandelt werden dürfen als vergleichbare Kollegen ohne Personalratsamt. Hierunter fällt jede objektive Zurücksetzung oder Schlechterstellung des oben genannten Personenkreises (Rn. 2) gegenüber anderen Beschäftigten in vergleichbarer Situation.[313] Es genügt die objektive Tatsache der Benachteiligung. Nicht erforderlich ist der Nachweis eines Vorsatzes oder einer Absicht. Eine Benachteiligungsabsicht hat das BVerwG in seiner neueren, aktuellen Rechtsprechung nicht verlangt.[314] **5**

Jede **Benachteiligung** ist **verboten**, wenn sie in **ursächlichem Zusammenhang** mit der Wahrnehmung personalvertretungsrechtlicher Aufgaben und Befugnisse steht und nicht aus sachlichen Gründen erfolgt. Dabei genügt das objektive Vorliegen einer Benachteiligung des Funktionsträgers wegen seiner Amtstätigkeit. Die vorbezeichnete objektiv-kausale Betrachtungsweise verleiht dem personalvertretungsrechtlichen Benachteiligungsverbot die nötige Effizienz.[315] Es entfaltet auch in solchen Fällen Rechtswirksamkeit, in denen der Beschäftigte in ursächlichem Zusammenhang mit seiner Personalratstätigkeit ohne sachliche Rechtfertigung zurückgesetzt oder schlechter gestellt wird, ohne dass dies vom Dienststellenleiter bezweckt oder auch nur gewollt ist. **6**

Personen, die Aufgaben nach den Personalvertretungsgesetzen wahrnehmen, dürfen nicht schlechter behandelt werden als vergleichbare Beschäftigte ohne Personalratsmandat, etwa Umsetzung auf einen geringerwertigen Dienstposten oder Arbeitsplatz, Ausschluss von der Beförderung oder Höhergruppierung. Mit dem Verbot der Benach- **7**

---

311 BVerwG 16. 6. 1989 – 6 P 10.86 – und 28. 7. 1989 – 6 P 188/86 –, PersR 1989, 296 und 297.
312 BAG 3. 9. 2003 – 7 ABR 12/03 –, AP Nr. 78 zu § 40 BetrVG 1972.
313 BVerwG 25. 11. 2004, PersR 2005, 75; BAG 7. 11. 2007, PersR 2008, 203.
314 BVerwG 1. 2. 2010 – 6 PB 36.09 –, PersR 2010, 167 ff.
315 BVerwG 1. 2 2010, a. a. O.; BAG 7. 11. 2007 – 7 AZR 820/06 –, BAGE 124, 356.

teilung soll die **unabhängige Amtsführung** der Personalräte gesichert werden. Die Benachteiligung ist schon dann verboten, wenn sie im ursächlichen Zusammenhang mit der personalrätlichen Aufgabenwahrnehmung steht und nicht sachlich gerechtfertigt ist.

8 Das Benachteiligungsverbot gilt auch für die **berufliche Entwicklung** des von Abs. 1 geschützten Personenkreises. Gerade freigestellte Funktionsträger, wie Personalratsmitglieder und Schwerbehindertenvertreter, werden im Freistellungszeitraum dienstlich nicht beurteilt. Diese Beurteilung bildet nach Maßstab des **Art. 33 Abs. 2 GG** aber die Grundlage für eine Personalauswahlentscheidung. Nach Auffassung des BAG folgt aus § 64 Abs. 1 – über das Benachteiligungsverbot hinaus – das an den Arbeitgeber/Dienstherrn gerichtete Gebot, dem Amtsträger die berufliche Entwicklung zukommen zu lassen, die er ohne die Amtstätigkeit genommen hätte.[316]

9 Das Personalratsmitglied kann den Arbeitgeber/Dienstherrn daher unabhängig von dessen Verschulden auf die Zahlung der Vergütung aus einer höheren Vergütungsgruppe in Anspruch nehmen, wenn es ohne die Freistellung mit Aufgaben betraut worden wäre, die die Eingruppierung in der höheren Vergütungsgruppe rechtfertigen. Dieser Anspruch kommt insbesondere bei einer Freistellung für Personalratstätigkeiten in Betracht. Um zu ermitteln, ob der Amtsträger dadurch in seinem beruflichen Aufstieg benachteiligt wurde, muss sein beruflicher Werdegang ohne die Freistellung **nachgezeichnet** werden. Durch eine solche **fiktive Nachzeichnung** darf er weder besser noch schlechter behandelt werden als ein vergleichbarer Arbeitnehmer ohne Personalratsamt.[317] Will der Amtsträger geltend machen, dass er ohne Ausübung seines Amts oder die Freistellung durch Beförderungen einen beruflichen Aufstieg genommen hätte, hat er hierzu mehrere Möglichkeiten. Zum einen kann er darlegen, dass seine Bewerbung auf eine bestimmte Stelle gerade wegen seiner Freistellung und/oder seiner Personalratstätigkeit erfolglos geblieben ist. Hat er sich auf eine bestimmte Stelle tatsächlich nicht beworben, kann und muss er zur Begründung des **fiktiven Beförderungsanspruchs** darlegen, dass er die Bewerbung gerade wegen seiner Freistellung unterlassen hat und eine Bewerbung ohne die Freistellung entweder erfolgreich gewesen wäre oder bei einer Auswahlentscheidung nach Art. 33 Abs. 2 GG, die nach **Eignung, Befähigung und fachlicher Leistung** der Bewerber vorzunehmen ist, erfolgreich hätte sein müssen. Aber auch wenn eine tatsächliche oder eine fiktive Bewerbung danach keinen Erfolg gehabt hätte oder hätte haben müssen, steht dies einem Anspruch nicht zwingend entgegen. Scheitert nämlich eine tatsächliche oder eine fiktive Bewerbung des freigestellten Personalratsmitglieds an fehlenden aktuellen Fachkenntnissen oder daran, dass der Arbeitgeber sich zur

---

316 BAG 14.7.2010 – 7 AZR 359/09 –, zitiert nach juris.
317 BAG 27.6.2001 – 7 AZR 496/99 –, zitiert nach juris.

§ 64

Beurteilung der fachlichen und beruflichen Qualifikation infolge der Freistellung außerstande gesehen hat, ist zwar die Entscheidung des Arbeitgebers/Dienstherrn für den als qualifiziert erachteten Bewerber nach Art. 33 Abs. 2 GG nicht zu beanstanden. Gleichwohl kann in einem solchen Fall ein fiktiver Beförderungsanspruch des Amtsinhabers bestehen, wenn das Fehlen von feststellbarem aktuellem Fachwissen gerade aufgrund der Freistellung eingetreten ist.

Diese Grundsätze gelten auch für Beamte, die sich in einer Freistellung befinden. Beförderungsentscheidungen hinsichtlich der freigestellten Beamten sind nur aufgrund einer sog. **fiktiven Laufbahnnachzeichnung** zu treffen. Dabei werden der berufliche Werdegang des Beamten und der vergleichbarer Kollegen, die weder das Amt eines Personalratsmitglieds ausüben noch vom Dienst freigestellt sind, nachgezeichnet. Dies erfolgt auf der Grundlage der zuletzt erstellten Beurteilung vor der Freistellungsphase. **10**

Üblich ist eine berufliche Entwicklung, die vergleichbare Arbeitnehmer/Beamte bei Berücksichtigung der normalen betrieblichen und personellen Entwicklung in beruflicher Hinsicht genommen haben. Eine Üblichkeit entsteht aufgrund gleichförmigen Verhaltens des Arbeitgebers/Dienstherrn und einer von ihm aufgestellten Regel. Dabei muss der Geschehensablauf so typisch sein, dass aufgrund der Gegebenheiten und Gesetzmäßigkeiten zumindest in der überwiegenden Anzahl der vergleichbaren Fälle mit der jeweiligen Entwicklung gerechnet werden kann. Da Abs. 1 das **Benachteiligungsverbot** konkretisiert, darf die Anwendung der Vorschrift auch nicht zu einer Begünstigung des Personalratsmitglieds gegenüber anderen Arbeitnehmern und Beamten führen. Deshalb ist die Übertragung höherwertiger Tätigkeiten nur dann betriebsüblich, wenn diese dem Personalratsmitglied nach den betrieblichen bzw. dienstlichen Gepflogenheiten hätten übertragen werden müssen oder die Mehrzahl der vergleichbaren Arbeitnehmer und Beamten einen solchen Aufstieg erreicht. Steht lediglich eine derartige Stelle zur Verfügung, besteht ein Anspruch nach Abs. 1 nur dann, wenn diese nach den betrieblichen und dienstlichen Auswahlkriterien gerade dem Personalratsmitglied hätten übertragen werden müssen. Nicht ausreichend ist es deshalb, dass das Personalratsmitglied bei der Amtsübernahme in seiner bisherigen beruflichen Entwicklung einem vergleichbaren Arbeitnehmer/Beamten vollkommen gleichgestanden hat oder die Besserstellung eines oder mehrerer vergleichbarer Arbeitnehmer/Beamten auf individuellen, nur auf diese bzw. diesen Arbeitnehmer/Beamten persönlich zugeschnittenen Gründen beruht.[318] **11**

Im Zuge der fiktiven Laufbahnnachzeichnung von freigestellten Beamten ist zunächst maßgeblich, dass die Vergleichsgruppe hinreichend groß angelegt wurde, weil damit zu rechnen ist, dass im Laufe der Jahre **12**

---
318 BAG 14.7.2010 – 7 AZR 359/09 –, zitiert nach juris.

auch der ein oder andere Beamte aus leistungsneutralen Gründen aus diesem Kreis ausscheidet. Nicht ausgeschlossen werden dürfen diejenigen, die aus Gründen der Beförderung in die nächsthöhere Besoldungsgruppe aufsteigen, denn dieser Vorgang ist Ausdruck besonderer Leistungen, die bei der Nachzeichnung für den freigestellten Beamten nicht ausgeblendet werden dürfen. Unzutreffend ist auch die Argumentation, bei dem freigestellten Beamten sei während der Freistellung von gleich bleibenden Leistungen auszugehen. Es ist gerade der Sinn der **Nachzeichnung**, bei anderen aus der **Vergleichsgruppe** vorhandene Leistungssteigerungen auch für den freigestellten Beamten zu unterstellen. Des Weiteren ist zu beachten, dass die Tatsache, dass der freigestellte Amtsträger im Rahmen seiner Freistellung mit der Behördenleitung verhandelt, nicht als positives, die Nachzeichnung beeinflussendes Element gewertet werden kann, denn die Leistungen im Rahmen der Personalratstätigkeit bzw. der Tätigkeit als Schwerbehindertenvertreter müssen komplett ausgeblendet werden. Im Übrigen steht es im Ermessen der Dienststelle, wie sie die Vergleichsgruppe anlegt, insbesondere, ob sie als Ausgangspunkt auf Beamte derselben Besoldungsgruppe mit der gleichen Note abstellt oder auf die Beamten der Besoldungsgruppe insgesamt und ob sie die Nachzeichnung anhand der Beurteilungsnoten vornimmt oder anhand des prozentualen Anteils der im Freistellungszeitraum erfolgten Beförderungen.

13 Der in **Abs. 2** normierte Schutz für Personalräte dient in erster Linie der Aufrechterhaltung der **Funktionsfähigkeit des Personalrats**. Es soll verhindert werden, dass der Dienstherr durch Personalmaßnahmen Einfluss auf die Zusammensetzung der Personalvertretung nehmen kann. Ohne diesen Schutz wäre es dem Dienstherrn möglich, unliebsame Personalratsmitglieder gegen deren Willen umzusetzen etc.

14 Zum geschützten Personenkreis zählen auch die Mitglieder von Wahlvorständen und die Wahlbewerber. **Nachrücker** werden von Abs. 2 nur erfasst, wenn sie in die Rechtsstellung eines Ersatzmitglieds durch Verhinderung eines ordentlichen Personalratsmitglieds eintreten. Der Schutz gilt während der Dauer der Amtswahrnehmung. Eine Nachwirkung – vergleichbar mit der Regelung in § 15 Abs. 2 Satz 2 KSchG – besteht hinsichtlich dieser Schutzvorschrift nicht. Der Schutzzweck der Vorschrift gebietet es zugleich, Personalratsmitglieder, die vor Ablauf der Amtszeit für eine weitere Amtsperiode als Personalrat wiedergewählt werden, ohne Unterbrechung dem **Mandatsschutz** zu unterstellen. Andernfalls entstünden Lücken im Mandatsschutz der Personalratsmitglieder, die mit dem Sinn und Zweck des HPVG nicht vereinbar wären. Hieraus folgt insbesondere, dass eine vor Ablauf der Amtszeit des Personalrats verfügte und erst nach deren Ende wirksam werdende Versetzung oder Abordnung des Personalratsmitglieds auch und weiterhin der Schutzvorschrift des Abs. 2 unterliegt, wenn das Personalratsmitglied noch vor Eintritt der Wirksamkeit der Personalmaßnahme erneut in den Personalrat gewählt wird. Der Versetzungsschutz erstreckt sich damit nicht nur auf die erste, sondern auch auf jede weitere Amtszeit des Personalratsmitglieds.[319]

Gegen den Willen kann der betroffene Personenkreis nur versetzt, abgeordnet oder umgesetzt werden, wenn dies auch **wichtigen dienstlichen Gründen** auch unter Berücksichtigung der Mitgliedschaft im Personalrat unvermeidbar ist. Selbst wenn diese Voraussetzungen vorliegen, bedarf eine solche Maßnahme darüber hinaus der Zustimmung der Personalvertretung. Wichtige dienstliche Gründe müssen so gewichtig sein, dass das im Gesetz zum Ausdruck kommende Interesse am Bestand des konkreten Personalrats zurücktreten muss. Ob das der Fall ist, bedarf stets einer Einzelfallüberprüfung. Ist das betroffene Personalratsmitglied in mehreren Personalräten (etwa Stufenvertretung) tätig, bedarf eine Versetzung, Abordnung oder Umsetzung der Zustimmung sämtlicher Personalräte, denen es angehört. Über den Antrag zur Zustimmung hat der Personalrat in einer ordnungsgemäß einzuberufenden Sitzung durch gemeinsamen Beschluss zu entscheiden. **15**

Eine Besonderheit bei dem Zustimmungserfordernis besteht darin, dass die **Zustimmungsfiktion** gemäß § 69 Abs. 3 Satz 4 nicht eintreten kann, da es sich nicht um eine alleinige Entscheidungsbefugnis des Dienststellenleiters handelt. Die Maßnahme bedarf vielmehr der ausdrücklichen Zustimmung der Personalvertretung. **16**

§ 65

(1) Beabsichtigt der Arbeitgeber, einen in einem Berufsausbildungsverhältnis nach dem Berufsbildungsgesetz, dem Krankenpflegegesetz oder dem Hebammengesetz stehenden Beschäftigten (Auszubildenden), der Mitglied des Personalrats oder einer Jugend- und Auszubildendenvertretung ist, nach erfolgreicher Beendigung des Berufsausbildungsverhältnisses nicht in ein Arbeitsverhältnis auf unbestimmte Zeit zu übernehmen, so hat er dies drei Monate vor Beendigung des Berufsausbildungsverhältnisses dem Auszubildenden schriftlich mitzuteilen.

(2) Verlangt ein in Abs. 1 genannter Auszubildender innerhalb der letzten drei Monate vor Beendigung des Berufsausbildungsverhältnisses schriftlich vom Arbeitgeber seine Weiterbeschäftigung, so gilt zwischen dem Auszubildenden und dem Arbeitgeber im Anschluss an das erfolgreiche Berufsausbildungsverhältnis ein Arbeitsverhältnis auf unbestimmte Zeit als begründet.

(3) Die Abs. 1 und 2 gelten auch, wenn das Berufsausbildungs-

---

319 BVerwG 18.5.2004 – 1 WDS-VR 1.04 –, PersV 2004, 460 f.

§ 65

verhältnis vor Ablauf eines Jahres nach Beendigung der Amtszeit der Personalvertretung oder der Jugend- und Auszubildendenvertretung erfolgreich endet.

(4) Der Arbeitgeber kann spätestens bis zum Ablauf von zwei Wochen nach Beendigung des Berufsausbildungsverhältnisses beim Verwaltungsgericht beantragen,

1. festzustellen, dass ein Arbeitsverhältnis nach Abs. 2 oder 3 nicht begründet wird, oder

2. das bereits nach Abs. 2 oder 3 begründete Arbeitsverhältnis aufzulösen,

wenn Tatsachen vorliegen, auf Grund derer dem Arbeitgeber unter Berücksichtigung aller Umstände die Weiterbeschäftigung nicht zugemutet werden kann. In dem Verfahren vor dem Verwaltungsgericht ist die Personalvertretung, bei einem Mitglied der Jugend- und Auszubildendenvertretung auch diese beteiligt.

(5) Die Abs. 2 bis 4 sind unabhängig davon anzuwenden, ob der Arbeitgeber seiner Mitteilungspflicht nach Abs. 1 nachgekommen ist.

1 Von § 65 geschützt wird der in einem Berufsausbildungsverhältnis nach dem Berufsbildungsgesetz (BBiG), dem Krankenpflegegesetz (KrPflG) oder dem Hebammengesetz (HebG) stehende Beschäftigte. Es muss sich dabei um Auszubildende handeln, die Mitglied einer Personalvertretung oder einer JAV sind. Nicht erfasst sind Beamtenanwärter, die ihre Laufbahnprüfung erfolgreich abgelegt haben.

2 Die **Mitteilungspflicht** in Abs. 1 gilt für den Arbeitgeber, nicht für den Auszubildenden.[320] Beabsichtigt der Arbeitgeber, einen Auszubildenden, der Mitglied einer Personalvertretung oder einer JAV ist, nach erfolgreicher Beendigung des Berufsausbildungsverhältnisses nicht in ein Arbeitsverhältnis auf unbestimmte Zeit zu übernehmen, muss er ihm dies **drei Monate vor Beendigung** des Berufsausbildungsverhältnisses **schriftlich mitteilen**. Hierdurch wird sichergestellt, dass der Auszubildende rechtzeitig über die Absicht des Arbeitgebers unterrichtet wird, damit er eine angemessene Überlegungsfrist hat, ob er weitere Schritte nach Abs. 2 oder 3 einleiten will. Diese Mitteilungspflicht besteht auch dann, wenn der Arbeitgeber eine Weiterbeschäftigung zwar grundsätzlich ablehnt, aber dem Auszubildenden nur ein **befristeten Arbeitsverhältnis** anbieten will.[321] Der Mitteilung nach Abs. 1 bedarf es auch, wenn der/dem Auszubildenden lediglich eine Teilzeitbeschäftigung angeboten wird oder die angebotene Tätigkeit eine zusätzliche Berufsqualifikation verlangt. Dies ergibt sich bereits

---

320 Umfassende Darstellung bei v. Roetteken/Rothländer, HPVG, § 65 Rn. 16 ff.
321 Altvater-Altvater/Peiseler, BPersVG, § 9 Rn. 6, 9 a; Richardi, BetrVG, § 78 a Rn. 28.

daraus, dass das nach **Abs. 2** entstehende Arbeitsverhältnis wegen des Benachteiligungsverbots sowohl hinsichtlich der Bezahlung als auch der beruflichen Entwicklungsmöglichkeiten einem Arbeitsverhältnis entsprechen muss, wie es der Arbeitgeber für eine vergleichbare Tätigkeit bei entsprechender Vorqualifikation mit einem neu eingestellten Arbeitnehmer, einer entsprechenden Arbeitnehmerin begründete.[322]

Die Mitteilung muss in **Schriftform** ergehen und **unterzeichnet** sein. Sie muss dem Auszubildenden spätestens drei Monate vor Beendigung des Ausbildungsverhältnisses zugehen und sich auf ein Arbeitsverhältnis auf unbestimmte Zeit beziehen. Die Mitteilungspflicht nach Abs. 1 steht im Zusammenhang mit der Überlegungsfrist des Auszubildenden nach Abs. 2. Allerdings kann der Auszubildende die Übernahme auch dann verlangen, wenn der Arbeitgeber seiner Pflicht nach Abs. 1 nicht nachgekommen ist.[323] Zwar ist eine **Begründung** nach Abs. 1 für die Mitteilung nicht vorgesehen. Es empfiehlt sich jedoch ausdrücklich, dem Auszubildenden die Gründe schriftlich zu benennen, die gegen eine Weiterbeschäftigung sprechen. Denn nur auf diese Weise wird der Auszubildende in die Lage versetzt zu prüfen, ob ein Weiterbeschäftigungsanspruch sinnvoll ist.

Der Auszubildende, der Mitglied einer Personalvertretung oder JAV ist, kann **innerhalb der letzten drei Monate** vor Beendigung des Ausbildungsverhältnisses schriftlich vom Arbeitgeber seine **Weiterbeschäftigung in einem unbefristeten Vollarbeitszeitverhältnis verlangen (Abs. 2)**. Ein neuer schriftlicher Arbeitsvertrag kann, muss aber nicht geschlossen werden, denn das Arbeitsverhältnis auf unbestimmte Zeit gilt kraft Gesetzes. Die Gestaltungswirkung des Abs. 2 tritt jedoch nur dann ein, wenn der Auszubildende das Berufsausbildungsverhältnis erfolgreich abgeschlossen hat. Hinsichtlich Art und Inhalt der Weiterbeschäftigung trifft Abs. 2 nur die Aussage, dass es sich um ein unbefristetes Arbeitsverhältnis handelt. Der Schutzzweck des § 65 und auch das Ausbildungsziel gehen dahin, dass der Ausgebildete in dem erlernten Beruf ohne die Notwendigkeit weiterer Einkünfte eine ausreichende, dem jeweiligen Berufsbild entsprechende wirtschaftliche Lebensgrundlage findet.[324] Die Weiterbeschäftigung nach Abs. 2 kann nur von dem Betroffenen persönlich verlangt werden. Eine Geltendmachung durch den Personalrat oder die JAV ist unzulässig.

Das Weiterbeschäftigungsverlangen richtet sich an den Arbeitgeber, dem der Auszubildende angehört. Nach Ansicht des BVerwG kommt es jedoch allein auf den Bereich der Ausbildungsdienststelle an.[325] Bei

---
322 BVerwG 1.11.2005, PersR 2006, S. 382, 383.
323 Altvater-Altvater/Peiseler, BPersVG, § 9 Rn. 5.
324 Fischer/Goeres/Gronimus, BPersVG, § 9 Rn. 39; BVerwG 19.1.2009 – 6 P 1.08 –, PersR 2009, 205 ff.
325 BVerwG 19.1.2009, a.a.O.

einem **JAV-Mitglied** kommt es dagegen nicht nur auf die Ausbildungsdienststelle, sondern auf alle Dienststellen des Geschäftsbereichs der übergeordneten Dienststelle an, bei welcher die Jugend- und Auszubildendenstufenvertretung gebildet ist.[326]

6 Der Arbeitgeber kann gemäß **Abs. 4** spätestens bis zum Ablauf von zwei Wochen nach Beendigung des Berufsausbildungsverhältnisses bei dem zuständigen Verwaltungsgericht beantragen

1. festzustellen, dass ein Arbeitsverhältnis nach Abs. 2 oder 3 nicht begründet wird, oder

2. das bereits nach Abs. 2 oder 3 begründete Arbeitsverhältnis aufzulösen ist.

Dazu muss er das Vorliegen von Tatsachen darlegen, aufgrund derer ihm unter Berücksichtigung aller Umstände die Weiterbeschäftigung **nicht zugemutet** werden kann. Arbeitgeber im Sinne des Abs. 4 Satz 1 ist, wer beim Vertragsschluss Vertragspartner des Arbeitnehmers wäre. Im Verfahren nach Abs. 4 handelt für den Arbeitgeber derjenige, der ihn gerichtlich zu vertreten hat. Nur wer hierzu befugt ist, kann beim Verwaltungsgericht entsprechende Anträge stellen. Eine rechtzeitige Antragstellung ist auch durch eine Antragsschrift möglich, die durch einen nachgeordneten Bediensteten unterschrieben ist; dieser muss dann allerdings seine Vertretungsbefugnis innerhalb der Ausschlussfrist durch Vorlage einer Vollmacht nachweisen.

7 Das Feststellungs-Auflösungsbegehren des Arbeitgebers ist begründet, wenn die Begründung bzw. Fortsetzung des Arbeitsverhältnisses unzumutbar ist. Dies ist etwa dann der Fall, wenn der Arbeitgeber dem Jugendvertreter zum Zeitpunkt der Beendigung der Berufsausbildung keinen **ausbildungsadäquaten Dauerarbeitsplatz** bereitstellen kann.[327] Für die Frage, ob ein solcher Arbeitsplatz für ein JAV-Mitglied zur Verfügung steht, kommt es alleine auf den Bereich der Ausbildungsdienststelle an. Schutzzweck der Regelung in § 65 ist es, Auszubildende vor Personalmaßnahmen zu bewahren, die sie an der Ausübung ihrer Jugendvertreterarbeit hindern oder ihre Unabhängigkeit bei dieser Tätigkeit beeinträchtigen können. Indem § 65 die amtierende JAV vor dauernden oder vorübergehenden Änderungen ihrer Zusammensetzung schützt, dient er zugleich der Kontinuität der Gremienarbeit. Ist der Auszubildende Mitglied der örtlichen JAV, wird das **kollektivrechtliche Element des Schutzzwecks** nicht erreicht, wenn er in einer anderen Dienststelle als der Ausbildungsdienststelle weiterbeschäftigt wird. Denn damit erlischt seine JAV-Mitgliedschaft. Der wesentliche Schutzzweck der Ämterkontinuität ist jedoch gewahrt, wenn ein Mitglied der JAV von seiner Ausbildungsdienststelle in eine andere Dienststelle des Geschäftsbereichs überwechselt. Die

---

326 BVerwG 19.1.2009, a.a.O.
327 BVerwG 1.11.2005 – 6 P 3.05 –, ZTR 2006, 159.

Mitgliedschaft in einer Jugend- und Auszubildendenstufenvertretung erlischt nicht, wenn der Jugendvertreter in eine andere Dienststelle innerhalb des Geschäftsbereichs derjenigen übergeordneten Dienststelle wechselt, bei der die Jugend- und Auszubildendenstufenvertretung gebildet ist. Auch der Normzweck des § 65 rechtfertigt den **Weiterbeschäftigungsanspruch** eines Mitglieds der Bezirks-Jugend- und Auszubildendenvertretung bzw. der Hauptjugend- und -auszubildendenvertretung oder der Gesamtjugend- und -auszubildendenvertretung (§ 58), der von seiner Ausbildungsdienststelle in eine andere Dienststelle des Geschäftsbereichs überwechselt. Denn die Kompetenz dieser Institutionen knüpft an die originäre, dienststellenübergreifende Zuständigkeit der Stufenvertretung bzw. der Gesamtvertretung an, wie sie sich aus § 43 ergibt. Sie ist insbesondere dann gegeben, wenn alle jugendlichen Arbeitnehmer und Auszubildenden im Geschäftsbereich der übergeordneten Dienststelle betroffen sind. Der Wirkungskreis erstreckt sich auf die übergeordnete Dienststelle selbst und alle ihr nachgeordneten Dienststellen. Damit können sich die Chancen auf Durchsetzung des Weiterbeschäftigungsanspruchs bei Mitgliedern der Jugend- und Auszubildendenstufenvertretung und der Gesamtjugend- und -auszubildendenvertretung in Abhängigkeit von der Größe des Geschäftsbereichs und der Anzahl der dazugehörigen Dienststellen deutlich verbessern. Diese Besserstellung findet ihre Rechtfertigung in dem erhöhten Schutzbedarf, der sich aus der Verantwortung des Leiters der übergeordneten Dienststelle für alle Dienststellen des Geschäftsbereichs und seinem damit korrespondierenden Einflussbereich herleitet.

Die **Unzumutbarkeit der Weiterbeschäftigung** kann nur begründet sein, wenn außerordentliche Gründe hierfür vom Arbeitgeber vorgetragen werden können. Dies können schwerwiegende Gründe persönlicher Art sein, wie etwa die Begehung einer Straftat, die eine Weiterbeschäftigung unzumutbar macht. Schwerwiegende betriebliche Gründe liegen vor, wenn kein ausbildungsadäquates, auf Dauer angelegtes Vollzeitbeschäftigungsangebot unterbreitet werden kann. Unerheblich ist in diesem Zusammenhang, ob eine entsprechende Planstelle zur Verfügung steht.[328] Nach Auffassung des BVerwG soll der Arbeitgeber indes weder verpflichtet sein, einen neuen Arbeitsplatz zu schaffen, noch soll er eine entsprechende Stelle freikündigen müssen.[329]

§ 66

(1) Die außerordentliche Kündigung von Mitgliedern der Personalvertretungen, der Jugend- und Auszubildendenvertretungen, der Wahlvorstände sowie von Wahlbewerbern, die in ei-

---

328 BVerwG 1.11.2005, a.a.O.; 19.1.2009 – 6 P 1.08 –, PersR 2009, 205 ff.
329 BVerwG 1.11.2005, a.a.O.

§ 66

nem Arbeitsverhältnis stehen, bedarf der Zustimmung der zuständigen Personalvertretung. Verweigert die zuständige Personalvertretung ihre Zustimmung oder äußert sie sich nicht innerhalb von drei Arbeitstagen nach Eingang des Antrags, so kann das Verwaltungsgericht sie auf Antrag des Dienststellenleiters ersetzen, wenn die außerordentliche Kündigung unter Berücksichtigung aller Umstände gerechtfertigt ist. In dem Verfahren vor dem Verwaltungsgericht ist der betroffene Arbeitnehmer Beteiligter.**

(2) Eine durch den Arbeitgeber ausgesprochene Kündigung des Arbeitsverhältnisses eines Beschäftigten ist unwirksam, wenn die Personalvertretung nicht beteiligt worden ist.

1 Nach Abs. 1 dieser Vorschrift genießen Personalrats- und JAV-Mitglieder, Mitglieder der Wahlvorstände sowie Wahlbewerber, die in einem Arbeitsverhältnis stehen, Schutz vor **außerordentlichen Kündigungen**. Für Beamte gilt § 66 nicht. Ersatzmitglieder sind nur geschützt, wenn sie aufgrund eines Vertretungsfalls tatsächlich Mitglieder des Personalrats sind.[330] Der in Rn. 1 genannte Personenkreis wird auch vor **ordentlichen Kündigungen** durch die Regelung in § 15 Abs. 2 und 3 KSchG geschützt. Hiernach ist eine Kündigung unzureichend, es sei denn, dass Tatsachen vorliegen, die den Arbeitgeber zur Kündigung **aus wichtigem Grund** ohne Einhaltung einer Kündigungsfrist berechtigen, und dass die nach dem Personalvertretungsrecht erforderliche Zustimmung vorliegt oder durch gerichtliche Entscheidung ersetzt ist. Nach § 15 Abs. 3 KSchG ist die ordentliche Kündigung eines Wahlvorstandsmitglieds vom Zeitpunkt seiner Bestellung an, die ordentliche Kündigung eines Wahlbewerbers vom Zeitpunkt der Aufstellung des Wahlvorschlags an, jeweils bis zur Bekanntgabe des Wahlergebnisses unzulässig, es sei denn, es liegen Tatsachen vor, die den Arbeitgeber zur Kündigung aus **wichtigem Grund** ohne Einhaltung einer Kündigungsfrist berechtigten, und die nach § 103 BetrVG oder nach dem Personalvertretungsrecht erforderliche Zustimmung liegt vor oder ist durch eine gerichtliche Entscheidung ersetzt.

2 Die in Abs. 1 genannte **außerordentliche Kündigung** wird im Gesetz nicht ausdrücklich definiert. Eine fristlose Kündigung ist nach § 626 Abs. 1 BGB zulässig, wenn Tatsachen vorliegen, aufgrund derer dem Kündigenden unter Berücksichtigung aller Umstände des Einzelfalls und unter Abwägung der Interessen beider Vertragsteile die Fortsetzung des Dienstverhältnisses bis zum Ablauf der Kündigungsfrist oder bis zu der vereinbarten Beendigung des Dienstverhältnisses nicht zugemutet werden kann. Bei der Formulierung »wichtige Gründe« handelt es sich um einen **unbestimmten Rechtsbegriff**. Dem Wortlaut lassen sich folgende Auslegungsprinzipien entnehmen:

---

330 VG Frankfurt/Main 1.11.2004 – 23 L 3991/04 (V) –, zitiert nach juris.

§ 66

- Es muss eine **Störung** des Vertragsverhältnisses vorliegen.
- Die Störung muss auf **Tatsachen** beruhen. Nicht verifizierbare Gefühle und Vermutungen des Kündigenden rechtfertigen eine außerordentliche Kündigung nicht.
- Die das Vertragsverhältnis störenden Tatsachen müssen dem Kündigenden dessen **Fortsetzung** bis zum nächstmöglichen ordentlichen Beendigungstermin **unzumutbar** machen.
- Die Tatsachen müssen daher **auch in Zukunft** vertragsstörend wirken. Abgeschlossene Tatbestände ohne Auswirkungen in der Zukunft können die Vertragsfortsetzung bis zum nächstmöglichen ordentlichen Beendigungstermin nicht unzumutbar machen.
- Die Unzumutbarkeit der Fortsetzung des Dienstverhältnisses für den einen Teil alleine berechtigt diesen nicht zur außerordentlichen Kündigung. Zusätzlich erforderlich ist, dass die **Interessen des Kündigenden** an der unterfristigen Beendigung des Vertrags die gegenläufigen Interessen des Vertragspartners **überwiegen**.
- Die Prüfung ist **einzelfallbezogen**. Es gibt keine Sachverhalte, die im Sinne absoluter Kündigungsgründe ohne Berücksichtigung der konkreten Umstände des Einzelfalls per se zur außerordentlichen Kündigung berechtigen.

Der für die Beurteilung des Vorliegens eines wichtigen Grundes maßgebliche Zeitpunkt ist – gleichermaßen wie der bei der ordentlichen Kündigung – der Zeitpunkt des **Zugangs der Kündigung** beim Empfänger. In diesem Augenblick müssen die Umstände, auf die die Kündigung gestützt wird, objektiv vorliegen. Dies gilt bei einer außerordentlichen Kündigung mit Auslauffrist entsprechend. Tritt eine schwerere Vertragsstörung als die prognostizierte ein, kann diese nur Grundlage einer neuen Kündigung sein.[331]

Verweigert der zuständige Personalrat seine **Zustimmung** oder äußert er sich nicht innerhalb von **drei Arbeitstagen** nach Eingang des Antrags, kann das Verwaltungsgericht die Zustimmung auf Antrag des Dienststellenleiters **ersetzen**. Die Ersetzung erfolgt jedoch nur, wenn die außerordentliche Kündigung unter Berücksichtigung aller Umstände gerechtfertigt ist. Der betroffene Arbeitnehmer ist in dem Verfahren vor dem Verwaltungsgericht zu beteiligen.

Die Zustimmung der Personalvertretung muss **vor Ausspruch der Kündigung** vorliegen.[332] Das Schweigen des Personalrats stellt jedoch keine Zustimmung dar.[333] Auch eine unter Bedingungen oder Einschränkungen abgegebene Zustimmung des Personalrats erfüllt nicht die Voraussetzungen des § 66. Der Personalrat hat lediglich **drei**

---

331 BAG 13.4.2000 – 2 AZR 259/99 –, AP Nr. 162 zu § 626 BGB.
332 HessVGH 11.3.1997, PersR 1998, 28f.
333 BVerwG 28.2.2002, Buchholz 250 § 108 BPersVG Nr. 4.

§ 67

Arbeitstage Zeit, sich zu äußern. Der Lauf der Frist beginnt mit Eingang des Antrags bei der Personalvertretung. Der Tag des Eingangs des Antrags wird gemäß § 187 Abs. 1 BGB nicht mitgezählt. Über den Antrag auf Zustimmung zu einer außerordentlichen Kündigung entscheidet der Personalrat durch gemeinsamen Beschluss gemäß § 35 Abs. 1, der **keine Begründung** enthalten muss. Im Fall der Ablehnung kann eine Nennung der Gründe für den betroffenen Beschäftigten jedoch von Vorteil sein.

6 Verweigert die Personalvertretung die Zustimmung, kann das Verwaltungsgericht auf Antrag des Dienststellenleiters diese ersetzen. Da eine Zustimmungsfiktion bei Schweigen oder Verstreichenlassen der Frist nicht eintritt, kann das »Zustimmungsersetzungsverfahren« auch in diesem Fall eingeleitet werden.

7 **Antragsbefugt** nach Abs. 1 Satz 2 ist nur der Dienststellenleiter, der zum Ausspruch der beabsichtigten Kündigung berechtigt und hierfür zuständig ist.[334] Der Arbeitgeber muss bei außerordentlichen Kündigungen, wenn er sein Kündigungsrecht nicht verlieren will, innerhalb der Ausschlussfrist des § 626 Abs. 2 BGB nicht nur den Zustimmungsantrag beim Personalrat stellen, sondern bei Verweigerung der Zustimmung auch das Verfahren auf Ersetzung der Zustimmung bei dem Verwaltungsgericht einleiten. Wird ein Arbeitnehmer während einer abgelaufenen Ausschlussfrist Mitglied des »geschützten Personenkreises« im Sinne von Abs. 1, beginnt die Ausschlussfrist des § 626 Abs. 2 BGB neu zu laufen.[335]

8 Kündigungen, die **ohne Beteiligung** des Personalrats ausgesprochen werden, sind **unwirksam**. Abs. 2 gilt nicht etwa nur für außerordentliche Kündigungen des in Abs. 1 genannten Personenkreises, sondern generell für ordentliche und außerordentliche Kündigungen auch anderer Beschäftigter der Dienststelle. Die Unwirksamkeit der Kündigung wegen Nichtbeteiligung des Personalrats kann von dem betroffenen Arbeitnehmer im Rahmen eines arbeitsgerichtlichen Verfahrens geltend gemacht werden.[336]

§ 67

Erleidet ein Beamter anlässlich der Wahrnehmung von Rechten oder Erfüllung von Pflichten nach dem Personalvertretungsrecht einen Unfall, der im Sinne der beamtenrechtlichen Unfallfürsorgevorschriften ein Dienstunfall wäre, so finden diese Vorschriften entsprechende Anwendung.

1 § 67 schützt Beamtinnen und Beamte, die aus Anlass der Wahrnehmung von Rechten oder der Erfüllung von Pflichten nach dem Per-

---

334 VG Frankfurt/Main 23. 4. 2001 – 23 L 905/01 (V) –, HessVGRspr. 2002, S. 27.
335 VG Frankfurt/Main 28. 8. 2000 – 23 L 1642/00 (V) –, zitiert nach juris.
336 So auch Spieß, § 66 HPVG, S. 239.

sonalvertretungsrecht einen Dienstunfall erleiden. Die Regelung gilt auch für Richterinnen und Richter, die aufgrund einer Abordnung bei einer Verwaltung oder einem Betrieb im Sinne von § 1 tätig sind oder die zur/zum Vorsitzenden einer Einigungsstelle bestellt worden sind und aufgrund dieser Funktion Pflichten nach dem HPVG wahrnehmen. Die Schutzvorschrift gilt nicht nur für Personalratsmitglieder, sondern auch für alle anderen Personen, die Rechte oder Befugnisse nach dem HPVG wahrnehmen, wie etwa Wahlbewerber, Wahlvorstandsmitglieder, Jugend- und Auszubildendenvertreter, Vertrauensleute der Schwerbehinderten, Vertreter der nicht ständig Beschäftigten, Teilnehmer an Personalversammlungen etc.

Die Vorschrift soll sicherstellen, dass auch die **beamtenrechtlichen** **Unfallfürsorgerichtlinien** greifen, wenn ein verbeamtetes Mitglied der Personalvertretung personalvertretungsrechtliche Rechte aus dem HPVG wahrnimmt oder Pflichten nach diesem Gesetz erfüllt. Wie sich aus dem Wortlaut der Vorschrift unzweifelhaft ergibt, muss es sich um einen Dienstunfall im Sinne der beamtenrechtlichen Unfallfürsorgevorschriften (§§ 30 ff. BeamtVG) handeln. Nach § 31 Abs. 1 BeamtVG ist ein Dienstunfall *»ein auf äußerer Einwirkung beruhendes, plötzliches, örtlich und zeitlich bestimmbares, einen Körperschaden verursachendes Ereignis, das in Ausübung oder infolge des Dienstes eingetreten ist«*. Der Unfall muss in einem zeitlichen und räumlichen Zusammenhang mit dem Dienst stehen. Für einen dienstlichen Zusammenhang müssen besondere Anhaltspunkte vorliegen, so dass ein Selbstmord grundsätzlich der privaten Lebensführung zuzurechnen ist. Die Ausnahme bildet ein Suizid infolge einer beruflichen Überforderung. Die tatbestandliche Voraussetzung einer »äußeren Einwirkung« bringt zum Ausdruck, dass Ursache eines Dienstunfalls nur in der Außenwelt auftretende Ereignisse sind und dass solche Vorgänge ausgeschlossen werden, die ausschließlich im Innern des menschlichen Körpers ablaufen. Allerdings können auch Erkrankungen, Schädigungshandlungen des Beamten selbst oder psychische Einwirkungen zu Dienstunfällen im Sinne des § 31 Abs. 1 Satz 1 BeamtVG führen. Äußere Einwirkungen sind etwa mechanische, chemische, thermische und ähnliche Einwirkungen, wie die mangelhafte Beleuchtung im Dienstgebäude, die ursächlich für einen Sturz ist. Auch **psychische Reaktionen** auf äußere Vorgänge, z. B. der tätliche Angriff auf einen Kollegen oder Beschimpfungen gegenüber Personalratsmitgliedern, können einen Körperschaden zur Folge haben, so dass die Voraussetzungen des Dienstunfalls gegeben sind. Auch Beleidigungen und Beschimpfungen von Beisitzern der Einigungsstelle gegenüber dem Vorsitzenden, der daraufhin einen seelischen Schock und als dessen Folge einen Gesundheitsschaden erlitten hat, stellt einen Dienstunfall dar.

Körperschaden ist auch der **Folgeschaden**, der nach einem Dienstunfall mit dem »primären Körperschaden« eingetreten ist. Dauernde Beschwerden etwa nach einer Operation, die aufgrund eines Dienstunfalls durchgeführt worden ist, wurden von der Rechtsprechung anerkannt.[337] Das Gleiche gilt für **posttraumatische Belastungsstörungen** als Folgen eines anerkannten Dienstunfalls oder für eine **psychogene Überlagerung** nach einer bei einem Dienstunfall erlittenen Verletzung und für einen **Hörverlust** nach einem anerkannten Dienstunfall.[338]

4 Rechte und Pflichten nach dem HPVG werden wahrgenommen bei der Ausübung jeglicher personalrätlicher Tätigkeit bzw. bei der Teilnahme an Wahlen, Abstimmungen oder an Personalversammlungen. Da eine rechtmäßige Dienstausübung nicht Voraussetzung für die Anerkennung der Dienstunfallfürsorge ist, muss es sich auch nicht um eine ordnungsgemäße Wahrnehmung von Rechten und Pflichten nach dem HPVG handeln. Allerdings muss die Tätigkeit **objektiv** dem **Rechts- und Pflichtenkreis des HPVG** zugeordnet werden können.

5 Ansprüche auf Unfallfürsorge nach den §§ 30 ff. BeamtVG im Zusammenhang mit einem von § 67 erfassten Unfall können nicht im personalvertretungsrechtlichen Beschlussverfahren nach § 111 HPVG gerichtlich verfolgt werden. Vielmehr handelt es sich hierbei um eine beamtenrechtliche Angelegenheit, für die gemäß § 54 Abs. 1 BeamtStG der **Verwaltungsrechtsweg** eröffnet ist.

§ 68

(1) Die Mitglieder und Ersatzmitglieder des Personalrats haben auch nach dem Ausscheiden aus dem Personalrat oder aus der Dienststelle über dienstliche Angelegenheiten oder Tatsachen, die ihnen auf Grund ihrer Zugehörigkeit zum Personalrat bekanntgeworden sind, Stillschweigen zu bewahren. Diese Schweigepflicht besteht nicht gegenüber den übrigen Mitgliedern des Personalrats. Sie entfällt ferner gegenüber der vorgesetzten Dienststelle und der bei ihr gebildeten Stufenvertretung, wenn diese im Rahmen ihrer Zuständigkeit beteiligt sind. Gleiches gilt im Verhältnis zum Gesamtpersonalrat.

(2) Die Schweigepflicht besteht nicht für Angelegenheiten oder Tatsachen, die offenkundig sind oder ihrer Bedeutung nach keiner Geheimhaltung bedürfen.

(3) Die Schweigepflicht besteht auch für andere Personen hinsichtlich der Tatsachen oder Angelegenheiten, die ihnen bei der Wahrnehmung von Aufgaben oder Befugnissen nach dem Personalvertretungsrecht bekanntgeworden sind.

---

337 OVG NRW 3.5.1996 – 6 A 5978/94 –, DÖD 1997, 39.
338 OVG NRW 27.5.1998 – 12 A 629/96; 24.1.1997 – 12 A 5532/94 –, DVBl. 1997, 1011; BayVGH 29.6.2007 – 3 B 04.581 –, zitiert nach juris.

§ 68

§ 68 regelt die **personalvertretungsrechtliche Schweigepflicht**. Neben dieser besteht für die Beschäftigten aufgrund ihres Dienst- oder Arbeitsverhältnisses die beamtenrechtliche bzw. arbeitsvertragliche Schweigepflicht.

1

Die Schweigepflicht ist das Pendant zum umfassenden **Informations- und Unterrichtungsanspruch** des Personalrats. Dieser ist von der Dienststellenleitung in beteiligungspflichtigen Angelegenheiten rechtzeitig und umfassend zu informieren. So gelangt er an zahlreiche personenbezogene und dienstliche Daten, die er für die Wahrnehmung seiner personalvertretungsrechtlichen Befugnisse benötigt. Die Beschäftigten müssen jedoch darauf vertrauen können, dass alle im Zusammenhang mit personellen Angelegenheiten bekannt gewordenen Informationen über ihre persönlichen Umstände nicht weiterverbreitet werden. Auch die Dienststellenleitung kann aufgrund der vertrauensvollen Zusammenarbeit verlangen, dass die der Personalvertretung zur Kenntnis gebrachten Informationen vertraulich behandelt werden. Sie müssen im Kreis der Mitglieder der Personalvertretung, Stufenvertretung oder des Gesamtpersonalrats verbleiben. Insoweit ist die Einhaltung der Schweigepflicht eine wesentliche Voraussetzung für eine ordnungsgemäße Erfüllung der Aufgaben der Personalvertretungen.

2

Zur Einhaltung der Schweigepflicht sind alle Personen verpflichtet, die Aufgaben oder Befugnisse nach dem HPVG wahrnehmen oder wahrgenommen haben. Erfasst sind daher alle Personen, die aufgrund des HPVG eine **personalvertretungsrechtliche Tätigkeit** ausüben. Nicht hierher gehören etwa Rechtsanwälte, die die Dienststelle oder den Personalrat beraten, weil diese nach § 43a Abs. 2 BRAO einer umfassenden berufsrechtlichen Schweigepflicht unterliegen.[339]

3

Es muss sich um Angelegenheiten und Tatsachen handeln, die im Rahmen der Tätigkeit nach dem HPVG bekannt geworden sind. Eine exakte Abgrenzung beider Begriffe ist kaum möglich. Unerheblich ist es, ob es sich um dienstliche oder private Angelegenheiten und Tatsachen handelt. Allerdings erstreckt sich die Schweigepflicht nur auf solche Angelegenheiten und Tatsachen, die dem im Abs. 1 Satz 1 genannten Personenkreis aus Anlass der Wahrnehmung von Aufgaben oder Befugnissen nach dem HPVG **bekannt geworden** sind.

4

Die Schweigepflicht besteht grundsätzlich gegenüber **jedermann**.

5

Beim Datenschutz gilt der Personalrat als unselbständiger Teil der verantwortlichen Stellen und ist deshalb kein **Dritter** im Sinne des § 3 Abs. 8 Satz 2 BDSG. Daraus folgt, dass der – interne – Datenfluss zwischen Dienststelle und Personalrat keinen rechtlichen Beschränkungen unterliegt. Nutzt oder verarbeitet der Personalrat allerdings personenbezogene Daten im Sinne des BDSG, gilt für ihn die sog. »Datenverschwiegenheit« gemäß § 5 BDSG.

6

---

339 Lorenzen u. a., BPersVG, § 10 Rn. 9; Altvater, BPersVG, § 10 Rn. 8.

§ 68

7 Vertrauenspersonen der schwerbehinderten Menschen unterliegen einer zusätzlichen Schweigepflicht nach § 96 Abs. 7 SGB IX.

8 Weiterhin zu beachten ist ein **Zeugnisverweigerungsrecht** für Personalratsmitglieder bei Aussagen vor Gericht. Im **Strafverfahren** ist ein Zeugnisverweigerungsrecht für Personen im Sinne von § 68 Abs. 1 Satz 1 nicht vorgesehen, weil diese in § 53 Abs. 1 StPO nicht aufgeführt sind. Handelt es sich bei einer personalvertretungsrechtlichen Angelegenheit zugleich um eine dienstrechtliche Angelegenheit, auf die sich die beamtenrechtliche Schweigepflicht erstreckt, ist eine Aussage nur zulässig, wenn dem Beamten nach den besonderen beamtenrechtlichen Vorschriften die Aussagegenehmigung des Dienstvorgesetzten erteilt worden ist. Im **Zivilprozess** besteht gemäß § 383 Abs. 1 Nr. 6 ZPO ein Zeugnisverweigerungsrecht für Personen, denen kraft ihres Amtes Tatsachen anvertraut sind, deren Geheimhaltung durch ihre Natur oder gesetzliche Vorschrift geboten ist, und zwar im Betreff der Tatsachen, auf welche die Verpflichtung zur Verschwiegenheit sich bezieht. Erfasst von dieser Regelung werden auch die Mitglieder von Personalvertretungen, weil sie ein Ehrenamt ausüben, und Gewerkschaftssekretäre. Allerdings dürfen diese das Zeugnis dann nicht verweigern, wenn sie gemäß § 385 Abs. 2 ZPO von der Verpflichtung zur **Verschwiegenheit** entbunden sind. Dies ist der Fall, wenn der geschützte Dritte selbst auf den Schutz verzichtet. Dies sind nach den jeweiligen Umständen Personalrat, Dienststellenleiter und gegebenenfalls die betroffenen einzelnen Beschäftigten.

9 Handelt es sich bei einer personalvertretungsrechtlichen Angelegenheit zugleich um eine dienstliche Angelegenheit, die der beamtenrechtlichen Schweigepflicht unterliegt, ist auch die **Aussagegenehmigung** des Dienstvorgesetzten unbedingt erforderlich.

10 Auch der **Dienststellenleiter** ist verpflichtet, die Vertraulichkeit der Personalratstätigkeit soweit wie möglich zu sichern. Er muss den Mitgliedern des Personalrats ermöglichen, mit Beschäftigten ungestört, ohne Mithörgelegenheit Dritter und unbeobachtet Gespräche führen zu können. Daher ist die Dienststellenleitung verpflichtet, dem Personalrat ein separates Zimmer für seine Tätigkeiten und – je nach Größe der Vertretung – ein separates Zimmer für Besprechungen zur Verfügung zu stellen. Selbst bei beengten Platzverhältnissen muss der Personalrat es **nicht** dulden, dass er sich ein Zimmer mit anderen Beschäftigten teilt. Er muss auch nicht zulassen, dass die für den Personalrat tätige Schreibkraft in einem Zimmer mit einer Schreibkraft des allgemeinen Schreibdienstes tätig ist. Dies gebietet schon die Schweigepflicht, der grundsätzlich auch die Schreibkraft des Personalrats unterliegt.[340]

---

340 A. A. HessVGH 17. 2. 1994 – HPV TL 2143/92 –, ZBR 1994, 190; Spieß, § 68 HPVG, S. 243.

Die Schweigepflicht besteht gemäß Abs. 1 Satz 2 nicht gegenüber den **übrigen Personalratsmitgliedern**. Ferner entfällt sie gegenüber der Vorgesetzten Stelle und der bei ihr gebildeten Stufenvertretung, wenn diese im Rahmen ihrer Zuständigkeit beteiligt sind. Dies gilt auch im Verhältnis zum Gesamtpersonalrat.

11

Des Weiteren unterliegen solche Angelegenheiten und Tatsachen nicht der Schweigepflicht, die offenkundig sind oder ihrer Bedeutung nach keiner Geheimhaltung bedürfen. **Offenkundig** sind Tatsachen, die jedermann bekannt oder zumindest ohne Weiteres erkennbar sind oder von denen sich verständige und erfahrene Menschen durch Benutzung allgemein zugänglicher, zuverlässiger Quellen – Zeitungen, Bücher, Fernseh- oder Rundfunksendungen oder über das Internet – unschwer überzeugen können.[341] Angelegenheiten oder Tatsachen sind auch offenkundig, wenn sie allgemein und somit außerhalb der Dienststelle bekannt oder jederzeit feststellbar sind. Es handelt sich mithin nicht mehr um Dienststellen-Interna. Ihrer **Bedeutung** nach keiner Geheimhaltung bedürfen solche Angelegenheiten oder Tatsachen, die von geringem Gewicht sind, so dass an ihrer Geheimhaltung kein Interesse besteht.

12

Die Verletzung der Schweigepflicht kann bei Personalratsmitgliedern eine grobe Pflichtverletzung im Sinne des § 25 Abs. 1 HPVG darstellen. Ist die Personalvertretung insgesamt betroffen, kann dies sogar zu ihrer Auflösung führen. Daneben kommt die Einleitung eines Disziplinarverfahrens gegenüber Beamten in Betracht sowie Abmahnungen oder Kündigungen gegenüber Arbeitnehmern. Bei Streitigkeiten in diesem Zusammenhang ist der **Verwaltungsrechtsweg** gemäß § 54 Abs. 1 BeamtStG eröffnet.

13

Zweiter Titel
Formen und Durchführung der Beteiligung

§ 69

(1) Soweit eine Maßnahme der Mitbestimmung des Personalrats unterliegt, bedarf sie nach rechtzeitiger und eingehender Erörterung nach § 60 Abs. 4 seiner vorherigen Zustimmung. Auf die Erörterung kann im beiderseitigen Einvernehmen verzichtet werden.

(2) Der Leiter der Dienststelle unterrichtet den Personalrat von der beabsichtigten Maßnahme und beantragt seine Zustimmung. Der Beschluss des Personalrats ist dem Leiter der Dienststelle innerhalb von zwei Wochen nach Antragstellung mitzuteilen. In dringenden Fällen kann der Leiter der Dienst-

---

341 BVerfG 3.11.1959, BVerfGE 10, 177, 183.

§ 69

stelle diese Frist auf eine Woche abkürzen. Die Maßnahme gilt als gebilligt, wenn nicht der Personalrat innerhalb der genannten Frist die Zustimmung schriftlich begründet verweigert.

(3) Der Personalrat kann in sozialen und personellen Angelegenheiten, die seiner Mitbestimmung unterliegen, Maßnahmen beantragen, die der Gesamtheit der Beschäftigten der Dienststelle dienen. Der Personalrat hat seine Anträge dem Leiter der Dienststelle schriftlich zu unterbreiten; sie sind zu begründen und nach § 60 Abs. 4 zu erörtern. Der Leiter der Dienststelle hat dem Personalrat eine Entscheidung innerhalb von vier Wochen nach Abschluss der Erörterung schriftlich mitzuteilen. Kann der Leiter der Dienststelle aus zureichendem Grund die Frist nicht einhalten, so ist dem Personalrat innerhalb dieser Frist ein Zwischenbescheid zu erteilen; die endgültige Entscheidung ist innerhalb weiterer vier Wochen zu treffen. Soweit der Dienststellenleiter eine alleinige Entscheidungsbefugnis besitzt, gilt die Maßnahme als gebilligt, wenn er nicht innerhalb der genannten Frist die Zustimmung schriftlich verweigert.

1 Das Mitbestimmungsrecht setzt zunächst eine beabsichtigte **Maßnahme** der Dienststellenleitung voraus. Maßnahme im Sinne von Abs. 1 ist jede durch §§ 74, 77 erfasste Handlung und Entscheidung, die den Rechtsstand des Betroffenen berührt. Sie muss auf eine Veränderung des bestehenden Zustandes abzielen. Dies ist auch dann zu bejahen, wenn die Dienststelle lediglich im Wege des Gesetzesvollzugs eine korrigierende Höhergruppierung vornimmt.[342] Das Zustimmungserfordernis reicht nur soweit, wie diese Maßnahme der Dienststellenleitung der Mitbestimmung unterliegt. Insoweit ist der Begriff der Maßnahme im Sinne des § 69 Abs. 1 für die Konkretisierung der Beteiligungsrechte des Personalrats von maßgebender Bedeutung. Das Unterlassen der Dienststellenleitung, eine etwa vom Personalrat nach § 62 Abs. 1 beantragte Maßnahme zu treffen, stellt keine Maßnahme im Sinne des Abs. 1 dar.[343]

2 Die Mitbestimmung ist das am stärksten ausgestaltete **Beteiligungsrecht** des Personalrats bei den Maßnahmen der Dienststelle, die seiner Zustimmung bedürfen. Das Mitbestimmungsverfahren unterscheidet sich von dem der Mitwirkung zunächst dadurch, dass dem Personalrat in den Angelegenheiten der §§ 74, 77 ein besonderes, im Verfahren des § 69 geltend zu machendes, also förmliches **Initiativrecht** zusteht (§ 69 Abs. 3). Zum anderen entscheidet die Einigungsstelle, wenn zwischen der obersten Dienstbehörde und der bei ihr bestehenden zuständigen Personalvertretung keine Einigung herzustellen ist. Form und Durchführung der Mitbestimmung sind **zwingend** vorgeschrie-

---

342 Fischer/Goeres/Gronimus, BPersVG, § 69 Rn. 7.
343 BVerwG 9. 1. 2007, PersR 2007, 213, 217; Altvater, BPersVG, § 69 Rn. 6.

ben. Die mitbestimmungsdürftige Maßnahme kann ohne Zustimmung des Personalrats nicht getroffen werden. So darf etwa ein Arbeitnehmer ohne Zustimmung des Personalrats nicht eingestellt werden.

Der Begriff der Mitbestimmung wird im Gesetz nicht näher definiert. Seinem Wortsinn nach setzt er gleiches rechtliches Können und gleiche Verantwortung voraus. Auf das Verhältnis zwischen Dienststellenleitung und Personalrat trifft dies jedoch so nicht zu. Die Mitbestimmung kann nur innerhalb der vom BVerfG[344] bindend vorgegebenen verfassungsrechtlichen Grenzen ausgeübt werden. Hiernach ist die Entscheidungskompetenz der Einigungsstelle in allen Fällen der Mitbestimmung eingeschränkt durch das sog. Letztentscheidungsrecht bzw. durch ein gesetzlich verankertes Evokationsrecht der obersten Dienstbehörde gemäß § 71 Abs. 5. Soweit »aus der Perspektive der **Letztentscheidungsbefugnisse**« zwischen voller, uneingeschränkter und eingeschränkter Mitbestimmung unterschieden wird, ist dies irreführend. Eine volle bzw. uneingeschränkte Mitbestimmung kann es zumindest nach der Rechtsprechung des BVerfG nicht geben, da eine die Beteiligten grundsätzlich bindende Entscheidung der Einigungsstelle von der obersten Dienstbehörde in Ausübung des ihr eingeräumten **Evokationsrechts** aufgehoben bzw. abgeändert werden kann. Soweit die oberste Dienstbehörde einen Beschluss der Einigungsstelle, der wegen seiner Auswirkungen auf das Gemeinwesen wesentlicher Bestandteil der Regierungsgewalt ist, innerhalb einer vorgegebenen Frist aufheben und endgültig entscheiden kann, bestehen andererseits Bedenken, dass eine solche stark auslegungsfähige Regelung grundsätzlich und damit rechtsmissbräuchlich zum Anlass genommen wird, eine unliebsame Entscheidung der Einigungsstelle aufzuheben. Es bedarf daher einer sensiblen **Einzelfallüberprüfung**. Die Regelung des § 71 Abs. 5 kann von ihrem Sinnzusammenhang nur restriktiv ausgelegt werden, da ansonsten das Mitbestimmungsrecht in sozialen und innerdienstlichen Angelegenheiten zu einer Farce verkommt. **3**

Beabsichtigt die Dienststelle, eine Maßnahme durchzuführen, die der Mitbestimmung unterliegt, benötigt sie dafür immer die **vorherige Zustimmung** des Personalrats. Auch dieser kann ein Mitbestimmungsverfahren durch Ausübung seines Initiativrechts gemäß § 69 einleiten. **4**

Unterliegt eine Maßnahme der Mitbestimmung, bedarf diese zunächst der **rechtzeitigen** und **eingehenden Erörterung**. Dem Mitbestimmungsverfahren geht somit ein Verfahren voraus, in dem die Dienststellenleitung dem Personalrat ihre beabsichtigte Maßnahme mitteilt und mit ihm erörtert. Allerdings schreibt das HPVG die Durchführung der Erörterung nicht zwingend vor. Vom Wortlaut verlangt die Regelung eine rechtzeitige und eingehende Erörterung **vor** Zustimmung **5**

---

344 BVerfG 24. 5. 1995 – 2 BvF 1/92.

des Personalrats. Aufgrund der zweiwöchigen **Rückäußerungsfrist** nach Abs. 2 muss die Erörterung vor Beginn des Laufs der Zweiwochenfrist erfolgen. Hat hingegen die Dienststelle bereits vor einem Zustimmungsantrag eine eingehende Erörterung mit dem Personalrat geführt, kann während des Laufs der Äußerungsfrist eine ergänzende Erörterung erfolgen.[345] Die Erörterung erfolgt grundsätzlich in einem Gespräch. Abs. 1 verweist seinerseits auf § 60 Abs. 4 und damit auf die Möglichkeit der Erörterung im Monatsgespräch. Im Einzelfall kann sie aber auch im schriftlichen Verfahren erfolgen, wobei an der Unterrichtungspflicht durch den Leiter der Dienststelle hohe Anforderungen zu stellen sind.

6 Abs. 1 formuliert das der Mitbestimmung zugrunde liegende Prinzip: Beabsichtigt die Dienststelle eine nach §§ 74, 77 der Mitbestimmung unterworfene Maßnahme, bedarf sie dazu der ausdrücklichen und vorherigen Zustimmung des Personalrats. Eine Maßnahme im personalvertretungsrechtlichen Sinne ist prinzipiell jede Handlung oder Entscheidung des Dienststellenleiters, mit der dieser in eigener Zuständigkeit eine Angelegenheit der Dienststelle regelt, sofern hierdurch der Rechtsstand der Beschäftigten oder eines einzelnen Beschäftigten berührt wird. Ihrem Inhalt nach muss die Maßnahme auf eine Veränderung des bestehenden Zustandes abzielen, nach ihrer Durchführung müssen das Beschäftigungsverhältnis oder die Arbeitsbedingungen eine Veränderung erfahren haben.[346]

7 Nach Abs. 2 Satz 1 **hat** der Dienststellenleiter den Personalrat von einer bevorstehenden Maßnahme zu unterrichten und seine Zustimmung dazu zu beantragen. Der Personalrat kann verlangen, dass der Dienststellenleiter die von ihm beabsichtigte Maßnahme begründet. Unterrichtung und Antrag auf Zustimmung müssen eine genaue Beschreibung von Gegenstand und Umfang der Maßnahme zum Inhalt haben. Es muss aus dem Schreiben deutlich hervorgehen, dass und für welche konkrete Maßnahme die Leitung der Dienststelle die Zustimmung des Personalrats beantragt. Mangelt es hieran, beginnt die Äußerungsfrist nach Abs. 2 noch nicht zu laufen.

8 Im Hinblick auf die Unterrichtung des Personalrats gelten die Vorschriften des § 68 Abs. 2 Satz 1 und 2. Danach ist die Personalvertretung zur Durchführung ihrer Aufgaben sowohl rechtzeitig als auch umfassend unter Vorlage der hierfür erforderlichen Unterlagen zu unterrichten ist.[347] Um den **gleichen Informationsstand** zu erhalten, ist die Personalvertretung mit allen Erwägungen und Unterlagen vertraut zu machen, die der Dienststellenleiter seinem Meinungsbildungs-

---

345 HessVGH 15.11.1989, HSGZ 1991, 24, 25; v. Roetteken/Rothländer, HPVG, § 69 Rn. 50.
346 OVG NRW 2.4.2008 – 1 A 3615/06.PVL.
347 BVerwG 26.1.1994 – 6 P 21.92 –, PersR 1994, 213.

§ 69

prozess zugrunde gelegt hat.[348] Die Information hat dabei bereits zu einem Zeitpunkt zu erfolgen, in dem die konkrete Maßnahme noch gestaltungsfähig ist. Die Personalvertretung ist nicht vor vollendete Tatsachen zu stellen. Wie die Dienststelle ihrer Vorlage- und Informationspflicht nachkommt, hängt einerseits vom Inhalt der vorzulegenden Unterlagen ab, andererseits davon, wie eingehend und häufig sich der Personalrat mit den Unterlagen befassen muss, um die Beteiligungsrechte ausüben und seinem Überwachungsauftrag genügen zu können. Dementsprechend reicht die Bandbreite von der Gewährung von Einblick in die Unterlagen bis zu deren befristeter oder dauernder Überlassung.[349] Für die Tätigkeit des Personalrats generell wichtige Unterlagen (z. B. Stellenplan, Personalbedarfsberechnungen, Organisationspläne) sind ihm auf Dauer auszuhändigen.[350] Das Gebot der gleichberechtigten, vertrauensvollen Zusammenarbeit verbietet es, hinsichtlich der Vorlage häufig benötigten Basismaterials kleinlich zu verfahren.[351]

Die Unterrichtung hat auch in einem Umfang und in einer Form zu erfolgen, dass der **Personalrat** die erhaltenen Informationen auch **verstehen** kann. Wird z. B. die Einführung eines neuen Datenverarbeitungssystems bzw. eine Maßnahme im Kontext von eGovernment geplant, hat die Dienststelle mindestens eine Problemanalyse, die Systembeschreibung mit den zu verarbeitenden Daten, die Zwecksetzung der Verarbeitung, die Beschreibung der vorhandenen Dateien und Programme, den Datenflussplan, die Zugriffsberechtigungen und Maßnahmen der Datensicherung (Datenschutz) sowie alle Auswirkungen auf die Arbeitnehmer und Beamten mitzuteilen – und zwar in einer Form, die möglichst verständlich ist. **9**

Die Unterrichtungspflicht der Dienststellenleitung ist nach dem Gesetzeswortlaut nicht von einer **Aufforderung** des Personalrats abhängig. **10**

Gemäß **Abs. 2 Satz 2** hat der Personalrat **zwei Wochen** Zeit, innerhalb derer er seinen Beschluss über die beantragte Zustimmung dem Dienststellenleiter mitzuteilen hat. In dringenden Fällen kann diese Frist vom Dienststellenleiter auch auf eine Woche abgekürzt werden. Bei dieser Äußerungsfrist handelt es sich um eine grundsätzliche **Ausschlussfrist**, die **nicht verlängert** werden kann und bei deren Versäumung eine Wiedereinsetzung in der vorigen Stand nicht möglich ist. Sie kann auch nicht durch eine Vereinbarung zwischen dem Dienststellenleiter und dem Personalrat verlängert werden. Zulässig ist jedoch eine Vereinbarung darüber, wie und wann das Mitbestim- **11**

---

348 BVerwG 27.11.1991, PersV 1992, 228, 230; Lorenzen u. a., BPersVG, § 68 Rn. 39b.
349 BVerwG 4.9.1990 – 6 P 28.87 –, PersV 1991, 83 ff.
350 BVerwG 23.1.2002 – 6 P 5/01 –, PersR 2002, 201 ff.
351 BVerwG 23.1.2002, a. a. O.

mungsverfahren in Gang gesetzt wird. Solche Vereinbarungen sind gerichtsfest schriftlich zu verfassen.

> **Beispiel:**
> Die Frist beginnt mit dem ersten oder letzten Tag der Personalratssitzung, in der die Angelegenheit vorliegt und behandelt wird, zu laufen.

12 Unabhängig hiervon ist für den Beginn der Frist der **Zugang** des Antrags der Dienststellenleitung auf Zustimmung beim Personalrat maßgebend. Stellt die Dienststellenleitung den Antrag mündlich, ist er mit seiner Erklärung zugegangen. Wird er dagegen schriftlich eingereicht – was die Regel sein dürfte –, ist er zugegangen, wenn er so in den Machtbereich des Personalrats gelangt ist, dass dieser unter normalen Verhältnissen die Möglichkeit hat, von dem Inhalt der Erklärung Kenntnis zu nehmen.

13 Für die **Fristberechnung** sind die allgemeinen Vorschriften der §§ 187, 188 BGB maßgebend. Gemäß § 187 Abs. 1 BGB wird der Tag des Zugangs für den Fristbeginn nicht mitgerechnet. Das Fristende tritt mit Ablauf des zehnten Arbeitstags ein (§ 188 Abs. 1 BGB).

14 Was ist zu tun, wenn der Personalrat **nicht ausreichend unterrichtet** worden ist? Zunächst kommt es nicht auf die subjektive Auffassung des Dienststellenleiters oder des Personalrats an, sondern allein darauf, ob die erteilte Information objektiv den an sie im konkreten Fall gestellten Anforderungen genügt. Der Personalrat muss den Mangel der unzureichenden Information innerhalb der Äußerungsfrist rügen. Nur in diesem Fall wird die Äußerungsfrist –eine Ausschlussfrist – nicht in Gang gesetzt. Die Frist kann durch den Leiter der Dienststelle nochmals in Gang gesetzt werden, indem er den Antrag auf Zustimmung zu der beabsichtigten Maßnahme erneut und mit den zutreffenden Informationen dem Personalrat zuleitet. *»Die Dienststelle, die eine mitbestimmungspflichtige Maßnahme treffen will, muss den Personalrat zugleich mit ihrem Zustimmungsantrag die für die Meinungs- und Willensbildung des Personalrats erforderlichen Informationen und Unterlagen übermitteln. Geschieht dies erst nachträglich, beginnt die Erklärungsfrist erst mit dem Zeitpunkt an zu laufen, in dem der Personalrat ausreichend unterrichtet worden ist.«*[352]

15 Besteht seitens der Personalvertretung **Unsicherheit** darüber, ob der Umfang der gelieferten Informationen ausreichend ist und bestreitet der Leiter der Dienststelle dies dezidiert, ist der Personalvertretung – außerhalb des Anwendungsbereichs des Versagungskatalogs des § 77 Abs. 4 – zu empfehlen, die Zustimmung zu der beabsichtigten Maßnahme zu versagen. Hilfsweise sollte sie auch Gründe benennen, die nach ihrer Auffassung die Ablehnung der Zustimmung zu der beabsichtigten Maßnahme rechtfertigen, soweit dies nach dem bisherigen Stand der Information möglich ist.

---

352 BVerwG 10.8.1987, ZBR 1988, 258.

§ 69

In den Fällen der **personellen Angelegenheiten** nach § 77 kann die **16** Personalvertretung die Zustimmung nicht mit der Begründung verweigern, es lägen ihr nicht im erforderlichen Umfang Informationen vor; die nicht ausreichende Unterrichtung stellt **keinen** Verweigerungsgrund im Sinne des Versagungskatalogs des § 77 Abs. 4 dar. Die dort aufgeführten Gründe sind abschließend.

Die Maßnahme gilt als gebilligt, wenn der Personalrat innerhalb der **17** Ausschlussfrist von zwei Wochen bzw. in dringenden Fällen binnen einer Woche die Zustimmung nicht unter Angabe der Gründe **schriftlich** verweigert (**Abs. 2 Satz 2 und 3**). Er ist verpflichtet, seine Verweigerung schriftlich zu begründen. In personellen Angelegenheiten muss er sich hierbei an dem Versagungskatalog des § 77 Abs. 4 orientieren. In den übrigen Angelegenheiten ist er dagegen nicht an eine gesetzlich vorgegebene Aufstellung von Verweigerungsgründen gebunden.

Äußert sich die Personalvertretung gar nicht oder teilt sie mit, dass sie **18** sich nicht äußern wird, bzw. enthält ihre Verweigerung keine schriftlich dargelegten Gründe, gilt die Maßnahme gemäß **Abs. 2 Satz 4** als gebilligt.

Bei der Zustimmungsverweigerung gilt der Grundsatz »Klotzen statt **19** Kleckern«. Hier wäre es die falsche Taktik, nicht alle Gründe, die für die Verweigerung sprechen, innerhalb der Äußerungsfrist schriftlich darzulegen. Denn ein **Nachschieben weiterer Ablehnungsgründe** ist nach Ablauf der Ausschlussfrist unzulässig.

Die **Rückschrift** ist umfassend zu gestalten. Aus ihr muss erkennbar **20** sein, auf welchen Mitbestimmungstatbestand der Personalrat seine Zustimmungsverweigerung stützt und mit welchem Ziel er eine Einigung anstrebt. Bei personellen Angelegenheiten muss der Personalrat ausdrücklich Bezug nehmen auf die im Versagungskatalog aufgeführten Gründe. Eine rein formelhafte Begründung oder lediglich die Wiedergabe des Wortlauts der Gründe aus dem Versagungskatalog genügen den gesetzlichen Anforderungen nicht.

Die Dienststellenleitung ist nach Vorlage der Rückschrift berechtigt zu **21** prüfen, ob sich die vom Personalrat angegebenen Gründe dem Versagungskatalog des § 74 Abs. 4 zuordnen lassen.

Eine Zustimmungsverweigerung ist nur dann **unbeachtlich**, wenn sie **22** entweder (objektiv) das Vorliegen eines gesetzlichen Zustimmungsverweigerungsgrundes als nicht möglich erscheinen lässt, weil ein Verweigerungsgrund von vornherein und eindeutig nicht vorliegen kann, oder wenn sie aus sonstigen (subjektiven) Gründen rechtsmissbräuchlich ist, weil der Personalrat sich von Beginn an besserer Erkenntnis verschließt oder aber seinen Standpunkt nur zum Schein einnimmt.[353]

---

353 Vgl. BVerwG 7.12.1994 – 6 P 35.92; 15.11.2006 – 6 P 1.06.

§ 69

23 In Anbetracht dessen, dass sich im Personalrat in der Regel keine Volljuristen befinden und die Stellungnahme innerhalb einer kurzen Frist zu fertigen ist – in dringenden Fällen kann sie sogar auf eine Woche abgekürzt werden –, erscheint es nicht sachgerecht, zu strenge **Anforderungen an die Formulierung** der Verweigerungsgründe zu stellen. Können die von der Personalvertretung in personellen Angelegenheiten vorgebrachten Gründe unter keinem denkbaren Gesichtspunkt einem der Versagungsgründe des Katalogs zugeordnet werden, bestehen keine Bedenken, die Maßnahme als gebilligt zu betrachten. Der Dienststellenleiter ist dann berechtigt, sich über die Verweigerung der Zustimmung hinwegzusetzen und sie wie eine ohne Angaben von Gründen erfolgte Zustimmungsverweigerung zu behandeln. Es ist nicht Aufgabe des Leiters der Dienststelle zu prüfen, ob die vom Personalrat vorgebrachten Verweigerungsgründe vertretbar und überzeugend und letztendlich in Abwägung mit seinen Argumenten durchschlagskräftig sind. Allein dies ist Aufgabe der Einigungsstelle.

24 Bei Bestehen einer **gesetzlichen oder tariflichen Regelung** scheiden Mitbestimmungsrechte und damit auch Initiativrechte der Personalvertretung aus. Mit dem Initiativrecht wird dem Personalrat ermöglicht, Maßnahmen, die er im Interesse der Gesamtheit der Beschäftigten der Dienststelle für angemessen oder geboten hält, von sich aus einzuleiten und deren Regelung im Beteiligungsverfahren womöglich auch gegen den Willen der Dienststellenleitung durchzusetzen. Im Wege des Initiativrechts wird dem Personalrat der gleiche Rang wie der Dienststelle eingeräumt und ihm somit die Ausübung der Mitbestimmungsrechte in aktiver Form ermöglicht.[354] Das Initiativrecht umfasst auch das Vorlagerecht an die übergeordnete Behörde mit der Folge der Befassung der Stufenvertretung mit der Angelegenheit im Fall der Ablehnung des Antrags durch den Dienststellenleiter. Damit stehen dem Personalrat verfahrensrechtlich gleichwirksame Mittel zur Verfügung wie dem Dienststellenleiter. Insoweit liegt gleichberechtigte Partnerschaft zwischen Personalvertretung und Dienststellenleitung vor.[355] Das Initiativrecht kann die Personalvertretung gemäß **Abs. 3 Satz 1** in **sozialen** und **personellen** Angelegenheiten ausüben. Dabei hat der Personalrat seine Anträge dem Leiter der Dienststelle gegenüber **schriftlich** zu unterbreiten und sie zu begründen und im Rahmen des Monatsgesprächs nach § 60 Abs. 4 zu erörtern.

25 Zwar sieht das HPVG auch in Mitwirkungsangelegenheiten ein Initiativrecht des Personalrats in § 72 Abs. 4 vor. Dieses Recht ist jedoch qualitativ nicht gleichwertig mit dem Initiativrecht nach Abs. 3. Im Zuge der Ausübung des Initiativantrags kann der Personalrat in den

---

354 BVerwG 6.10.1992, PersR 1993, 77, 79; v. Roetteken/Rothländer, HPVG, § 69 Rn. 128.
355 BVerwG 20.1.1993 – 6 P 21.90 –, ZBR 1993, 319.

Fällen des § 74 Abs. 1 und des § 77 Abs. 2 den Abschluss von Dienstvereinbarungen fordern und hierbei unter Umständen bereits einen Entwurf einer entsprechenden Vereinbarung vorlegen. Wie sich aus Abs. 3 Satz 1 ergibt, muss es sich bei den beantragten Maßnahmen um solche handeln, die der **Gesamtheit** der Beschäftigten der Dienststelle dienen. Das BVerwG hält mittlerweile ausdrücklich auch solche Initiativanträge für grundsätzlich zulässig, die auf personelle Einzelmaßnahmen abzielen. Der Personalrat sei nach dieser Auffassung im Rahmen der Mitbestimmung keineswegs darauf beschränkt, die Zustimmungsfähigkeit einer von der Dienststellenleitung beabsichtigten Maßnahme alleine mit Blick auf die kollektiven Interessen aller Beschäftigten der Dienststelle zu prüfen. Somit sind Initiativanträge jedenfalls zulässig, wenn diese nicht primär oder gar ausschließlich im Interesse einzelner Beschäftigter gestellt werden.[356]

Obgleich in **Abs. 3** »nur« vom Personalrat die Rede ist, können sich auch der Bezirks- und der Haupt- sowie der Gesamtpersonalrat jeweils für ihren Zuständigkeitsbereich auf das Initiativrecht berufen. Voraussetzung hierfür ist allerdings, dass ihnen in diesen Angelegenheiten eine erstinstanzliche Zuständigkeit zukommt.

26

§ 70

(1) Kommt nach § 69 zwischen dem Leiter einer nachgeordneten Dienststelle und dem Personalrat eine Einigung nicht zustande, so kann der Leiter der Dienststelle oder der Personalrat die Angelegenheit innerhalb von zwei Wochen auf dem Dienstweg der übergeordneten Dienststelle, bei der eine Stufenvertretung besteht, vorlegen. Die übergeordnete Dienststelle hat innerhalb von zwei Wochen die Stufenvertretung mit der Angelegenheit zu befassen.

(2) Ist die übergeordnete Dienststelle eine Behörde der Mittelstufe und kommt zwischen ihr und dem Bezirkspersonalrat eine Einigung nicht zustande, so kann ihr Dienststellenleiter oder der Bezirkspersonalrat die Angelegenheit innerhalb von zwei Wochen der obersten Dienstbehörde vorlegen. Die oberste Dienstbehörde hat innerhalb von zwei Wochen den Hauptpersonalrat mit der Angelegenheit zu befassen. Kommt zwischen der obersten Dienstbehörde und dem Hauptpersonalrat eine Einigung nicht zustande, so kann der Leiter der obersten Dienstbehörde oder der Hauptpersonalrat innerhalb von zwei Wochen die Einigungsstelle anrufen.

(3) Ist die übergeordnete Dienststelle eine oberste Dienstbehörde und kommt zwischen ihr und dem Hauptpersonalrat eine Einigung nicht zustande, so kann der Leiter der obersten

---

356 So auch v. Roetteken/Rothländer, HPVG, § 69 Rn. 140 ff.

§ 70

Dienstbehörde oder der Hauptpersonalrat innerhalb von zwei Wochen die Einigungsstelle anrufen.

(4) Kommt nach § 69 zwischen dem Leiter einer Dienststelle, die oberste Dienstbehörde ist, und dem Personalrat eine Einigung nicht zustande, so kann der Leiter der obersten Dienstbehörde oder der Personalrat innerhalb von zwei Wochen den Hauptpersonalrat mit der Angelegenheit befassen. Kommt eine Einigung nicht zustande, so kann der Leiter der obersten Dienstbehörde oder der Hauptpersonalrat innerhalb von zwei Wochen die Einigungsstelle anrufen. Besteht kein Hauptpersonalrat, so tritt an seine Stelle der Personalrat.

(5) Kommt nach § 69 bei Gemeinden, Gemeindeverbänden oder sonstigen Körperschaften, Anstalten und Stiftungen des öffentlichen Rechts mit einstufigem Verwaltungsaufbau zwischen dem Leiter der Dienststelle und dem Personalrat eine Einigung nicht zustande, so kann der Leiter der Dienststelle oder der Personalrat innerhalb von zwei Wochen die Einigungsstelle anrufen.

(6) Abs. 1 bis 5 gelten nicht, soweit eine Angelegenheit nicht der Mitbestimmung des Personalrats unterliegt.

(7) Die in Abs. 1 bis 5 genannten Fristen können im beiderseitigen Einvernehmen der jeweiligen Dienststelle und Personalvertretung verkürzt oder verlängert werden.

1 § 70 regelt das weitere Mitbestimmungsverfahren für die Fälle, in denen im Verfahren nach § 69 keine Einigung zwischen Dienststellenleitung und Personalvertretung erzielt worden ist.

2 Für den Fall der Nichteinigung sieht Abs. 1 vor, dass in **mehrstufigen Verwaltungen** der Leiter der Dienststelle oder der Personalrat die Angelegenheit innerhalb von **zwei Wochen** auf dem Dienstweg der übergeordneten Dienststelle, bei der eine **Stufenvertretung** besteht, vorlegen kann. Welche Dienststelle übergeordnet ist, ergibt sich im Einzelnen aus dem Verwaltungsaufbau. Bei der zweiwöchigen Frist handelt es sich um eine **Ausschlussfrist**.[357] Der Lauf der Frist beginnt zu dem Zeitpunkt, zu dem die Nichteinigung von beiden Seiten festgestellt wird.

3 Nach Abs. 1 Satz 2 hat die übergeordnete Dienststelle innerhalb von zwei Wochen die Stufenvertretung mit der Angelegenheit zu **befassen**. Dies setzt voraus, dass die Leitung der übergeordneten Dienststelle die Stufenvertretung über den Gegenstand und den Inhalt des Verfahrens umfassend unterrichtet hat. Dies kann auch durch Überlassung des gesamten Vorgangs geschehen.

4 Trotz der Vorlage können Dienststellenleiter und Personalrat, solange

---

[357] HessVGH 2.4.1992, ZBR 1992, 381.

das förmliche Mitbestimmungsverfahren noch nicht abgeschlossen ist, weiterhin versuchen, eine **Einigung** zu erzielen. Gelingt dies, wird das weitere Stufenverfahren damit gegenstandslos.[358]

Das Stufenverfahren wird eingeleitet, wenn der Stufenvertretung die beabsichtigte **Maßnahme** formell **zur Unterrichtung und Zustimmung zugeleitet** worden ist. Ab diesem Zeitpunkt tritt die Stufenvertretung in alle personalvertretungsrechtlichen Rechte und Pflichten ein, die zuvor der örtlichen Personalvertretung gegenüber der nachgeordneten Dienststelle zustanden.[359] Die Stufenvertretung entscheidet unabhängig von den Gründen, die der Personalrat vorgetragen hat, und kann von den Gründen der Personalvertretung auch abweichen. Das Gleiche gilt auf Dienststellenseite. Ist die übergeordnete Dienststelle eine Behörde der Mittelstufe, kann diese die den Gegenstand des Stufenverfahrens bildende Maßnahme abändern oder sogar von ihr gänzlich absehen.

In den Angelegenheiten, in denen dem Personalrat ein Initiativrecht gemäß § 69 Abs. 3 zusteht, hat er gegenüber der Leitung der übergeordneten Dienststelle den **Anspruch**, dass diese die Stufenvertretung mit der Angelegenheit befasst und mit der Stufenvertretung eine gemeinsame Erörterung durchführt.[360] Ist die übergeordnete Dienststelle eine Behörde der Mittelstufe und kommt zwischen ihr und dem Bezirkspersonalrat eine Einigung nicht zustande, so kann ihr Dienststellenleiter oder der Bezirkspersonalrat die Angelegenheit innerhalb von zwei Wochen der obersten Dienstbehörde vorlegen. Als oberste Dienstbehörden sind im Bereich der Landesverwaltung die einzelnen Ministerien der Landesregierung einschließlich der Staatskanzlei sowie der Präsident des Hessischen Landtags und der Präsident des Hessischen Rechnungshofs anzusehen. Die oberste Dienstbehörde hat innerhalb von zwei weiteren Wochen den Hauptpersonalrat mit der Angelegenheit zu befassen. Zu dem Tatbestandsmerkmal »zu befassen« gilt das oben Gesagte.

Kommt schließlich auch zwischen der obersten Dienstbehörde und dem Hauptpersonalrat eine Einigung **nicht** zustande, kann der Leiter der obersten Dienstbehörde oder der Hauptpersonalrat innerhalb von zwei weiteren Wochen die **Einigungsstelle** anrufen. Auch diese Frist ist gemäß Abs. 7 einvernehmlich verlängerbar.

Abs. 3 ist der Maßstab, wenn die übergeordnete Dienststelle eine **oberste Dienstbehörde** ist. Hier fand das Mitbestimmungsverfahren zuvor bei einer Behörde der Mittelstufe statt. Das Stufenverfahren nach Abs. 3 wird zwischen der Leitung der obersten Dienstbehörde und dem bei ihr gebildeten Hauptpersonalrat durchgeführt. Im Falle der

---

358 Fischer/Goeres/Gronimus, BPersVG, § 69 Rn. 14, 17.
359 BVerwG 20.1.1993, PersR 1993, 310; 2.11.1994 – 6 P 28.92 –, PersR 1995, 83.
360 BVerwG, a.a.O.; v. Roetteken/Rothländer, HPVG, § 70 Rn. 22.

§ 71

Nichteinigung können sowohl die oberste Dienststelle wie auch der Hauptpersonalrat binnen zwei Wochen die **Einigungsstelle** anrufen. Auch diese Frist ist nach Abs. 7 einvernehmlich verlängerbar.

9 **Abs.** 5 regelt den Verfahrensablauf bei Nichteinigungsfällen in Gemeinden, Gemeindeverbänden und sonstigen Körperschaften, Anstalten und Stiftungen des öffentlichen Rechts mit **einstufigem Verwaltungsaufbau**. Kommt zwischen dem Leiter dieser Dienststelle und dem dort gebildeten Personalrat eine Einigung nicht zustande, kann von beiden Seiten innerhalb von zwei Wochen die **Einigungsstelle** angerufen werden. Die Frist ist ebenfalls nach Abs. 7 verlängerbar.

§ 71

(1) **Die Einigungsstelle wird bei der obersten Dienstbehörde gebildet. Sie besteht aus je drei Beisitzern, die von der obersten Dienstbehörde, bei Kollegialorganen durch Beschluss mit einfacher Mehrheit, und der zur Anrufung der Einigungsstelle berechtigten Personalvertretung innerhalb von zwei Wochen nach der Anrufung bestellt werden, und aus einem unparteiischen Vorsitzenden, auf dessen Person sich beide Seiten einigen. Der Einigungsstelle sollen grundsätzlich Männer und Frauen angehören. Kommt eine Einigung über die Person des Vorsitzenden innerhalb von zwei Wochen nach der Anrufung nicht zustande, so bestellt ihn der Vorsitzende der Landespersonalkommission. Der Vorsitzende der Einigungsstelle hat innerhalb von zwei Wochen nach seiner Bestellung zur ersten Sitzung der Einigungsstelle einzuladen; lädt er nicht ein, so ist ein neuer Vorsitzender durch den Vorsitzenden der Landespersonalkommission unverzüglich zu bestellen.**

(2) **Die oberste Dienstbehörde kann eine ständige Einigungsstelle einrichten. In diesem Fall werden der Vorsitzende sowie ein Stellvertreter für die Dauer der regelmäßigen Amtszeit der Personalräte bestellt. Der Vorsitzende oder sein Stellvertreter laden innerhalb von zwei Wochen nach der Anrufung der Einigungsstelle zur ersten Sitzung ein. Im Übrigen gilt Abs. 1.**

(3) **Die Einigungsstelle entscheidet nach mündlicher Verhandlung, die nicht öffentlich ist, durch Beschluss. Die Entscheidung erfolgt in der ersten Sitzung der Einigungsstelle, spätestens aber einen Monat danach. Die Frist kann im Einvernehmen der Mitglieder der Einigungsstelle verkürzt oder verlängert werden. Die Einigungsstelle kann den Anträgen der Beteiligten auch teilweise entsprechen. Der Beschluss wird mit Stimmenmehrheit gefasst. Er muss sich im Rahmen der geltenden Rechtsvorschriften, insbesondere des Haushaltsgesetzes, halten. Bestellt eine Seite innerhalb der in Abs. 1 Satz 2 genannten**

Frist keine Beisitzer oder bleiben Beisitzer trotz rechtzeitiger Einladung der Sitzung fern, so entscheiden der Vorsitzende und die erschienenen Beisitzer allein.

(4) Der Beschluss ist zu begründen, vom Vorsitzenden der Einigungsstelle zu unterzeichnen und den Beteiligten unverzüglich zuzustellen. In den Fällen der § 74 Abs. 1 Nr. 2, 3, 8, 9 und 17 und § 77 hat der Beschluss den Charakter einer Empfehlung an die oberste Dienstbehörde; in den übrigen Fällen bindet er die Beteiligten, soweit er eine Entscheidung im Sinne des Abs. 3 enthält. Beschlüsse der Einigungsstelle führt der Dienststellenleiter durch, es sei denn, dass im Einzelfall etwas anderes bestimmt ist.

(5) Abweichend von Abs. 4 kann in der Landesverwaltung die oberste Dienstbehörde, wenn sie sich einem bindenden Beschluss der Einigungsstelle nicht anschließt, innerhalb eines Monats nach Zustellung des Beschlusses der Einigungsstelle die Entscheidung der Landesregierung, für Beschäftigte des Landtags die Entscheidung des Präsidenten des Landtags im Benehmen mit dem Präsidium des Landtags und für Beschäftigte des Rechnungshofes die Entscheidung des Präsidenten des Rechnungshofs im Benehmen mit dem Präsidium des Landtags beantragen, wenn die Entscheidung im Einzelfall wegen ihrer Auswirkungen auf das Gemeinwohl wesentlicher Bestandteil der Regierungsgewalt ist. Diese Entscheidung ist endgültig. Bei Gemeinden, Gemeindeverbänden und sonstigen Körperschaften, Anstalten und Stiftungen des öffentlichen Rechts kann in den Fällen des Satz 1 die oberste Dienstbehörde, wenn sie sich nicht dem Beschluss der Einigungsstelle anschließt, diesen aufheben und endgültig entscheiden.

(6) Sofern die Dienststelle sich weigert, einen endgültigen Beschluss der Einigungsstelle zu vollziehen, kann der Personalrat Klage beim Verwaltungsgericht erheben. Das Verwaltungsgericht trifft eine die Dienststelle zum Vollzug verpflichtende Entscheidung.

(7) § 40 Abs. 1, § 42, § 64 Abs. 1 und § 68 gelten entsprechend. Dem Vorsitzenden kann eine Entschädigung für Zeitaufwand gewährt werden.

Über kaum ein anderes Thema wurde in der Vergangenheit im Personalvertretungsrecht kontroverser diskutiert als über die einer **Einigungsstelle** im öffentlichen Dienst anzuerkennenden **Kompetenzen** und vor allem deren verfassungsrechtliche Grenzen. Nicht diskussionswürdig sind die auf einem verfassungsrechtlichen Fehlverständnis beruhenden Rechtsansichten, wonach die Beteiligungsrechte auf ein Minimum und die Spruchqualität der Einigungsstelle auf bloße Empfehlungen zu begrenzen sei. Gleiches gilt für die Ansicht, im öffentlichen Dienst müsse das BetrVG bzw. ein Abbild hiervon zur Anwendung kommen. Der letztgenannten Ansicht ist die verfassungsrechtlich gebotene Differenzierung zwischen dem Arbeitsrecht und dem öffentlichen Dienstrecht entgegenzuhalten. Der erstgenannten Ansicht muss vorgehalten werden, dass der öffentliche Dienst in all seinen Bereichen nur dann überlebensfähig ist, wenn er sich aus leistungsstarken und selbstbewussten Beschäftigten zusammensetzt. Dies gilt vorrangig auch für die **Führungskräfte**. Die Führungskraft soll kein »Edelsachbearbeiter« sein, sondern »führen« können. Kernaufgabe ist demnach das Erteilen von Weisungen und die Kontrolle der nachgeordneten Mitarbeiter, also die Ausübung des Weisungsrechts. Bei der auszufüllenden Rolle muss deshalb Klarheit herrschen: Die Führungskraft **vertritt die Dienststellenleitung** bzw. den Arbeitgeber oder Dienstherrn. Dieses **Rollenverständnis** wird umso leichter fallen, je höher die hierarchische Einordnung erfolgt.

2 Die Führungskraft und erst recht die Dienststellenleitung müssen jedoch von ihrem Rollenverständnis her imstande sein, auf **Augenhöhe mit dem Personalrat** zu verhandeln. Sie dürfen sich nicht hinter ihrer Funktion verstecken oder sich ausschließlich auf diese berufen und kraft ihres Amts Entscheidungen diktieren. Dies widerspräche dem kooperativen Führungsstil, der sich insgesamt im öffentlichen Dienst bewährt hat.

3 Das HPVG geht davon aus, dass es sich bei Dienststellenleitung und Personalrat um »gleich starke« Verhandlungspartner handelt. Die in den Personalrat gewählten Mitglieder müssen ihrerseits imstande sein, auf Augenhöhe mit der Dienststellenleitung zu verhandeln. Gegebenenfalls müssen die einzelnen Mitglieder hierzu geschult werden.

4 Auch als Ausfluss der vertrauensvollen Zusammenarbeit bietet die Verhandlungsführung den größtmöglichen Erfolg für die Dienststelle, in der sich beide Partner als gleichberechtigte Verhandlungsteilnehmer betrachten. Dieses Rollenverständnis ist jedoch nicht überall gewährleistet. Die Personalvertretung verkennt zuweilen die gesetzlichen Grenzen der Beteiligungsfähigkeit. Dem Dienststellenleiter ist es lästig, mit dem Personalrat etwas auszuhandeln, was er bislang alleine entschieden hat. Er ist es leid, sich mit den ihn quälenden Einwendungen der Personalvertretung auseinanderzusetzen, seien diese auch noch so verständlich. Folgerichtig hat auch der **Hessische Landesgesetzgeber** aus Anlass der »Modernisierung« der öffentlichen Landesverwaltung Beteiligungsrechte suspendiert frei nach dem Motto, eine effektive Modernisierung sei mit der Personalvertretung nicht durchzusetzen. Die Suspendierung oder Reduzierung von Beteiligungsrechten zeugt jedoch auch stets von einer gewissen eigenen **Schwäche**, notwendige Maßnahmen mit einem Partner verhandeln zu können. Auch ohne derartige Einschränkungen bietet das HPVG genügend gesetzliche Möglichkeiten, eine Modernisierung der öffentlichen Verwaltung unter Einbindung der Personalvertretung voranzutreiben. Da sich die öffentliche Verwaltung augenscheinlich seit Jahrzehnten quasi in einer Dauer-Modernisierungsphase befindet, kann zumindest noch positiv bewertet werden, dass die Beteiligungsrechte nicht in Gänze reduziert oder gar suspendiert wurden.

Jegliche Form der Einschränkung und Aushebelung der personalvertretungsrechtlichen Beteiligung ist daher rechtlich zu beanstanden. Rechtlich anders zu werten sind jedoch die **Kompetenzen und verfassungsrechtlichen Grenzen** der Einigungsstellen: Das BVerfG hat sich bereits in einer Entscheidung vom 27.4.1959[361] mit den verfassungsrechtlichen Grundlagen und Grenzen der Personalvertretung befasst. Gegenstand dieser Entscheidung war das Bremische Personalvertretungsgesetz, nachdem der Personalrat »in allen sozialen und personellen Fragen« der Beamten, Angestellten und Arbeiter »gleichberechtigt mit dem jeweiligen Leiter der Dienststelle mitzubestimmen« hatte. Das BVerfG hat hierzu entschieden, dass das **Letztentscheidungsrecht der Einigungsstelle** in den personellen Angelegenheiten der Beamten mit dem Grundgesetz unvereinbar sei. Dagegen hatte es keine Bedenken, der Einigungsstelle die letzte Entscheidung in den personellen Angelegenheiten der Arbeiter und Angestellten sowie in den sozialen Angelegenheiten aller Beschäftigten einzuräumen. Dies begründete das Gericht im Wesentlichen damit, dass die Ausübung hoheitlicher Befugnisse gemäß Art. 33 Abs. 4 GG in der Regel Beamten vorbehalten sei. Alle Maßnahmen auf diesem Gebiet hätten nur mit Zustimmung des Personalrats getroffen werden können. Eine Begrenzung der Beteiligung des Personalrats auf die schwächere Form der »Mitwirkung« kannte das Bremische Personalvertretungsgesetz nicht. Das BVerfG hat hierin eine Verletzung der nach Art. 28 Abs. 1 Satz 1 GG für das Landesrecht maßgeblichen Prinzipien der Gewaltenteilung, des Rechtsstaats und der Demokratie gesehen.

»Die selbständige politische Entscheidungsgewalt der Regierung, ihre Funktionsfähigkeit zur Erfüllung ihrer verfassungsmäßigen Aufgaben, ihre Sachverantwortung gegenüber Volk und Parlament sind zwingende Gebote der demokratischen rechtsstaatlichen Verfassung. Wie der Bayerische Verfassungsgerichtshof ausgeführt hat, verlangt der Grundsatz der Rechtsstaatlichkeit, »dass ein Staatsorgan, das eine Entscheidung zu treffen hat, dafür die Verantwortung trägt«. Verantwortung kann nicht tragen, wer in seiner Entscheidung inhaltlich in vollem Umfang an die Willensentscheidung eines anderen gebunden ist.

Die Regierung ist das oberste Organ der vollziehenden Gewalt ...

Wohl aber gibt es Regierungsaufgaben, die wegen ihrer politischen Tragweite nicht generell der Regierungsverantwortung entzogen und auf Stellen übertragen werden dürfen, die von Regierung und Parlament unabhängig sind; andernfalls würde es der Regierung unmöglich gemacht, die von ihr geforderte Verant-

---

361 2 BvF 2/58, BVerfGE 9, 268.

§ 71

wortung zu tragen, da auf diese Weise unkontrolliert und niemandem verantwortliche Stellen Einfluss auf die Staatsverwaltung gewähren würden.

… Hier genügt es festzustellen, dass im heutigen Verwaltungsstaat jedenfalls die Entscheidung über Einstellung, Beförderung, Versetzung und sonstige personelle Angelegenheiten der Beamten erhebliches politisches Gewicht hat. Denn die Zuverlässigkeit und Unparteilichkeit des öffentlichen Dienstes hängt nach wie vor in erster Linie von den Berufsbeamten ab.«

Infolge dieser Entscheidung des BVerfG schien die Frage nach den Verfassungsgrenzen der Mitbestimmung im öffentlichen Dienst weitestgehend geklärt, wenngleich dieses Thema weiterhin strapaziert wurde. Die Reformgesetze einzelner Bundesländer in den 1980er und 1990er Jahren gaben wieder Anlass zu vermehrten politischen und rechtlichen Auseinandersetzungen. Fortschrittliche Gesetzgeber fühlten sich insbesondere durch die restriktive Rechtsprechung missverstanden und zu neuem Handeln aufgerufen.[362] Eine Ausweitung der Beteiligung und eine Stärkung der Personalräte waren die Folge. Dies betraf auch das HPVG. Weiter gehende Mitbestimmungsrechte als alle anderen Personalvertretungsgesetze enthielt das Mitbestimmungsgesetz des Landes Schleswig-Holstein.[363] Es sah die Mitbestimmung durch eine Allzuständigkeit des Personalrats – unter Verzicht auf die Aufzählung einzelner Beteiligungstatbestände – auf alle personellen, sozialen, organisatorischen und sonstigen innerdienstlichen Maßnahmen vor. Im Falle der Nichteinigung zwischen Dienststelle und Personalvertretung sollte die Entscheidung über die Maßnahme einer »paritätisch« bestellten weisungsunabhängigen Stelle überlassen und nur unter bestimmten Voraussetzungen befristet der Letztentscheidung einer zuständigen Dienststelle zugänglich sein.

6 Das BVerfG hat mit Beschluss vom 24.5.1995 wesentliche Teile des Schleswig-Holsteinischen Mitbestimmungsgesetzes für verfassungswidrig erklärt und darüber hinaus auch grundlegende neue Aussagen zur Zulässigkeit und zu den Grenzen der Mitbestimmung im öffentlichen Dienst getroffen.[364] Im Vordergrund stand dabei die Frage, inwieweit diese Ausweitung der Mitbestimmung und der Entscheidungskompetenzen einer paritätisch besetzten Einigungsstelle einerseits, die Einschränkung der Befugnisse und Zuständigkeiten des Dienstherrn andererseits mit den verfassungsrechtlichen Strukturprinzipien des demokratischen sozialen Rechtsstaats noch vereinbar sind.[365]

»1. Als Ausübung von Staatsgewalt, die demokratischer Legitimation bedarf, stellt sich jedenfalls alles amtliche Handeln mit Entscheidungscharakter dar[366].

---

362 LT-Drucks. NW 9/3091, 31; ebenso Entwurf der SPD-Fraktion vom 17.1.1986 zum BPersVG, BT-Drucks. 10/4689, 1.
363 Gesetz vom 11.12.1990, GVOBl. 577.
364 BVerfG 24.5.1995 – 2 BvF 1/92 –, PersV 1995, 553, 557.
365 Flintrop/Leuze, PersV 2005, 298 ff.
366 BVerfGE 83, 60, 73.

Es kommt nicht darauf an, ob es unmittelbar nach außen wirkt oder nur behördenintern die Voraussetzungen für die Wahrnehmung der Amtsaufgaben schafft. Will der Gesetzgeber die Beschäftigten an Entscheidungen über innerdienstliche Maßnahmen mit Rücksicht auf deren spezifische Interessen als Dienst- und Arbeitnehmer beteiligen, so ist ihm durch das Erfordernis hinreichender demokratischer Legitimation Grenzen gesetzt.

2. In welcher Art und in welchen Fällen die Mitbestimmung oder eine andere Form der Beteiligung der Personalvertretung verfassungsrechtlich zulässig ist, ist unter Würdigung der Bedeutung der beteiligungspflichtigen Maßnahmen sowohl für die Arbeitssituation der Beschäftigten und deren Dienstverhältnis als auch die Erfüllung des Amtsauftrags zu bestimmen: Die Mitbestimmung darf sich einerseits nur auf innerdienstliche Maßnahmen erstrecken und nur so weit gehen, als die spezifischen in dem Beschäftigungsverhältnis angelegten Interessen der Angehörigen der Dienststelle sie rechtfertigen (Schutzzweckgrenze). Andererseits verlangt das Demokratieprinzip für die Ausübung von Staatsgewalt bei Entscheidungen von Bedeutung für die Erfüllung des Amtsauftrags jedenfalls, dass die Letztentscheidung eines dem Parlament verantwortlichen Verantwortungsträgers gesichert ist (Verantwortungsgrenze).«[367]

Das BVerfG hat des Weiteren folgenden Grundsatz für die Beachtung der verfassungsrechtlichen Grenzen der Personalratsbeteiligung aufgestellt: »*Je weniger die zu treffende Entscheidung typischerweise die verantwortliche Wahrnehmung des Amtsauftrags und je nachhaltiger sie die Interessen der Beschäftigten berührt, desto weiter kann die Beteiligung der Personalvertretung reichen.*«

Die Legislative ist zunächst und zum Teil bis heute völlig untätig geblieben. Das BVerfG hat sich aus Anlass eines Vorlagebeschlusses des LAG Brandenburg in seinem Beschluss vom 20.7.2001[368] erneut mit der Frage der verfassungsrechtlichen Grenzen der Mitbestimmung im öffentlichen Dienst beschäftigt. Das LAG Brandenburg hat die Frage vorgelegt, ob nach dem PersVG Brandenburg der Personalrat bei der ordentlichen Kündigung einschließlich Änderungskündigungen mitzubestimmen habe, wobei das Gericht die Regelung wegen der fehlenden ausdrücklichen Festlegung eines Evokationsrechts der obersten Dienstbehörde für verfassungswidrig halte. Das BVerfG hat aus Anlass seines Kammerbeschlusses zum einen hervorgehoben, dass »*Entscheidungen der Einigungsstellen über Maßnahmen der **Personalpolitik** nicht nur bei Beamten, sondern auch bei Angestellten und Arbeitern des öffentlichen Dienstes unabhängig von der Vergütungsgruppe und der Ausübung hoheitlicher Funktionen allenfalls den Charakter einer Empfehlung an die zuständige Dienstbehörde haben dürfe.*« Zum anderen – und dies ist für die weitere Entwicklung der Rechtsprechung maßgeblich – hat das BVerfG moniert, dass das LAG die im PersVG Brandenburg enthaltene Bestim-

---
367 BVerfG 24.5.1995, a. a. O.
368 LAG Brandenburg 20.7.2001 – 2 BvL 8/00.

§ 71

mung über das Evokationsrecht der obersten Dienstbehörde nicht im Wege der verfassungskonformen Auslegung herangezogen habe.[369]

9 Spätestens seit dem Kammerbeschluss des BVerfG kann trotz weiterhin bestehender Kritik[370] die Frage, inwieweit das demokratische Prinzip für den Bereich des Personalvertretungsrechts Grenzen zieht, als überwiegend geklärt angesehen werden. Ausgelöst von diesem Beschluss hat das BVerwG in seinen folgenden Entscheidungen vom 24.4.2002, 18.6.2002, 18.5.2004 und 30.6.2005[371] selbst die Initiative zur Gesetzeskorrektur ergriffen[372] und hat in den Fällen, in denen das jeweilige Landespersonalvertretungsgesetz ein uneingeschränktes Mitbestimmungsrecht vorsah, eine sog. **planwidrige Regelungslücke** angenommen. Dem mutmaßlichen Willen des Gesetzgebers entsprechend sei die nun aufgetretene Lücke »*mit Mitteln der Auslegung und richterlichen Rechtsfortbildung zu schließen und die Rechtslage in Einklang mit der Verfassung zu bringen, solange der Gesetzgeber von seiner diesbezüglichen Gestaltungsmacht keinen Gebrauch mache.*«[373] So entschied das BVerwG für das PersVG Hmb, dass der Beschluss der Einigungsstelle im Falle der Mitbestimmung des Personalrats bei der Geltendmachung von Ersatzansprüchen ebenso wie bei sozialen und innerdienstlichen Maßnahmen, die Auswirkungen auf das Gemeinwesen haben, in entsprechender Anwendung des § 81 Abs. 6 PersVG Hmb als Empfehlung gelte.

10 Gegen die neuere Rechtsprechung des BVerwG werden **rechtliche Bedenken** angemeldet, weil sie dem klaren Wortlaut der einschlägigen gesetzlichen Vorschriften widerspricht und eindeutige gesetzgeberische Entscheidungen über die Ausgestaltung des jeweiligen Mitbestimmungssystems korrigiert.[374] Andererseits muss jedoch gesehen werden, dass das BVerfG mit seinem Kammerbeschluss gerade eine verfassungskonforme Auslegung der personalvertretungsrechtlichen Mitbestimmungsregelungen von den Instanzgerichten gefordert hat. Damit hat es den Weg der verfassungskonformen Auslegung zur Schließung der vom BVerwG entdeckten »planwidrigen Regelungslücke« ausdrücklich geebnet.

11 Bei der Mitbestimmung unterscheidet sich das Personalvertretungsrecht deutlich von den Regelungen des BetrVG. Dies gilt allerdings nicht hinsichtlich der sog. Versagungskataloge; § 99 Abs. 2 BetrVG unterscheidet sich nur wenig von § 77 Abs. 4 HPVG. **Wesentliche Unterschiede** bestehen jedoch bei der **Ausgestaltung** und den **Ent-**

---

369 Altvater u.a., BPersVG 2008, § 104 Rn. 32.
370 Vgl. Altvater u.a., BPersVG 2008, § 104 Rn. 30–35; Battis/Kersten, PersR 1999, 157 ff.; Kersten, ZfPR 2007, 72 ff.
371 6 P 3.01, 6 P 4.01, 6 P 12.01, 6 P 13.03, 6 P 9.04.
372 Flintrop/Leuze, PersV 2005, 298.
373 BVerwG 24.4.2002, PersV 2002, 546.
374 Blanke, ZfPR 2003, 239 ff.; v. Roetteken, PersR 2003, 331 ff.

§ 71

scheidungsbefugnissen der **Einigungsstellen**. Diese sind zwar sowohl nach den Vorschriften des Personalvertretungsrechts wie auch nach § 76 BetrVG paritätisch zu besetzen. Beide Seiten müssen sich auf einen unparteiischen Vorsitzenden einigen. Kommt eine Einigung über die Person des Vorsitzenden nicht zustande, bestellt ihn gemäß § 76 Abs. 2 BetrVG das Arbeitsgericht und im personalvertretungsrechtlichen Verfahren der Vorsitzende der Landespersonalkommission (§ 71 Abs. 1 Satz 4 HPVG).

Die Einigungsstellen nach dem Personalvertretungsrecht unterliegen jedoch verfassungsrechtlichen Grenzen, die das BVerfG in seinen Beschlüssen vom 24. 5. 1995[375] und 20. 7. 2001[376] konkretisiert hat. In **personellen** und **organisatorischen** Angelegenheiten der **Beamten** und **Arbeitnehmer** kann die Einigungsstelle eine Entscheidung nur in Form einer **Empfehlung** aussprechen. In allen anderen Angelegenheiten müssen Entscheidungen, die im Einzelfall wegen ihrer Auswirkung auf das Gemeinwohl wesentlicher Bestandteil der Regierungsgewalt sind, einem parlamentarisch verantwortlichen Amtsträger vorbehalten bleiben, z.B. in Form eines **Evokationsrechts**. Solche Grenzen bestehen bei der Entscheidungsbefugnis der Einigungsstelle nach dem BetrVG eindeutig nicht. Danach ist die Einigungsstelle ein Organ der Betriebsverfassung, dem kraft Gesetzes gewisse Befugnisse zur Beilegung von Meinungsverschiedenheiten übertragen sind. Bei ihr handelt es sich um eine privatrechtliche innerbetriebliche Schlichtungs- und Entscheidungsstelle, die ersatzweise Funktionen der Betriebspartner wahrnimmt.[377] Die Entscheidungen der Einigungsstellen nach Personalvertretungsrecht sind somit nur im beschränkten Maße bindend und nur soweit, als sie nicht in Form einer Empfehlung ausgesprochen werden und soweit das Evokationsrecht nach § 71 Abs. 5 nicht ausgeübt wird. Bei den Einigungsstellen nach BetrVG kommt dem Spruch der Einigungsstelle im Falle eines freiwilligen Einigungsstellenverfahrens zwar nicht von Gesetzes wegen eine die Betriebspartner bindende Wirkung zu. Diese tritt nur ein, wenn sich der Betriebsrat und die Arbeitgeberseite dem Spruch im Voraus unterworfen haben oder ihn nachträglich annehmen. In den Fällen des erzwingbaren Einigungsstellenverfahrens ist der Spruch der Einigungsstelle für die Betriebspartner dagegen verbindlich.

12

Nach **Abs. 1 Satz 1** wird die Einigungsstelle bei der obersten Dienstbehörde gebildet. Sie ist eine der Beilegung von Meinungsverschiedenheiten dienende **Schiedsstelle** besonderer Art, die als personalvertretungsrechtliches Organ sowohl vom Dienstherrn als auch von der Personalvertretung unabhängig ist. Sie gehört zwar zum Bereich

13

---
375 PersV 1995, 553 ff.
376 PersR 2002, 198 ff.
377 BAG 22. 1. 1980, AP Nr. 7 zu § 111 BetrVG 1972; MünchArbR-Joost, § 320 Rn. 2 f.

§ 71

der Exekutive, ist aber nicht in die oberste Dienstbehörde, bei der sie gebildet ist, eingegliedert und unterliegt nicht ihren Weisungen oder ihrer Rechtsaufsicht.[378] Die Einigungsstelle ist daher als **Organ der Dienststellenverfassung** Bestandteil der Verwaltung. Gleichwohl ist sie vom Parlament und der Regierung **unabhängig**[379] und kann in ihrer Gesamtheit deshalb auch nicht durch Weisungen der Exekutive gebunden werden. Ihre Mitglieder üben eine öffentlich-rechtliche Tätigkeit aus und haben mithin ein öffentliches Amt inne. Bezogen auf die Beisitzer bedeutet dies, dass diese an keinerlei Weisungen oder Aufträge gebunden sind. Sie haben ihr Amt nach bestem Wissen und Gewissen auszuüben. Selbstverständlich sind sie nicht gehindert, bei der Ausübung ihres Amts die Interessen zur Geltung zu bringen, denen sie sich verbunden fühlen. Die Beisitzer, die von Seiten des Personalrats bestellt sind, stehen in keinem Rechtsverhältnis zu diesem.

14 **Aufgabe** der Einigungsstelle ist zunächst die Entscheidung von Gestaltungs- und Regelungsstreitigkeiten, erst dann die Erledigung sog. Rechtsstreitigkeiten.[380] Allerdings ist die Einigungsstelle auch befugt, bei normvollziehenden Maßnahmen eine reine Rechtsprüfung vorzunehmen bzw. rechtliche Vorfragen, wie das Bestehen und die Reichweite von Mitbestimmungsrechten, zu entscheiden. Hierbei untersteht die Einigungsstelle jedoch der Rechtskontrolle durch die Verwaltungsgerichte, wenn ein Verfahren nach § 111 Abs. 1 Nr. 3 eingeleitet wird. Insoweit kann sie in Rechtsfragen nicht letztverbindlich entscheiden.

15 Abs. 1 Satz 1 schreibt vor, dass die Einigungsstelle bei der **obersten Dienstbehörde** zu bilden ist, unabhängig davon, ob die der obersten Dienstbehörde zuständige Stufenvertretung oder ein anderer Personalrat die Einigungsstelle angerufen hat oder zu ihrer Anrufung berechtigt ist.[381] Nach **Abs. 2** kann überdies von der obersten Dienstbehörde eine **ständige Einigungsstelle** eingerichtet werden. In diesem Fall werden der Vorsitzende und ein Stellvertreter für die Dauer der regelmäßigen Amtszeit der Personalräte bestellt.

16 Unabhängig davon, ob eine Einigungsstelle von Fall zu Fall nach Abs. 1 oder eine ständige Einigungsstelle nach Abs. 2 eingerichtet wird, ist diese paritätisch zu besetzen. Nach Abs. 1 Satz 2 besteht sie aus je drei Beisitzern. Die Vertreter der Dienstherrenseite werden von der obersten Dienstbehörde, bei Kollegialorganen durch Beschluss mit einfacher Mehrheit bestellt. **Oberste Dienstbehörden** sind in der Hessischen Landesverwaltung die einzelnen Ministerien der Landesregierung sowie die Staatskanzlei, der Präsident des Hessischen Rechnungshofs und

---

378 BVerwG 9.10.1991 – 6 P 1.90 –, PersR 1992, 52.
379 BVerfGE 9, 268, 280.
380 OVG NRW 20.12.1989, PersV 1991, 177, 178; Fischer/Goeres/Gronimus, BPersVG, § 71 Rn. 4.
381 V. Roetteken/Rothländer, HPVG, § 71 Rn. 18.

der Präsident des Hessischen Landtags. Auf kommunaler Ebene sind die Gemeindevorstände, Magistrate und Kreisausschüsse die obersten Dienstbehörden, bei den Zweckverbänden die Verbandsvorstände, bei dem LWV der Verwaltungsausschuss und bei dem Planungsverband Ballungsraum Frankfurt/Rhein-Main der Verbandsvorstand. Bei den Anstalten und Stiftungen des öffentlichen Rechts ist oberste Dienstbehörde das zuständige oberste Organ, in der Regel der Vorstand.

Der **Personalrat** bestimmt demgegenüber **unabhängig** seine Beisitzer. Zuständig ist in Mitbestimmungsangelegenheiten bei einer mehrstufigen Verwaltung in der Regel nach Maßgabe des § 70 der Hauptpersonalrat. In der einstufigen Verwaltung ist der dort gebildete Personalrat grundsätzlich zuständig. Sind mehrere Personalräte gebildet, ist entweder der zur Anrufung berechtigte örtliche Personalrat oder der bei der obersten Dienstbehörde gebildete Gesamtpersonalrat nach § 83 Abs. 2, 4 zuständig. Dieser Personalrat bestellt durch Beschluss seine drei Beisitzer für die bevorstehende konkrete Einigungsstelle. Hierbei handelt es sich um keine Angelegenheit der laufenden Geschäftsführung im Sinne des § 30 Abs. 1 Satz 1.

17

In den Fällen des § 40 Abs. 3 Satz 5 ist der Personalrat für den Fall, dass die Dienststelle die Freistellung verweigert, berechtigt, unmittelbar die Einigungsstelle anzurufen. Dann bestellt der unmittelbar von der Weigerung betroffene Personalrat seine Beisitzer für die von ihm unmittelbar angerufene Einigungsstelle.

18

Sowohl bei den von der Dienstherrenseite wie auch auf Seiten der Personalvertretung bestellten Beisitzern muss jeweils ausgeschlossen sein, dass deren **persönliche Interessen und Rechte** durch die in der Einigungsstelle vorliegende Angelegenheit unmittelbar berührt werden. Obwohl das HPVG für die Bildung und den Verfahrensgang bis zu einer Entscheidung der Einigungsstelle kurze Fristen vorsieht, ist es gleichwohl sinnvoll, dass jede Seite mindestens ein Ersatzmitglied zugleich bestellt.

19

Gemäß § 71 Abs. 7 i. V. m. § 40 Abs. 1 ist die Tätigkeit als Beisitzer einer Einigungsstelle ein unentgeltliches **Ehrenamt** und keine Nebentätigkeit. Dies gilt für die Beisitzer der Dienststellenseite und der Personalvertretung gleichermaßen. Für die Beisitzer der Dienststellenseite besteht jedoch eine arbeits- bzw. dienstrechtliche Pflicht, das Amt zu übernehmen und auch auszuüben. Für die Beisitzer auf Personalratsseite gilt dies nicht. Eine Pflicht zur Übernahme des Amts besteht gerade nicht. Daher kann nur die oder derjenige zu einem Beisitzer benannt werden, der die Bereitschaft zeigt, die Tätigkeit auch wahrzunehmen.

20

Die **Bestellung** des Vorsitzenden erfolgt durch Dienststelle und Personalvertretung gemeinsam; beide Seiten müssen sich auf die Person des Vorsitzenden einigen. Für die Einigung setzt Abs. 1 beiden Seiten eine Frist von zwei Wochen. Innerhalb dieser Frist muss jedenfalls ein

21

Einvernehmen über die Person des Vorsitzenden hergestellt sein. Hiernach kann die Beauftragung erfolgen. Von beiden Seiten kann nur eine **unparteiische** Person benannt werden. Dies ergibt sich ausdrücklich aus Abs. 1 Satz 2. Einigen sich jedoch beide Seiten auf eine Person als Vorsitzenden, spricht die Vermutung für die Unparteilichkeit dieser Person. Die Einigung über die Person des Vorsitzenden hindert beide Seiten jedoch nicht, diese Person aus Anlass künftiger Einigungsstellenverfahren abzulehnen.

22 Zum Vorsitzenden kann auch ein **Richter** bestellt werden (§ 4 Abs. 2 Nr. 5 DRiG). Für ihn stellt das Amt eines Einigungsstellenvorsitzenden jedoch eine Nebentätigkeit als Schlichter im Sinne des § 40 DRiG dar, so dass er eine schriftliche Nebentätigkeitsgenehmigung nach dem HRiG vor Aufnahme der Tätigkeit braucht.

23 Wird ein **Angestellter** oder **Beamter** zum Einigungsstellenvorsitzenden bestellt, ist die Tätigkeit für ihn **keine** genehmigungspflichtige Nebentätigkeit, sondern ein öffentliches Ehrenamt.

24 Für den Fall, dass sich beide Parteien auf die Person der oder des Vorsitzenden **nicht einigen** können, erfolgt die Bestellung durch den Vorsitzenden der Landespersonalkommission.

25 Im Fall der Einrichtung einer **ständigen Einigungsstelle** ist nach Abs. 2 neben dem Vorsitzenden auch ein Stellvertreter für die Dauer der regelmäßigen Amtszeit der Personalräte zu bestellen.

26 Wie sich aus **Abs. 7 Satz 2** ergibt, kann lediglich dem Vorsitzenden eine **Entschädigung für den Zeitaufwand** gewährt werden. Dienststelleneigene Beisitzer haben nur Anspruch auf Kostenersatz und – im Gegensatz zum Vorsitzenden – keinen Anspruch auf eine Entschädigung für ihre aufgewendete Zeit. Denn ihre Dienstbezüge bzw. Vergütung werden während der Aufgabenwahrnehmung uneingeschränkt weitergezahlt. Sofern die Sitzungen außerhalb der Arbeitszeit stattfinden, steht ihnen ein Zeitausgleich zu. Wie sich aus Abs. 7 i. V. m. § 64 Abs. 1 ergibt, dürfen die Mitglieder der Einigungsstelle aus Anlass der hiermit verbundenen Tätigkeiten nicht benachteiligt werden. Daher dürfen die Beschäftigten im Geltungsbereich des HPVG keine Nachteile im Bereich ihrer Besoldung oder Arbeitsvergütung erleiden.

27 Der Vorsitzende erhält eine nach **Zeitstunden** bemessene **Vergütung**. Die Höhe orientiert sich an dem, was an die Person des Vorsitzenden im Rahmen der hauptberuflichen Tätigkeitswahrnehmung zu zahlen wäre.[382]

28 Der Vorsitzende der Einigungsstelle hat innerhalb von zwei Wochen nach seiner Bestellung zur ersten Sitzung der Einigungsstelle **einzuladen**. Kommt er dieser Verpflichtung nicht nach, ist ein neuer Vor-

---

382 BVerwG 9.10.1991, PersR 1992, 52, 54.

sitzender durch den Vorsitzenden der Landespersonalkommission gemäß Abs. 1 Satz 5 2. Halbs. unverzüglich zu bestellen.

Zunächst ist es die Aufgabe des Vorsitzenden, das **Einigungsstellenverfahren vorzubereiten** und in Gang zu bringen. Er wird, sofern dem Antrag nicht bereits umfassende Informationen beilagen, Personalrat und Dienststellenseite zur schriftlichen Darstellung der streitigen Angelegenheit auffordern und sie bitten, ihm die relevanten Unterlagen zu übersenden. Ist dies geschehen, wird der Vorsitzende sich einen Überblick über den **Streitstoff** verschaffen und beiden Seiten Termine zur Durchführung der mündlichen Verhandlung des Einigungsstellenverfahrens vorschlagen. Die Durchführung der mündlichen Verhandlung ist ein unverzichtbarer Teil des Verfahrens und schon durch das Rechtsstaatsprinzip geboten, weil nur hierdurch das rechtliche Gehör beider Seiten gewährleistet wird. Im Zuge der Vorbereitung und Information gegenüber dem Vorsitzenden können sich beide Seiten auch durch Anwälte, Gewerkschaftsvertreter oder Vertreter eines Arbeitgeberverbands vertreten lassen. **29**

Die **mündliche Verhandlung** der Einigungsstelle ist **nicht öffentlich**. Die Notwendigkeit der Nichtöffentlichkeit ergibt sich daraus, dass im Laufe der Einigungsstelle Daten von Beamten, Arbeitnehmern, Dienst-, Betriebs- und Geschäftsgeheimnisse zur Sprache kommen können. Darüber hinaus bestünde bei einem Zuhören von Beschäftigten die Gefahr, dass die Beisitzer es in ihren Ausführungen an der notwendigen Offenheit fehlen lassen, die eine Konfliktlösung erfordert. **30**

An der Einigungsstelle nach dem HPVG können grundsätzlich nur deren Mitglieder teilnehmen. Da es im HPVG an einer vergleichbaren Vorschrift wie § 71 Abs. 2 Satz 2 BPersVG fehlt, ist es beiden Seiten verwehrt, Vertreter der obersten Dienstbehörde oder Mitglieder der zuständigen Personalvertretung zur mündlichen Verhandlung beizuziehen. Zulässig ist es jedoch, dass die Personalvertretung bei rechtlich und tatsächlich schwierigen Fragen einen Anwalt oder einen Gewerkschaftsbeauftragten zur Teilnahme an der Einigungsstellensitzung beauftragt. In gleichem Maße hat auch die Dienststellenseite das Recht, einen Vertreter des Arbeitgeberverbandes oder des kommunalen Spitzenverbandes zu der Sitzung einzuladen. Zu Recht weisen v. Roetteken/Rothländer darauf hin, dass sich aus dem HPVG keine Ansatzpunkte dafür entnehmen lassen, dass die Vertretung beider Seiten durch anwaltliche Bevollmächtigte auf besonders schwierige Angelegenheiten beschränkt sei.[383] **31**

Die Leitung der mündlichen Verhandlung ist Aufgabe des Vorsitzenden. **32**

Es ist Aufgabe der Einigungsstelle, den Sachverhalt aufzuklären. Dabei ist jedoch der **Grundsatz der Amtsermittlung** zu beachten. Die **33**

---

383 V. Roetteken/Rothländer, HPVG, § 71 Rn. 131.

Einigungsstelle ist befugt, hierzu einzelne Beschäftigte anzuhören. Sie kann auch zur Sachverhaltsaufklärung eine Beweisaufnahme durchführen.[384] So können Zeugen angehört oder Sachverständige beauftragt werden. Die durch die Beweisaufnahme entstehenden Kosten sind gemäß § 42 Abs. 1 von der obersten Dienststelle zu tragen.

34 Bei Einigungsstellenverfahren aus Anlass einer Streitigkeit zum Mitbestimmungsrecht prüft die Einigungsstelle, ob die Verweigerungsgründe der Personalvertretung beachtlich sind. Bei **personellen Maßnahmen** nach § 77 ist der Personalrat hinsichtlich seiner Einwendungen auf den **Versagungskatalog** des Abs. 4 beschränkt. Insoweit ergeben sich Einschränkungen für die Personalvertretung bei einer Ergänzung oder Änderung ihres Vortrags. Bei personellen Angelegenheiten ist es den Beisitzern der Personalratsseite auch verwehrt, sich auf einen anderen Versagungsgrund gemäß § 77 Abs. 4 zu berufen, als den, den die Personalvertretung in der Rückschrift aufgeführt hat. Grundsätzlich bilden daher Ausführungen, die die Personalvertretung aus Anlass der Rückschrift formuliert hat, den Streitgegenstand der Einigungsstelle. Während der mündlichen Verhandlung haben beide Seiten das Recht, sich über die bisherigen schriftlichen Aussagen hinaus **zu äußern**.

35 Grundsätzlich soll die Einigungsstelle in der ersten Sitzung ihre **Entscheidung** treffen, spätestens einen Monat danach. Stellen die Mitglieder der Einigungsstelle jedoch einvernehmlich fest, dass diese Zeit nicht ausreicht, etwa weil der Sachverhalt zu komplex oder weil eine Beweisaufnahme durchzuführen ist, kann die Frist verlängert werden. Im umgekehrten Fall kann sie aber auch verkürzt werden.

36 Nach **Abs. 3 Satz 1** entscheidet die Einigungsstelle nach mündlicher Verhandlung durch **Beschluss**, wobei der Beschlussfassung eine mündliche Beratung vorauszugehen hat. Die Einigungsstelle ist grundsätzlich nur dann beschlussfähig, wenn alle ihre Mitglieder anwesend sind. Bestellt jedoch eine Seite innerhalb der in **Abs. 1 Satz 2** genannten Frist keine Besitzer oder bleiben die Beisitzer trotz rechtzeitiger Einladung – was zu prüfen ist – der Sitzung fern, entscheiden der Vorsitzende und die erschienenen Beisitzer allein. Hierdurch wird der Grundsatz des rechtlichen Gehörs der ferngebliebenen Beisitzer nicht verletzt.

37 Nach **Abs. 3 Satz 4** erfolgt die Beschlussfassung mit **Stimmenmehrheit**. Dies ist die Mehrheit der Stimmen der Mitglieder der Einigungsstelle oder die Stimmenmehrheit der anwesenden Mitglieder. Im Unterschied zum BetrVG stimmt der Vorsitzende im ersten Wahlgang mit. Durch die ungerade Zahl der Einigungsstellenmitglieder ist gewährleistet, dass keine Patt-Situation entsteht. Insoweit kommt der Stimme des Vorsitzenden in der Regel die entscheidende Bedeutung

---

384 Lorenzen u. a., BPersVG, § 71 Rn. 31.

§ 71

zu. Gleichwohl können sich auch die jeweiligen Beisitzer der Stimme enthalten oder zugunsten der Gegenseite stimmen.

Vor einer Beschlussfassung müssen beide Seiten **Anträge** stellen: Die Beisitzer der Personalvertretung beantragen in aller Regel, dass der Personalrat berechtigt war, die Zustimmung zu der im Einzelnen zu benennenden Maßnahme abzulehnen. Über das Antragserfordernis tritt eine Bindung der Einigungsstelle an den jeweiligen Streitgegenstand ein.[385] **38**

Die Einigungsstelle muss jedoch **nicht** durch Beschluss entscheiden. Es kann auch eine Einigung erfolgen, was sich bereits aus dem Begriff »**Einigungsstelle**« ergibt. Im Zuge einer **gütlichen Beilegung** des Einigungsstellenverfahrens ist eine schriftliche Vereinbarung zu treffen, die in der – zwingend zu erstellenden – Sitzungsniederschrift exakt aufzuführen ist. Eine gütliche Einigung kann sich immer nur auf den Streitgegenstand erstrecken, der in der Einigungsstelle behandelt wurde und nicht darüber hinausgehen. Denn hierfür fehlt den Beisitzern beider Seiten jegliche Legitimation. Im Falle einer gütlichen Einigung kommt etwa folgende Formulierung für eine Sitzungsniederschrift in Betracht: **39**

> »In dem Einigungsstellenverfahren
> der Dienststelle …
> und
> des Personalrats …
> erschienen in der Sitzung am …
> um 09.00 Uhr die Mitglieder der Einigungsstelle,
> Richter(in) … am Verwaltungsgericht …, Vorsitzende(r)
> und die Beisitzer …
> Für die Antragstellerin und den Beteiligten erscheint jeweils niemand.
>
> Die Sach- und Rechtslage wird umfassend beraten.
>
> Zur gütlichen Beilegung des Einigungsstellenverfahrens treffen die erschienen Beisitzer nachfolgende Regelungen:
> Vorab erklären die erschienenen Beisitzer, dass sie die nachfolgenden Erklärungen nicht in ihrer Eigenschaft als Mitglieder der Einigungsstelle, sondern vielmehr als Vertreter der Arbeitgeberseite bzw. Betriebsratsseite in dem anstehenden Mitbestimmungsverfahren abgeben.
> 1. Die Angelegenheit XY soll in einer folgenden Einigungsstelle behandelt werden.
> 2. Die Sachen X und Y werden aufgrund geänderter Informationen dem Personalrat erneut vorgelegt.
> 3. In den Angelegenheiten A, B, C nimmt die Personalratsseite auf dringendes Anraten des Vorsitzenden in der Sache von ihren Einwendungen mit der Folge des Eintritts der Zustimmungsfiktion Abstand.
>
> Vorgelesen und genehmigt
> …«

---

[385] BVerwG 17.12.2003 – 6 P 7.03 –, zitiert nach juris; OVG Hamburg 29.11.2002, NordÖR 2003, 318, 320.

§ 71

40 Ergeht hingegen ein Beschluss, so ist dieser nach Abs. 4 zu **begründen**, von dem Vorsitzenden der Einigungsstelle zu unterzeichnen und den Beteiligten unverzüglich zuzustellen.

41 Gemäß Abs. 4 Satz 2 hat in den Fällen der §§ 74 **Abs. 1 Nr. 2, 3, 8, 9 und 17 und § 77** der Beschluss der Einigungsstelle den Charakter einer **Empfehlung** an die oberste Dienstbehörde. In den übrigen Fällen **bindet** der Beschluss die Beteiligten. Haben Beschlüsse lediglich einen empfehlenden Charakter an die oberste Dienstbehörde, wird hierdurch das Mitbestimmungsrecht der Personalvertretung deutlich eingeschränkt.[386] Die oberste Dienstbehörde ist nach Vorlage des Beschlusses in ihrer weiteren und abschließenden Entscheidung grundsätzlich frei. Sie trifft eine abschließende Entscheidung. § 71 enthält für diese Entscheidungsfindung der obersten Dienstbehörde keine Frist. Da die Vorschrift im Übrigen jedoch kurze Fristen enthält, ist auch die oberste Dienstbehörde grundsätzlich in der Pflicht, zeitnah eine Entscheidung zu treffen und diese aus dem Gebot der vertrauensvollen Zusammenarbeit auch der zuständigen Personalvertretung mitzuteilen.

42 In **Abs. 5** wird der obersten Dienstbehörde in den Fällen eines Beschlusses mit Bindungswirkung ein sog. **Evokationsrecht** eingeräumt. Hiernach kann die oberste Dienstbehörde für den Fall, dass sie sich einem bindenden Beschluss der Einigungsstelle **nicht** anschließt, innerhalb eines Monats nach Zustellung des Beschlusses die Entscheidung der Landesregierung etc. beantragen, wenn die Entscheidung im Einzelfall wegen ihrer Auswirkungen auf das Gemeinwohl wesentlicher Bestandteil der Regierungsgewalt ist. Diese Entscheidung ist dann endgültig.

43 Im Bereich der Kommunen kann die oberste Dienstbehörde, wenn sie sich nicht dem **Beschluss** der Einigungsstelle anschließt, diesen **aufheben oder endgültig entscheiden**. Die endgültige Entscheidung bedarf einer substantiierten Begründung, aus welchem konkreten Grund der Beschluss Auswirkungen auf das Gemeinwohl hat. Auf diese Begründung hat die zuständige Personalvertretung einen Rechtsanspruch. Da die Entscheidung nach Abs. 5 endgültig ist, kann sie nicht gerichtlich angefochten werden. Die zuständige Personalvertretung kann jedoch in einem personalvertretungsrechtlichen Beschlussverfahren geltend machen, dass die in Abs. 5 Satz 1 aufgeführte Monatsfrist nicht eingehalten ist bzw. dass das nach Abs. 5 erforderliche Benehmen etwa mit dem Präsidium des Landtags nicht hergestellt worden ist.

44 Weigert sich die Dienststelle, einen endgültigen Beschluss der Einigungsstelle zu vollziehen, kann der zuständige Personalrat nach **Abs. 6** Klage beim Verwaltungsgericht erheben. Dieses trifft eine die Dienststelle zum Vollzug verpflichtende Entscheidung.

45 Die Personalvertretung ist nur bei bindenden Beschlüssen berechtigt,

---

386 V. Roetteken/Rothländer, HPVG, § 71 Rn. 191.

in einem Beschlussverfahren nach § 111 geltend zu machen, dass die Einigungsstellenentscheidung etwa deshalb rechtswidrig ist, weil sie mit geltenden Rechtsvorschriften unvereinbar ist. Bei Beschlüssen mit empfehlendem Charakter fehlt es der Personalvertretung an der erforderlichen Antragsbefugnis.[387]

§ 72

(1) Soweit der Personalrat an Entscheidungen mitwirkt, hat der Leiter der Dienststelle die beabsichtigte Maßnahme mit dem Ziel einer Verständigung rechtzeitig und eingehend mit ihm zu erörtern.

(2) Äußert sich der Personalrat nicht innerhalb von zwei Wochen oder hält er bei Erörterung seine Einwendungen oder Vorschläge nicht aufrecht, so gilt die beabsichtigte Maßnahme als gebilligt. Erhebt der Personalrat Einwendungen, so hat er dem Leiter der Dienststelle die Gründe mitzuteilen.

(3) Entspricht die Dienststelle den Einwendungen des Personalrats nicht oder nicht in vollem Umfang, so teilt sie dem Personalrat ihre Entscheidung unter Angabe der Gründe innerhalb eines Monats schriftlich mit.

(4) Beantragt der Personalrat eine Maßnahme, die seiner Mitwirkung unterliegt, so hat er sie dem Leiter der Dienststelle schriftlich vorzuschlagen. Dieser hat dem Personalrat innerhalb angemessener Frist eine Entscheidung schriftlich mitzuteilen; eine Ablehnung ist zu begründen.

(5) Kommt zwischen dem Leiter einer nachgeordneten Dienststelle und dem Personalrat eine Einigung nicht zustande, so kann der Leiter der Dienststelle oder der Personalrat die Angelegenheit innerhalb von zwei Wochen auf dem Dienstweg der übergeordneten Dienststelle, bei der eine Stufenvertretung besteht, vorlegen. Die übergeordnete Dienststelle hat innerhalb von zwei Wochen die Stufenvertretung mit der Angelegenheit zu befassen. Ist die übergeordnete Dienststelle eine Behörde der Mittelstufe und kommt zwischen ihr und dem Bezirkspersonalrat innerhalb von vier Wochen eine Einigung nicht zustande, so entscheidet der Leiter der obersten Dienstbehörde nach Verhandlung mit dem Hauptpersonalrat endgültig. Ist die übergeordnete Dienststelle eine oberste Dienstbehörde, so entscheidet ihr Leiter nach Verhandlung mit dem Hauptpersonalrat endgültig.

(6) Der Personalrat einer Gemeinde, eines Gemeindeverbandes oder einer sonstigen Körperschaft, Anstalt oder Stiftung des

---

387 BVerwG 24.1.2001, PersR 2001, 204 ff.

§ 72

öffentlichen Rechts mit einstufigem Verwaltungsaufbau kann innerhalb von zwei Wochen nach Zugang der Mitteilung (Abs. 3) die Entscheidung der obersten Dienstbehörde beantragen. Abs. 4 Satz 2 gilt entsprechend.

1 Die **Mitwirkung** ist in § 72 geregelt, die Mitwirkungstatbestände befinden sich in den §§ 63 Abs. 1, 75 Abs. 2, 78, 81 Abs. 1 und 2. Zweifelsohne der wichtigste **Mitwirkungstatbestand** ist die Beteiligung des Personalrats bei Ausspruch einer ordentlichen Kündigung des Arbeitgebers gegenüber einem Beschäftigten. Als Fälle der »Mitwirkung« werden häufig auch die allgemeinen Beteiligungsrechte bezeichnet, obwohl es sich hierbei um keine Mitwirkung im rechtstechnischen Sinne handelt. Der im Verfahren nach § 72 zu behandelnde Begriff der Mitwirkung wird hier in einem engen und vom Gesetz mit einem bestimmten Inhalt versehenen Sinne gebraucht.

2 Mitwirkung bedeutet, dass der Personalvertretung vor Durchführung einer beabsichtigten Maßnahme in den abschließend aufgezählten Fällen – in denen vom Gesetz ausdrücklich die Mitwirkung des Personalrats angeordnet ist – ein **Mitspracherecht** gewährt werden muss. Darüber hinaus ist für die Anwendung dieses Verfahrens kein Raum. Die besondere Bedeutung dieses Mitspracherechts, das in Form einer **gemeinsamen Erörterung** der Maßnahme ausgeübt wird, liegt vornehmlich in Folgendem: Der Personalrat kann die Entscheidung der nächsthöheren Dienststelle, des obersten Organs oder des von diesem bestimmten Ausschusses herbeiführen, wenn seinen zu der beabsichtigten Maßnahme geäußerten Bedenken von Seiten der Dienststelle keine Beachtung geschenkt wird. Durch diese Handhabe unterscheidet sich das Beteiligungsrecht der Mitwirkung im Sinne dieses Gesetzes von den allgemeinen Beteiligungsrechten der Anhörung und Beratung, bei denen dieses Verfahren eben nicht gegeben ist.

3 Allerdings erschöpft sich darin auch das Recht der Mitwirkung. Dieses ist nicht darin zu verstehen, dass die Personalvertretung – etwa mit Rücksicht auf das ihr zustehende allgemeine Initiativrecht – bereits an der **Willensbildung der Dienststelle** bei dem Zustandekommen der »beabsichtigten Maßnahme« oder in sonstiger Weise zu einem späteren Zeitpunkt an der Entscheidung der Dienststelle teilnimmt. Der Personalrat kann zwar gelegentlich der – mit dem ernsten Willen einer Einigung – zu führenden Erörterung der Angelegenheit, gegebenenfalls sogar durch Anrufung übergeordneter Stellen, seinen Standpunkt vertreten und auf die Willensbildung der Dienststelle Einfluss nehmen. Die Entscheidungszuständigkeit und Verantwortlichkeit »der Dienststelle«, vor allem auch nach außen hin, bleibt dadurch jedoch unberührt. Dies gilt sowohl für öffentlich-rechtliche Handlungen als auch für rechtsgeschäftliche Willenserklärungen. Die Beteiligung des Personalrats durch Mitwirkung stellt sich danach als ein der Entscheidung der Dienststelle vorausgehender interner (innerdienstlicher) Vorgang dar. Erkennbar wird hieran auch der Unterschied zwischen Mitwir-

§ 72

kung und Mitbestimmung: Bei der Mitwirkung kann die Personalvertretung auf die Entscheidung des Dienststellenleiters nur Einfluss nehmen, sie kann aber nicht die Entscheidungsbefugnis des Dienststellenleiters berühren.

Die Mitwirkung weist hinsichtlich des Ablaufs eine gewisse Ähnlichkeit mit der eingeschränkten Mitbestimmung auf. Der Unterschied zu dieser Beteiligungsform besteht aber darin, dass die **Einigungsstelle** im Mitwirkungsverfahren **nicht** angerufen werden kann. Das Beteiligungsverfahren kann somit schneller durchgeführt werden. 4

Bevor die Dienststellenleitung in die Erörterung mit der Personalvertretung eintritt, muss sie den Personalrat über die beabsichtigte Maßnahme rechtzeitig unterrichten. »*Die Rückäußerungsfrist im Mitwirkungsverfahren nach § 72 Abs. 2 Satz 1 HPVG beginnt mit der ordnungsgemäßen, d. h. vollständigen Unterrichtung des Personalrats durch die Dienststelle. Sie wird durch eine Erörterung nach § 72 Abs. 1 HPVG weder unterbrochen noch gehemmt,*« so das BVerwG.[388] Wird durch die verspätete Vorlage notwendiger Informationen die Beratung des Personalrats verzögert, sollte dieser dem Dienststellenleiter die durch ihn notwendig gewordene Verlängerung der Äußerungspflicht mitteilen. In diesem Fall wäre der Zeitpunkt der eingehenden Erörterung zu verschieben. Die Informationspflicht und ihr Umfang – **rechtzeitig und umfassend** – ergeben sich aus § 62 Abs. 2. 5

Da die Unterrichtung und die Erörterung zusammenhängende Elemente des Prozesses der Mitwirkung sind, kann die Unterrichtung nur durch den Dienststellenleiter oder seinen Vertreter gemäß § 8 erfolgen. 6

Die Personalvertretung hat nach der Unterrichtung folgende Möglichkeiten: 7

1. Der Personalrat kann unmittelbar nach seiner Unterrichtung über die Maßnahme beraten und gegebenenfalls beschließen.
2. Stimmt der Personalrat der Maßnahme zu, bedarf es keiner Erörterung.
3. Einer Erörterung bedarf es auch dann nicht, wenn der Personalrat innerhalb der Äußerungsfrist von zwei Wochen nach Abs. 2 Satz 1 keine Erklärung abgibt. In diesem Fall gilt die Maßnahme als gebilligt.

Die zwischen der Dienststellenleitung und dem Personalrat durchzuführende Erörterung ist mit dem Ziel einer Verständigung zu führen. Damit sind beide Seiten grundsätzlich verpflichtet, nach einer einvernehmlichen Entscheidung zu suchen. Die Erörterung muss von Seiten der Dienststelle mit dem Ziel geführt werden, den Personalrat zur Billigung der von ihr in Aussicht genommenen Maßnahme in ursprünglicher oder – unter Berücksichtigung der Ansicht des Personal- 8

---

388 BVerwG 27.1.1995 – 6 P 22.92 –, PersR 1995, 185.

rats – abgeänderter Form zu gewinnen. Mit dem Sinn der »Verständigung« wäre es unvereinbar, dem jeweiligen Partner den eigenen Willen rücksichtslos aufnötigen zu wollen. Die Erörterung soll vom Willen zur Einigung getragen sein.[389] Konkreter Zweck jeder von einem **Verständigungswillen** getragenen Erörterung ist es, eine notwendige und sachlichen Gesichtspunkten entsprechende Maßnahme ohne vermeidbare Verzögerung im Rahmen der Dienststelle zu entscheiden und es nicht auf die Entscheidung einer übergeordneten Stelle ankommen zu lassen. Eine andere Vorgehensweise kann auf Dauer eine vertrauensvolle Zusammenarbeit beeinträchtigen. Zulässig ist es – auch wenn das Gesetz es nicht ausdrücklich regelt –, dass die Dienststellenleitung einen weiteren Erörterungsversuch unternimmt. Dies kann dann ein probater Weg sein, wenn die Personalvertretung – etwa nach zusätzlicher Unterrichtung – hinsichtlich ihrer Meinungsbildung Bewegung zeigt. Grundsätzlich kann die Erörterung auch in schriftlicher Form erfolgen, was jedoch nicht zu empfehlen ist.[390] In aller Regel dürfte eine mündliche Erörterung eher zu einer Verständigung führen bzw. grundsätzlich geboten sein.

9 Hat der Personalrat der Maßnahme nicht bereits im Vorfeld einer Erörterung zugestimmt, so stehen ihm **nach der Erörterung folgende Möglichkeiten** zu:

1. Der Personalrat kann der Maßnahme ausdrücklich zustimmen. Mit Zugang der Zustimmung bei der Dienststelle ist das Mitwirkungsverfahren abgeschlossen. Der Personalrat kann der Dienststelle auch alternativ mitteilen, dass er seine Einwendungen aus Anlass der Erörterung nicht weiter aufrechterhält.

2. Der Personalrat kann von einer Stellungnahme ganz absehen, indem er sich gar nicht äußert oder sich dahingehend erklärt, dass er sich nicht äußern werde. In beiden Fällen gilt die Maßnahme als gebilligt. Im letzteren Fall tritt die Fiktion der Zustimmung sofort ein.

3. Der Personalrat kann Einwendungen erheben. In diesem Fall muss er die Gründe seiner Entscheidung dem Leiter der Dienststelle mitteilen. Er kann seine Einwendungen grundsätzlich auf jeden sachlichen Grund stützen.[391]

10 Hat die Personalvertretung rechtzeitig und ordnungsgemäß Einwendungen erhoben hat, **entscheidet die Dienststelle** darüber, ob sie der Ansicht des Personalrats folgen will oder nicht. Entspricht sie der Auffassung des Personalrats, ist das Verfahren damit beendet. Entspricht sie den Einwendungen nicht oder nicht in vollem Umfang, hat sie ihre Entscheidung dem Personalrat nach **Abs. 3** binnen eines Monats schriftlich mitzuteilen. Dabei sind die Gründe zu nennen. Dies

---

389 Vgl. BVerwG 11.4.1991 – 6 P 9.89 –, PersV 1992, 156, 157.
390 BAG 24.6.2004, PersR 2005, 208.
391 LAG Rheinland-Pfalz 26.2.1988 – 6 TaBV 27/87 –, PersR 1988, 166.

§ 72

gilt selbst dann, wenn die Entscheidung der Dienststelle endgültig ist, etwa weil keine nächsthöhere Dienststelle vorhanden ist, die vom Personalrat angerufen werden könnte, oder bei einer bestehenden Stelle keine Stufenvertretung gebildet ist. Für den ablehnenden Entscheid der Dienststelle ist keine Frist vorgeschrieben.

Nach der in der notwendigen Form ergangenen Mitteilung des Dienststellenleiters, dass er den Entscheidungen nicht entsprochen habe und die Maßnahme durchzuführen gedenke, kann in mehrstufigen Verwaltungen die Personalvertretung einer nachgeordneten Dienststelle oder dem Dienststellenleiter nach Abs. 5 Satz 1 binnen zwei Wochen nach Zugang der Mitteilung die Angelegenheit den übergeordneten Dienststellen mit einem Antrag auf Entscheidung vorlegen. Dafür ist ein Beschluss des Plenums erforderlich.[392] Die Personalvertretung hat den Dienststellenleiter über die Vorlage zu unterrichten und ihm eine Abschrift ihres Antrags auf Entscheidung zuzuleiten. **Gegenstand** der Vorlage der Stufenvertretung ist ausschließlich die Angelegenheit, über die **kein** Einverständnis erzielt werden konnte. Die Stufenvertretung kann bei der Vorlage mit dem Antrag auf Entscheidung keine Einwendungen nachschieben, sondern nur die vorgebrachten Einwendungen vertiefen. Dies ergibt sich aus der Regelung in Abs. 2 Satz 1, wonach Einwendungen nur innerhalb der Äußerungsfrist von zwei Wochen vorgebracht werden können.

11

Mit dem auf dem Dienstweg eingerichteten Antrag des Personalrats bzw. des Dienststellenleiters an die im Verwaltungsaufbau übergeordnete Dienststelle, eine Entscheidung in der umstrittenen Angelegenheit zu treffen bzw. die bei ihr bestehende Stufenvertretung mit der Sache zu befassen, geht die **Entscheidungszuständigkeit** auf die angerufene übergeordnete Dienststelle über. Grundsätzlich stehen der übergeordneten Dienststelle folgende **Entscheidungsmöglichkeiten** zu:

12

1. Sie kann die nachgeordnete Dienststelle anweisen, den Einwendungen der Personalvertretung zu entsprechen. Das Mitwirkungsverfahren wäre damit beendet.

2. Andernfalls hat sie die Stufenvertretung zu beteiligen.

Übergeordnete Dienststelle ist die, bei der eine Stufenvertretung besteht. Insgesamt stehen der übergeordneten Dienststelle nach Abs. 5 Satz 2 **zwei Wochen** zur Verfügung, die Stufenvertretung mit der Angelegenheit zu befassen. Die Befassung setzt voraus, dass der Leiter der übergeordneten Dienststelle die Stufenvertretung **eingehend** über den **gesamten Vorgang unterrichtet**. Dazu ist erforderlich, dass die Stufenvertretung alle im Verfahren der ersten Stufe relevanten Unterlagen von der übergeordneten Dienststelle erhält. Die Zweiwochenfrist beginnt mit dem Eingang der Vorlage nach Abs. 5 Satz 1 bei der

13

---

392 BVerwG 26.10.1973 – VII P 6.72 –, PersV 1974, 147.

§ 72

übergeordneten Dienststelle. Im Unterschied zu den gesetzlichen Ausschlussfristen des Abs. 1 Satz 1 und des Abs. 5 Satz 1 handelt es sich hier lediglich um eine **Ordnungsfrist**, die nicht zwingend einzuhalten ist. Allerdings sind der örtliche Personalrat und auch die Stufenvertretung im Falle des Nichthandelns der übergeordneten Dienststelle befugt, die Dienstaufsicht einzuschalten.[393]

14 Auch das Stufenverfahren ist mit dem Ziel einer **Verständigung** zu führen. Ist die übergeordnete Dienststelle eine Behörde der Mittelstufe und kommt zwischen ihr und dem Bezirkspersonalrat innerhalb von zwei Wochen keine Einigung zustande, entscheidet der Leiter der obersten Dienstbehörde nach Verhandlung mit dem Hauptpersonalrat schließlich endgültig. Ist die übergeordnete Dienststelle hingegen eine oberste Dienstbehörde, entscheidet ihr Leiter nach Verhandlung mit dem Hauptpersonalrat endgültig.

15 Abs. 6 enthält eine **Sonderregelung** für Gemeinden, Gemeindeverbände und sonstige Körperschaften, Anstalten und Stiftungen des öffentlichen Rechts mit einem **einstufigen Verwaltungsaufbau**. Nach Satz 1 kann der Personalrat des Ausgangsverfahrens unmittelbar die **Entscheidung der obersten Dienstbehörde** beantragen. Die früher in der einstufigen Verwaltung vorgesehene Zuständigkeit des Gesamtpersonalrats wurde aus Gründen der Verfahrensbeschleunigung durch die gesetzliche Neuregelung im Jahr 2003 aufgehoben.

16 Die Anrufung der **obersten Dienstbehörde** durch den Personalrat muss nach Abs. 6 Satz 1 binnen einer Frist von zwei Wochen erfolgen. Die Frist beginnt – abweichend von Abs. 5 Satz 1 – bereits mit dem Zugang der schriftlichen Mitteilung im Sinne des Abs. 3. Im Unterschied zur mehrstufigen Verwaltung kann in der einstufigen Verwaltung wie in der Landesverwaltung die Anrufung nur durch den Personalrat und nicht auch durch den Dienststellenleiter erfolgen.

17 Oberste Dienstbehörde ist bei den kommunalen Körperschaften des öffentlichen Rechts gemäß § 2 Abs. 1 KDAVO die Verwaltungsbehörde. Bei den Gemeinden ist dies der **Gemeindevorstand**, in den Landkreisen der **Kreisausschuss**. Beim Hessischen Rundfunk werden die Aufgaben der obersten Dienstbehörde von einem aus dem Verwaltungsrat und dem Intendanten bestehenden Ausschuss wahrgenommen. Aus dem Verweis auf Abs. 4 Satz 2 ergibt sich, dass die oberste Dienstbehörde die **endgültige Entscheidung** dem Personalrat innerhalb angemessener Frist schriftlich mitzuteilen hat. Dabei ist eine Ablehnung stets zu begründen.

18 Im Falle einer zweistufigen Verwaltung kann der Bezirkspersonalrat nach Abs. 4 Satz 1 die Angelegenheit binnen drei Arbeitstagen der obersten Dienstbehörde vorlegen. Der **Bezirkspersonalrat** hat der **Mittelbehörde** eine Abschrift seines Antrags auf Entscheidung zuzu-

---

393 HessVGH 2. 4. 1992, HessVGRspr. 1993, 3.

leiten. Die oberste Dienstbehörde entscheidet dann abschließend, ob das Mitwirkungsverfahren fortgesetzt werden soll. Ist dies der Fall, entscheidet sie über die Angelegenheit nach Verhandlung/Erörterung mit dem Hauptpersonalrat.

Die fristgerechte Anrufung der nächsthöheren Dienststelle durch den Personalrat hat stets zur Folge, dass die beabsichtigte Maßnahme, die in dem Antrag beanstandet wird, von der Dienststelle bis zur endgültigen Entscheidung durch die übergeordnete Stelle nicht durchgeführt werden darf. Der Anrufung kommt somit eine **aufschiebende Wirkung** grundsätzlich zu. Wird die Maßnahme dennoch vollzogen, so ergeben sich für den Bestand und die Wirksamkeit der Entscheidung dieselben Fragen, die auftreten, wenn der Personalrat überhaupt nicht beteiligt worden ist. In beiden Fällen liegt eine gleich zu behandelnde Verletzung von Verfahrensvorschriften vor. Soweit jedoch eine Maßnahme der Natur der Sache nach **keinen Aufschub duldet**, kann der Dienststellenleiter bis zur endgültigen Entscheidung vorläufige Regelungen treffen. § 72 Abs. 6 verweist zwar nicht auf die Regelung in § 73. Nach § 73 Satz 2 hat der Dienststellenleiter dem Personalrat die veranlasste vorläufige Regelung nebst Begründung mitzuteilen und unverzüglich das Verfahren nach § 72 einzuleiten oder fortzusetzen. Durch diesen Verweis in § 73 Satz 2 auf § 72 ergibt sich die Zulässigkeit der Anordnung vorläufiger Maßnahmen, die aus dringenden, keinesfalls aufschiebbaren und **mehr als eilbedürftigen Gründen** angeordnet werden dürfen. 19

§ 73

Der Leiter der zur Entscheidung befugten Dienststelle kann bei Maßnahmen, die der Natur der Sache nach keinen Aufschub dulden, bis zur endgültigen Entscheidung vorläufige Regelungen treffen. Er hat dem Personalrat die vorläufige Regelung mitzuteilen und zu begründen und unverzüglich das Verfahren nach den §§ 69 bis 72 einzuleiten oder fortzusetzen.

Die Regelung ermächtigt den Dienststellenleiter in besonderen Fällen, nämlich bei Maßnahmen, die der Natur der Sache nach keinen Aufschub dulden, **vorläufige Regelungen** zu treffen. Dies hat er dem Personalrat jedoch mitzuteilen und zu begründen. Weiterhin hat der Dienststellenleiter nach Satz 2 **unverzüglich** das Verfahren nach den §§ 69 bis 72 einzuleiten bzw. fortzusetzen. Die Regelung entspricht §§ 69 Abs. 5, 72 Abs. 6 BPersVG. 1

Satz 1 erlaubt vorläufige Regelungen bis zur endgültigen Entscheidung bei Maßnahmen, die der Natur der Sache nach keinen Aufschub dulden. Damit gestattet das Gesetz im Grundsatz nur sachlich und zeitlich auf das unbedingt Notwendige beschränkte Regelungen, die in aller Regel in der Sache so weit hinter der beabsichtigten endgültigen Maßnahme zurückbleiben müssen, dass eine wirksame Ausübung des Mit- 2

§ 73

bestimmungsrechts möglich bleibt.[394] Das bedeutet: Die beabsichtigte endgültige Maßnahme und die vorgenommene vorläufige Regelung dürfen grundsätzlich nicht deckungsgleich sein. In Versetzungsfällen würde diesem Erfordernis bereits dann genügt, wenn eine beamtenrechtliche Versetzung in einer vorläufigen Regelung zunächst als befristete Umsetzung ausgesprochen wird. Das gilt auch, wenn anstelle einer (dauerhaften) Versetzung zunächst die (zeitlich befristete) Abordnung eines Beamten angeordnet wird. Dabei richtet sich die erstmalige Vornahme einer Maßnahme wie auch deren Verlängerung nach denselben Vorschriften. Im Falle der Verlängerung ist zudem die bereits verstrichene Zeit der erstmaligen Anordnung zu berücksichtigen.

3 Vorläufige Regelungen sind **zeitlich zu befristen**. Sie dürfen die endgültige Maßnahme nicht vorwegnehmen und müssen daher auch zeitlich deutlich hinter ihr zurückbleiben. Soll die vorläufige Maßnahme etwa neun Monate dauern, kann dies im Einzelfall noch beanstandungsfrei sein.[395] Ist die vorläufige Maßnahme unbefristet oder wird eine ursprünglich befristete vorläufige Maßnahme ohne Befristung verlängert, dann ist dies unzulässig. Zu verlangen ist grundsätzlich eine ausdrückliche zeitliche Beschränkung der Maßnahme; eine unbefristete, durch den Abschluss des Mitbestimmungsverfahrens auflösend bedingte Maßnahme kann nur ausnahmsweise rechtmäßig sein.[396] Entscheidend für die Rechtmäßigkeit einer expliziten oder impliziten Frist ist, dass die erklärte oder berechtigterweise erwartete Dauer der unaufschiebbaren Maßnahme die **Mitbestimmungszuständigkeit** der Personalvertretung nicht **faktisch aushöhlt**. Angesichts dessen hatte das BVerwG in seinem Beschluss vom 2. 8. 1993[397] eine unaufschiebbare Maßnahme ohne ausdrückliche Fristsetzung für rechtmäßig gehalten, wenn nach Lage des Falls mit einem Abschluss des Mitbestimmungsverfahrens bei der Abordnung von Lehrern bis zum Ende des Schuljahres zu rechnen sei. Insoweit räumte das BVerwG dem Gericht der Tatsacheninstanz die Möglichkeit ein, die wahrscheinlichen Zeitabläufe zu prognostizieren. Angesichts dessen ist eine unbefristete Verlängerung einer vorläufigen Maßnahme rechtswidrig. Bereits eine Abordnung oder Umsetzung für annähernd neun Monate geht zeitlich über das hinaus, was in der Rechtsprechung typischerweise noch als unbedingt notwendig angesehen wird. Das BVerwG **begrenzte** die vorläufige Maßnahme bis zum Ende eines Schulhalbjahres, mithin weniger als ein halbes Jahr.[398] Am weitesten ging wohl das OVG NRW im Fall einer vorläufigen Abordnung von Polizeikräften in den Kosovo für längstens ein Jahr.[399]

---

394 BVerwG 19. 4. 1988 – 6 P 33.85 –, PersV 1988, 528, 529.
395 HessVGH 25. 6. 2008 – 1 B 1024/08 –, zitiert nach juris.
396 BVerwG 2. 8. 1993 – 6 P 20.92 –, Schütz, BeamtR ES/D IV 1 Nr. 62.
397 BVerwG 2. 8. 1993, a. a. O.
398 BVerwG 2. 8. 1993, a. a. O.
399 OVG NRW 28. 1. 2003 – 1 B 1681/02.PVL –, PersR 2004, 64, 65.

§ 73

Lehnt der Personalrat Versetzungen von Beamten ab und wird hiernach eine Einigungsstelle gebildet, deren Beschluss den Charakter einer Empfehlung an die oberste Dienstbehörde hat (§ 71 Abs. 4 Satz 2), kann der Dienststellenleiter bis zu einer endgültigen Entscheidung der obersten Dienstbehörde eine vorläufige Regelung treffen. Zu verlangen ist dabei grundsätzlich eine ausdrückliche **zeitliche Beschränkung** der Maßnahme. 4

Die beabsichtigte endgültige Maßnahme und die vorweg genommene vorläufige Regelung dürfen grundsätzlich **nicht deckungsgleich** sein. Es muss sich um eine Maßnahme handeln, die der Natur der Sache nach keinen Aufschub duldet, also unaufschiebbar ist. Dies bedeutet mehr als Eilbedürftigkeit. Es muss quasi ein irreparabler Zustand eintreten, wenn Beschäftigte nicht vorläufig zum Einsatz kommen. Denn bei schlichter Eilbedürftigkeit kommt als milderes Mittel nur eine Abkürzung der Frist nach § 69 Abs. 2 Satz 3 auf eine Woche in Betracht. Eine Maßnahme ist daher dann unaufschiebbar, wenn es gilt, die Erfüllung von Pflichten und Aufgaben der Dienststelle im öffentlichen Interesse sicherzustellen und schwere Behinderungen der Funktionsfähigkeit der Verwaltung auszuschließen. Daran ist jedoch ein **strenger Maßstab** anzulegen. Die vorläufige Regelung ist dann gerechtfertigt, wenn die Dienststelle keinen Tag mehr zuwarten kann, ohne dass das Allgemeininteresse erheblich gefährdet wäre. Ob eine Maßnahme unaufschiebbar ist, ist nicht ausschließlich nach objektiven Gegebenheiten zum Zeitpunkt des Erlasses der vorläufigen Regelung zu beurteilen. Hat die Dienststelle etwa pflichtwidrig oder schlicht durch Unterlassen eine »hausgemachte« Unaufschiebbarkeit herbeigeführt, kann die Maßnahme nicht als unaufschiebbar im Sinne des § 73 gelten. Denn ansonsten würde diese Vorschrift zu einem Missbrauchsinstrument zur Umgehung der Mitbestimmung. 5

Gegen Maßnahmen nach § 73 kann gemäß § 111 Abs. 1 Nr. 3 bei der Fachkammer für Personalvertretungsangelegenheiten bei dem Verwaltungsgericht ein **Beschlussverfahren** durchgeführt werden. Dabei ist die Feststellung zu beantragen, dass die von der Beteiligten vorgenommene vorläufige Regelung keine unaufschiebbare Maßnahme im Sinne von § 73 darstellt. 6

Ein Antrag auf Feststellung im Verfahren auf Erlass einer **einstweiligen Verfügung** dürfte ebenfalls statthaft sein im Zusammenhang mit der Frage, ob die gesetzlichen Voraussetzungen für eine unaufschiebbare Maßnahme vorliegen.[400] Allerdings muss es dem Antragsteller unzumutbar sein, eine Entscheidung in der Hauptsache abzuwarten. Der Personalrat muss die **Unzumutbarkeit** begründen. Ansonsten bleibt es ihm unbenommen, im Beschlussverfahren eine Klärung herbeizuführen. Wie sich aus § 920 Abs. 2 ZPO ergibt, müssen stets 7

---

400 OVG NRW 14. 1. 2003 – 1 B 1907/02.PVL –, PersR 2003, 243; Lorenzen u. a., BPersVG, § 83 Rn. 97.

§ 74

Anspruch und Verfügungsgrund gegeben sein, um eine einstweilige Verfügung zu erlassen.

§ 73a

(aufgehoben)

Dritter Titel
Beteiligung in sozialen Angelegenheiten

§ 74

(1) Der Personalrat hat, soweit nicht eine Regelung durch Gesetz oder Tarif erfolgt, gegebenenfalls durch Abschluss von Dienstvereinbarungen, in sozialen Angelegenheiten mitzubestimmen über

1. Gewährung von Unterstützungen und entsprechenden sozialen Zuwendungen,
2. Maßnahmen zur Hebung der Arbeitsleistung und zur Erleichterung des Arbeitsablaufs,
3. Bestellung und Abberufung von Frauenbeauftragten, Datenschutzbeauftragten, Fachkräften für Arbeitssicherheit, Sicherheitsbeauftragten, Vertrauens- und Betriebsärzten,
4. Zuweisung und Kündigung von Wohnungen, über die die Dienststelle verfügt, und allgemeine Festsetzung der Nutzungsbedingungen,
5. Zuweisung von Dienst- und Pachtland und Festsetzung der Nutzungsbedingungen,
6. Maßnahmen zur Verhütung von Dienst- und Arbeitsunfällen und sonstigen Gesundheitsschädigungen,
7. Regelungen der Ordnung und des Verhaltens der Beschäftigten in der Dienststelle,
8. allgemeine Grundsätze der Berufsausbildung und Fortbildung der Beschäftigten,
9. Beginn und Ende der täglichen Arbeitszeit und der Pausen sowie die Verteilung der Arbeitszeit auf die einzelnen Wochentage,
10. Zeit, Ort und Art der Auszahlung der Dienstbezüge und Arbeitsentgelte,
11. Aufstellung des Urlaubsplans,
12. Errichtung, Verwaltung und Auflösung von Sozialeinrichtungen ohne Rücksicht auf ihre Rechtsform,

13. Fragen der Lohngestaltung innerhalb der einzelnen Dienststelle, insbesondere die Aufstellung von Entlohnungsgrundsätzen, die Einführung und Anwendung von neuen Entlohnungsmethoden und deren Änderung sowie die Festsetzung der Akkord- und Prämiensätze und vergleichbarer leistungsbezogener Entgelte, einschließlich der Geldfaktoren,

14. Grundsätze über die Bewertung von anerkannten Vorschlägen im Rahmen des betrieblichen Vorschlagswesens,

15. Aufstellung von Sozialplänen einschließlich Plänen für Umschulungen zum Ausgleich oder zur Milderung von wirtschaftlichen Nachteilen, die dem Beschäftigten infolge von Rationalisierungsmaßnahmen und Betriebsänderungen entstehen,

16. Gestaltung der Arbeitsplätze,

17. Einführung, Anwendung, wesentliche Änderung oder Erweiterung von technischen Einrichtungen, die dazu geeignet sind, das Verhalten oder die Leistung der Beschäftigten zu überwachen.

(2) In den Fällen des Abs. 1 Nr. 1 ist auf Verlangen des Antragstellers nur der Vorsitzende zu beteiligen.

(3) Muss für Gruppen von Beschäftigten die tägliche Arbeitszeit nach Erfordernissen, die die Dienststelle nicht voraussehen kann, unregelmäßig und kurzfristig festgesetzt werden, beschränkt sich die Mitbestimmung auf die Grundsätze über die Aufstellung der Dienstpläne.

1. Allgemeines

Die in § 74 zusammengefassten Maßnahmen, bei denen eine gegenüber § 77 stärker ausgeprägte Mitbestimmung besteht, entsprechen überwiegend den Katalogfällen in § 75 Abs. 2, 3 BPersVG, für die das BVerfG eine weitreichende Beteiligung der Personalvertretungen für unbedenklich gehalten hat.[401] Gemäß § 71 Abs. 4 Satz 2 hat in den Fällen des § 74 Abs. 1 Nr. 2, 3, 8, 9 und 17 der Beschluss der Einigungsstelle **empfehlenden Charakter** an die oberste Dienstbehörde. Diese entscheidet daher in den nachfolgend aufgelisteten Beteiligungsfällen abschließend: Maßnahmen zur Hebung der Arbeitsleitung und Erleichterung des Arbeitsablaufs (Abs. 1 Nr. 2), Bestellung und Abberufung von Frauenbeauftragten, Datenschutzbeauftragten, Fachkräften für Arbeitssicherheit, Sicherheitsbeauftragte, Vertrauens- und Betriebsärzten (Abs. 1 Nr. 3), Allgemeine Grundsätze der Berufsausbildung und Fortbildung der Beschäftigten (Abs. 1 Nr. 8), Beginn und Ende der täglichen Arbeitszeit und der Pausen sowie die Verteilung der

1

---
401 BVerfG 24.5.1995, PersV 1995, 553 ff.

§ 74

Arbeitszeit auf die einzelnen Wochentage (Abs. 1 Nr. 9) sowie Einführung, Anwendung, wesentliche Änderung oder Erweiterung von technischen Einrichtungen, die dazu geeignet sind, das Verhalten oder die Leistung der Beschäftigten zu überwachen (Abs. 1 Nr. 17).

2 In allen übrigen Fällen entscheidet die Einigungsstelle mit Bindungskraft. Daher können die Beteiligungstatbestände nach Abs. 1 Nr. 1, 4, 5 und 10 bis 16 als Fälle der **uneingeschränkten Mitbestimmung** bezeichnet werden. Doch auch in Fällen der uneingeschränkten Mitbestimmung kann im Wege der Ausübung des Evokationsrechts die Entscheidung der Landesregierung etc. und bei den Kommunen und sonstigen Körperschaften, Anstalten und Stiftungen des öffentlichen Rechts die oberste Dienstbehörde den Beschluss der Einigungsstelle aufheben, wenn die Entscheidung im Einzelfall wegen ihrer Auswirkungen auf das Gemeinwohl wesentlicher Bestandteil der Regierungsgewalt ist.

3 Nach Abs. 1 Satz 1 hat der Personalrat in sozialen Angelegenheiten gegebenenfalls auch durch Abschluss von Dienstvereinbarungen mitzubestimmen, soweit nicht eine Regelung durch **Gesetz** oder **Tarifvertrag** erfolgt ist.

4 Die Mitbestimmung des Personalrats ist **ausgeschlossen**, soweit eine – zwingende – gesetzliche oder tarifliche Regelung besteht, die eine mitbestimmungspflichtige Angelegenheit **erschöpfend** regelt. Eine solche Regelung liegt vor, wenn in ihr ein Sachverhalt unmittelbar geregelt ist, es also zum Vollzug keines Ausführungsaktes bedarf. Die Regelung muss Ausschließlichkeitscharakter besitzen, weil sie vollständig, umfassend und erschöpfend ist. Obliegt jedoch die Ausgestaltung der Einzelmaßnahme dem Dienststellenleiter, unterliegt dessen Entscheidung – auch bei rein normvollziehenden Maßnahmen ohne Ermessensspielraum – der Richtigkeitskontrolle des Personalrats im Wege der Mitbestimmung.[402] Ob die aufgezeigten Merkmale vorliegen, bestimmt sich danach, welche konkreten inhaltlichen Regelungen der Tarifvertrag enthält. Die Sperrwirkung der Vorschrift greift nur ein, »soweit« eine tarifvertragliche Regelung besteht.[403] Das lässt die Möglichkeit ergänzender tarifvertraglicher Vereinbarungen zur Mitkontrolle der Personalvertretung offen.

5 Abdingbare Regelungen eines Tarifvertrags (§ 4 Abs. 3, 1. Alt. TVG) können die Mitbestimmung nicht ausschließen, da hier der notwendige zwingende Schutz durch das tarifliche Mindestniveau fehlt.[404] Nach der Rechtsprechung des BAG[405] und ihm folgend des BVerwG[406]

---

402 BVerwG 27.11.1991 – 6 P 7.90 –, PersR 1992, 147; v. 19.5.1992 – 6 P 5.90 –, zitiert nach juris.
403 BVerwG 17.6.1992 – 6 P 17.91 –, PersV 1993, 175, 178.
404 Berg/Platow/Schoof/Unterhinninghofen, § 4 TVG Rn. 59 ff.
405 BAG 7.5.2008 – 4 AZR 228/07 –, NZA 2008, 886 ff.
406 BVerwG 20.11.2008, PersR 2009, 73, 76.

bleiben die ursprünglich kraft Tarifbindung des Arbeitgebers im Betrieb/in der Dienststelle geltenden Grundsätze der tariflichen Vergütungsordnung auch nach dem Wegfall dieser Bindung das für den Betrieb/die Dienststelle maßgebliche kollektive Vergütungsschema. Dazu ist es nicht erforderlich, dass sie zuvor kollektivrechtlich durch Betriebs-/Dienstvereinbarung oder individualrechtlich durch Gesamtzusage, vertragliche Einheitsregelung oder anderes auf eine neue rechtliche Grundlage gestellt werden. Sie bleiben auch ohne eine solche »Novation« weiterhin maßgeblich. Der Wegfall der Tarifbindung des Arbeitgebers führt nicht dazu, dass mit ihr außer der Bindung an die absoluten Tariflöhne zugleich die tarifliche Vergütungsordnung als das im Betrieb/in der Dienststelle geltende kollektive, abstrakte Vergütungsschema ersatzlos entfiele. Der Wegfall hat lediglich zur Folge, dass dieses Schema und die in ihm zum Ausdruck kommenden Vergütungsgrundsätze **nicht mehr zwingend** gelten. Er ändert dagegen nichts daran, dass diese Grundsätze bislang im Betrieb/in der Dienststelle angewendet wurden und deshalb die dort geltenden Entlohnungsgrundsätze sind. Bis zu einem wirksamen Änderungsakt sind sie jedoch betriebsverfassungs- bzw. personalvertretungsrechtlich weiter gültig. Insoweit können auch nur nachwirkende Regelungen eines ausgelaufenen, gekündigten Tarifvertrags die Mitbestimmung nicht ausschließen, da § 4 Abs. 5 TVG kein Ersatz für die zwingende Mitwirkung von Tarifnormen entsprechend § 4 Abs. 1, 2 TVG ist.[407]

2. Die Mitbestimmungstatbestände im Einzelnen

a. Gewährung von Unterstützungen und entsprechenden sozialen Zuwendungen (Nr. 1)

Nach Abs. 1 Nr. 1 hat der Personalrat bei der Gewährung von Unterstützungen und entsprechenden sozialen Zuwendungen mitzubestimmen. Eine vergleichbare Bestimmung findet sich in § 75 Abs. 2 Satz 1 Nr. 1 BPersVG, wobei dieser zusätzlich als Mitbestimmungsfälle auch die Gewährung von Vorschüssen und Darlehen nennt. Nach Abs. 1 kann die Personalvertretung in allen sozialen Angelegenheiten des § 74 eine allgemeine Regelung in Form des Abschlusses einer **Dienstvereinbarung** treffen. **Unterstützungen** sind einmalige oder laufende Geldleistungen des Dienstherrn oder Arbeitgebers, die zur Behebung einer sozialen Notlage bestimmt sind und auf die kein Rechtsanspruch besteht.[408] Die »Gewährung« einer Unterstützung umfasst nach Sinn und Zweck der Vorschrift auch deren Versagung. Maßgebend für die Beteiligung des Personalrats ist der Zweck der Zuwendung, eine akute wirtschaftliche Notlage zu beheben. Für die Mitbestimmung ist dabei ohne Bedeutung, ob die Begünstigten auf die Unterstützung einen Rechtsanspruch haben. **Entsprechende soziale Zuwendungen** sind

---
407 BVerwG 20.11.2008, a.a.O.
408 BVerwG 21.3.1980 – 6 P 79.78 –, PersV 1981, 329.

Leistungen der Dienststelle, die freiwillig geleistet werden (können) und auf die der Begünstigte keinen Rechtsanspruch hat. Auch hierbei muss es sich um Geldleistungen, geldwerte Leistungen oder Sachleistungen handeln, mit deren Gewährung der ausschließlich soziale Zweck verfolgt wird, eine außerordentliche wirtschaftliche Notlage zu mildern oder auszugleichen. Dazu gehören auch sonstige Finanzhilfen wie Bürgschaften oder Sachleistungen,[409] aber auch übertarifliche Zahlungen oder Gutscheine etwa zur Vergünstigung des Kantinenessens. Dabei ist es unerheblich, ob derartige Leistungen von Amts wegen oder nur auf Antrag des Beschäftigten gewährt werden. Dabei unterliegen sowohl die Gewährung und die Versagung als auch die Herausgabe der Mitbestimmung, wenn und soweit es sich um eine Zuwendung handelt.[410]

7 Sinn und Zweck dieses Mitbestimmungsrechts ist es sicherzustellen, dass diese (sozialen) Leistungen unter gleichen Voraussetzungen (Art. 3 Abs. 1 GG) erbracht werden. Gerade aber der Entzug dieser Leistungen ist vielfach einschneidender und von den finanziellen Auswirkungen her auch gewichtiger als deren Zuerkennung. Das Mitbestimmungsrecht erstreckt sich auch auf diese Fälle.[411]

b. Maßnahmen zur Hebung der Arbeitsleistung und zur Erleichterung des Arbeitsablaufs (Abs. 1 Nr. 2)

8 Nach Abs. 1 Nr. 2 bestimmt der Personalrat mit bei Maßnahmen zur **Hebung der Arbeitsleistung** oder zur **Erleichterung des Arbeitsablaufs**. Eine vergleichbare Vorschrift enthält § 76 Abs. 2 Satz 1 Nr. 5 BPersVG. Unter »Hebung der Arbeitsleistung« fallen Maßnahmen, die darauf abzielen, die Effektivität der Arbeit in der vorgegebenen Zeit qualitativ oder quantitativ zu fördern, d.h. Güte oder Menge der zu leistenden Arbeit zu steigern. Entscheidend ist, ob die beabsichtigte Maßnahme darauf angelegt ist, auf einem oder mehreren Arbeitsplätzen einen höheren mengenmäßigen Arbeitsertrag zu erzielen oder die Qualität des Arbeitsprodukts zu verbessern. Dabei ist als Hebung der Arbeitsleistung nicht die Steigerung der Menge oder Qualität des Arbeitsertrags anzusehen, sondern vielmehr die **erhöhte Inanspruchnahme der betroffenen Beschäftigten**, zu der solche Maßnahmen typischerweise führen. Diese kann in gesteigerten körperlichen Anforderungen oder in einer vermehrten geistig-psychischen Belastung bestehen. Der Zweck des Tatbestands ist, die betroffenen Beschäftigten vor einer unnötigen oder unzumutbaren Belastung zu bewahren. Für den Mitbestimmungstatbestand »Maßnahmen zur Hebung der Arbeitsleistung« kommt es in der Regel auf die **Zielgerichtetheit** der Maßnahme an. Bezweckt der Arbeitgeber/Dienstherr eine Hebung der

---
409 Lorenzen u.a., BPersVG, § 75 Rn. 94.
410 VG Freiburg, ZBR 1977, 4110.
411 LAG Berlin 21.2.1989, ZTR 1989, 247.

§ 74

Arbeitsleistung und soll dabei die Qualität der Arbeit unverändert bleiben, ist es unerheblich, ob die Beschäftigten die möglicherweise nur in einem Teilbereich ihrer Arbeit erhöhte Inanspruchnahme durch eine Minderarbeit in einem anderen Bereich kompensieren können. Eine Maßnahme zielt nicht nur dann erklärtermaßen und unmittelbar auf eine Hebung der Arbeitsleistung ab, wenn der Dienstherr unzweideutig erklärt, dass er bei insgesamt gleichbleibender vorgeschriebener Wochenstundenzahl – beispielsweise – einen schnelleren Arbeitstakt oder einen höheren mengenmäßigen Ertrag erwartet. Vielmehr genügt es, wenn er dies sinngemäß unter Einbeziehung aller Umstände zum Ausdruck bringt.[412]

Nur ausnahmsweise erfasst die Mitbestimmung auch an sich nicht auf Hebung der Arbeitsleistung »abzielende« Maßnahmen, also solche, bei denen eine derartige Zielrichtung mangels entsprechender Absichtserklärung nicht ohne Weiteres feststellbar ist. Der Mitbestimmungstatbestand liegt auch dann vor, wenn unbeschadet sonstiger Absichten die Hebung **zwangsläufig** und für die Betroffenen **unausweichlich** (mittelbar) damit verbunden ist, **das Arbeitsergebnis zu erhöhen**. Dies ist anzunehmen, wenn Tätigkeiten in größerer Zahl bei unverminderter Güte in gleichbleibender exakt festgelegter Zeit verrichtet werden müssen. Wesentlich für den Schluss von den objektiven Gegebenheiten auf den Zweck der Hebung ist die Unausweichlichkeit der mit der zwangsläufigen Beschleunigung oder Vermehrung der zu verrichtenden Tätigkeiten verbundenen erhöhten Arbeitsbelastung im Ganzen. Von einer solchen Unausweichlichkeit ist dann nicht auszugehen, wenn eine Kompensation an anderer Stelle etwa in der Weise in Betracht kommt, dass eine Verringerung anderer Tätigkeiten oder eine Verminderung der Arbeitsgüte anheimgestellt wird. Dies kann – abhängig von den Gesamtumständen – auch stillschweigend geschehen, insbesondere dann, wenn den betroffenen Beschäftigten eine eigenverantwortliche Arbeitsgestaltung zugestanden ist. Eine Mitbestimmung scheidet in derartigen Fällen auch dann aus, wenn eine wesentliche Entlastung möglich ist und nur ihr Ausmaß sich nicht genau vorhersehen lässt. Eine **zwangsläufige Mehrbelastung** rückt den Zweck der Hebung der Arbeitsleistung erst dann in den Vordergrund, wenn entweder eine gleichzeitige Entlastung überhaupt nicht möglich ist oder aber die Summe aller gleichzeitig möglichen Entlastungen von vornherein und eindeutig hinter den Mehrbelastungen zurücktreten muss. Somit kommt es nur und ausschließlich in derartigen Ausnahmefällen darauf an, ob den Bediensteten eine Kompensation bei anderen Verrichtungen anheimgestellt ist.[413] **9**

Die Verlagerung von Verwaltungsaufgaben von einer Hauptverwal- **10**

---

412 BVerwG 14.6.2011 – 6 P 10.10 –, PersR 2011, 516, 519; 18.5.2004 – 6 P 13.05 –, BVerwGE 121, 38.
413 BVerwG 14.6.2011, a.a.O.; 18.5.2004, a.a.O.

tung auf eine nachgeordnete Behörde stellt für die dort Beschäftigten keine Maßnahme zur Hebung der Arbeitsleistung dar, wenn die Verlagerung der Stärkung der Eigenverantwortlichkeit der nachgeordneten Behörde dient und die Beschäftigten für die Erledigung der Aufgaben Gestaltungsmöglichkeiten haben, durch die sie die Mehrarbeit ausgleichen können.[414]

11 **Maßnahmen** zur Hebung der Arbeitsleistung und **zur Erleichterung des Arbeitsablaufs** sind zwei voneinander unabhängige Mitbestimmungsfälle. Als Arbeitsablauf im Sinne der Vorschrift ist die funktionelle, räumliche und zeitliche Abfolge der verschiedenen unselbständigen Arbeitsvorgänge und der äußere Verlauf jedes einzelnen von ihnen anzusehen. Maßnahmen, die dazu bestimmt sind, in den Hergang der Arbeit einzugreifen, um der Dienstkraft einzelne Verrichtungen zu erleichtern, die also seine körperliche oder geistige Inanspruchnahme durch den einzelnen Arbeitsvorgang oder durch die Abfolge mehrerer aneinander anschließender Arbeitsvorgänge verringern sollen, unterliegen der Mitbestimmung, weil die so zu verstehende Erleichterung des Arbeitsablaufs in aller Regel mit einer Anhebung des Maßes der verlangten Arbeit, also des Arbeitspensums verbunden ist. Ob eine Maßnahme dazu **bestimmt ist**, den Arbeitsablauf zu erleichtern, beurteilt sich danach, ob sie darauf **abzielt Art und Maß der Beanspruchung der Dienstkräfte zu mindern**.[415] Auch die rationellere Gestaltung des Arbeitsablaufs führt typischerweise zu einer höheren Beanspruchung der daran beteiligten Beschäftigten.[416] Dabei wäre es jedoch verfehlt, eine Maßnahme nur dann als mitbestimmungspflichtig nach Abs. 1 Nr. 2 anzusehen, wenn sie auf eine derartige erhöhte Inanspruchnahme abzielt oder gar zu einer Überbeanspruchung der Beschäftigten führt.[417]

c. Bestellung und Abberufung von Frauenbeauftragten, Datenschutzbeauftragten, Fachkräften für Arbeitssicherheit, Sicherheitsbeauftragten, Vertrauens- und Betriebsärzten (Abs. 1 Nr. 3)

12 Eine vergleichbare Vorschrift zu Abs. 3 Nr. 3 findet sich in § 75 Abs. 3 Nr. 10 BPersVG im Rahmen der vollen Mitbestimmung, soweit es sich bei Vertrauens- und Betriebsärzten um Arbeitnehmer bzw. Arbeitnehmerinnen handelt. § 76 Abs. 2 Satz 1 Nr. 4 BPersVG betrifft die Bestellung von Vertrauens- und Betriebsärzten als Beamtinnen und Beamte. Demgegenüber handelt es sich bei Abs. 1 Nr. 3 um eine statusgruppenübergreifende allgemeine soziale Angelegenheit.

13 Das Mitbestimmungsrecht erfasst sowohl die Bestellung als auch die

---

414 OVG Berlin 27. 4. 2000 – 60 PV 10.98 –, PersV 2000, 421.
415 BVerwG 14. 6. 2011, a. a. O.
416 BVerwG 19. 5. 2003 – 6 P 16.02 –, PersR 2003, 314.
417 V. Roetteken, PersR 2000, 299, 313; Altvater-Altvater/Baden, BPersVG, § 76 Rn. 109.

Abberufung der in Nr. 3 genannten Personen. Die **Bestellung** besteht in der dauerhaften Übertragung der Funktion einer Frauenbeauftragten, eines Datenschutzbeauftragten, einer Fachkraft für Arbeitssicherheit etc. Die Abberufung ist als actus contrarius die Entziehung dieser Funktion. Das Mitbestimmungsrecht erstreckt sich sowohl auf das Auswahl- und Bestellungsverfahren, insbesondere auf die Einhaltung gesetzlicher Vorgaben für dieses Verfahren, die Wahrung des Gleichheitsgrundsatzes beim Zugang zu allen öffentlichen Ämtern (Art. 33 Abs. 2 GG) und die Erfüllung der persönlichen, fachlichen Voraussetzungen für die Übernahme und Führung des Amts.[418] Hinsichtlich der Bestellung und Abberufung von besonderen Beauftragten besteht nach Abs. 1 Nr. 3 ein Initiativrecht der Personalvertretung.[419] Hierbei kann der Personalrat im Wege seines Initiativantrags konkrete Personen oder Unternehmen als zu bestellende Beauftragte benennen. V. Roetteken/Rothländer weisen zu Recht darauf hin, dass einem solchen Initiativantrag die Vorschrift des § 69 Abs. 3 und die dort anzutreffende Beschränkung des Initiativrechts hier nicht entgegensteht, da sich das »notwendige **kollektive Interesse** aus dem Gegenstand des Mitbestimmungsrechts selbst ergibt.«[420]

Der Mitbestimmungstatbestand nach Abs. 1 Nr. 3 erfasst auch die Bestellung und Abberufung der jeweiligen **Stellvertreter**. Denn der Beteiligungstatbestand würde sinnentleert, wenn die Vertreter nicht der Mitbestimmung unterliegen würden. Erfahrungsgemäß treten sie – in unterschiedlicher Intensität – aus ihrer Vertretungsfunktion heraus und übernehmen die Aufgaben der Betriebsärzte, Frauenbeauftragten etc., die sich im Erholungsurlaub befinden oder aus anderen Gründen abwesend sind. 14

d. Zuweisung und Kündigung von Wohnungen, über die die Dienststelle verfügt, und allgemeine Festsetzungen der Nutzungsbedingungen (Abs. 1 Nr. 4)

Nach **Abs. 1 Nr. 4** hat der Personalrat mitzubestimmen über die Zuweisung und Kündigung von Wohnungen, über die die Dienststelle verfügt, und über die allgemeine Festsetzung der Nutzungsbedingungen Eine vergleichbare Regelung enthält § 75 Abs. 2 Satz 1 Nr. 2 BPersVG. Die in Abs. 1 Nr. 4 genannten Angelegenheiten können auch durch Dienstvereinbarung geregelt werden. Unter »Zuweisung« ist die Verschaffung des Nutzungsrechts an den die Wohnung bildenden Räumen (Hausgrundstück) zu verstehen. Keine Wohnräume sind reine Schlafplätze, da dort nicht gewohnt werden kann. 15

---

418 BVerwG 22.7.2003, PersR 2003, 495, 497; v. Roetteken/Rothländer, HPVG, § 74 Rn. 165.
419 Richardi, BPersVG, § 75 Rn. 420.
420 V. Roetteken/Rothländer, HPVG, § 74 Rn. 180.

§ 74

16 Unter die Regelung fallen nur Wohnungen, über die die **Dienststelle »verfügt«**. Das heißt: Die Dienststelle kann den Wohnberechtigten verbindlich auswählen oder ein Vorschlagsrecht ausüben, ohne dass es auf den Anlass, Zweck und die Rechtsgrundlage ankommt, auf die sie ihr Recht stützt.[421] Die Mitbestimmung bei der allgemeinen Festsetzung der Nutzungsbedingungen sowie bei Zuweisung, Kündigung und Ausübung des Vorschlagsrechts kann allerdings nur dann und insoweit in Betracht kommen, als diese Rechte der Dienststelle zustehen, sie also hierauf einen bestimmten Einfluss auszuüben vermag.

17 Weist die Dienststelle eine Wohnung, über die sie verfügt, einem Externen zu, weil kein in der Dienststelle Beschäftigter sich um sie beworben hat, steht dem Personalrat kein Beteiligungsrecht zu.

18 Die Regelung in Abs. 1 Nr. 4 ist **abschließend**. Deshalb unterliegt die Umwandlung einer in einem Dienstgebäude gelegenen Personalwohnung in Diensträume nicht der Mitbestimmung des Personalrats. Es kann auch kein Mitbestimmungsrecht aus Abs. 1 Nr. 12 hergeleitet werden, weil es bei einer einzigen Wohnung begrifflich an einer »Sozialeinrichtung« fehlt.[422]

e. Zuweisung von Dienst- und Pachtland und Festsetzung der Nutzungsbedingungen (Abs. 1 Nr. 5)

19 Mitzubestimmen hat der Personalrat auch bei der Zuweisung von Dienst- und Pachtland und der Festsetzung der Nutzungsbedingungen. **Abs. 1 Nr. 5** erfasst die Zuweisung, Ausübung eines Vorschlagsrechts und die Festsetzung der Nutzungsbedingungen. Es handelt sich hierbei um Land, über das der Dienststelle das alleinige Verfügungsrecht zusteht und das von ihr an ihre Beschäftigten zur landwirtschaftlichen oder gärtnerischen Nutzung gegen Entgelt oder unentgeltlich abgegeben wird.

f. Maßnahmen zur Verhütung von Dienst- und Arbeitsunfällen und sonstigen Gesundheitsschädigungen (Abs. 1 Nr. 6)

20 Gegenstand der Mitbestimmung nach Abs. 1 Nr. 6 sind Maßnahmen zur **Verhütung von Dienst- und Arbeitsunfällen und sonstigen Gesundheitsschädigungen**. Es handelt sich hierbei um einen Fall der uneingeschränkten Mitbestimmung, bei dem dem Personalrat nach § 69 Abs. 3 ein Initiativrecht zusteht. Eine vergleichbare Vorschrift enthält das BPersVG in § 75 Abs. 3 Nr. 11.

21 Bei den Maßnahmen zur Verhütung von Dienst- und Arbeitsunfällen und sonstigen Gesundheitsschädigungen handelt es sich gemäß § 2 Abs. 1 ArbSchG um Maßnahmen des **Arbeitsschutzes**. Der Arbeit-

---

421 BVerwG 25.9.1984 – 6 P 25.83 –, ZBR 1985, 60.
422 OVG NRW 1.4.1992 – CL 7/89 –, ZBR 1993, 281.

geber/Dienstherr ist verpflichtet, die erforderlichen Maßnahmen des Arbeitsschutzes unter Berücksichtigung der Umstände zu treffen, die Sicherheit und Gesundheit der Beschäftigten bei der Arbeit beeinflussen. Dabei hat er gemäß § 3 Abs. 1 Satz 2 ArbSchG die Maßnahmen auf ihre Wirksamkeit hin zu überprüfen und erforderlichenfalls sich ändernden Gegebenheiten anzupassen. Die alleinige Verantwortung des Dienststellenleiters, die erforderlichen Maßnahmen des Arbeitsschutzes zu treffen, wird durch die Mitbestimmung des Personalrats nach Abs. 1 Nr. 6 nicht berührt. Zu den mitbestimmungspflichtigen Maßnahmen gehören organisatorische Maßnahmen des **vorbeugenden Arbeitsschutzes**, die als Grundpflichten den Arbeitgeber/Dienstherrn treffen (§ 3 ArbSchG). Arbeitsrechtliche Grundlagen sind **§§ 618, 619 BGB**. Der Dienstherr ist gegenüber den Beamten nach **§ 45 BeamtStG** individualrechtlich verpflichtet. Nicht erst aufgrund von Einsparungen, Personalabbau und Arbeitsverdichtung im öffentlichen Dienst[423] gehört die Mitbestimmung des Personalrats für den Arbeits- und Gesundheitsschutz zu den grundlegenden Aufgaben. Abs. 1 Nr. 6 knüpft an den allgemeinen Begriff des Arbeits- und Dienstunfalls an, wie er im Sozialversicherungsrecht sowie im Beamtenversorgungsrecht gebräuchlich ist. **Dienstunfall** ist gemäß § 31 Abs. 1 BeamtVG ein auf äußerer Einwirkung beruhendes, plötzliches, örtlich und zeitlich bestimmbares, einen Körperschaden verursachendes Ereignis, das in Ausübung oder infolge des Dienstes eingetreten ist. Als Dienst gilt auch das Zurücklegen des mit dem Dienst zusammenhängenden Weges nach und von der Dienststelle. Erkrankt ein Beamter, der nach der Art seiner dienstlichen Verrichtung der Gefahr der Erkrankung an bestimmten Krankheiten besonders ausgesetzt ist, an einer solchen Krankheit, gilt dies als Dienstunfall, es sei denn, dass der Beamte sich die Krankheit außerhalb des Dienstes zugezogen hat.

Arbeitsunfälle im Sinne des § 8 SGB VII sind Unfälle von Versicherten infolge einer den Versicherungsschutz nach §§ 2, 3 oder 6 SGB VII begründenden Tätigkeit (versicherte Tätigkeit). Unfälle sind zeitlich begrenzte, von außen auf den Körper einwirkende Ereignisse, die zu einem **Gesundheitsschaden** oder zum Tod führen, wobei zur versicherten Tätigkeit unter bestimmten Voraussetzungen auch das Zurücklegen des damit zusammenhängenden Weges nach und von dem Ort der Tätigkeit sowie das damit zusammenhängende Verwahren, Befördern, Instandhalten und Erneuern eines Arbeitsgerätes oder einer Schutzausrüstung sowie deren Erstbeschaffung gehören (§ 8 Abs. 2 SGB VII). Unter Gesundheitsschäden sind **physisch-organische** wie **psychische Beeinträchtigungen** zu verstehen.[424] Mit § 8 Abs. 1 Satz 2 SGB VII ist ausdrücklich normiert, dass nur von außen auf den Körper einwirkende Ereignisse Unfälle darstellen. Ein aus innerer

---

423 Sehrbrock/Kranz, PersR 2011, 498; Radek, PersR 2011, 509.
424 Kater/Leube, SGB VII, § 8 Rn. 17.

§ 74

Ursache, aus dem Menschen selbst kommendes Ereignis ist nicht als Unfall anzusehen. Hierdurch wird die Abgrenzung des Versicherungsschutzes gegenüber der gesetzlichen Unfallversicherung gegenüber den der persönlichen Risikosphäre entstammenden Krankheitsentwicklungen aus sog. innerer Ursache bezweckt. Der Kreis der Ereignisse, die äußere Einwirkungen darstellen, ist sehr weit gefasst. Auf das **Ausmaß der Einwirkung** kommt es jedoch für die begriffliche Qualifizierung als Einwirkung damit für die Feststellung, ob ein Arbeitsunfall vorliegt, **nicht** an.[425]

23 Die **sonstigen Gesundheitsschädigungen** sind gesetzlich nicht definiert. Unter Gesundheitsschädigungen sind die **physische und psychische Integrität** der Beschäftigten sowie die Erhaltung dieser Integrität gegenüber **Beeinträchtigungen durch medizinisch feststellbare Verletzungen oder arbeitsbedingte Erkrankungen** zu verstehen.[426] Zur Gesundheit gehört die physische und psychische Integrität der Beschäftigten und deren Erhaltung, der Schutz vor gesundheitlichen Beeinträchtigungen, auch wenn sie (noch) keine Dienst- oder Arbeitsunfälle im versicherungsrechtlichen Sinne sind.[427] Der Dienst- und der Arbeitsunfall sind nicht durch die Schwere der Verletzung oder Erkrankung gekennzeichnet.[428] Deshalb trifft die Rechtsansicht nicht zu, die hinsichtlich der Eingriffsqualität in die Gesundheit verlangt, dass sie hinsichtlich ihrer Schwere den Dienst- und Arbeitsunfällen gleichzustellen sei.[429]

24 Mitbestimmungspflichtig sind alle Maßnahmen eines **präventiven** Gesundheitsschutzes oder **zur Abwehr** von psychischen oder physischen Belastungen.[430] Der Arbeits- und Gesundheitsschutz ist im ArbSchG in umfassender Weise **präventiv ausgerichtet**.[431] Diese Ausrichtung ist maßgebend für die Auslegung des Mitbestimmungstatbestands in Abs. 1 Nr. 6. Die Mitbestimmung des Personalrats orientiert sich an den den Dienstherrn treffenden vorgegebenen gesetzlichen Verpflichtungen. Wie sich auch aus Art. 11 Abs. 1 RL 89/391/EWG ergibt, ist den Vertretern der Beschäftigten ausdrücklich eine ausgewogene Beteiligung bei allen Fragen betreffend die **Sicherheit** und die **Gesundheit am Arbeitsplatz** einschließlich ihrer vorherigen Anhörung und eines **Initiativrechts** garantiert. Da es sich bei Abs. 1 Nr. 6 um einen Fall der uneingeschränkten Mitbestimmung handelt, kann die Einigungsstelle gemäß § 71 Abs. 4 eine bindende

---

425 Kater/Leube, SGB VII, § 8 Rn. 20.
426 Richardi/Wlotzke/Wissmann, Band 2, § 206 Rn. 35.
427 Altvater, BPersVG, § 75 Rn. 205.
428 Altvater, a. a. O.; Kater/Leube, SGB VII, § 8 Rn. 20.
429 So aber Lorenzen u. a., BPersVG, § 75 Rn. 174 e.
430 BVerwG 31. 1. 1997 – 1 C 20/95 –, NZA 1997, 482 ff.; BAG 18. 8. 2009 – 1 ABR 43/08 –, NZA 2009, 1434 ff.
431 BT-Drucks. 13/3540, S. 12; Richardi/Wlotzke/Wissmann, Band 2, § 206 Rn. 11.

§ 74

Entscheidung treffen, die nur durch Ausübung des sog. Evokationsrechts gemäß § 71 Abs. 5 eingeschränkt oder aufgehoben werden kann.

Voraussetzung einer Beteiligung ist das Vorliegen einer Maßnahme im Sinne des § 69 Abs. 1 Satz 1. Für den Bereich des Arbeitsschutzes im öffentlichen Dienst gelten zwar eine Vielzahl gesetzlicher Vorschriften, wie das ArbSchG, zahlreiche Arbeitsschutzverordnungen (z. B. Arbeitsstättenverordnung, Bildschirmarbeitsverordnung), das Arbeitssicherheitsgesetz etc. Beim **Gesetzesvorbehalt** ist jedoch zu berücksichtigen, dass dieser die Mitbestimmung nur dann sperrt, wenn in den Gesetzen ein Sachverhalt unmittelbar geregelt ist, es also zum Vollzug keines **Ausführungsaktes** bedarf. Gesetzliche Vorschriften über den Arbeitsschutz/Gesundheitsschutz im Sinne von Abs. 1 Nr. 6 müssen als **Rahmenvorschrift** ausgestaltet sein. Dies ist der Fall, wenn sie Maßnahmen zur Gewährleistung des Gesundheitsschutzes verlangen, die zu treffenden Maßnahmen aber nicht selbst detailliert beschreiben, sondern dem Arbeitgeber/Dienstherrn ein zu erreichendes Schutzziel vorgeben.[432] Im Bereich des Arbeitsschutzes ist es jedoch grundsätzlich so, dass dem Arbeitgeber/Dienstherrn ein Ermessensspielraum eingeräumt wird. Die Frage, ob eine Arbeitsschutzregelung angewandt wird, macht zunächst eine darauf ausgerichtete Entscheidung des Dienststellenleiters erforderlich. Insoweit belassen und eröffnen die zahlreichen Gesetze, Verordnungen und Tarifverträge zum Arbeitsschutz dem Arbeitgeber/Dienstherrn einen erheblichen Handlungsspielraum. Im gleichen Maße ist daher die Mitbestimmung gewährleistet. 25

Auch die in § 4 ArbSchG geregelte Berücksichtigung **allgemeiner Grundsätze bei Maßnahmen des Arbeitsschutzes** ist eine ausfüllungsbedürftige Rahmenvorschrift jedenfalls in dem Sinne, dass bei den in ihr enthaltenen unbestimmten Rechtsbegriffen ein Beurteilungsspielraum des Arbeitgebers/Dienstherrn und ein darauf bezogenes **Mitbeurteilungsrecht** des Personalrats besteht. Das Gleiche gilt für die in § 5 ArbSchG geregelte **Gefährdungbeurteilung**.[433] Hier besteht ein Handlungsspielraum hinsichtlich der Art und Weise, wie die Gefährdungsbeurteilung vorgenommen werden soll. Das BVerwG sieht demgegenüber kein Mitbestimmungsrecht. Bei den Regelungen zum Arbeitsschutz handelt es sich in erster Linie um Schutzvorschriften für die Beschäftigten der Betriebe und des öffentlichen Dienstes, die schon aufgrund ihrer Zweckbestimmung her weit auszulegen sind. Unter Gesundheitsschutz fällt auch der Nichtraucherschutz, der in § 5 ArbStättV normiert ist. Danach erstreckt sich der Schutz der Nichtraucher nicht nur auf Pausen-, Bereitschafts- und Liegeräume. Vielmehr hat der Arbeitgeber/Dienstherr nach § 5 Abs. 1 ArbStättV wirksame Maßnahmen zu treffen, damit die nicht rauchenden Beschäf- 26

---

432 BAG 18.8.2009 – 1 ABR 43/08 –, NZA 2009, 1434, 1435.
433 BAG 8.6.2004, AP Nr. 13 zu § 87 BetrVG 1972 Gesundheitsschutz; Fitting, BetrVG, § 87 Rn. 299.

§ 74

tigten an der Dienst-/Arbeitsstätte selbst und damit am Arbeitsplatz vor Gesundheitsgefahren durch **Tabakrauch** geschützt werden. Insoweit kann auch hier Abs. 1 Nr. 6 greifen.

27 Aus der Formulierung »zur Verhütung« schließt die h. M., dass ein Mitbestimmungsrecht nur dann besteht, wenn die beabsichtigte Maßnahme »darauf abzielt«, das Risiko von Gesundheitsschädigungen in der Dienststelle zu mindern oder einen effektiven Arbeits- und Gesundheitsschutz zu gewährleisten.[434] Nach dem Normzweck des Beteiligungstatbestandes des Abs. 1 Nr. 6, der in einem engen Sachzusammenhang mit den Handlungsrahmenverpflichtungen aus den Arbeitsschutzbestimmungen steht, ist es sachgerecht, all die Maßnahmen in die Mitbestimmung einzubeziehen, die mindestens mittelbar objektiv geeignet sind, Gesundheitsschädigungen präventiv zu verhindern.[435]

g. Regelungen der Ordnung und des Verhaltens der Beschäftigten in der Dienststelle (Abs. 1 Nr. 7)

28 Nach **Abs. 1 Nr. 7** hat der Personalrat bei Regelungen der Ordnung und des Verhaltens der Beschäftigten in der Dienststelle mitzubestimmen. Hierbei handelt es sich um einen Fall der uneingeschränkten Mitbestimmung, so dass die Einigungsstelle bindende Entscheidungen treffen kann. Diese können nur im Wege der Ausübung des Evokationsrechts nach § 71 Abs. 5 aufgehoben werden, wenn die Entscheidung im Einzelfall wegen ihrer Auswirkungen auf das Gemeinwohl wesentlicher Bestandteil der Regierungsgewalt ist. Die Vorschrift entspricht der Regelung in § 75 Abs. 3 Nr. 15 BPersVG.

29 Bei Abs. 1 Nr. 7 handelt es sich um einen **einheitlichen** Mitbestimmungstatbestand, der sich auf die Gesamtheit der allgemeinen Verhaltensmaßregeln erstreckt, die das Miteinander der Beschäftigten und den Gebrauch der ihnen von der Dienststelle zur Verfügung gestellten Gegenstände ordnen,[436] die also den einwandfreien und reibungslosen Ablauf des Lebens in der Dienststelle sicherstellen sollen. Voraussetzung für die Mitbestimmung ist, dass die Dienststellenleitung einen Spielraum nutzen kann und dass keine Einzelweisung vorliegt. Es muss sich immer um eine **generelle Regelung** handeln. Eine Anweisung gegenüber einer einzelnen Dienstkraft ist mitbestimmungsfrei. Die Rechtsprechung von BAG und BVerwG unterscheidet zwischen dem mitbestimmungspflichtigen Ordnungsverhalten (»soziales Miteinander«) und dem mitbestimmungsfreien Arbeitsverhalten (»Arbeitsergebnis«).[437]

---

[434] BVerwG 8. 1. 2001 – 6 P 6.00 –, PersR 2001, 154.
[435] So auch Altvater, BPersVG, § 75 Rn. 210; Daniels, PersVG Berlin, § 85 Rn. 27.
[436] BVerwG 19. 5. 2003 – 6 P 16.02 –, PersR 2003, 314.
[437] BAG 25. 5. 1982, AP Nr. 53 zu § 611 BGB Dienstordnungs-Angestellte; BVerwG 19. 6. 1990, PersR 1990, 259

§ 74

Bei den **Regelungen**, die die Ordnung in der Dienststelle und das Verhalten der Beschäftigten betreffen, kann es sich sowohl um Hauserlasse und Hausverfügungen als auch um die Zusammenfassung genereller Anordnungen (z. B. allgemeine Richtlinien, Dienstanweisungen) handeln, die sämtliche Beschäftigte oder wenigstens eine bestimmbare Gruppe betreffen. Eine solche Regelung muss sich auf einen kollektiven Tatbestand beziehen, die ihrerseits einen abstraktgenerellen Inhalt aufweist. Soweit der kollektive Bezug jedoch gegeben ist, kommt es auf die Zahl der von der Regelung Betroffenen nicht an. 30

Die Begriffe »Ordnung in der Dienststelle« und »Verhalten der Beschäftigten« umschreiben – ohne unterschiedliche Inhalte zu haben – die Gesamtheit der nicht durch Gesetz oder Tarifvertrag geregelten und damit regelungsbedürftigen Sachverhalte, die sich aus dem engen Zusammenleben und -wirken vieler Menschen in einer Dienststelle ergeben.[438] 31

Die Zuteilung eines Dienstzimmers an einen Beschäftigten stellt keine Regelung der Ordnung in der Dienststelle dar. Bei dem Erlass eines allgemeinen Alkoholverbots durch den Leiter der Dienststelle hat der Personalrat mitzubestimmen, wenn im Vordergrund die Regelung des allgemeinen Verhaltens der Beschäftigten und der Ordnung in der Dienststelle stehen.[439] Mitbestimmungspflichtige Regelungen nach Abs. 1 Nr. 7 sind u. a.: **Anwesenheitskontrollen**; Rauch- und Alkoholverbote; Maßnahmen zum **Schutz vor sexueller Belästigung**; Regelung zur Nutzung der Telefonanlage und zur (privaten) **Nutzung des Internets für E-Mails**; Parkplatzrichtlinien; formalisierte **Krankengespräche** inklusive Kranken**rückkehr**gespräche; Einführung von Mitarbeitergesprächen mit Zielvereinbarungen;[440] allgemeine Regelungen zur Vorlage von Arbeitsunfähigkeitsbescheinigungen schon für den ersten Tag.[441] Legt eine Dienststelle unter Nennung von Beispielen fest, in welchem Umfang ihre Beschäftigten bei Verdacht von Unregelmäßigkeiten Meldungen zu erstatten haben, handelt es sich ebenfalls um eine mitbestimmungspflichtige Verhaltensregelung.[442] Führt der Leiter einer Dienststelle ein Formular ein, auf dem die Beschäftigten die Notwendigkeit eines Arztbesuches während der Arbeitszeit begründen und sich bereiterklären müssen, auf Anforderung eine ärztliche Bescheinigung nachzureichen, trifft er damit eine Regelung der Ordnung in der Dienststelle und des Verhaltens der Beschäftigten, bei der der Personalrat mitzubestimmen hat.[443] 32

---

438 OVG NRW 6. 1. 1983, PersV 1994, 333.
439 So auch Spieß, § 74 HPVG, S. 302.
440 VGH Baden-Württemberg 9. 5. 2000 – PL 15 S 2519/99 –, PersV 2000, 529.
441 Vgl. BAG 25. 1. 2000 – 1 ABR 3/99 –, AP Nr. 34 zu § 87 BetrVG 1972.
442 OVG Schleswig-Holstein 19. 1. 1993 – 11 L 3/92 –, ZfPR 1994, 130.
443 OVG NRW 3. 2. 2000 – 1 A 426/98.PVL –, PersV 2000, 567 ff.

h. Allgemeine Grundsätze der Berufsausbildung und Fortbildung der Beschäftigten (Abs. 1 Nr. 8)

33 Bei Abs. 1 Nr. 8 handelt es sich um einen Fall der eingeschränkten Mitbestimmung, bei der die Einigungsstelle gemäß § 71 Abs. 4 Entscheidungen nur in Form einer Empfehlung an die oberste Dienstbehörde treffen kann. Eine der Regelung vergleichbare Vorschrift enthält § 75 Abs. 3 Nr. 6 BPersVG für die Durchführung der Berufsausbildung bei Arbeitnehmern. Daneben besteht für die Auswahl der Teilnehmer an Fortbildungsveranstaltungen für Arbeitnehmer ein Mitbestimmungsrecht in § 75 Abs. 3 Nr. 7 BPersVG, für Beamte in § 76 Abs. 2 Satz 1 Nr. 1 BPersVG.

34 **Abs. 1 Nr. 8** beschränkt die Mitbestimmung in Angelegenheiten der **Berufsausbildung** und der **Fortbildung** auf Maßnahmen, die **allgemeine Grundsätze** gestalten. Personelle Einzelmaßnahmen, die in Ausführung der Grundsätze ergehen, fallen nicht unter den Mitbestimmungstatbestand. Nach dem HPVG gibt es überdies keine Beteiligung des Personalrats an der Auswahl von einzelnen Beschäftigten für eine Teilnahme an Fortbildungsmaßnahmen, sofern nicht die Teilnahmeanordnung zugleich eine personelle Angelegenheit im Sinne des § 77 darstellt und sich hieraus ein Beteiligungsrecht ergibt.[444] Damit findet die Rspr. des BVerwG auf das HPVG keine Anwendung, wonach ein Mitbestimmungsrecht in Fragen der Fortbildung auch die konkrete Auswahl einzelner Beschäftigter für eine Teilnahme an Fortbildungsveranstaltungen einschließt.[445] Die **Grundsätze zur Auswahl von Personen** für die Teilnahme an einer Berufsausbildung oder einer Fortbildung einschließlich der generellen Zuordnung von Beschäftigten zu bestimmten Maßnahmen der Fortbildung unterliegen jedoch auch nach dem HPVG der Mitbestimmung.[446]

35 **Berufsausbildung** ist neben der Berufsausbildungsvorbereitung, der beruflichen Fortbildung und der beruflichen Umschulung ein Teil der Berufsbildung nach dem Berufsbildungsgesetz (§ 1 Abs. 1 und 3 BBiG). Es muss sich allerdings nicht um einen rechtlich geordneten Ausbildungsgang handeln, wie es für die Berufsausbildungsgänge im Geltungsbereich des BBiG typisch ist. Berufsausbildungen liegen jedoch bei allen vom BBiG, dem KrPflG, dem HebG, MTA-G und anderer erfassten Berufsausbildungsgängen vor. Die berufliche **Fortbildung** baut entsprechend § 1 Abs. 4 BBiG auf einer vorhandenen Erstausbildung auf. Darunter fällt beispielsweise die berufliche Weiterbildung gemäß §§ 77 ff. SGB III, die sich an die Berufsausbildung anschließt und zum Ziel hat, aufbauend auf den erworbenen **Fachkenntnissen** den erreichten Leistungsstand zu erhalten und den Beschäftigten –

---

[444] VG Frankfurt/Main 10.9.2007, PersR 2007, 527, 530.
[445] BVerwG 19.9.1988, PersR 1988, 300, 302.
[446] VG Frankfurt/Main 10.9.2007, a.a.O.; HessVGH 10.1.1990, PersR 1991, 60, 61.

vornehmlich durch den Erwerb neuer Kenntnisse – zu befähigen, auch weitere, insbesondere neu hinzutretende Aufgaben für den ihm übertragenen Aufgabenbereich zu erledigen.[447] Der Begriff »Fortbildung« erfordert danach mehr als die ständig notwendige Anpassung der Kenntnisse an technische, organisatorische und rechtliche Neuerungen, ohne die ein geregelter Dienstbetrieb nicht denkbar ist.[448]

Die fachliche Unterrichtung zur Aufrechterhaltung des dienstlich erforderlichen Leistungsstandards und zur Anpassung der Fertigkeiten der Dienstkräfte an eine technische Neuerung stellt keine Fortbildung im Sinne des Abs. 1 Nr. 8 dar.[449] Diese Rechtsprechung schränkt jedoch die Reichweite des Begriffs der beruflichen Fortbildung in Abweichung zu § 1 Abs. 4 BBiG ein. Denn dort wird sie gerade nicht auf die aufstiegsorientierte Weiterbildung beschränkt. Um Fortbildung handelt es sich vielmehr nach § 1 Abs. 4 BBiG auch, wenn es um den **Erhalt beruflicher Kenntnisse** und **Fertigkeiten** oder ihre Anpassung an die technische Entwicklung geht.[450] 36

Bei der Aufstellung von Grundsätzen für die Fortbildung muss den zwingend vorgegebenen Regelungen in §§ 11, 13 Abs. 4 Satz 1, 3, Abs. 5 HGlG Rechnung getragen werden. 37

Mitbestimmungspflichtig sind Regelungen über **allgemeine Fragen** der Fortbildung. Der Begriff ist weit auszulegen. Auch soweit in einem Personalentwicklungskonzept Grundsätze zur Fortbildung der Beschäftigten aufgeführt sind, besteht das Mitbestimmungsrecht nach Abs. 1 Nr. 8.[451] Dieses ist nur dann der Fall, wenn in einem Personalentwicklungskonzept als Ziel und Inhalt der dort im Einzelnen aufgeführten Maßnahmen zur Führungskräfteentwicklung nicht nur die weitere Qualifizierung von Beschäftigten für Führungsaufgaben angegeben werden, sondern wenn gleichzeitig auch die inhaltlichen Bezugspunkte dieser Qualifizierung aufgeführt sind. Soweit in einem Personalentwicklungskonzept Regelungen zur Fortbildung (Training of the job) und Einarbeitungsqualifizierung (Training on the job) enthalten sind, handelt es sich ebenfalls um Maßnahmen zur Gestaltung von Fortbildungsgrundsätzen im Sinne des Abs. 1 Nr. 8. 38

i. Beginn und Ende der täglichen Arbeitszeit und der Pausen sowie die Verteilung der Arbeitszeit auf die einzelnen Wochentage (Abs. 1 Nr. 9)

Abs. 1 Nr. 9 enthält einen Fall der eingeschränkten Mitbestimmung im Sinne des Abs. 4, so dass die Beschlüsse einer Einigungsstelle nur 39

---

447 BVerwG 19.9.1988 – 6 P 28.85 –, PersV 1989, 274.
448 HessVGH 10.1.1990 – BPVTK 3242/89 –, ZBR 1990, 361, 362.
449 BVerwG 27.11.1991, ZfPR 1992, 100.
450 So VG Frankfurt/Main 10.9.2007, PersR 2007, 527, 528f.; v. Roetteken/Rothländer, HPVG, § 74 Rn. 450.
451 VG Frankfurt/Main 22.5.2000 – 23 L 960/00 (V) –, PersV 2000, 523, 526/527.

§ 74

empfehlenden Charakter an die oberste Dienstbehörde haben. Eine mit Abs. 1 Nr. 9 vergleichbare Regelung enthält § 75 Abs. 3 Nr. 1 BPersVG. Nach Abs. 1 hat der Personalrat mitzubestimmen, soweit keine abschließende gesetzliche oder tarifliche Regelung besteht. Der **Gesetzes- und Tarifvorbehalt** ist bei der Mitbestimmung in Arbeitszeitfragen von erheblicher praktischer Bedeutung. So ist die Dauer der Arbeitszeit durch Verordnungen und tarifvertragliche Bestimmungen geregelt. In § 1 Abs. 1 HAZVO – als Verordnung im Sinne des Art. 118 HV – ist für die hauptamtlich tätigen Beamten abgestuft nach dem Lebensalter eine **regelmäßige wöchentliche Arbeitszeit** von 42 Stunden bis zur Vollendung des 50. Lebensjahres, von 41 Stunden bis zur Vollendung des 60. Lebensjahres und von 40 Stunden ab Beginn des 61. Lebensjahres vorgesehen. Aufgrund des Gesetzesvorrangs scheidet insoweit jede Mitbestimmung aus.

40 Die **Dauer der wöchentlichen Arbeitszeit** für die Arbeitnehmer/innen ergibt sich aus den tarifvertraglichen Regelungen (§ 6 TV-Hessen/§ 6 TVöD). Nach § 6 Abs. 1 TVöD bzw. TV-H beträgt die regelmäßige Arbeitszeit im Bereich der Mitglieder der VKA 39 Wochenstunden, beim Land Hessen 40 Wochenstunden, für besondere Gruppen von Beschäftigten 38,5 Stunden. Soweit in § 6 TVöD/TV-H weitere Regelungen zur Einrichtung von Arbeitszeitkorridoren, der Ausfüllung der tariflichen Ausgleichszeiträume enthalten sind, schließen diese die Mitbestimmung nach Abs. 1 Nr. 9 nicht aus, sondern begrenzen sie lediglich durch tariflich festgelegte Eckpunkte.[452]

41 Die Festlegung von Beginn und Ende der täglichen Arbeitszeit betrifft deren **zeitliche Lage und die Dauer**, die sich aus der Verteilung der wöchentlichen Arbeitszeit ergibt. Gegenstand des Mitbestimmungsrechts des Personalrats ist danach die Verteilung der von den Beschäftigten nach gesetzlicher Vorschrift oder tariflicher Festlegung abzuleistenden Arbeitszeit auf die zur Verfügung stehenden Arbeitstage und die Festlegung ihrer zeitlichen Lage am Einzelarbeitstag. Dazu gehört auch die Umstellung der Arbeitszeit von Tagesschichten auf modifizierte Schichten oder die Verlegung der Arbeitszeit aus besonderem Anlass (z. B. in der heißen oder kalten Jahreszeit). Voraussetzung für die Mitbestimmungspflichtigkeit ist ein kollektiver Bezug. Auf die Anzahl der von einer Regelung betroffenen Beschäftigten kommt es dabei nicht an. Der kollektive Bezug ist jedoch in der Regel gegeben, da eine Maßnahme zur Regelung der täglichen Arbeitszeit, der **Lage der Pausen** und der **Verteilung auf die Wochentage** unabhängig von der Zahl der hiervon Betroffenen regelmäßig auch die Interessen mehrerer Beschäftigter berührt. Nach der Rechtsprechung des BVerwG und des BAG kommt es hinsichtlich des kollektiven Tatbestands maßgeblich darauf an, ob sich eine Regelungsfrage stellt,

---

452 OVG Berlin-Brandenburg 23.4.2009, PersR 2009, 372, 373 f.

§ 74

die die Interessen der Beschäftigten unabhängig von der Person und den individuellen Wünschen des Einzelnen berühren. Dies ist z. B. bei einer Arbeitszeitregelung der Fall, die zwar nur einen einzelnen Arbeitsplatz betrifft, jedoch für jeden Beschäftigten gelten soll, der diesen Arbeitsplatz wahrzunehmen hat, und zwar unabhängig davon, ob es sich dabei um den ständigen Arbeitsplatzinhaber oder dessen Vertreter handelt.[453]

Bei der Bestimmung von Beginn und Ende der täglichen Arbeitszeit ist **42** es Aufgabe des Personalrats, darauf zu achten, dass die arbeitszeitrechtlichen Vorschriften, insbesondere für die Beschäftigung von **Frauen** und **Jugendlichen**, bei der Festlegung der Arbeitszeit berücksichtigt werden und dass berechtigte Wünsche von Beschäftigten, die sich beispielsweise bei einem allzu frühen Dienstbeginn aus **dem Fehlen** zumutbarer **Verkehrsverbindungen** ergeben können, in Einklang mit den dienstlichen Erfordernissen gebracht werden. Die Mitbestimmungsvorschrift des Abs. 1 Nr. 9 schützt damit die Interessen der Beschäftigten bei der Festlegung und Verteilung der Arbeitszeiten. Nicht unter diese Vorschrift fallen hingegen Regelungen, mit denen Abwesenheitszeiten angerechnet oder gutgeschrieben werden sollen.[454] Zu den zu beachtenden Bedürfnissen gehört auch die Förderung der Vereinbarkeit von Familie und Erwerbstätigkeit.

Der Personalrat ist nach Abs. 1 Nr. 9 bei der Einführung, Änderung und **43** Aufhebung von Arbeitszeitregelungen zu beteiligen. Die Vorschrift erfasst sowohl Regelungen, die auf Dauer ausgerichtet sind, als auch nur vorübergehende. Daher handelt es sich auch um eine unter Abs. 1 Nr. 9 fallende Arbeitszeitregelung, wenn die Arbeitszeit für einen bestimmten Arbeitseinsatz (z. B. Castor-Transport) an einem einzelnen Tag festgelegt wird.[455]

Abs. 1 Nr. 9 umfasst nicht nur die Mitbestimmung über die Lage, **44** sondern darüber hinaus auch über die **Dauer der täglichen Arbeitszeit**. Beides ist nach h. M. untrennbar miteinander verbunden.[456] Keine Mitbestimmung besteht jedoch hinsichtlich der Dauer der regelmäßigen wöchentlichen Arbeitszeit (WAZ). Dies entspricht auch der Rechtslage nach § 87 Abs. 1 Nr. 2 BetrVG.[457]

Das Mitbestimmungsrecht erstreckt sich auch auf Beginn und Ende der **45** Pausen. Weder § 5 AZV noch die HAZVO enthalten eine Definition der **Ruhepause**. Als Pausen können jedoch Unterbrechungen der Arbeitszeit angesehen werden, in denen Beschäftigte weder Arbeit

---

453 So auch Altvater, BPersVG, § 75 Rn. 120; v. Roetteken, PersR 2001, 315, 325; Lenders/Richter, Die Personalvertretung, S. 107.
454 BVerwG 9. 10. 1991 – 6 P 21.89 –, PersV 1992, 166, 167.
455 OVG Nds. 31. 7. 2008 – 18 LP 1/07 –, PersR 2009, 25.
456 BVerwG 4. 4. 1985 – 6 P 37.82 –, PersR 1986, 17; BAG, 28. 9. 1988 – 1 ABR 41/87 –, AP Nr. 29 zu § 87 BetrVG 1972 Arbeitszeit.
457 BAG 15. 5. 2007 – 1 ABR 32/06 –, AP Nr. 30 zu § 1 BetrVG 1972.

zu leisten haben noch sich zur Arbeit bereithalten müssen.[458] Der Beschäftigte kann frei darüber entscheiden, wo und wie er diese Zeit verbringen will, denn Pausen dienen seiner Erholung.[459] Handelt es sich um unbezahlte Pausen, sind die Festlegung der Lage und ihre Dauer beteiligungspflichtig. Das Mitbestimmungsrecht nach Abs. 1 Nr. 9 erstreckt sich auf die genaue Lage der Ruhepausen, ihren **Beginn** und ihr **Ende**, d. h. auf ihre **jeweilige Dauer** und zeitliche Abfolge im Verhältnis zur Arbeitsleistung.[460]

46 Nach der Rechtsprechung des BVerwG stehen den Ruhe- und Erholungspausen die sog. **Betriebs- oder Arbeitsschutzpausen** gegenüber,[461] die auf die Arbeitszeit angerechnet und vergütet werden (z. B. Pausen bei der Bildschirmtätigkeit oder Lärmschutzpausen). Für die Gestaltung solcher Pausen, ihre Dauer und zeitliche Lage ist das Mitbestimmungsrecht hinsichtlich der Arbeitszeit nicht gegeben. Zu beachten ist aber, dass diese Kurzpausen als Maßnahme des Gesundheitsschutzes mitbestimmungspflichtig sind (vgl. Abs. 1 Nr. 6).

47 Sind die Dienststunden so festgelegt, dass die regelmäßige tägliche Arbeitszeit von Beamten überschritten ist, ist die Überschreitung durch **Schichtdienst** zu umgehen. Davon soll nach § 8 Satz 2 AZV abgesehen werden, wenn die Überschreitung im Rahmen der gleitenden Arbeitszeit ausgeglichen werden kann. Nach § 7 Abs. 2 TVöD bzw. TV-L ist Schichtarbeit die Arbeit nach einem Schichtplan, der einen regelmäßigen Wechsel des Beginns der täglichen Arbeitszeit um mindestens zwei Stunden in Zeitabschnitten von längstens einem Monat vorsieht, und die innerhalb einer Zeitspanne von mindestens 13 Stunden geleistet wird. Dem Personalrat steht ein Mitbestimmungsrecht bei der Regelung aller Fragen der Schichtarbeit und der näheren Ausgestaltung des jeweiligen Schichtsystems im Detail einschließlich der Dauer der Schichten zu.[462] Insbesondere unterliegt die Frage, ob in einer Dienststelle Schichtbetrieb eingeführt wird, der Mitbestimmung.[463] Nach anderer Ansicht ist Abs. 1 Nr. 9 für solche Entscheidungen nicht anwendbar; erst in der Konkretisierung durch die Festlegung von Schichtplänen gehe es für die Beschäftigten um die Regelung von Beginn und Ende der täglichen Arbeitszeit und deren wöchentliche Verteilung. Hier habe der Personalrat dann mit-

---

458 BAG 22.7.2003 – 1 ABR 28/02 –, AP Nr. 108 zu § 87 BetrVG 1972 Arbeitszeit.
459 BAG 22.10.2002, AP Nr. 11 zu § 611 BGB.
460 HessVGH 27.4.1988, HessVGRspr. 1989, 3, 4; OVG Hamburg 22.5.2000, PersR 2001, 303.
461 BVerwG 8.1.2001 – 6 P 6.00 –, PersR 2001, 154.
462 BAG 28.5.2002 – 1 ABR 40/01 – AP Nr. 96 zu § 87 BetrVG 1972 Arbeitszeit.
463 Richardi, BPersVG, § 75 Rn. 250; Altvater, BPersVG, § 75 Rn. 127; Ilbertz/Widmaier, BPersVG, § 75 Rn. 82; Lorenzen u. a., BPersVG, § 75 Rn. 119 a, a. A. Fischer/Goeres/Gronimus, BPersVG, § 75 Rn. 75.

§ 74

zubestimmen.[464] Auch nach dieser Meinung greift das Mitbestimmungsrecht, wenn Fragen der Änderung der individuellen Schichtenabfolge vorliegen, etwa dadurch, dass einzelne Arbeitsplatzinhaber aus den festgelegten Schichtfolgen herausgenommen werden sollen.[465]

Nach § 7 Abs. 7 TVöD sind **Überstunden** »*die auf Anordnung des Arbeitgebers geleisteten Arbeitsstunden, die über die im Rahmen der regelmäßigen Arbeitszeit von Vollbeschäftigten für die Woche dienstplanmäßig bzw. betriebsüblich festgesetzten Arbeitsstunden hinausgehen und nicht bis zum Ende der folgenden Kalenderwoche ausgeglichen werden.*« Zu beachten ist die Abweichung in § 7 Abs. 8 TVöD/TV-L. **48**

Für die Mitbestimmung des Personalrats bei der **Teilzeitbeschäftigung** gilt nichts anderes als bei der Vollzeitbeschäftigung. Die Dienststelle hat nämlich ungeachtet des § 8 Abs. 4 TzBfG und des § 13 Abs. 1, 2 HGlG einen Regelungsspielraum. So obliegt es ihr, die betrieblichen Aufgabenstellungen festzulegen und im Rahmen des rational Nachvollziehbaren die sich daraus ergebenden Konsequenzen hinsichtlich der Verteilung der Arbeitszeit zu ziehen.[466] Teilzeitbeschäftigung ist eine Ausnahme vom Regelfall des Vollzeitbeschäftigungsverhältnisses, auf das die beamtenrechtlichen und arbeitsrechtlichen Regelungen grundsätzlich ausgerichtet sind. Dabei handelt es sich um eine Tätigkeit, die unterhalb der regelmäßigen Arbeitszeit für Vollzeitkräfte liegt. Gemäß § 1 Abs. 5 HAZV ermäßigt sich bei der Teilzeitbeschäftigung die regelmäßige wöchentliche Arbeitszeit nach Abs. 1 entsprechend dem Umfang der bewilligten Teilzeitbeschäftigung. Bei einer Teilzeitbeschäftigung von bis zu acht Jahren kann, wenn dienstliche Gründe nicht entgegenstehen, auf Antrag die Arbeitszeit so verteilt werden, dass die Zeit der Freistellung von der Arbeit bis zum einem Jahr zusammengefasst und an das Ende der bewilligten Teilzeitbeschäftigung gelegt wird (§ 1 Abs. 6 HAZV). Damit soll die Hauptberuflichkeit als Regel gewahrt bleiben. Die familienbedingte Teilzeitbeschäftigung und die Teilzeit während der Elternzeit können jedoch auch mit **weniger als 50 %** der regelmäßigen Arbeitszeit wahrgenommen werden. **49**

Das Mitbestimmungsrecht nach Abs. 1 Nr. 9 bezieht sich auch auf die Frage, ob Teilzeitbeschäftigte zu festen Zeiten oder nach Bedarf (**KAPOVAZ**) beschäftigt werden.[467] Für Beschäftigte des öffentlichen Dienstes, die nach Bedarf beschäftigt werden, können der früheste Beginn und das Ende der täglichen Arbeitszeit in Abstimmung mit dem Personalrat festgelegt werden.[468] **50**

---

464 Fischer/Goeres/Gronimus, BPersVG, § 75 Rn. 75.
465 BVerwG 15. 2. 1988 – 6 P 29.85 –, PersR 1988, 130.
466 V. Roetteken/Rothländer, HPVG, § 74 Rn. 533.
467 Rauschenberg, Flexibilisierung und Neugestaltung der Arbeitszeit, S. 47.
468 BAG 13. 10. 1987, AP Nr. 24 zu § 87 BetrVG 1972; 28. 9. 1988, AP Nr. 29 zu § 87 BetrVG 1972 Arbeitszeit.

§ 74

51 Gleitende Arbeitszeit oder **Gleitzeit** ist die Arbeitszeit, bei der Beamte Beginn und Ende der täglichen Arbeitszeit in gewissen Grenzen selbst bestimmen können. Der Gleittag ist ein mit Zustimmung der unmittelbaren Vorgesetzten gewährter ganztägiger Zeitausgleich im Abrechnungszeitraum bei Gleitzeit. Dabei gelten tägliche Arbeitszeiten von weniger als zwei Stunden als Gleittag. Der Mitbestimmung nach Abs. 1 Nr. 9 unterliegen auch Regelungen über die Einführung, Ausgestaltung und Änderung der gleitenden Arbeitszeit. Die Regelungsbefugnisse beziehen sich dabei insbesondere auf die Festlegung der Kernzeiten und Gleitspannen, die Modalitäten des Ausgleichs von Zeitguthaben und -rückständen, auf Verfallklauseln, das Verhältnis zu Überstunden/Mehrarbeit und die Kontrollregelungen. Wird in einer Vereinbarung über gleitende Arbeitszeit vereinbart, dass Vorgesetzte und Mitarbeiter die Arbeitszeit so zu planen und umzusetzen haben, dass am Ende des Ausgleichzeitraums ein bestimmter Höchstwert nicht überschritten wird, begründet dies eine Verpflichtung des Arbeitgebers gegenüber dem Personalrat, den Verfall von Arbeitszeitguthaben abzuwenden.[469]

52 Weiterhin hat der Personalrat darüber mitzubestimmen, ob und in welcher Weise die Arbeitszeit auf die einzelnen Wochentage verteilt wird, wann und ob es arbeitsfreie Tage gibt und ob in Schichten gearbeitet wird oder nicht. Daraus folgt, dass auch alle Regelungen zur **gleitenden Arbeitszeit** der Mitbestimmung unterliegen.[470]

53 Gegenstand der Mitbestimmung nach Abs. 1 Nr. 9 ist nach der neueren Rechtsprechung des BVerwG auch die **Anordnung, ob und in welchem Umfang Mehrarbeit bzw. Überstunden** zu leisten sind.[471] Die Definitionen dieser Begriffe in den einschlägigen beamtenrechtlichen und tarifvertraglichen Vorschriften sind unterschiedlich. Werden Beamtinnen und Beamte durch eine dienstlich angeordnete oder genehmigte **Mehrarbeit** mehr als fünf Stunden im Monat über die regelmäßige Arbeitszeit hinaus beansprucht, ist ihnen innerhalb eines Jahres für die Mehrarbeit, die sie über die regelmäßige Arbeitszeit hinaus leisten, entsprechende Dienstbefreiung zu gewähren. Bei Teilzeitbeschäftigungen sind die fünf Stunden anteilig zu kürzen.

54 Die Mitbestimmung nach Abs. 1 Nr. 9 vollzieht sich im Ansatz nach demselben Schema, wenn Mehrarbeit oder Überstunden zu leisten sind. Beides ist als **Überschreitung** der regelmäßigen wöchentlichen Arbeitszeit definiert. Steht fest, dass und wie viele zusätzliche Arbeitsstunden wöchentlich anfallen, erstreckt sich das Mitbestimmungsrecht

---
469 LAG Baden-Württemberg 11.7.2002 – 2 TaBV 2/01 –, AiB 2002, 770.
470 Daniels, PersVG Berlin, § 85 Rn. 7; Lenders/Richter, Die Personalvertretung, S. 135.
471 BVerwG 30.6.2005 – 6 P 9.04 –, PersR 2005, 417.

des Personalrats in jedem Fall darauf, ob und in welchem Umfang Mehrarbeit oder Überstunden angeordnet werden. Sinn und Zweck der Mitbestimmung gebieten ein solches Verständnis. Denn durch dieses Mitbestimmungsrecht soll dem Personalrat zum einen ermöglicht werden, darauf hinzuwirken, dass **berechtigte Wünsche einzelner Beschäftigter** hinsichtlich der zeitlichen Lage ihrer Arbeitszeit in Einklang mit den dienstlichen Erfordernissen gebracht, d. h. im Rahmen des Möglichen berücksichtigt werden. Zum anderen ist es Aufgabe des Personalrats, im Rahmen der arbeitszeitbezogenen Mitbestimmung die Einhaltung der arbeitszeitrechtlichen gesetzlichen und tariflichen Bestimmungen zu überwachen.[472] Da diese Bestimmungen generell der **Sicherheit** und dem **Gesundheitsschutz der Beschäftigten** bei der Arbeitszeitgestaltung dienen, zielt die **arbeitszeitbezogene Mitbestimmung** letztlich auf den Schutz der Beschäftigten vor übermäßiger zeitlicher Inanspruchnahme.

Für die **Anordnung von Kurzarbeit** fehlt es an tarifvertraglichen Regelungen im TVöD und TV-H sowie in den ihnen nachgebildeten Tarifverträgen. Damit erfährt die Mitbestimmung nach Abs. 1 Nr. 9 insoweit keine tarifvertragliche Beschränkung. Das BAG hat jedoch entschieden, dass ein Mitbestimmungsrecht des Personalrats, ob und in welchem Umfang Kurzarbeit eingeführt wird, nicht bestehe. Allerdings sind die Modalitäten der Kurzarbeit – insbesondere die Verteilung der verkürzten Arbeitszeit auf die Wochentage und die Beschäftigten – nach Abs. 1 Nr. 9 mitbestimmungspflichtig.[473]

Nach § 2 Abs. 1 ArbZG ist Arbeitszeit die Zeit von Beginn bis Ende der Arbeit, nach der Rechtsprechung des EuGH jede Zeitspanne, während der ein Arbeitnehmer arbeitet, dem Arbeitgeber zur Verfügung steht und seine Tätigkeit ausübt oder Aufgaben wahrnimmt.[474] Zur Arbeitszeit gehört deshalb auch der **Bereitschaftsdienst**, also die Zeitspanne, in der sich der Arbeitnehmer an der Arbeitsstelle aufhält, um im Bedarfsfall die Arbeit aufzunehmen.[475]

Beispiel:
Aus Anlass eines Castor-Transports gab die Polizeidirektion L. einen Einsatzbefehl heraus, in dem unter der Überschrift »Arbeitszeitberechnung/Mehrarbeit« nach den Vorgaben der Arbeitszeitregelung für den Polizeivollzugsdienst eine Regelung getroffen wurde, wonach der bevorstehende Einsatz als mehrtägiger Dauereinsatz angelegt sei. Der gewählte Kräfteeinsatz bedinge während des gesamten Einsatzes eine permanente Einsatzbereitschaft. Von daher werde für Zeiten, die nicht Einsatzzeit seien, Bereitschaftsdienst angeordnet.

---
472 BVerwG 30. 6. 2005, a. a. O.
473 Altvater, BPersVG, § 75 Rn. 131.
474 Art. 2 Nr. 1 RL 93/104/EG v. 23. 11. 1993, Abl. Nr. L 307, 18.
475 EuGH 3. 10. 2000 – Rs. C-303/98 –, PersR 2001, 134 ff.; Nds. OVG 31. 7. 2008 – 18 LP 1/07 –, PersV 2008, 426 f.

§ 74

Im Unterschied zur Dienststellenleitung hat der zuständige Personalrat auch die Anordnung von Bereitschaftsdienst als mitbestimmungspflichtige Maßnahme nach Abs. 1 Nr. 9 angesehen und ein personalvertretungsrechtliches Beschlussverfahren eingeleitet: Der von dem Dienststellenleiter angeordnete Bereitschaftsdienst, der sich von einer bloßen Rufbereitschaft dadurch unterscheidet, dass sich der Arbeitnehmer an einem vom Arbeitgeber bestimmten Ort zur Verfügung zu halten hat, ist entgegen der früheren ganz herrschenden Auffassung nicht mehr der Ruhezeit, sondern der Arbeitszeit zuzurechnen. Dies ergibt sich aus der Richtlinie 93/104/EG. Die hier getroffene Festlegung des Bereitschaftsdienstes enthält ferner eine Regelung der »täglichen« Arbeitszeit. Dem steht nicht entgegen, dass die Anordnung des Bereitschaftsdienstes lediglich für die Dauer des Castor-Einsatzes erfolgt ist. Der Mitbestimmungstatbestand liegt auch dann vor, wenn die generelle Regelung der Arbeitszeit aus einem konkreten Anlass nur für einen einzelnen Tag erfolgt. Aus dem Begriff der »täglichen« Arbeitszeit kann eine Beschränkung auf kollektive Arbeitszeitregelungen, die das Merkmal des regelmäßig Wiederkehrenden aufweisen, nicht gefolgert werden.«[476] Im Ergebnis hat das OVG Lüneburg eine Mitbestimmung abgelehnt, weil in dem Einsatzbefehl die tägliche Arbeitszeit – und zwar den im vorliegenden Verfahren ausschließlich betroffenen Bereitschaftsdienst – nicht nach Dauer, Beginn und Ende bestimmt sei. Bereitschaftsdienst sei hier nicht etwa für die Dauer des konkreten Transports täglich für 24 Stunden angeordnet worden, sondern lediglich für die Zeiten, die nicht Einsatzzeit seien.

57 **Rufbereitschaft** liegt dann vor, wenn der Beschäftigte sich an einem selbst bestimmten Ort aufhält, um bei Bedarf, der allerdings nur ausnahmsweise eintreten darf, seine vertraglich geschuldete Arbeitsleistung zu erbringen.[477] Die während der Rufbereitschaft geleisteten tatsächlichen Einsätze sind jedenfalls Arbeitszeit.

> **Beispiel:**
> Ist ein Beschäftigter des öffentlichen Dienstes verpflichtet, auf Anordnung seines Arbeitgebers außerhalb der regelmäßigen Arbeitszeit ein auf Empfang geschaltetes Funktelefon/Mobiltelefon mitzuführen, um auf telefonischen Abruf Arbeit zu leisten, die darin besteht, dass er über dieses Telefon Anordnungen trifft oder weiterleitet, leistet er während der Dauer dieser Verpflichtung Rufbereitschaft.[478]

Sollen hingegen Beschäftigte entgegen einer jahrelang ausgeübten Verwaltungspraxis nicht mehr zum Bereitschaftsdienst und zur Ruf-

---

476 Nds. OVG 31.7.2008, a.a.O.
477 Einerseits BAG 23.1.2001 – 1 ABR 36/00 –, PersR 2001, 350; 14.11.2006, NZA 2007, 458 ff.; andererseits BVerwG 11.6.1987 – 6 P 8.85 –, PersR 1987, 244; 26.4.1988 – 6 P 19.86 –, PersR 1988, 186; zuletzt offen gelassen BVerwG 23.8.2007 – 6 P 7/06 –, PersR 2007, 476 ff.
478 BAG 29.6.2000, PersR 2001, 268.

bereitschaft herangezogen werden, unterliegt diese Entscheidung ebenfalls der Mitbestimmung.[479]

§ 7 Abs. 3 TVöD bzw. TV-L enthalten eine Begriffsbestimmung für Bereitschaftszeiten: »*Bereitschaftsdienst leisten Beschäftigte, die sich auf Anordnung des Arbeitgebers außerhalb der regelmäßigen Arbeitszeit an einer vom Arbeitgeber bestimmten Stelle aufhalten, um im Bedarfsfall die Arbeit aufzunehmen.*« Infolge der Arbeitsrichtlinie 93/104/EG vom 23.11.1993[480] und der Entscheidungen des EuGH vom 3.10.2000 und 9.9.2003[481] wurden die §§ 5 und 7 ArbZG zum 1.1.2004 so geändert, dass der **Bereitschaftsdienst** nicht mehr als Ruhezeit, sondern als **Arbeitszeit** im arbeitszeitrechtlichen Sinne anzusehen ist. Entsprechendes gilt für die Beamtinnen und Beamten des Bundes gemäß § 2 Nr. 12 der AZV vom 23.2.2006:[482] »*Bereitschaftsdienst ist die Pflicht, sich, ohne ständig zur Dienstleistung verpflichtet zu sein, an einer vom Dienstherrn bestimmten Stelle aufzuhalten, um im Bedarfsfall den Dienst aufzunehmen, wenn dabei Zeiten ohne Arbeitsleistung überwiegen.*« Damit gehört Bereitschaftsdienst arbeitszeitrechtlich zur Arbeitszeit. Der Personalrat ist somit gemäß Abs. 1 Nr. 9 bei der Einführung und der Anordnung/Festlegung der zeitlichen Lage des Bereitschaftsdienstes von Beschäftigten zu beteiligen. **58**

Inwieweit auch die Anordnung von Rufbereitschaft und deren Ausgestaltung der Mitbestimmung unterliegt, hat das BVerwG in einer aktuellen Entscheidung zumindest offen gelassen.[483] Jedoch handelt es sich bei den während der Rufbereitschaft geleisteten tatsächlichen Einsätzen um Arbeitszeit, so dass ihre Anordnung zugleich eine vorweg genommene Anordnung von Mehrarbeit oder Überstunden darstellt und demzufolge eine Beteiligungspflicht nach Abs. 1 Nr. 9 begründet.[484] **59**

j. Zeit, Ort und Art der Auszahlung der Dienstbezüge und Arbeitsentgelte (Abs. 1 Nr. 10)

Bei Abs. 1 Nr. 10, wonach der Personalrat bei Zeit, Ort und Art der Auszahlung der Dienstbezüge und Arbeitsentgelte mitzubestimmen hat, handelt es sich um einen Fall der **uneingeschränkten Mitbestimmung**, so dass eine Einigungsstelle mit bindendem Entschluss **60**

---

479 BVerwG 16.11.1999 – 6 P 9.98 – zum PersVG Schleswig-Holstein, PersR 2000, 199.
480 ABl. 13.12.1993 Nr. L 307, 18.
481 EuGH 3.10.1993 – Rs. C-303/98 –, PersR 2001, 134; 9.9.2003 – Rs. C-151/02 –, PersR 2003, 458.
482 BGBl. I, 427, geändert durch Art. 1 vom 13.8.2008, BGBl. I, 1684.
483 BVerwG 23.8.2007 – 6 P 7/06 –, PersR 2007, 476 = ZfPR online 12/2007, 7 ff.
484 V. Roetteken, PersR 2002, 363, 372; Altvater, BPersVG, § 75 Rn. 132; Fricke u.a., NPersVG, § 66 Rn. 4.

§ 74

entscheiden kann. Eine gleichlautende Bestimmung enthält § 75 Abs. 3 Nr. 2 BPersVG.

61 Dienstbezüge und Arbeitsentgelte im Sinne dieser Vorschrift sind alle aufgrund des Beamten- oder Arbeitsverhältnisses vom Dienstherrn bzw. Arbeitgeber zu erbringenden Geld- oder Sachleistungen. Nicht dazu gehören die Beihilfe, Umzugskostenvergütungen und Reisekostenerstattungen, die sich als Ersatz für Aufwendungen bei Gelegenheit oder Anlass des Dienstes bei einzelnen Beschäftigten darstellen.[485]

62 Hinsichtlich des Zeitpunkts der Auszahlung des Arbeitsentgelts ergibt sich eine Rahmenvorgabe aus § 614 Satz 1 BGB. Danach ist der **Beschäftigte** grundsätzlich **vorleistungspflichtig**. Die Regelung ist jedoch abdingbar. Für **Beamte** hingegen regelt § 3 Abs. 5 Satz 1 BBesG, dass ihre Dienstbezüge **monatlich im Voraus** zu zahlen sind. Diese Regelung ist wiederum zwingend.

63 Mit dem **Ort** der Auszahlung ist die Festlegung des genauen Ortes gemeint, an dem die Auszahlung tatsächlich stattfindet und der Beschäftigte das Entgelt in Empfang nehmen kann.[486] Die **Art** der Auszahlung betrifft die Modalitäten, d. h. ob die Geldbeträge in bar oder bargeldlos ausgezahlt werden.[487]

64 Die Personalvertretung hat kein Mitbestimmungsrecht bei Beschäftigten des öffentlichen Dienstes, die in einem **privat-rechtlich organisierten Betrieb** tätig sind, wenn nach deren rechtlichen Rahmenbedingungen das Weisungs- und Organisationsrecht hinsichtlich der konkreten Ausgestaltung der Tätigkeiten dem Privatunternehmen zusteht.[488] Dem Verfahren lag ein Streit über die Beteiligung aus Anlass der Anordnung geänderter Schichtdienstzeiten für Beschäftigte zugrunde, die von der öffentlichen Verwaltung an eine Gebäudemanagement-GmbH gestellt wurden. Die rechtlichen Rahmenbedingungen einer Personalgestellung sind in der Regel so, dass die **Arbeitgeberbefugnisse** geteilt werden. Einen Teil dieser Befugnisse übt aufgrund des Personalgestellungsvertrags die GmbH aus. Nur hinsichtlich des »Grundarbeitsverhältnisses« obliegen der Dienststelle Entscheidungen. Dementsprechend muss hinsichtlich etwaiger Mitbestimmungsrechte unterschieden werden, welcher »Arbeitgeber« gegenüber den gestellten Beschäftigten tätig wird und beteiligungspflichtige Entscheidungen trifft.[489]

k. Aufstellung des Urlaubsplans (Abs. 1 Nr. 11)

65 Der Personalrat hat nach Abs. 1 Nr. 11 bei der Aufstellung des Urlaubsplans ein uneingeschränktes Mitbestimmungsrecht. Die Eini-

---

485 BayVGH 18.7.1991, PersV 1993, 80.
486 BAG 26.1.1983, AP Nr. 1 zu § 75 LPVG RhlPf.
487 BVerwG 25.1.1985, PersR 1987, 59.
488 VG Münster 13.1.2010 – 22 K 352/09.PVL –, PersR 2010, 405 ff.
489 VG Frankfurt/Main 19.6.2006 – 23 L 850/06 –, zitiert nach juris.

§ 74

gungsstelle kann also mit bindendem Entschluss gemäß Abs. 4 entscheiden. Eine Parallelvorschrift findet sich in § 75 Abs. 3 Nr. 3 BPersVG. Wie bei allen Regelungen ist auch hier der Gesetzes- und Tarifvorrang zu berücksichtigen. Die Regelung bezieht sich nicht nur auf den Erholungsurlaub, sondern grundsätzlich auf jede Form von Urlaub, soweit dieser planbar ist.[490] Abs. 1 Nr. 11 begründet seit dem 1.1.2005 kein umfassendes Mitbestimmungsrecht in allen Urlaubsfragen. Vielmehr **beschränkt** sich die Mitbestimmung nach dem HPVG auf den **Urlaubsplan**. Die Mitbestimmung setzt weiterhin einen kollektiven Tatbestand voraus.

66 Der Urlaubsplan ist die Zusammenfassung der in den einzelnen Abteilungen einer Dienststelle ausgelegten **Urlaubslisten** für die gesamte Dienststelle oder Teile einer Dienst- oder Nebenstelle. Er weist aus, für welche Zeiten der einzelne Beschäftigte den ihm zustehenden Urlaub voraussichtlich genehmigt erhalten soll. Insoweit dient das Aufstellen von Urlaubsplänen dazu, die Urlaubszeiten der Beschäftigten so zu koordinieren, dass nicht nur die Interessen aller Beschäftigten möglichst gleichrangig berücksichtigt werden, sondern dass vor allem auch der Dienstbetrieb in der Dienststelle durch urlaubsbedingte Personalausfälle möglichst wenig gestört wird und eine ordnungsgemäße Aufgabenerledigung trotz sich überschneidender Urlaubszeiten der in gleichen Sachbereichen tätigen Beschäftigten gewährleistet bleibt.

67 Das Mitbestimmungsrecht bei der Aufstellung des Urlaubsplans ist weit auszulegen.[491] Der Personalrat ist bei der Aufstellung allgemeiner Urlaubsgrundsätze zu beteiligen, weil diese die Grundlage für die Aufstellung des Urlaubsplans bilden und ihr deshalb in der Regel vorausgehen.[492] Demgegenüber will das BVerwG die **Aufstellung von Urlaubsgrundsätzen** nicht der Mitbestimmung bei der Aufstellung eines Urlaubsplans, sondern seinem Vorfeld zuordnen.[493] Diese Entscheidung bezog sich jedoch auf das HmbPersVG. Für das HPVG muss jedoch konzidiert werden, dass der Urlaubsplan alleiniger Gegenstand der Mitbestimmung ist und kein Anhalt dafür besteht, der Landesgesetzgeber habe die Beteiligung auf Fälle beschränken wollen, in denen einzelne Beschäftigte und die Dienststellenleitung zur Inanspruchnahme oder Lage des Urlaubs keine Einigung erzielen.[494] Abs. 1 Nr. 11 erfasst daher auch das Aufstellen von Urlaubsgrundsätzen und dies sogar dann, wenn ihnen kein weiterer konkretisierter Urlaubsplan folgt.

---

490 BAG 28.5.2002 – 1 ABR 37/01 –, AP Nr. 10 zu § 87 BetrVG 1972 Urlaub.
491 V. Roetteken/Rothländer, HPVG, § 74 Rn. 672.
492 Altvater, BPersVG, § 75 Rn. 139; OVG NRW 17.2.2000 – 1 A 697/98.PVL –, PersR. 2001, 29.
493 BVerwG 23.8.2007, PersR 2007, 476, 482.
494 V. Roetteken/Rothländer, HPVG, § 74 Rn. 674.

§ 74

68 Ebenfalls der Mitbestimmung nach Abs. 1 Nr. 11 unterliegt die **spätere Änderung** der Urlaubsgrundsätze oder des Urlaubsplans.[495]

69 Eine aus eindeutig dienstlicher Notwendigkeit angeordnete **Urlaubssperre** für bestimmte Zeiträume schränkt die Planbarkeit der Urlaubserteilung auf die dafür verbleibenden Restzeiträume ein. Im Konfliktfall ist es auch Sache der Einigungsstelle, die dienstlichen Notwendigkeiten angemessen zu berücksichtigen. Im Ergebnis besteht daher auch hier ein Mitbestimmungsrecht.[496]

I. Errichtung, Verwaltung und Auflösung von Sozialeinrichtungen ohne Rücksicht auf ihre Rechtsform (Abs. 1 Nr. 12)

70 Bei der Errichtung, Verwaltung und Auflösung von Sozialeinrichtungen steht dem Personalrat nach Abs. 1 Nr. 12 ein uneingeschränktes Mitbestimmungsrecht zu. Die Einigungsstelle kann mit bindendem Beschluss entscheiden. Eine wortgleiche Vorschrift enthält § 75 Abs. 3 Nr. 5 BPersVG.

71 **Sozialeinrichtungen** sind alle von der Dienststelle – und auch die unter Beteiligung der Beschäftigten – auf Dauer geschaffenen Einrichtungen (Veranstaltungen), die dem Wohl der Beschäftigten oder einer Gruppe von ihnen dienen, um ihnen freiwillig, d. h. nicht aufgrund eines Rechtsanspruchs, Vorteile zukommen zu lassen.[497] Darunter fallen Erholungsheime, Sportanlagen, Kantinen, Betriebskindergärten, eine Pensionsunterstützung und Unterstützungskassen etc. Reine Selbsthilfeeinrichtungen der Beschäftigten sind keine sozialen Einrichtungen im Sinne des HPVG.

72 Die Mitbestimmung bezieht sich zum einen auf die **Errichtung** einer Sozialeinrichtung, also darauf, ob eine solche eingeführt wird. Darüber hinaus hat der Personalrat bei der Verwaltung mitzubestimmen. Zur **Verwaltung** gehören alle Maßnahmen, die die innere Organisation der Einrichtung, ihre Unterhaltung, den laufenden Betrieb und ihre Leistungen sowie ihre Geschäftsführung betreffen. Das Mitbestimmungsrecht bezieht sich auf jede einzelne Verwaltungsmaßnahme. Bei einer Kantine sind z. B. die Einkäufe, Gestaltung und Ausgabe des Essens aber auch die Festlegung des Warensortiments etc. mitbestimmungspflichtig.[498]

73 Ist eine Sozialeinrichtung verpachtet (z. B. Kantine), besteht zwischen Personal und Pächter keine Rechtsbeziehung. Die Dienststelle ist jedoch verpflichtet, bei der Gestaltung des Pachtvertrags das Mitbestimmungsrecht des Personalrats nach Abs. 1 Nr. 12 bei der Ver-

---

495 Fischer/Goeres/Gronimus, BPersVG, § 75 Rn. 82a.
496 A. A. BVerwG 19.1.1993 – 6 P 19.90 –, PersR 1993, 167.
497 BVerwG 16.9.1977 – VII P 10.75 –, PersV 1979, 63; 24.4.1992 – 6 P 33.90 –, PersR 1992, 308.
498 Altvater, BPersVG, § 75 Rn. 165.

waltung ebenso wie bei der Auflösung zu beachten. Unter **Auflösung** ist die Aufgabe einer bestimmten Sozialeinrichtung zu verstehen, nicht jedoch deren Umwandlung (etwa Privatisierung). Das Mitbestimmungsrecht wird nicht dadurch ausgeschlossen, dass die Sozialeinrichtung auch andere Dienststellen erfasst (sog. gemeinsame Sozialeinrichtungen).

m. Fragen der Lohngestaltung und Prämiensätze und vergleichbarer leistungsbezogener Entgelte einschließlich der Geldfaktoren (Abs. 1 Nr. 13)

Abs. 1 Nr. 13 gibt dem Personalrat ein uneingeschränktes Mitbestimmungsrecht bei Fragen der Lohngestaltung und Prämiensätze und vergleichbarer leistungsbezogener Entgelte. Der Beschluss der Einigungsstelle ist bindend. Eine (in etwa) vergleichbare Regelung ist in § 75 Abs. 3 Nr. 4 BPersVG zu finden.

Nach der ständigen Rechtsprechung des BAG und BVerwG greift der **Tarifvorrang** nur dann ein, wenn der Tarifvertrag eine zwingende und abschließende Regelung enthält und damit dem Schutzzweck des verdrängten Mitbestimmungsrechts genügt. Dagegen können die Tarifvertragsparteien das Mitbestimmungsrecht nicht ausschließen, ohne die mitbestimmungspflichtige Angelegenheit selbst zu regeln. Zweck der hier in Rede stehenden Mitbestimmung bei der Lohngestaltung ist die angemessene und durchschaubare Gestaltung des Lohngefüges und die Wahrung der Lohn- und Verteilungsgerechtigkeit innerhalb der Dienststelle. Gegenstand des Mitbestimmungsrechts ist nicht die konkrete, absolute Höhe des Arbeitsentgelts, sondern vielmehr die Strukturformen des Entgelts einschließlich ihrer näheren Vollzugsformen, d.h. die abstrakt-generellen Grundsätze der Entgeltfindung.[499] Voraussetzung für die Mitbestimmung ist das Vorliegen eines kollektiven Schutzbedürfnisses, so dass sich die Beteiligung nicht auf eine individuelle Lohngestaltung erstreckt. Ein kollektiver Tatbestand liegt vor, wenn **abstrakt-generelle Regelungen** zur Lohnfindung getroffen werden sollen.

Lohngestaltung in der Dienststelle ist das Aufstellen von Grundsätzen der Lohnfindung. Gegenstand der Mitbestimmung ist die Festlegung abstrakter Kriterien zur Bemessung der Leistungen des Arbeitgebers, die dieser zur Abgeltung der Arbeitsleistung des Arbeitnehmer oder sonst mit Rücksicht auf das Arbeitsverhältnis erbringt, unbeschadet ihrer Benennung.[500] Die Stufenzuordnung gemäß § 16 TVöD bzw. TV-L bedarf der Entwicklung von Kriterien, z.B. was als einschlägige Berufsausbildung bewertet wird. Werden solche Bewertungsgrund-

---

[499] BAG 3.5.2006 – 1 ABR 14/05 –, AP Nr. 119 zu § 87 BetrVG 1972 Arbeitszeit; BVerwG 10.6.2011, PersR 2011, 484 ff.
[500] BVerwG 21.3.2005 – 6 PB 8.04 –, PersR 2005, 237.

§ 74

sätze arbeitgeberseitig – auch durch eine Einreihungspraxis im Einzelfall – angewandt, unterliegen sie dem Mitbestimmungsrecht des Personalrats auch nach Abs. 1 Nr. 13.[501]

77 Bei den **Entlohnungsgrundsätzen** handelt es sich um Systeme, nach denen das Arbeitsentgelt bemessen werden soll, und um deren Ausformung.[502] Dazu gehört u. a. die Entscheidung über die Frage, ob im Zeit- oder Leistungslohn gearbeitet wird, ob erfolgsabhängige Vergütungen (Provisionen) gezahlt oder Gewinn- und Ergebnisbeteiligungssysteme eingesetzt werden. Die Entlohnungsmethoden beziehen sich auf das technische Verfahren sowie die Art und Weise der Aus- und Durchführung der Entlohnungssysteme.[503] Dabei geht es etwa um Arbeitsbewertungsmethoden (Punktsystem, Leistungsgruppensystem, Kleinstzeitverfahren nach der Work Factor oder der Methods Time-Measurement-Methode), Einführung, Anwendung und Änderung von Refa-Grundsätzen. Zur Entlohnungsmethode gehört auch das Verfahren zur Leistungsbeurteilung. Eine genaue Abgrenzung von Entlohnungsgrundsätzen und -methoden ist nicht notwendig.[504]

78 Die Mitbestimmung des Personalrats erstreckt sich auch auf die formellen und materiellen Regelungen der **betrieblichen Lohngestaltung**. Jede Aufstellung oder Änderung der Grundsätze über die Verteilung der vom Arbeitgeber für die Entlohnung der Beschäftigten zur Verfügung gestellten finanziellen Mittel unterliegt also dem Mitbestimmungsrecht, soweit die Entlohnung nicht unmittelbar durch Gesetz oder Tarifvertrag geregelt ist. Solange der Dienstherr keine allgemeinen Kriterien für die Verteilung von Vergütungsbestandteilen aufstellt oder faktisch anwendet, sondern von Fall zu Fall individuell entscheidet, kann die Personalvertretung im Wege des Initiativantrags gemäß § 69 Abs. 3 verlangen, dass für die entsprechende Entscheidungen des Arbeitgebers allgemeine Kriterien und gegebenenfalls auch Verfahren zu ihrer Ermittlung eingeführt werden. Dem steht eine tarifliche Regelung nicht entgegen.[505]

79 **Mitbestimmungspflichtig** sind auch die **Festsetzung** der **Akkord-** und **Prämiensätze** und vergleichbarer leistungsbezogener Entgelte einschließlich der Geldfaktoren. Unter vergleichbare leistungsbezogene Entgelte sind alle Entgelte zu verstehen, bei denen eine vom Beschäftigten erbrachte Leistung gemessen und mit einer Normal- oder Bezugsleistung verglichen wird und bei denen sich die Höhe der Vergütung nach dem Verhältnis der Leistung des Beschäftigten zur

---

501 BVerwG 27.8.2008 – 6 P 3.08 –, PersR 2008, 500 ff.
502 BAG 29.3.1977 – 1 ABR 123/74 –, AP Nr. 1 zu § 87 BetrVG Provision.
503 BAG 22.2.1980, AP Nr. 3 zu § 87 BetrVG 1972 Lohngestaltung; BVerwG 9.12.1998 – 6 P 6.97 –, PersR 1999, 265.
504 Däubler/Kittner/Klebe/Wedde, BetrVG, § 87 Rn. 245.
505 BVerwG 22.4.1988, PersR 1998, 461, 465; 13.10.2009, PersR 2009, 501, 504.

Bezugsleistung bemisst.[506] Mitbestimmungspflichtig kann danach grundsätzlich die Ausgestaltung von Zulagen sein oder auch das Aufstellen von Kriterien für die Vergabe von Leistungsstufenprämien und -zulagen. Das Gleiche gilt auch für die Aufstellung abstrakt-genereller Regeln für den leistungsbezogenen Stufenaufstieg nach § 17 Abs. 2 TVöD.[507] Entgeltgrundsätze sind auch **Zielvereinbarungen**. In ihnen vereinbaren Arbeitgeber/Dienstherr und Arbeitnehmer individuelle Handlungsziele, wobei die Art der Zielerreichung grundsätzlich dem Arbeitnehmer eigenverantwortlich überlassen ist. Teil der Zielvereinbarung ist ein Bonussystem, das übertarifliche Zahlungen an das vereinbarte Maß der jeweiligen Zielerreichung knüpft.

n. Grundsätze für die Bewertung von anerkannten Vorschlägen im Rahmen des betrieblichen Vorschlagswesens (Abs. 1 Nr. 14)

80 Abs. 1 Nr. 14 enthält ebenfalls ein uneingeschränktes Mitbestimmungsrecht, so dass die Einigungsstelle auch hier mit bindendem Beschluss entscheiden kann. Die Vorschrift entspricht § 75 Abs. 3 Nr. 12 BPersVG.

81 Der Personalrat bestimmt nach Abs. 1 Nr. 14 mit bei der **Aufstellung von Grundsätzen** über die Prämierung von anerkannten Vorschlägen im Rahmen des behördlichen und betrieblichen Vorschlagswesens. Sein Mitbestimmungsrecht erstreckt sich also nicht auf die Anerkennung der Vorschläge selbst und die einzelne Prämierung. In Hessen sind die Richtlinien der Landesregierung zum Ideenmanagement in der Hessischen Landesverwaltung vom 14.10.2008[508] von Bedeutung.

o. Aufstellung von Sozialplänen (Abs. 1 Nr. 15)

82 Nach Abs. 1 Nr. 15 hat der Personalrat ein uneingeschränktes Mitbestimmungsrecht bei der Aufstellung von Sozialplänen. Die Einigungsstelle entscheidet durch bindenden Beschluss. Die Regelung entspricht dem Wortlaut des § 75 Abs. 3 Nr. 13 BPersVG.

83 Abs. 1 Nr. 15 gewährt dem Personalrat Einflussmöglichkeiten auf den Ausgleich oder die Milderung wirtschaftlicher Nachteile wie Verlust oder Verschlechterung des Arbeitsplatzes infolge von Rationalisierungsmaßnahmen. Der **Sozialplan** ist eine **kollektivrechtliche Ergänzung** des Schutzes der Beschäftigten aus dem Beamten- oder Arbeitsverhältnis.[509] Er kann aber auch für eine Einzelmaßnahme aufgestellt werden.[510] Sozialplan ist jede Regelung des Dienststellenleiters, die bezweckt, nachteilige Folgen von Rationalisierungsmaßnahmen

---

506 BAG 15.5.2001 – 1 ABR 39/00 –, AP Nr. 17 zu § 87 BetrVG 1972 Prämie.
507 Altvater, BPersVG, § 75 Rn. 152.
508 StAnz. S. 2807.
509 BVerwG 23.6.1986 – 6 P 38.82 –, PersR 1986, 220.
510 VG Ansbach 14.11.1994 – AN 7 P 94.01253 –, PersR 1995, 141.

§ 74

für einzelne oder mehrere Beschäftigte auszugleichen oder zu mildern. Entscheidend ist der Inhalt des Plans, nicht seine Bezeichnung. Inhalt können alle Regelungen sein, die auf den Ausgleich oder die Milderung der durch die jeweilige Rationalisierungsmaßnahme entstehenden wirtschaftlichen Nachteile gerichtet sind.

84 Vordergründiger Zweck dieses Mitbestimmungsrechts ist maßgebend, den individualrechtlichen Schutz der Beschäftigten vor Eingriffen in ihr Beschäftigungsverhältnis kollektivrechtlich zu ergänzen und zu erweitern.[511]

85 Voraussetzung für die Mitbestimmung zur Aufstellung eines Sozialplans ist das Vorliegen einer **Rationalisierungsmaßnahme** oder einer **Betriebsänderung**.[512] Rationalisierungsmaßnahme ist eine Änderung der Arbeitsorganisation, die das Verhältnis von Leistung und Kosten berührt.[513] Für den Begriff »Betriebsänderung« enthält das HPVG ebenfalls keine gesetzliche Definition. Eine solche lässt sich jedoch durch einen Rückgriff auf § 111 BetrVG bestimmen – inklusive der dazu umfassend ergangenen Rechtsprechung der Arbeitsgerichtsbarkeit. Danach sind Betriebsänderungen

1. Einschränkung und Stilllegung des ganzen Betriebs oder von wesentlichen Betriebsteilen,
2. Verlegung des ganzen Betriebs oder von wesentlichen Betriebsteilen,
3. Zusammenschluss mit anderen Betrieben oder die Spaltung von Betrieben
4. Grundlegende Änderungen der Betriebsorganisation, des Betriebszwecks oder der Betriebsanlagen,
5. Einführung grundlegend neuer Arbeitsmethoden und Fertigungsverfahren.

86 Weitere Voraussetzung für die Mitbestimmung ist, dass infolge der Rationalisierungsmaßnahme bei einem oder mehreren Beschäftigten **wirtschaftliche Nachteile** eintreten können. Dazu reicht es aus, dass der Eintritt dieser Nachteile zu erwarten ist.

87 Streitig ist, inwieweit das **Haushaltsrecht** möglichen Regelungen in Sozialplänen entgegenstehen kann. Grenzen der Mittel für einen Sozialplan sind im HPVG nicht geregelt. Da es sich bei der Mitbestimmung über einen Sozialplan um eine Ausprägung der Fürsorgepflicht des Dienstherrn auf kollektivrechtlicher Ebene handelt,[514] werden sie durch den Haushaltsplan nicht aufgehoben.

88 Wie jedes Mitbestimmungsrecht unterliegt auch die Aufstellung eines

---
511 BVerwG 26.3.1986 – 6 P 38.82 –, PersV 1986, 510.
512 V. Roetteken/Rothländer, HPVG, § 74 Rn. 862.
513 Lorenzen u.a., BPersVG, § 75 Rn. 179b.
514 Altvater, BPersVG, § 75 Rn. 227.

Sozialplans dem **Initiativrecht** der Personalvertretung (§ 69 Abs. 3). Hiervon wird in der Praxis leider viel zu selten Gebrauch gemacht.

p. Gestaltung der Arbeitsplätze (Abs. 1 Nr. 16)

Abs. 1 Nr. 16 verleiht dem Personalrat ein uneingeschränktes Mitbestimmungsrecht bei der Gestaltung der Arbeitsplätze, so dass die Einigungsstelle gemäß § 71 Abs. 4 mit bindender Wirkung Beschlüsse treffen kann. Die Vorschrift stimmt mit § 75 Abs. 3 Nr. 16 BPersVG überein. Dabei steht die Mitbestimmung bei der Gestaltung der Arbeitsplätze sachlich eng zusammen mit der Mitbestimmung beim Arbeits- und Gesundheitsschutz gemäß Abs. 1 Nr. 6. Beim Zusammentreffen mit anderen Beteiligungsrechten des Personalrats ist dieser grundsätzlich in allen einschlägigen Formen zu beteiligen. Im Vordergrund dieses Mitbestimmungstatbestands steht das sich aus der fortschreitenden Technisierung der Arbeitswelt ergebende **Schutzbedürfnis** für die Beschäftigten in der Dienststelle. Die Beschäftigten sollen durch eine menschengerechte Gestaltung der Arbeitsplätze vor einer Überbeanspruchung oder Gefährdung ihrer körperlichen und seelischen Gesundheit geschützt werden.[515]

89

Der Arbeitsplatz ist der **räumliche Bereich**, in dem der Beschäftigte seine Arbeitsleistung erbringt, z.B. an einem Schreibtisch in einer Räumlichkeit der Dienststelle oder in einem Kfz. Davon zu unterscheiden sind Räume für das Publikum, Flure oder Sanitärräume.[516] Der Mitbestimmung unterliegen insbesondere die **Beschaffenheit der Einrichtungsgegenstände** (z.B. Tische und Stühle) und der **Arbeitsmittel** (Bildschirmgeräte, Maschinen, Kopierer etc.) sowie alle **technischen Anlagen**, die von mehreren Beschäftigten benutzt werden. Die **Arbeitsplatzumgebung** umfasst sowohl den **Zustand des Arbeitsplatzes** als auch die **betrieblichen Immissionen** in ihrer Abhängigkeit von der Gestaltung der Arbeitsstätte, der technischen Anlagen sowie vom Arbeitsverfahren. Der Mitbestimmung unterliegen daher auch die Beleuchtung, Belüftung, farbliche Gestaltung und die Raumtemperatur des Arbeitsplatzes. Das gilt auch für die letztendlich zur Anwendung kommenden Baustoffe.

90

Die Mitbestimmung greift insbesondere auch bei »offenen Bürowelten«, wie etwa in **Call-Centern**, in denen mehrere Beschäftigte in einem Großraum im Schichtbetrieb zusammenarbeiten. Die Arbeitsplätze werden – wie im Schichtbetrieb üblich – nacheinander von mehreren Beschäftigten besetzt. Hier sind die Gesundheitsinteressen der Arbeitnehmer von der Personalvertretung besonders in Blick zu nehmen.

91

Unter **Gestaltung der Arbeitsplätze** ist sowohl die Einrichtung und

92

---
515 BVerwG 19.5.2003 – 6 P 16.02 –, PersR 2003, 314.
516 OVG NRW 31.5.2001, PersR 2002, 215.

§ 74

Ausgestaltung neuer als auch die Veränderung und Umgestaltung bereits vorhandener Arbeitsplätze zu verstehen. Die Arbeitsplatzgestaltung ist jedoch grundsätzlich nur dann mitbestimmungspflichtig, wenn sie einen **kollektiven Bezug** hat. Dieser fehlt bei Maßnahmen, die der Befriedigung von individuellen Bedürfnissen dienen sollen.

93 Als Arbeitsplätze gelten auch Dienstfahrzeuge,[517] Schiffe, Schienenfahrzeuge oder Flugzeuge. Auch die Gestaltung von Tele- oder Heimarbeitsplätzen unterliegt der Mitbestimmung nach Abs. 1 Nr. 16.[518] Am 28.3.2009 hat die Hessische Landesregierung mit den Gewerkschaften des öffentlichen Dienstes eine neue Vereinbarung zur Ausgestaltung der alternierenden Telearbeit in der Hessischen Landesverwaltung getroffen.[519] **Telearbeit** liegt vor, wenn Arbeiten mit einer gewissen Regelmäßigkeit außerhalb des Betriebs/der Dienststelle mit Hilfe von neuen Informations- und Kommunikationstechniken erbracht werden. Bei Telearbeit sind vier Gestaltungsformen erkennbar: Bei der **häuslichen Telearbeit** sind die Beschäftigten räumlich außerhalb des Betriebs entweder zu Hause oder an einem anderen selbst gewählten Ort tätig. Bei **alternierender Telearbeit** werden die Beschäftigten außerdem, wenn auch nur zeitweise, im Betrieb/in der Dienststelle tätig. Die **mobile Telearbeit** wird an verschiedenen Orten (moderne Variante des herkömmlichen Außendienstes) oder in Betrieben/Dienststellen von Kunden oder Lieferanten erbracht. Telearbeit in **Satelliten-** oder **Nachbarschaftsbüros** wird von einer Gruppe von Beschäftigten in ausgelagerten Büros des Unternehmens/der Dienststelle oder in Gemeinschaftsbüros verschiedener Unternehmen/Dienststellen verrichtet, wobei diese Büros sehr unterschiedlich ausgestaltet sein können, z.B. als Forum für eine gemeinsame Projektgestaltung, als Profit-Center, Gemeinschaftsbetrieb mehrerer kommunaler Unternehmen, rechtlich selbständige Einheit. Die so Beschäftigten werden »Telearbeiter« genannt, ohne dass diese Bezeichnung Rückschlüsse auf die rechtliche Form der Beschäftigungsverhältnisse erlaubt.[520]

q. Einführung, Anwendung, wesentliche Änderung oder Erweiterung von technischen Einrichtungen, die dazu geeignet sind, das Verhalten oder die Leistung der Beschäftigten zu überwachen

94 Beabsichtigt der Dienstherr die Einführung, Anwendung, Änderung oder Erweiterung technischer Einrichtungen, die geeignet sind, Verhalten oder Leistung der Beschäftigten zu überwachen, hat der Personalrat nach Abs. 1 Nr. 17 ein eingeschränktes Mitbestimmungsrecht. Die Beschlüsse der Einigungsstelle können also nur empfehlenden

---

517 BVerwG 19.5.2003, PersR 2003, 314, 318.
518 Altvater, BPersVG, § 75 Rn. 252; Lorenzen u.a., BPersVG, § 75 Rn. 192c.
519 StAnz. 09, S. 963.
520 Fitting u.a, BetrVG, § 5 Rn. 282ff.

Charakter haben. Eine – in etwa – vergleichbare Regelung findet sich in § 75 Abs. 3 Nr. 17 BPersVG. Die Beteiligung nach Abs. 1 Nr. 17 wird im starken Ausmaße von § 81 Abs. 5 verdrängt. Nach § 81 Abs. 1 hat die Personalvertretung bei der Einführung der Neuen Verwaltungssteuerung und entsprechender neuer Steuerungsverfahren einschließlich der damit zusammenhängenden technischen Verfahren **mitzuwirken**, bei der Einführung, Anwendung, Änderung oder Erweiterung automatisierter Verarbeitung personenbezogener Daten der Beschäftigten. Von Roetteken/Rothländer weisen zu Recht darauf hin, dass die Überwachung von Verhalten oder Leistung der Beschäftigten heute regelmäßig durch technische Einrichtungen erfolgt, die technisch gleichzeitig imstande sind, personenbezogene Daten der Beschäftigten zu bearbeiten – etwa die persönliche Identifizierung. Die Regelung in § 81 Abs. 5 ist mit der HV wohl vereinbar.[521] Insoweit kann sich Abs. 1 Nr. 17 nur auf die Überwachung von Beschäftigten **ohne den Einsatz einer technischen Einrichtung** beziehen.

Unter Überwachung ist sowohl das **Sammeln und Aufzeichnen** von Informationen als auch das **Auswerten** bereits vorliegender Informationen zu verstehen.[522] Für die Beteiligung nach Abs. 1 Nr. 17 ist es unerheblich, ob die Auswertung der erhobenen Daten sofort (also in einem Arbeitsgang) oder erst später (also zeitversetzt) erfolgt.[523] In erster Linie dient die Mitbestimmung dem Persönlichkeitsschutz, dem informationellen Selbstbestimmungsrecht der Beschäftigten. Technische Überwachungseinrichtungen sind z. B. Zeiterfassungsgeräte und -systeme,[524] Zugangskontrollen,[525] Videoüberwachungsanlagen am Arbeitsplatz bzw. in der Dienststelle,[526] Fotokopiergeräte mit Codenummern für einzelne Benutzer,[527] Mobiltelefone, Bildschirmarbeitsplätze, Personalcomputer,[528] Telearbeitsplätze, Internetanschlüsse oder Outlook-Kalender.[529]

95

Der Mitbestimmungstatbestand der Einführung und Anwendung **technischer** Einrichtungen, die dazu geeignet sind, das Verhalten oder die Leistung der Beschäftigten zu überwachen, umfasst auch eine dienstliche Anweisung an das Führungspersonal der Abteilungen, den **Terminkalender künftig elektronisch im Programm »Out-**

96

---

521 HessStGH 8.11.2006, PersR 2007, 72, 79.
522 BAG 22.7.2008 – 1 ABR 40/07 –, AP Nr. 14 zu § 87 BetrVG 1972.
523 BAG 10.7.1979 – 1 ABR 15/78 –, AP Nr. 3 zu § 87 BetrVG 1972 Überwachung.
524 BVerwG 29.9.2004 – 6 P 4.04 –, PersR 2004, 483.
525 OVG NRW 17.2.2000 – 1 A 199/98.PVL –, PersR 2001, 30.
526 BAG 26.8.2008 – 1 ABR 16/07 –, AP Nr. 54 zu § 75 BetrVG 1972.
527 OVG NRW 11.3.1992 – CL 43/88.
528 BVerwG 12.10.1989 – 6 P 9.88 –, PersR 1990, 45; HessVGH 8.8.1990 – BPV TK 557/90 –, PersR 1991, 33.
529 VG Berlin 31.7.2009 – 71 K 1/09. PVB –, PersR 2010, 130; Burkholz, PersR 2010, 149, 154.

§ 75

look« zu führen. Im Übrigen kommt es lediglich darauf an, dass die **technische** Einrichtung zur Überwachung **objektiv geeignet** ist. Eine subjektive Überwachungsabsicht der Dienststellenleitung ist nicht erforderlich. Bei einer (zwingend angeordneten) Terminvereinbarung im Outlook-Kalender, in dem auch bereits zurückliegende Termine sichtbar bleiben, ist jedoch jederzeit ein Einblick in die Terminierungspraxis der Beschäftigten möglich und können ganze »Verabredungsprofile« und Gewohnheiten deutlich werden, woraus sich auch Einschätzungen über deren Verhalten und Leistungen gewinnen lassen.[530]

97 Soweit ein **kollektiver Bezug** festzustellen ist, kommt es für die Mitbestimmung nach Abs. 1 Nr. 17 bei der Einführung und Anwendung technischer Überwachungseinrichtungen auf die Zahl der davon betroffenen Beschäftigten nicht an.[531]

98 Aufgrund der Verdrängung der Regelung durch § 81 Abs. 5 verbleibt es den Personalräten im Wesentlichen, Dienstvereinbarungen zur Einrichtung oder zum Ausschluss von technischen Überwachungseinrichtungen zu schließen. Über § 81 ist dies rechtlich nicht möglich.

§ 75

(1) Der Leiter der Dienststelle hat dem Personalrat nach Abschluss jedes Kalendervierteljahres einen Überblick über die Unterstützungen und entsprechenden sozialen Zuwendungen zu geben. Dabei sind die Anträge den Leistungen gegenüberzustellen. Auskunft über die von den Antragstellern angeführten Gründe wird hierbei nicht erteilt.

(2) Der Personalrat wirkt auf Antrag des Beschäftigten mit, bevor Ersatzansprüche gegen ihn geltend gemacht werden. Anträge und Berichten der Dienststelle ist in solchen Fällen die Stellungnahme des Personalrats beizufügen.

1 Nach **Abs. 1** hat der Leiter der Dienststelle dem Personalrat nach Abschluss eines jeden Kalendervierteljahres einen Überblick über die **Unterstützungen** und entsprechenden **sozialen Zuwendungen** zu geben. Der Überblick darf nicht selektiv oder lückenhaft sein, sondern muss alle Unterstützungen und sozialen Zuwendungen vollständig auflisten. Dabei sind die Anträge den Leistungen gegenüberzustellen.

2 Unterstützungen sind einmalig oder laufend gewährte Geldleistungen des Dienstherrn oder Arbeitgebers, die zur Behebung einer sozialen Notlage bestimmt sind und auf die kein Rechtsanspruch besteht.[532] Dies können z.B. Vorschüsse nach Maßgabe der **Vorschuss-**

---

530 Burkholz, a.a.O.
531 Altvater, BPersVG, § 75 Rn. 264.
532 BVerwG 12.7.1968 – VII P 10.67 –, PersV 1968, 277; 21.3.1980 – 6 P 79.78 –, PersV 1981, 329.

richtlinien vom 7.3.2002 oder Zuschüsse und Darlehen für schwerbehinderte Menschen zur Anschaffung oder behindertengerechten Umrüstung eines Kraftfahrzeugs ergänzend zur Kraftfahrzeughilfe-Verordnung vom 28.9.1987[533] sein. Demgegenüber fallen solche Leistungen nicht unter § 75, die auch einen Bezug zur Arbeitsleistung haben. Dies sind alle Zulagenzahlungen. Auch nicht hierzu gehören gewährte Leistungen, die unabhängig von der individuellen Bedürftigkeit erbracht werden, wie Jubiläumszuwendungen, Fahrtkostenzuschüsse etc.

Der Personalrat hat einen **Rechtsanspruch auf Information** über die sozialen Zuwendungen und darauf, dass ihm ein Überblick unverzüglich nach Abschluss des jeweiligen Kalendervierteljahres gegeben wird. Er hat hingegen keinen Anspruch darauf, dass der Dienstherr im Interesse der Gleichbehandlung auch andere Fälle berücksichtigt, denen eine solche Unterstützung nicht gewährt wurde. **3**

Gemäß **Abs. 2** besteht ein Mitwirkungsrecht des Personalrats, soweit es der Beschäftigte beantragt hat, bevor Ersatzansprüche gegen ihn geltend gemacht werden. Dies gilt ausschließlich für Ersatzansprüche gegen den Beschäftigten und nicht für Ersatzansprüche des Beschäftigten gegen den Dienstherrn. Nicht erfasst werden auch Erstattungsansprüche des Dienstherrn bei rechtsgrundlosen Überzahlungen der Dienstbezüge oder der Vergütung gemäß § 12 Abs. 2 BBesG i.V.m. §§ 812ff. BGB. Die gesetzliche Grundlage für beamtenrechtliche Schadensersatzansprüche findet sich in § 91 Abs. 1 Satz 1 HBG. Hiernach besteht eine Schadensersatzpflicht nur für die Fälle der **vorsätzlichen** oder **grob fahrlässigen Pflichtverletzung** (§§ 276ff. BGB). Der Beschäftigte kann sich noch bis vor dem Ergehen des Widerspruchsbescheids an den Personalrat wenden, weil dieser bis zu diesem Zeitpunkt auf die Willensbildung des Dienstherrn noch einwirken kann.[534] Grundsätzlich sieht Abs. 2 die Mitwirkung jedoch bereits vor, **bevor** der Arbeitgeber seine abschließende Entscheidung getroffen hat. Eine frühzeitige Mitwirkung ist sinnvoll. Für das Verfahren der Mitwirkung gilt § 72 (siehe die Kommentierung dort). **4**

Wird ein Ersatzanspruch gegenüber einem Beschäftigten unter Missachtung der Mitwirkung geltend gemacht, verletzt der Dienstherr die Rechte des Personalrats, wenn es sich nicht um eine rückgängigmachbare vorläufige Regelung handelt.[535] Da bis zum Erlass eines Widerspruchsbescheids eine Beteiligung in Form der Mitwirkung erfolgen kann, kann der Mangel der Missachtung des Beteiligungsrechts **geheilt** werden. **5**

Gegenüber Arbeitnehmern liegt eine Verletzung oder Missachtung des Beteiligungsrechts vor, wenn der Dienstherr den Ersatzanspruch vor **6**

---

533 BGBl. I S. 2251.
534 VG Oldenburg 29.4.1988 – 6 VGA 139/87 –, zitiert nach juris.
535 HessVGH 20.9.1989 – HPV TL 581/87 –, zitiert nach juris.

§ 76

dem Arbeitsgericht geltend gemacht hat. In diesem Fall ist die Klage unzulässig, weil es infolge der **Missachtung der Mitwirkung** nach Abs. 2 an einer besonderen Sachurteilsvoraussetzung eindeutig fehlt.[536]

7 **Streitigkeiten** zwischen Dienststellenleitung und Personalrat erfolgen gemäß § 111 Abs. 1 Nr. 3 HPVG im Beschlussverfahren vor den Verwaltungsgerichten. Die Nichtbeachtung des Mitwirkungsrechts nach Abs. 2 erfolgt in einem individuellen beamten- oder arbeitsrechtlichen Urteilsverfahren.

§ 76

(1) Der Personalrat hat auf die Verhütung von Unfall- und Gesundheitsgefahren zu achten, die für den Arbeitsschutz zuständigen Stellen durch Anregung, Beratung und Auskunft zu unterstützen und sich für die Durchführung des Arbeitsschutzes einzusetzen.

(2) Der Personalrat ist zuzuziehen bei Einführung und Prüfung von Arbeitsschutzeinrichtungen und bei Unfalluntersuchungen, die von der Dienststelle oder der in Abs. 1 genannten Stellen vorgenommen werden.

1 § 76 ist Teil eines Gesamtkonzepts, das den **Schutz von Leben und Gesundheit** der in den Dienststellen und Betrieben Beschäftigten und die Erhaltung ihrer Arbeitskraft, also der höchsten Rechtsgüter der für den öffentlichen Arbeitgeber Tätigen, sicherstellt.[537] Abs. 1 begründet die Pflicht des Personalrats, auf die Verhütung von Unfall- und Gesundheitsgefahren zu achten sowie die für den Arbeitsschutz zuständigen Stellen durch Anregung, Beratung und Auskunft zu unterstützen und sich überdies für die Durchführung des Arbeitsschutzes einzusetzen.

2 Von zentraler Bedeutung für den **Arbeitsschutz** im öffentlichen Dienst sind die bundesrechtlich geregelten Grundpflichten des Arbeitgebers nach §§ 3 ff. ArbSchG. Das ArbSchG wird treffend und plakativ als »Grundgesetz« des Arbeitsschutzes bezeichnet. Das Gesetz regelt in grundsätzlicher Form die **materiellen Schutzziele des Arbeitsschutzes** sowie die **Verfahrensweisen**, die die **Betriebe und der öffentliche Dienst** zur **Gewährleistung von Sicherheit und Gesundheit der Beschäftigten** zu beachten haben. Hierzu zählt insbesondere die sog. Gefährdungsbeurteilung nach § 5 ArbSchG. Der Charakter des Arbeitsschutzes als »Daueraufgabe« wird unterstrichen durch die Pflicht des Arbeitgebers nach § 3 Abs. 1 Satz 2 ArbSchG, die Maßnahmen auf ihre Wirksamkeit zu überprüfen. Danach ist in bestimmten, anhand der Gefährdungsbeurteilung festgelegten Zyklen zu prüfen, ob die Maßnahmen die betrieblichen Schutzziele in der vor-

---

536 BAG 14.11.1991, PersR 1992, 373; LAG Hamm 8.6.1989, PersR 1990, 115.
537 Aufhauser/Warga/Schmitt-Moritz, BayPVG, Art. 79 Rn. 1.

gesehenen Weise erreichen. Wirksamkeitskontrollen sind darüber hinaus in besonderen Situationen notwendig, z.B. nach einem Arbeitsunfall, bei Auffälligkeiten an bestimmten Arbeitsplätzen, einer geänderten Belastungsfähigkeit von Beschäftigten oder wenn neue (wissenschaftliche) Erkenntnisse über arbeitsbedingte Erkrankungen vorliegen. Das durch das ArbSchG vorgegebene systematische Vorgehen verlangt eine **Dokumentation der Gefährdungsbeurteilung**, die die betrieblichen Erfahrungen zusammenfasst. Ergeben sich bei der Wirksamkeitskontrolle Mängel, ist die Gefährdungsbeurteilung entsprechend zu modifizieren. Die dokumentierte Gefährdungsbeurteilung ist insofern das wichtigste Instrument für das **innerbetriebliche Arbeitsschutzcontrolling**, das § 3 Abs. 1 Satz 2 ArbSchG verlangt.

Die dargestellten, sich aus §§ 3 bis 6 ArbSchG ergebenden Verpflichtungen unterliegen nach der ständigen Rechtsprechung des BAG der Mitbestimmung des Betriebsrats nach § 87 Abs. 1 Nr. 7 BetrVG.[538] Es handelt sich um gesetzliche Handlungspflichten des Arbeitgebers bzw. Dienstherrn, bei deren betrieblichen und dienstlichen Umsetzungen im großen Umfang **Entscheidungsspielräume** bestehen, die **gemeinsam von Dienststelle und Personalrat** auszufüllen sind. § 76 Abs. 1 sieht die Unterstützung der für den Arbeitsschutz zuständigen Stellen vor. Für den Arbeitsschutz zuständig sind nicht nur die internen Stellen der Dienststelle, die im Auftrag des Dienstherrn Aufgaben des Arbeits- und Gesundheitsschutzes wahrnehmen, sondern auch externe Einrichtungen. Im Zusammenhang mit Gefährdungsbeurteilungen soll der Personalrat unterstützend mitwirken etwa bei der Auswahl des Verfahrens der Gefährdungsbeurteilung (anzuwendende Checklisten, Form der Beteiligung der Beschäftigten) und der Arbeitsplätze, der Auswahl von Schutzmaßnahmen, den Einzelheiten der Wirkungskontrollen (Häufigkeit, Festlegung der Anlässe) sowie der Frage der Organisation des Arbeitsschutzes (Anleitung und Schulung der verantwortlichen Personen, Vereinbarung von Grundsätzen für die sicherheits- und gesundheitsgerechte Beschaffung etc.). Dies darf jedoch alles nicht darüber hinwegtäuschen, dass in erster Linie ausschließlich der Dienstherr für den **Arbeits- und Gesundheitsschutz** verantwortlich ist. Es ist seine vornehmlichste Pflicht, für den Gesundheitsschutz aller Beschäftigten am Arbeitsplatz und für ein alternsgerechtes Arbeitsumfeld zu sorgen. Stellen, die der Personalrat nach Abs. 1 zu unterstützen hat, sind die Dienststellen- oder Betriebsleitungen oder die von diesen beauftragten Abteilungen oder Referate. In Dienststellen kann es spezielle Beauftragte geben, wie den Sicherheitsbeauftragten gemäß § 22 Abs. 1 SGB VII. Zum Kreis der zu unterstützenden Kräfte gehören auch **Betriebsärzte und Fachkräfte für Arbeitssicherheit** etc. Die Unterstützung erfolgt auf der Grundlage

3

---

538 BAG 8.6.2004 – 1 ABR 4/03 –, NZA 2005, 227.

vertrauensvoller Zusammenarbeit (§ 60 Abs. 1). Daher besteht eine Verpflichtung des Personalrats, die Dienststellenleitung unverzüglich auf Gefahrenquellen o. Ä. hinzuweisen. Gemäß § 11 ArbSchG muss der Arbeitgeber bzw. Dienstherr den Beschäftigten auf ihren Wunsch hin – unbeschadet der Pflichten aus anderen Rechtsvorschriften – die Möglichkeit geben, sich – je nach den Gefahren, denen sie ausgesetzt sind – bei der Arbeit regelmäßig arbeitsmedizinisch untersuchen zu lassen, es sei denn, aufgrund der Beurteilung der Arbeitsbedingungen und der getroffenen Schutzmaßnahmen ist nicht mit einem Gesundheitsschaden zu rechnen. Der Personalrat hat auf die Einhaltung der arbeitsmedizinischen Vorsorge zu achten.

4 Gemäß § 12 ArbSchG hat der Arbeitgeber/Dienstherr die Beschäftigten über Sicherheit und Gesundheitsschutz bei der Arbeit während ihrer Arbeitszeit ausreichend und angemessen zu unterweisen. Auf die Einhaltung dieser Regelung hat der Personalrat ebenfalls zu achten.

5 Der aktive Einsatz des Personalrats kann sich keinesfalls darauf beschränken, darüber zu wachen, ob die bezeichneten Vorschriften von den betreffenden Stellen auch beachtet und eingehalten werden. Vielmehr ist die Personalvertretung verpflichtet, alle ihr auferlegten Pflichten zu erfüllen und alle Rechte, auch soweit diese durch andere einschlägige Gesetze und Vorschriften zugewiesen werden, auszuschöpfen, damit das **Gesamtkonzept zur Arbeitssicherheit** erreicht und verwirklicht wird. Als geeignetes Mittel sind eine aktive Inanspruchnahme und – wenn erforderlich – nachdrückliche Geltendmachung der dem Personalrat durch § 62 Abs. 2 eingeräumten Informations- und Vorlageansprüche auch in Bezug auf Auskünfte und Materialien zu allen den Unfall- und Gesundheitsschutz betreffenden Fragen anzusehen. Die Informationspflicht der Dienststellenleitung erstreckt sich dabei auch auf alle von ihr geplanten und tatsächlichen Erhebungen.[539]

6 Maßnahmen der Unfall- und Gesundheitsverhütung sowie des Arbeitsschutzes sind auch im **Monatsgespräch** nach § 60 Abs. 4 zu erörtern. Da Arbeits- und Gesundheitsschutz alle Beschäftigten angeht, ist auch eine umfassende Thematisierung im Rahmen der **Personalversammlung** sinnvoll.

7 Der Personalrat kann gemäß § 69 Abs. 3 i. V. m. § 74 Abs. 1 Nr. 6 auch selbst konkrete Maßnahmen zur Verhütung von Dienst- und Arbeitsunfällen und sonstigen Gesundheitsschädigungen vorschlagen. Insoweit hebt § 76 Abs. 1 ausdrücklich die Verantwortung des Personalrats hervor, in vergleichbarer Weise wie die Dienststellenleitung auf einen wirksamen Gesundheits- und Arbeitsschutz zu achten und sich hierfür aktiv mit den erforderlichen Mitteln einzusetzen.

8 Nach **Abs. 2** ist der Personalrat bei der Einführung und Prüfung von

---

539 BVerwG 14.10.2002, PersR 2003, 113.

Arbeitsschutzeinrichtungen und bei **Unfalluntersuchungen**, die von der Dienststelle oder von in Abs. 1 genannten Stellen vorgenommen werden, hinzuzuziehen. Unter Hinzuziehung sind mit Rücksicht auf die allgemeinen Informationsansprüche des Personalrats die Information, Aushändigung etwaiger schriftlicher Unterlagen und Einräumung einer Gelegenheit zur Stellungnahme oder zum Unterbreiten von Alternativvorschlägen sowie ein **Teilnahmerecht** bei etwaigen Besichtigungen oder Begehungen zu verstehen. Letzteres setzt eine rechtzeitige Bekanntgabe des Termins und des Erkenntnisziels der Besichtung voraus.[540]

Streitigkeiten über Rechte und Befugnisse aus § 76 sind im personalvertretungsrechtlichen Beschlussverfahren gemäß §§ 111 ff. geltend zu machen.

9

Vierter Titel
Beteiligung in Personalangelegenheiten

§ 77

(1) Der Personalrat bestimmt mit

1. in Personalangelegenheiten der Beamten bei
   a) Einstellung,
   b) Beförderung, Übertragung eines anderen Amtes mit höherem Endgrundgehalt ohne Änderung der Amtsbezeichnung, Verleihung eines anderen Amtes mit anderer Amtsbezeichnung, Laufbahnwechsel,
   c) Übertragung einer höher oder niedriger zu bewertenden Tätigkeit,
   d) Versetzung zu einer anderen Dienststelle, Umsetzung innerhalb der Dienststelle für eine Dauer von mehr als sechs Monaten, wenn sie mit einem Wechsel des Dienstortes verbunden ist,
   e) Abordnung zu einer anderen Dienststelle für eine Dauer von mehr als sechs Monaten,
   f) Zuweisung für eine Dauer von mehr als sechs Monaten,
   g) Anordnungen, welche die Freiheit in der Wahl der Wohnung beschränken,
   h) Entlassung, soweit sie nicht wegen Beendigung des vorgeschriebenen Vorbereitungsdienstes oder auf eigenen Antrag erfolgt,

---
540 BVerwG 14.10.2002, PersR 2003, 113, 114.

§ 77

   i) Ablehnung eines Antrags auf Teilzeitbeschäftigung oder Beurlaubung nach §§ 85a oder 85f des Hessischen Beamtengesetzes,

2. in Personalangelegenheiten der Arbeitnehmer bei

   a) Einstellung,

   b) Übertragung einer höher oder niedriger zu bewertenden Tätigkeit, Höher- oder Rückgruppierung, Eingruppierung,

   c) Versetzung zu einer anderen Dienststelle, Umsetzung innerhalb der Dienststelle für die Dauer von mehr als sechs Monaten, wenn sie mit einem Wechsel des Dienstortes verbunden ist,

   d) Abordnung zu einer anderen Dienststelle für eine Dauer von mehr als sechs Monaten,

   e) Zuweisung für eine Dauer von mehr als sechs Monaten,

   f) Ablehnung eines Antrages auf Teilzeitbeschäftigung oder Beurlaubung nach § 13 Abs. 2 des Hessischen Gleichberechtigungsgesetzes und in den Fällen, in denen Beamten nach §§ 85a oder 85f des Hessischen Beamtengesetzes Teilzeitbeschäftigung oder Urlaub bewilligt werden kann.

   g) Weiterbeschäftigung über die Altersgrenze hinaus,

   h) Anordnungen, welche die Freiheit in der Wahl der Wohnung beschränken,

   i) ordentlicher Kündigung außerhalb der Probezeit.

(2) Der Personalrat hat, soweit eine gesetzliche oder tarifliche Regelung nicht besteht, gegebenenfalls durch Abschluss von Dienstvereinbarungen mitzubestimmen über

1. Inhalt von Personalfragebogen,

2. Grundsätze des Verfahrens bei Stellenausschreibungen,

3. Beurteilungsrichtlinien,

4. Erlass von Richtlinien über die personelle Auswahl bei Einstellungen, Versetzungen, Beförderungen, Umgruppierungen und Kündigungen.

(3) Der Personalrat hat bei der Erstellung des Frauenförderplanes nach § 4 des Hessischen Gleichberechtigungsgesetzes mitzubestimmen.

(4) Der Personalrat kann die Zustimmung zu einer Maßnahme nach Abs. 1 nur verweigern, wenn

1. die Maßnahme gegen ein Gesetz, eine Verordnung, eine Bestimmung in einem Tarifvertrag, eine gerichtliche Ent-

scheidung oder eine Verwaltungsanordnung oder gegen eine Richtlinie im Sinne des Abs. 2 Nr. 4 verstößt oder

2. die durch Tatsachen begründete Besorgnis besteht, dass durch die Maßnahme der betroffene Beschäftigte oder andere Beschäftigte benachteiligt werden, ohne dass dies aus dienstlichen oder persönlichen Gründen gerechtfertigt ist, oder

3. die durch Tatsachen begründete Besorgnis besteht, dass der Beschäftigte oder Bewerber den Frieden in der Dienststelle durch unsoziales oder gesetzwidriges Verhalten stören werde.

(5) Von der Mitbestimmung ausgenommen sind Umsetzungen sowie Abordnungen und Versetzungen im Bereich eines Dienstherrn, die in Vollziehung eines Reform- oder Umstrukturierungskonzepts erfolgen, das mindestens Rahmenbedingungen für den notwendigen personellen Vollzug enthält und an dem die nach § 83 zuständigen Personalräte mitgewirkt haben.

1. Allgemeines

§ 77 beinhaltet in Abs. 1 den Katalog der Fälle der sog. **eingeschränkten Mitbestimmung** in Personalangelegenheiten der Beamten (Nr. 1) und Arbeitnehmer (Nr. 2). Abs. 2 enthält weitere Mitbestimmungstatbestände mit personellem Bezug (z. B. Beurteilungsrichtlinien). Nach Abs. 3 hat der Personalrat bei der Erstellung des Frauenförderplans nach § 4 des HGlG mitzubestimmen. Abs. 4 enthält den ausschließlich für personelle Angelegenheiten maßgeblichen und abschließenden **Versagungskatalog**. 1

Da das Mitbestimmungsrecht in allen Fällen des § 77 eingeschränkt im Sinne des § 71 Abs. 4 ist, können die Beschlüsse einer Einigungsstelle jeweils nur **empfehlenden Charakter** an die oberste Dienstbehörde haben. 2

Im Unterschied zur Mitbestimmung in sozialen Angelegenheiten (§ 74) scheidet bei den personellen Angelegenheiten der Abschluss einer Dienstvereinbarung aus, da es sich nicht um generelle Maßnahmen, sondern um **Einzelfallentscheidungen** handelt. In der Regel geht die Initiative von der Dienststelle aus, allerdings kann auch die Personalvertretung selbst Anträge an die Dienststelle richten. Nur in den Angelegenheiten nach Abs. 2 kann der Personalrat – soweit eine gesetzliche oder tarifliche Regelung nicht besteht – auch Dienstvereinbarungen abschließen. 3

Vergleichbare Regelungen für die Beamten sind in § 76 Abs. 1 BPersVG und für die Arbeitnehmer in § 75 Abs. 2 BPersVG anzutreffen. 4

§ 77

2. Mitbestimmung in Personalangelegenheiten der Beamten (Abs. 1 Nr. 1)

5 Beamte im Sinne des Abs. 1 Nr. 1 sind Beschäftigte, die nach § 4 die Gruppe der Beamten bilden. Wer dazu zählt, bestimmen die beamtenrechtlichen Vorschriften. Die Regel bildet das Beamtenverhältnis auf Lebenszeit gemäß § 4 Abs. 1 BeamtStG. Es dient der dauernden Wahrnehmung von Aufgaben nach § 3 Abs. 2 BeamtStG, also von hoheitlichen Aufgaben und Aufgaben, die zur Sicherung des Staates oder des öffentlichen Lebens nicht ausschließlich Personen übertragen werden dürfen, die in einem privat-rechtlichen Arbeitsverhältnis stehen. Das **Lebenszeitprinzip** gilt als hergebrachter Grundsatz des Berufsbeamtentums (Art. 33 Abs. 5 GG), das als solches angesichts seiner wesensprägenden Bedeutung vom Gesetzgeber nicht nur zu berücksichtigen, sondern zu beachten ist. Es hat die Funktion, die Unabhängigkeit der Beamten im Interesse einer rechtsstaatlichen Verwaltung zu gewährleisten, und bildet die Grundlage dafür, dass ein Beamter die ihm zugewiesene Aufgabe in persönlicher Unabhängigkeit wahrnehmen kann. Es schützt nicht nur den Grundstatus des Beamten auf Lebenszeit, sondern auch das ihm jeweils übertragene statusrechtliche Amt.[541] Die Berufung in das Beamtenverhältnis auf Lebenszeit setzt voraus, dass **dauerhaft** Aufgaben im Sinne von § 3 Abs. 2 BeamtStG wahrgenommen werden sollen. Das Mitbestimmungsrecht der Personalvertretung gilt auch bei Abschluss eines Beamtenverhältnisses auf Probe und auf Widerruf. Für die Beamten auf Zeit (z.B. die kommunalen Wahlbeamten) gilt die Mitbestimmung bei der **Einstellung** nur, wenn sie es beantragen (§ 79 Nr. 2 Buchst. a).

6 Zum Personenkreis der Beamtinnen und Beamten gehören auch Richter und Staatsanwälte, die an eine Verwaltung oder an einen Betrieb nach § 1 abgeordnet sind (§ 80).

a. Einstellung (Abs. 1 Nr. 1 a)

7 Nach § 1 Abs. 1 HLVO ist die Einstellung die **Begründung eines Beamtenverhältnisses**. Die Ernennung ist ein rechtsgestaltender, rechtsbegründender Verwaltungsakt. Kraft der ihm innewohnenden Rechtsgestaltungswirkung begründet oder verändert die Ernennung das Beamtenverhältnis. Sie ist bedingungs- und auflagenfeindlich. Existent wird die Ernennung erst durch Aushändigung der Ernennungsurkunde. Aus dieser ergibt sich die Rechtsstellung des Beamten. Hierdurch soll ausgeschlossen werden, dass im Einzelfall unklar ist, welchen Status der Beamte hat.

8 Die Ernennung ist überdies ein sog. **mitwirkungsbedürftiger Verwaltungsakt**, d. h., der Beamte muss der Ernennung zustimmen. Die

---

541 BVerfG 28.5.2008 – 2 BvL 11/07 –, DVBl. 2008, 974.

§ 77

Zustimmung ist eine empfangsbedürftige Willenserklärung, die ihrem Inhalt nach mindestens konkludent zum Ausdruck bringen muss, dass der Bewerber mit der Ernennung zum Beamten einverstanden ist, sei es durch seinen vorangegangenen Antrag auf Übernahme in das Beamtenverhältnis, sei es durch vorbehaltlose Entgegennahme der **Ernennungsurkunde**. Wirksam wird die Ernennung mit dem Tag der Aushändigung der Urkunde oder dem darin bestimmten zukünftigen Zeitpunkt.

Einstellung im personalvertretungsrechtlichen Sinn ist grundsätzlich die **Eingliederung** einer Person in die Dienststelle. Bei den Beamten erfolgt sie regelmäßig durch Ernennung zur Begründung des Beamtenverhältnisses und durch die Aufnahme der vorgesehenen Tätigkeit. **9**

Von Abs. 1 Nr. 1a werden neben der erstmaligen Begründung eines Beamtenverhältnisses auch die **Begründung eines weiteren Beamtenverhältnisses** zu demselben Dienstherrn oder einem anderen Dienstherrn und die Fälle einer **erneuten Berufung** in das Beamtenverhältnis, so z.B. bei Wiederherstellung der Dienstfähigkeit gemäß § 29 BeamtStG, erfasst. Wird ein Arbeitnehmer in ein Beamtenverhältnis berufen, handelt es sich auch hier um einen Fall der Einstellung im Sinne von Abs. 1 Nr. 1a, da eine Konkurrenzsituation zu anderen Arbeitnehmern der Dienststelle entstehen kann, weil auch diese ein Interesse an einer derartigen Übernahme haben können.[542] Das Gleiche gilt auch im umgekehrten Fall für die Annahme einer Beteiligung nach Abs. 1 Nr. 2a.[543] **10**

Keine Einstellung im Sinne des Abs. 1 Nr. 1a liegt vor, wenn ein Beamter nach beendeter Beurlaubung wieder seine Dienstaufgaben übertragen bekommt.[544] **11**

Beabsichtigt die Dienststelle eine Einstellung im dargestellten Sinne, hat sie dem Personalrat mit dem Antrag auf Zustimmung sämtliche **Unterlagen** zur Verfügung zu stellen, die sie für ihre Entscheidung herangezogen hat. Der Personalrat muss gemäß § 62 Abs. 2 die Bewerbungsunterlagen aller Bewerber erhalten. Sofern **Auswahlgespräche** stattgefunden haben, etwa in Form eines Assessment Centers, an denen der Personalrat **nicht** teilgenommen hat oder nicht teilnehmen durfte, sind ihm die Zusammenfassungen, Protokolle o. Ä. ebenfalls vorzulegen. Wurden darüber hinaus Eignungstests durchgeführt, sind die Testergebnisse ebenfalls dem Personalrat zur Kenntnis zu bringen. In Bezug auf seine Verweigerungsgründe bei einer beabsichtigten **12**

---

542 BAG 18.5.2006 – 6 AZR 615/95 –, ZTR 2007, 219; BVerwG 2.6.1993 – 6 P 3.92 –, PersR 1993, 450.
543 BAG 10.12.2002 – 1 ABR 27/01 –, zitiert nach juris; Lenders/Wehner/Weber, PostPersRG, § 4 Rn. 12.
544 VGH Baden-Württemberg 27.9.1994 – PL 15 S 2803/93 –, BWVPr. 1996, 17.

§ 77

Einstellung ist der Personalrat jedoch an den **abschließenden Versagungskatalog** des **Abs. 4** gebunden.

13 Ein Mitbestimmungsrecht der Personalvertretung bei einer **Auswahlentscheidung** besteht nicht. Diese liegt vielmehr im pflichtgemäßen Ermessen des Dienststellenleiters.[545] Eine **Zustimmungsverweigerung** kann unter Bezugnahme auf Abs. 4 Nr. 1 auch aus dem Verstoß einer etwa bestehenden Dienstvereinbarung zu Grundsätzen des Verfahrens bei **Stellenausschreibungen** oder bei Verstößen gegen eine **Auswahlrichtlinie** im Sinne von Abs. 2 hergeleitet werden. So kann der Personalrat etwa seine Ablehnung damit begründen, dass eine interne Stellenausschreibung nicht erfolgt sei, wenn es tatsächlich unter den vorhandenen Dienstkräften in der Dienststelle zu Bewerbungen von fachlich und persönlich geeigneten Beschäftigten gekommen wäre.[546]

14 Inwieweit die Zustimmungsverweigerung auf zwischen Dienstherren- und Personalratsseite unterschiedlich gewichtete **Qualifikationsmerkmale** gestützt werden kann, ist eine Frage des Einzelfalls.[547] Verweigert der Personalrat die Zustimmung zur Einstellung eines Bewerbers mit dem Hinweis darauf, er strebe eine Erhöhung des Frauenanteils in der Dienststelle an, genügt diese Begründung nicht den Anforderungen des § 69 Abs. 2 Satz 4, so dass die Maßnahme als gebilligt gilt (Zustimmungsfiktion).[548]

15 Der Mitbestimmung unterliegt die nicht nur vorübergehende **Aufstockung** eines Teilzeitbeschäftigungsverhältnisses zu einer Vollzeitbeschäftigung.[549] Dies gilt jedoch nicht für die Umwandlung eines bestehenden Vollzeitbeschäftigungsverhältnisses in ein Altersteilzeitverhältnis[550] (§ 85 b HBG).

16 Kein Mitbestimmungsrecht des Personalrats besteht bei der Einstellung von **GmbH-Mitarbeitern**. Das Bestehen gesellschaftsrechtlicher Einflussmöglichkeiten und personeller Verflechtungen zwischen einer juristischen Person des öffentlichen Rechts und einer von ihr abhängigen GmbH begründen als solche **keine Eingliederung** der Mitarbeiter der GmbH in die Dienststelle der juristischen Person des öffentlichen Rechts. Nach dem formalen Rechtsträgerprinzip gilt für die Mitarbeiter dieser GmbH Betriebsverfassungsrecht, nicht Personalvertretungsrecht.[551]

---

545 BVerwG 23.9.1992, PersV 1993, 231; Germelmann/Binkert/Germelmann, PersVG Berlin, § 88 Rn. 19.
546 BVerwG 29.1.1996 – 6 P 31.93 –, PersR 1996, 239.
547 HessVGH 14.12.1998 – 22 PL 4248.96 –, HessVGRspr. 1999, S. 51.
548 HessVGH 13.3.1993 – HPV TL 2698/90 –, IÖD 1993, 202.
549 BVerwG 2.6.1993 – 6 P 3.92 –, IÖD 1993, 250.
550 BVerwG 22.6.2001, PersR 2001, 422.
551 So auch Nds. OVG 29.9.2011 – 18 LP 7/09 –, PersR 2011, 533 ff.

b. Beförderung, Übertragung eines anderen Amts mit höherem Endgrundgehalt ohne Änderung der Amtsbezeichnung, Verleihung eines anderen Amts mit anderer Amtsbezeichnung, Laufbahnwechsel (Abs. 1 Nr. 1 b)

Beförderung ist die Verleihung eines anderen Amts mit anderem Grundgehalt und anderer Amtsbezeichnung (§ 8 Abs. 1 Nr. 3 BeamtStG). Schließlich kennzeichnet auch die Zuordnung zu einer und derselben Besoldungsgruppe, aber mit und ohne **Amtszulage** (z. B. A9 bzw. A9 mZ) zwei gleich benannte, aber statusrechtlich verschiedene Ämter. Amtszulagen im Sinne von § 42 Abs. 1 und 2 BBesG sind unwiderruflich und ruhegehaltsfähig und gelten als Bestandteile des Grundgehalts.[552] Auch hierbei handelt es sich um eine beteiligungspflichtige Beförderung. Noch **keine Beförderung** ist die bloße Übertragung eines höher bewerteten Dienstpostens, die jedoch nach Abs. 1 Nr. 1c mitbestimmungspflichtig ist. Dies ergibt sich aus dem Wortlaut des Abs. 1 Nr. 1b: »Übertragung eines anderen Amts mit höherem Endgrundgehalt ohne Änderung der Amtsbezeichnung«. Ein weiterer Fall der Übertragung eines anderen Amts mit höheren Endgrundgehalt ohne Änderung der Amtsbezeichnung kann liegt vor, wenn die Besoldungsordnung z. b. für die gleiche Amtsbezeichnung verschiedene Besoldungsgruppen vorsieht (Rektor einer Grund- und/oder Hauptschule je nach deren Schülerzahl in Besoldungsgruppe A 13 oder A 14; Kriminal- oder Polizeihauptkommissar in Besoldungsgruppe A 11 und A 12).

17

Mitbestimmungspflichtig nach Abs. 1 Nr. 1b ist auch die **Verleihung eines anderen Amts** mit anderer Amtsbezeichnung. Die Grenzen zur Beförderung sind fließend.[553] Die Verleihung eines anderen Amts mit anderer Amtsbezeichnung kommt etwa zur Vermeidung der vorzeitigen Zurruhesetzung wegen Dienstunfähigkeit im Rahmen einer anderweitigen Verwendung im Sinne des § 26 BeamtStG und des HBG in Betracht.

18

Mitbestimmungspflichtig ist darüber hinaus auch ein **Laufbahnwechsel**. Hierzu bedarf es gemäß § 9 HBG zwar keiner Ernennung. Die Einstellung eines Beamten ist grundsätzlich nur im Eingangsamt seiner Laufbahn möglich. Es kann allerdings die Befähigung für eine Laufbahn als Befähigung für eine gleichwertige andere Laufbahn anerkannt werden. Auch im Fall einer anderweitigen Verwendung zur Vermeidung einer vorzeitigen Zurruhesetzung wegen Dienstunfähigkeit kommt ein Laufbahnwechsel nach § 26 Abs. 2 BeamtStG in Betracht.

19

Im Rahmen des personellen Mitbestimmungstatbestands nach Abs. 1 Nr. 1b ist vom Personalrat zu **prüfen**, ob die konkrete Beförderungsabsicht gegen gesetzliche Bestimmungen, Verwaltungsanordnungen

20

---
552 BVerwG 22.3.2007 – 2 C 10.06 –, BVerwGE 128, 231, 234.
553 V. Roetteken/Rothländer, HPVG, § 77 Rn. 97.

usw. verstößt (§ 77 Abs. 4 Nr. 1), andere Beschäftigte benachteiligen kann (§ 77 Abs. 4 Nr. 2) oder ob die Gefahr besteht, dass der ausgewählte Bewerber durch sein Verhalten den Frieden in einer Dienststelle gefährden werde (§ 77 Abs. 4 Nr. 3). Gegenstände des Mitbestimmungsverfahrens nach Abs. 1 Nr. 1 b sind nicht die Fragen der Planstellenverteilung, der Zuordnung von Planstellen zu einzelnen Arbeitsgebieten oder die Entwicklung darauf bezogener Ausschreibungstexte oder Anforderungsprofile.[554] Nach § 62 Abs. 2 ist der Personalrat auch ohne besonderen Anlass über alles zu unterrichten, was er zur Durchführung seiner Aufgaben und zur Ausübung seiner Beteiligungsrechte wissen muss. Aus Anlass von Beförderungsauswahlentscheidungen hat er somit auch Anspruch auf Vorlage einer Beförderungs(rangfolgen)liste.[555]

21 **Beförderungsauswahlentscheidungen** erfolgen gemäß Art. 33 Abs. 2 GG, § 9 BeamtStG nach dem stets zu beachtenden Prinzip der Bestenauslese. Nach Art. 33 Abs. 2 GG hat jeder Deutsche nach Eignung, Befähigung und fachlicher Leistung gleichen Zugang zu jedem öffentlichen Amt. Ein Bewerber um ein öffentliches Amt kann verlangen, dass seine Bewerbung nur aus Gründen zurückgewiesen wird, die durch den Leistungsgrundsatz gedeckt sind (sog. **Bewerbungsverfahrensanspruch**). Der Bewerberauswahl dürfen nur Gesichtspunkte zugrunde gelegt werden, die den von Art. 33 Abs. 2 GG geforderten Leistungsbezug aufweisen. In Bezug auf die Vergabe höherer Ämter einer Laufbahn durch Beförderungen handelt es sich um Kriterien, die darüber Aufschluss geben, in welchem Maße der Beamte den Anforderungen seines Amtes genügt und sich in dem höheren Amt voraussichtlich bewähren wird.[556] Dies gilt auch für die **Einreihung** in eine **Beförderungsrangliste**, wenn allein aufgrund des Listenplatzes ohne nochmalige Auswahlentscheidung befördert werden soll. Der von Art. 33 Abs. 2 GG geforderte Leistungsvergleich der Bewerber um ein Beförderungsamt muss anhand **aussagekräftiger**, d. h. **aktueller, hinreichend differenzierter** und auf **gleichen Bewertungsmaßstäben** beruhender **dienstlicher Beurteilungen** vorgenommen werden.[557] Maßgebend für den Leistungsvergleich ist in erster Linie das abschließende Gesamturteil einer dienstlichen Beurteilung, das durch eine Würdigung, Gewichtung und Abwägung der einzelnen leistungsbezogenen Gesichtspunkte zu bilden ist.[558] Sind danach mehrere Bewerber als im Wesentlichen gleich geeignet einzustufen, kann der Dienstherr auf einzelne Gesichtspunkte abstellen, wobei er deren besondere Bedeutung begründen muss. So kann er der dienstlichen Erfahrung, der Verwendungsbreite oder der Leistungsentwicklung,

---

554 VG Frankfurt/Main 23. 8. 2010 – 22 K 1665/10.F.PV –, PersR 2011, 265, 266.
555 VG Frankfurt/Main 11. 3. 2011 – 22 L 650/11.F.PV –, PersR 2011, 489 ff.
556 BVerwG 28. 10. 2004 – 2 C 23.03 –, BVerwGE 122, 147, 149.
557 BVerwG 19. 12. 2002 – 2 C 31.01 –, zitiert nach juris.
558 BVerwG 30. 6. 2011 – 2 C 19.10 –, zitiert nach juris.

wie sie sich aus dem Vergleich der aktuellen mit früheren Beurteilungen ergibt, Vorrang einräumen.[559] Die Entscheidung des Dienstherrn, welche Bedeutung er den einzelnen Gesichtspunkten für das **abschließende Gesamturteil** und für die Auswahl zwischen im Wesentlichen gleich geeigneten Bewerbern beimisst, unterliegt nur einer eingeschränkten **gerichtlichen Nachprüfung**.[560] Daraus folgt, dass der Dienstherr bei gleichem Gesamturteil zunächst die Beurteilungen umfassend inhaltlich auszuwerten und Differenzierungen in der Bewertung einzelner Leistungskriterien oder in der verbalen Gesamtwürdigung zur Kenntnis zu nehmen hat. Bei einer solchen Auswertung ist darauf zu achten, dass gleiche Maßstäbe angelegt werden.[561]

Durch eine umfassende und rechtzeitige Information muss der Personalrat in der Lage sein, die mangelnde Beachtung des Prinzips der Bestenauslese durch eine auf § 77 Abs. 4 HPVG gestützte Zustimmungsverweigerung geltend zu machen. Rügen kann der Personalrat auch einen Verstoß gegen Art. 33 Abs. 2 GG, der etwa darin liegt, dass zum Zeitpunkt der getroffenen Beförderungsentscheidung keine hinreichend aussagekräftigen, weil nicht mehr aktuellen dienstlichen Beurteilungen zugrunde lagen. Nach der Rspr. des BVerwG ist ein Zeitablauf von rund anderthalb Jahren jedenfalls dann zu lang, wenn der Bewerber nach dem Beurteilungsstichtag andere Aufgaben wahrgenommen hat.[562]

22

c. Übertragung einer höher oder niedriger zu bewertenden Tätigkeit (Abs. 1 Nr. 1 c)

Die Bewertung einer Tätigkeit kann bei Beamten nur auf der Grundlage ihres Statusamtes erfolgen. Nach § 18 Satz 1 BBesG muss eine Ämterbewertung stattfinden (»Die Funktionen sind zu bewerten«). Satz 2 legt als Kriterium für diese Bewertung die »Wertigkeit« der Ämter (Funktionen) fest. Es ist das (typische) Aufgabenprofil der Ämter im konkret-funktionellen Sinn (Dienstposten) zu ermitteln. Weiterhin fordern beide Sätze des § 18 BBesG, dass die Funktionen nach ihrer Wertigkeit Ämtern, d. h. Ämtern im statusrechtlichen Sinn und damit Besoldungsgruppen zugeordnet werden. Dies bedeutet: Die Anforderungen, die sich aus dem Aufgabenprofil einer Funktion ergeben, sind mit den Anforderungen anderer Funktionen zu vergleichen. Je höher die Anforderungen gewichtet werden, desto höher die Besoldungsgruppe, der die Funktion zuzuordnen ist. Damit trägt die **Ämterbewertung** nach § 18 BBesG den Grundsätzen des **Leistungsprinzips**, des **Alimentationsprinzips** und der amtsangemessenen Beschäftigung Rechnung. Ein Beamter hat einen in **Art. 33 Abs. 5 GG** ver-

23

---

559 BVerwG 30.6.2011, a.a.O.
560 BVerwG 30.6.2011, a.a.O.
561 BVerwG 30.6.2011, a.a.O.; 4.11.2010 – 2 C 16.09.
562 BVerwG 11.2.2009 – 2 A 7.06 –, zitiert nach juris.

§ 77

ankerten Anspruch darauf, dass ihm ein Aufgabenbereich übertragen wird, dessen Wertigkeit seinem Amt im statusrechtlichen Sinn entspricht.[563] Ob dieser Anspruch erfüllt ist, kann ohne Dienstpostenbewertung nicht beurteilt werden.

24 Insoweit bedeutet die Übertragung einer **niedriger zu bewertenden Tätigkeit** einen Eingriff in das Recht der Beamten auf amtsangemessene Beschäftigung. Beamte werden unabhängig von ihrer Tätigkeit alimentiert. Wird ihnen gemessen an ihrem Statusamt eine niedriger zu bewertende Tätigkeit (z.B. Beamter nach A9 nimmt Aufgaben nach A8 wahr) übertragen, ändert sich hierdurch seine Alimentierung nicht. Dies bedeutet aber auch, dass der Beamte im Fall der Wahrnehmung einer **höher zu bewertenden Tätigkeit** keine höhere Besoldung erhält. Es bleibt für einen Beamten der Besoldungsgruppe A8 bei seinen bisherigen Bezügen, auch wenn er Tätigkeiten nach A9 wahrnimmt. Eine Ausnahme hiervon bilden die kaum erfüllbaren Vorschriften zur Zahlung einer Zulage wegen Wahrnehmung einer höherwertigen Tätigkeit gemäß §§ 45, 46 BBesG.

25 In der Praxis häufig anzufinden ist die Übertragung einer höher zu bewertenden Tätigkeit als Feststellung der **Bewährung** für eine später vorgesehene Beförderung. Innerhalb der Erprobungszeit erhält der ausgewählte Bewerber die Gelegenheit, sich für eine Beförderung zu bewähren. Damit wird aber die Beförderungsauswahlentscheidung vorweggenommen. Denn der einmal ausgewählte Bewerber erlangt infolge der Erprobungsphase in aller Regel einen **Bewährungsvorsprung**, den andere Bewerber später nicht mehr ausgleichen können. Hat sich der ausgewählte Bewerber bewährt, wird er in aller Regel befördert, wenngleich er hierauf keinen Rechtsanspruch hat. Auch auf diese Fälle erstreckt sich die Mitbestimmung nach **Abs. 1 Nr. 1c**.[564]

26 Im Falle einer »**Topfwirtschaft**« bzw. einer **gebündelten Bewertung** von Dienstposten wird der Beteiligungstatbestand quasi unterlaufen. Denn: Werden mehrere Besoldungsgruppen einem Dienstposten zugeordnet (etwa die Besoldungsgruppen A 10 bis A 12), gibt es jedenfalls innerhalb dieser Besoldungsgruppen keine niedriger oder höher zu bewertende Tätigkeit. Allerdings ist eine solche Ämterbewertung mit höherrangigem Recht unvereinbar.[565] Die Funktionen (Dienstposten) dürfen **nicht** ohne sachlichen Grund gebündelt, d.h. mehreren Statusämtern einer Laufbahngruppe zugeordnet werden. Die Einrichtung gebündelter Dienstposten bedarf einer besonderen sachlichen Rechtfertigung, die sich nur aus den Besonderheiten der jeweiligen Verwaltung ergeben kann. Werden in der Verwaltung gebündelte Dienstposten geschaffen, **die drei Besoldungsgruppen zugeordnet werden**, gibt es kein höher bewertetes Amt, an dessen

---

563 BVerwG 18.9.2008 – 2 C 8.07 –, BVerwGE 132, 31.
564 BVerwG 8.12.1999 – 6 P 10.98 –, PersR 2000, 202.
565 BVerwG 30.6.2011 – 2 C 19.10 –, zitiert nach juris.

Anforderungen die einzelnen Beförderungsbewerber bei dem Leistungsvergleich zu messen wären. Ein gebündelter Dienstposten ist für einen Beamten im niedrigeren Statusamt kein höher bewerteter Dienstposten.[566] Insoweit kann die bislang praktizierte Bewertungsbündelung **nicht** weiterhin praktiziert werden. Die bis dato erfolgte »faktische Entwertung und Aushöhlung der Mitbestimmungsrechte« dürfte damit ein Ende finden.[567]

Mitbestimmungspflichtig ist auch die **vorübergehende** oder **vertretungsweise** Übertragung einer höher oder niedriger zu bewertenden Tätigkeit. 27

d. Versetzung zu einer anderen Dienststelle, Umsetzung innerhalb der Dienststelle für eine Dauer von mehr als 6 Monaten, wenn sie mit einem Wechsel des Dienstortes verbunden ist (Abs. 1 Nr. 1 d), und Abordnung zu einer anderen Dienststelle für eine Dauer von mehr als 6 Monaten (Abs. 1 Nr. 1 e)

Versetzung, Abordnung und Umsetzung sind für den Dienstvorgesetzten wichtige Hilfsmittel zur Steuerung des Personaleinsatzes. Sie sind ihrem Wesen nach **Personalverteilungsentscheidungen**, die aus unterschiedlichen Anlässen notwendig werden können. Da sie sowohl die Interessen der Beamten als auch die der Dienststelle berühren, sind den Personalvertretungen Beteiligungsrechte eingeräumt. 28

aa. Versetzung

Eine **Versetzung** ist die auf Dauer angelegte Übertragung eines anderen Amtes bei einer anderen Dienststelle bei demselben oder einem anderen Dienstherrn. Sie ist geregelt in **§ 15 BeamtStG**, der im Unterschied zu § 28 Abs. 1 BBG keine Legaldefinition enthält. § 15 gilt für Versetzungen in den Bereich des Bundes oder eines anderen Landes. Für Versetzungen innerhalb des Landes Hessen gilt § 29 HBG. **Landesübergreifende Maßnahmen** liegen vor, wenn der Beamte den Bereich des Landes Hessen oder der dem Land zugeordneten Körperschaft verlässt und in den Bereich eines anderen Bundeslandes oder in eine diesem zugeordnete Körperschaft wechselt. Dies ist nicht territorial, sondern funktional zu verstehen. Eine Versetzung an eine Landesvertretung beim Bund in Berlin fällt also nicht unter die Vorschrift des § 15 Abs. 1 BeamtStG, sondern unter § 29 HBG.[568] 29

Die Versetzung kann auf Antrag des Beamten, der versetzt werden soll, erfolgen. So geht § 15 Abs. 2 Satz 1 BeamtStG von dem Grundsatz aus, dass jede Versetzung der **Zustimmung** des betroffenen Beamten 30

---

566 BVerwG 30.6.2011 – 2 C 19.10 –, zitiert nach juris (Vorinstanz VGH Kassel – 1 A 286/09).
567 So auch v. Roetteken/Rothländer, HPVG, § 77 Rn. 137.
568 Schönrock, ZBR 2010, 222, 225.

bedarf. Diese ist jedoch dann nicht erforderlich, wenn bereits ein entsprechender Antrag nach Abs. 1 vorliegt. Da der Antrag der Versetzung aus dienstlichen Gründen gegenübergestellt ist, ist es nicht erforderlich, dass neben einem Antrag auch dienstliche Gründe gegeben sind.

31 **Ohne Zustimmung** ist die Versetzung auch bei Vorliegen dienstlicher Gründe zulässig. Hierbei handelt es sich um einen unbestimmten Rechtsbegriff, der der vollen richterlichen Nachprüfung unterliegt. **Dienstliche Gründe** sind arbeitsplatzbezogen und deshalb enger zu verstehen als sonstige öffentliche Belange. Sie können sich insbesondere ergeben aus

- Personalmangel infolge gestiegenen Arbeitsanfalls oder Personalausfällen,
- der spezifischen Eignung des Beamten für ein bestimmtes Amt im abstrakt-funktionellen Sinn,
- dem Interesse, durch Übertragung eines anderen Amts derselben oder einer anderen Laufbahn eine Zurruhesetzung wegen Dienstunfähigkeit zu vermeiden.

Keine dienstlichen Gründe liegen vor, wenn

- das Ziel ist, jemanden auf einem anderen Arbeitsgebiet zu erproben, da dieses auch im Rahmen einer Abordnung möglich ist,
- auf den konkreten Dienstposten ein anderer Beamter ein persönliches Interesse hat.[569]

32 Eine Versetzung ohne Zustimmung ist zulässig, wenn das neue Amt mit mindestens demselben Grundgehalt verbunden ist wie das bisherige Amt. Das **Amt im statusrechtlichen Sinne** kennzeichnet – unabhängig von der tatsächlich wahrgenommenen Funktion – zusammen mit der Art des Beamtenverhältnisses die Rechtsstellung des Beamten und wird durch die Zugehörigkeit zu einer Laufbahn und Laufbahngruppe, durch das Endgrundgehalt der Besoldungsgruppe (einschließlich Amtszulagen) und durch die dem Beamten verliehene Amtsbezeichnung bestimmt.

33 Die Versetzung ist ein Verwaltungsakt im Sinne des § 35 VwVfG. Sie kann nur von dem abgebenden im Einverständnis mit dem aufnehmenden Dienstherrn verfügt werden. Zuständig für den Erlass der **Versetzungsverfügung** ist der abgebende Dienstherr. Versetzungsverfügungen müssen mit einer Begründung versehen und hinreichend bestimmt sein (§§ 37 Abs. 1, 39 Abs. 1 VwVfG).

bb. Abordnung

34 Abordnung ist die vorübergehende Übertragung einer dem Amt des

---

569 Lenders, BeamtStG, § 15 Rn. 357.

Beamten entsprechenden Tätigkeit bei einer anderen Dienststelle desselben oder eines anderen Dienstherrn unter Beibehaltung der Zugehörigkeit zur bisherigen Dienststelle – ganz oder teilweise. **§ 14 Abs. 1 BeamtStG** regelt die Abordnung aus dienstlichen Gründen – vorübergehend ganz oder teilweise – zu einer dem Beamten übertragenen Statusamt entsprechenden Tätigkeit in dem Bereich eines Dienstherrn eines anderen Landes oder des Bundes. Abordnungen innerhalb Hessens erfolgen auf der Grundlage des § 28 HBG.

Die **Dauer der Abordnung** richtet sich nach den Umständen des Einzelfalls. Sie braucht nicht von vornherein bestimmt zu sein. Es darf jedoch kein Zweifel daran bestehen, dass es sich um eine vorübergehende Maßnahme handelt. Die Angabe eines Endtermins ist jedoch nicht notwendig. Die Abordnung kann dabei **einmalig** oder **mehrfach verlängert** werden. Sie kann auch mit dem Ziel der Versetzung angeordnet werden. Abordnungszeiten von zwei bis fünf Jahren schließen den vorübergehenden Charakter der Maßnahme nicht aus. Aus § 14 Abs. 3 Satz 2 BeamtStG ist indirekt zu entnehmen, dass eine Abordnung auch über die Dauer von fünf Jahren hinaus reichen kann. Eine **mehrjährige Trennung** von der Stammbehörde kann jedoch eine gewisse Entfremdung verursachen. Die Dienstvorgesetzten der Stammbehörde sind aus Gründen der Vorsorge gehalten, die statusrechtlichen und beamtenrechtlichen Belange der abgeordneten Beamten genauso stark zu berücksichtigen wie die der in der Stammbehörde tätigen Beamten. Doch im Hinblick auf den Entfremdungsprozess erscheint eine Abordnung über einen Zeitraum von mehr als acht Jahren als mit der Regelung in § 14 BeamtStG kaum mehr vereinbar. Bei derart langen Abordnungen besteht jedenfalls die Gefahr des Missbrauchs, da sich dann eine Versetzung anbietet. Bei einer Abordnung mit dem Ziel der Versetzung besteht ein Mitbestimmungsrecht nach **Abs. 1 Nr. 1 d**.[570]

Wird eine **Abordnung** von ursprünglich geringerer Dauer über sechs Monate hinaus verlängert, ist die Verlängerung unabhängig von ihrer Dauer stets mitbestimmungspflichtig. Wird ein Beamter durch Kettenabordnungen für eine ununterbrochene Dauer von mehr als sechs Monaten abgeordnet, unterliegen alle Abordnungen, die den Sechsmonatszeitraum überschreiten, der Mitbestimmung. Dabei spielt es keine Rolle, ob die Kettenabordnungen nacheinander zu verschiedenen Dienststellen erfolgen; ebenso unbeachtlich ist, ob zwischen ihnen ein Feiertag oder ein arbeitsfreies Wochenende oder ein Urlaub liegt.[571]

Dienstliche Gründe können u. a. vorübergehende Personalengpässe bzw. -überhänge, Krankheitsvertretungen und die Bewältigung von Arbeitsspitzen sein. Denkbar ist aber auch die Notwendigkeit von

---
570 BVerwG 18.9.1984 – 6 P 19.83 –, PersR 1986, 36.
571 HessVGH 17.11.2005 – 22 TL 807/05 –, PersR 2006, 311.

Personalentwicklung, z. B. die »Außenprobezeit« in einer anderen Behörde. Bei den dienstlichen Gründen handelt es sich um einen unbestimmten Rechtsbegriff, der der vollen Nachprüfung durch die Verwaltungsgerichte unterliegt.

38 Eine Abordnung im Sinne von § 14 BeamtStG bzw. § 28 HBG setzt **Dienstherrnfähigkeit** der abordnenden Dienststelle und der Zielbehörde voraus. Die tatbestandlichen Voraussetzungen der Abordnung liegen nicht vor, wenn ein Kommunalbeamter zu einer Stadtwerke GmbH wechseln soll. Hier greift das Rechtsinstitut der Zuweisung gemäß § 20 BeamtStG.

39 Ferner kann die Abordnung gemäß Abs. 1 ganz oder teilweise erfolgen. Besitzt ein Beamter etwa **Spezialkenntnisse**, die in einer anderen Dienststelle in einem reduzierten zeitlichen Bedarf benötigt werden, kann der Beamte teilabgeordnet werden. Im Übrigen versieht er seinen Dienst dann in der Stammbehörde.

40 Der Beamte setzt sein Beamtenverhältnis zu seinem Dienstherrn fort, seine dienstrechtliche Zugehörigkeit zur bisherigen Stammdienststelle bleibt – im Kern – aufrechterhalten.[572] Er behält also sein Amt im statusrechtlichen und abstrakt-funktionellen Sinn. Sein bisheriger **Dienstvorgesetzter** ist weiterhin für Entscheidungen in statusrechtlichen Angelegenheiten (z. B. Ernennungen, Entlassungen, Beförderungen, Versetzungen in den Ruhestand, aber auch Aufhebung der Abordnung bzw. Verlängerung, Beihilfe) zuständig. Die aufnehmende Dienststelle ist in der Regel befugt, die sonstigen Entscheidungen, wie Urlaub, Dienstbefreiung, Aussagegenehmigung, die neue Dienststelle betreffend, zu treffen. Die Zuständigkeit des bisherigen Dienstvorgesetzten ist nur dahingehend eingeschränkt, als sie die Tätigkeit des Beamten betreffen und demgemäß auf den neuen Dienstvorgesetzten bei der Dienststelle, zu der der Beamte abgeordnet ist, übergegangen sind. Der Beamte hat somit zwei Dienstvorgesetzte mit geteilten Befugnissen. Sofern dem Beamten ein Amt im statusrechtlichen Sinne bei seinem bisherigen Dienstvorgesetzten verliehen war, bleibt die Planstelle haushaltsrechtlich von ihm besetzt, sie kann sonach nicht anderweitig besetzt werden.

41 Gemäß § 54 Abs. 4 BeamtStG haben Widerspruch und Anfechtungsklage gegen **Abordnung** oder **Versetzung keine aufschiebende Wirkung**.

cc. Umsetzung

42 Die Umsetzung ist gesetzlich nicht geregelt. Aufgrund der Regelungen in § 54 Abs. 2 BeamtStG ist gleichwohl auch bei der Umsetzung **vor Erhebung einer Klage ein Widerspruchsverfahren** durchzufüh-

---

572 Vgl. BVerwGE 40, 104, 107.

ren. Die zulässige Klageart ist die allgemeine Leistungsklage. Widerspruch und Klage gegen eine Umsetzung haben aufschiebende Wirkung. Die Umsetzung ist in § 54 Abs. 4 BeamtStG nicht geregelt. Der Dienstherr kann jedoch die sofortige Vollziehung der Umsetzung ausdrücklich anordnen.

Vorläufigen Rechtsschutz können betroffene Beamte erlangen, indem sie den Erlass einer einstweiligen Anordnung gemäß § 123 Abs. 1 VwGO mit dem Ziel beantragen, sie auf ihrem bisherigen Dienstposten zu belassen oder – falls die Umsetzung schon vollzogen ist – sie einstweilen wieder auf dem früheren Dienstposten einzusetzen. Voraussetzung für den Erlass einer einstweiligen Anordnung ist es aber, dass die Umsetzung rechtsfehlerhaft – insbesondere nicht frei von Ermessensfehlern – ist und dass ihre Vollziehung mit wesentlichen Nachteilen für den Beamten verbunden bzw. die Rückgängigmachung der Veränderung aus sonstigen Gründen notwendig ist. Da es sich bei der Umsetzung um eine **Ermessensentscheidung** des Dienstherrn handelt, kann deren Rechtmäßigkeit nur auf Ermessensfehler hin überprüft werden. Die verwaltungsgerichtliche Überprüfung wird sich im Allgemeinen darauf beschränken, ob die Umsetzung durch einen Ermessensmissbrauch maßgebend geprägt ist. 43

Abs. 1 Nr. 1 d und e setzen für die Umsetzung und die Abordnung eine **Dauer der Personalmaßnahme** von mehr als **sechs Monaten** voraus. Die Umsetzung ist überdies nur dann mitbestimmungspflichtig, wenn sie mit einem Wechsel des Dienstortes verbunden ist. Im Unterschied zu § 76 Abs. 2 Nr. 4 BPersVG kommt es im HPVG nicht darauf an, wie weit alter und neuer Dienstort voneinander entfernt liegen.[573] Hinsichtlich des **Wechsels des Dienstortes** ist gemäß Nr. 1.1 der VV zu § 2 HRKG der Dienstort als »die politische Gemeinde«, in der die Behörde etc. ihren Sitz hat, zu verstehen. Hiernach gilt als Dienstort die Grenze der Stadt, der Gemeinde, des Landkreises, in der die Dienststelle ihren Sitz hat. Die Einzelheiten bestimmen sich nach den Regelungen der § 15 Abs. 1 Satz 1 HGO, § 13 HKO. Exakt diese Grenzen sind für die Bestimmung des Dienstortes nach dem HPVG maßgebend.[574] 44

Der **Schutzzweck** der Mitbestimmung bei Versetzung und Umsetzung nach **Abs. 1 Nr. 1 d** sowie bei der Abordnung nach **Abs. 1 Nr. 1 e** besteht darin, sowohl die individuellen Interessen des unmittelbar betroffenen Beschäftigten als auch die kollektiven Interessen der Beschäftigten der aufnehmenden und der abgebenden Dienststelle zu wahren.[575] Der Personalrat ist auch mitbestimmungsfähig, wenn der betroffene Beamte mit der Personalmaßnahme einverstanden ist. 45

---
573 HessVGH 24. 4. 2003, PersR 2003, 420.
574 So auch v. Roetteken/Rothländer, HPVG, § 77 Rn. 218.
575 Fischer/Goeres/Gronimus, BPersVG, § 76 Rn. 18.

§ 77

46 Bei einer Abordnung mit dem Ziel der Versetzung besteht ein Mitbestimmungsrecht nach **Abs. 1 Nr. 1 d**.[576]

e. Zuweisung für eine Dauer von mehr als sechs Monaten (Abs. 1 Nr. 1 f)

47 Abs. 1 Nr. 1 f regelt die Zuweisungen nach § 20 Abs. 1 und 2 BeamtStG. Nach Abs. 1 kann Beamten mit ihrer Zustimmung im **dienstlichen oder im öffentlichen Interesse** vorübergehend ganz oder teilweise eine ihrem Amt entsprechende Tätigkeit bei einer öffentlichen Einrichtung ohne Dienstherreneigenschaft oder bei einer öffentlich-rechtlichen Religionsgemeinschaft oder bei einer anderen Einrichtung übertragen werden, wenn sogar diese Zuweisung aufgrund öffentlicher Interessen erforderlich ist. Der Begriff der öffentlichen Interessen ist eng auszulegen. Die Voraussetzungen liegen aber vor, wenn durch den Austausch z. B. Methoden aus Bereichen außerhalb des öffentlichen Dienstes erlernt und Erfahrungen gesammelt werden können. Durch die Regelung soll der Personalaustausch zwischen öffentlichem Dienst und Privatwirtschaft gefördert werden.

48 Nach § 20 Abs. 2 BeamtStG kann die Zuweisung – wie vormals nach § 123 a Abs. 3 BRRG – auch an eine Einrichtung erfolgen, die ganz oder teilweise von einer zuvor öffentlichen Stelle in eine Einrichtung ohne Dienstherrenfähigkeit oder in eine privatrechtlich organisierte Einrichtung umgewandelt wurde. Dies betrifft die Fälle der **inländischen Unternehmen der öffentlichen Hand**, die in **privater Rechtsform** weitergeführt werden, und trägt damit der Privatisierung öffentlicher Aufgaben Rechnung. Eine Zuweisung nach Abs. 2 setzt **keine Zustimmung** voraus, weil der Beamte mit der Entscheidung der Privatisierung seinen bisherigen Dienstherrn verliert und der Organisation folgt.[577]

49 Das Institut der Zuweisung nach § 20 BeamtStG kommt auch bei einem Einsatz von Landes- oder Kommunalbeamten bei den **Jobcentern** in Betracht, da es sich bei ihnen um keine dienstherrenfähigen Einrichtungen handelt.

50 Sinn und Zweck der Mitbestimmung bestehen auch hier darin, nicht nur die kollektiven Interessen der Beschäftigten zu wahren, sondern auch die **individuellen Interessen** des durch die Zuweisung in seinem privaten und dienstlichen Bereich Betroffenen zu schützen.

f. Anordnungen, welche die Freiheit in der Wahl der Wohnung beschränken (Abs. 1 Nr. 1 g)

51 Grundsätzlich sind dienstliche Anordnungen, die die Freiheit in der Wahl der Wohnung beschränken, nur unter Beachtung des verfas-

---

576 BVerwG 18. 9. 1984 – 6 P 19.83 –, PersR 1986, 36.
577 Lenders, BeamtStG, § 20 Rn. 424.

sungsrechtlichen Schutzes der **Unverletzbarkeit der Wohnung** überhaupt zulässig. Die Residenzpflicht im Sinne des § 87 Abs. 2 HBG findet ihre praktische Bedeutung eigentlich nur noch im Polizeivollzugsdienst oder bei Beziehung einer Dienstwohnung. Gemäß Abs. 1 Nr. 1 g ist der Personalrat berechtigt, bei entsprechenden Anordnungen die Einhaltung der gesetzlichen Voraussetzungen einer eingehenden Prüfung zu unterziehen.

g. Entlassung, soweit sie nicht wegen Beendigung des vorgeschriebenen Vorbereitungsdienstes oder auf eigenen Antrag erfolgt (Abs. 1 Nr. 1 h)

Nach § 39 Abs. 1 und 2 HBG ist ein Beamter zu **entlassen**, wenn er   **52**

- die Eigenschaft als Deutscher im Sinne des Art. 116 GG verliert,
- zum Beamten auf Zeit beim gleichen Dienstherrn ernannt wird, sofern gesetzlich nichts anderes bestimmt ist,
- in ein öffentlich-rechtliches Dienst- oder Amtsverhältnis bei einem anderen Dienstherrn tritt oder
- zum Berufssoldaten, Soldaten auf Zeit etc. ernannt wird.

Überdies ist der Beamte gemäß § 40 Abs. 1 HBG durch Verwaltungsakt zu entlassen, wenn er

- sich weigert, den Diensteid zu leisten,
- als Beamter auf Probe dienstunfähig ist,
- nach Erreichen der Altersgrenze berufen wurde,
- ohne Genehmigung seinen Wohnsitz im Ausland aufnimmt.

Beamte auf Probe können nach Maßgabe des § 42 HBG bzw. § 23   **53**
BeamtStG entlassen werden, wenn

- sie eine Handlung begehen, die im Beamtenverhältnis auf Lebenszeit mindestens eine Kürzung der Dienstbezüge zur Folge hätte,
- sie sich in der Probezeit nicht bewährt haben oder
- ihr Aufgabengebiet bei einer Behörde von der Auflösung dieser Behörde oder einer auf landesrechtlicher Vorschrift beruhenden wesentlichen Änderung des Aufbaus oder Verschmelzung dieser Behörde mit einer anderen oder von der Umbildung einer Körperschaft berührt wird und eine andere Verwendung nicht möglich ist.

Weiterhin kann eine Entlassung des Beamten auf Probe bei allein   **54**
mangelnder gesundheitlicher Eignung erfolgen. Mitbestimmungspflichtig sind somit Entlassungen von Beamten, die weder auf eigenen Antrag, noch wegen Beendigung des vorgeschriebenen Vorbereitungsdienstes erfolgen. In der Regel beschränkt sich das Mitbestimmungsrecht des Personalrats auf die reine **Rechtmäßigkeitskontrolle**, ob der gesetzliche Tatbestand verwirklicht ist, soweit dem

§ 77

Gesetzgeber – wie bei § 23 Abs. 3 BeamtStG – ein Ermessen eingeräumt wurde. Hier kann der Personalrat im Rahmen seiner Beteiligung prüfen, ob die Verwaltung von ihrem Ermessen rechtsmissbräuchlich oder rechtsfehlerhaft Gebrauch gemacht hat.

55 Am geringsten geschützt in seiner Rechtsstellung ist der **Beamte auf Widerruf**. Er kann gemäß § 23 Abs. 4 BeamtStG jederzeit entlassen werden. Hier ist zu beachten, dass dem Beamten auf Widerruf im Vorbereitungsdienst grundsätzlich die Gelegenheit gegeben werden soll, diesen abzuschließen. Der Widerruf darf daher nur aus sachlichen Gründen erfolgen.[578]

h. Ablehnung eines Antrags auf Teilzeitbeschäftigung oder Beurlaubung nach den §§ 85a oder 85f des Hessischen Beamtengesetzes (Abs. 1 Nr. 1i)

56 Die Beteiligung der Personalvertretung ist in diesem Zusammenhang umstritten. So soll der **vollständige Widerruf** einer Beurlaubung zum Zwecke der Kinderbetreuung **nicht** der Mitbestimmung unterliegen.[579] Der Rechtsansicht kann allerdings nicht gefolgt werden. Sinn und Zweck des Mitbestimmungstatbestands nach Abs. 1 Nr. 1i bei Ablehnungen von Anträgen auf Teilzeitbeschäftigung und Beurlaubung ist es gerade, der Personalvertretung vor Erlass dieser belastenden Verwaltungsakte ein **zusätzliches Kontrollrecht** einzuräumen. Der Widerruf einer zuvor erteilten Genehmigung ist in der Sache nicht anders zu bewerten. Insoweit besteht auch hier ein Mitbestimmungsrecht.

57 Weiterhin soll die Ablehnung eines Antrags auf Widerruf der Teilzeitbeschäftigung bzw. die Ablehnung eines Antrags auf Erhöhung der regelmäßigen wöchentlichen Arbeitszeit **nicht mitbestimmungspflichtig** sein.[580] Auch diese Rechtsauffassung überzeugt nicht. Denn Sinn und Zweck der Regelung ist es ja gerade, im Falle der Ablehnung einer Beurlaubung bzw. einer Reduzierung der Arbeitszeit den Personalrat tätig werden zu lassen.[581]

58 Mitbestimmungspflichtig ist die beabsichtigte komplette oder teilweise Ablehnung von Anträgen von beamteten **Lehrkräften** auf besondere Formen der Teilzeitbeschäftigung und der flexiblen Arbeitszeit. Dies gilt auch für die Ablehnung eines Antrags der flexiblen Gestaltung der Arbeitszeit nach § 2 der VO über besondere Formen der Teilzeitbeschäftigung und flexibler Arbeitszeit für beamtete Lehrkräfte an öffentlichen Schulen.[582]

---

578 BayVGH 9.11.1989 – 3 B 89.00910 –, zitiert nach juris.
579 VGH Baden-Württemberg 20.1.2006, ZBR 2006, 392.
580 OVG NRW 4.11.1991, RiA 1992, 323.
581 So auch v. Roetteken/Rothländer, HPVG, § 77 Rn. 310.
582 GVBl. 1996, I S. 273.

§ 77

3. Mitbestimmung in Personalangelegenheiten der Arbeitnehmer (Abs. 1 Nr. 2)

Abs. 1 Nr. 2 erfasst die der **beschränkten Mitbestimmung** unterliegenden Personalangelegenheiten der Arbeitnehmer. Auch hier kann die Einigungsstelle nur durch einen Beschluss entscheiden, der empfehlenden Charakter hat. Die Auflistung der einzelnen Beteiligungstatbestände ist abschließend. 59

Arbeitnehmer nach Abs. 1 Nr. 2 sind Beschäftigte im Sinne der §§ 3 und 5. Auch die sog. »Dienstordnungs-Angestellten« gemäß §§ 351 ff. RVO fallen unter die Tatbestände des Abs. 1 Nr. 2. 60

a. Einstellung (Abs. 1 Nr. 2a)

Einstellung ist die **Eingliederung** einer neuen Dienstkraft in die Dienststelle, die regelmäßig mit der Begründung eines Arbeitsverhältnisses verbunden ist. Das Mitbestimmungsrecht bezieht sich dabei auf die Eingliederung, nämlich auf die zur Einstellung vorgesehene Person, auf die von ihr auszuübende Tätigkeit, also die Arbeitsplatzzuweisung, und auf die mit der Übertragung der Tätigkeit verbundene tarifliche Bewertung.[583] Voraussetzung ist ein rechtlich ausgestaltetes **Weisungsrecht** der Dienststelle gegenüber dem Arbeitnehmer.[584] Auch eine Einstellungszusage »unter dem Vorbehalt der späteren Zustimmung des Personalrats« muss, um wirksam zu sein, zuvor vom Personalrat mitbestimmt werden. 61

Auf die **Art des Arbeitsverhältnisses** kommt es bei der Einstellung nicht an. Neben einem unbefristeten Vollzeitarbeitsverhältnis mit fester Arbeitszeit in einer Betriebsstätte kommen im Übrigen alle Sonderformen des Arbeitsverhältnisses in Betracht: befristete, Probe-, Teilzeit-, flexible Teilzeit-, Aushilfs- und Telearbeitsverhältnisse.[585] 62

Die (ein- oder mehrmalige) **Verlängerung** eines **befristeten** Arbeitsverhältnisses oder dessen **Umwandlung** in ein unbefristetes ist als mitbestimmungspflichtige Einstellung anzusehen.[586] Das gilt auch im Fall des § 15 Abs. 5 TzBfG, wenn ein unbefristetes Arbeitsverhältnis dadurch zustande kommt, dass der Arbeitgeber/Dienstherr einen Arbeitnehmer bewusst über die Befristung hinaus weiterbeschäftigt.[587] Bei einer Beschäftigung über die vertraglich **vereinbarte oder tarifliche Altersgrenze hinaus** liegt ebenfalls eine mitbestimmungspflichtige Einstellung vor.[588] 63

---

583 BVerwG 21.3.2007, PersR 2007, 301, 309.
584 BVerwG 23.3.1999, PersR 1999, 395.
585 Däubler/Kittner/Klebe/Wedde, BetrVG, § 99 Rn. 39.
586 BAG 7.8.1999, AP Nr. 82 zu § 99 BetrVG 1972.
587 Fitting, BetrVG, § 99 Rn. 38.
588 BAG 18.7.1978, AP Nr. 9 zu § 99 BetrVG 1972; 12.7.1988, AP Nr. 54 zu § 99 BetrVG 1972.

64 **Leiharbeitnehmer** bleiben zwar auch während der Zeit ihrer Arbeitsleistung bei einem Entleiher Angehörige des entsendenden Betriebs. **Vor** der Übernahme eines Leiharbeitnehmers zur Arbeitsleistung ist gemäß § 14 Abs. 3 AÜG der Betriebsrat des Entleiherbetriebs nach § 99 BetrVG zu beteiligen. Dabei hat der Entleiher dem Betriebsrat auch die schriftliche Erklärung des Verleihers nach § 12 Abs. 1 Satz 2 AÜG vorzulegen. Gemäß § 14 Abs. 4 AÜG gilt Abs. 3 für die Anwendung des BPersVG sinngemäß und damit auch für die Landespersonalvertretungsgesetze, also auch für das HPVG.

65 Bei dem Einsatz eines bei einer Drittfirma angestellten Arbeitnehmers (= **Fremdpersonal**) ist zu differenzieren. Wird der eingesetzte Arbeitnehmer auf der Grundlage eines von der Dienststelle mit der Drittfirma abgeschlossenen Werk- oder Dienstvertrags als Erfüllungsgehilfe tätig und unterliegt dabei den Weisungen der Drittfirma, liegt keine Einstellung vor. Anders verhält es sich, wenn der von der Drittfirma angestellte Arbeitnehmer diesen Weisungen nicht unterliegt und wie ein eigener Arbeitnehmer der Dienststelle eingesetzt wird. Nur dann, wenn die »Personalhoheit« über den eingesetzten Mitarbeiter bei dem Fremdunternehmen verbleibt, liegt eine mitbestimmungspflichtige Einstellung nicht vor.[589]

66 Eine mitbestimmungspflichtige Einstellung ist auch die **Erhöhung der Arbeitszeit**, es sei denn, sie ist geringfügig.

67 Das Mitbestimmungsrecht des Personalrats an der Eingliederung in der Dienststelle besteht auch dann, wenn der Arbeitsvertrag **nichtig** ist und nur ein **faktisches Arbeitsverhältnis** zustande kommt. Handelt es sich um einen Gesetzesverstoß, kann der Personalrat seine Zustimmung gemäß Abs. 1 Nr. 2a verweigern.

68 Die Beschäftigung **freier Mitarbeiter** selbst löst kein Mitbestimmungsrecht unter dem Gesichtspunkt der Einstellung aus. Sie werden gerade nicht in einem Abhängigkeitsverhältnis wie ein Arbeitnehmer tätig.

b. Übertragung einer höher oder niedriger zu bewertenden Tätigkeit, Höher- oder Rückgruppierung, Eingruppierung (Abs. 1 Nr. 2b)

69 Bei Arbeitnehmern des öffentlichen Dienstes ist wesentliches Merkmal der Einstellung die tarifliche **Eingruppierung**. Die Einstellung ist regelmäßig mit der ersten Eingruppierung verbunden, d.h. mit der ersten Festlegung der für die Entlohnung des Arbeitnehmers maßgebenden **Lohn- bzw. Gehaltsgruppe**. Die Eingruppierung setzt eine **Vergütungsordnung**, ein kollektives, mindestens zwei Vergütungsgruppen enthaltendes **Entgeltschema** voraus, das eine Zuord-

---

[589] BVerwG 8.1.2003 – 6 P 8.02 –, PersR 2004, 148; Altvater, BPersVG, § 75 Rn. 18.

nung der Arbeitnehmer nach bestimmten, generell beschriebenen Merkmalen vorsieht, z. B. bestimmte Tätigkeiten, Lebensalter, Dauer der Berufstätigkeit oder Betriebszugehörigkeit.[590]

Die maßgeblichen **Tarifwerke** sind für die Arbeitnehmer des Bundes und der meisten Gemeinden und Gemeindeverbände seit dem 1.10.2005 der TVöD sowie für die Beschäftigten der meisten Länder der am 1.11.2006 in Kraft getretene TV-L. Allerdings sind die Regelungen im TVöD zur Eingruppierung und Entgeltordnung noch nicht vollständig, weil die Tarifvertragsparteien nach wie vor ihre Verhandlungen noch nicht abgeschlossen haben. **70**

Unter **Höhergruppierung** ist die im Laufe eines Arbeitsverhältnisses erfolgende Zuordnung einer von einem Beschäftigten auszuübenden Tätigkeit zu einer höheren Vergütungs- oder Lohngruppe zu verstehen. Dieser Wechsel ist das wesentlichste Merkmal. Ein Fall der Höhergruppierung liegt jedoch auch vor, wenn der Beschäftigte einer höheren als seiner bisherigen Lohn- oder Vergütungsgruppe zugewiesen wird, ohne dass sich dabei sein Tätigkeits- oder Aufgabenbereich ändert.[591] **71**

Eingruppierungen, Höher- und Rückgruppierungen sind jeweils **mitbestimmungspflichtig**. Eine Rückgruppierung kann erforderlich werden, wenn sich nachträglich herausstellt, dass der Beschäftigte falsch eingruppiert wurde und nunmehr Vergütung bzw. Lohn entsprechend korrigiert werden soll. **72**

Gelten die einschlägigen Tarifverträge des öffentlichen Dienstes, ergibt sich die Eingruppierung in der Regel unmittelbar (automatisch) aus der Anwendung der tariflichen Normen (sog. **Tarifautomatik**). Hier kann auf den bis zum Inkrafttreten der Eingruppierungsvorschriften des TVöD fortgeltenden § 22 Abs. 2 BAT verwiesen werden, der bestimmt, dass der Angestellte in der Vergütungsgruppe eingruppiert ist, deren Tätigkeitsmerkmalen die gesamte von ihm nicht nur vorübergehend auszuübende Tätigkeit entspricht. Soweit jedoch für die Eingruppierung die Tarifautomatik maßgebend ist, hat der Personalrat aus Anlass seiner Mitbestimmung lediglich ein Recht zur **Kontrolle der Richtigkeit** der Eingruppierung.[592] **73**

Die **Eingruppierung** im Sinne des Mitbestimmungstatbestands des Abs. 1 Nr. 2b ist die Einreihung des Arbeitnehmers in ein kollektives Entgeltschema. Diese Definition lässt es zugleich zu, die Stufenordnung, die bei einem einzustellenden Arbeitnehmer zugleich mit seiner Einordnung in die Entgeltgruppe vorzunehmen ist, als von der Eingruppierung mitumfasst anzusehen. Sie legt es sogar nahe, weil die **74**

---

590 BAG 23.9.2003, AP Nr. 29 zu § 99 BetrVG 1972 Eingruppierung; 26.10.2004, AP Nr. 29 zu § 99 BetrVG 1972 Eingruppierung.
591 Fischer/Goeres/Gronimus, BPersVG, § 75 Rn. 21, 25.
592 BVerwG 6.10.1992 – 6 P 22.90 –, PersR 1993, 74.

§ 77

Festlegung der Entgeltgruppe und die Stufenzuordnung zusammen das Tabellenentgelt bestimmen. Erst das Zusammenwirken beider Faktoren macht die Einreihung vollständig.[593]

75 Sinn und Zweck der Mitbestimmung bei der Eingruppierung erfordern die Einbeziehung der Stufenzuordnung. Die Eingruppierung ist ein Akt strikter Rechtsanwendung. Die Mitbestimmung des Personalrats ist dabei **kein Mitgestaltungs-, sondern ein Mitbeurteilungsrecht**. Sie soll sicherstellen, dass die Rechtsanwendung möglichst zutreffend erfolgt.[594] Sie soll die Personalvertretung in den Stand setzen, mitprüfend darauf zu achten, dass die beabsichtigte Eingruppierung mit dem anzuwendenden Tarifvertrag im Einklang steht. Im Interesse der betroffenen Arbeitnehmer soll verhindert werden, dass durch eine unsachliche Beurteilung im Rahmen bestehender Auslegungsspielräume einzelne Arbeitnehmer bevorzugt, andere dagegen benachteiligt werden. Auf diese Weise dient die Mitbestimmung bei der Eingruppierung der einheitlichen und gleichmäßigen Anwendung der Entgeltordnung in gleichen und vergleichbaren Fällen und damit der **Lohngerechtigkeit** und **Transparenz** der Entgeltpraxis in der Dienststelle.[595] Die genannten Gesichtspunkte sprechen auch nach Ansicht des BVerwG dafür, die Mitbestimmung des Personalrats bei der Eingruppierung auf alle bedeutsamen Parameter zu erstrecken, die für den Kernbestand des tariflichen Entgelts maßgeblich sind. Die **Richtigkeitskontrolle** bleibt unvollständig, wenn sie sich auf die Einreihung in die Entgeltgruppe beschränkt, andere für die Bemessung des Grundgehalts wesentliche Merkmale, bei denen ebenfalls ein Kontrollbedürfnis besteht, aber nicht erfasst. Ist daher bei der Einstellung eines Arbeitnehmers neben der Einordnung in die Entgeltgruppe für die Bemessung des tariflichen Grundgehalts die Zuordnung zu einer Stufe innerhalb der Entgeltgruppe vorzunehmen, ergeben beide Vorgänge zusammen die mitbestimmungspflichtige Eingruppierung.[596] Somit besteht die Mitbestimmung auch bei der Stufenzuordnung nach § 16 TVöD-Bund.

76 Weiterhin ist der Personalrat bei der **Höher- oder Rückgruppierung** nach Abs. 1 Nr. 2b zu beteiligen. Hierbei handelt es sich um zwei Varianten der Umgruppierung, die sich von der Eingruppierung dadurch unterscheiden, dass sie die Zuordnung zu einer anderen Entgeltgruppe bzw. einer Vergütungs- oder Lohngruppe als der betreffen, die in der Eingruppierung festgelegt worden ist. Mitbestimmungspflichtig ist die Übertragung einer höher oder niedriger zu bewertenden Tätigkeit. Voraussetzung ist in beiden Fällen, dass mindestens insoweit neue Arbeitsaufgaben übertragen werden, dass sich die tarif-

---

593 BVerwG 7.3.2011 – 6 P 15.10 –, PersR 2011, 210ff.
594 BVerwG 7.3.2011, a.a.O.
595 BVerwG 7.3.2011, a.a.O.
596 BVerwG 7.3.2011, a.a.O.

liche Bewertung der Gesamttätigkeit nach oben oder nach unten ändert.[597]

77 Die anderswertige Tätigkeit wird in der Regel durch **ausdrückliche Anordnung** übertragen. Die Übertragung einer höher zu bewertenden Tätigkeit besteht in der Regel in der Zuweisung eines anderen Arbeitsplatzes oder in der Erweiterung des bisherigen Aufgabengebiets mit der Folge, dass die neue Gesamttätigkeit einer höheren (gegebenenfalls tariflichen) Entgeltgruppe (bzw. Vergütungs- oder Lohngruppe) entspricht. Die Zuweisung einer Tätigkeit, die zur Zahlung einer höher dotierten Funktionsstufe führt, ist mitbestimmungspflichtig.

78 Die rechtlich ordnungsgemäße, auf Dauer erfolgte Übertragung einer höher zu bewertenden Tätigkeit löst die Tarifautomatik und damit eine **Höhergruppierung** aus.[598] Anders verhält es sich, wenn anzuwendende Tarifverträge die Tarifautomatik nicht vorsehen.

79 Die Übertragung einer **niedriger zu bewertenden Tätigkeit** besteht grundsätzlich in der Zuweisung eines anderen Arbeitsplatzes oder in der Veränderung des bisherigen Aufgabengebiets mit der Folge, dass die neue Gesamttätigkeit einer niedrigeren (gegebenenfalls tariflichen) Entgeltgruppe (bzw. Vergütungs- oder Lohngruppe) entspricht.[599] Die Mitbestimmungspflichtigkeit besteht auch dann, wenn die Übertragung einer niedriger zu bewertenden Tätigkeit einvernehmlich erfolgt.[600]

80 Mitbestimmungspflichtig ist auch die **vorübergehende** oder **vertretungsweise** Übertragung einer höher oder niedriger zu bewertenden Tätigkeit.

c. Versetzung zu einer anderen Dienststelle, Umsetzung innerhalb der Dienststelle für die Dauer von mehr als sechs Monaten, wenn sie mit einem Wechsel des Dienstortes verbunden ist (Abs. 1 Nr. 2 c)

81 Nach Abs. 1 Nr. 2 c ist der Personalrat bei der Versetzung zu einer anderen Dienststelle zu beteiligen. Der Begriff der **Versetzung** eines Arbeitnehmers ist im HPVG nicht definiert, sondern ist vielmehr unter Berücksichtigung der das Arbeitsrecht des öffentlichen Dienstes prägenden Tarifverträge zu bestimmen.[601] Versetzung ist hiernach eine Anordnung, mit der einem Beschäftigten dauerhaft ein Arbeitsplatz bei einer anderen Dienststelle desselben Arbeitgebers unter Fortsetzung des bestehenden Arbeitsverhältnisses zugewiesen wird.[602] Bei Arbeit-

---

597 BVerwG 28.8.2008, PersR 2008, 453.
598 Fischer/Goeres/Gronimus, BPersVG, § 75 Rn. 21.
599 Altvater, BPersVG, § 75 Rn. 52.
600 BAG 12.5.2004 – 4 AZR 338/03 –, PersR 2005, 289.
601 Altvater, BPersVG, § 75 Rn. 55.
602 Protokollerklärung zu § 4 Abs. 1 TVöD/TV-L; Lenders/Richter, Die Personalvertretung, S. 202.

nehmern bedeutet eine Versetzung auch einen **Wechsel der Dienststelle** im (verwaltungs-)organisationsrechtlichen Sinne, nicht jedoch im personalvertretungsrechtlichen Sinne.[603] Die Versetzung setzt jedoch nicht voraus, dass sich der **Dienstort** ändert. Weiterhin ist auch keine Änderung des Inhalts der bisherigen Tätigkeit erforderlich.[604] Ändert sich durch die Versetzung jedoch die tarifliche Bewertung der Tätigkeit, ist der Personalrat nach Abs. 1 Nr. 2b wegen der Übertragung einer höher oder niedriger zu bewertenden Tätigkeit zu beteiligen.

82 Versetzungen im Sinne des Abs. 1 Nr. 2c sind in der Regel **unbefristet**. In der Praxis kommt es jedoch auch vor, dass anstelle von Abordnungen **befristete Versetzungen** verfügt werden. Auch diese sind mitbestimmungspflichtig.[605]

83 Eine **Umsetzung** innerhalb der Dienststelle ist mitbestimmungspflichtig, wenn sie für die Dauer von mehr als sechs Monaten erfolgen soll und mit einem Wechsel des Dienstortes verbunden ist. Die Umsetzung beruht auf dem **Direktionsrecht** des Arbeitgebers, das die Befugnis umfasst, im Rahmen des Arbeitsvertrags Art, Ort und Zeit der Arbeitsleistung des Arbeitnehmers zu bestimmen.[606] Im Unterschied zur Versetzung ist bei der Umsetzung erforderlich, dass sich der Aufgabenbereich, der dem Arbeitnehmer innerhalb der Dienststelle übertragen ist, wesentlich von dem bisherigen Aufgabenbereich unterscheidet.[607] Mitbestimmungspflichtig ist auch die Rückumsetzung, die vorliegt, wenn ein Arbeitnehmer zunächst auf einen anderen Arbeitsplatz umgesetzt wurde und dann wieder auf seinen alten Arbeitsplatz umgesetzt wird.

84 Mit der Umsetzung muss ein **Wechsel des Dienstortes** verbunden sein. Anders als nach dem BPersVG gilt im HPVG als Bestimmung nicht das »Einzugsgebiet im Sinne des Umzugskostenrechts des Bundes«. Als Dienstort gilt vielmehr die Grenze der Stadt, der Gemeinde, des Landkreises, in der die Dienststelle ihren Sitz hat. Gemäß Nr. 1.1 der VV zu § 2 HRKG wird der Dienstort als die politische Gemeinde, in der die Dienststelle ihren Sitz hat, definiert.

85 Weitere Voraussetzung für die Mitbestimmungspflichtigkeit von Umsetzungen ist deren Dauer. Sie muss **mehr als sechs Monate** andauern. Dies stellt eine deutliche Verschlechterung im Verhältnis zum BPersVG dar und bedeutet eine weitere Benachteiligung der Personalräte im Land Hessen durch den Gesetzgeber.

---

603 BVerwG 6.4.1984 – 6 P 39.83 –, Buchholz, 238.36 § 78 Nr. 4; 16.6.2000 – 6 P 6.99 –, PersR 2000, 416; 11.11.2009 – 6 PB 25.09 –, PersR 2010, 169.
604 BVerwG 30.3.2009 – 6 PB 29.08 –, PersR 2009, 332.
605 OVG Berlin-Brandenburg 23.9.2010 – OVG 62 PV 1.09 –, zitiert nach juris (zur Schließung einer vermeintlichen Mitbestimmungslücke).
606 Kittner/Zwanziger/Deinert, § 23 Rn. 21.
607 Umkehrschluss aus BVerwG 30.3.2009 – 6 PB 29.08 –, PersR 2009, 332.

d. Abordnung zu einer anderen Dienststelle für eine Dauer von mehr als sechs Monaten (Abs. 1 Nr. 2 d)

Die Abordnung ist in der Protokollnotiz Nr. 1 zu § 4 Abs. 1 TVöD-AT/TV-L usw. für den tariflichen Bereich definiert. Danach handelt es sich dabei um eine vorübergehende Beschäftigung bei einer anderen Dienststelle oder einem anderen Betrieb desselben oder eines anderen Arbeitgebers unter Fortsetzung des bestehenden Arbeitsverhältnisses. **86**

Das **Recht zur Abordnung** folgt aus dem **Direktionsrecht** des Dienstherrn bzw. des Arbeitgebers. Die Abordnung unterscheidet sich von der Versetzung im Wesentlichen dadurch, dass sie nur für eine begrenzte Zeit ausgesprochen wird, und dass auch der Arbeitgeber wechseln kann. Sie ist arbeitsrechtlich zulässig, wenn sie im Tarifvertrag oder Einzelarbeitsvertrag vorgesehen ist. Es gelten im Wesentlichen die gleichen Grundsätze wie bei der Versetzung (siehe hierzu die Kommentierung dort). **87**

Der **Schutzzweck** der Mitbestimmung bei der Abordnung stimmt mit dem bei der Versetzung überein. Daher besteht auch eine Mitbestimmungspflicht, wenn der Arbeitnehmer mit der Abordnung einverstanden ist. **88**

Auch bei der Abordnung haben – genau wie bei der Versetzung – der Personalrat bei der abgebenden Dienststelle und der Personalrat bei der aufnehmenden Dienststelle mitzubestimmen. Im Unterschied zu § 75 Abs. 1 Nr. 4 BPersVG verlangt das HPVG eine Abordnung für eine Dauer von mehr als **sechs Monaten**. **89**

e. Zuweisung für eine Dauer von mehr als sechs Monaten (Abs. 1 Nr. 2 e)

Die Zuweisung ist in der Protokollerklärung zu § 4 Abs. 2 TVöD definiert. Danach ist sie – unter Fortsetzung des bestehenden Arbeitsverhältnisses – die **vorübergehende Beschäftigung bei einem Dritten** im In- und Ausland, bei dem der Allgemeine Teil des TVöD nicht zur Anwendung kommt. **90**

Arbeitnehmer können nicht ohne ihr **Einverständnis** zugewiesen werden, dürfen dieses aber nur unter bestimmten Voraussetzungen verweigern. Von der Zuweisung ist die Personalgestellung gemäß § 4 Abs. 3 TVöD zu unterscheiden. Diese ist gemäß der entsprechenden Protokollerklärung die – unter Fortsetzung des bestehenden Arbeitsverhältnisses – erfolgende auf Dauer angelegte Beschäftigung bei einem Dritten. Nach § 4 Abs. 3 Satz 1 TVöD besteht die Personalgestellung darin, dass Beschäftigte ihre arbeitsvertraglich geschuldete Arbeitsleistung auf Verlangen des Arbeitgebers, also ohne Zustimmung der Beschäftigten, bei einem Dritten zu erbringen haben, auf den Aufgaben der Beschäftigten verlagert werden. Es ist aufgrund der Ähnlichkeit der Maßnahmen nicht einsichtig, warum im HPVG nicht auch **91**

§ 77

eine Beteiligung aus Anlass der Personalgestellung von Arbeitnehmern aufgenommen wurde.

92 Die Zuweisung kommt insbesondere bei der **Privatisierung** kommunaler Einrichtungen zur Anwendung. Dies ist etwa der Fall, wenn Einrichtungen der Daseinsversorgung umgewandelt werden in eine Stadtwerke GmbH oder AG. Die Mitbestimmung orientiert sich hier an der Wahrung der Interessen der Beschäftigten aus Anlass eines Einsatzes bei einer anderen Einrichtung.

93 Sinn und Zweck des Mitbestimmungsrechts bestehen somit darin, nicht nur die kollektiven Interessen der Beschäftigten zu wahren, sondern auch die **individuellen Interessen** des durch die Zuweisung in seinem privaten und dienstlichen Bereich Betroffenen. Mitbestimmungspflichtig ist die Zuweisung jedoch nur, wenn sie für die Dauer von mehr als sechs Monaten erfolgen soll. Hier besteht eine Abweichung zu § 75 Abs. 1 Nr. 4a BPersVG, der lediglich eine Dauer von drei Monaten verlangt.

f. Ablehnung eines Antrags auf Teilzeitbeschäftigung oder Beurlaubung nach § 13 Abs. 2 des HGlG und in den Fällen, in denen Beamte nach §§ 85a oder 85f des Hessischen Beamtengesetzes Teilzeitbeschäftigung oder Urlaub bewilligt werden kann (Abs. 1 Nr. 2f)

94 Nicht mehr erfasst von dieser Norm ist die tarifrechtliche Möglichkeit der **Altersteilzeit**. Der Gesetzgeber hat lediglich ablehnende Anträge und somit den Arbeitnehmer belastende Entscheidungen der Mitbestimmung unterworfen. Somit steht der individuelle Schutzzweck der Mitbestimmung im Vordergrund.

95 Eine ohne wirksame Beteiligung der Personalvertretung vorgenommene Ablehnung eines Antrags ist damit unwirksam.

g. Weiterbeschäftigung über die Altersgrenze hinaus (Abs. 1 Nr. 2g)

96 Der Mitbestimmungstatbestand geht davon aus, dass das Erreichen einer bestimmten Altersgrenze automatisch zur Beendigung des Arbeitsverhältnisses eines Arbeitnehmers führt. Nach § 33 Abs. 5 TVöD ist im Fall der Fortbeschäftigung über das Erreichen der Regelaltersgrenze hinaus ein neuer Arbeitsvertrag zu schließen, wenn der Arbeitnehmer befristet oder unbefristet weiterbeschäftigt werden soll. Letztendlich handelt es sich bei der Mitbestimmung nach Abs. 1 Nr. 2g um einen Spezialfall der Mitbestimmung bei der Einstellung im Sinne von Abs. 1 Nr. 2a. Dieser Mitbestimmungstatbestand greift, wenn eine Person nach Erreichen der Altersgrenze in der Dienststelle erstmalig als Arbeitnehmer eingestellt werden soll.

h. Anordnungen, welche die Freiheit in der Wahl der Wohnung beschränken (Abs. 1 Nr. 2 h)

Soweit sich aus arbeitsvertraglichen oder tarifrechtlichen Regelungen ergibt, dass die Freiheit der Wohnungswahl durch einseitige Anordnung des Arbeitgebers beschränkt werden kann, unterliegen diese ebenso wie im Beamtenrecht der Mitbestimmung. Anordnungen hinsichtlich der freien Wohnungswahl sind nur unter Beachtung des verfassungsrechtlichen Schutzes der freien Niederlassung und der Unverletzbarkeit der Wohnung zulässig (Art. 6 und 8 HV). Eine entsprechende Befugnis kann jedoch im Einzelarbeitsvertrag ausdrücklich festgelegt sein. Existiert jedoch eine solche Vereinbarung nicht, dürfte im Zweifel eine entsprechende Anordnung mit der HV und dem Grundrecht der Freizügigkeit nach Art. 11 Abs. 1 GG nicht in Übereinstimmung zu bringen sein.

97

i. Ordentliche Kündigung außerhalb der Probezeit (Abs. 1 Nr. 2 i)

Der Personalrat ist vor jeder ordentlichen Kündigung zu beteiligen. Das gilt unabhängig von der Frage, ob der Arbeitnehmer (keinen) allgemeinen oder besonderen Kündigungsschutz hat. Eine **Kündigung** ist die Erklärung des Arbeitgebers, dass er das Arbeitsverhältnis nicht fortsetzen will. Es handelt sich um eine einseitige Willenserklärung, die schriftlich zu erfolgen hat (§ 623 BGB) und mit Zugang beim Arbeitnehmer wirksam wird. Keine Kündigung ist daher der Abschluss eines **Aufhebungsvertrags**. Endet das Arbeitsverhältnis durch Zeitablauf oder durch eine gerichtliche Entscheidung in einem Verfahren gegenüber einem ehemaligen JAV-Mitglied, bedarf es ebenfalls keiner Kündigung.[608]

98

Als mitbestimmungspflichtige Kündigung im Sinne von Abs. 1 Nr. 2 i ist nur die vom Arbeitgeber ausgesprochene ordentliche, fristgerechte Kündigung anzusehen. Darunter fällt nicht die Kündigung durch den Arbeitnehmer, da die Mitbestimmung sich nur auf die von der Dienststelle beabsichtigte Maßnahme erstreckt. Zu den Kündigungen gehören dabei nicht nur diejenigen, die das Arbeitsverhältnis aufheben, sondern auch die sog. **Änderungskündigungen**, denn sie können ebenfalls zur Beendigung des Arbeitsverhältnisses führen, falls der Arbeitnehmer sich nicht mit der vorgeschlagenen Änderung des Arbeitsvertrags einverstanden erklärt. Die mit der Änderungskündigung angestrebte Änderung der Arbeitsbedingungen kann sich – was die Regel ist – auf eine anderweitige Eingruppierung des Arbeitnehmers beziehen, aber auch alle sonstigen Arbeitsbedingungen betreffen. Soll durch die Änderungskündigung eine Rückgruppierung erreicht werden, hat der Personalrat zugleich ein Mitbestimmungsrecht nach Abs. 1 Nr. 2 b.

99

Die Mitbestimmung setzt nicht voraus, dass für das Arbeitsverhältnis die §§ 1, 2 KSchG Anwendung finden.

100

---

608 Daniels, PersVG Berlin, § 87 Rn. 18.

§ 77

101 Eine **fehlerhafte Beteiligung** liegt vor, wenn die Dienststelle den Personalrat nicht über sämtliche kündigungsrelevanten Gesichtspunkte informiert. Dem Personalrat ist der für die Kündigung maßgebende Sachverhalt so umfassend und so genau mitzuteilen, dass er alleine auf der Grundlage dieser Informationen selbst eine Entscheidung darüber treffen kann, ob die beabsichtigte ordentliche Kündigung gerechtfertigt ist. Im Zusammenhang mit dem beabsichtigten Ausspruch einer Kündigung sind deshalb an die Informationspflicht des Arbeitgebers **sehr hohe Forderungen** zu stellen. Die Information muss auch in Bezug auf Angaben zur Person des zu Kündigenden und vergleichbarer Arbeitnehmer so inhaltsreich sein, wie gewöhnlich eine Erwiderung auf eine Kündigungsschutzklage formuliert wird. Im Hinblick auf die stark eingeschränkte Möglichkeit des Arbeitgebers, Kündigungsgründe **nachzuschieben**, liegt es vornehmlich auch in seinem eigenen Interesse, den Personalrat über alle Gesichtspunkte zu informieren, die ihn zur Kündigung des Arbeitsverhältnisses veranlassen. Dabei ist die Mitteilungspflicht des Arbeitgebers bei der Personalratsbeteiligung zur Kündigung subjektiv determiniert. Der Personalrat ist ordnungsgemäß angehört, wenn ihm der Arbeitgeber die aus seiner Sicht subjektiv tragenden Kündigungsgründe mitgeteilt hat.[609]

102 Die subjektive Determination der Unterrichtungspflicht gegenüber dem Personalrat führt nicht dazu, auf eine Mitteilung persönlicher Umstände ganz zu verzichten, auch wenn der Arbeitgeber sie nicht berücksichtigt hat. Der Arbeitgeber muss deshalb im Allgemeinen Lebensalter und Dauer der Betriebszugehörigkeit sowie einen eventuellen **Sonderkündigungsschutz** als unverzichtbare Daten für die Beurteilung der Kündigung dem Personalrat mitteilen. Dies gilt auch für einen verhaltensbedingten Kündigungsgrund, da dem Personalrat keine persönlichen Umstände vorenthalten werden dürfen, die sich im Rahmen einer Interessensabwägung zugunsten des Arbeitnehmers auswirken können.[610]

103 Der Personalrat hat weiterhin zu prüfen, ob das Verfahren des **betrieblichen Eingliederungsmanagements** (BEM) nach **§ 84 Abs. 2 SGB IX** ordnungsgemäß durchgeführt wurde. Der Arbeitgeber setzt das betriebliche Eingliederungsmanagement in Gang, indem er die Beschäftigten bestimmt, die für einen Klärungsprozess nach § 84 Abs. 2 Satz 1 SGB IX in Frage kommen. Diese werden gemäß § 84 Abs. 2 Satz 3 SGB IX über die Ziele unterrichtet und auf die Möglichkeiten des Eingliederungsmanagements hingewiesen. Erst wenn der Beschäftigte seine Zustimmung zu dessen Durchführung erklärt hat, beginnt in der zweiten Phase der Klärungsprozess, wie die Arbeitsunfähigkeit überwunden und einer erneuten Arbeitsunfähigkeit vorgebeugt werden kann. Die **Beteiligung** der zuständigen **Personalvertretung** ist

---

609 BAG 6.10.2005 – 2 AZR 280/04 –, NZA 2006, 431 ff.
610 BAG 6.10.2005, a. a. O.

erst in der zweiten Phase, nämlich in der Klärungsphase, im Gesetz erwähnt. Nach § 84 Abs. 2 Satz 1 SGB IX klärt der Arbeitgeber mit der zuständigen Interessenvertretung und mit Zustimmung und Beteiligung der betroffenen Personen die Möglichkeiten zur Überwindung und/oder Vorbeugung der Arbeitsunfähigkeit. Ob aus der Erwähnung der zuständigen Interessenvertretung, hier des Personalrats, erst in dieser zweiten Phase der Schluss gezogen werden kann, dass auch in der vorgelagerten Hinweisphase eine Beteiligung des Personalrats nicht oder nur mit Zustimmung des Betroffenen möglich ist, wird unterschiedlich beantwortet.[611] Der Arbeitgeber hat bei beabsichtigter krankheitsbedingter Kündigung dem Personalrat darzulegen, welche Maßnahmen als betriebliche Eingliederungsmaßnahmen (BEM) nach § 84 Abs. 2 SGB IX stattgefunden haben bzw. aus welchen Gründen sie nicht erforderlich waren.[612]

104 Die Zustimmungsverweigerung des Personalrats nach Abs. 1 Nr. 2i muss sich an dem **Versagungskatalog** des Abs. 4 orientieren.

4. Inhalt von Personalfragebogen (Abs. 2 Nr. 1)

105 Nach Abs. 2 Nr. 1 kann der Personalrat über den Inhalt von Personalfragebogen mitbestimmen – gegebenenfalls auch durch den Abschluss von Dienstvereinbarungen. Der **Personalfragebogen** ist ein klassisches Instrument, die Eignung eines Bewerbers oder Beschäftigten für bestimmte Aufgaben festzustellen.[613] Darüber hinaus wird im Rahmen einer modernen und zeitgemäßen Personal- und Organisationentwicklung regelmäßig mit Fragebogen gearbeitet. Werden zu diesem Zweck und auf diesem Wege personenbezogene Daten abgefragt, liegt ein Personalfragebogen vor, der der Mitbestimmung unterliegt. Im Unterschied zu § 75 Abs. 3 Nr. 8 BPersVG hat die Mitbestimmung nach Abs. 2 Nr. 1 nur eine beschränkte Reichweite, so dass die Einigungsstelle gemäß § 71 Abs. 4 auch hier nur Beschlüsse mit dem Charakter einer Empfehlung an die oberste Dienstbehörde treffen kann. Über das Mitbestimmungsrecht wird die Einhaltung des Datenschutzes überwacht und das allgemeine Persönlichkeitsrecht geschützt.[614]

106 Dementsprechend erstreckt sich das **Beteiligungsrecht** nicht auf die Frage, »ob« der Fragebogen eingeführt oder abgeschafft wird, sondern **beschränkt** sich auf seinen **Inhalt**, also die gestellten Fragen. Das gilt sowohl für die erstmalige Einführung als auch für Änderungen.[615]

---

611 Einerseits: LAG München 24.11.2010 – 11 TaBV 48/10 –, zitiert nach juris; andererseits: BayVGH 30.4.2009 – 17 P 08.3389 –, zitiert nach juris.
612 BAG 23.4.2008 – 2 AZR 1012/06 –, NZA-RR 2008, 515 ff.
613 OVG NRW 4.10.1990 – CL 13/88.
614 BVerwG 28.1.1998, PersR 1998, 374.
615 OVG NRW 22.5.1986, PersV 1988, 534.

§ 77

107 Personalfragebogen ermitteln formularmäßig personenbezogene Daten beim Bewerber[616] und/oder Beschäftigten. Dazu zählen etwa Angaben zur Person (z. B. Name und Beschäftigungsdauer), zu den persönlichen Verhältnissen (z. B. Familienstand), zum beruflichen Werdegang oder zu fachlichen Kenntnisse und Fähigkeiten. Sie dienen vorzugsweise der Feststellung der Eignung für bestimmte Aufgaben.

108 Der Inhalt **(un-)zulässiger Fragen** ergibt sich zum einen aus **gesetzlichen Vorschriften**, z. B. aus dem AGG, dem Beamtenrecht, dem BDSG oder dem jeweiligen Landesdatenschutzgesetz. Zum anderen ist vor allem die Rechtsprechung der Arbeitsgerichte zu den Grundsätzen des Fragerechts zu beachten, soweit gesetzliche Vorschriften fehlen. Der Bewerber darf bei weitem nicht so viel gefragt werden, wie der eingestellte Beschäftigte gefragt werden muss, um die rechtlich und personalwirtschaftlich notwenigen Angaben zu erhalten. Beamte müssen wegen den Vorgaben des Beamtenrechts mehr Informationen zur Verfügung stellen als Arbeitnehmer. Die **Beteiligung des Personalrats** beim Einsatz von unzulässigen Fragebögen macht die Frage nicht rechtmäßig. Die Rechtsverletzung durch die Führungskraft lohnt in keinem Fall: Derjenige, der rechtswidrige Fragen oder Themen anspricht, verletzt seinerseits arbeits- bzw. dienstvertragliche Pflichten und erntet im Zweifel die Antworten, die er gerne hören möchte. Diese haben aber keine rechtliche Verbindlichkeit. Denn auf die unzulässige Frage »darf das Blaue vom Himmel« erzählt werden, man spricht vom Recht zur Lüge.

109 Wegen des **Schutzzwecks** wird der Begriff des Personalfragebogens weit gefasst. Das Mitbestimmungsrecht erfasst auch Gesprächsleitfäden, die für unterschiedliche Interviewer eines (größeren) Arbeitgebers bzw. Dienstherrn einheitliche Standards und Gesprächsabläufe sicherstellen sollen. Führungskräfte erarbeiten keine Bewerber- oder Personalfragebögen, die ohne Zustimmung des Personalrats eingesetzt werden.

> **Beispiele:**
> - Will die Verwaltungsleiterin z.B. die Kundenzufriedenheit messen und werden zu diesem Zweck bei den Kunden personenbezogene Daten des Beschäftigten abgefragt (»War der Mitarbeiter kompetent oder nicht kompetent?«), liegt gleichwohl ein mitbestimmungspflichtiger Personalfragebogen vor. Denn über die Abfrage beim Kunden werden die Daten des Mitarbeiters ermittelt. Das gilt insbesondere, wenn Kennzahlen zur Ermittlung der Leistung bei leistungsorientiertem Entgelt gemäß § 18 TVöD ermittelt werden. Gleiches gilt, wenn im Rahmen von Bewertungs- bzw. Zielvereinbarungsgesprächen personenbezogene Daten erfragt werden (»Benötigen Sie zur Erreichung der vereinbarten Ziele noch irgendwelche Schulungen?«) oder im Rahmen von Stelleninter-

---

[616] BVerwG 19.5.2003, PersV 2003, 339.

§ 77

views zur Ermittlung der Eingruppierung Daten des Stelleninhabers erfragt werden.[617]
- Die Studentin S möchte statistisches Material für eine Master-Arbeit sammeln und wendet sich an den Verwaltungsleiter. Die Fragen, die für die Anfertigung der wissenschaftlichen Arbeit gestellt werden, lassen Rückschlüsse auf das Führungs- und Leistungsverhalten der Mitarbeiter der Dienststelle zu.

Hat die Dienststellenleitung Zugriff auf die Ergebnisse, liegt ein Fall der Mitbestimmung vor. Die Befragung wäre mitbestimmungsfrei, wenn die Daten **anonymisiert** bzw. aggregiert werden und die Dienststellenleitung keinen Zugriff hätte, weil die Bögen z.B. unmittelbar an den Lehrstuhl gesendet werden. **110**

In den **Personalvertretungsgesetzen der Länder** können aber Ausnahmen geregelt werden. So bestimmt z.B. § 72 Abs. 4 Satz 1 LPVG NRW, dass Personalfragebogen nicht der Mitbestimmung unterliegen, wenn sie »der Finanzkontrolle durch den Landesrechnungshof dienen«. Gleiches gilt für Niedersachsen (§ 66 Abs. 1 Nr. 13 NPersVG)[618] und Baden-Württemberg (§ 79 Abs. 3 Nr. 4 LPVG BW). **111**

Vom Personalfragebogen sind **Stellenbeschreibungen** zu unterscheiden, die sich gerade nicht auf den Arbeitsplatzinhaber beziehen, sondern lediglich auf Inhalt, Umfang und Bedeutung der auf einem Arbeitsplatz zu verrichtenden Tätigkeit.[619] Deshalb sind **Erhebungsbögen**, die zur sachbezogenen Arbeitsplatzbeschreibung dienen sollen, grundsätzlich keine mitbestimmungspflichtigen Personalfragebogen. Voraussetzung ist aber, dass **keine Rückschlüsse** auf das Führungs- und Leistungsverhalten bzw. die Eignung des Stelleninhabers möglich sind. Etwas anderes gilt, wenn in der Stellenbeschreibung personenbezogene Daten des Stelleninhabers aufgenommen werden, wie z.B. im BMI-Formular. **112**

In der Rechtsprechung ist umstritten, ob die Mitbestimmung in jedem Fall greift. Das Beteiligungsrecht soll entfallen, wenn die Dienststelle eine formularmäßige Zusammenstellung personenbezogener Daten der Beschäftigten vornimmt, die ihr in anderer Form bereits vorliegen.[620] Lässt die Stellenbeschreibung **Rückschlüsse auf die Eignung** des Bewerbers bzw. Mitarbeiters zu, liegt ein **mitbestimmungspflichtiger** Personalfragebogen vor.[621] Das ist z.B. der Fall, wenn personenbezogene Daten zur Personalentwicklung – z.B. Berufs-, IT- oder Sprachkenntnisse – verwendet werden. Das gilt auch, wenn zum Verfassen der Stellenbeschreibung sog. Stelleninterviews durchgeführt werden. **113**

---

617 Zum Stelleninterview einführend Richter/Gamisch, RiA 2007, 145 ff.
618 Nds. OVG 17. 2. 1999, PersV 1999, 552.
619 BVerwG 6. 2. 1979 – 6 P 20.78 –, PersR 1980, 421.
620 BVerwG 19. 5. 2003, PersV 2003, 339.
621 Vgl. HessVGH 10. 10. 1984 – BPV TK 29/83 –, zit. nach Altvater, BPersVG, § 75 Rn. 190 m. w. N.

§ 77

114 **Verfahrensfehler** der Dienststellenleitung berechtigten den Personalrat, im Rahmen des Mitbestimmungsverfahrens bei der Einstellung die Zustimmung zu verweigern.

Kein Personalfragebogen	Personalfragebogen
Die personenbezogenen Daten sind der Dienststellenleitung bereits bekannt (str.) ...	Die Daten werden vom Arbeitgeber/Dienstherrn oder einem Dritten erhoben (Ausnahme: Landesrechnungshof in NRW, Niedersachsen)
... oder die Daten sind anonymisiert, so dass keine Rückschlüsse auf den Betroffenen gezogen werden können.	... die personenbedingte Daten umfasst (z. B. Ausbildungen, Fremdsprachen-, IT-Kenntnisse des Stelleninhabers)
Arbeitsplatz-/Dienstposten-/Stellenbeschreibung	Formular zur Angabe von anzeige-/genehmigungspflichtigen Nebentätigkeiten[622]
Stelleninterviews	... das auch Fragen nach personenbezogenen Daten stellt

Das Mitbestimmungsrecht verstärkt also den Schutz des Bewerbers bzw. Beschäftigten.

115 Die Verletzung des Beteiligungsrechts führt aber nicht dazu, dass der Betroffene eine grundsätzlich zulässige Frage falsch beantworten darf.[623] Die **Zulässigkeit von Fragen** gegenüber Beamten folgt aus dem Beamtenrecht. Dieses wird seinerseits durch das Arbeits- und Antidiskriminierungsrecht des Bundes bzw. der Länder flankiert. Im Arbeitsrecht sind das AGG und die von der Rechtsprechung entwickelten Grundsätze zum Fragerecht des Arbeitgebers zu beachten. Im Rahmen der Einstellung darf es nicht zu sachlich ungerechtfertigten Benachteiligungen wegen eines gemäß § 1 AGG verpönten Merkmals kommen. Die Kataloge des Beamtenrechts und § 1 AGG gleichen sich weitgehend. Zu beachten ist aber, dass im Zuge der Einführung des AGG über Jahrzehnte geübte Praktiken fraglich geworden sind. Diese Standards sichert der Personalrat über sein Mitbestimmungsrecht.[624] Der Bewerber darf bei weitem nicht so viel gefragt werden darf, wie der eingestellte Mitarbeiter gefragt werden muss, damit der Arbeitgeber bzw. Dienstherr das Arbeits- bzw. Dienstverhältnis abwickeln

---

622 BVerwG 30.11.1982, PersV 1983, 411.
623 BAG 1.12.1999, PersR 2000, 336.
624 Bauschke, AGG – Allgemeines Gleichbehandlungsgesetz im öffentlichen Dienst; Gola/Wronka, Handbuch zum Arbeitnehmerdatenschutz, Rn. 424 ff.; Richter/Fries, Datenschutz in Nordrhein-Westfalen, 112; Richter/Gamisch, Die Führungskraft im Vorstellungsgespräch, RiA 2009, 145–152.

kann. Im Vorstellungsgespräch dürfen (über formalisiere Gesprächsleitfäden) nur die Themen angesprochen werden, die für die rechtskonforme Personalauswahl notwendig und deshalb erlaubt sind. Grundlage der Gesprächsinhalte sind ...

- das vom Arbeitgeber bzw. Dienstherrn aufgestellte Anforderungsprofil,
- die auf dieser Grundlage erstellte Stellenausschreibung,
- die aus der Stellen- bzw. Dienstpostenbeschreibung entwickelt worden ist,
- die Bewerbungsunterlagen und
- die übrigen Ergebnisse des Personalauswahlverfahrens.

Unzulässige/s Frage/Thema	Rechtmäßige/s Frage/Thema
Geburtsort	Staatsangehörigkeit, wenn diese Einstellungsvoraussetzung nach Beamtenrecht ist
(bevorstehende) Schwangerschaft	Aktuelle Beschäftigungsverbote gemäß MuSchG
(bevorstehende) Elternzeit	Spezifische, durch Betreuung und Pflege erworbene Erfahrungen und Fähigkeiten
Mitgliedschaft in einer Kirche	Mitgliedschaft bei Scientology[625]
Schwerbehinderung	Gesundheitliche Beeinträchtigungen, die einen Einsatz auf der Stelle verhindern bzw. erschweren
Alter	Eine Ausnahme besteht nach Maßgabe des Beamtenrechts und nach § 10 AGG
Familienstand	Spezifische, durch Betreuung und Pflege erworbene Erfahrungen und Fähigkeiten

Ziel des Mitbestimmungstatbestands ist die Wahrung und Verstärkung des Schutzes der Persönlichkeitsrechte und der Würde der Beschäftigten und Einstellungsbewerber. Das Mitbestimmungsrecht des Personalrats bezieht sich nicht auf die Einführung oder Abschaffung von Personalfragebogen, sondern auf die Gestaltung ihres **Inhalts**. Diese Beschränkung ist jedoch unerheblich, da der Personalfragebogen erst durch den Inhalt der Fragen seinen Sinn erhält. Die Beteiligung des

---

625 Keine Kirche; siehe BAG 26. 9. 2002, AP Nr. 23 zu § 2 ArbGG 1979.

§ 77

Personalrats soll sicherstellen, dass die Fragen auf Inhalt und Umfang beschränkt bleiben, für die ein berechtigtes Auskunftsbedürfnis der Dienststelle besteht, damit nicht gerechtfertigtes Eindringen in die Persönlichkeitssphäre des Einzelnen verhindert wird.[626]

117 Unerheblich sind die **Form der Fragestellung** und deren Beantwortung. So können die personenbezogenen Auskünfte in einem besonderen Fragebogen formularmäßig gestellt und hierauf beantwortet werden. Denkbar sind auch Abfragen mittels des Eintrags persönlicher Angaben in schriftlichen Arbeitsverträgen. Abfragen können auch über das Internet oder Intranet erfolgen. Zum Mitbestimmungsrecht gehört auch die inhaltliche Veränderung von Personalfragebogen. Dies gilt dann auch für die Angaben, die etwa in einem Assessment-Center gewonnen wurden und in einen Personalfragebogen einfließen oder gesondert erfasst werden sollen.

5. Grundsätze des Verfahrens bei Stellenausschreibungen (Abs. 2 Nr. 2)

118 Aufgrund der Organisations- und Personalhoheit der öffentlichen Verwaltung hat der Dienstherr bei der Besetzung einer freien Stelle ein Wahlrecht zwischen den Personalmaßnahmen der Beförderung einerseits und der Umsetzung oder Versetzung eines bereits in dem entsprechenden Beförderungsamt befindlichen Beamten andererseits. Nur wenn er ein Auswahlverfahren zur Bestenauslese unter mehreren Bewerbern einleiten will, das regelmäßig einer Beförderung vorausgeht, besteht eine Pflicht zur **dienststelleninternen Ausschreibung**.[627]

119 Für Beamte gibt es eine **gesetzliche Regelung** für die Ausschreibung von Stellen. Nach § 8 Abs. 2 Satz 1 HBG sollen die Bewerber durch Stellenausschreibungen ermittelt werden. Wesentlich weiter geht die Stellenausschreibungspflicht nach der BLV und dem BBG. Nach § 8 BBG besteht eine gesetzliche Pflicht zur Stellenausschreibung bei Neueinstellungen und bei interner Nachbesetzung freier Stellen. Die **Pflicht zur Stellenausschreibung** entfällt nur für solche Stellen, die ein besonderes Vertrauensverhältnis erfordern. Aber auch die Stellenausschreibungspflicht nach § 8 Abs. 2 Satz 1 HBG gilt für Personen, die neu in das Beamtenverhältnis berufen werden sollen. Die Regelung umfasst daher ausschließlich die externe Stellenausschreibung.

120 Weiterhin muss bei Stellenausschreibungen auf § 8 Abs. 1 Satz 1 HGlG geachtet werden, der die Mitbestimmung grundsätzlich **stark einschränkt**. Danach sollen in allen Bereichen, in den Frauen unterrepräsentiert sind, zu besetzende Personalstellen grundsätzlich in den Dienststellen sowie öffentlich ausgeschrieben werden. Es unterliegt

---

626 BVerwG 26.3.1985 – 6 P 31.82 –, ZBR 1985, 174.
627 HessVHG 17.4.1991 – BPV TK 2931/90.

6. Beurteilungsrichtlinien (Abs. 2 Nr. 3)

Beurteilungsrichtlinien sind **allgemeine Regeln**, in denen Maßstäbe für die Beurteilung von Arbeitsleistungen der Arbeitnehmer und Beamten aufgestellt werden, indem die Bewertungsmethode im Blick auf eine Objektivierung der Beurteilung zur Gewährleistung des Gleichheitsgrundsatzes im Einzelnen festgelegt wird und bestimmt, auf welche Weise dienstliche Beurteilungen zu erstellen sind bzw. das anzuwendende Verfahren bei ihrer Erstellung zum Gegenstand haben.[628] Beurteilungsrichtlinien sind nicht erst dann anzunehmen, wenn es sich um ein **vollständiges** und **lückenloses System** der Beurteilung handelt, auch **Teilregelungen** für **ergänzende** oder Teilbeurteilungen unterliegen der Mitbestimmung.[629]

121

Die Erstellung von Beurteilungen dient dazu, Vergleiche zwischen Beschäftigten zu ermöglichen und den Beschäftigten darzulegen, wie ihre Leistungen eingeschätzt werden bzw. wurden oder welche Leistungen ihnen zugetraut werden. Die innerhalb der Personalwirtschaft für den Themenbereich »Personalbeurteilung« verwendeten Begriffe differenzieren von Qualifikation, Mitarbeiterbeurteilung, Leistungsbewertung, Verhaltensbeurteilung bis zu dem im öffentlichen Dienst in der Regel verwendeten Begriff der dienstlichen Beurteilung.

122

Unabhängig davon, ob es sich um eine **Anlass-** oder **Regelbeurteilung** handelt, dient die dienstliche Beurteilung der Verwirklichung des mit Verfassungsrang ausgestatteten Grundsatzes, Beamtinnen und Beamte nach Eignung, Befähigung und fachlicher Leistung einzustellen, einzusetzen und zu befördern (**Art. 33 Abs. 2 GG**). Ihr Ziel ist es, die den Umständen nach optimale Verwendung der Beschäftigten zu gewährleisten und so die im öffentlichen Interesse liegende Erfüllung hoheitlicher Aufgaben (Art. 33 Abs. 4 GG) durch Beamte bestmöglich zu sichern. Zugleich dient die dienstliche Beurteilung auch dem berechtigten Anliegen der Beamten, in ihrer Laufbahn entsprechend ihrer Eignung, Befähigung und Leistung voranzukommen. Ihr kommt die entscheidende Bedeutung bei der Auswahlentscheidung des Dienstherrn und der dabei erforderlichen »Klärung einer Wettbewerbssituation« zu. Dies verlangt **größtmögliche Vergleichbarkeit** der erhobenen Daten. Denn die dienstliche Beurteilung soll den Vergleich mehrerer Beamten und eventuell auch Arbeitnehmer miteinander ermöglichen und zu einer objektiven und gerechten Bewertung des

123

---
628 BVerwG 11.12.1991 – 6 P 20.89 –, PersR 1992, 202; OVG NRW 5.7.1990 – CL 17/88.
629 OVG NRW 5.7.1990 – CL 17/88.

§ 77

einzelnen Beschäftigten führen. Daraus folgt, dass die Beurteilungsmaßstäbe gleich sein und gleich angewendet werden müssen. Denn die **Einheitlichkeit des Beurteilungsmaßstabs** ist unabdingbare Voraussetzung dafür, dass die Beurteilung ihren Zweck erfüllt, einen Vergleich der Beschäftigten untereinander anhand vorgegebener Sach- und Differenzierungsmerkmale zu ermöglichen. Ihre wesentliche Aussagekraft erhält eine dienstliche Beurteilung erst aufgrund ihrer Relation zu den Bewertungen in anderen dienstlichen Beurteilungen.[630]

124 Obwohl die vorgenannten Ziele und Grundsätze sowohl für die **Anlass-** als auch für die **Regelbeurteilung** gelten, bestehen bei diesen Beurteilungsarten beachtliche Unterschiede. Eine Regelbeurteilung hat sich grundsätzlich zu Eignung, Befähigung und fachlicher Leistung des Beurteilten während des gesamten Beurteilungszeitraums umfassend zu äußern und mit einem Gesamturteil abzuschließen. Um das in der Regelbeurteilung sich abzeichnende Bild hinsichtlich der Vergleichbarkeit der zum gleichen Zeitpunkt beurteilten Beschäftigten zu gewährleisten, muss so weit wie möglich gleichmäßig verfahren werden. Bei der Festlegung, welchen Zeitraum die Regelbeurteilung erfasst, ist vorrangig zu berücksichtigen, dass die Regelbeurteilung ihr Ziel nur dann optimal erreichen kann, wenn die für die Vergleichbarkeit maßgeblichen äußeren Kriterien so weit wie möglich eingehalten werden. **Höchstmögliche Vergleichbarkeit** wird grundsätzlich durch den **gemeinsamen Stichtag** und den gleichen **Beurteilungszeitraum** erreicht.[631] Einschränkungen sind insoweit bei der Regelbeurteilung nur aus **zwingenden Gründen** hinzunehmen. Ein zwingender Grund liegt nicht vor, wenn die Beschäftigten innerhalb des Beurteilungszeitraums der Regelbeurteilung aus besonderem Anlass beurteilt worden sind. Nach der Rspr. des BVerwG ist anerkannt, dass der von einer Anlassbeurteilung erfasste Beurteilungszeitraum in den Beurteilungszeitraum einer nachfolgenden Regelbeurteilung einbezogen werden kann. Die Anlassbeurteilung hindert den Dienstherrn insoweit weder rechtlich noch tatsächlich.

125 Dienstliche Beurteilungen sind im Beamten- und im Tarifrecht subjektive Akte wertender Erkenntnisse. Dies unterscheidet die dienstliche Beurteilung nicht von anderen subjektiven Leistungseinschätzungen. Die gerichtliche Kontrolle dienstlicher Beurteilungen vor den Verwaltungsgerichten (§ 54 Abs. 1 BeamtStG) ist dementsprechend eingeschränkt. Es ist daher Aufgabe von Dienststellenleitung und Personalvertretung dafür Sorge zu tragen, dass in **Beurteilungsrichtlinien** für das Beurteilungsverfahren von Beamten und Arbeitnehmern solche Parameter aufgestellt werden, die als solche für Dritte erkennbar und insbesondere schlüssig und nachvollziehbar sind. Dies gilt vorrangig für die Aufstellung von Beurteilungskriterien. Ungeeig-

---

630 BVerwG 18.7.2001 – 2 C 41.00 –, NVwZ-RR 2002, 201.
631 Nds. OVG 13.12.2010 – 5 ME 232/10 –, PersR 2011, 135, 137.

§ 77

net sind daher Kriterien wie Sensitivität (Einfühlungsvermögen in soziale Situationen), emotionale Stabilität (Fähigkeit zur Kontrolle eigener emotionaler Reaktionen), Integrität/Loyalität (Fähigkeit und Bereitschaft, Ziele, Werte und Leitbildinhalte zu repräsentieren) sowie Selbstreflektion (Bereitschaft und Fähigkeit zur Selbstwahrnehmung und zum kritischen Hinterfragen der eigenen Person). Diese sind von Dritten schlichtweg nicht überprüfbar. Es fehlen objektive Parameter. Die Aufnahme von Krankheitsdaten und die Angabe von konkreten Krankheitsbildern in der Beurteilung sind unzulässig.

Gegenstand von Beurteilungsrichtlinien ist die Festlegung allgemeiner Bewertungskriterien, nach denen Beurteilungen im Einzelfall abzufassen sind.[632] Insoweit kann der Personalrat hier Einfluss ausüben. Das gilt auch für die Entscheidung, welcher Personenkreis beurteilt bzw. nicht beurteilt wird. Auch hinsichtlich der Anwendung der Gauß'schen Kurve oder entsprechender Richtwerte hat der Personalrat die Möglichkeit, Einfluss zu nehmen. Weiterhin kann in Beurteilungsrichtlinien das Beurteilungsverfahren an sich geregelt werden und damit auch die Frage, wie mit Vorentwürfen zu Beurteilungen zu verfahren ist. Es können die Anlässe konkretisiert werden für die Erstellung sog. Anlassbeurteilungen. Die Beurteilungszeiträume können fixiert werden. Das Beurteilungseröffnungsverfahren kann genauso vereinbart werden wie das Beurteilungsschema, ob also Noten oder Punktesysteme zur Anwendung kommen. Im Falle einer Mischform, also der Vergabe von Noten für die Einzelbewertungen und von Punkten im Gesamtergebnis, bedarf es eines möglichst in den Beurteilungsrichtlinien schriftlich hinterlegten Schlüssels, wie die Noten auf das Punktesystem umgerechnet werden. Ansonsten sind die dienstlichen Beurteilungen wegen Unschlüssigkeit rechtswidrig. **126**

Von der Reichweite der Mitbestimmung erfasst sind sämtliche allgemein die Praxis der dienstlichen Beurteilung betreffenden Regelungen. Hierbei kommt es jedoch nicht darauf an, ob diese ausdrücklich als Beurteilungsrichtlinie bezeichnet werden.[633] Nicht nur das erstmalige Aufstellen von Beurteilungsrichtlinien, sondern auch spätere Änderungen unterliegen der Mitbestimmung nach Abs. 2 Nr. 3.[634] **127**

7. Erlass von Richtlinien über die personelle Auswahl bei Einstellungen, Versetzungen, Beförderungen, Umgruppierungen und Kündigungen (Abs. 2 Nr. 4)

Nach dieser – mit § 95 Abs. 1 Satz 1 BetrVG vergleichbaren – Vorschrift hat der Personalrat mitzubestimmen über Auswahlrichtlinien. **128**

---

[632] OVG NRW 12.2.1987, PersR 1987, 267; OVG Bremen 28.5.1991, PersR 1991, 472.
[633] HessVGH 21.8.1985 – HPV TL 468/94; v. Roetteken/Rothländer, HPVG, § 77 Rn. 697.
[634] HessVGH 13.3.1991, AuR 1992, 61.

§ 77

Diese enthalten **abstrakt-generelle Regelungen**, die die für die jeweilige personelle Auswahl maßgeblichen fachlichen, persönlichen und sozialen Gesichtspunkte gewichten. Sie können bestimmen, welche Gesichtspunkte bei personellen Einzelmaßnahmen im Hinblick auf die Arbeitnehmer und Beamten zu berücksichtigen sind oder außer Betracht zu bleiben haben. Je differenzierter eine Auswahlrichtlinie ist, desto stärker wird der Entscheidungsspielraum des Dienstherrn/Arbeitgebers eingeengt. Letztlich ist die Auswahl des Arbeitnehmers/Beamten/Bewerbers für eine bestimmte personelle Einzelmaßnahme alleine Sache des Dienstherrn. Auswahlrichtlinien sollen seinen **Ermessensspielraum** durch das Aufstellen von Entscheidungskriterien **einschränken**. Sie dürfen ihn aber grundsätzlich nicht völlig beseitigen.

129 Auswahlrichtlinien haben sowohl **kollektivrechtliche** als auch **individualrechtliche** Auswirkungen. So kann der Personalrat nach Abs. 4 Nr. 1 seine Zustimmung zu einer Einstellung, Versetzung, Beförderung, Umgruppierung oder Kündigung verweigern, wenn die Maßnahme gegen eine Auswahlrichtlinie nach Abs. 2 Nr. 4 HPVG verstößt. Da es sich bei den Beurteilungsrichtlinien um abstrakt-generelle Regelungen handelt, schließt ihre Existenz die Mitbestimmung bei den jeweiligen personellen Einzelmaßnahmen gerade nicht aus. Dies gilt auch bei vom Bezirks- oder Hauptpersonalrat bei der Mittelbehörde bzw. obersten Dienstbehörde für deren Geschäftsbereich abgeschlossenen Dienstvereinbarungen. Auch hierdurch wird das Mitbestimmungsrecht des örtlichen Personalrats bei den nachgeordneten Dienststellen hinsichtlich der dort jeweils anstehenden Einzelmaßnahmen nicht verbraucht.[635] Es ist gerade die Aufgabe der örtlichen Personalvertretung zu prüfen, ob die beabsichtigte personelle Einzelmaßnahme in Übereinstimmung steht mit der Auswahlrichtlinie. Diese muss im Übrigen nicht exakt als »Auswahlrichtlinie« bezeichnet sein.

130 Nicht Gegenstand der Beteiligung nach Abs. 2 Nr. 4 ist das Aufstellen sog. **Anforderungsprofile**, die dazu dienen, die Bewerberauswahl aus Anlass einer Stellenausschreibung von vornherein zu steuern.[636]

131 Auswahlrichtlinien für **Kündigungen** kommen regelmäßig nur für betriebsbedingte Kündigungen in Betracht, weil die Voraussetzungen für personen- oder verhaltensbedingte und außerordentliche Kündigungen gesetzlich festgelegt sind (§ 1 Abs. 2 KSchG, § 626 Abs. 1 BGB) und nur bei Vorliegen bestimmter, individueller Voraussetzungen in Betracht kommen und rechtmäßig sind. Dagegen haben Auswahlrichtlinien bei Kündigungen vor allem im Hinblick auf ihre Auswirkungen auf den individuellen Kündigungsschutz nach § 1 Abs. 3 und 4 KSchG durchaus eine Bedeutung. § 1 Abs. 3 KSchG sieht vor, dass eine Kündigung aus dringenden betrieblichen Erfordernissen so-

---

635 Nds. OVG 12.11.2008 – 17 LP 25/07 –, PersR 2009, 27.
636 BAG 31.1.1984 – 1 ABR 63/81 –, AP Nr. 2 und 3 zu § 95 BetrVG 1972.

zial ungerechtfertigt sein kann, wenn der Arbeitgeber bei der Auswahl die maßgeblichen Sozialkriterien, nämlich Dauer der Betriebszugehörigkeit, Lebensalter, Unterhaltspflichten und Schwerbehinderung des Arbeitnehmers, nicht oder nicht ausreichend berücksichtigt hat. Bewertet eine Auswahlrichtlinie eine oder mehrere der gesetzlichen Sozialkriterien, etwa das Alter oder die Betriebszugehörigkeit, **nicht** oder nur so gering, dass es in der ganz überwiegenden Mehrzahl der Fälle als relevantes Auswahlkriterium **überhaupt nicht berücksichtigt wird** und allenfalls noch in extremen Ausnahmefällen als Zusatzkriterium eine Rolle spielen kann, erfüllt sie nicht die gesetzlichen Voraussetzungen des § 1 Abs. 4 KSchG.[637] Sie ist deshalb nicht geeignet, den Arbeitgeber/Dienstherrn durch die Anwendung des eingeschränkten Prüfungsmaßstabs der groben Fehlerhaftigkeit zu privilegieren.[638]

8. Erstellung des Frauenförderplans (Abs. 3)

Der Personalrat hat bei der Erstellung des Frauenförderplans nach § 4 HGlG mitzubestimmen. Dieser Beteiligungstatbestand wird verdrängt, wenn eine Dienststelle »an die Stelle von Frauenförderplänen neue Modelle der Verwaltungssteuerung treten« lässt. Mit der neuen Verwaltungssteuerung verfolgt der Gesetzgeber auch das Ziel, neue Modelle als Alternative für Frauenförderpläne hervorzubringen.[639]

132

9. Versagungskatalog gemäß Abs. 4

Der Versagungskatalog in Abs. 4 gilt für **alle personellen Maßnahmen**. In seiner Rückschrift hat sich der Personalrat auf einen dieser Versagungsgründe ausdrücklich zu beziehen. Hierfür ist es indes nicht, den Gesetzestext abzuschreiben. Vielmehr bedarf es einer konkreten Sachverhaltsdarlegung, warum eine personelle Maßnahme z. B. gegen ein Gesetz oder gegen eine Auswahlrichtlinie verstößt.

133

Nach Ablauf der Rückäußerungsfrist gemäß § 69 Abs. 2 ist es dem Personalrat untersagt, neue Verweigerungsgründe aus dem Versagungskatalog des Abs. 4 vorzutragen. Das **Nachschieben von Verweigerungsgründen** ist nicht zulässig. Es können jedoch die in der Rückschrift bereits dargelegten Versagungsgründe in weiteren Schreiben – etwa zur Vorbereitung eines Einigungsstellenverfahrens – vertieft werden. Insoweit gilt für den Personalrat der Grundsatz, die Rückschrift unter Einbeziehung des Versagungskatalogs in Abs. 4 möglichst umfassend zu formulieren.

134

---

637 BAG 18. 10. 2006 – 2 AZR 473/05 –, NZA 2007, 504 ff.
638 BAG 18. 10. 2006, a. a. O.
639 So auch v. Roetteken/Rothländer, HPVG, § 77 Rn. 750, 750a.

a. Verstoß gegen ein Gesetz, eine Verordnung, eine Bestimmung in einem Tarifvertrag, eine gerichtliche Entscheidung oder eine Verwaltungsanordnung oder gegen eine Richtlinie im Sinne des Abs. 2 Nr. 4 (Abs. 4 Nr. 1)

135 Auch wenn die Regelung es nicht ausdrücklich erwähnt, erhalten europarechtliche Entscheidungen und Richtlinien immer größere Bedeutung. Solche Entscheidungen sind beim EuGH bzw. EGMR abrufbar. Beruft der Personalrat sich auf eine solche Richtlinie oder generell auf ein Gesetz oder auf eine Bestimmung in einem Tarifvertrag, muss er darlegen, warum bei der konkreten personellen Einzelmaßnahme ein **Verstoß** vorliegt. Entscheidend ist, ob er aus seiner Sicht einen solchen Verstoß sieht. Da sich der Personalrat in der Regel nicht aus Juristen zusammensetzt, bedarf es hier keiner übersteigerten Anforderungen. Ein beachtlicher Verweigerungsgrund ist etwa, wenn der Dienstherr bei einer auf dem Prinzip der Bestenauslese beruhenden Personalmaßnahme eine vergleichende Betrachtung der ausgewählten Person mit den übrigen Bewerbern unterlassen hat.[640]

b. Bestehen einer begründeten Besorgnis, dass durch die Maßnahme der betroffene Beschäftigte oder andere Beschäftigte benachteiligt werden, ohne dass dies aus dienstlichen oder persönlichen Gründen gerechtfertigt ist (Abs. 4 Nr. 2)

136 Bei dem Versagungsgrund nach Abs. 4 Nr. 2 muss der Personalrat seine **Ablehnung mit konkreten Tatsachen** belegen, die die Besorgnis der Benachteiligung begründen. Die Benachteiligung muss noch nicht eingetreten sein, da das Gesetz die Besorgnis genügen lässt, dass es zu einer Benachteiligung kommen werde. Das **Zustimmungsverweigerungsrecht** besteht somit bereits dann, wenn nur die Gefahr besteht, dass Nachteile für den betroffenen Beschäftigten oder andere Beschäftigte der Dienststelle eintreten. Eine lediglich auf Vermutungen (Flurfunk) beruhende Befürchtung reicht keinesfalls aus, vielmehr muss der Personalrat Tatsachen vortragen, die seine Befürchtung rechtfertigen. Ob die befürchteten Nachteile tatsächlich vorliegen, spielt für die Rechtswirksamkeit der Zustimmungsverweigerung selbst keine Rolle, sondern dies ist gegebenenfalls Gegenstand eines Einigungsstellenverfahrens. Die etwaige Nichtrealisierung von Beförderungschancen stellt nur dann einen Nachteil im Sinne der Vorschrift dar, wenn hierauf (ganz ausnahmsweise) ein Rechtsanspruch oder mindestens eine rechtserhebliche Anwartschaft besteht.[641]

137 Eine Benachteiligung im Sinne des Abs. 4 Nr. 2 kann sich aus dem **Verlust einer Rechtsposition**, aber auch aus **tatsächlichen Nachteilen** von nicht unerheblichem Gewicht ergeben, wie sie etwa bei

---

640 OVG NRW 24.11.1999 – 1 A 3563/97.PVL –, ZfPR 2000, 236.
641 Däubler/Kittner/Klebe/Wedde, BetrVG, § 99 Rn. 186.

§ 77

ungünstigen Auswirkungen auf die Umstände der Arbeit anzunehmen sind.[642] Sollen Beschäftigte vom Innen- in den Außendienst versetzt werden, verschlechtern sich hierdurch die materiellen Arbeitsbedingungen für die betroffenen Mitarbeiter. Es ergeben sich längere Wege während der Arbeit. Zudem sind die Mitarbeiter der Witterung ausgesetzt.

Führt eine Versetzung dazu, dass der Arbeitnehmer aufgrund seiner besonderen Konstitution die neue Arbeitsaufgabe nicht erledigen kann, müssen die Grundsätze der personenbedingten Kündigung wegen Erkrankung des Arbeitnehmers auf die Rechtfertigung einer solchen Versetzung entsprechend angewandt werden. So wie eine **krankheitsbedingte Kündigung** unverhältnismäßig ist, wenn ein leidensgerechter Arbeitsplatz zur Verfügung steht,[643] ist auch eine Versetzung nicht durch betriebliche Gründe zu rechtfertigen, wenn der Arbeitnehmer die neue Arbeitsaufgabe aus gesundheitlichen Gründen nicht ausführen kann, ihm dies aber hinsichtlich seiner bisherigen Tätigkeit möglich ist. Eine Benachteiligung kann dann nicht durch **betriebliche** oder **dienstliche** Gründe gerechtfertigt sein, wenn sie unmittelbar dazu führt, dass der Arbeitnehmer durch die personelle Einzelmaßnahme Einbußen an seiner Gesundheit zu befürchten hat oder ihm die Erfüllung der Arbeitspflicht aus gesundheitlichen Gründen unmöglich wird. Das ergibt sich auch daraus, dass andernfalls die Versetzung für den Arbeitnehmer mit der Gefahr verbunden wäre, wegen andauernder Erkrankungen einer **personenbedingten Kündigung** ausgesetzt zu werden. Das Interesse des Arbeitnehmers am Erhalt des Status quo ist jedoch dann nicht höher als die betrieblichen oder dienstlichen Interessen zu bewerten, wenn die **Gesundheitsgefährdung** nur mittelbar durch die Versetzung herbeigeführt wird oder die Unmöglichkeit der Arbeitsleistung aus gesundheitlichen Gründen nicht von Dauer ist. Denn in diesen Fällen entsteht die Gefahr einer personenbedingten Kündigung durch die Versetzung nicht. **138**

c. Bestehen einer begründete Besorgnis, dass der Beschäftigte oder Bewerber den Frieden in der Dienststelle durch unsoziales oder gesetzwidriges Verhalten stört (Abs. 4 Nr. 3)

Dieser Versagungsgrund tritt in der Praxis äußerst selten ein. Die Besorgnis ist im Rahmen der Rückschrift durch Tatsachen zu begründen. Aufgrund bestimmter Tatsachen muss die begründete Besorgnis dargelegt werden, dass der Beschäftigte oder Bewerber den **Frieden in der Dienststelle** etwa dadurch stören wird, dass er sich unsozial oder gesetzeswidrig verhält. Dabei muss die Störung von einem Beschäftig- **139**

---

642 BAG 2.4.1996 – 1 ABR 39/95 –, zitiert nach juris.
643 BAG 22.9.2005 – 2 AZR 519/04 –, zitiert nach juris.

§ 78

ten oder Bewerber ausgehen, der noch kein Beschäftigter im Sinne des § 3 ist.

140 Die Vorschrift sagt nicht, worin das **gesetzwidrige Verhalten** bestehen muss. Ein gesetzwidriges Verhalten, das für den Dienstfrieden ohne Belang ist, genügt aber nicht, z.B. ein Verstoß gegen die Straßenverkehrsordnung. Die Zustimmungsverweigerung kann deshalb auf Vorstrafen nur insoweit gestützt werden, als sie für den zu besetzenden Dienstposten/Arbeitsplatz von Bedeutung sind, und deshalb die Gefahr einer Störung des Betriebsfriedens besteht. Außerdem wirkt als Schranke für das Zustimmungsverweigerungsrecht, dass der Arbeitgeber/Dienstherr nach Vorstrafen auch nicht uneingeschränkt fragen darf. Ein gesetzwidriges Verhalten kann darin bestehen, dass die betroffene Person in der Vergangenheit gegen Straftatbestände oder Arbeitsschutzvorschriften verstoßen hat.

141 Ein unsoziales Verhalten ist ein unbilliges, von den gesellschaftlichen Normen und Werten nicht gedecktes oder tolerables Verhalten, das die gebotene Zurückhaltung und den Respekt vor Beschäftigten, Vorgesetzten und dem Publikum vermissen lässt. Ein solches Verhalten kann etwa vorliegen, wenn sich der Störer grob unkollegial verhält, indem er verstärkt abfällige Bemerkungen über das Geschlecht, die Abstammung, die Religion etc. von Dienstangehörigen macht.

10. Ausnahmen von der personellen Mitbestimmung bei Umstrukturierungsmaßnahmen (Abs. 5)

142 Die Vorschrift ist hinsichtlich ihres Inhalts und auch in Anbetracht ihrer verfassungsrechtlichen Diskussion vergleichbar mit § 81 Abs. 5. Beide Vorschriften schränken in unverhältnismäßiger Weise die Mitbestimmung ein. Gleichwohl erachtet der HessStGH die Vorschrift mit der HV konform.[644] Abs. 5 bildet selbst die Anspruchsgrundlage für ein Mitwirkungsrecht.[645]

143 Im Übrigen ist jedoch zu beachten, dass die Beteiligung von einem Reform- oder Umstrukturierungskonzept nur dann suspendiert werden kann, wenn die dort aufgeführten Rahmenbedingungen konkret einen Sachverhalt abschließend regeln.

§ 78

(1) Der Personalrat wirkt mit bei

1. Versagung oder Widerruf der Genehmigung einer Nebentätigkeit,

---

644 HessStGH 22.11.2006 – P.St. 1981 –, StAnz. 2006, 2797.
645 So auch v. Roetteken/Rothländer, HPVG, § 77 Rn. 834.

§ 78

2. vorzeitiger Versetzung in den Ruhestand, sofern der Beschäftigte es beantragt.

(2) Vor fristlosen Entlassungen, außerordentlichen Kündigungen und vor Kündigungen während der Probezeit ist der Personalrat anzuhören. Der Dienststellenleiter hat die beabsichtigte Maßnahme zu begründen. Hat der Personalrat Bedenken, so hat er sie unter Angabe der Gründe dem Dienststellenleiter unverzüglich spätestens innerhalb von drei Arbeitstagen schriftlich mitzuteilen.

Mitwirkungsrechte befinden sich im HPVG in folgenden Vorschriften: §§ 63 Abs. 1, 75 Abs. 2, 78 Abs. 1 Nr. 1 und 2, 81 Abs. 1 und 2, 81 a. Mitwirkung bedeutet, dass der Personalvertretung vor Durchführung einer beabsichtigten Maßnahme in den oben aufgezählten Fällen – in denen vom HPVG ausdrücklich die Mitwirkung des Personalrats angeordnet ist – ein **Mitspracherecht** gewährt werden muss. Darüber hinaus ist für die Anwendung dieses Verfahrens kein Raum. Die besondere Bedeutung dieses als »Mitwirkung« bezeichneten Mitspracherechts, das in Form einer gemeinsamen Erörterung der Maßnahme ausgeübt wird, liegt vornehmlich in Folgendem: Der Personalrat kann die Entscheidung der nächsthöheren Dienststelle, des obersten Organs oder des von diesem bestimmten Ausschusses herbeiführen, wenn seinen zu der beabsichtigten Maßnahme geäußerten Bedenken seitens der Dienststelle nicht Rechnung getragen wird. Durch diese konkrete Handhabe unterscheidet sich das Beteiligungsrecht der Mitwirkung im Sinne des HPVG von den allgemeinen Beteiligungsrechten der Mitbestimmung, der Anhörung und der Beratung. Allerdings erschöpft sich darin auch das Recht der Mitwirkung. Dieses ist vor allem nicht dahingehend zu verstehen, dass die Personalvertretung bereits an der Willensbildung der Dienststelle bei dem Zustandekommen der »beabsichtigten Maßnahme« oder in sonstiger Weise zu einem späteren Zeitpunkt an der Entscheidung der Dienststelle teilnimmt. Die Beteiligung des Personalrats im Rahmen der Mitwirkung stellt sich als ein der Entscheidung der Dienststelle vorausgehender interner (innerdienstlicher) Vorgang dar. 1

Nach **Abs. 1 Nr. 1** wirkt der Personalrat mit bei der Versagung oder dem Widerruf der Genehmigung einer **Nebentätigkeit**. Der Begriff der Nebentätigkeit ist bei den einzelnen Beschäftigtengruppen und in den für sie maßgebenden Tarifverträgen unterschiedlich definiert. Für die Beamten gilt die Definition des § 78 Abs. 1 Satz 1 HBG. 2

Darüber hinaus hat der Personalrat ein Mitwirkungsrecht nach **Abs. 1 Nr. 2** bei einer **vorzeitigen Versetzung in den Ruhestand**. Diese erfolgt, wenn sie vor Vollendung der gesetzlichen Altersgrenze vollzogen wird. Für bestimmte Beamtengruppen gibt es besondere Altersgrenzen, etwa für den Bereich der Vollzugsdienste (Polizei, Feuerwehr, Justizvollzug). Vor Erreichen der für die Beamten maßgebenden 3

§ 78

Altersgrenzen kann eine Ruhestandsversetzung in Betracht kommen, wenn

- der Beamte dauernd dienstunfähig ist (§ 51 Abs. 1 HBG),
- der Beamte schwerbehindert im Sinne des SGB IX ist und das 60. Lebensjahr vollendet hat (§ 51 Abs. 4 Nr. 1 HBG),
- der Beamte das 63. Lebensjahr vollendet hat (§ 51 Abs. 4 Nr. 2 HBG).

4 Die Mitwirkung des Personalrats erfolgt jedoch nur, wenn der **Beschäftigte** diese **beantragt**.

5 Eine vorzeitige Versetzung in den Ruhestand wegen Dienstunfähigkeit ist rechtswidrig, sofern der Beamte trotz der Dienstunfähigkeit noch anderweitig verwendbar ist (§ 26 Abs. 1 Satz 3 BeamtStG). Eine **anderweitige Verwendung** ist möglich, wenn dem Beamten ein **anderes Amt derselben oder einer anderen Laufbahn übertragen** werden kann. Dabei ist die Übertragung ohne Zustimmung zulässig, wenn das neue Amt zum Bereich desselben Dienstherrn gehört, es mit mindestens demselben Grundgehalt verbunden ist wie das bisherige Amt und wenn zu erwarten ist, dass der Beamte die gesundheitlichen Anforderungen des neuen Amts erfüllt (§ 26 Abs. 2 BeamtStG).

6 Beamte, die nicht die Befähigung für die andere Laufbahn besitzen, haben an **Qualifizierungsmaßnahmen** für den Erwerb der neuen Befähigung teilzunehmen.

7 Zur Vermeidung der Versetzung in den Ruhestand kann dem Beamten unter Beibehaltung des übertragenen Amts ohne Zustimmung auch eine **geringerwertige Tätigkeit** im Bereich desselben Dienstherrn übertragen werden, wenn eine anderweitige Verwendung nicht möglich ist und die Wahrnehmung der neuen Aufgabe unter Berücksichtigung der bisherigen Tätigkeit zumutbar ist (§ 26 Abs. 3 BeamtStG).

8 Von der Versetzung in den Ruhestand wegen Dienstunfähigkeit soll abgesehen werden, wenn der Beamte unter Beibehaltung des übertragenen Amts die Dienstpflichten noch während **mindestens der Hälfte der regelmäßigen Arbeitszeit** erfüllen kann (sog. begrenzte Dienstfähigkeit gemäß § 27 BeamtStG). Eine Versetzung in den vorzeitigen Ruhestand wegen Dienstunfähigkeit, aus der nicht erkennbar ist, dass insbesondere eine anderweitige Verwendung geprüft wurde, ist rechtswidrig.

9 Die **Anhörung** ist die schwächste Form der personalvertretungsrechtlichen Beteiligung. Selbst wenn der Personalrat erhebliche Bedenken gegen eine dieser Maßnahmen vorträgt, ist der Dienststellenleiter nicht gehindert, die fristlose Entlassung, außerordentliche Kündigung oder Kündigung während der Probezeit zu vollziehen. Besonderheiten gelten hier jedoch im Kündigungsschutzprozess vor der Arbeitsgerichtsbarkeit.

§ 78

Bei **fristlosen Entlassungen** von Beamten auf Probe oder auf Widerruf und den außerordentlichen Kündigungen von Arbeitnehmern ist der Personalrat mit einer Frist von drei Arbeitstagen anzuhören. Bei dieser Frist handelt es sich um eine Ausschlussfrist, die nicht durch Vereinbarung verlängert werden kann. Bei der außerordentlichen Kündigung von Arbeitnehmern aus wichtigem Grund muss das Anhörungsverfahren vor Ablauf der zweiwöchigen **Ausschlussfrist** (§ 626 Abs. 2 Satz 1 BGB) erfolgen. Bei allen außerordentlichen Kündigungen ist die Zweiwochenfrist unbedingt einzuhalten; da es sich um eine Ausschlussfrist handelt, ist eine Wiedereinsetzung rechtlich unzulässig. Fristversäumnis führt zur Unwirksamkeit der Kündigung. Dies gilt auch in den Fällen gemäß § 15 KSchG.[646] Durch die **Zustimmung des Integrationsamts** zu einer außerordentlichen Kündigung steht nicht zugleich fest, dass die Zweiwochenfrist des § 626 Abs. 2 BGB gewahrt ist. Die Fristen des § 626 Abs. 2 Satz 1 BGB und des § 91 Abs. 2 Satz 1 SGB IX stehen selbständig nebeneinander und verdrängen einander nicht.

10

§ 626 Abs. 2 BGB ist ein gesetzlich konkretisierter **Verwirkungstatbestand**. Ziel der Norm ist es, für den Kündigungsempfänger rasch Klarheit zu schaffen, ob der Kündigungsberechtigte einen Sachverhalt zum Anlass für eine ordentliche Kündigung nimmt.[647] Die Dienststelle muss in diesem Fall spätestens fünf Tage vor Ablauf dieser Zweiwochenfrist das Anhörungsverfahren eingeleitet haben, wobei der Tag des Zugangs bei der Frist nicht mitberechnet wird (§ 187 Abs. 1 BGB). Die dreitägige Anhörungsfrist endet mit Ablauf des dritten Tages gemäß § 188 Abs. 1 BGB, so dass bis dahin die Äußerung an die Dienststelle erfolgt sein muss. Es verbleibt dann nur noch ein Tag für die Zustellung der Kündigung an den Arbeitnehmer. Den Nachweis für den Zugang der Kündigung trägt der Kündigende.

11

Die Kündigung muss im **Original** überreicht werden, so dass eine Übersendung per Fax oder per E-Mail nicht ausreichend ist. Es empfiehlt sich die persönliche Übergabe der Kündigung mittels Boten oder per Gerichtsvollzieher, zumindest jedoch eine Zustellung per Einschreiben/Rückschein.

12

Die Frist beginnt mit Kenntnis der Tatsachen, die den **wichtigen Grund** ausmachen, zu laufen. Dazu gehören die Umstände für und gegen eine Kündigung sowie die Beweismittel für die Pflichtverletzung. Erforderlich ist eine **zuverlässige und möglichst vollständige positive Kenntnis** des Kündigungsberechtigten von den für die Kündigung maßgebenden Tatsachen, so dass ihm die Entscheidung über die Zumutbarkeit einer Fortsetzung des Arbeitsverhältnisses möglich ist.[648] Ohne die umfassende Kenntnis des Kündigungsberechtigten vom

13

---

646 Ständ. Rspr., z.B. BAG 24.10.1996, NZA 1997, 371.
647 BAG 1.2.2007, NZA 2007, 744 ff.
648 BAG 17.3.2005, NZA 2006, 101 ff.

§ 78

Kündigungssachverhalt kann sein Kündigungsrecht nicht verwirken. Der zeitliche Rahmen des § 626 Abs. 2 BGB soll den Kündigungsberechtigten weder zu Eile bei der Kündigung antreiben, noch ihn veranlassen, ohne eine genügende Prüfung des Sachverhalts oder vorhandener Beweismittel voreilig zu kündigen.

14 Solange der Kündigungsberechtigte die zur Aufklärung des Sachverhalts nach pflichtgemäßem Ermessen notwendig erscheinenden Maßnahmen durchführt, läuft die Ausschlussfrist nicht an. Dabei spielt es keine Rolle, ob diese **Ermittlungsmaßnahmen** etwa zur Aufklärung des Sachverhalts beigetragen haben oder im Ergebnis überflüssig waren. Es besteht aber für weitere Ermittlungen kein Anlass mehr, wenn der Sachverhalt bereits geklärt ist oder der Gekündigte ihn sogar zugestanden hat. Hat der Kündigungsberechtigte noch Ermittlungen durchgeführt, muss er darlegen, welche Tatsachenbehauptungen unklar und daher ermittlungsbedürftig waren und welche weiteren Ermittlungen – zumindest aus damaliger Sicht – zur Klärung von Zweifeln angestellt worden sind.[649]

Die **Angabe des Kündigungsgrunds** ist grundsätzlich keine Wirksamkeitsvoraussetzung. Verlangt der Gekündigte die Angabe der Gründe, müssen ihm diese gemäß § 626 Abs. 2 Satz 3 **unverzüglich**, d. h. ohne schuldhaftes Zögern (§ 121 Abs. 1 BGB) schriftlich mitgeteilt werden. Bei Ausbildungsverträgen führt die Nichtangabe des Grundes im Kündigungsschreiben gemäß § 22 Abs. 3 BBiG ausnahmsweise zur Nichtigkeit der Kündigung gemäß § 125 Satz 1 BGB.[650] Ist im Arbeitsvertrag oder anderweitig vertraglich die schriftliche Angabe der Gründe bei der Kündigung vorgeschrieben, gilt gemäß § 125 Satz 2 BGB die Pflicht zur schriftlichen Mitteilung des Kündigungsgrunds. Das heißt, die konkreten Tatsachen, auf der die Kündigung basiert, sind aufzuführen.

15 Der für die Beurteilung des Vorliegens eines wichtigen Grundes **maßgebliche Zeitpunkt** ist – wie bei der ordentlichen Kündigung – der Zeitpunkt des Zugangs der Kündigung beim Empfänger. In diesem Augenblick müssen die Umstände, auf die die Kündigung gestützt wird, objektiv vorliegen. Dies gilt bei einer außerordentlichen Kündigung mit **Ausschlussfrist** entsprechend. Besteht der Kündigungsgrund zum Zeitpunkt des Kündigungsausspruchs noch nicht, kommt es darauf an, ob zu diesem Zeitpunkt eine Prognose die Annahme rechtfertigt, dass er spätestens mit dem Ablauf der Ausschlussfrist eintreten wird. Realisiert sich die Prognose nicht, kann zugunsten des gekündigten Arbeitnehmers ein Wiedereinstellungsanspruch entstehen. Tritt eine schwerere Vertragsstörung als die prognostizierte ein, kann diese nur Grundlage einer neuen Kündigung sein.[651]

---

649 BAG 1.2.2007 – 2 AZR 333/06.
650 BAG 22.2.1972, AP Nr. 1 zu § 15 BBiG.
651 BAG 13.4.2000, AP Nr. 162 zu § 626 BGB.

Für die Kündigungserklärung gilt gemäß § 623 BGB die **Schriftform**. **16**
Die elektronische Form ist ausgeschlossen.

Fristlose Entlassungen kommen bei Beamten auf Probe oder auf **17**
Widerruf in Betracht. Beamten auf Probe kann gemäß § 23 Abs. 3
BeamtStG ohne Einhaltung einer Frist gekündigt werden. Dazu muss
ein schweres Dienstvergehen vorliegen, was zunächst voraussetzt, dass
eine beamtenrechtliche Pflicht schuldhaft – vorsätzlich oder fahrlässig –
verletzt wird. Die Entlassung von Beamten auf Widerruf ohne Einhaltung einer Frist ist gemäß § 23 Abs. 4 BeamtStG möglich.

Der Dienstherr hat zumindest bei der fristlosen Entlassung von Beamten einen **weiten Ermessensspielraum**. Bereits Zweifel an der **18**
sachlichen oder persönlichen Eignung können für eine Entlassung
genügen. Anders als bei den übrigen Beamtenverhältnissen bedarf es
bei einem Fehlverhalten keines Dienstvergehens, um die Entlassung zu
begründen. Die Gründe, z.B. unentschuldigtes Fernbleiben vom
Dienst oder sonstige Pflichtverletzungen, die für eine Entlassung sprechen, sind jedoch an der Fürsorgepflicht zu spiegeln, so dass auch nicht
jedes fehlerhafte Verhalten zur Entlassung führen kann.

Bei den fristlosen Entlassungen von Beamten auf Probe oder auf **19**
Widerruf und den außerordentlichen Kündigungen von Arbeitnehmern ist der Personalrat mit einer Frist von drei Arbeitstagen **anzuhören**. Auch bei dieser Frist handelt es sich um eine Ausschlussfrist, die
nicht durch Vereinbarung verlängert werden kann.

§ 79
§§ 77 und 78 gelten

1. nicht für

   a) Beamte auf Probe oder auf Lebenszeit der in § 30 Abs. 1 und 2 des Beamtenstatusgesetzes bezeichneten Art und vergleichbare Arbeitnehmer einschließlich der Referenten bei der Landeszentrale für politische Bildung,

   b) den Präsidenten, den Vizepräsidenten und die Mitglieder des Rechnungshofs sowie den Datenschutzbeauftragten,

   c) Beamte und Beamtenstellen der Besoldungsgruppe A 16 und höher und Arbeitnehmer in entsprechenden Stellungen, Ämter nach § 19a des Hessischen Beamtengesetzes, auch wenn sie im Beamtenverhältnis auf Lebenszeit oder im Arbeitnehmerverhältnis übertragen werden, sonstige Dienststellenleiter, Amtsleiter und den Amtsleitern vergleichbare Funktionsstellen sowie Leiter von allgemein bildenden und beruflichen Schulen und von Schulen für Erwachsene,

§ 79

   d) leitende Ärzte an Krankenhäusern, Sanatorien und Heilanstalten,
   e) Verwaltungsdirektoren an Universitätskliniken,
2. a) für die sonstigen Beamten auf Zeit nur, wenn sie es beantragen,
   b) für die ständigen Vertreter der Leiter von Dienststellen in Verwaltungen mit mehrstufigem Aufbau, soweit sie nicht unter Nr. 1 fallen, mit der Maßgabe, dass die nächste Stufenvertretung beteiligt wird; die Stufenvertretung gibt dem Personalrat Gelegenheit zur Äußerung, die Frist nach § 69 Abs. 2 Satz 2 verlängert sich um eine Woche,
   c) für die ständigen Vertreter der Leiter von allgemein bildenden und beruflichen Schulen sowie von Schulen für Erwachsene mit der Maßgabe, dass der Gesamtpersonalrat beim Staatlichen Schulamt beteiligt wird.

1 Auf die in § 79 Satz 1 abschließend aufgelisteten Beschäftigten finden die Vorschriften der §§ 77 und 78 keine Anwendung. Bei den Beamten auf Probe oder auf Lebenszeit der in § 30 Abs. 1 und 2 des BeamtStG bezeichneten Art und vergleichbaren Arbeitnehmern einschließlich der Referenten bei der Landeszentrale für politische Bindung handelt es sich um sog. politische »Beamte« bzw. »Beschäftigte«. Der Kreis der politischen Beamten ist mit § 30 BeamtStG nicht bundeseinheitlich vorgegeben, wodurch den Ländern die Möglichkeit gegeben wird, auf die bei ihnen bestehenden Besonderheiten zu reagieren. Bei der Festlegung des Kreises der politischen Beamten haben die Länder zu beachten, dass die Versetzung in den einstweiligen Ruhestand eine nur ausnahmsweise zulässige Durchbrechung des **Lebenszeitprinzips** darstellt und daher nur solche Ämter in den Katalog aufgenommen werden dürfen, bei deren Wahrnehmung die Beamten zugleich eine **Schlüsselstellung zwischen der Arbeit der Regierung und der Verwaltung** innehaben, wie es z.B. bei Ämtern der Parlamentsverwaltung der Fall sein kann. Der Begriff der Regierung ist nicht auf den eigentlichen Bereich der Landesregierung beschränkt, sondern umfasst alle Ämter, die mit der Ausübung oberster, unmittelbar von der Volksvertretung legitimierter Exekutivfunktionen betraut sind.[652] Die Mitbestimmung greift ferner nicht bei **vergleichbaren Angestellten**. Die Vergleichbarkeit besteht ausschließlich in der **Funktionsgleichwertigkeit**.[653]

2 Für die sonstigen **Beamten auf Zeit**, die nicht unter Nr. 1 fallen, greift die Mitbestimmung nur, wenn die Betroffenen einen entsprechenden Antrag stellen (Nr. 2). Die Beamten auf **Zeit in leitender Funktion** gemäß § 19 b HBG gehören zu dem Personenkreis, bei dem

---
652 OVG NRW 12.11.2003 – 6 A 404/02 –, NVwBl. 2004, 145.
653 V. Roetteken/Rothländer, HPVG, § 79 Rn. 47.

die Mitbestimmung gänzlich ausgeschlossen ist.[654] Ein entsprechender Antrag kann von einem Beamten auf Zeit bereits vor seiner beabsichtigten Einstellung gestellt werden. Hierfür spricht, dass für eine Mitbestimmung bei der Einstellung und auch bei der Beförderung kein Raum besteht, wenn die Urkunde bereits ausgehändigt wurde. Das Antragsrecht steht auch einem unterlegenen Bewerber um die Funktion eines Beamten auf Zeit zu.

Bei einem **ständigen Vertreter von Dienststellenleitern** in Verwaltungen mit mehrstufigem Aufbau entfällt die Mitbestimmung nicht. Es bestimmt jedoch die nächste Stufenvertretung mit. Um welche es sich dabei handelt, bestimmt sich nach §§ 50 ff. Diese hat wiederum dem örtlichen Personalrat Gelegenheit zur Stellungnahme zu geben. 3

Für die ständigen Vertreter der **Leiter von allgemeinbildenden und beruflichen Schulen** und von **Schulen für Erwachsene** gelten die §§ 77 und 78 mit der Maßgabe, dass der Gesamtpersonalrat beim staatlichen Schulamt beteiligt wird. Dieser kann dem örtlichen Personalrat Gelegenheit zur Äußerung geben. Eine Verpflichtung hierzu enthält § 79 jedoch nicht. 4

Verfassungsrechtliche Bedenken gegen § 79 und den (teilweisen) Ausschluss der Mitbestimmung bestehen nicht.[655] 5

§ 80

§§ 77 und 78 gelten entsprechend für Richter und Staatsanwälte, die an eine Verwaltung oder an einen Betrieb nach § 1 abgeordnet sind.

Die Vorschrift regelt die Einbeziehung von Richtern und Staatsanwälten in die personelle Mitbestimmung des HPVG. Die Regelung hat klarstellende Funktion. Sie knüpft an die Regelung in § 3 Abs. 1 Satz 2 an, wonach Richter und Staatsanwälte Beschäftigte im Sinne des HPVG sind, wenn sie an eine Verwaltung oder an einen Betrieb nach § 1 **abgeordnet** sind. In diesem Fall gehören sie gemäß § 3 Abs. 2 zur Gruppe der Beamten. § 80 steht nicht in Widerspruch zu dem Ausschlusstatbestand des § 79 Nr. 1 Buchst. c, da die Richter und Staatsanwälte gemäß § 37 BBesG gemeinsam in der Besoldungsordnung R geführt werden. 1

Richter sind grundsätzlich keine Beschäftigten im Sinne des HPVG, weil sie nicht in einem Beamtenverhältnis, sondern in einem öffentlich-rechtlichen Dienstverhältnis eigener Art, dem Richterverhältnis (§ 9 DRiG) stehen. Soweit sie jedoch zu einem in § 1 genannten 2

---

654 V. Roetteken/Rothländer, HPVG, § 79 Rn. 96.
655 BAG 16.3.2000 – 2 AZR 13/99 –, ZfPR 2001, 50; VG Frankfurt/Main 27.9.2004 – 23 L 3460/04 (V) –, PersV 2005, 114.

§ 80

Betrieb oder zu einer Verwaltung abgeordnet sind, gilt auch für sie das HPVG.

3 Im Übrigen gilt für sie hinsichtlich der gesetzlichen Interessenvertretung das HRiG. Nach § 25 Abs. 1 Nr. 1 HRiG werden **Richterräte** für die Beteiligung an allgemeinen, sozialen und organisatorischen Angelegenheiten und an den in § 36 Abs. 1 DRiG genannten Mitwirkungstatbeständen und **Präsidialräte** für die Beteiligung an den in § 46 Abs. 1 HRiG genannten Beteiligungsangelegenheiten gebildet. Der Präsidialrat ist vornehmlich für die statusrechtlichen Angelegenheiten der Richter zuständig.

4 Richterräte werden gebildet in der **Verwaltungsgerichtsbarkeit** gemäß § 29 Abs. 1 Nr. 2 DRiG beim Hessischen Verwaltungsgerichtshof und bei den Verwaltungsgerichten, in der Arbeitsgerichtsbarkeit bei den Landesarbeitsgerichten und den Arbeitsgerichten, an denen in der Regel mindestens fünf Richter beschäftigt sind.

5 Gemäß § 30 DRiG ist ein **Bezirksrichterrat** jeweils für den Gerichtszweig beim Oberlandesgericht, Hessischen Verwaltungsgerichtshof, Landesarbeitsgericht und Hessischen Landessozialgericht zu bilden.

6 **Staatsanwälte** sind Beamte im Sinne des HBG. Personalvertretungsrechtlich werden sie jedoch den Richtern gemäß HRiG gleichgestellt. Die Vertretung der Staatsanwälte wird gemäß § 78a Abs. 1 HRiG durch **Staatsanwaltsräte** wahrgenommen, die bei jeder Staatsanwaltschaft gebildet werden. Als Stufenvertretung wird ein **Bezirksstaatsanwaltsrat** bei der Generalstaatsanwaltschaft errichtet. Die Staatsanwaltsräte haben nach § 78a Abs. 2 HRiG in Angelegenheiten der Staatsanwälte die Aufgaben des Personalrats wahrzunehmen – mit Ausnahme der bei den Richtervertretungen dem Präsidialrat in § 46 Abs. 1 Nr. 1 HRiG übertragenen Aufgaben. Die Aufgaben des Präsidialrats nach § 46 HRiG werden vom Bezirksstaatsanwaltsrat wahrgenommen.

7 Allein nach der Formulierung »abgeordnet sind« wäre die Beteiligung des Personalrats der aufnehmenden Verwaltung oder des aufnehmenden Betriebs nach § 77 für die Zuordnung der Richter und Staatsanwälte nicht gewährleistet. Die Regelung steht jedoch im Widerspruch zu § 83 Abs. 1 Satz 3, wonach bei Versetzungen und Abordnungen sowohl der Personalrat der abgebenden wie auch der aufnehmenden Dienststelle zu beteiligen ist. Die Interessenlage des Personalrats der **aufnehmenden Dienststelle** ist eine andere als die des Personalrats der **abgebenden Dienststelle**. Denn für die aufnehmende Dienststelle stellt sich eine Abordnung wie eine Zuordnung bzw. Einstellung dar. Externe Kräfte sollen in das vorhandene Personal- und Organisationsgefüge eingegliedert werden. Es ist Aufgabe der Personalvertretung darauf zu achten, dass das vorhandene Personal durch den personellen Zuwachs nicht benachteiligt wird. Aus Sicht der zugeordneten Kräfte hat die Personalvertretung der aufnehmenden

Dienststelle u. a. darüber zu wachen, dass ihr keine unterwertigen Aufgaben übertragen werden oder solche, die nur nach zusätzlicher intensiver Qualifizierung zu bewältigen sind, die im Hinblick auf den Abordnungszeitraum unverhältnismäßig erscheint. Im Fall einer Abordnung von Richtern und Staatsanwälten besteht daher ein Mitbestimmungsrecht des aufnehmenden Personalrats gemäß § 77 Abs. 1 Nr. 1 Buchst. e.

Fünfter Titel
Beteiligung in organisatorischen und wirtschaftlichen Angelegenheiten

§ 81

(1) Der Personalrat hat mitzuwirken bei Einführung der Neuen Verwaltungssteuerung (NVS) und entsprechender neuer Steuerungsverfahren einschließlich der damit zusammenhängenden technischen Verfahren, bei Einführung grundlegend neuer Arbeitsmethoden, Aufstellung von allgemeinen Grundsätzen für die Bemessung des Personalbedarfs, allgemeine Festlegungen von Verfahren und Methoden von Wirtschaftlichkeits- und Organisationsprüfungen, Einführung von technischen Rationalisierungsmaßnahmen, die den Wegfall von Planstellen oder Stellen zur Folge haben, Vergabe oder Privatisierung von Arbeiten oder Aufgaben, die bisher durch die Beschäftigten der Dienststelle wahrgenommen werden, sowie bei Einführung, Anwendung, Änderung oder Erweiterung automatisierter Verarbeitung personenbezogener Daten der Beschäftigten. Satz 1 gilt nicht bei probe- oder versuchsweiser Einführung neuer Techniken und Verfahren.

(2) Der Personalrat hat mitzuwirken bei der Errichtung, Auflösung, Einschränkung, Verlegung oder Zusammenlegung von Dienststellen oder wesentlicher Teile von ihnen, sowie bei Arbeitsplatz- und Dienstpostenbewertung, Installation betrieblicher und Anschluss an öffentliche Informations- und Kommunikationsnetze.

(3) Vor der Weiterleitung von Stellenanforderungen zum Haushaltsvoranschlag ist der Personalrat anzuhören. Gibt der Personalrat einer nachgeordneten Dienststelle zu den Stellenanforderungen eine Stellungnahme ab, so ist diese mit den Stellenanforderungen der übergeordneten Dienststelle vorzulegen. Das gilt entsprechend für die Personalplanung.

(4) Abs. 3 gilt entsprechend für Neu-, Um- und Erweiterungsbauten von Diensträumen.

§ 81

(5) Bei Maßnahmen, die unter Abs. 1 bis 4 fallen, tritt ein gleichzeitig vorliegendes Mitbestimmungsrecht zurück.

1. Allgemeines

1 Die **Abs. 1 und 2** beinhalten organisatorische und wirtschaftliche Angelegenheiten, bei denen der Personalrat **mitzuwirken** hat. Bei den organisatorischen Maßnahmen, die z. B. mit der Einführung der Neuen Verwaltungssteuerung (NVS) zusammenhängen, wie etwa die Einführung der Doppik mit integrierter Kosten- und Leistungsrechnung unter Nutzung des SAP-Systems in der Hessischen Landesverwaltung, hat die Personalvertretung ein Mitwirkungsrecht. Nach **Abs. 3 und 4** steht dem Personalrat nur ein **Anhörungsrecht** zu bei der Weiterleitung von Stellenanforderungen zum Haushaltsvoranschlag und im Zusammenhang mit Neu-, Um- und Erweiterungsbauten. **Abs. 5** bestimmt, dass bei Maßnahmen, die unter die Abs. 1 bis 4 fallen, ein gleichzeitig vorliegendes **Mitbestimmungsrecht zurückfällt**.

2. Die Mitwirkungstatbestände des Abs. 1 im Einzelnen

a. Einführung der Neuen Verwaltungssteuerung (Abs. 1 Satz 1 1. Alt.)

2 Mit dem Gesetz zur Beschleunigung von Entscheidungsprozessen innerhalb der öffentlichen Verwaltung vom 6.7.1999 wurde § 81 dahingehend zum Nachteil der Personalvertretung abgeändert, dass alle Mitbestimmungstatbestände des Abs. 1 zu Mitwirkungstatbeständen herabgestuft wurden. Die in Abs. 2 vorgesehene Mitwirkung bei »allgemeinen Maßnahmen der Personalplanung und -lenkung« und »Erstellung und Veränderung von Organisationsplänen« wurde komplett gestrichen.[656] Mit dem 2. Gesetz zur Beschleunigung von Entscheidungsprozessen innerhalb der öffentlichen Verwaltung vom 18.12.2003 änderte der Gesetzgeber § 81 erneut. Es wurde die Mitwirkung bei der Einführung der **Neuen Verwaltungssteuerung (NVS) und entsprechender neuer Steuerungsverfahren einschließlich der damit zusammenhängenden technischen Verfahren** geschaffen, die sich auf neuartige, betriebswirtschaftlich geprägte Projekte der Reform der Landes- und Kommunalverwaltung bezieht. Dabei wurde der Mitwirkungstatbestand auf die Einführung »grundlegend« neuer Arbeitsmethoden beschränkt.

3 Mit der Einführung der **Neuen Verwaltungssteuerung** soll die Transparenz und Effizienz von Verwaltungshandeln erhöht werden. Zugleich soll durch Kosteneinsparungen der Finanzkrise der öffentlichen Haushalte entgegengewirkt werden. Maßgeblich zielen die

---

[656] LT-Drucks. 15/123, S. 14.

neuen Steuerungsverfahren auf die Veränderung der **Arbeitsabläufe der Beschäftigten** in allen Verwaltungen und Betrieben des Landes und der Kommunen. Unter dem Oberbegriff »Neue Verwaltungssteuerung« fallen alle Reformen der öffentlichen Verwaltung, wie die des Haushalts- und Rechnungswesens mittels Einführung von Produkthaushalten. Diese finden ihre Ausprägung in der Einführung von

- doppelter Buchführung
- Controlling
- Beschränkung der Kameralistik auf das gesetzlich vorgeschriebene Mindestmaß
- Kosten- und Leistungsrechnung
- Balanced-Scorecard
- Zusammenführung von Aufgaben- und Ausgabenverantwortung und Dezentralisierung der Ressourcenverantwortung etc.

Aber auch die Steuerung der Verwaltung über Produkthaushalte und moderne Personalführungsinstrumente, wie Leistungsanreize, Zielvereinbarungen und Jahresgespräche, fallen unter den Oberbegriff der NVS. Ebenso dazu zählt die Einführung des das **Personalwesen** betreffenden Landesreferenzmodells Human Ressources (LRM HR) in der Hessischen Landesverwaltung in allen personalverwaltenden Dienststellen. Dieses Landesreferenzmodell erfasst u. a. die Erstellung eines Personalentwicklungskonzepts, die Einrichtung einer Personalvermittlungsstelle und die Einführung des EDV-gestützten Personal- und Stellenverwaltungssystems SAP R/3 HR sowie die Schaffung von Leistungsanreizen durch Leistungsbezahlungselemente. Ein weiterer wichtiger Bereich wird unter dem Begriff **E-Government** zusammengefasst und stellt die Summe **aller IT-Verfahren in der Landesverwaltung** dar. Unter den Mitwirkungstatbestand der Abs. 1 und 2 fallen begrifflich die Einführung **neuer** Konzepte der Verwaltungssteuerung und entsprechender **neuer** Steuerungsverfahren einschließlich der damit zusammenhängenden **technischen** Verfahren. Die Einführung neuer **Personalführungsinstrumente**, wie der Abschluss von Zielvereinbarungen oder die Schaffung von Leistungsanreizen durch Leistungsbezahlungselemente, fällt hingegen nicht unter den Mitwirkungstatbestand, sondern unter §§ 74, 77. **4**

b. Einführung grundlegend neuer Arbeitsmethoden (Abs. 1 Satz 1 2. Alt.)

Nach Abs. 1 Satz 1 2. Alt. bestimmt die Personalvertretung mit über die Einführung grundlegend neuer Arbeitsmethoden im Rahmen der Informations- und Kommunikationstechnik und über die grundlegende Änderung oder Ausweitung dieser Arbeitsmethoden, wenn sie aufgrund ihres Umfangs einer Einführung vergleichbar sind. Mit der **5**

§ 81

Arbeitsmethode wird festgelegt, auf welchem Bearbeitungsweg mit welchen Arbeitsmitteln durch welche Beschäftigten die Aufgaben der Dienststelle erfüllt werden sollen. Sie ist das auf der Grundlage der personellen, räumlichen, technischen und sonstigen bedeutsamen Gegebenheiten und Möglichkeiten der Dienststelle entwickelte Modell des Ablaufs derjenigen Arbeit, die zur Aufgabenerfüllung geleistet werden muss.[657] Mit dem Begriff der Arbeitsmethode bezeichnet die Vorschrift die **Konzeption**, die hinter dem in mehr oder weniger viele einzelne, unselbständige Arbeitsvorgänge gegliederten Arbeitsablauf steht. Die Arbeitsmethode bildet das Leitbild für die Organisation und die technische Ausgestaltung des Arbeitsablaufs, indem sie einen methodisch geordneten Bezug zwischen der zu erfüllenden Aufgabe einerseits und den zu ihrer Erfüllung bereitstehenden oder benötigten Personen, Geräten und Sachmitteln andererseits herstellt, der sodann in konkret personenbezogene Arbeitsaufträge und sachbezogene Arbeitsvorgänge umzusetzen ist. Dazu gehören die Regeln, die die Ausführung des Arbeitsablaufs durch den Menschen bei einem bestimmten Arbeitsverfahren betreffen und besagen, in welcher Art und Weise der Mensch an dem Arbeitsablauf beteiligt sein soll bzw. beteiligt ist.[658] Ob eine **neue Arbeitsmethode** eingeführt wird, ist aus der Sicht derjenigen Beschäftigten zu beurteilen, die die Arbeitsmethode anzuwenden haben.[659]

6 Das Mitbestimmungsrecht bei der Einführung einer grundlegend neuen Arbeitsmethode setzt nicht die Einführung diese Methode für den Bereich der Dienststelle insgesamt voraus. Nach dem **Schutzzweck** des Mitwirkungstatbestands muss für das Eingreifen des Mitwirkungsrechts vielmehr der **Wirkungsbereich der Maßnahme** ausschlaggebend sein. Denn andernfalls würde bei der Einführung einer für Beschäftigte einer einzelnen Dienststelle grundlegend neuen Arbeitsmethode auf unterer Ebene der Verwaltung durch eine Maßnahme der obersten Dienstbehörde mangels Zuständigkeit der örtlichen Personalräte überhaupt keine Beteiligung stattfinden.

7 Ferner muss die eingeführte Arbeitsmethode **grundlegend neu** sein. Dies ist nicht nur dann der Fall, wenn die Gesamtheit der den Arbeitsablauf an einem Arbeitsplatz bestimmenden Regelungen neu gestaltet wird, sondern auch, wenn sie sich auf bestimmte Abschnitte des Arbeitsablaufs beschränkt. Voraussetzung dafür ist jedoch grundsätzlich, dass die Änderung für die von ihr betroffenen Beschäftigten ins Gewicht fallende körperliche oder geistige Auswirkungen hat,[660] also deutlich spürbar ist.

---

657 BVerwG 14.6.2011 – 6 P 10.10 –, PersR 2001, 516, 521.
658 OVG NRW 30.1.2009 – 16 A 2412/07.PVL –, PersR 2009, 217.
659 BVerwG 27.11.1991 – 6 P 7/90 –, PersR 1992, 147; Altvater-Altvater/Baden, BPersVG, § 76 Rn. 120.
660 BVerwG 27.11.1991, a.a.O.

Die **elektronische Datenverarbeitung** ist eine Arbeitsmethode im 8
Rahmen der Informations- und Kommunikationstechnik. Durch sie
wird festgelegt, dass die öffentlichen Aufgaben in der Dienststelle unter
Einsatz von Rechnern und unter Verwendung eines Betriebssystems
und von Programmen erfüllt werden. Damit wird zugleich der Bearbeitungsweg durch die jeweils zuständigen und damit zugriffsberechtigten Dienstkräfte gesteuert. Der Einsatz eines Chat-Programms für
die interne Kommunikation der Beschäftigten stellt keine grundlegend
neue Arbeitsmethode dar, jedenfalls dann nicht, wenn keine Bestimmungen vorgetragen oder sonst ersichtlich sind, in welchen Fällen sich
die Beschäftigten mittels Telefon oder E-Mail austauschen oder sich
mit anderen Beschäftigten in einer Besprechung verständigen müssen.
Können sie für ihre zu leistende Kommunikation frei wählen, ob sie
persönliche Gespräche führen, sich in Besprechungen treffen, das
Telefon benutzen oder E-Mails verschicken, wird keine neue Arbeitsmethode eingeführt. Sie können neben der herkömmlichen Besprechung, dem Telefonat oder dem E-Mail-Verkehr als zusätzliche technische Option ein **Chat-Programm** nutzen.[661] Eine grundlegend
neue Arbeitsmethode liegt z.B. vor bei dem Übergang der Textverarbeitung von Textautomaten zu Mehrplatz-Textsystemen mit Bildschirmarbeitsplätzen oder der Einführung eines automatisiert geführten
Personal- und Stellenverwaltungssystems am Arbeitsplatz.[662] Dies gilt
auch für die Einführung von E-Workflow, einem sog. Teilprojekt des
E-Government, oder einer durchgehend elektronischen, papierlosen
Vorgangsbearbeitung.[663]

c. Aufstellen allgemeiner Grundsätze für die Bemessung des Personalbedarfs (Abs. 1 Satz 1 3. Alt.)

Allgemeine Grundsätze für die Bemessung des Personalbedarfs sind 9
abstrakt-generelle Regeln, die es ermöglichen, die erforderliche personelle Ausstattung einer Dienststelle zu ermitteln (sog. Personal-Soll).[664] Der Mitwirkung der Personalvertretung nach Abs. 1 Satz 1
3. Alt. unterliegt das Aufstellen und Umsetzen der **Personalbedarfsbemessung**. Diese ist Teil der Personalplanung. Sie umfasst neben der
Ermittlung des Personalbedarfs auch die Planung der Bedarfsdeckung
(**Personalbeschaffungsplanung**), die Planung für die Entwicklung
des vorhandenen Personals (**Personalentwicklungsplanung**) und des
Einsatzes der vorhandenen Beschäftigten (**Personaleinsatzplanung**).
Durch die Beschränkung des Mitwirkungstatbestands auf das Aufstellen und Umsetzen von allgemeinen Grundsätzen ist eine Beteiligung des
Personalrats bei Einzelfallregelungen, die inhaltlich in den Bereich der

---

661 OVG NRW 30.1.2009, a.a.O.
662 VGH Baden-Württemberg 17.5.1988 – 15S 1889/87 –, RDV 1989, 25.
663 VG Berlin 29.4.2008 – VG 71 A 2.08 –, zitiert nach juris.
664 HessVGH 14.12.1999, PersR 2000, 462.

Personalbedarfsberechnung fallen, ausgeschlossen. Eine Mitwirkungsbefugnis besteht lediglich bei einzelfallübergreifenden allgemeinen Regelungen. Dazu gehören insbesondere die Methoden der Personalbedarfsberechnung sowie die Entwicklung von Kriterien, Leitvorstellungen und Richtwerten als Hilfsmittel der Berechnung des Personalbedarfs. Damit bleibt aber die organisatorische und personalpolitische Entscheidungsfreiheit des Leiters der Dienststelle im Bereich der konkreten Personalplanung unberührt.[665]

10 Unberührt bei konkreten Maßnahmen der Personalplanung bleibt auch das **Anhörungsrecht** der Personalvertretung nach **Abs. 3 Satz 3**.[666] Nach anderer Auffassung erfasst Abs. 3 Satz 3 auch nur allgemeine Planungsmaßnahmen im Bereich der Personalbedarfsfeststellung, der Personalentwicklung und des Personaleinsatzes.[667] Ein typischer Anwendungsfall für eine Personalbedarfsrechnung ist ein Schlüssel für die Berechnung des Arbeitspensums, mit dem auf der Grundlage der festgestellten Erledigungszahlen und/oder der Messung des hierfür erforderlichen Zeitaufwands für die Erledigung der einzelnen Arbeitsvorgänge der Personal- und Stellenbedarf ermittelt wird.

11 Der Personalvertretung sind sämtliche Unterlagen, die sie für die Wahrnehmung ihres Mitwirkungsrechts oder ihres Mitbestimmungsrechts bei den jeweiligen personellen Einzelmaßnahmen fortlaufend benötigt, auf Dauer jährlich zu überlassen.[668] Wie die Dienststelle ihrer **Vorlage- und Informationspflicht** nachkommt, hängt vom Inhalt der vorzulegenden Unterlagen aber auch davon ab, wie eingehend und häufig sich der Personalrat mit den Unterlagen befassen muss, um die Beteiligungsrechte ausüben und seinen Pflichten genügen zu können. Entsprechend reicht die Bandbreite von der Möglichkeit der Einsichtnahme in die Unterlagen bis zu deren befristeter oder dauernder Überlassung. Für die Tätigkeit des Personalrats generell wesentliche Unterlagen (z. B. Stellenplan, Personalbedarfsberechnungen, Organisationspläne) sind ihm grundsätzlich auf Dauer auszuhändigen.[669]

d. Allgemeine Festlegung von Verfahren und Methoden von Wirtschaftlichkeits- und Organisationsprüfungen (Abs. 1 Satz 1 4. Alt.)

12 Organisationsprüfungen dienen der Vorbereitung der Änderung von Organisationsplänen, der Aufstellung von Stellenplanentwürfen, organisatorischer oder räumlicher Veränderungen von Dienststellen, even-

---

665 So auch OVG NRW 29.1.2007 – 1 A 5031/05.PVL –, zitiert nach juris; Cecior/Vallender/Lechtermann/Klein, LPVG NRW, § 73 Rn. 29 u. 30.
666 VG Frankfurt/Main 8.8.2007 – 9 G 979/07 (V) –, zitiert nach juris.
667 HessVGH 21.11.2007 – 1 TG 1824/07 –, zitiert nach juris; VG Wiesbaden 28.1.2009 – 8 L 682/08. WI –, zitiert nach juris.
668 BVerwG 23.1.2002 – 6 P 5/01 –, PersR 2002, 201.
669 BVerwG 23.1.2002, a.a.O.; VG Darmstadt 28.1.2010 – 23 K 851/08. DA PV (1) –, zitiert nach juris.

tuell Privatisierungen, der Entwicklung von Umstrukturierungskonzepten und ähnlicher Vorhaben. Sie können auch eingesetzt werden, um Entscheidungshilfen für mitbestimmungspflichtige Maßnahmen, wie die **Einführung automatisierter Personaldatenverarbeitung**, zu gewinnen. Eine Organisationsuntersuchung ist die planmäßige Erhebung von Daten und Fakten für die innere Aufbau- und (oder) Ablauforganisation einer Verwaltung, Dienststelle oder eines Arbeitsbereichs innerhalb einer Dienststelle. Zielsetzung von Wirtschaftlichkeits- und Organisationsprüfungen ist es, unter Berücksichtigung des technischen Wandels, neuer Erkenntnisse der Organisationslehre und der Verwaltungswissenschaften die **Angemessenheit des Mittel- und Personaleinsatzes** sicherzustellen. Die Mitwirkung bezieht sich auf Verfahrensregeln und Überprüfungen vor Ort, wenn diese der Erstellung von Angeboten zur Neustrukturierung durch beauftragte Unternehmen dienen sollen.[670] Sofern in dem für die Organisationsuntersuchung konzipierten Erhebungsbogen personenbezogene Fragen beantwortet werden sollen, wird die Mitbestimmung über den Inhalt von Personalfragebogen nach § 77 Abs. 2 Nr. 1 durch Abs. 5 verdrängt.[671] Die Auswertung der Organisationsuntersuchung unterliegt nicht mehr der Mitwirkung. Die hierdurch ausgelösten Rationalisierungsmaßnahmen können jedoch wieder gesondert der Beteiligung unterliegen.

e. Einführung technischer Rationalisierungsmaßnahmen (Abs. 1 Satz 1 5. Alt.)

Was unter einer Rationalisierungsmaßnahme zu verstehen ist, sagt die Vorschrift nicht. Ist der Begriff in Tarifverträgen über den Rationalisierungsschutz für den öffentlichen Dienst definiert, kann diese Erklärung aufgrund der fehlenden Regelungsmacht der Tarifvertragsparteien nicht herangezogen werden.[672] Nach Ansicht des BVerwG ist entscheidendes Merkmal einer Rationalisierungsmaßnahme, dass durch sie die Leistungen der Dienststelle durch eine zweckmäßige **Gestaltung von Arbeitsabläufen** verbessert werden soll, indem der Aufwand an menschlicher Arbeit oder auch an Zeit, Energie, Material und Kapital herabgesetzt wird.[673] Rationalisierungsmaßnahmen sind auch solche Maßnahmen, mit denen auf eine geänderte Nachfrage nach Dienstleistungen reagiert wird: zum einen, indem bei verminderter Nachfrage die zahlenmäßig geringer gewordenen Arbeitsvorgänge auf weniger Beschäftigte konzentriert werden, zum anderen, indem bei angestiegener Nachfrage durch neue Organisationsformen oder den Einsatz neuer technischer Geräte mit der gleich bleibenden

---

670 OVG Rheinland-Pfalz 17.3.2000, PersR 2000, 464.
671 So auch v. Roetteken/Rothländer, HPVG, § 81 Rn. 113; VGH Baden-Württemberg 2.3.1993 – RiA 1994, 310.
672 OVG Bremen 9.7.1991, PersR 1992, 58.
673 BVerwG 17.6.1992 – 6 P 17.91 –, PersR 1992, 451.

Zahl von Beschäftigten mehr Dienstleistungen als bisher erbracht werden.[674]

14 Die Mitwirkung bezieht sich bereits auf die **Einführung** technischer Rationalisierungsmaßnahmen. Eine solche liegt bei reinen dienststellen- bzw. betriebsorganisatorischen Maßnahmen nicht vor. Im Einzelfall ist zu prüfen, ob hier die Beteiligung nach Abs. 2 erfolgen kann. Weitere Voraussetzung ist, dass durch die Einführung ein **Stellenabbau** nach den Umständen des konkreten Einzelfalls überwiegend wahrscheinlich ist.

f. Vergabe oder Privatisierung von Arbeiten und Aufgaben (Abs. 1 6. Alt.)

15 Die Vergabe oder Privatisierung von Arbeiten und Aufgaben, die bisher durch die Beschäftigten der Dienststelle wahrgenommen wurden, führen nach überwiegender Wahrscheinlichkeit zu einem Stellenabbau. Die Beteiligung der Personalvertretung bei Outsourcing oder beim Abschluss von Werkverträgen etc. ist daher mehr als erforderlich. Seit mindestens Anfang der 1990er Jahre ist eine zunächst schleichende **Privatisierung im öffentlichen Dienst** festzustellen. Diese setzt sich jedoch nunmehr seit Jahren ganz offensichtlich und massiv fort. Besonders betroffen sind z. B. Reinigungsfirmen, Wachdienste und Kantinen. Die Privatisierung von Bereichen der öffentlichen Verwaltung wird forciert, wenn diese auch nur scheinbar die Haushaltslage vorübergehend verbessern. Das Personal wechselt – soweit es sich um Arbeitnehmer handelt – im Wege des Betriebsübergangs nach § 613a BGB. Soweit die Arbeitnehmer dem Betriebsübergang widersprechen, werden sie im Rahmen von **Personalgestellungsverträgen** gemäß § 4 Abs. 3 TVöD bzw. TV-L an den jeweiligen Erwerber dauerhaft ausgeliehen. Bei Beamten funktioniert dies nicht, denn sie können nur von Institutionen geführt werden, die Dienstherrenfähigkeit originär oder im Wege der Beleihung besitzen. Den Beamten kann jedoch gemäß § 20 Abs. 2 BeamtStG eine Tätigkeit bei einer privatrechtlich organisierten Einrichtung zugewiesen werden. Hier wird nicht der Beamte, sondern die Tätigkeit zugewiesen. Eine solche Zuweisung ist möglich, wenn öffentliche Interessen es erfordern. Der Zustimmung des Beamten bedarf es nicht. Darüber hinaus bedient sich der öffentliche Dienstherr sog. **Dienstleistungsüberlassungsvereinbarungen**. Mit ihnen werden auch Beamte gegen Kostenerstattung etwa an eine privatrechtlich organisierte Einrichtung verliehen.

16 Die Beteiligung der Personalvertretung setzt **bei**, nicht erst nach **der Vergabe oder Privatisierung** ein.[675] Handelt es sich um die Privatisierung ganzer Bereiche, kann auch die Mitwirkung nach Abs. 2 in Betracht kommen. Für die Annahme von Abs. 1 reicht aus, wenn ein

---

674 V. Roetteken, PersR 1994, 552; Altvater, BPersVG, § 75 Rn. 220.
675 V. Roetteken/Rothländer, HPVG, § 81 Rn. 133.

§ 81

Teil der Arbeiten und Aufgaben vergeben oder privatisiert wird.[676] Unerheblich ist es, ob es sich um Hauptaufgaben, um hoheitliche oder nicht hoheitliche Aufgaben handelt. So stellt die auf Dauer angelegte Fremdvergabe von Reinigungsarbeiten eine die Mitwirkung des Personalrats auslösende Privatisierung dar, wenn wegen der Privatisierungsentscheidung Stellen wegfallen.[677]

Unter den Mitwirkungstatbestand fallen alle Outsourcing-Maßnahmen, wie die Vergabe von Gutachten durch den Medizinischen Dienst der Krankenversicherung in Hessen an externe Gutachter.[678] Hierzu gehört auch die Entscheidung einer Dienststelle, ihre Posteingänge direkt von der Deutschen Post AG zustellen zu lassen und nicht mehr selbst am Hauptpostamt abzuholen.[679] Für die Mitwirkung ist unerheblich, ob es sich um eine Vergabe oder um eine Privatisierung von Arbeiten und Aufgaben handelt. Die Vergabe erfolgt in der Regel durch Abschluss eines **Dienst- oder Werkvertrags**. Die dann im Betrieb oder in der Verwaltung tätigen Mitarbeiter einer **Fremdfirma** sind keine Beschäftigten im Sinne des § 3 Abs. 1. Eine Vergabe liegt auch dann vor, wenn die Arbeiten und Aufgaben an einen anderen Eigenbetrieb desselben Verwaltungsträgers übertragen werden.[680]

17

Privatisierung ist in der Regel die Umwandlung einer juristischen Person des öffentlichen Rechts in eine privatrechtlich organisierte Einrichtung. Eine Privatisierung liegt allerdings auch dann vor, wenn die Arbeiten und Aufgaben auf verschiedene private Rechtsträger verlagert werden oder wenn alle Aufgaben einer Dienststelle privatisiert werden[681] und die Stadt alle Anteile der umgewandelten Gesellschaft hält.[682]

18

Beispiele:
Die kommunalen Stadtwerke werden in eine GmbH oder Aktiengesellschaft umgewandelt, der Eigenbetrieb der Städtischen Kliniken in eine GmbH.[683]

g. Einführung, Anwendung, Änderung oder Erweiterung automatisierter Verarbeitung personenbezogener Daten der Beschäftigten (Abs. 1 7. Alt.)

Bei der Auslegung der o. g. Tatbestandsmerkmale kann weitgehend auf die datenschutzrechtlichen Begriffe zurückgegriffen werden.[684] Mit-

19

---

676 HessVGH 16.12.1993, ZTR 1994, 217.
677 OVG NRW 20.1.2000 – 1 A 2193/98.PVL –, PersV 2000, 521; HessVGH 16.12.1993 – HPV TL 243/93 –, ZBR 1994, 190.
678 HessVGH 26.4.1994, PersR 1995, 87.
679 BVerwG 15.10.2003, PersR 2004, 33.
680 V. Roetteken/Rothländer, HPVG, § 81 Rn. 155.
681 HessVGH 25.9.2003, PersR 2004, 74.
682 HessVGH 1.6.1994, PersR 1994, 431.
683 VG Frankfurt/Main 16.11.2009 – 23 K 2720/09.F.BV –, zitiert nach juris.
684 OVG NRW 17.6.1992, PersR 1993, 80; 25.11.1992, PersR 1993, 365.

§ 81

wirkungspflichtig ist die Einführung, Anwendung oder Änderung bzw. Erweiterung der automatisierten Verarbeitung personenbezogener Daten der Beschäftigten im Sinne des § 3.

20 Eine wesentliche Aufgabe des Personalrats im Rahmen des Mitwirkungsrechts ist es, das vom BVerwG im sog. Volkszählungsurteil entwickelte »**Recht auf informationelle Selbstbestimmung**« auch für die Beschäftigten umzusetzen. Alleine hierauf beschränkt sich seine Aufgabenstellung jedoch nicht. Die EDV-technische Personaldatenverarbeitung führt zwangsläufig zu einer deutlich erhöhten Datenmenge von einzelnen Beschäftigten, Beschäftigtengruppen und ganzen Belegschaften. Sie gibt dem Arbeitgeber die Möglichkeit, mit individualrechtlichen oder personalwirtschaftlichen Mitteln in einem Umfang zu agieren, der einer kollektiven Einflussnahme durch den Personalrat dringend bedarf. Der Bereich, in dem die automatisierte Personaldatenverarbeitung mitwirkungspflichtig ist, ist die Personalverwaltung. Sie besteht aus der Gesamtheit der administrativen Maßnahmen in der Verwaltung, die sich auf die Beschäftigten von der Einstellung bis zum Ausscheiden beziehen.[685]

21 **Automatisiert** ist eine Datenverarbeitung, die durch Einsatz eines gesteuerten technischen Verfahrens selbsttätig abläuft (§ 2 Abs. 6 HDSG). Hierzu zählen auch die einzelnen Verarbeitungsphasen, wie das Speichern zum Zweck der weiteren Verarbeitung und das Übermitteln, Sperren und Löschen der Daten. Für die Mitwirkung reicht es aus, dass eine dieser Verarbeitungsformen erfüllt ist.

22 Unter **Einführung** ist die erstmalige Installierung einer programmgesteuerten Datenverarbeitungsanlage zu verstehen, die die Verarbeitung und damit die Auswertung gespeicherter Daten ermöglicht. Das Tatbestandsmerkmal »Einführung« ist aber nicht programmbezogen. Der erstmalige Einsatz eines Programms ist vielmehr dem Tatbestandsmerkmal »Anwendung« zuzuordnen.[686] Voraussetzung der Mitwirkung nach Abs. 1 Satz 1 7. Alt. ist, dass die erhobenen Daten auf eine bzw. mehrer bestimmbare Person/en bezogen sind. Dies ist nicht der Fall, wenn die Daten anonym erhoben werden. In diesem Fall hat der Personalrat jedoch ein Mitbestimmungsrecht nach § 74 Abs. 1 Nr. 17, der auch eine anonyme Datenerhebung erfasst, wenn sie dazu geeignet ist, Leistungen der Beschäftigten zu kontrollieren.

h. Mitwirkung nach Abs. 1 Satz 1 bei probe- oder versuchsweiser Einführung

23 Das Mitwirkungsrecht nach Abs. 1 Satz 1 gilt **nicht** bei einer probe- oder versuchsweisen Einführung neuer Techniken und Verfahren. Damit wird die Mitwirkung erheblich eingeschränkt. Gerade im Be-

---

685 Fricke u.a., NPersVG, § 67 Rn. 1.
686 OVG NRW 17.6.1992 – CL 35/90 –, ZBR 1993, 349.

reich neuer Techniken und Verfahren ist eine frühestmögliche Beteiligung der Personalvertretung von Nutzen. Nur so kann sie rechtzeitig Einwendungen im Zuge der Mitwirkung erheben.

Bezogen auf die Vergabe oder Privatisierung von Arbeiten oder Aufgaben, die bisher durch die Beschäftigten der Dienststelle wahrgenommen wurden, ist eine probe- oder versuchsweise Einführung **neuer Techniken und Verfahren** nicht denkbar. Daher greift die Mitwirkung in diesem Falle auch, wenn die Vergabe oder Privatisierung zunächst versuchs- oder probeweise erfolgt.

3. Die Mitwirkungstatbestände des Abs. 2 im Einzelnen

Nach **Abs. 2** hat der Personalrat mitzuwirken

- bei der Errichtung, Auflösung, Einschränkung, Verlegung oder Zusammenlegung von Dienststellen oder wesentlichen Teilen von ihnen (1. Alt.)
- bei Arbeitsplatz- und Dienstpostenbewertungen (2. Alt.)
- bei der Installation betrieblicher und Anschluss an öffentliche Informations- und Kommunikationsnetze (3. Alt.)

a. Organisationsänderungen (Abs. 2 1. Alt.)

Nach Abs. 2 1. Alt. unterliegt die **organisatorische Veränderung** der Dienststelle der Mitwirkung der Personalvertretung. Bei einer unmittelbar auf einem Gesetz oder auf einer Rechtsverordnung beruhenden Organisationsänderung im Sinne des Abs. 2 ist das Mitwirkungsrecht grundsätzlich nicht gegeben. Es handelt sich insoweit nicht um eine organisatorische Maßnahme aufgrund verwaltungsmäßiger Entscheidung der zuständigen Dienststelle.

Der Zweck des Mitwirkungsrechts besteht vor allem darin, die Schutzinteressen der Beschäftigten bereits **vor der organisatorischen Grundentscheidung** und nicht erst bei den Entscheidungen über die daraus folgenden Maßnahmen in besonders nachdrücklicher Weise zur Geltung zu bringen. Denn die in Abs. 2 aufgeführten organisatorischen Maßnahmen können zu erheblichen Veränderungen der Arbeits- und Lebensbedingungen der betroffenen Beschäftigten führen.

Die Errichtung, Auflösung, Einschränkung, Verlegung oder Zusammenlegung der gesamten Dienststelle ist die einen **wesentlichen Teil der Dienststelle** betreffende Organisationsentscheidung gleichgestellt. Es genügt, wenn die betreffende organisatorische Maßnahme auf einen wesentlichen Teil einer einzelnen Dienststelle beschränkt ist.[687] Der Begriff »wesentlicher Teil einer Dienststelle« ist nach Maß-

---

687 BVerwG 30.9.1987, PersR 1988, 70; HessVGH 2.2.1995 – TL 2311/94 –, zitiert nach juris.

gabe des Begriffs »wesentlicher Betriebsteil« im Sinne des § 111 Satz 3 Nr. 1 BetrVG auszulegen. Danach handelt es sich um einen wesentlichen Teil einer Dienststelle, wenn die Maßnahme entweder einen erheblichen Teil der Beschäftigten umfasst (sog. quantitative Betrachtung) oder für die ganze Dienststelle von wesentlicher Bedeutung ist (sog. qualitative Betrachtung).[688] Deshalb geht man immer von einem wesentlichen Teil einer Dienststelle bei einem personell ausreichend großen Bereich aus, ohne dass es auf ein bestimmtes Maß an organisatorischer oder räumlicher Selbständigkeit oder einer besonderen Bedeutung der Organisationseinheit für die Erfüllung der Aufgaben der Dienststelle ankommt.[689]

29 Eine **Zusammenlegung** von Dienststellen liegt vor, wenn eine Dienststelle unter Verlust ihrer organisatorischen Selbständigkeit in eine andere Dienststelle eingegliedert wird oder wenn zwei Dienststellen zu einer neuen Dienststelle verschmolzen werden.

b. Mitwirkung bei Arbeitsplatz- und Dienstpostenbewertung (Abs. 2 2. Alt.)

30 Die Bewertung von Dienstposten fällt grundsätzlich in das weite **Organisationsermessen eines Dienstherrn**. Hierbei ist der gesetzliche Grundsatz der funktionsgerechten Besoldung nach § 18 BBesG einzuhalten. Er ist bei jeglicher Personalauswahlentscheidung, an der auch Beamte als Bewerber beteiligt sind, zu beachten. Nach § 18 Satz 1 BBesG muss eine Ämterbewertung stattfinden (»Die Funktionen sind zu bewerten«). Satz 2 legt als Kriterium für diese Bewertung die »Wertigkeit« der Ämter (Funktionen) fest. Es ist das typische Aufgabenprofil der Ämter im konkret-funktionellen Sinn (Dienstposten) zu ermitteln. Weiterhin fordert § 18 BBesG, dass die Funktionen nach ihrer Wertigkeit Ämtern im statusrechtlichen Sinne (Satz 1) und damit Besoldungsgruppen (Satz 2) zugeordnet werden. Dies bedeutet: Die Anforderungen, die sich aus dem Aufgabenprofil einer Funktion ergeben, sind mit den Anforderungen anderer Funktionen zu vergleichen. Je höher die Anforderungen gewichtet werden, desto höher ist die Besoldungsgruppe, der die Funktion zuzuordnen ist. Damit trägt die Ämterbewertung nach § 18 BBesG den hergebrachten Grundsätzen des Leistungsprinzips, des Alimentationsprinzips und vor allem dem hergebrachten Grundsatz der amtsangemessenen Beschäftigung Rechnung. Ein Beamter hat einen in Art. 33 Abs. 5 GG verankerten Anspruch darauf, dass ihm ein Aufgabenbereich übertragen wird, dessen Wertigkeit seinem Amt im statusrechtlichen Sinn entspricht.[690] Ob dieser Anspruch erfüllt ist, kann ohne Dienstpostenbewertung nicht beurteilt werden.

---

688 Altvater-Altvater/Baden, BPersVG, § 78 Rn. 23.
689 V. Roetteken/Rothländer, HPVG, § 81 Rn. 253.
690 BVerwG 18.9.2004 – 2 C 8.07 –, BVerwGE 132, 31.

§ 81

Es ist anerkannt, dass dem Dienstherrn bei der Bestimmung der Wertigkeit im Sinne von § 18 Satz 2 BBesG ein weiter Beurteilungsspielraum zusteht (**Organisationsermessen**). Die Zuordnung der Dienstposten zu einem statusrechtlichen Amt einer bestimmten Besoldungsgruppe liegt im Rahmen der gesetzlichen Vorgaben des Besoldungs- und Haushaltsrechts in der organisatorischen Gestaltungsfreiheit des Dienstherrn.[691] Mit dem statusrechtlichen Amt und dessen Zuordnung zu einer bestimmten Besoldungsgruppe in Relation zu anderen Ämtern sowie der laufbahnrechtlichen Einordnung werden abstrakt Inhalt, Bedeutung, Umfang und Verantwortung und damit die Wertigkeit des Amts zum Ausdruck gebracht. Jedoch muss der Dienstherr zumindest zwei gesetzliche Vorgaben beachten: Zum einen enthält § 18 BBesG einen **Handlungsauftrag**. Fehlt eine **normative Ämterbewertung**, ist der Dienstherr gesetzlich verpflichtet, eine nicht normative Ämterbewertung vorzunehmen und sie seiner Personalwirtschaft zugrunde zu legen. Zum anderen dürfen die **Funktionen** (Dienstposten) nicht ohne **sachlichen Grund gebündelt**, d. h. mehreren Statusämtern einer Laufbahngruppe zugeordnet werden. Die Einrichtung gebündelter Dienstposten bedarf einer **besonderen sachlichen Rechtfertigung**, die sich nur aus den Besonderheiten der jeweiligen Verwaltung ergeben kann.[692] Weiterhin ist zu beachten, dass die Zuordnung von Beförderungsämtern zu bestimmten Dienstposten nach § 25 BBesG voraussetzt, dass diese sich nach der Wertigkeit der Aufgaben deutlich von der niedrigeren Besoldungsgruppe abheben.

31

Werden **gebündelte Dienstposten** geschaffen, die drei Besoldungsgruppen zugeordnet werden, gibt es kein höher bewertetes Amt, an dessen Anforderungen die einzelnen Beförderungsbewerber bei dem Leistungsvergleich zu messen wären. Ein gebündelter Dienstposten ist für einen Beamten im niedrigeren Statusamt kein höher bewerteter Dienstposten.[693] Die für den Leistungsvergleich erforderliche Eignungsprognose kann nicht dadurch ersetz werden, dass die abstrakten Anforderungen an die Wahrnehmung der Aufgaben eines höher bewerteten abstrakt-funktionellen Amts als Maßstab zugrunde gelegt werden. Denn ein solches Amt gibt es nicht, weil dies zwingend bestimmte Ämter im konkret-funktionellen Sinn (Dienstposten) voraussetzt, die in der Behörde ausschließlich den Inhabern des gleichen statusrechtlichen Amts zugewiesen sind.[694] Unter Beachtung dieses Rahmens bewegt sich das Mitwirkungsrecht des Personalrats aus Anlass der Bewertung von Dienstposten für Beamte.

32

---

691 Ständ. Rspr., BVerwG 28.11.1991 – 2 C 7.89 –, Buchholz 237.7 § 28 NW LBG Nr. 9; 23.5.2002 – 2 A 5.01 – Buchholz 240 § 18 BBesG Nr. 27.
692 Sehwegmann/Summer, BBesG, § 18 Rn. 15 u. 16b.
693 BVerwG 30.6.2011 – 2 C 19.10 –, zitiert nach juris.
694 BVerwG 30.6.2001, a. a. O.

§ 81

33 Unter **Arbeitsplatzbewertung** ist auch die Zuordnung der auf einem Arbeitsplatz von Arbeitnehmern wahrzunehmenden Tätigkeiten zu bestimmten Vergütungsgruppen zu verstehen. Grundlagen hierfür bilden der Organisationsplan und die durch den Geschäftsverteilungsplan zugewiesenen Aufgaben und Tätigkeiten. Es besteht kein Anspruch auf eine konkrete Bewertung und auf einen konkreten Dienst- oder Arbeitsposten. Auch bei der Arbeitsplatzbewertung kann Tarifrecht nicht außer Kraft gesetzt werden.

34 Die Beteiligungspflicht des Personalrats setzt ein, sobald Maßnahmen der Arbeitsplatz- oder Dienstpostenbewertung beabsichtigt sind. Beide verlangen eine **vergleichende Betrachtung**. Die Dienstpostenbewertung kann durch ein abstraktes oder analytisches Dienstpostenbewertungsverfahren ermittelt werden. Die Mitwirkung der Personalvertretung besteht darin, ein bestimmtes Bewertungsverfahren mit auszuwählen, darauf zu achten, dass bei der Bewertung Tarif- und Beamtenrecht eingehalten werden und dass der Gleichheitsgrundsatz gemäß Art. 3 Abs. 1 GG beachtet wird. Dem Personalrat steht bei der Dienstposten- und Arbeitspostenbewertung ein Anwesenheitsrecht auch am Arbeitsplatz der begutachteten Arbeitsplätze zu. Ihm sind alle Zwischenergebnisse inklusive der Begründungen zuzuleiten, so dass er auch während der Bewertungsphase sein Mitwirkungsrecht ausüben kann. Dies alles kann jedoch nicht darüber hinwegtäuschen, dass die eigentliche Dienst- bzw. Arbeitspostenbewertung Aufgabe des Dienstherrn/Arbeitgebers ist und in dessen Organisationsermessen fällt, das durch das oben zitierte Urteil des BVerwG (siehe Rn. 20) etwas eingeschränkt wurde.

c. Mitwirkung bei Installation betrieblicher und Anschluss an öffentliche Informations- und Kommunikationsnetze (Abs. 2 3. Alt.)

35 Ein Informations- und Kommunikationsnetz ist ein technisches System, das aus mehreren Endgeräten (z. B. Rechnern), einem Transportmedium und gegebenenfalls weiterer Komponenten (z. B. Server) besteht und dazu dient, Informationen von einem Ort zum anderen zu übermitteln. Für das Bestehen eines Netzes im Sinne des Abs. 2 3. Alt. reicht es aus, wenn die **Möglichkeit eines Datenaustauschs** zwischen Endgeräten möglich ist, sei es auch nur mittelbar über eine Großrechenanlage.[695] Der Anschluss eines einzelnen Rechners an eine Großrechenanlage erfüllt nicht den Begriff eines Informations- und Kommunikations**netzes**. Die Beteiligungspflicht des Personalrats nach Abs. 2 3. Alt. setzt ein, sobald Maßnahmen der Installation betrieblicher Netze oder des Anschlusses an öffentliche Netze **beabsichtigt** sind.

---
695 So OVG NRW 13.5.1991, PersR 1992, 157.

§ 81

4. Das Anhörungsrecht des Personalrats vor der Weiterleitung von Stellenanforderungen zum Haushaltsvoranschlag nach Abs. 3

Die Anhörung ist die **schwächste Form** der personalvertretungsrechtlichen Beteiligung. Sie kann von beiden Seiten schriftlich oder mündlich durchgeführt werden. Im Interesse einer vertrauensvollen Zusammenarbeit sollte sie jedoch regelmäßig mündlich, d. h. in freier Rede und Gegenrede erfolgen. Für die Anhörung als eine Aufgabe und besondere Beteiligungsform des Personalrats gelten in vollem Umfang die Unterrichtungspflichten des § 62 Abs. 2. **36**

Mit dem Anhörungsrecht in Abs. 3 Satz 1 soll der Personalrat die Möglichkeit erhalten, bereits im Vorfeld der Aufstellung des Personalhaushalts **Einfluss auf allgemeine personelle Grundsatzentscheidungen** zu nehmen. Dabei gilt die Verpflichtung des Dienststellenleiters zur Anhörung des Personalrats sowohl für einstufige als auch für mehrstufige Verwaltungen und somit auch für den Bürgermeister gegenüber dem Personalrat einer Stadtverwaltung für die Vorbereitung der Stellenanforderungen im Magistrat.[696] **37**

5. Das Anhörungsrecht des Personalrats bei Neu-, Um- und Erweiterungsbauten nach Abs. 4

Eine vergleichbare Regelung zu Abs. 4 findet sich in § 90 Abs. 1 Nr. 1 BetrVG. Danach hat der Arbeitgeber den Betriebsrat über die Planung von Neu-, Um- und Erweiterungsbauten etc. rechtzeitig unter Vorlage der erforderlichen Unterlagen zu unterrichten. Der Mitwirkungstatbestand ist in Form eines Anhörungsrechts gestaltet, weil die Durchführung einer Baumaßnahme letztlich eine Entscheidung ist, die originär mit der Bewilligung von Haushaltsstellen und -mitteln zusammenhängt, und somit der Legislative obliegt. **38**

Die Beteiligung der Personalvertretung setzt an, wenn Neu-, Um- und **Erweiterungsbauten** von Diensträumen geplant sind. Erfasst werden auch **Neubauplanungen**.[697] Ebenfalls von Abs. 4 umfasst ist die Planung von Neu-, Um- und Erweiterungsbauten sämtlicher dienstlichen Räumlichkeiten, z. B. der Umbau oder Neubau einer **Kantine** oder eines neuen Verwaltungsgebäudes. Unter Räumlichkeiten sind aber auch abgegrenzte Teile eines Gebäudes zu verstehen, also z. B. auch die Errichtung eines Labors oder der Umbau eines Stockwerks zu einem **Großraumbüro** (im Jargon der Postnachfolgeunternehmen: »offene Bürowelten«). Demgemäß ist jede bauliche Maßnahme beteiligungspflichtig, soweit es sich nicht lediglich um eine bloße Renovierung oder eine kleine bauliche Veränderung ohne Änderung der Bausubstanz handelt (z. B. kleinere **Abbrucharbeiten** zur Installation einer größeren Tür). **39**

---

696 VG Kassel 2. 8. 1995 – L 9/94 –, zitiert nach juris.
697 VGH Baden-Württemberg 3. 9. 1991 – 15 S 243/91 –, ZBR 1992, 189.

§ 81

40 Der Dienstherr hat den Personalrat über die Planung – das Anstreben eines definierten Ziels – zu unterrichten und die vorgesehenen Maßnahmen mit ihm zu beraten. Die **Unterrichtung** hat bereits **im Vorfeld** der geplanten Maßnahme zu erfolgen, nämlich beim systematischen Suchen und Festlegen von Zielen und der Vorbereitung von Aufgaben, deren Durchführung zum Erreichen der Ziele erforderlich ist. Denn schließlich soll der Personalrat auf die Planung noch Einfluss nehmen können, da ansonsten das Beteiligungsrecht ins Leere läuft.[698] Dementsprechend ist er schon bei der Aufstellung des **Baubedarfsplans** und der Erstellung der dafür erforderlichen Unterlagen durch die Dienststelle zu beteiligen.[699] Entsprechend der Verweisung auf Abs. 3 folgt außerdem, dass der Leiter der Dienststelle eine von den Bauplänen abweichende Stellungnahme des Personalrats der übergeordneten Dienststelle vorzulegen hat, wenn für die Pläne selbst eine Vorlagepflicht besteht.[700]

41 Letztendlich kann der Personalrat über sein **allgemeines Antragsrecht** auch gemäß § 62 Abs. 1 Nr. 1 initiativ werden und konkrete Vorschläge zu baulichen Maßnahmen unterbreiten. Der Dienststellenleiter ist mithin an die Anträge der Personalvertretung – egal ob sie nach § 62 Abs. 1 oder § 81 Abs. 3 oder 4 erfolgen – nicht gebunden. Das Anhörungsverfahren ist indes beendet, wenn der Dienststellenleiter die Anträge und Anregungen des Personalrats geprüft und danach seine Entscheidung über die beabsichtigte Maßnahme getroffen hat. Dies gilt auch für das Anhörungsverfahren in mehrstufigen Verwaltungen. Hier wird die Schwäche des Anhörungsrechts deutlich. Der Dienststellenleiter ist jedoch grundsätzlich entsprechend der Regelung in § 62 Abs. 1 Satz 2 verpflichtet, die Anträge eingehend mit dem Personalrat zu erörtern und diese in angemessener Frist zu beantworten.

6. Verdrängen von Mitbestimmungstatbeständen (Abs. 5)

42 Bei Maßnahmen, die unter die Abs. 1 bis 4 fallen, tritt gemäß Abs. 5 ein gleichzeitig vorliegendes Mitbestimmungsrecht zurück. Nach einem Urteil des Hessischen Staatsgerichtshofs ist die Regelung mit der Hessischen Verfassung vereinbar. Dies gilt selbst dann, wenn Maßnahmen unter Abs. 1 Satz 1 fallen, die auch die Einführung, Anwendung, wesentliche Änderung oder Erweiterung von technischen Einrichtungen im Sinne des § 74 Abs. 1 Nr. 17 beinhalten, die dazu geeignet sind, Verfahren oder Leistungen der Beschäftigten zu überwachen. Auch in diesem Fall tritt ein gleichzeitig vorliegendes Mitbestimmungsrecht nach Ansicht des Hessischen Staatsgerichtshofs zurück.[701]

---

698 Fitting u. a., BetrVG, § 90 Rn. 8.
699 So auch v. Roetteken/Rothländer, HPVG, § 81 Rn. 478.
700 Fischer/Goeres/Gronimus, BPersVG, § 78 Rn. 39; v. Roetteken/Rothländer, HPVG, § 81 Rn. 480.
701 HessStGH 8. 11. 2006 – P.St. 1981 –, StAnz. 06, 2797.

Grundsätzlich liegt es nahe, bei Zusammentreffen verschiedener Beteiligungsformen von der allgemeinen Überlegung auszugehen, dass die **stärkere Beteiligungsform** der Mitbestimmung die schwächer ausgestaltete Mitwirkung konsumiert. Diese Schlussfolgerung wird aber bei näherer Prüfung den besonderen personalvertretungsrechtlichen Gegebenheiten nicht gerecht. Es gilt daher Folgendes: Die in den Personalvertretungsgesetzen geregelten Beteiligungsrechte der Personalvertretung bestehen grundsätzlich nebeneinander, so dass beim Zusammentreffen verschiedener Beteiligungsrechte der Personalrat regelmäßig in allen in Betracht kommenden Beteiligungsformen zu beteiligen ist. Ergibt sich aber aus dem Wortlaut, dem systematischen Zusammenhang oder der Entstehungsgeschichte von Beteiligungsvorschriften exakt, dass das stärke Beteiligungsrecht nicht gelten soll, kann sich der Personalrat im Mitbestimmungsverfahren **nicht** darauf berufen.[702] In diesen Fällen unterschiedlicher Beteiligungsrechte geht das sich als Sonderregelung darstellende weniger weitgehende Beteiligungsrecht dem stärkeren vor. Etwas anderes gilt, wenn einer anhörungspflichtigen Maßnahme im Sinne der Abs. 3 und 4 eine mitbestimmungspflichtige **Einzelmaßnahme** folgt. In diesem Fall besteht keine echte Konkurrenz von Beteiligungsrechten, so dass die Mitbestimmung nicht verdrängt werden kann.[703]

43

Weiterhin ist auf die EG-Arbeitsschutzrichtlinie 89/391/EWG vom 12.6.1989 hinzuweisen. In dieser sind im Bereich des Arbeitsschutzes europarechtlich die für die Durchführung von Maßnahmen zur Verbesserung der Sicherheit und des Gesundheitsschutzes zu berücksichtigenden Beteiligungsrechte vorgeschrieben. Abs. 1 der Art. 10 und 11 der EG-Arbeitsschutzrichtlinie verlangen ausdrücklich die Beteiligung der gesetzlichen Interessenvertreter bei allen Fragen betreffend die Sicherheit und die Gesundheit am Arbeitsplatz neben der Zuleitung der erforderlichen Information und der Anhörung. Europarechtlich ist den Personalräten somit ein Beteiligungsrecht zuerkannt, das in etwa dem Mitwirkungsverfahren entspricht.[704] Bei der Auslegung von Abs. 5 ist jedoch der Vorrang des Gemeinschaftsrechts zu berücksichtigen. Wird neben dem Anhörungsrecht gleichzeitig ein Mitbestimmungstatbestand ausgelöst, wie etwa aus § 74 Abs. 1 Nr. 16 (Gestaltung der Arbeitsplätze), wird dieser nicht durch das bloße Anhörungsrecht verdrängt. Der Rechtsauffassung von v. Roetteken/Rothländer ist uneingeschränkt zu folgen.

44

§ 81a Personalvermittlungsstelle

(1) Der nach § 83 zuständige Personalrat hat, soweit nicht eine Regelung durch Gesetz oder Tarifvertrag erfolgt, an einem

---
702 BVerwGE 78, 47, 51/52.
703 BVerwG 21.3.2007, PersR 2007, 301.
704 V. Roetteken/Rothländer, HPVG, § 81 Rn. 540.

§ 81a

Konzept zu einer nach Art. 1 § 1 des Zukunftssicherungsgesetzes einzurichtenden Personalvermittlungsstelle (PVS) mitzuwirken. Soweit das Konzept zur Einrichtung der Personalvermittlungsstelle Regelungen im Sinne des § 74 Abs. 1 Nr. 15 und § 77 Abs. 2 enthält, tritt ein gleichzeitig vorliegendes Mitbestimmungsrecht zurück.

(2) Von der Mitbestimmung ausgenommen sind Umsetzung, Zuweisungen sowie Abordnungen und Versetzungen im Bereich der Landesverwaltung, die aufgrund des Art. 1 des Zukunftssicherungsgesetzes oder des in Abs. 1 genannten Konzeptes erfolgen.

1 Nach Abs. 1 hat der nach § 83 zuständige Personalrat an einem Konzept zu einer nach Art. 1 § 1 des Zukunftssicherungsgesetzes einzurichtenden Personalvermittlungsstelle mitzuwirken, soweit nicht eine Regelung durch Gesetz oder Tarifvertrag erfolgt. Auch für diesen Fall sieht das Gesetz eine **Verdrängung von Mitbestimmungstatbeständen** vor, nämlich des § 74 Abs. 1 Nr. 15 und des § 77 Abs. 2. Nach dem Urteil des HessStGH vom 8.11.2006 ist § 81a mit der Hessischen Verfassung vereinbar. Es fällt insgesamt auf, dass der HessStGH die Rechte und Befugnisse der Personalvertretung auffallend restriktiv auslegt.

2 Zur **Personalvermittlungsstelle** (PVS) muss indes indiziert werden, dass diese sich deutlich von der entsprechenden Einrichtung »Vivento« bei der Deutschen Telekom AG unterscheidet, die Gegenstand der Rechtsprechung des BVerwG war.[705] Ebenso wie bei der PVS wurden auch bei der Vivento der Deutschen Telekom AG Beamte dieser Einrichtung formell zugeordnet. Einen Dienstposten erhalten sie nicht, die Beschäftigten sitzen sozusagen zu Hause in Wartestellung. Eine **dauernde Trennung** von **Amt** und **Funktion** ist jedoch mit Art. 33 Abs. 5 des GG nicht vereinbar. Beamte haben Anspruch darauf, dass sie entsprechend ihrem Statusamt zugewiesen werden. Die stärkste Verletzung dieses Grundsatzes ist die Nichtbeschäftigung. Werden Beamte bei einer solchen Vermittlungsgesellschaft nur befristet, etwa für die Dauer maximal eines Jahres »geparkt«, ist der vorübergehende Entzug des Dienstpostens dann verfassungsrechtlich unbedenklich, wenn der oberste Dienstherr entsprechend höhergewichtige dringende dienstliche Gründe darlegen kann.

3 Die Beteiligung nach Abs. 1 Satz 1 bezieht sich auf die **Entwicklung eines Konzepts** zur Einrichtung einer Personalvermittlungsstelle. Dieser liegt das Ziel zugrunde, betriebsbedingte Beendigungskündigungen aus Anlass der Verwirklichung eines Stellenabbaus möglichst zu vermeiden. Dem örtlichen Personalrat steht indes kein Mitbestimmungsrecht bei Auswahl und Meldung von Überhangpersonal an die

---

705 BVerwG 22.6.2006, PersR 2006, 460.

PVS und keine Mitwirkungsrechte bei der dafür erforderlichen automatisierten Verarbeitung personenbezogener Daten zu.[706] Abs. 2 schränkt die Beteiligungsrechte der Personalvertretungen sehr weitgehend ein. Es sind alle personellen Maßnahmen von der Mitbestimmung ausgenommen, wenn diese Maßnahmen aufgrund des Gesetzes über den Abbau von Stellen in der Landesverwaltung oder des in Abs. 1 genannten Konzepts erfolgen.

§ 82

(1) In Betrieben, Körperschaften, Anstalten und Stiftungen des öffentlichen Rechts mit mehr als zehn Beschäftigten, die überwiegend wirtschaftliche Aufgaben erfüllen und für die ein Verwaltungsrat oder eine entsprechende Einrichtung besteht, müssen dem Verwaltungsrat oder der entsprechenden Einrichtung auch Vertreter der Beschäftigten angehören. Die Zahl der Vertreter der Beschäftigten beträgt ein Drittel der Mitgliederzahl, die für den Verwaltungsrat oder die entsprechende Einrichtung nach den gesetzlichen Vorschriften oder der Satzung vorgesehen ist.

(2) Die Vertreter der Beschäftigten im Verwaltungsrat oder der entsprechenden Einrichtung haben die gleichen Rechte und Pflichten wie die sonstigen Mitglieder.

(3) Die Vertreter der Beschäftigten im Verwaltungsrat oder der entsprechenden Einrichtung werden von den nach § 9 wahlberechtigten Beschäftigten gewählt. Die im Betrieb, der Körperschaft, Anstalt oder Stiftung vertretenen Gewerkschaften und Berufsverbände können Wahlvorschläge machen und dabei auch Personen benennen, die nicht Beschäftigte sind. Die Wahlvorschläge müssen Männer und Frauen entsprechend ihrem Anteil an den wahlberechtigten Beschäftigten berücksichtigen. Die Wahlvorschläge werden in einer Liste zusammengefasst. Gewählt wird nach den Grundsätzen der Mehrheitswahl. Der Minister des Innern bestimmt durch Rechtsverordnung das Nähere über die Wahl und die Wählbarkeit; Briefwahl ist zulässig.

(4) Abs. 1 bis 3 gelten nicht für Eigenbetriebe nach dem Eigenbetriebsgesetz, die Brandversicherungsanstalten sowie die kommunalen Versorgungskassen und Zusatzversorgungskassen; soweit nach § 67 Abs. 1 in der bis zum 31. Dezember 1979 geltenden Fassung Mitglieder des Personalrats in den Verwaltungsrat oder die entsprechende Einrichtung entsandt worden sind, verbleibt es bei der bisherigen Regelung. Durch Rechtsvorschrift zugelassene Abweichungen von Abs. 1 Satz 2 und

---

706 HessVGH 7.9.2005 – 22 TL 2624/04 –, PersV 2006, 63.

§ 83

Abs. 3 bedürfen der Zustimmung des für das Dienstrecht zuständigen Ministeriums.

1 Der Verwaltungsrat ist eine neben dem Personalrat bestehende und von ihm abhängige Institution. Es handelt sich dabei um eine **eigenständige Beteiligungsinstitution** auf der unternehmensbezogenen Entscheidungsebene (sog. überbetriebliche Beteiligung).[707] In dem Verwaltungsrat haben die Arbeitnehmer Anspruch auf Repräsentanz und Gelegenheit zur Teilhabe an wichtigen unternehmerischen Entscheidungen bereits im Planungsstadium. Die Zahl der Vertreter der Beschäftigten beträgt gemäß Abs. 1 Satz 2 $^1/_3$ der Mitgliederzahl, die für den Verwaltungsrat oder die entsprechende Einrichtung nach den gesetzlichen Vorschriften oder der Satzung vorgesehen ist.

2 Nach **Abs. 3** werden die **Vertreter der Beschäftigten** im Verwaltungsrat (oder der entsprechenden Einrichtung) von den nach § 9 wahlberechtigten Beschäftigten gewählt. Die in den Betrieben, Körperschaften, Anstalten und Stiftungen vertretenen Gewerkschaften und Berufsverbände können dabei Wahlvorschläge machen und auch Personen benennen, die nicht Beschäftigte sind. Auch bei den Wahlvorschlägen ist der Geschlechterproporz zu beachten.

3 Betriebe in einer **Rechtsform des Privatrechts** werden von § 82 nicht erfasst, selbst wenn sie dem Land oder einer sonstigen juristischen Person des öffentlichen Rechts gehören. Daher findet die Regelung keine Anwendung auf Betriebe einer AG, einer GmbH oder einer GmbH & Co. KG, selbst wenn deren Anteile ausschließlich im Besitze des Landes sind.

4 **Aufgabe** des Verwaltungsrats im Sinne des § 82 ist, die Beschlussfassung über die Grundsätze der Geschäftspolitik über den Wirtschaftsplan, die Feststellung des Jahresabschlusses, die Bestellung und Abberufung der Mitglieder des Vorstands etc. zu treffen.

Sechster Titel
Zusammenarbeit mit Personalrat, Stufenvertretung und Gesamtpersonalrat

§ 83

(1) In Angelegenheiten, in denen die Dienststelle nicht zur Entscheidung befugt ist, beteiligt der Leiter der Dienststelle, der der Beschäftigte angehört oder bei der er eingestellt werden soll, den bei dieser Dienststelle bestehenden Personalrat. Der Leiter der zur Entscheidung befugten Dienststelle kann die

---

[707] Spieß, § 82 HPVG, S. 381 f.; v. Roetteken/Rothländer, HPVG, § 82 Rn. 19 ff.

§ 83

Beteiligung allgemein oder im Einzelfall an Stelle des in Satz 1 genannten Dienststellenleiters durchführen. Bei Versetzungen und Abordnungen sind der Personalrat der abgebenden und der Personalrat der aufnehmenden Dienststelle zu beteiligen.

(2) Bei Maßnahmen, die für die Beschäftigten mehrerer Dienststellen von allgemeiner Bedeutung sind, ist die bei der für die Entscheidung zuständigen Dienststelle gebildete Stufenvertretung an Stelle der Personalräte zu beteiligen. Bei Maßnahmen, die für die verschiedenen Geschäftsbereichen angehörenden Beschäftigten einer unteren Landesbehörde von allgemeiner Bedeutung sind, nimmt der Bezirkspersonalrat der zuständigen Mittelbehörde die Aufgaben der Stufenvertretung wahr; er unterrichtet die Bezirkspersonalräte beteiligter Mittelbehörden und gibt ihnen Gelegenheit zur Äußerung.

(3) Bei Maßnahmen, die für die Beschäftigten mehrerer Geschäftsbereiche von allgemeiner Bedeutung sind oder über die die Landesregierung entscheidet, nimmt der Hauptpersonalrat bei der zuständigen obersten Landesbehörde die Aufgaben der Stufenvertretung wahr. Er unterrichtet die Hauptpersonalräte bei den beteiligten obersten Landesbehörden und gibt ihnen Gelegenheit zur Äußerung.

(4) Die Abs. 1 und 2 gelten entsprechend für die Verteilung der Zuständigkeit zwischen Personalrat und Gesamtpersonalrat.

(5) Für die Befugnisse und Pflichten der Stufenvertretung und des Gesamtpersonalrats gelten die Vorschriften des Sechsten Abschnitts entsprechend. Für die Rechte und Pflichten ihrer Mitglieder gelten die §§ 64 bis 68.

(6) Im Falle der Einführung, Anwendung, wesentlichen Änderung oder Erweiterung von technischen Einrichtungen, die dazu geeignet sind, das Verhalten oder die Leistung der Beschäftigten zu überwachen (§ 74 Abs. 1 Nr. 17) sowie der automatisierten Verarbeitung personenbezogener Daten der Beschäftigten (§ 81 Abs. 1 Satz 1) ist der Personalrat der Dienststelle zu beteiligen, der die Beschäftigten angehören, deren personenbezogene Daten verarbeitet werden. Abs. 2 und 3 bleiben unberührt.

Die Vorschrift regelt die Zusammenarbeit des Dienststellenleiters mit dem örtlichen Personalrat, den Stufenvertretungen und dem Gesamtpersonalrat und grenzt die Zuständigkeiten dieser Personalvertretungen untereinander ab. **Abs. 1** regelt die Zuständigkeit der örtlichen Personalvertretung in Fällen, in denen der Dienststellenleiter zu Entscheidungen selber nicht befugt ist. **Abs. 2** befasst sich mit den Zuständigkeiten bei Maßnahmen, die für die Beschäftigten mehrerer Dienststellen von allgemeiner Bedeutung sind.

§ 83

2 Nach **Abs. 5** gelten für Stufenvertretung und Gesamtpersonalrat die Vorschriften über die Befugnisse und Pflichten des Personalrats, wie sie im Sechsten Abschnitt festgelegt sind, entsprechend.

3 Zunächst gilt der Grundsatz, dass der Personalrat an den Maßnahmen zu beteiligen ist, die die Dienststelle, bei der dieser Personalrat gebildet ist, für ihre Beschäftigten trifft. Mit Personalrat ist hier der örtliche Personalrat gemeint. Dies ergibt sich indirekt auch aus Abs. 1 Satz 1. Die grundsätzliche Zuständigkeit des örtlichen Personalrats besteht dann, wenn zwei Voraussetzungen erfüllt sind, in denen tragende Grundprinzipien des HPVG zum Ausdruck kommen. Zum einen muss es sich um Maßnahmen für Beschäftigte der Dienststelle handeln, bei der der Personalrat gebildet ist (**Repräsentationsgrundsatz**). Hiernach repräsentiert der Personalrat nur die zu dieser Dienststelle und damit zu seiner Wählerschaft gehörenden Beschäftigten und insoweit ist er auch nur zu deren Interessenvertretung legitimiert. Darüber hinaus geht auch das HPVG von dem **Grundsatz der Partnerschaft** von Dienststelle und Personalrat aus, nachdem sich sein Wirkungsbereich nur auf Maßnahmen der Dienststelle erstreckt, bei der er besteht. Somit ist der Aktionsradius des Personalrats auf die Beteiligungsangelegenheiten begrenzt, über die der Dienststellenleiter zu entscheiden hat. Dies ist in den für die jeweilige Dienststelle geltenden Rechts- und Verwaltungsvorschriften geregelt. Für die Zuständigkeit des Personalrats kommt es darauf an, ob die Dienststelle befugt ist, eine Entscheidung mit Außenwirkung zu treffen. Unerheblich ist, ob sie dabei an Weisungen einer übergeordneten Dienststelle gebunden ist, deren Zustimmung einholen muss oder ob eine übergeordnete Dienststelle die Entscheidung intern vorbereitet hat.[708] Abs. 1 Satz 1 enthält eine Ausnahmeregelung zum Partnerschaftsbetrieb, da hiernach der Personalrat der Dienststelle zu beteiligen ist, obgleich die Dienststelle nicht zur Entscheidung befugt ist. Die Regelung dient der Entlastung der Stufenvertretung und erkennt die **größere Orts-** und **Sachnähe** des Dienststellenleiters an.[709] Nach der Regelung des Abs. 1 Satz 1 hat der Dienststellenleiter in Angelegenheiten, in denen die Dienststelle nicht zur Entscheidung befugt ist, der der Beschäftigte angehört oder bei der er eingestellt werden soll, den bei dieser bestehenden örtlichen Personalrat zu beteiligen.

4 Der Anwendungsbereich der Regelung in Abs. 1 bezieht sich auf **individuelle Maßnahmen**, von der nur ein Beschäftigter, einzelne Beschäftigte oder nur eine Dienststelle berührt ist.[710] Betroffen sind die Beteiligungen in personellen, sozialen und organisatorischen Angelegenheiten sowie die allgemeinen Aufgaben des Personalrats nach § 62.

---
708 BVerwG 22. 9.1967 – VII P 14.66 –, PersV 1968, 113; 20. 1. 1993 – 6 P 21.90 –, PersR 1993, 310.
709 V. Roetteken/Rothländer, HPVG, § 83 Rn. 23.
710 BVerwG 23. 7. 1979, PersV 1981, 70.

Voraussetzung jeder Beteiligung ist, dass eine **beteiligungsfähige** **5** **Angelegenheit** (Abs. 1) bzw. **Maßnahme** (Abs. 2) vorliegt. Es entspricht ständiger, insbesondere höchstrichterlicher Rechtsprechung, dass eine Beteiligung der Personalvertretung eine »Maßnahme« der ihr zugeordneten Dienststelle voraussetzt. Hierbei muss es sich auf ein auf die Veränderung des bestehenden Zustandes abzielendes Verhalten der Dienststelle handeln; nach Durchführung der Maßnahme müssen das Beschäftigungsverhältnis oder die Arbeitsbedingungen eine Änderung erfahren haben.[711] Eine Maßnahme wird **nicht getroffen**, wenn ein Sachverhalt abschließend unmittelbar durch Gesetz oder Tarifvertrag geregelt ist, es also keiner Ausführungsakte mehr bedarf.[712] Gleiches gilt, wenn der Leiter der Dienststelle eine unmittelbar gestaltende Anordnung einer übergeordneten Dienststelle umsetzt, ohne einen eigenen Regelungs- und Entscheidungsspielraum nutzen zu können.[713]

Maßgebend für die **Abgrenzung der Zuständigkeit** zwischen örtlichem Personalrat und Stufenvertretung ist, ob die Maßnahme einen **6** individuellen oder dienststellenübergreifenden Charakter hat. Im Unterschied zu § 82 Abs. 1 BPersVG ist nach § 83 HPVG letztendlich unerheblich, ob die Dienststelle entscheidungsbefugt ist. So ist etwa bei dienststellenübergreifenden **Beförderungsentscheidungen** der Mittelbehörde deren Personalrat und nicht der Bezirkspersonalrat zu beteiligen. Der »Hauspersonalrat« der übergeordneten Dienststelle ist stets zuständig, wenn es um beteiligungspflichtige Angelegenheiten ausschließlich der Beschäftigen der übergeordneten Dienststelle geht.[714] So ist bei der Vergabe eines bei einer Mittelbehörde zu besetzenden Dienstpostens der Personalrat der betreffenden Mittelbehörde zu beteiligen, unabhängig davon, welcher Dienststelle der ausgewählte Bewerber angehört. Aufgrund der dem HPVG eigenen Zuständigkeitsabgrenzung kann die Rechtsprechung des BVerwG diesbezüglich nicht zwangsläufig auf das HPVG angewendet werden. So ist der Hauspersonalrat für einen bestimmten Dienstposten mit übergreifender Funktion auch dann zuständig, wenn die Personalmaßnahme für die Beschäftigten mehrerer Dienststellen von allgemeiner Bedeutung ist.[715] Nichts anderes gilt hinsichtlich der Zuständigkeitsabgrenzung zwischen dem Personalrat der Hauptdienststelle und dem Gesamtpersonalrat.

Abs. 1 Satz 2 räumt dem Dienststellenleiter ein sog. **Selbsteintritts-** **7** **recht** ein, wenn dieser für die bestimmte Maßnahme entscheidungsbefugt ist. Die Entscheidung, ob und in welchen Fällen er von seinem

---

711 BVerwG 2.9.2009 – 6 PB 22.09 –, zitiert nach juris.
712 HessVGH 26.4.1994, PersR 1995, 87, 88.
713 BVerwG 10.3.1992, PersR 1992, 247.
714 BVerwG 29.8.2005 – 6 PB 6.05 –, zitiert nach juris.
715 HessVGH 10.3.1982, PersV 1991, 537.

§ 83

Selbsteintrittsrecht Gebrauch macht, liegt in seinem pflichtgemäßen Ermessen.

8 Bei Versetzungen und Abordnungen werden gemäß **Abs. 1 Satz 3** der Personalrat der abgebenden und der aufnehmenden Dienststelle beteiligt. Nach § 77 Abs. 1 Nr. 1 Buchst. d und e erfolgt die Beteiligung aus Anlass einer Umsetzung innerhalb der Dienststelle oder im Falle einer Abordnung zu einer anderen Dienststelle nur bei einer Dauer von mehr als sechs Monaten.

9 Voraussetzung für die Beteiligung der Stufenvertretung ist nach **Abs. 2 Satz 1** die allgemeine Bedeutung einer Maßnahme für die Beschäftigten **mehrerer Dienststellen**. Welche Stufenvertretung nach Satz 1 zu beteiligen ist, hängt maßgebend davon ab, welche Dienststelle zur Entscheidung befugt ist. Denn der für die Entscheidung zuständige Dienststellenleiter hat die bei seiner Dienststelle gebildete Stufenvertretung zu beteiligen. Bei Maßnahmen, die für die verschiedenen Geschäftsbereichen angehörenden Beschäftigten einer unteren Landesbehörde von allgemeiner Bedeutung sind, nimmt der **Bezirkspersonalrat** der zuständigen Mittelbehörde die Aufgaben der Stufenvertretung wahr. Er unterrichtet die Bezirkspersonalräte beteiligter Mittelbehörden und gibt ihnen Gelegenheit zur Äußerung (Abs. 2 Satz 2). Beteiligt ist jeder Bezirkspersonalrat, dessen Geschäftsbereich von der Maßnahme betroffene Beschäftigte angehören. Die Unterrichtung hat nach den entsprechend anzuwendenden Grundsätzen des § 62 Abs. 2 rechtzeitig und umfassend unter Vorlage der erforderlichen Unterlagen zu erfolgen.

10 Ist die Maßnahme nicht nur für die Beschäftigten eines Geschäftsbereichs, sondern für die Beschäftigten **mehrerer Geschäftsbereiche** von allgemeiner Bedeutung, so hat nach Abs. 3 Satz 1 der **Hauptpersonalrat** bei der zuständigen obersten Landesbehörde die Aufgaben der Stufenvertretung wahrzunehmen. Mit dieser Regelung ist zugleich klargestellt, dass nur ein Hauptpersonalrat die Beteiligungszuständigkeit ausübt. Dieser unterrichtet die Hauptpersonalräte bei den beteiligten obersten Landesbehörden und gibt ihnen Gelegenheit zur Äußerung. Hinsichtlich der Unterrichtung gilt entsprechend § 62 Abs. 2 der Grundsatz, dass diese rechtzeitig und umfassend unter Beteiligung der erforderlichen Unterlagen zu erfolgen hat. Auch hier liegt es im pflichtgemäßen Ermessen des unterrichtenden Hauptpersonalrats, ob er den zu beteiligenden Hauptpersonalräten Gelegenheit zur schriftlichen und/oder mündlichen Äußerung gibt. Die Regelung in Abs. 3 schränkt den Grundsatz der Repräsentation für die anderen betroffenen Hauptpersonalräte ein. Sie entspricht jedoch noch dem Repräsentationsprinzip.[716]

11 Die Stufenvertretung hat nicht nur eine **Auffangzuständigkeit**, viel-

---

716 VG Wiesbaden 26. 8. 1999 – 23 L 1/95 PV(V) –, zitiert nach juris.

§ 83

mehr ist sie unter den gesetzlichen Voraussetzungen auch primär zu beteiligen.

Die oben (siehe Rn. 6) dargestellten Grundsätze über die Abgrenzung der Zuständigkeit von örtlichen Personalräten und Stufenvertretungen sind nicht nur auf die Fälle der Mitwirkung und Mitbestimmung beschränkt. Sie erfassen vielmehr auch die **allgemeinen Aufgaben** der Personalvertretung. Der Begriff der »Beteiligung«, wie er in der die Zuständigkeit der Stufenvertretung begründenden Vorschrift des § 83 verwandt wird, hat umfassende Bedeutung und schließt alle Fälle ein, in denen die Personalvertretung tätig werden kann. Ist nach den Grundsätzen über die Abgrenzung der Zuständigkeit die Stufenvertretung zu beteiligen, tritt sie in alle Aufgaben und Befugnisse ein, die sonst dem Personalrat zustehen. Der Stufenvertretung obliegen in diesen Fällen insbesondere folgende Aufgaben: **12**

- Beantragung von Maßnahmen, die der Dienststelle und ihren Angehörigen dienen
- Überwachung, dass die zugunsten der Beschäftigten geschaffenen Bestimmungen durchgeführt werden
- Entgegennahme von Anregungen und Beschwerden von Beschäftigten und gegebenenfalls Hinwirken auf Abhilfe
- Beraten von Entwürfen von Verwaltungsanordnungen mit der Dienststelle[717]

Der Bezirkspersonalrat ist hiernach etwa zuständig bei der Einführung einer gleichlautenden **Dienstordnung** (§ 74 Abs. 1 Nr. 7) bei der Mittelbehörde.

Sobald die Stufenvertretungen nicht ohnehin primär mit Aufgaben zu befassen sind, sind sie im Rahmen des Stufenverfahrens (§§ 69 ff.) im Nichteinigungsfalle zu beteiligen. **13**

Für die Abgrenzung der Zuständigkeiten zwischen örtlichem Personalrat und Gesamtpersonalrat verweist **Abs. 4** ausdrücklich auf die Abs. 1 und 2. Der Gesamtpersonalrat hat ein Beteiligungsrecht, wenn es um eine Maßnahme geht, die für die Beschäftigten der Hauptdienststelle und der Nebenstelle(n) gleichzeitig von allgemeiner Bedeutung sind. Geht es hingegen um eine Maßnahme, die ausschließlich die Beschäftigten der Hauptdienststelle oder einer Nebenstelle berührt, ist der dort gebildete Personalrat zu beteiligen. Ob eine personelle Maßnahme individueller Art (z. B. Beförderung, Höhergruppierung, Versetzung, Umsetzung etc.) nur die Beschäftigten einer Dienststelle betrifft oder einen **dienststellenübergreifenden Charakter** hat, ist nicht danach zu beurteilen, **ob** eine solche Maßnahme abstrakt betrachtet **die Belange der Beschäftigten** anderer Dienststellen berühren kann, son- **14**

---
717 BVerwG 12.8.2009 – 6 PB 18.09 –, IÖD 2009, 226 ff.

§ 83

dern danach, ob diese Belange **tatsächlich berührt werden**.[718] Hingegen ist der Gesamtpersonalrat bei personellen Maßnahmen zu beteiligen, welche die Beschäftigten der Hauptdienststelle und diejenigen der verselbständigten Nebenstellen gleichermaßen betreffen. Werden etwa auf der Grundlage von Beurteilungen Reihungen von Beamten der Hauptdienststelle und der Nebenstellen vorgenommen, ist der GPR zu beteiligen.[719] Die Errichtung eines neuen Eigenbetriebs in einer Kommunalverwaltung fällt in die Zuständigkeit des Gesamtpersonalrats, wenn dort bereits ein Gesamtpersonalrat besteht. Die Neugründung eines eigenen Betriebs »**Kindertageseinrichtungen**« muss Bedeutung für die Beschäftigten mehrerer Dienststellen haben. Dabei ist im Hinblick auf den besonderen Zweck der Regelung des Abs. 4 davon auszugehen, dass Dienststellen im Sinne der entsprechenden Anwendung des Abs. 2 Satz 1 alle Dienststellen im Sinne des § 7 sind – einschließlich der nach § 7 Abs. 3 Satz 2 verselbständigten Dienststellen.

15 Eine Maßnahme ist von **allgemeiner Bedeutung** für die Beschäftigten mehrer Dienststellen, wenn sie wie z. B. die Verlegung einer Dienststelle für Beschäftigte mehrerer Dienststellen von Bedeutung ist und objektiv ein Interesse des Maßnahmeträgers an einem einheitlichen Partner im Beteiligungsverfahren besteht.[720] Noch umfassender definiert das BAG die Voraussetzungen für die Beteiligung des Gesamtpersonalrats.[721] Es lässt dafür schlicht genügen, dass es sich um eine dienststellenübergreifende Maßnahme handelt (Einschränkung einer Ballungsraumzulage durch Anrechnung einer Tariflohnerhöhung im Bereich der Stadtverwaltung). In eine ähnliche Richtung weist der Beschluss des HessVGH zu Abs. 2, 4 hinsichtlich der Beteiligung des Gesamtpersonalrats der Lehrerinnen/Lehrer an der Bestellung einer Frauenbeauftragten.[722]

16 Die **allgemeine Bedeutung einer dienststellenübergreifenden Maßnahme** kann nicht nur dann angenommen werden, wenn die Beschäftigten der sog. Stammdienststelle betroffen sind. Es handelt sich insoweit um eine der vielen verselbständigten Dienststellen im Bereich der Stadtverwaltung, so dass es völlig willkürlich wäre, für die objektiv gebotene Zuständigkeitsabgrenzung im Bereich des Personalvertretungsrechts diese Dienststelle gleichsam zur »Mutterdienststelle« zu erklären. Die Verselbständigkeitsentscheidung des Magistrats der Stadt Frankfurt nach § 7 Abs. 3 Satz 2 hat zum Entstehen einer Vielzahl einander gleich geordneter Dienststellen im Sinne des Personalvertretungsrechts geführt. Ihre Personalräte können nur die Interessen ihrer

---

718 BVerwG 15.7.2004 – 6 P 1.04 –, ZfPR 2004, 261; Spieß, § 83 HPVG, S. 386.
719 BVerwG 20.8.2003 – 6 C 5.03 –, ZfPR 2004, 292.
720 SVGH 10.3.1982 – HPV TL 17/81 –, PersV 1991, 537; VG Frankfurt/Main 10.9.2007 – 23 L 2109/07 –, PersV 2008, 110 f.
721 BAG 25.7.1996 – 6 AZR 179/95 –, PersR 1997, 262, 264.
722 HessVGH 22.2.1996 – 22 TL 1181/95 –, PersR 1996, 287.

jeweiligen Beschäftigten wahrnehmen. Berührt eine **Maßnahmeabsicht** die Beschäftigten mehrerer solcher Dienststellen, kann eine einheitliche Entscheidung der Interessenvertretung der Beschäftigten gegenüber der Beteiligten nur dadurch gewährleistet werden, dass anstelle der jeweils betroffenen Dienststellenpersonalräte der **Gesamtpersonalrat** beteiligt wird, weil er die Beschäftigten aller betroffenen Dienststellen, aller Teile der Stadtverwaltung, **repräsentiert**. Es kann nicht ausreichen, den Gesamtpersonalrat erst dann einzuschalten, wenn ein Stufenverfahren eingeleitet wird. Das lässt Abs. 2 Satz 1 nämlich gerade nicht ausreichen, sondern will vielmehr von vornherein die Beteiligung der Stufenvertretung bzw. des Gesamtpersonalrats sicherstellen.[723]

Für Stufenvertretung und Gesamtpersonalrat gelten die Vorschriften über die **Befugnisse und Pflichten des Personalrats**, wie sie im Sechsten Abschnitt festgelegt sind, **entsprechend** (Abs. 5 Satz 1), also die §§ 60 bis 83 und somit auch die dort für die Durchführung der Beteiligung zwingend vorgesehenen Verfahrens- und Fristenregelungen. Entsprechend anwendbar ist auch die Regelung des § 60 Abs. 4, so dass Stufenvertretungen und Gesamtpersonalräte ebenfalls Monatsgespräche führen sollen. Nach Abs. 5 Satz 2 gelten für die Rechte und Pflichten der Mitglieder der Stufenvertretung und des Gesamtpersonalrats die §§ 64 bis 68 **unmittelbar**. **17**

In der speziellen Zuständigkeitsregelung des **Abs. 6** hat der Gesetzgeber bestimmt, dass bei technischen Überwachungseinrichtungen und der automatisierten Personaldatenverarbeitung der **örtliche Personalrat** der Dienststelle zu beteiligen ist, deren **Beschäftigte davon betroffen** sind. Werden ressortbezogen Beschäftigte mehrerer Dienststellen hingegen tangiert, verlagert sich die Zuständigkeit auf die Stufenvertretungen. Dies ist durch die Regelung in Abs. 6 Satz 2 ausdrücklich klargestellt. Beim Fehlen der Entscheidungsbefugnis der Stufenbehörde sind nach Abs. 6 Satz 1 grundsätzlich die örtlichen Personalräte aller betroffenen Dienststellen einzeln zu beteiligen. **18**

---

723 VG Frankfurt/Main 10.9.2007 – 23 L 2109/07 –, PersV 2008, 110f.

Zweiter Teil
Besondere Vorschriften für einzelne Zweige des öffentlichen Dienstes und für den Hessischen Rundfunk

§ 84

Für die nachstehenden Zweige des öffentlichen Dienstes und für den Hessischen Rundfunk gelten die Vorschriften des Ersten Teiles insoweit sinngemäß, als im Folgenden nichts anderes bestimmt ist.

1 Der Zweite Teil des HPVG enthält besondere Vorschriften für einzelne Zweige des öffentlichen Dienstes und für den Hessischen Rundfunk. Gemäß § 94 BPersVG sind die §§ 95 bis 106 BPersVG Rahmenvorschriften für die Gesetzgebung der Länder. Mit dem Erlass des Zweiten Teils des BPersVG (§§ 95 bis 109) hat der Bund von seiner damaligen Kompetenz zur **Rahmengesetzgebung** Gebrauch gemacht (Art. 75 Abs. 1 Satz 1 Nr. 1 i. V. m. § 72 GG a. F.).

2 Die Vorschriften des Zweiten Teils des BPersVG enthalten insoweit Rahmenvorschriften für die **Gesetzgebung der Länder**, also Vorschriften, die im Rahmen der Landesgesetzgebung umgesetzt werden müssen. Nach § 95 Abs. 1 Hs. 2 BPersVG können die Länder für Beamte im Vorbereitungsdienst und Beschäftigte in entsprechender Berufsausbildung, Staatsanwälte, Polizeibeamte und Angehörige von Rundfunk- und Fernsehanstalten sowie von Dienststellen, die bildenden, wissenschaftlichen oder künstlerischen Zwecken dienen, eine besondere Regelung unter Beachtung des § 104 BPersVG vorsehen. Dabei liegt es jedoch im Ermessen des jeweiligen Landesgesetzgebers, ob er für diese Beschäftigtengruppe gesonderte Regelungen schafft. Nach § 104 BPersVG sind die Personalvertretungen in innerdienstlichen, sozialen und personellen Angelegenheiten der Beschäftigten zu beteiligen. Dabei soll eine Regelung angestrebt werden, wie sie für Personalvertretungen in Bundesbehörden im BPersVG festgelegt ist.

3 Der Landesgesetzgeber hat im HPVG mit den Regelungen in den §§ 86 bis 109 von der rahmenrechtlich eröffneten Möglichkeit zur Schaffung von **Sonderregelungen** für die Bildung von Vertretungsgremien Gebrauch gemacht.

4 Bis zur Änderung des Grundgesetzes durch das Gesetz vom 28. 6. 2006 (Föderalismusreform I) enthielt das auf der Grundlage des Art. 75 GG in der bis zum Inkrafttreten des Gesetzes vom 28. 8. 2006 geltenden Fassung erlassene Beamtenrechtsrahmengesetz (BRRG) Rahmen-

§ 84

bestimmungen für die Beamten der Länder und anderer Gebietskörperschaften sowie aller sonstigen Körperschaften, Anstalten und Stiftungen des öffentlichen Rechts im Landesbereich. Aufgrund der Beschlüsse der Föderalismusreform wurde das Grundgesetz durch Gesetz vom 28. 8. 2006[1] mit Wirkung zum 1. 9. 2006 geändert. Die bisherige Rahmengesetzgebungskompetenz des Bundes nach Art. 75 GG, die sich in Nr. 1 dieser Vorschrift auf die Regelung der Rechtsverhältnisse der im öffentlichen Dienst der Länder, Gemeinden und anderer Körperschaften, Anstalten und Stiftungen des öffentlichen Rechts stehenden Personen erstreckte, soweit in Art. 74a GG nichts anderes bestimmt war, wurde gestrichen. Ebenfalls aufgehoben wurde die in Art. 74a Abs. 1 GG der konkurrierenden Gesetzgebung zugeordnete Regelung der Besoldung und Versorgung der Beamten, soweit dem Bund nicht ohnehin die ausschließliche Gesetzgebungskompetenz nach Art. 73 Nr. 8 GG zustand.

Seit der Föderalismusreform I gilt, dass die Länder das gesamte **Beamtenrecht in eigener Gesetzgebungszuständigkeit** regeln können, und zwar gemäß Art. 74 Abs. 1 Nr. 27 GG im Rahmen der konkurrierenden Gesetzgebung. Lediglich die Regelungen von Statusangelegenheiten der Beamten bleiben Sache des Bundes. Der Bund hat von seiner Gesetzgebungskompetenz in Form des Beamtenstatusgesetzes (BeamtStG) Gebrauch gemacht.[2] Weiterhin besitzt der Bund die Gesetzgebungszuständigkeit für das Arbeitsrecht einschließlich der Betriebsverfassung gemäß Art. 74 Abs. 1 Nr. 12 GG. 5

Ungeklärt ist jedoch, ob die Gesetzgebungskompetenz im Hinblick auf die Personalvertretung in den Ländern nach der Föderalismusreform I beim Bund oder bei den Ländern liegt. In den Vorschriften des BeamtStG ist bereits keine scharfe Trennung zwischen Statusrechten und sonstigen Rechten zu erkennen. Gleichwohl ist es verfassungsrechtlich nach der Föderalismusreform I konsequent, dass der Bund sich jeglicher (rahmenrechtlicher) Regelung komplett enthält. Nach § 51 BeamtStG ist die Bildung von Personalvertretungen zum Zwecke der vertrauensvollen Zusammenarbeit zwischen der Behördenleitung und dem Personalrat unter Einbeziehung der Beamten zu gewährleisten. Es handelt sich bei dieser Norm in der Sache um einen an die Länder gerichteten Regelungsauftrag, die Personalvertretung der Beamten entsprechend dem genannten Zweck auszugestalten. Nach Auffassung des Gesetzgebers gehören zu den grundlegenden Statusrechten auch die personalvertretungsrechtliche Teilhabe der Beamten und ihre Einbeziehung in die vertrauensvolle Zusammenarbeit mit der Behördenleitung.[3] Nach Ansicht der Bundesregierung schafft die Regelung *»einen gleichbehandlungsrechtlich gebotenen Ausgleich zwischen der fortbeste-* 6

---

1 BGBl. I S. 2034.
2 Lenders, BeamtStG, § 1 Rn. 14.
3 BT-Drucks. 16/4027, S. 35.

henden Bundeskompetenz für das Betriebsverfassungsrecht und der künftigen ausschließlichen Zuständigkeit der Länder für das Personalvertretungsrecht«.[4]

Erster Abschnitt
(aufgehoben)

Zweiter Abschnitt
Polizei, Berufsfeuerwehr

§ 86

(1) Es werden Personalräte gebildet bei
1. den kommunalen Berufsfeuerwehren,
2. dem Hessischen Landeskriminalamt,
3. dem Hessischen Bereitschaftspolizeipräsidium,
4. den Polizeipräsidien,
5. dem Präsidium für Technik, Logistik und Verwaltung,
6. der Polizeiakademie Hessen für das Stammpersonal der Polizeiakademie.

(2) Die in Abs. 1 genannten Dienststellen gelten als Dienststellen im Sinne dieses Gesetzes. In den Fällen des Abs. 1 Nr. 1 kann sich der Dienststellenleiter auch durch den leitenden Beamten dieser Dienststelle vertreten lassen.

(3) § 7 Abs. 3 gilt nicht im Bereich der Polizei.

1 Abs. 1 schreibt die Bildung von Personalräten in den in Nr. 1 bis 6 genannten Organisationseinheiten vor. Hierbei handelt es sich um **eigenständige Dienststellen**.

2 Die **kommunalen Berufsfeuerwehren** (Abs. 1 Nr. 1) sind Teile der jeweiligen Stadt- bzw. Gemeindeverwaltung, die in § 7 Abs. 1 Satz 2 grundsätzlich als eine einheitliche Dienststelle im Sinne des HPVG behandelt werden. § 86 Abs. 1 Nr. 1 verselbständigt diesen Teil der Kommunalverwaltung.

3 Die **Polizei** im Land Hessen wurde durch das Hessische Gesetz über die Umorganisation der Polizei vom 22.12.2000[5] grundlegend neu strukturiert und enthält jetzt einen zweistufigen Verwaltungsaufbau.

---
4 BT-Drucks. 16/4027, a.a.O.
5 GVBl. I S. 577.

§ 88

Für die in Abs. 1 Nr. 2 bis 6 genannten Polizeidienststellen schließt Abs. 3 die unmittelbare oder analoge Anwendung des § 7 Abs. 3 aus. Dadurch wird verhindert, dass Nebenstellen oder weitere unselbständige Dienststellenteile zur Dienststelle im Sinne des HPVG erklärt werden können.

Abs. 2 Satz 2 enthält eine **Sonderregelung** für die Vertretung der Leiter bei den kommunalen Berufsfeuerwehren. Sie ergänzt die allgemeinen Vorschriften in § 8, tritt also nicht an ihre Stelle. Für die kommunalen Berufsfeuerwehren hat dies zur Folge, dass die für die jeweilige Stadt- oder Gemeindeverwaltung verantwortliche Dienststellenleitung auch die in § 8 angesprochene Funktion gegenüber der durch Abs. 1 Nr. 1 verselbständigten Sonderdienststelle wahrnimmt. 4

§ 87

Die Beschäftigten aller in § 86 genannten staatlichen Dienststellen wählen den Hauptpersonalrat beim Minister des Innern und für Sport.

Als **einzige Stufenvertretung** wird für die in § 86 Abs. 1 Nr. 2 bis 6 genannten Polizeidienststellen ein Hauptpersonalrat bei dem Hessischen Ministerium des Innern und für Sport gebildet. Bei dem Ministerium sind daher insgesamt **zwei Hauptpersonalräte** zu bilden, nämlich gemäß § 50 Abs. 1, 2 für die Angehörigen der allgemeinen Verwaltung und nach § 87 für die in § 86 Abs. 1 Nr. 2 bis 6 genannten Polizeidienststellen. Bei den kommunalen Berufsfeuerwehren handelt es sich im Unterschied zu den Polizeieinrichtungen nicht um staatliche Dienststellen im Sinne des § 87. 1

§ 88

(1) Die Polizeipraktikanten wählen Vertrauensleute. Ihre Interessen werden von dem für die Ausbildungsdienststelle zuständigen örtlichen Personalrat wahrgenommen. Für die Zusammenarbeit der Vertrauensleute mit dem Personalrat gilt § 37 Abs. 2 entsprechend.

(2) Das Nähere über die Wahl der Vertrauensleute bestimmt der Minister des Innern.

Nach § 187 a HBG können Polizeipraktikanten eingestellt werden, um zunächst die Fachhochschulreife zu erlangen und damit die notwendige Voraussetzung für eine Einstellung in den Vorbereitungsdienst für den gehobenen Dienst zu erfüllen. Sie befinden sich in einem öffentlich-rechtlichen Ausbildungsverhältnis und stehen rein rechtlich weitgehend den **Beamten auf Widerruf im Vorbereitungsdienst** gleich. Sie gehören nach § 3 Satz 2 zur Gruppe der Beamten. Sie sind wahlberechtigt für den Personalrat. Daneben wählen sie gemäß Abs. 1 **Vertrauensleute**. Diese sind im Personalrat zur Behandlung von 1

§ 89

Fragen, die die Interessen der Polizeipraktikanten besonders berühren, heranzuziehen.

2 Das **Verhältnis der Vertrauensleute zum Personalratsgremium** bestimmt sich aufgrund der Verweisung in Abs. 1 Satz 3 auf § 37 Abs. 2 nach dem Recht, das dem Vertrauensmann der Zivildienstleistenden zusteht.

§ 89

(1) Anordnungen, durch die die Alarmbereitschaft und der Einsatz der Vollzugspolizei geregelt werden, unterliegen nicht der Beteiligung des Personalrats, soweit nachstehend nichts anderes bestimmt ist. § 60 bleibt unberührt.

(2) Beabsichtigte Maßnahmen in sozialen Angelegenheiten im Rahmen vollzugspolizeilicher Einsätze sind dem Personalrat rechtzeitig mitzuteilen und mit ihm zu beraten, es sei denn, dass Sofortentscheidungen zur Aufrechterhaltung der öffentlichen Sicherheit und Ordnung notwendig sind.

(3) Grundsätzliche Bestimmungen über Maßnahmen in sozialen Angelegenheiten, die für die Beschäftigten mehrerer Dienststellen aufgestellt werden, sind mit der bei der für die Entscheidung zuständigen Dienststelle gebildeten Stufenvertretung anstelle der Personalräte zu beraten. Ist bei der für die Entscheidung zuständigen Dienststelle eine Stufenvertretung nicht gebildet, so tritt an die Stelle der Stufenvertretung die bei ihr gebildete Personalvertretung.

1 Nach Abs. 1 dieser Vorschrift sind Personalräte in **Angelegenheiten der Alarmbereitschaft** und des **Einsatzes der Vollzugspolizei** nicht zu beteiligen. Darunter sind polizeiliche Maßnahmen aus besonderen Anlässen zu verstehen, die mit den im normalen Dienst eingesetzten Beamten, Führungs- und Einsatzmitteln nicht zu bewältigen sind, etwa bei Großveranstaltungen. Es muss sich bei ihnen um eine über den täglich wiederkehrenden Dienst hinausgehende – nicht vorhersehbare – Situation handeln, bei der es zur Erhaltung der Funktionsfähigkeit des polizeilichen Vollzugsdienstes nicht möglich ist, das mit einem gewissen Aufwand verbundene Beteiligungsverfahren durchzuführen.[6] Anordnungen im Sinne der Regelung können zu Arbeitszeit, Unterbringung und Verpflegung, Bekleidung und Ausrüstung sowie zu Vorkehrungen gegen Gesundheitsschäden erfolgen. Erfasst werden auch das Reinigen von Waffen und Geräten nach der Übung.[7]

---

6 BVerwG 20.12.1988, BVerwGE 81, 122; 29.6.1992, Buchholz 251.8, § 88 RPPersVG Nr. 1.
7 BayVGH 1.7.1987, ZBR 1988, 134.

Gemäß Abs. 1 Satz 2 i. V. m. § 60 gilt jedoch auch hinsichtlich dieser Anordnungen uneingeschränkt der **Grundsatz der vertrauensvollen Zusammenarbeit** zwischen Dienststelle und Personalrat. Gegenstand eines Monatsgesprächs gemäß § 60 Abs. 4 können daher auch Anordnungen sein, durch die die Alarmbereitschaft oder der Einsatz der Vollzugspolizei geregelt werden.

Maßnahmen in **sozialen Angelegenheit** im Rahmen vollzugspolizeilicher Einsätze sind Regelungen zu Arbeitszeit, Unterkunft und Verpflegung. Sind solche beabsichtigt, sind sie dem Personalrat rechtzeitig (und umfassend) mitzuteilen und mit ihm zu beraten. Etwas anderes gilt nur dann, wenn sofort Entscheidungen zur Aufrechterhaltung der öffentlichen Sicherheit und Ordnung notwendig sind.

Dritter Abschnitt
Landesbetrieb Hessen-Forst

§ 90

(1) Beim Landesbetrieb Hessen-Forst ist Stufenvertretung in den Fällen

a) der Nichteinigung zwischen dem Leiter einer Dienststelle und dem Personalrat,

b) des § 79 Nr. 2 Buchst. b

der Gesamtpersonalrat.

(2) Im Übrigen bleibt die Zuständigkeit des Hauptpersonalrats unberührt. Dieser ist abweichend von Abs. 1 Buchst. a Stufenvertretung im Falle der Nichteinigung zwischen dem Leiter des Landesbetriebes und dem Personalrat der Landesbetriebsleitung.

Abs. 1 enthält eine spezielle, nur auf den Landesbetrieb Hessen-Forst bezogene Zuständigkeitsregelung für das Stufenverfahren im Sinne der §§ 70 und 72. Aufgrund des **zweistufigen Verwaltungsaufbaus** wäre im Falle der Nichteinigung auf örtlicher Ebene wegen Fehlens einer Mittelinstanz unmittelbar der Hauptpersonalrat mit der Angelegenheit befasst. Um hier die Möglichkeit einer einvernehmlichen Lösung auf einer sachnäheren Ebene zu ermöglichen, soll in Fällen, in denen sich auf örtlicher Ebene der Forstämter keine Einigung erzielen lässt, der Gesamtpersonalrat die Funktion der (ersten) Stufenvertretung wahrnehmen.[8]

---

8 LT-Drucks. 16/317, S. 7.

Vierter Abschnitt
Schulen

§ 91

(1) Die Lehrer, Erzieher, Sozialpädagogen, in Erziehung und Unterricht tätigen Personen sowie die sonstigen in der Schule Beschäftigten des Landes wählen eigene Personalvertretungen. Wahlberechtigt sind alle Beschäftigten, die mit mindestens vier Wochenstunden beschäftigt sind. Wählbar sind alle Wahlberechtigten, die mindestens mit der Hälfte der wöchentlichen Pflichtstunden ihrer Lehrergruppe oder der Hälfte der wöchentlichen Arbeitszeit beschäftigt sind.

(2) Dienststellen im Sinne dieses Gesetzes sind alle allgemeinbildenden und beruflichen Schulen sowie die Schulen für Erwachsene und die Studienseminare.

(3) Neben den bei den allgemeinbildenden und beruflichen Schulen sowie den Schulen für Erwachsene gewählten Personalräten sind bei den Staatlichen Schulämtern für die in Abs. 1 genannten Beschäftigten Gesamtpersonalräte zu bilden. Für die Wahl, die Amtszeit und die Geschäftsführung des Gesamtpersonalrats gelten § 12, § 50 Abs. 2, 4 und 5 und § 51 entsprechend.

(4) Bei Maßnahmen, die für die Beschäftigten mehrerer Dienststellen von allgemeiner Bedeutung sind, ist der Gesamtpersonalrat zu beteiligen. Bei Abordnungen und Versetzungen innerhalb des Dienstbezirks eines Staatlichen Schulamts bestimmt der Gesamtpersonalrat anstelle des Personalrats der abgegebenen und des Personalrats der aufnehmenden Dienststelle mit. Nicht der Mitbestimmung unterliegen Abordnungen innerhalb eines Landkreises oder einer kreisfreien Stadt sowie zwischen Dienststellen eines Landkreises und einer kreisfreien Stadt, für die dasselbe staatliche Schulamt zuständig ist,

1. bis zur Dauer eines Schuljahres,
2. mit weniger als der Hälfte der Pflichtstunden bis zur Dauer von zwei Schuljahren.

(5) Bei Maßnahmen, die für die Beschäftigten der Dienstbezirke mehrerer Staatlicher Schulämter von allgemeiner Bedeutung sind, ist der bei der für die Entscheidung zuständigen Dienststelle gebildete Gesamtpersonalrat zu beteiligen. Er unterrichtet die Gesamtpersonalräte bei den beteiligten Staatlichen Schulämtern und gibt ihnen Gelegenheit zur Äußerung.

(6) Bei schulorganisatorischen Maßnahmen nach § 146 des

Schulgesetzes gilt § 81 Abs. 2 mit der Maßgabe, dass das Staatliche Schulamt das Mitwirkungsverfahren durchführt. Sind mehrere Dienststellen betroffen, so wird das Verfahren nach § 83 Abs. 2 vom Kultusministerium durchgeführt.

(7) Auf die Erstellung von Stundenplänen findet § 74 Abs. 1 Nr. 9 keine Anwendung.

Das HPVG enthält in den §§ 91 bis 96 und 108 Sonderregelungen für die Personalvertretung an Schulen. Für die **Wahlberechtigung** des Personalrats der jeweiligen Dienststelle ist Voraussetzung, dass die Beschäftigten mindestens mit vier Wochenstunden an dieser Dienststelle beschäftigt sind. Andererseits fehlt der Regelung in Abs. 1 Satz 2 die Klarheit, so dass streitig ist, ob auch weitere Lehraufträge, die etwa in Teilabordnung erfolgen, zu berücksichtigen sind. V. Roetteken/Rothländer schlagen vor, dass der örtliche Wahlvorstand auch bei einem weniger als vierstündigen Einsatz an einer Schule das Wahlrecht nicht verwehren sollte. Solange es hierzu keine gegenteilige Rechtsprechung gibt, ist dem zu folgen. 1

Streitig ist weiterhin, wann Beschäftigten im Rahmen der »Unterrichtsgarantie plus« das **Wahlrecht** zusteht. Gemäß § 15a HSchG können Vertretungskräfte, die nicht der Schule angehören, für einen Zeitraum von bis zu fünf Wochen als »externe Vertretungskräfte« beschäftigt werden (U-plus-Kräfte). Das OVG Berlin vertritt die Auffassung, dass diese Lehrkräfte kein Wahlrecht besitzen, weil keine Eingliederung in die Dienststelle vorliege.[9] Eine auf sechs Wochen begrenzte Zusatzbeschäftigung von Studienreferendaren am Ende ihres Beamtenverhältnisses auf Widerruf zwecks Krankheitsvertretung sei mangels Eingliederung nicht mitbestimmungspflichtig. Denn die Einstellung im Sinne der Mitbestimmung beziehe sich auf die betriebliche und soziale Bindung eines neuen Beschäftigten in nicht nur geringfügiger Form. Etwas anderes kann jedoch gelten, wenn eine Vertretungskraft über einen längeren Zeitraum hinweg **kontinuierlich** immer wieder mit U-plus-Verträgen beschäftigt wird.[10] 2

Ende 2007 wurde bekannt, dass sog. **Schwarze Listen** existieren, auf denen Lehrkräfte aufgeführt sind, die in Hessen nicht mehr in den Schuldienst aufgenommen werden sollen. Bereits Ende März 2009 sind über die Zentralstelle für Personalmanagement (ZPM) den Personalverwaltern der staatlichen Schulämter die Informationslisten derjenigen Lehrkräfte übersandt worden, die ihren Schuldienst bereits einmal wegen Nichteignung beendet hätten. Die Liste erhält ihre Bedeutung darin, dass über die gesetzlichen Vorgaben aus Anlass einer Bestenauslese (Eignung, Befähigung und fachliche Leistung) hinaus die generelle Eignung für die Aufnahme in den Lehrerberuf unabhängig von 3

---

9   OVG Berlin 3.4.2001 – 60 PV 17.00.
10 Siehe im Einzelnen v. Roetteken/Rothländer, HPVG, § 91 Rn. 120 bis 126.

dem konkreten Bewerbungsverfahren abgesprochen werde. Durch die Einführung der sog. Schwarzen Liste wird eine **Richtlinie über** die **personelle Auswahl** bei der Einstellung getroffen. Dem Personalrat steht daher ein Mitbestimmungsrecht nach § 77 Abs. 2 Nr. 4 zu. Zwar wird nichts zur Geeignetheit innerhalb der Liste vermerkt. Aus dem beschriebenen Verfahren ergibt sich jedoch eindeutig, dass die zur Eintragung in die Liste berufenen Personen die Lehrkräfte aufzunehmen haben, die zum Zeitpunkt der Aufnahme in die Liste nicht mehr in den Hessischen Schuldienst eingestellt werden sollen. Damit wird gleichzeitig die Entscheidung getroffen, dass die auf der Liste befindlichen Personen nicht geeignet sind und nicht eingestellt werden sollen. Wie diese Feststellung erfolgt, ergibt sich nicht.[11] Die jeweiligen Juristen der Schulämter treffen nach zutreffender Rechtsansicht des VG Wiesbaden eine Entscheidung über den Zugang zu einem öffentlichen Amt, nämlich dass eine Person nicht eingestellt werden soll. Insoweit sei eine **negative Vorauswahlentscheidung** gegeben, die einer Richtlinie über die personelle Auswahl bei der Einstellung gemäß § 77 Abs. 2 Nr. 4 HPVG bedürfe. Dieses Ergebnis werde dadurch bestärkt, dass das begründete Ergebnis der Vorabkontrolle gemäß § 7 Abs. 6 HDSG ausdrücklich darauf hinweist, dass die Zweckbestimmung des automatisierten Verfahrens die Vermeidung der Wiedereinstellung ungeeigneter Lehrkräfte sei.

4 Die Regelung in Abs. 3 sieht die Bildung von Gesamtpersonalräten der Lehrerinnen und Lehrer für die in Abs. 1 aufgeführten Beschäftigten vor. Der GPR ist zuständig bei Maßnahmen, die für die Beschäftigten **mehrerer Dienststellen** von allgemeiner Bedeutung sind. Sie müssen sich auf Maßnahmen beziehen, die für den Dienstbetrieb, die Beschäftigten und das konkrete Rechtsverhältnis der Beschäftigten generell von Bedeutung sind über die Dienststelle hinaus. Dazu enthält Abs. 4 Satz 2 eine spezielle Regelung für die Zuständigkeit des Gesamtpersonalrats im Falle der Abordnung und Versetzung innerhalb des Dienstbezirks eines staatlichen Schulamts. In diesen Fällen entscheidet der Gesamtpersonalrat anstelle des Personalrats der abgebenden und des Personalrats der aufnehmenden Dienststelle. Demgegenüber bestimmt der jeweilige Schulpersonalrat der abgebenden und der aufnehmenden Schule, wenn es um Abordnungen von einer Schule innerhalb des Dienstbezirks eines Schulamts an eine Schule in einem anderen Dienstbezirk geht.

§ 92

(1) Als Stufenvertretung (§ 50) wird der Hauptpersonalrat der Lehrer beim Kultusminister gebildet. § 12 Abs. 3 gilt entsprechend.

---

11 VG Wiesbaden 17.3.2010 – 23 K 43/10. WI PV –, PersR 2011, 343 (rkr.).

§ 93

(2) Die den Privatschulen vom Land zur Verfügung gestellten oder an sie beurlaubten Lehrkräfte sind für die bei den Staatlichen Schulämtern gebildeten Gesamtpersonalräte und den beim Kultusminister gebildeten Hauptpersonalrat der Lehrer wahlberechtigt und wählbar. § 91 Abs. 1 Satz 2 und 3 gilt entsprechend.

Stufenvertretung der Lehrer ist der bei dem Kultusministerium gebildete **Hauptpersonalrat**. Für diesen sind auch die Lehrer wahlberechtigt, die die Wahlberechtigung für den Gesamtpersonalrat im Sinne des § 91 Abs. 5 besitzen. Der Hauptpersonalrat der Lehrer besteht gemäß § 12 Abs. 3 aus höchstens 23 Mitgliedern. **1**

Die in Abs. 2 aufgeführten Lehrkräfte besitzen das **aktive und passive Wahlrecht** sowohl für die bei den Staatlichen Schulämtern gebildeten Personalräte als auch bei dem beim Kultusministerium gebildeten Hauptpersonalrat der Lehrer. **2**

Gemäß Abs. 2 Satz 2 gilt die Regelung des § 91 Abs. 1 Satz 2 und 3 entsprechend. Das heißt: Die Lehrkräfte, die mindestens mit vier Wochenstunden beschäftigt sind, sind im Sinne der Regelung des § 92 Abs. 2 wahlberechtigt. Das passive Wahlrecht besitzen all diejenigen, die mindestens mit der Hälfte der wöchentlichen Pflichtstunden ihrer Lehrergruppe beschäftigt sind. **3**

§ 93

(1) Die Sitzungen der Personalvertretungen und die Personalversammlungen der Lehrer finden außerhalb der Unterrichtszeit statt, soweit nicht zwingende dienstliche Gründe eine andere Regelung erfordern. Dies gilt nicht für die Sitzungen der Gesamtpersonalräte und des Hauptpersonalrats.

(2) In den Fällen des § 40 Abs. 2 Satz 2 und Abs. 3 Satz 1 und 2 ermäßigt der zuständige Fachminister die Pflichtstundenzahl in angemessener Weise durch Rechtsverordnung.

(3) Die Sitzungen und Sprechstunden werden, soweit staatseigene Räume nicht zur Verfügung gestellt werden können, in den Räumen einer Schule durchgeführt. Jeder Schulträger ist verpflichtet, die erforderlichen Räume, Einrichtungsgegenstände und den Geschäftsbedarf zur Verfügung zu stellen. Notwendige Kosten für Heizung, Beleuchtung und Reinigung sowie für die Zurverfügungstellung des Geschäftsbedarfs werden nicht erstattet.

(4) Die Kosten für Rechtsstreitigkeiten der Schulpersonalräte in Personalvertretungsangelegenheiten trägt das Land.

Die Personalratssitzungen und Personalversammlungen finden grundsätzlich während der Dienstzeit statt (§§ 32, 46 Abs. 1). Für die Per- **1**

§ 93

sonalvertretungen der Lehrer bestimmt § 93 Abs. 1 jedoch, dass ihre Sitzungen außerhalb der **Unterrichtszeit** abgehalten werden. Das Gleiche gilt für Personalversammlungen, soweit nicht zwingende dienstliche Gründe jeweils eine andere Regelung erfordern.

2 Zur Arbeitszeit der Lehrer gehört nicht nur die Unterrichtstätigkeit, sondern sie umfasst auch Tätigkeiten außerhalb des Unterrichts, wie Vor- und Nachbereitungszeiten oder sonstige dienstliche Tätigkeiten (Elternbesprechungen, Konferenzen etc.). Zum Schutz des Unterrichts schränkt Abs. 1 die Regelungen in § 32 und § 46 Abs. 1 nur insoweit ein, dass grundsätzlich während der Unterrichtszeit keine Personalratssitzungen und Personalversammlungen durchgeführt werden können. **Zwingende dienstliche Gründe** liegen etwa vor, wenn aus Gründen der besonderen Dringlichkeit oder Bedeutung der Angelegenheit nicht bis zur außerunterrichtlichen Zeit gewartet werden kann, was nur in Ausnahmefällen der Fall sein wird.

3 Besteht **Streit über die Festlegung des Zeitpunkts** einer Personalversammlung, betrifft dies die Zuständigkeit und Geschäftsführung des Personalrats, so dass die Verwaltungsgerichte hierüber nach § 111 Abs. 1 Nr. 3 HPVG im personalvertretungsrechtlichen Beschlussverfahren zu entscheiden haben. Antragsbefugt sind der Personalrat und der Dienststellenleiter.[12]

4 Im Lehrerbereich wird statt eines Freizeitausgleichs oder der Gewährung von Freistellungen gemäß Abs. 2 eine **Ermäßigung von der Pflichtstundenzahl** vorgenommen, um einen Unterrichtsstundenausfall vorzubeugen. Die Ermäßigung der Pflichtstundenzahl führt demgegenüber zu keinem Unterrichtsausfall, da die Entlastungsstunden bei den Lehrerzuweisungen für die einzelne Schule ersetzt werden.[13] Maßgeblich ist die Verordnung über die Ermäßigung der Pflichtstundenzahl für Personalratsmitglieder im Schulbereich vom 17.11.1998[14] in der Fassung vom 20.7.2006. Diese Verordnung ist im Zusammenhang zu sehen mit der Pflichtstundenverordnung vom 20.7.2006.[15]

5 Nach Abs. 3 finden die Sitzungen und Sprechstunden grundsätzlich in **staatseigenen Räumen** statt. Diese müssen den Personalvertretungen der Lehrer zur Verfügung gestellt werden. Sollte dies nicht realisierbar sein, sind Räume in der Schule zur Verfügung zu stellen. Die Kosten hierfür sind vom Schulträger zu tragen. Weiterhin ist er verpflichtet, auch die Kosten für Heizung, Beleuchtung und Reinigung zu begleichen. Finden die Sitzungen bzw. Sprechstunden in staatseigenen Räumen statt, trägt die jeweilige Dienststelle gemäß § 42 Abs. 1 die entsprechenden Kosten.

---

12 BVerwG 12.12.2005, PersR 2006, 122.
13 V. Roetteken/Rothländer, HPVG, § 93 Rn. 22.
14 GVBl. I S. 517.
15 Abl. S. 631, geändert durch VO vom 4.6.2009 und vom 29.1.2010, Abl. S. 54.

§ 96

Abs. 4 enthält für die Schulpersonalräte eine Sonderregelung. Danach sind in **personalvertretungsrechtlichen Verfahren der Lehrer** die Kosten vom Land Hessen zu tragen.

§ 94

Bei der Beteiligung des Personalrats einer allgemeinbildenden oder beruflichen Schule oder einer Schule für Erwachsene steht das Selbsteintrittsrecht nach § 83 Abs. 1 Satz 2 neben dem Leiter der zur Entscheidung befugten Dienststelle auch dem Leiter des Staatlichen Schulamts zu.

Das **sog. Selbsteintrittsrecht** des Staatlichen Schulamts besteht ausschließlich gegenüber Personalräten der allgemeinbildenden oder beruflichen Schulen und den Schulen für Erwachsene, für die das Staatliche Schulamt zuständig ist. Es gilt jedoch nicht gegenüber dem Studienseminarpersonalrat.

Das Selbsteintrittsrecht nach § 83 Abs. 1 Satz 2 steht neben dem Leiter der zur Entscheidung befugten Dienststelle auch dem **Leiter** des Staatlichen Schulamts zu. Beide Selbsteintrittsrechte können jedoch nicht gemeinschaftlich ausgeübt werden. Die Frage, in welchen Fällen das Staatliche Schulamt die Entscheidungsbefugnis besitzt, kann der Verordnung über Zuständigkeiten in beamtenrechtlichen Personalangelegenheiten im Geschäftsbereich des Hessischen Kultusministeriums vom 20.3.2006 entnommen werden.[16] Die Zuständigkeit gilt hiernach insbesondere für die Ernennung von Beamten im Vorbereitungsdienst bzw. bis einschließlich Besoldungsgruppe A 15. Für diese besteht die Befugnis auch für Abordnungen und Versetzungen. Darüber hinaus ist das Staatliche Schulamt für die Entlassung und Versetzung in den Ruhestand aller Beamten der Besoldungsordnung A zuständig. Im Übrigen fehlt es an einer gesetzlichen Regelung, wessen Eintrittsrecht im Streitfall Vorrang hat.

§ 95

(aufgehoben)

§ 96

Das durch die Schulordnungen, Konferenzordnungen oder Dienstanweisungen den Lehrerkollegien eingeräumte Recht auf Mitwirkung bei der Gestaltung innerschulischer Angelegenheiten bleibt unberührt.

Diese Vorschrift stellt klar, dass durch die Beteiligung des Personalrats

---

16 GVBl. I S. 83.

§ 97

die Mitwirkungsrechte, die den Lehrerkollegien aufgrund anderer Bestimmungen eingeräumt werden, nicht beschränkt werden.

§ 96a

(aufgehoben)

Fünfter Abschnitt
Hochschulen und andere Bildungseinrichtungen

§ 97

(1) Dieses Gesetz findet keine Anwendung auf Professoren und Juniorprofessoren an einer Hochschule des Landes.

(2) Für die wissenschaftlichen Mitglieder einer Hochschule gilt § 3 Abs. 2 nicht. Sie bilden neben den in § 3 Abs. 2 genannten Gruppen eine weitere Gruppe.

(3) Bei der Einstellung befristet oder auf Zeit zu beschäftigender wissenschaftlicher Mitglieder findet eine Mitbestimmung des Personalrats nach § 77 Abs. 1 Nr. 1a und Nr. 2a nicht statt.

(4) In Dienststellen mit mehr als zwei Gruppen besteht ein Personalrat, für den nach § 12 Abs. 3 drei Mitglieder vorgesehen sind, aus vier Mitgliedern, wenn eine Gruppe mindestens ebenso viele Beschäftigte zählt wie die beiden anderen Gruppen zusammen. Das vierte Mitglied steht der stärksten Gruppe zu. Für Angelegenheiten, die lediglich die Angehörigen zweier Gruppen betreffen, gilt § 35 Abs. 2 entsprechend.

1 Für den Bereich der Hochschulen haben alle Länder – mit Ausnahme von Bremen – besondere Regelungen getroffen. Für die Personalräte der Beschäftigten an Hochschulen und an anderen wissenschaftlichen Einrichtungen finden sich in §§ 97 bis 102 Sonderregelungen. § 97 Abs. 1 nimmt die Professoren und Juniorprofessoren an einer Hochschule des Landes von der **Geltung des Personalvertretungsrechts** aus.

2 Grundrechtsträger der Wissenschaftsfreiheit an Hessischen Hochschulen sind die Professoren. Sie sind dazu berufen, die ihnen jeweils obliegenden Aufgaben in Wissenschaft und Kunst, Forschung und Lehre, in ihrer Hochschule selbständig wahrzunehmen. Dies gilt auch für die Teilprofessur. **Juniorprofessoren** nehmen die Aufgaben von Professoren mit dem Ziel wahr, sich für eine Lebenszeitprofessur zu

§ 97

qualifizieren. Hierfür müssen sie sich entsprechend **bewähren**. Die Besonderheit der Juniorprofessur besteht jedoch darin, dass hier auf das Vorliegen einer Habilitationsschrift verzichtet werden kann. Diese kann auch während der Juniorprofessur erstellt werden. § 2 Abs. 1 HHG bestimmt, welche Einrichtungen zu den Hochschulen des Landes Hessen nach § 97 Abs. 1 zählen, nämlich

- Universitäten
- Kunsthochschulen
- Fachhochschulen

Im Land Hessen gibt es insgesamt fünf **Universitäten**, und zwar:

- Johann-Wolfgang Goethe-Universität Frankfurt/Main
- Justus-Liebig-Universität Gießen
- Universität Kassel
- Phillipps-Universität Marburg
- Technische Universität Darmstadt

Kunsthochschulen gibt es in Hessen zwei, nämlich die Hochschule für Gestaltung in Offenbach und die Hochschule für Musik und Darstellende Kunst in Frankfurt/Main. **Fachhochschulen** finden sich in Frankfurt/Main, Wiesbaden, Darmstadt, Fulda sowie in Gießen-Friedberg.

Für die Beantwortung der Frage, ob ein Beschäftigter einer Hochschule als wissenschaftliches Mitglied gilt, ist allein die **Qualität der übertragenen Arbeit** maßgebend. Es muss im konkreten Einzelfall eine schöpferische wissenschaftliche Arbeit erwartet werden. Das wissenschaftliche Schaffen muss die Tätigkeit prägen, wobei es unerheblich ist, ob die individuellen Leistungen dem mit der Aufgabe verbundenen wissenschaftlichen Anspruch genügen.[17]   3

Abweichend von § 3 Abs. 2 bilden die Angehörigen des wissenschaftlichen Personals eine weitere Gruppe innerhalb des Personalrats. Eine vergleichbare Regelung sieht das Thüringer PersVG vor. Dies hat u. a. zur Folge, dass die wissenschaftlichen Mitglieder als eigenständige Gruppe bei den Personalratswahlen kandidieren können. Hier zählen die wissenschaftlichen Mitglieder bei der Ermittlung der Gruppengröße nur in dieser Gruppe mit.   4

Eine nicht unerhebliche Einschränkung der Mitbestimmung sieht **Abs. 3** für den Fall vor, dass wissenschaftliche Mitglieder **befristet oder auf Zeit** eingestellt werden. Die ansonsten nach § 77 Abs. 1 Nr. 1a und 2a vorgesehenen Mitbestimmung findet hiernach nicht   5

---
17 BVerwG 7.10.1988, PersV 1988, 276 u. 278; OVG Sachsen 14.10.1997, PersR 1999, 26.

§ 98

statt. Bei allen sonstigen personellen Angelegenheiten der wissenschaftlichen Mitglieder findet das HPVG jedoch volle Anwendung.

6 Trotz dieser Regelung hat der Personalrat Anspruch auf **Vorlage der Bewerbungsunterlagen** der Bewerber, die befristet oder auf Zeit als wissenschaftliche Mitglieder eingestellt werden sollen. Denn Aufgabe der Personalvertretung ist die Überwachung des Grundsatzes der Gleichbehandlung. Dies gilt gerade bei personellen Auswahlverfahren, denen sich insbesondere Bewerber aus Anlass einer Einstellung zu unterziehen haben. Findet ausnahmsweise kein Auswahlverfahren statt, sind dem Personalrat im Rahmen der allgemeinen Aufgaben die vorgesehenen Einstellungen zur Kenntnis zu geben. Diese Information benötigt er für seine weiteren Beteiligungsrechte.[18]

7 Abs. 4 enthält eine weitere Sonderregelung für den Fall, dass sich durch die Bildung einer **eigenen Gruppe der wissenschaftlichen Mitglieder** die Anzahl der in der Dienststelle vertretenen Gruppen auf mehr als zwei erhöht. Die Vorschrift ist erforderlich, weil es bei **drei oder mehr Gruppen** dazu kommen kann, dass mehr Gruppenvertreter als Personalratsmitglieder insgesamt zu wählen sind.

§ 98

(1) Die in einem Universitätsklinikum in der Rechtsform einer Anstalt des öffentlichen Rechts tätigen Bediensteten der Universität und diejenigen Bediensteten der Universität, deren Personalangelegenheiten dem Universitätsklinikum übertragen sind, gelten im Sinne dieses Gesetzes als Beschäftigte des Universitätsklinikums. Für ein Universitätsklinikum in privater Rechtsform gelten die Abs. 2 bis 5.

(2) Bei einem Universitätsklinikum in privater Rechtsform ist der Betriebsrat für das dort tätige wissenschaftliche Personal im Angestelltenverhältnis entsprechend den betriebsverfassungsrechtlichen Vorschriften zuständig.

(3) Soweit die Zuständigkeit des Betriebsrates nach den betriebsverfassungsrechtlichen Vorschriften nicht gegeben ist, ist für das von der Universität dem Universitätsklinikum in privater Rechtsform gestellte oder zugewiesene wissenschaftliche und nicht wissenschaftliche Personal im Landesdienst eine eigenständige Personalvertretung bei der Universität zu wählen. Der Betriebsrat kann an den Sitzungen der Personalvertretung teilnehmen.

(4) Die Universität ist zugleich oberste Dienstbehörde im Sinne dieses Gesetzes; sie kann das Universitätsklinikum in privater Rechtsform mit der Wahrnehmung ihrer Befugnisse nach § 8

---

18 Ähnlich v. Roetteken/Rothländer, HPVG, § 97 Rn. 115.

§ 98

beauftragen, Dies gilt nicht für Maßnahmen nach § 25a Abs. 5 Satz 6 des Gesetzes für die hessischen Universitätskliniken.

(5) In Angelegenheiten, die der Mitbestimmung der Personalvertretung unterliegen, gilt § 71 mit der Maßgabe, dass die oder der Vorsitzende der Einigungsstelle bei Nichteinigung beider Seiten von der oder dem Vorsitzenden der Landespersonalkommission bestellt wird und sie oder er sich bei der Beschlussfassung zunächst der Stimme zu enthalten hat. Kommt eine Stimmenmehrheit nicht zustande, so nimmt die oder der Vorsitzende nach weiterer Beratung an der erneuten Beschlussfassung teil.

(6) Bei der Umwandlung eines Universitätsklinikums von einer Anstalt des öffentlichen Rechts in eine Kapitalgesellschaft nach Maßgabe des § 5 des Gesetzes über die Errichtung des Universitätsklinikums Gießen und Marburg vom 16. Juni 2005 (GVBl. I S. 432) üben die zum Stichtag des Formwechsels amtierenden Mitglieder der Personalräte in Marburg und Gießen bis zur Konstituierung von Betriebsräten, längstens jedoch für die Dauer von sechs Monaten ab dem Formwechsel, die Rechte und Pflichten eines Betriebsrats nach dem Betriebsverfassungsgesetz in der Fassung vom 25. September 2001 (BGBl. I S. 2518), zuletzt geändert durch Gesetz vom 18. Mai 2004 (BGBl. I S. 974), im Sinne eines Übergangsmandates aus. Die Geschäfte des Gesamtbetriebsrates werden im Wege eines Übergangsmandates bis zur Dauer von sechs Monaten von den Mitgliedern der Personalräte wahrgenommen. Vorstehendes gilt entsprechend für die Jugend- und Ausbildungsvertretung, die Schwerbehindertenvertretung und weitere Interessenvertretungen der Mitarbeiter. Bei der Anstalt des öffentlichen Rechts Universitätsklinikum Gießen und Marburg anwendbare Dienstvereinbarungen und Regelungsabreden, einschließlich etwaiger Gesamtdienstvereinbarungen, gelten nach dem Formwechsel als Betriebsvereinbarungen im Sinne des § 77 Abs. 2 des Betriebsverfassungsgesetzes und als Regelungsabreden fort, bis sie durch die Betriebsparteien anerkannt, geändert oder aufgehoben werden.

1 In Hessen gibt es drei Universitätskliniken, und zwar in Frankfurt/Main, Gießen und Marburg. Diese wurden mit Wirkung zum 1.1.2001 zu rechtsfähigen Anstalten des öffentlichen Rechts (§ 1 Abs. 1 UniKlinG). Seit dem 1.1.2006 werden die Universitätskliniken Gießen und Marburg in der Rechtsform einer Gesellschaft mit beschränkter Haftung (GmbH) betrieben.[19] Einzig das Universitätsklinikum in Frankfurt/Main ist noch eine Anstalt des öffentlichen Rechts. Zwar wurde die Johann-Wolfgang Goethe-Universität in Frankfurt/

---

19 GVBl. I, S. 792 – HBR IV Nr. 2217.

§ 98

Main zum 1.1.2008 zur rechtlich selbständigen Stiftungsuniversität umgewandelt. So gehört sie nicht mehr zum Kreis der Hochschulen des Landes Hessen. Dies berührt jedoch nicht die Rechtsform des Universitätsklinikums Frankfurt/Main.

2 Die in einem Universitätsklinikum in der Rechtsform einer **Anstalt des öffentlichen Rechts** tätigen Bediensteten und diejenigen Bediensteten, deren Personalangelegenheiten dem Universitätsklinikum übertragen sind, gelten im Sinne des HPVG als Beschäftigte des Universitätsklinikums.

3 Für ein Universitätsklinikum in **privater Rechtsform** gelten die Regelungen in **Abs. 2 bis 5**. Trotz der Umwandlung der Universitätskliniken Gießen und Marburg in eine GmbH bleiben die Rechte und Pflichten der Beschäftigten gemäß § 2 Abs. 1 Satz 1 UK-UmwVO unberührt. Ein Betriebsübergang im Sinne des § 613a BGB hat nicht stattgefunden. Damit bleiben die nichtwissenschaftlichen Mitarbeiter im Arbeits- bzw. Angestelltenverhältnis Beschäftigte des Universitätsklinikums Gießen und Marburg und damit in einer Anstalt des öffentlichen Rechts (§ 3 Abs. 1 Satz 1 i. V. m. § 1 Abs. 1 UK-Gesetz).[20]

4 Die Regelung in **Abs. 2** bestimmt, dass für ein Universitätsklinikum in privater Rechtsform ein **Betriebsrat** nach dem BetrVG zuständig ist. Dies gilt jedoch nur in Bezug auf das dort tätige wissenschaftliche **Personal im Angestelltenverhältnis**. Nach **Abs. 3 Satz 1** wird für das von der Universität dem Universitätsklinikum in privater Rechtsform gestellte oder zugewiesene wissenschaftliche und nichtwissenschaftliche Personal im Landesdienst bei der Universität eine eigene Personalvertretung gewählt. Nach dem Willen des Gesetzgebers soll der in den Universitätskliniken des privaten Rechts gebildete Betriebsrat nicht zuständig sein für die »**sozialen und wirtschaftlichen Angelegenheiten**« der gestellten und zugewiesenen Arbeitnehmer.[21] Der Betriebsrat des Universitätsklinikums und der bei der Universität gewählte Personalrat ergänzen sich. Dies kommt insbesondere in Abs. 3 Satz 2 zum Ausdruck, wonach der Betriebsrat an den Sitzungen der Personalvertretung teilnehmen kann.

5 Die Beschäftigten, die nach Abs. 3 Satz 1 das **aktive und passive Wahlrecht** für eine eigenständige Personalvertretung bei der Universität besitzen, haben dieses nicht hinsichtlich des bereits bestehenden örtlichen Personalrats der Universität.[22]

6 Dienststellenleiter nach § 8 für den nach Abs. 3 Satz 1 gewählten Personalrat ist der Leiter der Universität, also der **Präsident**, der durch den Kanzler ständig vertreten wird.

---

20 Siehe im Einzelnen hierzu v. Roetteken/Rothländer, HPVG, § 98 Rn. 21 bis 59.
21 Vgl. amtliche Begründung, LT-Drucks. 15/1077, S. 12.
22 LT-Drucks. 16/4390 v. 13.9.2005, S. 13.

Nach **Abs. 4 Satz 1** ist die Universität zugleich **oberste Dienstbehörde** im Sinne des HPVG. Sie kann das Universitätsklinikum in privater Rechtsform mit der Wahrnehmung ihrer Befugnisse nach § 8 beauftragen. Von dieser Vorschrift ist das Universitätsklinikum Frankfurt/Main nicht erfasst, da es weiterhin als rechtsfähige Körperschaft des öffentlichen Rechts betrieben wird. Für den nach Abs. 3 Satz 1 gebildeten Personalrat ist die Universität oberste Dienstbehörde in Sinne des HPVG.

Abs. 5 enthält Sonderregelungen für das Verfahren im Falle der Nichteinigung, und zwar eine von § 71 abweichende Bestimmung bezüglich des Stimmverhaltens des Vorsitzenden. Dieser hat sich bei einer Nichteinigung beider Seiten bei der Beschlussfassung zunächst der Stimme zu enthalten. Kommt bei der ersten Abstimmung jedoch **keine Stimmmehrheit** zustande, nimmt die bzw. der Vorsitzende nach weiterer Beratung an der erneuten Beschlussfassung teil. Diese Regelung entspricht § 76 Abs. 3 BetrVG.

§ 99

Die Technischen Betriebseinheiten der Hochschulen des Landes gelten nicht als Betriebe im Sinne dieses Gesetzes.

Die Technischen Betriebseinheiten der Hochschulen des Landes gelten nicht als Betriebe im Sinne des § 82. Danach sind u. a. in Betrieben des öffentlichen Rechts Beschäftigtenvertreter zu $^1/_3$ in den Verwaltungsrat oder einer entsprechenden Einrichtung zu entsenden.

§ 100

(1) § 69 Abs. 3 gilt nicht für die Einstellung der wissenschaftlichen Mitglieder der Hochschulen.

(2) § 74 Abs. 1 Nr. 9 gilt mit der Maßgabe, dass für die Durchführung der Lehrveranstaltungen allein die Fachbereiche zuständig sind.

§ 69 Abs. 3 regelt das sog. **Initiativrecht** der Personalvertretungen. Hiernach kann der Personalrat in sozialen und personellen Angelegenheiten, die seiner Mitbestimmung unterliegen, Maßnahmen beantragen, die der Gesamtheit der Beschäftigten der Dienststelle dienen. Das Initiativrecht wurde jedoch für die personelle Einzelmaßnahme der Einstellung aufgehoben. Daher hat der Personalrat gemäß § 100 kein Initiativrecht für die **Einstellung wissenschaftlicher Beschäftigter**. Bei Einstellungen von wissenschaftlichen Beschäftigten gemäß § 77 Abs. 1 Nr. 1 Buchst. a bzw. Nr. 2 Buchst. a bleibt das Mitbestimmungsrecht des Personalrats jedoch uneingeschränkt bestehen.[23]

---

23 Siehe auch v. Roetteken/Rothländer, HPVG, § 100 Rn. 37.

§ 102

2 Nach Abs. 2 gilt die Mitbestimmung in **Arbeitszeitfragen** nicht, als die Fachbereiche für die Durchführung von Lehrveranstaltungen zuständig sind und es dadurch auch zu Veränderungen der regelmäßigen Arbeitszeit ohne personalvertretungsrechtliche Mitbestimmung kommen kann.

§ 101

Für die Professoren am Deutschen Institut für Internationale Pädagogische Forschung und an der Staatlichen Hochschule für Bildende Künste – Städelschule – in Frankfurt am Main entfällt die Mitbestimmung und Mitwirkung des Personalrats in Personalangelegenheiten. Auf Antrag des betroffenen Beschäftigten hat der Personalrat in dessen Angelegenheiten mitzuwirken.

1 Für die Professoren am Deutschen Institut für Internationale Pädagogische Forschung und an der Staatlichen Hochschule für Bildende Künste in Frankfurt/Main (Städelschule) entfallen Mitbestimmung und Mitwirkung des Personalrats nach dem HPVG. Somit werden die Vorschriften der §§ 77 bis 80 suspendiert.

2 Der **Personalrat** ist jedoch bei **Personalauswahlverfahren** nach Maßgabe des § 62 Abs. 3 Satz 2 **zu beteiligen**. Seine Beteiligung in einem Prüfungsgremium eines Auswahltests ist unabhängig von der Frage zu werten, ob ihm später bei der tatsächlichen Einstellung eines Bewerbers ein konkretes Mitbestimmungsrecht zusteht. Unberührt von der Regelung in § 101 sind die Mitbestimmungsrechte der Personalvertretung in allen sozialen, organisatorischen und wirtschaftlichen Angelegenheiten.

§ 102

(1) Dieses Gesetz findet keine Anwendung auf die Einstellung von hauptamtlichen Lehrkräften an Verwaltungsfachhochschulen.

(2) Die Verwaltungsfachhochschulen sind Dienststellen im Sinne dieses Gesetzes.

(3) Stammbehörde der an der Verwaltungsfachhochschule studierenden Beschäftigten ist die Einstellungsbehörde. Die oberste Dienstbehörde kann Abweichendes bestimmen.

1 Das HPVG findet keine Anwendung auf die Einstellung **hauptamtlicher Lehrkräfte** an den Verwaltungsfachhochschulen. Zuständig für deren Einstellung sind die in § 27 Abs. 1 bis 3 VerwFHG genannten Ministerien. Auch der bei dem Ministerium bestehende Personalrat ist bei der Einstellung nicht zu beteiligen. Außerhalb der Einstellung hauptamtlicher Lehrkräfte an den Verwaltungsfachhochschulen findet das HPVG Anwendung.

Abs. 2 stellt klar, dass es sich bei den Verwaltungsfachhochschulen des Landes um Dienststellen im Sinne des HPVG handelt. Da die Verwaltungsfachhochschule Wiesbaden über Abteilungen in Darmstadt, Frankfurt/Main, Gießen und Kassel »verfügt«, kann dort bei Erfüllen der gesetzlichen Voraussetzungen des § 7 Abs. 3 ein **Gesamtpersonalrat** gebildet werden. Die Verwaltungsfachhochschule in Rotenburg an der Fulda wurde personalvertretungsrechtlich auf gesetzlicher Basis innerhalb des Studienzentrums verselbständigt. Insoweit kann für die Verwaltungsfachhochschule als auch für den verbleibenden Teil des Studienzentrums jeweils ein örtlicher Personalrat und bei der Hauptstelle, der Zentralverwaltung des Studienzentrums, ein Gesamtpersonalrat gewählt werden.

Stammbehörde der an der Verwaltungsfachhochschule studierenden Beschäftigten ist die jeweilige Einstellungsbehörde.

Aufgrund dieser Regelung fehlt den Studierenden das **aktive und passive Wahlrecht** zum Personalrat der Verwaltungsfachhochschulen. Die bei diesen zu wählenden Personalvertretungen werden somit von den Studierenden nicht mitgewählt.

§ 103
Öffentliche Theater und selbständige Orchester sind Dienststellen im Sinne dieses Gesetzes. Sie gelten nicht als Betriebe im Sinne dieses Gesetzes.

Gemäß § 95 Abs. 1 i. V. m. § 104 BPersVG können die Länder für Beschäftigte von Dienststellen, die bildenden, wissenschaftlichen oder **künstlerischen Zwecken** dienen, eigene Regelungen vorsehen. Einige Bundesländer haben solche Sondervorschriften für die Beschäftigten an Theatern und Orchestern im jeweiligen LPersVG erlassen, so auch das Land Hessen in den §§ 103 und 104.

Öffentliche Theater und selbständige Orchester, die einem öffentlichrechtlichen Träger zugeordnet werden können, sind Dienststellen im Sinne des HPVG. Hierbei handelt es sich um eine gesetzliche Fiktion. Gemäß § 12 Abs. 1 kann in diesen Dienststellen eine **eigene Personalvertretung** gebildet werden. In der Praxis werden Theater und Orchester jedoch weitgehend in private Rechtsformen umgewandelt, so dass dort das BetrVG anwendbar ist.

§ 104
(1) Für die an den öffentlichen Theatern und Orchestern künstlerisch Beschäftigten, insbesondere die Solisten, die Mitglieder

des Singchors, der Tanzgruppe und des Orchesters gilt § 3 Abs. 2 nicht. Sie bilden zusammen eine Gruppe.

(2) § 97 Abs. 4 gilt entsprechend.

(3) Für die in Abs. 1 genannten Beschäftigten entfällt die Mitbestimmung und Mitwirkung des Personalrats in Personalangelegenheiten. Auf Antrag des betroffenen Beschäftigten hat der Personalrat in dessen Angelegenheiten mitzuwirken.

1 Auch diese Regelung beruht auf § 95 Abs. 1 Hs. 2 BPersVG. Die künstlerisch Beschäftigten bilden eine **eigene Gruppe**. Nicht erfasst sind die Beschäftigten, die auf der Grundlage eines Werkvertrags eingestellt wurden.

2 Gemäß **Abs. 3** entfällt für die künstlerisch Beschäftigten die Mitbestimmung und Mitwirkung des Personalrats in **allen Personalangelegenheiten**. Dies bedeutet eine sehr weitgehende Reduzierung der Mitbestimmung. Allerdings steht den betroffenen Beschäftigten das Recht zu, die Mitwirkung des Personalrats in diesen Angelegenheiten zu beantragen.

Sechster Abschnitt
Besondere Vorschriften für das Landesamt für Verfassungsschutz

§ 105

(1) Soweit nach diesem Gesetz eine Stufenvertretung zuständig ist, tritt an ihre Stelle der Personalrat beim Landesamt für Verfassungsschutz, ist ein Gesamtpersonalrat gebildet, dieser.

(2) An die Stelle des § 62 Abs. 2 tritt folgende Regelung: Dem Personalrat sind auf Verlangen die zur Durchführung seiner Aufgaben erforderlichen Unterlagen vorzulegen. Personalakten dürfen nur mit Zustimmung des Beschäftigten von den von ihm bestimmten Mitgliedern des Personalrats eingesehen werden. Bedürfen Unterlagen oder Personalakten ihrem Inhalt oder ihrer Bedeutung nach im öffentlichen Interesse der Geheimhaltung, so entscheidet der Leiter des Landesamtes für Verfassungsschutz darüber, ob sie dem Personalrat vorgelegt werden oder dem Personalrat Einsicht gestattet wird. Entspricht seine Entscheidung nicht dem Antrag des Personalrats,

§ 105

so kann dieser die endgültige Entscheidung des Ministers des Innern herbeiführen.

(3) Die Gewerkschaften üben die ihnen nach diesem Gesetz zustehenden Befugnisse gegenüber der Dienststelle und dem Personalrat durch Beauftragte aus, die Beschäftigte der Dienststelle sind.

Das HPVG findet grundsätzlich auch Anwendung auf das Landesamt für Verfassungsschutz. Die allgemeinen Regelungen gelten jedoch insoweit nicht, als in dieser Regelung Abweichungen vorgeschrieben sind. Eine teilweise vergleichbare Regelung besteht mit § 87 BPersVG. 1

Nach **Abs. 1** kann an die Stelle einer Stufenvertretung der **Personalrat** des Landesamts für Verfassungsschutz (LfV) treten bzw. der **Gesamtpersonalrat**, soweit ein solcher besteht. Nimmt der Personalrat bei dem LfV die Funktion der Stufenvertretung wahr, erhält er eine Doppelfunktion. Tritt er als örtlicher Personalrat auf, ist sein Verhandlungspartner der Leiter des LfV. Wird er als Stufenvertretung tätig, hat er sich mit dem Minister des Hessischen Ministeriums des Innern und für Sport (HMdIuS) auseinanderzusetzen. 2

In Abweichung von § 62 Abs. 2 regelt **Abs. 2** die **Informations- und Vorlageansprüche** des Personalrats. Gemäß § 62 Abs. 2 Satz 2 HPVG sind dem Personalrat die für dessen Unterrichtung erforderlichen Unterlagen vorzulegen. Damit normiert die Regelung eine von der Dienststelle zu erfüllende **Vorlagepflicht**. Hiervon abweichend regelt § 105 Abs. 2, dass dem Personalrat die zur Durchführung seiner Aufgaben erforderlichen Unterlagen **nur auf sein Verlangen** vorzulegen sind. Damit wird zwar der **Vorlageanspruch** anerkannt, jedoch muss der Personalrat zunächst aktiv werden. Äußert er dieses Verlangen nicht, ist der Dienststellenleiter nicht gehalten, von sich aus die erforderlichen Unterlagen vorzulegen. 3

Das **Einsichtsrecht** des Personalrats **in Personalakten** kann nur mit Zustimmung des Beschäftigten und nur von den von ihm bestimmten Mitgliedern der Personalvertretung wahrgenommen werden. Dies entspricht der allgemeinen Regelung in § 62 Abs. 2 Satz 3. 4

Der **Informationsanspruch** des Personalrats ist nach Abs. 2 weiterhin dahingehend eingeschränkt, dass Unterlagen oder Personalakten, die ihrem Inhalt oder ihrer Bedeutung nach im öffentlichen Interesse der Geheimhaltung dienen, dem Personalrat nur vorgelegt werden können, wenn der Leiter des LfV dies so entschieden hat. Er kann den Informationsanspruch auch durch Einsicht in die entsprechenden Unterlagen oder Personalakten bei der aktenführenden Stelle gewähren. Der Leiter des LfV entscheidet nach pflichtgemäßem Ermessen, ob die Unterlagen oder Personalakten der Geheimhaltung bedürfen. Unterlagen, die nicht im öffentlichen Interesse der Geheimhaltung bedürfen, sind der Personalvertretung vorzulegen bzw. zu überlassen. 5

§ 106

6 Abs. 2 Satz 4 verleiht dem Personalrat das Recht, die endgültige Entscheidung des Ministers des Innern herbeizuführen, wenn der Leiter des LfV seinem Antrag nicht entsprochen hat. Weiterer, insbesondere gerichtlicher Rechtsschutz kommt nicht in Frage.

7 Gemäß **Abs. 3** dürfen nur **Beauftragte der Gewerkschaften** Befugnisse nach diesem Gesetz ausüben, die Beschäftigte der Dienststelle sind. Die Regelung dient dem besonderen Geheimhaltungsinteresse des LfV. Im Übrigen stehen den Gewerkschaften jedoch uneingeschränkt die Rechte zu, die das HPVG ihnen und ihren Beauftragten einräumt.

Siebenter Abschnitt
Hessischer Rundfunk

§ 106

(1) Dieses Gesetz findet auf den Hessischen Rundfunk Anwendung; ausgenommen hiervon ist die Bestimmung des § 74 Abs. 1 Nr. 3 bezüglich der Bestellung und Abberufung des Datenschutzbeauftragten nach § 37 Abs. 2 Satz 1 des Hessischen Datenschutzgesetzes. Als Beschäftigte im Sinne dieses Gesetzes gelten auch die ständigen freien Mitarbeiter mit Bestandsschutz; sie gehören zur Gruppe der Arbeitnehmer. Für die Beschäftigten mit vorwiegend künstlerischer Tätigkeit und die in der Programmgestaltung verantwortlich Tätigen gilt § 104 Abs. 3 entsprechend. Die Aufgaben der obersten Dienstbehörde werden von einem Ausschuss wahrgenommen, der aus dem Verwaltungsrat und dem Intendanten besteht.

(2) **Der Hessische Rundfunk gilt einschließlich seiner Studios und Sendeanlagen als Dienststelle im Sinne dieses Gesetzes.**

1 Die Sondervorschrift für den Hessischen Rundfunk (HR) soll den Besonderheiten Rechnung tragen, die sich aus dessen Struktur und Aufgabenstellung ergeben und die im Hessischen Rundfunkgesetz geregelt sind. Beim HR handelt es sich gemäß § 1 Abs. 1 RundfG um eine Anstalt des öffentlichen Rechts, die wiederum nicht der Landesaufsicht untersteht. Gemäß § 106 Abs. 2 gilt der HR einschließlich seiner Studios und Sendeanlagen als **eine Dienststelle** im Sinne des HPVG.

2 Dienststellenleiter ist der **Intendant** des HR, der gemäß § 16 Abs. 3 Satz 1 RundfG den HR »leitet und verwaltet«.

3 Gemäß **Abs. 1** gilt das HPVG auch für den HR, soweit in § 106 nichts

Abweichendes geregelt ist. So gilt etwa die Bestimmung des § 74 Abs. 1 Nr. 3 bei der Bestellung und Abberufung des Datenschutzbeauftragten nach § 37 Abs. 2 Satz 1 HDSG nicht. Für alle übrigen Fälle wiederum gilt § 74 Abs. 1 Nr. 3 HPVG uneingeschränkt.

Nach Abs. 1 Satz 1 Hs. 1 sind Beschäftigte im Sinne des HPVG auch die ständigen **freien Mitarbeiter mit Bestandsschutz**. Der von dieser Regelung erfasste Personenkreis ergibt sich aus dem zwischen dem Intendanten des HR und der Tarifgemeinschaft im HR abgeschlossenen **Tarifvertrag über die Gewährung von Bestandsschutz**.[24] Zu dessen persönlichen Geltungsbereich gehören

- freie Mitarbeiter, die auf der Grundlage von Dienst- oder Werkverträgen für den HR tätig sind
- Personen, die dem HR überwiegend ihre Arbeitskraft widmen
- Personen, die vom HR mehr als die Hälfte des Entgelts erhalten, das sie für ihre Erwerbstätigkeit insgesamt erzielen.

Voraussetzung für das Bestehen eines Bestandsschutzes ist, dass die Beschäftigten seit **mindestens zwölf Monaten** für den HR als **freie Mitarbeiter** tätig sind. Dabei werden jedoch Zeiten, in denen sie zu einem Dritten in einem Dienst- oder Beschäftigungsverhältnis standen oder in denen sie an einer Hochschule immatrikuliert waren, nicht berücksichtigt (§ 4 Nr. 1 Satz 2 TV Bestandsschutz).

Für die Beschäftigten mit vorwiegend künstlerischer Tätigkeit und die in der Programmgestaltung verantwortlich Tätigen, gilt Abs. 3 entsprechend. Für sie entfällt somit die Mitbestimmung und Mitwirkung des Personalrats in Personalangelegenheiten. Ihnen steht jedoch das Recht zu, in diesen Angelegenheiten die Beteiligung des Personalrats im Rahmen der Mitwirkung zu beantragen. **Vorwiegend künstlerisch tätig** sind Beschäftigte, die nach Maßgabe ihres Arbeitsvertrags oder der tatsächlichen Umstände zeitlich überwiegend künstlerische Tätigkeiten wahrnehmen. Diese Tätigkeit muss mehr als die Hälfte der Gesamttätigkeit erfassen. Ihr Schwerpunkt muss auf künstlerischem Gebiet liegen.[25] Bei den **in der Programmgestaltung verantwortlich** Tätigen muss es sich um Beschäftigte handeln, die maßgeblich und verantwortlich an der Gestaltung des Programms beteiligt sind. Dies entspricht auch der gesetzlichen Definition des Beschäftigten in der Programmgestaltung der Deutschen Welle gemäß § 90 Nr. 7 Buchst. a BPersVG. Mit der dortigen Umschreibung bezieht sich der Gesetzgeber auf die Rechtsprechung des BVerfG und des BAG zu den arbeitsrechtlichen Konsequenzen der Rundfunkfreiheit.[26] Von der Regelung betroffen sind in erster Linie Redakteure, Reporter, Korrespondenten sowie Kommentatoren und Moderatoren. Der Beschäf-

---

24 TV Bestandsschutz vom 1.4.1981, zuletzt geändert durch TV vom 3.7.2006.
25 VG Köln 10.12.1997, PersR 1998, 205.
26 Altvater, BPersVG, § 90 Rn. 28.

§ 107

tigte muss auf den inhaltlichen Einfluss des Programms des HR wiederholt inhaltlichen Einfluss haben.

7 Die Aufgaben der obersten Dienstbehörde werden beim HR von einem **Ausschuss** wahrgenommen, der aus dem Verwaltungsrat und dem Intendanten besteht.

Achter Abschnitt
Rechtsreferendare, Fachlehreranwärter, Lehramts- und Studienreferendare

Erster Titel
Rechtsreferendare

§ 107

Die Interessen der Rechtsreferendare nach diesem Gesetz werden von dem Personalrat der Dienststelle wahrgenommen, bei der sie sich jeweils in Ausbildung befinden. Werden in der Dienststelle in der Regel mindestens fünf Rechtsreferendare ausgebildet, so können sie eine Vertrauensperson wählen; ein Wahlrecht zum Personalrat besitzen die Rechtsreferendare nicht. Für die Zusammenarbeit der Vertrauensperson mit dem Personalrat gilt § 37 Abs. 2 entsprechend. Die §§ 35 bis 40 des Juristenausbildungsgesetzes in der Fassung vom 19. Januar 1994 (GVBl. I S. 74), zuletzt geändert durch Gesetz vom 18. Mai 1998 (GVBl. I S. 190), bleiben unberührt.

1 Nach dieser Vorschrift sind die Interessen der Rechtsreferendare während der Zeit ihrer Ausbildung von dem Personalrat der Dienststelle wahrzunehmen, bei der sie sich jeweils in Ausbildung befinden. Den Rechtsreferendaren steht weder ein **Wahlrecht** zum Personalrat der **Ausbildungsdienststelle** noch der **Stammdienststelle** zu.

2 Werden in der Stammdienststelle regelmäßig mindestens fünf Rechtsreferendare ausgebildet, ist die Wahl einer **Vertrauensperson** zulässig. Die Wahl liegt allein im Ermessen der Rechtsreferendare. Ein Wahlverfahren hierfür ist nicht geregelt. Es ist der Auffassung von v. Roetteken/Rothländer zuzustimmen, wonach in entsprechender Anwendung des § 16 Abs. 1 und 4 Satz 4 in geheimer und unmittelbarer Wahl nach den Grundsätzen der Mehrheitswahl zu wählen ist, wobei die einfache Stimmenmehrheit ausreicht.[27]

Zweiter Titel
Fachlehreranwärter, Lehramts- und Studienreferendare

§ 108

(1) Die Fachlehreranwärter sind für die Wahl zum Personalrat des berufspädagogischen Fachseminars, die Lehramts- und Studienreferendare für die Wahl zum Personalrat des Studienseminars wahlberechtigt und wählbar. Die §§ 11 und 12 der Verordnung über die Pädagogische Ausbildung und die Zweite Staatsprüfung für die Lehrämter vom 17. Oktober 1990 (GVBl. I S. 567) bleiben unberührt.

(2) Für den Personalrat ihrer Ausbildungsschule, den Gesamtpersonalrat der Lehrer beim Staatlichen Schulamt und den Hauptpersonalrat der Lehrer sind die Fachlehreranwärter, Lehramts- und Studienreferendare wahlberechtigt. Bei der Ermittlung der Zahl der Wahlberechtigten werden sie nur beim berufspädagogischen Fachseminar und bei den Studienseminaren berücksichtigt.

Die Regelung verleiht Fachlehreranwärtern ein **doppeltes Wahlrecht**. So wählen sie zum einen den Personalrat des berufspädagogischen Fachseminars und die Lehramts- und Studienreferendare den Personalrat des Studienseminars. Gleichzeitig können sie jeweils für diesen Personalrat gewählt werden. Überdies wählen sie jeweils auch den Personalrat ihrer Ausbildungsschule. Für diesen Schulpersonalrat besteht jedoch kein passives Wahlrecht. Das aktive Wahlrecht besteht auch für den Gesamtpersonalrat der Lehrer beim Staatlichen Schulamt sowie für den Hauptpersonalrat der Lehrer. 1

Die **Anzahl** der wahlberechtigten **Referendare und Fachlehreranwärter** wird nach Abs. 2 Satz 2 bei der Zahl der Wahlberechtigten nur beim berufspädagogischen Fachseminar und beim jeweiligen Studienseminar berücksichtigt. Das berufspädagogische Fachseminar gibt es nicht mehr. Die Regelung hat Auswirkung auf die Zahl der Personalratsmitglieder in dem Personalrat der Studienseminare. Die Regelung hat indes keine Auswirkung auf die Personalräte in der Ausbildungsschule, da die Referendare und Fachlehreranwärter dort bei der Zahl der in der Regel Wahlberechtigten nicht mitgezählt werden. 2

---
27 V. Roetteken/Rothländer, HPVG, § 107 Rn. 24.

§ 110

Neunter Abschnitt
Justizvollzug

§ 109
Für die Beschäftigten der Justizvollzugsanstalten, der Jugendarrestanstalten und der Aus- und Fortbildungsstätte für Justizvollzugsbedienstete wird als eigene Stufenvertretung ein Hauptpersonalrat beim Minister der Justiz gebildet.

1 Für den Justizvollzug gilt die Besonderheit, dass die Beschäftigten neben den örtlichen Personalräten einen **eigenen Hauptpersonalrat** bei dem Ministerium der Justiz (HMdJ) wählen. Zu dem allgemeinen Hauptpersonalrat bei dem HMdJ sind sie nicht wahlberechtigt. Bezirkspersonalräte bestehen nicht, weil die Justizvollzugsanstalten unmittelbar dem HMdJ zugeordnet sind. Im Übrigen gelten über § 84 die allgemeinen Vorschriften sinngemäß.

Zehnter Abschnitt
Mitglied in der Arbeitsgruppe Personalvertretung der Deutschen Rentenversicherung

§ 110
Die oder der Vorsitzende des Gesamtpersonalrats der Deutschen Rentenversicherung Hessen ist Mitglied in der Arbeitsgruppe Personalvertretung der Deutschen Rentenversicherung nach § 140 Abs. 2 Satz 1 des Sechsten Buches Sozialgesetzbuch in der Fassung vom 19. Februar 2002 (BGBl. I S. 757, 1404, 3384), zuletzt geändert durch Gesetz vom 22. Dezember 2005 (BGBl. I S. 3676). Ist das Mitglied verhindert, wird es in der Arbeitsgruppe Personalvertretung von seiner Stellvertretung nach § 53, § 51 Abs. 1, § 29 Satz 1 vertreten.

1 Diese Vorschrift besagt, dass der Vorsitzende des Gesamtpersonalrats der DRV Hessen Mitglied in der **Arbeitsgruppe** Personalvertretung der Deutschen Rentenversicherung nach § 140 Abs. 2 Nr. 2 SGB VI ist. Aufgrund ihres einstufigen Verwaltungsaufbaus wird bei der DRV Hessen neben Personalräten in den einzelnen Dienststellen ein **Gesamtpersonalrat** gebildet.

Der Arbeitsgruppe Personalvertretung der Deutschen Rentenversicherung steht vor folgenden Entscheidungen der Deutschen Rentenversicherung Bund ein **Anhörungsrecht** zu:

1. Grundsätze für die Aufbau- und Ablauforganisation und das Personalwesen
2. Grundsätze und Koordinierung der Datenverarbeitung
3. Grundsätze für die Aus- und Fortbildung
4. Grundsätze der Organisation der Auskunfts- und Beratungsstellen
5. Entscheidungen, deren Umsetzung in gleicher Weise wie die Umsetzung von Entscheidungen gemäß den Nr. 1 bis 4 Einfluss auf die Arbeitsbedingungen der Beschäftigten haben können.

Die Arbeitsgruppe ist von den oben aufgeführten geplanten Entscheidungen **rechtzeitig** vor der Beschlussfassung **zu informieren**.

Dritter Teil
Gerichtliche Entscheidungen, Tarifverträge und Dienstvereinbarungen, Übergangs- und Schlussvorschriften

Erster Abschnitt
Gerichtliche Entscheidungen

§ 111

(1) Die Verwaltungsgerichte entscheiden außer in den Fällen der §§ 22 und 25 über

1. Wahlberechtigung und Wählbarkeit,
2. Wahl und Amtszeit der Personalvertretungen und der in § 54 genannten Vertreter sowie Zusammensetzung der Personalvertretungen und der Einigungsstellen,
3. Zuständigkeit und Geschäftsführung der Personalvertretungen und der Einigungsstellen,
4. Bestehen oder Nichtbestehen von Dienstvereinbarungen.

(2) Der Personalrat oder eine in der Dienststelle vertretene Gewerkschaft können bei groben Verstößen des Dienststellenleiters gegen seine Verpflichtungen aus diesem Gesetz beim Verwaltungsgericht beantragen, dem Dienststellenleiter zur Sicherung der Rechte nach diesem Gesetz aufzugeben, eine Handlung zu unterlassen, die Vornahme einer Handlung zu dulden oder eine Handlung vorzunehmen.

(3) Die Vorschriften des Arbeitsgerichtsgesetzes über das Beschlussverfahren gelten entsprechend. § 89 Abs. 1 und § 94 Abs. 1 des Arbeitsgerichtsgesetzes gelten mit der Maßgabe, dass an Stelle der dort genannten Personen auch Beamte und Angestellte des öffentlichen Dienstes mit der Befähigung zum Richteramt tätig werden können.

1 Für Streitigkeiten nach dem HPVG sind die Verwaltungsgerichte zuständig. Da das Personalvertretungsrecht zum öffentlichen Recht gehört,[1] ist für personalvertretungsrechtliche Streitigkeiten ausschließlich der **Verwaltungsrechtsweg** gegeben. § 111 erfasst alle personal-

---

1 BVerwG 15.3.1995, PersR 1995, 423, 424.

vertretungsrechtlichen Streitigkeiten, insoweit ist die Aufzählung in Abs. 1 nicht abschließend. Gemäß **Abs. 3** gelten die Vorschriften des Arbeitsgerichtsgesetzes über das Beschlussverfahren (§§ 83 ff. ArbGG) entsprechend. Daher werden die Verfahren in Personalvertretungssachen nach den Vorschriften des ArbGG über das Beschlussverfahren durchgeführt. Diese Vorschriften müssen so gehandhabt werden, wie es die sachgemäße Entscheidung der personalvertretungsrechtlichen Streitigkeiten und das ihr entsprechende Recht der Beteiligten auf eine richterliche Sachentscheidung erfordern.[2] Das Beschlussverfahren dient wie der sonstige allgemeine Verwaltungsprozess der Durchsetzung der im Personalvertretungsrecht konkretisierten subjektiven öffentlichen Rechte der Beschäftigten auf Mitbestimmung, Mitwirkung oder auf bloße Anhörung bei der Regelung von Angelegenheiten der Dienststelle, der Wahlrechte der Beschäftigten und der ansonsten eröffneten Kontrollbefugnisse der an der Personalverfassung beteiligten Stellen und Personen.[3] Entsprechend der Regelung in § 83 Abs. 1 ArbGG **erforscht das Verwaltungsgericht** den Sachverhalt im Rahmen der gestellten Anträge von Amts wegen, wobei die am Verfahren Beteiligten an der Aufklärung des Sachverhalts mitzuwirken haben.

Die **örtliche Zuständigkeit** ergibt sich aus **§ 82 ArbGG**. Danach ist das Gericht, in dessen Bezirk die Dienststelle ihren Sitz hat, örtlich zuständig. Betrifft der Streit zwar die vertretungsrechtlichen Angelegenheiten einer nachgeordneten Behörde, steht diese aber zwischen einer Mittel- oder einer obersten Dienstbehörde und den bei diesen errichteten Stufenvertretungen, ist wiederum das Gericht zuständig, in dessen Bezirk die Mittelbehörde oder die oberste Dienstbehörde gelegen ist, nicht etwa das für die nachgeordnete Behörde zuständige Gericht. Entsprechendes gilt für die Gerichtszuständigkeit im Verhältnis zwischen örtlicher Dienststelle und Gesamtdienststelle.

Das Beschlussverfahren ist ein objektives Nachprüfungsverfahren, das nicht durch eine Klage, sondern durch einen **Antrag** eingeleitet wird und in dem sich nicht Kläger und Beklagter (Parteien) gegenüberstehen, sondern **Antragsteller und weitere Beteiligte** (§ 83 Abs. 1 Satz 2 ArbGG). Die Fähigkeit, Beteiligter an einem personalvertretungsrechtlichen Beschlussverfahren zu sein, steht jedoch der Parteifähigkeit im Urteilsverfahren gleich. Sie ergibt sich aus § 10 ArbGG und den entsprechenden Bestimmungen der Verwaltungsgerichtsordnung (VwGO) über die Parteifähigkeit, da § 10 ArbGG allein den besonderen Gegebenheiten des Personalvertretungsrechts nicht gerecht wird. Sie ist von Amts wegen zu jeder Zeit des Verfahrens zu prüfen. So ist grundsätzlich jeder beteiligungsfähig, der rechtsfähig ist, ohne darauf beschränkt zu sein. Die **Beteiligungsfähigkeit** der Behörden ergibt sich aus § 61 Nr. 3 VwGO. Die Gewerkschaften und die

---

2 BVerwG 12.1.1962 – VII P 10.60 –, ZBR 1962, 88.
3 V. Roetteken/Rothländer, HPVG, § 111 Rn. 24 ff.

ihnen angeschlossenen Organisationen und Unterorganisationen sowie die ihnen gleichgestellten Berufsverbände und Arbeitgeberverbände sind unabhängig von ihrer Organisationsform nach § 10 ArbGG beteiligungsfähig.[4] Aus dieser Vorschrift ergibt sich auch die Beteiligungsfähigkeit von Personalrat, Stufenvertretung, Gesamtpersonalrat, Wahl- oder Abstimmungsvorstand und Sondervertretungen.

4 Beteiligt ist immer der **Dienststellenleiter**, selbst wenn er keinen Antrag gestellt hat und ein solcher sich auch nicht gegen ihn richtet. In diesem Fall besteht seine Funktion in seiner Beteiligung an der Sachaufklärung durch Anhörung, und zwar als Repräsentant des Dienstherrn. Die **Personalvertretungen** in ihren verschiedenen Erscheinungsformen und die Sondervertretungen sind immer dann Beteiligte, wenn ihre Stellung in der Dienststelle betroffen ist, insbesondere ihre Mitbestimmungs-, Mitwirkungs- und Anhörungsrechte sowie ihre Geschäftsführung. **Einzelne Mitglieder** der Personalvertretungen sind dann betroffen, wenn es um ihre Stellung innerhalb des betreffenden Gremiums oder um ihren Ausschluss geht. Die **Gewerkschaften** und die ihnen gleichstehenden Verbände sowie die Arbeitgebervereinigungen sind Beteiligte, wenn ihre Anwesenheits- und Beratungsrechte verletzt sind oder wenn sie von ihrem Antragsrecht Gebrauch machen. Einzelne **Beschäftigte** sind Beteiligte, wenn sie ihre Antragsrechte ausüben oder wenn sie in ihrer personalverfassungsrechtlichen Stellung als Dienststellenangehörige unmittelbar betroffen sind, z.B. durch Behinderung bei der Ausübung ihres Wahlrechts.

5 **Antragsberechtigt** ist, wem durch ausdrückliche Vorschrift ein Antragsrecht eingeräumt worden ist oder wer durch die begehrte Entscheidung unmittelbar in seiner personalvertretungsrechtlichen Stellung betroffen ist.

6 Der **Antrag**, durch den das personalvertretungsrechtliche Beschlussverfahren eingeleitet wird, ist schriftlich beim Verwaltungsgericht einzureichen. Eine Übermittlung der Antragsschrift per Fax ist zulässig. Wird die Antragsschrift nicht vom Antragsteller, sondern von einem Bevollmächtigten unterzeichnet, muss gemäß § 80 ZPO eine schriftliche Verfahrensvollmacht vorgelegt werden. Zulässig sind grundsätzlich Leistungs-, Gestaltungs-, Feststellungs-, Anfechtungs- und Verpflichtungsanträge. Durch den Antrag werden der Streit- bzw. Verfahrensgegenstand bestimmt und damit auch die nach § 83 Abs. 3 ArbGG am Verfahren zu beteiligenden Personen und Stellen festgelegt. Für Feststellungsanträge ist ein **besonderes Feststellungsinteresse** entsprechend § 256 Abs. 1 ZPO i.V.m. §§ 80 Abs. 2, 40 Abs. 2 ArbGG erforderlich. Mit dem Feststellungsantrag können vor allem das Bestehen oder Nichtbestehen von Beteiligungsrechten und deren Umfang verbindlich geklärt werden. Gegenstand des Beschlussverfahrens ist das Bestehen oder Nichtbestehen eines **gegenwärtigen**

---

4 HessVGH, PersV 1978, 131.

§ 111

Rechtsverhältnisses zwischen den Beteiligten oder von Rechten aus einem Rechtsverhältnis.[5] Unter einem Rechtsverhältnis ist die aus einem konkreten Lebenssachverhalt entstehende rechtlich geregelte Beziehung einer Person zu anderen Personen oder Gegenständen zu verstehen. Keine Rechtsverhältnisse sind bloße Tat- oder abstrakte Rechtsfragen. Streiten die Beteiligten über Bestand, Inhalt oder Umfang von Mitbestimmungsrechten oder über die Wirksamkeit einer noch geltenden Dienstvereinbarung, geht es um das Bestehen oder Nichtbestehen eines entsprechenden Rechtsverhältnisses. Dieser Streit kann im Wege des Feststellungsverfahrens geklärt werden.

Nach Erledigung des Anlass gebenden konkreten Einzelfalls muss die gegebenenfalls erforderliche **Umstellung des Antrags** nach § 81 Abs. 3 ArbGG noch in der Tatsacheinstanz erfolgen, da sie in der Rechtsbeschwerdeinstanz unzulässig ist. Beantragt die Personalvertretung festzustellen, dass sie aus Anlass konkreter Umsetzungsmaßnahmen nach § 77 Abs. 1 Nr. 1 Buchst. d zu beteiligen ist, ist sie nach Erledigung der Maßnahmen berechtigt, einen **sog. Globalantrag** zu stellen. Hierin kann sie die allgemeine Feststellung verlangen, dass bestimmte Personalmaßnahmen wie Versetzungen oder Abordnungen von einem in einen anderen Bereich der Beteiligung unterliegen. Der nach Erledigung des konkreten Einzelfalls gestellte Globalantrag muss auf die Klärung der darin formulieren verallgemeinerungsfähigen Rechtsfragen gerichtet sein. Erforderlich für ein solches Begehren ist das Bestehen eines Rechtsschutzbedürfnisses. Angesichts der in der Regel fortbestehenden Unterschiede in den Rechtsauffassungen der Beteiligten und der im Einzelfall zu prüfenden **Wahrscheinlichkeit einer Wiederholung** vergleichbarer Fallkonstellationen bedarf es nach wie vor der Klärung, ob der Antragsteller in den verallgemeinerungsfähigen Fallvarianten mitzubestimmen hat.[6]

7

Zulässig sind auch sog. **Zwischenfeststellungsanträge** nach § 256 Abs. 2 ZPO. Neben einem Antrag auf Aufhebung oder Nichtigkeitserklärung eines Einigungsstellenbeschlusses kann von einem Beteiligten auf diese Weise das Bestehen bzw. Nichtbestehen eines **Mitbestimmungsrechts** geltend gemacht werden.[7]

8

Das arbeitsgerichtliche Beschlussverfahren vor den Verwaltungsgerichten unterliegt dem **Untersuchungsgrundsatz** (Offizialmaxime) und ist damit der Disposition der Parteien weitgehend entzogen. Allerdings kann der Antrag **jederzeit** zurückgenommen werden, worauf das Verfahren vom Vorsitzenden des Verwaltungsgerichts einzustellen ist (§§ 81, 89 Abs. 4 ArbGG). Die Beteiligten können das Verfahren auch

9

---

5 BAG 18. 2. 2003 – 1 ABR 2/02 –, NZA 2003, 742, 744.
6 OVG Berlin-Brandenburg 23. 9. 2010 – OVG 62 PV 1.09.
7 BAG 23. 4. 1991, NZA 1991, 817; VG Frankfurt/Main 5. 2. 1996 – 23 L 11/95 (V) –, PersR 1996, 204.

§ 111

ganz oder zum Teil durch Vergleich oder Erledigungserklärung beenden (§§ 83a, 90 ArbGG).

10 Das Gericht darf über das Begehren des Antrags nicht hinausgehen. Es ist jedoch dazu verpflichtet, auf die Stellung richtiger und umfassender Anträge hinzuwirken. Ein zur Feststellung eines Mitbestimmungsrechts eingeleitetes Beschlussverfahren ist unbegründet, wenn eine **Maßnahme** des Beteiligten im personalvertretungsrechtlichen Sinne, die allein das Eingreifen eines Mitbestimmungsrechts auslösen könnte, nicht ersichtlich ist. Es entspricht ständiger, insbesondere höchstrichterlicher Rechtsprechung, dass eine Beteiligung der Personalvertretung eine **Maßnahme** der ihr zugeordneten Dienststelle voraussetzt. Hierbei muss es sich auf ein auf die Veränderung des bestehenden Zustandes abzielendes Verhalten der Dienststelle handeln; nach Durchführung der Maßnahme müssen das Beschäftigungsverhältnis oder die Arbeitsbedingungen eine Änderung erfahren haben.[8] Ein vom Personalrat gerügtes ausdrückliches Unterlassen einer Änderung bzw. Anpassung der bisherigen Parkplatzrichtlinien durch den Beteiligten stellt keine »Maßnahme« im personalvertretungsrechtlichen Sinne dar. Dies erschließt sich aus der schlichten Überlegung, dass Untätigkeit der Dienststelle in Bezug auf die Gestaltung der Beschäftigungsverhältnisse zu einer nach Anlass und Inhalt praktisch nicht fassbaren Flut von Beteiligungsverfahren führen würde. Den Phänomenen der Untätigkeit der Dienststelle in aus Sicht der Personalvertretung zum Handeln zwingenden bzw. Anlass gebenden Konstellationen oder Entwicklungen trägt das Personalvertretungsrecht durch die Regelungen über das Initiativrecht der Personalvertretung (einigermaßen) Rechnung.[9]

11 Weiterhin muss der Personalvertretung für das Feststellen eines bestimmten Mitbestimmungsrechts die **Zuständigkeit** hierfür zustehen.[10] Dies ist dann nicht der Fall, wenn z.B. die Mitbestimmung beim Gesamtpersonalrat liegt.

12 Will der Personalrat ein personalvertretungsrechtliches Beschlussverfahren einleiten, muss er **als gemeinsame Angelegenheit einen Beschluss** fassen mit dem Inhalt, dass *»in der Angelegenheit … ein personalvertretungsrechtliches Beschlussverfahren bei dem Verwaltungsgericht … eingeleitet und die Anwaltskanzlei … mit dessen Durchführung beauftragt wird.«* Es ist nicht erforderlich, dass der Personalrat die Kostenübernahme beantragt, denn die Kostentragungspflicht der Dienststelle ergibt sich aus § 42 Abs. 1. Gerichtskosten entstehen nicht.

13 Das Verwaltungsgericht hat möglichst zeitnah einen **Anhörungstermin** anzuberaumen. Es gilt der sog. **Beschleunigungsgrundsatz**

---

8 BVerwG 2.9.2009 – 6 PB 22.09 –, und 9.9.2010 – 6 PB 12.10 –, jeweils zitiert nach juris.
9 BVerwG 9.9.2010, a.a.O.
10 VG Berlin 10.3.2011 – VG 71 K 13.10 PVB.

gemäß § 9 Abs. 1 ArbGG. Dieser ist Ausprägung des verfassungsrechtlich gewährleisteten Gebots des effektiven Rechtsschutzes. In der Regel erfolgt ein Kammertermin, in dem die Angelegenheit abschließend behandelt wird. Hier trägt der Vorsitzende zunächst den Sach- und Streitstand vor. Alle Beteiligten erhalten in der Regel ausreichend Gelegenheit zur Äußerung. In dem Anhörungstermin kann der Antrag zurückgenommen, eine Erklärung zu Protokoll gegeben oder auch ein Vergleich zwischen den Beteiligten geschlossen werden.

Gegen einen Beschluss des Verwaltungsgerichts kann **Beschwerde** 14 innerhalb eines Monats erhoben werden. Hierbei handelt es sich um eine Ausschlussfrist, die nicht verlängert werden kann. Innerhalb dieses Monats muss der Personalrat einen weiteren Beschluss fassen des Inhalts, dass er *»in der Angelegenheit … gegen die Entscheidung des Verwaltungsgerichts … vom … – Az.: … – Beschwerde einlegen wird und mit der Durchführung des Beschwerdeverfahrens die Anwaltskanzlei … beauftragt.«* Die **Begründung** der Beschwerde muss spätestens zwei Monate nach Eingang der vollständigen Entscheidung der ersten Instanz beim VGH Kassel eingehen. Nach § 89 ArbGG muss die Beschwerdeschrift von einem Rechtsanwalt oder einer nach § 11 Abs. 2 Satz 2 ArbGG zur Vertretung befugten Person (Vertreter von Gewerkschaften oder von Arbeitgebervereinigungen) unterzeichnet sein. Der VGH Kassel entscheidet durch Beschluss, der begründet und unterschrieben den Beteiligten zuzustellen ist (§ 91 ArbGG).

Gegen die Entscheidung des VGH Kassel ist die **Rechtsbeschwerde** 15 zum Bundesverwaltungsgericht zulässig, sofern der VGH sie aus einem der folgenden Gründe zugelassen hat:

- Es um eine entscheidungserhebliche Rechtsfrage von grundsätzlicher Bedeutung geht.
- Der Beschluss des VGH weicht von einer Entscheidung anderer Obergerichte ab.
- Der Anspruch auf rechtliches Gehör wurde entscheidungserheblich verletzt.
- Formale Vorschriften (§ 547 Nr. 1 bis 5 ZPO) wurden nicht eingehalten (§ 92 Abs. 1 i.V.m. § 72 Abs. 2 ArbGG).

Lässt der VGH die Rechtsbeschwerde nicht zu, ist gegen diesen Teil 16 der Entscheidung die sog. **Nichtzulassungsbeschwerde** möglich (§ 92a Satz 1 i.V.m. § 72a Abs. 2 bis 7 ArbGG). Die Rechts- und Nichtzulassungsbeschwerde sind jeweils beim Bundesverwaltungsgericht in Leipzig innerhalb eines Monats nach Zustellung des vollständigen Beschlusses des VGH einzulegen und innerhalb von zwei Monaten ab Zustellung des Beschlusses zu begründen. Dies kann nur durch einen Rechtsanwalt oder Verbandsvertreter erfolgen. Auch in diesem Fall muss der Personalrat wieder einen Beschluss fassen mit dem Inhalt, dass er *»in der Angelegenheit … gegen den Beschluss des VGH Kassel*

§ 111

vom ... – Az.: ... – Rechtsbeschwerde (bzw. Nichtzulassungsbeschwerde) einlegt und damit die Anwaltskanzlei ... beauftragt.«

17 **Einstweiligen Verfügungen** stehen die Fachkammern für Personalvertretungsangelegenheiten der Verwaltungsgerichte bundesweit sehr distanziert gegenüber.[11] So ist die Rechtsprechung recht restriktiv bei der Möglichkeit von einstweiligen Verfügungen, soweit es um die Feststellung von Pflichtverletzungen im Rahmen der mangelhaften Beteiligung geht. Das BVerwG hat in einer grundlegenden Entscheidung vom 27.7.1997 zwar entschieden, dass grundsätzlich die Möglichkeit einer einstweiligen Verfügung gemäß § 85 Abs. 2 ArbGG i. V. m. §§ 935 ff. ZPO besteht. Diese habe jedoch wegen des immer wieder von der Rechtsprechung hervorgehobenen objektiv-rechtlichen Charakters der personalvertretungsrechtlichen Streitigkeiten nur eine Feststellung der Rechtsverletzung zum Gegenstand. Das BVerwG stellt in dieser Entscheidung ausdrücklich klar, dass ein durchsetzbarer Abwehr-, Rückgängigmachungs-, Unterlassungs- oder Verfahrensförderungsanspruch grundsätzlich nicht besteht.[12]

18 Selbst ein unter **Verletzung des Beteiligungsrechts** erlassener Dienstplan soll nicht mit einer einstweiligen Verfügung des Personalrats angegriffen werden können, auch wenn infolge des Zeitablaufs in einem Hauptsacheverfahren darüber nicht mehr entschieden werden kann. Die Rechtsprechung führt dazu, dass die beteiligungslose aber mitbestimmungsbedürftige Maßnahme von der Dienststelle vollzogen werden könne, ohne dass sie befürchten müsse, hierfür sanktioniert zu werden. Der Verweis der Rechtsprechung auf dienstaufsichtsrechtliche Maßnahmen ist nun wirklich kein effektives Mittel, um dem Gebot des effektiven Rechtsschutzes Rechnung tragen zu können.

19 Soweit die Verwaltungsgerichte einen **Unterlassungsanspruch** des Personalrats mit dem Hinweis auf den »objektiven Charakter« des Beschlussverfahrens **ablehnen**, wird in diesem Zusammenhang die Rechtsprechung des BVerwG übersehen.[13] Dies hat zu Recht festgestellt, dass das personalvertretungsrechtliche Beschlussverfahren auch der **Durchsetzung konkreter Rechtspositionen des sog. Innenrechts** und nicht nur der Klärung von Zuständigkeiten dient. So gesehen sei das Beschlussverfahren kein »objektives Verfahren«. Mit dieser Argumentation kann somit die Unzulässigkeit eines Unterlassungsanspruchs des Personalrats nicht weiterverfolgt werden.

20 Das Personalvertretungsrecht sieht in einem noch stärkeren Maße als das Betriebsverfassungsrecht den Grundsatz der vertrauensvollen Zusammenarbeit vor. Es geht vom sog. Konsensprinzip zwischen Dienst-

---

11 OVG NRW 14.10.1991 – 1 B 1690/91.PVL; OVG Hamburg 2.5.1988, ZBR 1988, 324; OVG Berlin 21.4.1975 – PV 77, S. 67.
12 BVerwG 27.7.1990 – 6 PB 12.89 –, PersR 1990, 297; VGH Baden-Württemberg 2.7.2002 – PL 15 F 2497/01 –, PersR 2002, 76.
13 BVerwG 28.6.2000 – 6 P 1.00 –, ZBR 2001, 97, 98.

stellenleitung und Personalvertretung aus. Soweit eine Maßnahme der Mitbestimmung des Personalrats unterliegt, bedarf sie nach rechtzeitiger und eingehender Erörterung der vorherigen Zustimmung (§ 69 Abs. 1). Kommt es zwischen Dienststelle und Personalrat zu keinem Konsens, gestaltet sich das weitere Verfahren nach § 70. Dieses Verfahren ist im Wesentlichen davon bestimmt, einen Konsens zu suchen. **Nur** bei Maßnahmen, die der Natur der Sache nach keinen Aufschub dulden, ist die Dienststelle gemäß § 73 **befugt**, bis zur endgültigen Entscheidung sog. vorläufige Regelungen zu treffen. Parallel ist der Leiter der Dienststelle jedoch **verpflichtet, unverzüglich** das Verfahren nach den §§ 69 bis 72 einzuleiten bzw. fortzusetzen. Insoweit können nach § 73 nur vorläufige, also rücknehmbare Maßnahmen in diesem Sonderfall getroffen werden. Im Übrigen ist die Dienststelle gehalten, das Mitbestimmungsverfahren komplett und gegebenenfalls bis zu einem Spruch bzw. einer Empfehlung der Einigungsstelle durchzuführen. Schon aus § 60 Abs. 3 ergibt sich die Verpflichtung der Dienststelle, **alles zu unterlassen, was den Frieden der Dienststelle gefährden** könnte. Die Durchführung einer mitbestimmungsbedürftigen Maßnahme ohne Einleitung oder Fortsetzung des Mitbestimmungsverfahrens stellt einen Verstoß gegen die Unterlassungspflicht nach § 60 Abs. 3 dar. Das Partnerschaftsprinzip zwischen Dienststellenleitung und Personalrat verlangt von beiden, alles zu unterlassen, was den Frieden in der Dienststelle beeinträchtigen kann. Bei den Beteiligungsrechten der Personalvertretungen handelt es sich zwar um Rechte, die den einzelnen Beschäftigten der Dienststelle aufgrund ihres Beschäftigungsverhältnisses gegenüber der Leitung der Dienststelle zustehen. Der einzelne Beschäftigte kann die Beteiligungsrechte jedoch nicht durchsetzen. Diese sind vielmehr zur gemeinschaftlichen Ausübung dem Personalrat als den Repräsentanten der Beschäftigten der Dienststelle zur Durchsetzung übertragen. Insoweit handelt es sich bei ihnen um subjektive öffentliche Rechte. Hieraus folgt, dass dem Personalrat bei entsprechenden treuwidrigen Verstößen der Dienststelle ein **Unterlassungs- und Folgebeseitigungsanspruch** zusteht, um die unter Umgehung der Mitbestimmung veranlassten Maßnahmen zu unterbinden bzw. beenden zu können.[14] Dieser Anspruch steht dem Personalrat unabhängig davon zu, ob sich im Personalvertretungsrecht eine Vorschrift nach dem Vorbild des § 23 Abs. 3 BetrVG befindet.

Sollte eine Entscheidung im personalvertretungsrechtlichen Hauptsacheverfahren zu spät ergehen und drohen der Personalvertretung ansonsten nicht wieder gutzumachende Nachteile oder unzumutbare Folgen, kann der Unterlassungs- bzw. Folgebeseitigungsanspruch auch mit einem **Antrag auf Erlass einer einstweiligen Anordnung** bei Gericht geltend gemacht werden.

---

14 Vgl. präzise und kompakte Darstellung bei v. Roetteken/Rothländer, HPVG, § 111 Rn. 27–27a und 60–64a.

§ 111

22 Die Verwaltungsgerichte entscheiden u. a. auch in folgenden Fällen:
- Wahlanfechtung gemäß § 22
- Ausschlussverfahren gegen ein Mitglied aus dem Personalrat oder bei einem Verfahren auf Auflösung des Personalrats gemäß § 25
- Streitigkeiten über die Wahlberechtigung und Wählbarkeit
- Streitigkeiten über Wahl und Amtszeit der Personalvertretungen und der in § 54 genannten Vertreter sowie Zusammensetzung der Personalvertretung und der Einigungsstellen
- Fragen der Zuständigkeit und Geschäftsführung der Personalvertretungen und der Einigungsstellen
- Uneinigkeit hinsichtlich des Bestehens oder Nichtbestehens von Dienstvereinbarungen

23 Bei **groben Verstößen des Dienststellenleiters** gegen seine Verpflichtungen aus dem HPVG kann die Personalvertretung oder eine in der Dienststelle durch mindestens ein Mitglied vertretene Gewerkschaft beim Verwaltungsgericht beantragen, dem Dienststellenleiter zur Sicherung der Rechte nach diesem Gesetz aufzugeben,
- eine Handlung zu **unterlassen**,
- die Vornahme einer Handlung **zu dulden** oder
- eine Handlung **vorzunehmen**.

Die Regelung gibt keine Handhabe, in der Vergangenheit liegende Pflichtverletzungen des Dienststellenleiters als solche feststellen zu lassen. Die Regelung zielt auf eine konkrete Steuerung des künftigen Verhaltens des Dienststellenleiters, so dass das von ihm in Zukunft erwartete Verhalten auch im Antrag angegeben werden muss. Da das Erkenntnisverfahren stets auf ein künftiges Verhalten des Arbeitgebers gerichtet ist, fallen Folgenbeseitigungsansprüche mit der Zielrichtung, eine die Mitbestimmungsrechte des Personalrats verletzende Umsetzung einer Maßnahme wieder aufzuheben, nicht bzw. nicht ausschließlich unter § 111 Abs. 2 HPVG i. V. m. § 23 Abs. 3 BetrVG. Verlangt der Personalrat das Unterlassen einer beteiligungswidrigen Maßnahme bzw. begehrt deren Aufhebung, konkretisiert sich das Rechtsbegehren der Personalvertretung auf einen bestimmten Beteiligungsfall, der in der Vergangenheit und in der Gegenwart liegt. Damit fallen weder der oben dargestellte allgemeine Unterlassungsanspruch noch der Folgenbeseitigungsanspruch nicht bzw. keinesfalls ausschließlich unter die Regelung des § 111 Abs. 2.

24 Der Antrag nach § 111 Abs. 2 setzt einen Verstoß des Dienststellenleiters gegen seine Pflichten aus dem HPVG voraus. Eine Verletzung der sich aus dem HPVG ergebenden Pflichten des Dienststellenleiters liegt insbesondere vor, wenn er gegen das **Gebot der vertrauensvollen Zusammenarbeit mit dem Personalrat** verstößt, dessen Unterrichtungs- und Beratungsrechte missachtet, Vereinbarungen mit dem Personalrat, auch soweit sie auf einem Spruch der Einigungsstelle beruhen, nicht durchführt oder wiederholt – etwa bei der Aufstellung von Dienstplänen – den Personalrat nicht beteiligt. Vor allem soll § 111 Abs. 2 die Einhaltung der **Mitbestimmungs- und Mitwirkungsrechte des Personalrats** sichern, z.B. die Mitbestimmung bei Arbeitszeit, bei Anordnung von Mehrarbeit, bei personellen Einzelmaßnahmen. Zu den personalvertretungsrechtlichen Pflichten rechnen auch die Einhaltung und Erfüllung von Dienstvereinbarungen, da sie ihre Grundlage im HPVG haben.

Es muss sich um einen **groben Verstoß** handeln; nicht erforderlich ist, dass eine wiederholte Verletzung vorliegt. Auch ein einmaliger Verstoß kann grob sein, sofern er objektiv erheblich ist und eine offensichtlich schwerwiegende Pflichtverletzung darstellt. Andererseits können gerade durch Wiederholung leichtere Verstöße zu einem groben Verstoß werden. Vertritt der Dienststellenleiter in einer schwierigen und ungeklärten Rechtsfrage eine bestimmte Meinung, begeht er keinen groben Verstoß. Anders als bei der Amtsenthebung eines Personalratsmitglieds ist hier nicht Voraussetzung, dass ein Verschulden des Dienststellenleiters vorliegt. Bei mehrfachem Übergehen von Beteiligungsrechten ist grundsätzlich von einem groben Verstoß auszugehen.[15]

Der Antrag nach § 111 Abs. 2 muss gemäß § 253 Abs. 2 Nr. 2 ZPO einen vollstreckbaren Inhalt haben (§ 85 Abs. 1 ArbGG). Es muss für einen Dritten objektiv erkennbar sein, welche Handlung ein Dienststellenleiter z.B. künftig zu unterlassen hat. Dies muss sich alleine aus dem Antrag und nicht ergänzend aus der Antragsschrift oder etwa nach Rücksprache mit der Personalvertretung ergeben.

Anträge nach § 111 Abs. 2 können mit einen Antrag nach § 890 ZPO auf Androhung eines **Ordnungsgelds** verbunden werden.

Insgesamt handelt es sich bei § 111 Abs. 2 HPVG und § 23 Abs. 3 BetrVG um schwere Geschütze der Interessenvertretung, von denen im Interesse der vertrauensvollen Zusammenarbeit auch nur dann Gebrauch gemacht werden sollte, wenn der grobe, also schwerwiegende **Pflichtverstoß offensichtlich** ist. Bevor ein solcher Antrag beim Verwaltungsgericht eingereicht wird, entspricht es dem Partnerschaftsprinzip, die Dienststellenleitung auf den Pflichtverstoß hinzuweisen und aufzufordern, diesen künftig zu unterlassen.

§ 112
(1) Für die nach diesem Gesetz zu treffenden Entscheidungen sind bei den Verwaltungsgerichten Fachkammern und beim Verwaltungsgerichtshof ein Fachsenat zu bilden.

---

15 VG Frankfurt/Main 5.2.1996, PersR 1996, 204, 206.

§ 112

(2) Die Fachkammer besteht aus einem Vorsitzenden und ehrenamtlichen Beisitzern, der Fachsenat aus einem Vorsitzenden, richterlichen und ehrenamtlichen Beisitzern. Die ehrenamtlichen Beisitzer müssen Beschäftigte im Sinne dieses Gesetzes sein. Sie werden je zur Hälfte von

1. den unter den Beschäftigten vertretenen Gewerkschaften und
2. den obersten Landesbehörden und den kommunalen Spitzenverbänden

vorgeschlagen und vom Minister der Justiz berufen. Für die Berufung und Stellung der Beisitzer und ihre Heranziehung zu den Sitzungen gelten die Vorschriften des Arbeitsgerichtsgesetzes über ehrenamtliche Richter mit der Maßgabe entsprechend, dass die bisherigen Beisitzer bis zur Neuberufung im Amt bleiben. Wird während der Amtszeit die Bestellung neuer Beisitzer erforderlich, so werden sie für den Rest der Amtszeit bestellt. Der Minister der Justiz kann die Befugnisse nach Satz 3 durch Rechtsverordnung auf eine nachgeordnete Behörde übertragen.

(3) Die Fachkammer wird tätig in der Besetzung mit einem Vorsitzenden und je zwei nach Abs. 2 Nr. 1 und 2 berufenen Beisitzern.

(4) Der Fachsenat wird tätig in der Besetzung mit einem Vorsitzenden, zwei richterlichen und je einem nach Abs. 2 Nr. 1 und 2 berufenen Beisitzer.

1 Bei den fünf hessischen Verwaltungsgerichten (Frankfurt, Wiesbaden, Darmstadt, Gießen und Kassel) sind Fachkammern, beim VGH Kassel ist ein Fachsenat gebildet. Die **Zusammensetzung** der Fachkammern bzw. des Fachsenats ist im Einzelnen in Abs. 2 geregelt. Hiernach besteht die Fachkammer aus einem Vorsitzenden und ehrenamtlichen Beisitzern. Der Fachsenat setzt sich aus einem Vorsitzenden sowie richterlichen und ehrenamtlichen Beisitzern zusammen.

2 Den Vorsitz einer Fachkammer kann nur ein **Berufsrichter** wahrnehmen, der zum Präsidenten, Vizepräsidenten oder Vorsitzenden Richter im Sinne des § 19a DRiG ernannt ist.

3 Die **ehrenamtlichen Beisitzer** müssen Beschäftigte im Sinne des HPVG sein. Sie müssen das 25. Lebensjahr vollendet haben und im Bezirk des Verwaltungsgerichts beruflich tätig sein, für das sie als ehrenamtlicher Richter berufen werden. Liegt diese Voraussetzung nicht vor, müssen sie zumindest im Bezirk des VG wohnen.[16] Die **Amtsdauer** der ehrenamtlichen Richter beträgt nach § 20 Abs. 1 Satz 1 ArbGG fünf Jahre. Sie werden je zur Hälfte von den unter

---
16 BT-Drucks. 16/7716, S. 23.

den Beschäftigten vertretenen Gewerkschaften und den obersten Landesbehörden und den kommunalen Spitzenverbänden vorgeschlagen und vom Minister der Justiz berufen. Die Berufung der ehrenamtlichen Richter erfolgt durch die Übermittlung einer Ernennungsurkunde, in der die Worte »unter Berufung in ein ehrenamtliches Richterverhältnis« aufgeführt sein müssen. In der ersten Sitzung, an der sie teilnehmen, müssen sie nach § 45 Abs. 2 Satz 1 DRiG vom Vorsitzenden der Fachkammer in der öffentlichen Sitzung vereidigt werden.

Die **ehrenamtlichen Richter**, die im Fachsenat tätig sind, müssen nach § 37 Abs. 1 ArbGG im Zeitpunkt des Zugangs der **Ernennungsurkunde** das 30. Lebensjahr vollendet haben. Ferner sollen sie mindestens fünf Jahre als ehrenamtliche Richter einer Fachkammer angehört haben. Dazu genügen auch entsprechende Erfahrungen in einer Fachkammer für Bundespersonalvertretungsangelegenheiten oder in einem anderen Bundesland nach dem dortigen Landespersonalvertretungsrecht.[17] **4**

Gemäß Abs. 3 werden die **Fachkammern** in der Besetzung mit einem Vorsitzenden und je zwei nach Abs. 2 Nr. 1 und 2 berufenen Beisitzern (ehrenamtlichen Richtern) tätig, der **Fachsenat** nach Abs. 4 mit einem Vorsitzenden sowie mit zwei richterlichen und je einem nach Abs. 2 Nr. 1 und 2 berufenen Beisitzer (ehrenamtlichen Richter). **5**

Zweiter Abschnitt
Tarifverträge und Dienstvereinbarungen

§ 113

(1) Durch Tarifvertrag oder durch Dienstvereinbarungen kann das Personalvertretungsrecht nicht abweichend von diesem Gesetz geregelt werden.

(2) Dienstvereinbarungen sind zulässig, soweit sie dieses Gesetz ausdrücklich zulässt. Sie sind nicht zulässig, soweit Arbeitsentgelte und sonstige Arbeitsbedingungen üblicherweise durch Tarifvertrag geregelt werden. Dies gilt nicht, wenn ein Tarifvertrag den Abschluss ergänzender Dienstvereinbarungen ausdrücklich zulässt.

(3) Dienstvereinbarungen werden von Dienststelle und Personalrat beschlossen, sind schriftlich niederzulegen, von beiden

---

17 V. Roetteken/Rothländer, HPVG, § 112 Rn. 78.

§ 113

Seiten zu unterzeichnen und in geeigneter Weise bekanntzumachen.

(4) Dienstvereinbarungen, die für einen größeren Bereich gelten, gehen den Dienstvereinbarungen für einen kleineren Bereich vor.

(5) Dienstvereinbarungen können, soweit nichts anderes vereinbart ist, mit einer Frist von drei Monaten gekündigt werden. Nach Kündigung oder Ablauf einer Dienstvereinbarung gelten ihre Regelungen weiter, wenn und soweit dies ausdrücklich vereinbart worden ist.

1 Abs. 1 enthält eine **Verbotsnorm**, wonach durch Tarifvertrag bzw. Dienstvereinbarungen keine vom HPVG abweichenden Regelungen getroffen werden dürfen. Der Abschluss von Dienstvereinbarungen wird durch den Vorrang bestehender gesetzlicher oder tarifvertraglicher Regelungen beschränkt, soweit diese Regelungen abschließend sind. Darüber hinaus entfalten tarifliche oder tarifübliche Regelungen eine **Sperrwirkung** gegenüber dem Abschluss einer Dienstvereinbarung.

2 Dienstvereinbarungen sind nach den Eingangssätzen in § 74 Abs. 1 und § 77 Abs. 2 – ebenso wie die Mitbestimmung in den dort aufgeführten Angelegenheiten – nur zulässig, soweit eine gesetzliche oder tarifliche Regelung nicht besteht. Zum anderen können Arbeitsentgelte und sonstige Arbeitsbedingungen, die durch Tarifvertrag geregelt sind oder üblicherweise geregelt werden, nicht zum Gegenstand einer Dienstvereinbarung gemacht werden, es sei denn, dass der Tarifvertrag ergänzende Regelungen durch eine Dienstvereinbarung ausdrücklich zulässt. Es gilt somit der **Vorrang des Tarifvertrags**. In sich abschließende tarifliche Regelungen über die betriebliche Altersversorgung verdrängen Dienstvereinbarungen, die den gleichen Regelungsgegenstand haben. Wird eine Dienstvereinbarung durch einen Tarifvertrag abgelöst, steht dies in Übereinstimmung mit den allgemeinen Regeln des Personalvertretungsrechts und den Bestimmungen über die Mitbestimmungsrechte des Personalrats.[18] Die **Initiative zum Abschluss einer Dienstvereinbarung** kann von Dienststellenleitung und Personalrat ausgehen. Sie wird in jedem Fall gemeinsam beschlossen und von beiden Seiten unterzeichnet. Sie ist in geeigneter Weise in der Dienststelle bekannt zu machen.

3 Eine Dienstvereinbarung ist die generelle Regelung von Beteiligungsangelegenheiten durch Übereinkunft zwischen Dienststellenleitung und Personalvertretung. Sie ist formgebunden und schafft für die Dienststelle, den Personalrat und die Beschäftigten der Dienststelle **unmittelbar geltendes Recht**. Da auch Angelegenheiten von Be-

---

18 BAG 27.6.2006 – 3 AZR 255/05 –, LNR 2006, 23058.

amten geregelt werden, ist sie dem Bereich des öffentlichen Rechts zuzuordnen.

Bei einer Dienstvereinbarung handelt es sich um einen **öffentlich-rechtlichen Vertrag** zwischen Dienststellenleitung und Personalrat. Sie wirkt als kollektivrechtlicher Vertrag auf Dienststellenebene, ohne den Charakter eines Haustarifvertrags zu erwerben, auch wenn einige tarifrechtliche Grundsätze, wie die unmittelbare und zwingende Wirkung der Normen einer Dienstvereinbarung auf die Arbeitsverhältnisse in ihrem Geltungsbereich eine vergleichbare Anwendung finden. 4

Halten sich Dienstvereinbarungen im Rahmen der Beteiligungsrechte des Personalrats, gelten sie unmittelbar und zwingend auch im Verhältnis zu den Beschäftigten, die unter den persönlichen Geltungsbereich der Dienstvereinbarung fallen. Die **unmittelbare Wirkung** besteht darin, dass die normativen Regelungen einer Dienstvereinbarung wie ein Gesetz auf die Arbeits- und Beamtenverhältnisse der Beschäftigten der Dienststelle einwirken, ohne Inhalt der einzelnen Beschäftigungsverhältnisse zu werden.[19] Die zwingende Wirkung der Dienstvereinbarung verpflichtet nur den Arbeitgeber bzw. Dienstherrn dazu, in Einzelvereinbarungen ausschließlich zugunsten der Beschäftigten von den normativen Regelungen der Dienstvereinbarung abzuweichen. Günstigere Einzelvereinbarungen in Bezug auf ein Arbeitsrechtsverhältnis zwischen Dienststellenleiter und Beschäftigten sind jedoch in entsprechender Heranziehung des § 4 Abs. 3 TVG zulässig.[20] Enthält ein Arbeitsverhältnis entgegenstehende ungünstigere Bedingungen, treten diese gegenüber den Vorschriften einer Dienstvereinbarung zurück.[21] 5

Räumlicher Geltungsbereich einer Dienstvereinbarung ist die Dienststelle, für die sie abgeschlossen worden ist, bzw. der Bereich der Behörde der Mittelstufe oder der obersten Dienstbehörde, wenn die Dienstvereinbarung zwischen diesen Behörden und den bei ihnen bestehenden Stufenvertretungen vereinbart wurde. Vereinbarungen, die für einen größeren Bereich gelten, gehen gemäß Abs. 4 Dienstvereinbarungen für einen kleineren Bereich vor. Dieser Vorrang besteht nur, wenn die übergeordnete Dienststelle die sachliche Zuständigkeit für die angestrebte Regelung besitzt und die bei ihr gebildete Stufenvertretung auch beteiligungsbefugt ist. 6

Eine Dienstvereinbarung kommt durch eine **übereinstimmende Willensbildung** von Dienststelle und Personalrat zustande. Die Vorschriften des BGB über den Abschluss von Verträgen gelten entsprechend. Die Willensbildung auf Seiten des Personalrats muss zunächst in Form eines Beschlusses ergehen, der unter Beachtung der §§ 34, 35 zu 7

---

[19] Fischer/Goeres/Gronimus, BPersVG, § 72 Rn. 15.
[20] Fischer/Goeres/Gronimus, BPersVG, § 73 Rn. 16; Altvater, BPersVG, § 73 Rn. 10.
[21] Lorenzen u. a., BPersVG, § 73 Rn. 16; Fitting u. a., BetrVG, § 77 Rn. 167.

§ 113

fassen ist. Nach Abs. 3 sind Dienstvereinbarungen **schriftlich niederzulegen** und von beiden Seiten auf derselben Urkunde **zu unterzeichnen** (§ 126 Abs. 2 Satz 1 BGB). Für die Dienststelle zeichnet der Dienststellenleiter oder im Falle seiner Verhinderung eine zu seiner Vertretung berechtigte Person (§ 8 Abs. 1 HPVG). Auf Seiten der Personalvertretung unterschreibt gemäß § 30 Abs. 2 der Personalratsvorsitzende oder sein Stellvertreter. In Gruppenangelegenheiten soll zusätzlich ein Mitglied der beteiligten Gruppe unterzeichnen. Die Bekanntmachung hat in geeigneter Weise durch den Personalrat und/oder den Dienststellenleiter zu erfolgen.

8 Dienstvereinbarungen unterliegen dem Konsensprinzip. Sie werden von Dienststelle und Personalrat grundsätzlich gemeinsam geschlossen. Dies schließt aber nicht aus, dass die fehlende Zustimmung eines Verhandlungspartners durch die **Einigungsstelle** ersetzt wird. Bei Nichteinigung über eine zu schließende Dienstvereinbarung kann insoweit das Verfahren gemäß §§ 69, 70 in Gang gesetzt werden.[22] Nur soweit die Einigungsstelle zur **endgültigen Entscheidung** befugt ist, ersetzt ihr Spruch die fehlende Einigung zwischen dem Dienststellenleiter und der Personalvertretung.[23] Eine endgültige Entscheidung trifft die Einigungsstelle gemäß § 71 Abs. 3 i. V. m. Abs. 4 in den Fällen der §§ 74 Abs. 1 Nr. 1, 4 bis 7, 10 bis 16. In den Fällen der §§ 74 Abs. 1 Nr. 2, 3, 8, 9 und 17 und § 77 hat der Beschluss lediglich den Charakter einer Empfehlung an die oberste Dienstbehörde (§ 71 Abs. 4 Satz 1). Der Spruch der Einigungsstelle hat die rechtliche Bedeutung einer Dienstvereinbarung, wenn sie zur endgültigen Entscheidung befugt ist.[24]

9 Gemäß Abs. 5 Satz 1 können Dienstvereinbarungen, soweit nichts anderes vereinbart ist, mit einer Frist von drei Monaten **gekündigt** werden. Nach Satz 2 tritt eine **Nachwirkung** der gekündigten oder zeitlich abgelaufenen Dienstvereinbarung ein, wenn und soweit dies in ihr ausdrücklich vereinbart worden ist.

10 Ein **Tarifvertrag** ist eine schriftliche, vertragliche Vereinbarung von Koalitionsparteien und die Ausgestaltung der in Art. 9 GG verankerten Tarifautonomie auf der Grundlage des TVG. Die Verhandlungen über Tarifverträge werden von Tarifkommissionen geführt, in denen auf gewerkschaftlicher Seite neben hauptamtlichen Gewerkschaftsfunktionären Mitglieder aus verschiedenen Dienststellen oder Betrieben teilnehmen.

11 **Tarifgebunden** sind die Mitglieder der Tarifvertragsparteien, also die Arbeitnehmer eines Tarifbereichs, die Mitglied der tarifschließenden Gewerkschaft sind, und der Arbeitgeber/Dienstherr, der selbst Partei des Tarifvertrags ist (§ 3 TVG). Anspruch auf tarifliche Leistungen

---
22 Spieß, § 113 HPVG, S. 424.
23 BVerwG 17.12.2003 – 6 P 7.03 –, PersR 2004, 106.
24 Richardi/Dörner/Weber, PersVR, § 73 Rn. 8; Altvater, BPersVG, § 73 Rn. 8.

haben daher ausschließlich die Mitglieder der vertragschließenden Gewerkschaft im jeweiligen Tarifbereich. Allerdings können auch Nicht-Gewerkschaftmitglieder tarifliche Leistungen durch die arbeitsvertragliche Einbeziehung eines Tarifvertrags oder dessen Allgemeinverbindlicherklärung (§ 5 TVG) erhalten.

Ein Tarifvertrag regelt die **Rechte und Pflichten** der Tarifvertragsparteien (sog. schuldrechtlicher Teil) und enthält Rechtsnormen zu Inhalt, Abschluss und Beendigung von Arbeitsverhältnissen sowie zu betrieblichen und personalvertretungsrechtliche Fragen (sog. normativer Teil). Für das Arbeitsverhältnis ist vor allem der normative Teil der Tarifverträge von Bedeutung, da er die **Mindestbedingungen der Arbeitsverhältnisse** enthält.[25] 12

Tarifverträge können **Öffnungsklauseln** enthalten. Diese ermöglichen zu einzelnen Tarifbestimmungen den ergänzenden Abschluss einer Dienst- oder Betriebsvereinbarung oder lassen abweichende Regelungen im Arbeitsvertrag zu. 13

Dritter Abschnitt
Übergangs- und Schlussvorschriften

§ 114

Dienstvereinbarungen, die den §§ 1 bis 53 widersprechen, treten mit Inkrafttreten dieses Gesetzes insoweit außer Kraft. Dienstvereinbarungen, die diesem Gesetz widersprechende Regelungen der Zuständigkeit und Befugnisse der Personalvertretungen enthalten, treten insoweit mit Ablauf von drei Monaten nach Inkrafttreten dieses Gesetzes außer Kraft.

Diese Vorschrift ist grundsätzlich überflüssig, da Dienstvereinbarungen, die gegen das Verbot abweichender Regelungen des § 113 Abs. 1 verstoßen, bereits aus diesem Grunde nichtig sind. 1

§ 115

(1) Zur Regelung der in den §§ 9 bis 21, 50, 52, 53, 54, 87, 92 und 109 bezeichneten Wahlen werden durch Rechtsverordnung der Landesregierung Vorschriften erlassen über

1. die Vorbereitung der Wahl, insbesondere die Aufstellung der Wählerlisten und die Errechnung der Vertreterzahl,

---

25 Warga, Handbuch Dienstvereinbarung, S. 60 ff.

§ 116

2. die Frist für die Einsichtnahme in die Wählerlisten und die Erhebung von Einsprüchen,
3. die Vorschlagslisten und die Frist für ihre Einreichung,
4. das Wahlausschreiben und die Fristen für seine Bekanntmachung,
5. die Stimmabgabe,
6. des Feststellung des Wahlergebnisses und die Fristen für seine Bekanntmachung,
7. die Aufbewahrung der Wahlakten.

(2) Die Wahlordnung muss Regelungen über die Wahl von Männern und Frauen entsprechend ihrem Anteil an den wahlberechtigten Beschäftigten der Dienststelle vorsehen. Sie hat Regelungen für den Fall vorzusehen, dass die Wahlvorschläge nicht dem in Satz 1 genannten Anteil von Männern und Frauen entsprechen.

1 Durch diese Vorschrift wird die Hessische Landesregierung berechtigt, durch Rechtsverordnung Vorschriften zur Durchführung der im HPVG bezeichneten Wahlen zu erlassen.

§ 116

Dieses Gesetz gilt nicht für Religionsgemeinschaften und ihre karitativen und erzieherischen Einrichtungen ohne Rücksicht auf ihre Rechtsform; ihnen bleibt die selbständige Ordnung eines Personalvertretungsrechts überlassen.

1 Das HPVG findet keine Anwendung auf Religionsgemeinschaften und ihre karitativen und erzieherischen Einrichtungen unbeschadet deren Rechtsform. Diese Bereichsausklammerung aufgrund ausdrücklicher Gesetzesbestimmung beruht auf der staatskirchenrechtlichen Ordnung des Grundgesetzes. Durch sie entspricht der Gesetzgeber dem **Grundrecht der freien Religionsausübung** (Art. 4 Abs. 2 GG) und der durch Art. 140 GG rezipierten Gewährleistung des Art. 137 Abs. 3 WRV, das jede Religionsgesellschaft ihre Angelegenheiten selbständig innerhalb der Schranken des für alle geltenden Gesetzes ordnet und verwaltet sowie ihre Ämter ohne Mitwirkung des Staates oder der bürgerlichen Gemeinde verleiht. Den Kirchen ist deshalb die Gestaltung ihrer Mitbestimmungsordnung als Teil des Selbstbestimmungsrechts verfassungsrechtlich garantiert. Sie bestimmen als eigene Angelegenheiten im Sinne des Art. 137 Abs. 3 WRV, *»ob und in welcher Weise die Arbeitnehmer und ihre Vertretungsorgane in Angelegenheiten des Betriebs, die ihre Interessen berühren, mitwirken und mitbestimmen«*.[26]

2 Der **Begriff der Religionsgemeinschaft** wird im Gesetz nicht de-

---

26 BVerfGE 46, 73, 94; BAG 25. 4. 1989, AP Nr. 34 zu Art. 140 GG.

finiert. Er ist aber in dem gleichen Sinn zu verstehen wie der in Art. 137 WRV enthaltene Begriff der Religionsgesellschaft. Er erfasst deshalb auch nichtchristliche Religionen. Zu seinem Kern zählt aber der »Glauben« an ein außermenschliches Sein oder eine außermenschliche Kraft. Der Begriff der Religionsgesellschaft weist außerdem darauf hin, dass ein Zusammenschluss auf dem Boden der staatlichen Rechtsordnung gemeint ist. Dabei ist es unerheblich, ob die Vereinigung sich der Organisationsformen des staatlichen Rechts bedient oder eigene Rechtsformen entwickelt.[27]

Nach ausdrücklicher Klarstellung in § 116 ist die **Rechtsform** der karitativen und erzieherischen Einrichtungen einer Religionsgemeinschaft unerheblich. Diese Bereichsausnahme hat deshalb vor allem dort ihre selbständige Bedeutung, wo eine Distanz zur verfassten Kirche vorgegeben ist.[28]   3

§ 117

Vorschriften in anderen Gesetzen, die den Betriebsräten Befugnisse oder Pflichten übertragen, gelten entsprechend für die nach diesem Gesetz zu errichtenden Personalvertretungen. Dies gilt nicht für Vorschriften, welche die Betriebsverfassung oder die Mitbestimmung regeln.

Diese Vorschrift dürfte mittlerweile weitgehend entbehrlich geworden sein, weil Rechte für die Personalvertretung immer durch entsprechende Artikelgesetze erfolgen oder sie neben den Betriebsräten ausdrücklich aufgeführt werden.   1

§ 118

Die diesem Gesetz entgegenstehenden Vorschriften werden aufgehoben.

Die Vorschrift stellt klar, dass zum Zeitpunkt des Inkrafttretens des HPVG Vorschriften, die dem HPVG 1988 und der folgenden Änderungen entgegenstehen, aufzuheben sind. Letztendlich hat die Regelung heute nur noch klarstellende Funktion.   1

§ 119

(1) Personalvertretungen und Jugendvertretungen, die beim Inkrafttreten dieses Gesetzes bestehen, bleiben bis zur Neuwahl im Jahre 1988 im Amt.

(2) Die ersten Wahlen nach diesem Gesetz für alle Personalvertretungen, Jugend- und Auszubildendenvertretungen, Stu-

---

27 BVerfGE 83, 341, 355; Richardi, BetrVG, § 118 Rn. 190 ff.
28 Richardi, BetrVG, § 118 Rn. 197.

§ 122

fenvertretungen, Gesamtpersonalräte sowie Jugend- und Auszubildendenstufenvertretungen sind in der Zeit vom 1. Mai bis zum 15. Juli 1988 durchzuführen. Die ersten Wahlen für die Ausbildungspersonalräte und den Hauptausbildungspersonalrat der Fachlehreranwärter, Lehramts- und Studienreferendare nach diesem Gesetz finden in der Zeit vom 1. bis 28. Februar 1989 statt. Die Interessen der Fachlehreranwärter, Lehramts- und Studienreferendare werden bis zur erstmaligen Wahl ihrer Ausbildungsvertretungen durch die Personalvertretungen der Lehrer wahrgenommen.

(3) Vor Inkrafttreten dieses Gesetzes für die im Jahre 1988 durchzuführenden allgemeinen Personalratswahlen gebildete Wahlvorstände bleiben im Amt. Sie führen die Wahlen nach den Vorschriften dieses Gesetzes und der entsprechend geänderten Wahlordnung durch. Mitglieder des Wahlvorstandes, die nach den Vorschriften dieses Gesetzes für die zu wählende Personalvertretung nicht mehr wahlberechtigt sind, werden durch neue Mitglieder ersetzt. Handlungen zur Vorbereitung und Durchführung der Personalratswahlen, die in Einklang mit diesem Gesetz stehen, bleiben wirksam.

(4) Die durch die Eingliederung der Bezirksdirektionen für Forsten und Naturschutz in die Regierungspräsidenten erforderlichen Personalratsneuwahlen werden durch das Gesetz zur Eingliederung der Bezirksdirektionen für Forsten und Naturschutz geregelt.

§ 120

(1) Bei Inkrafttreten dieses Gesetzes bereits eingeleitete Beteiligungs- und Einigungsverfahren werden nach den bisherigen Vorschriften zu Ende geführt.

(2) Bis zum Inkrafttreten des Gesetzes zur Eingliederung der Bezirksdirektionen für Forsten und Naturschutz gilt an Stelle des § 90 Abs. 1 der § 74 Abs. 1 in der Fassung des Gesetzes vom 2. Januar 1979.

§ 121

(weggefallen)

§ 122

Dieses Gesetz tritt am Tag nach der Verkündung in Kraft.

1 Die Vorschriften der §§ 119 bis 122 betreffen ausschließlich Übergangsvorschriften anlässlich der Novellierung des HPVG 1988, die ihre Relevanz zwischenzeitlich verloren haben.

§ 123

Dieses Gesetz tritt mit Ablauf des 31. Dezember 2014 außer Kraft.

Nach dem klaren Wortlaut des Gesetzes tritt das HPVG mit Ablauf des 31. Dezember 2014 außer Kraft. Für den Zeitraum ab dem 1. Januar 2015 kann der Gesetzgeber – wie bisher – das HPVG verlängern. Es kann jedoch auch auf den Prüfstand gestellt und novelliert werden. Anlass dazu bildet die Regelungsdichte.

Wahlordnung zum Hessischen Personalvertretungsgesetz (WO)

vom 8. April 1988 (GVBl. I 1988, 139), zuletzt geändert durch Verordnung vom 29. November 2010 (GVBl. I S. 450, 451)

Erster Teil
Wahl des Personalrats

Erster Abschnitt
Gemeinsame Vorschriften über die Vorbereitung und Durchführung der Wahl

§ 1

(1) Der Wahlvorstand führt die Wahl des Personalrats durch. Er kann wahlberechtigte Beschäftigte seiner Dienststelle als Wahlhelfer zu seiner Unterstützung bei der Durchführung der Stimmabgabe und bei der Stimmenzählung bestellen. § 21 Abs. 2 Satz 2 und 3 des Gesetzes gilt auch für die Tätigkeit der Wahlhelfer.

(2) Die Dienststelle hat den Wahlvorstand bei der Erfüllung seiner Aufgaben zu unterstützen, insbesondere die notwendigen Unterlagen zur Verfügung zu stellen und, wenn erforderlich, zu ergänzen sowie die erforderlichen Auskünfte zu erteilen. Für die Vorbereitung und Durchführung der Wahl hat die Dienststelle die erforderlichen Räume und den Geschäftsbedarf zur Verfügung zu stellen.

(3) Der Wahlvorstand gibt die Namen seiner Mitglieder und gegebenenfalls der Ersatzmitglieder unverzüglich nach seiner Bestellung, Wahl oder Einsetzung und den letzten Tag der in § 4 Abs. 1 Satz 1 bestimmten Frist in der Dienststelle und in den Nebenstellen und Teilen der Dienststelle durch Aushang bis zum Abschluss der Stimmabgabe bekannt.

(4) Wird bei Entscheidungen des Wahlvorstandes keine Mehrheit erzielt, so gibt die Stimme des Wahlvorsitzenden den Ausschlag. Soweit nach dieser Verordnung das Los entscheidet, wird es vom Wahlvorsitzenden gezogen.

Wahlordnung zum Hessischen Personalvertretungsgesetz (WO)

(5) Der Wahlvorstand soll dafür sorgen, dass ausländische Beschäftigte rechtzeitig über das Wahlverfahren, die Aufstellung des Wählerverzeichnisses und der Vorschlagslisten, den Wahlvorgang und die Stimmabgabe in geeigneter Weise, wenn nötig, in ihrer Muttersprache, unterrichtet werden.

§ 2

(1) Der Wahlvorstand stellt die Zahl der in der Regel beschäftigten Wahlberechtigten, ihre Verteilung auf die Gruppen (§§ 3 bis 5, § 97 Abs. 2 und § 104 Abs. 1 des Gesetzes) und, wenn der Personalrat aus mindestens drei Mitgliedern besteht, innerhalb der Gruppen auf die Geschlechter fest.

(2) Der Wahlvorstand stellt eine Liste der wahlberechtigten Beschäftigten (Wählerliste) auf. Die wahlberechtigten Beschäftigten sind nach den in der Dienststelle vertretenen Gruppen (§§ 3 bis 5, § 97 Abs. 2 und § 104 Abs. 1 des Gesetzes) und, wenn der Personalrat aus mindestens drei Mitgliedern besteht, innerhalb der Gruppen nach Geschlechtern getrennt aufzuführen. Der Wahlvorstand hat die Wählerliste bis zum Beginn der Stimmabgabe auf dem Laufenden zu halten und zu berichtigen.

(3) Die Wählerliste oder eine Abschrift ist unverzüglich nach Einleitung der Wahl (§ 6 Abs. 5) bis zum Abschluss der Stimmabgabe in der Dienststelle und in den Nebenstellen und Teilen der Dienststelle an geeigneter Stelle zur Einsicht auszulegen.

(4) Der Wahlvorstand bestimmt den Ort, den Tag (Wahltag) und die Zeit der Wahl. Er hat dabei auf die Belange der Dienststelle und der Beschäftigten Rücksicht zu nehmen. Die Wahl soll nicht länger als zwei Tage dauern.

§ 3

(1) Jeder Beschäftigte kann beim Wahlvorstand schriftlich innerhalb einer Woche seit Auslegung oder Berichtigung der Wählerliste (§ 2 Abs. 3) Einspruch gegen ihre Richtigkeit einlegen.

(2) Über den Einspruch entscheidet der Wahlvorstand unverzüglich. Die Entscheidung ist dem Beschäftigten, der den Einspruch eingelegt hat, unverzüglich, spätestens jedoch einen Tag vor Beginn der Stimmabgabe, schriftlich mitzuteilen. Ist der Einspruch begründet, so hat der Wahlvorstand die Wählerliste zu berichtigen; führt die Berichtigung zur Streichung eines Beschäftigten, so ist er zu benachrichtigen.

§ 4

(1) Vorabstimmungen über

1. eine von § 13 des Gesetzes abweichende Verteilung der Mitglieder des Personalrats auf die Gruppen (§ 14 Abs. 1 des Gesetzes),

Wahlordnung zum Hessischen Personalvertretungsgesetz (WO)

2. die Durchführung gemeinsamer Wahl (§ 16 Abs. 2 des Gesetzes) oder

3. die Durchführung der Wahl nach den Grundsätzen des § 16 Abs. 4 Satz 2 des Gesetzes (§ 25 a Abs. 1)

werden nur berücksichtigt, wenn ihr Ergebnis dem Wahlvorstand binnen zwei Wochen seit der Bekanntgabe nach § 1 Abs. 3 vorliegt und dem Wahlvorstand glaubhaft gemacht wird, dass das Ergebnis unter Leitung eines aus mindestens drei wahlberechtigten Beschäftigten bestehenden Abstimmungsvorstands in geheimen und nach Gruppen getrennten Abstimmungen zustande gekommen ist. Dem Abstimmungsvorstand muss ein Mitglied jeder in der Dienststelle vertretenen Gruppe angehören. Im Abstimmungsvorstand sollen Männer und Frauen vertreten sein.

(2) Ort und Zeit der Vorabstimmungen sind in geeigneter Weise allen Beschäftigten bekanntzugeben. Über die Vorabstimmungen ist eine Niederschrift aufzunehmen. § 1 Abs. 2 und 4, § 14 Satz 2, § 15 Abs. 2, §§ 16 und 22 gelten entsprechend.

§ 5

(1) Der Wahlvorstand ermittelt die Zahl der zu wählenden Mitglieder des Personalrats (§ 12 Abs. 3 des Gesetzes). Ist eine von § 13 des Gesetzes abweichende Verteilung der Mitglieder des Personalrats auf die Gruppen (§ 14 Abs. 1 des Gesetzes) nicht beschlossen worden, so errechnet der Wahlvorstand die Verteilung der Personalratssitze auf die Gruppen und nach dem jeweiligen Anteil von Männern und Frauen innerhalb der Gruppen (§ 13 Abs. 1 bis 5 des Gesetzes) nach den Vorschriften der Abs. 2 bis 5.

(2) Den in der Dienststelle vertretenen einzelnen Gruppen (§ 2 Abs. 1) werden so viele Sitze zugeteilt, wie ihnen im Verhältnis der ihnen angehörenden Beschäftigten zur Gesamtzahl der Beschäftigten der Dienststelle zustehen. Dabei erhält jede Gruppe zunächst so viele Sitze, wie sich für sie ganze Zahlen ergeben. Sind danach noch Sitze zu vergeben, so sind sie in der Reihenfolge der höchsten Zahlenbruchteile, die sich bei der Berechnung nach Satz 1 ergeben, auf die Gruppen zu verteilen. Über die Zuteilung des letzten Sitzes entscheidet bei gleichen Zahlenbruchteilen das Los.

(3) Entfallen bei der Verteilung der Sitze nach Abs. 2 auf eine Gruppe weniger Sitze, als ihr nach § 13 Abs. 3 des Gesetzes mindestens zustehen, so erhält sie die in § 13 Abs. 3 des Gesetzes vorgeschriebene Zahl von Sitzen. Die Zahl der Sitze der übrigen Gruppen vermindert sich entsprechend. Dabei fallen diejenigen Sitze weg, die aufgrund der niedrigsten Zahlenbruchteile zugeteilt worden sind; bei gleichen Zahlenbruchteilen oder wenn nur aufgrund von ganzen Zahlen zugeteilte Sitze vorhanden sind, entscheidet das Los, welche Gruppe den Sitz

Wahlordnung zum Hessischen Personalvertretungsgesetz (WO)

abzugeben hat. Sitze, die einer Gruppe nach den Vorschriften des Gesetzes mindestens zustehen, können ihr nicht entzogen werden.

(4) Haben in einer Dienststelle alle Gruppen die gleiche Anzahl von Angehörigen, so erübrigt sich die Errechnung der Sitze nach Abs. 2; in diesen Fällen entscheidet das Los, wem die höhere Zahl von Sitzen zufällt.

(5) Innerhalb der Gruppen wird die Zahl der nach Abs. 2 bis 4 bestimmten Sitze auf die Geschlechter anteilig entsprechend ihrem Verhältnis in der Gruppe verteilt. Abs. 2 ist entsprechend anzuwenden.

§ 6

(1) Nach Ablauf von zwei Wochen seit der Bekanntgabe nach § 1 Abs. 3 und spätestens sechs Wochen vor dem letzten Tage der Stimmabgabe erlässt der Wahlvorstand ein Wahlausschreiben. Es ist von sämtlichen Mitgliedern des Wahlvorstandes zu unterschreiben.

(2) Das Wahlausschreiben muss enthalten

1. den Ort und den Tag seines Erlasses,
2. die Zahl der zu wählenden Mitglieder des Personalrats, getrennt nach den in der Dienststelle vertretenen Gruppen,
3. die Mindestzahl der männlichen und weiblichen Gruppenangehörigen, die jeder Wahlvorschlag enthalten muss,
4. im Falle, dass vor Erlass des Wahlausschreibens beschlossen worden ist, die Wahl nach § 16 Abs. 4 Satz 2 des Gesetzes durchzuführen (§ 25 a Abs. 1), einen Hinweis hierauf sowie den Hinweis, dass Wahlvorschläge dem Verhältnis der jeweils zu wählenden männlichen und weiblichen Gruppenvertreter oder Personalratsmitglieder entsprechen müssen, und die Höchstzahl der von jedem Wahlberechtigten zu vergebenden Stimmen,
5. Angaben darüber, ob die Angehörigen der in der Dienststelle vertretenen Gruppen ihre Vertreter in getrennten Wahlgängen wählen (Gruppenwahl) oder vor Erlass des Wahlausschreibens gemeinsame Wahl beschlossen worden ist,
6. die Angabe, wo und wann die Wählerliste, das Hessische Personalvertretungsgesetz und diese Wahlordnung zur Einsicht ausliegen,
7. den Hinweis, dass nur Beschäftigte wählen können, die in der Wählerliste eingetragen sind,
8. den Hinweis, dass Einsprüche gegen die Wählerliste nur innerhalb einer Woche seit ihrer Auslegung schriftlich beim Wahlvorstand eingelegt werden können; der letzte Tag der Einspruchsfrist ist anzugeben,
9. die Aufforderung, Wahlvorschläge innerhalb von achtzehn Tagen nach dem Erlass des Wahlausschreibens beim Wahlvorstand einzureichen, der letzte Tag der Einreichungsfrist ist anzugeben,

Wahlordnung zum Hessischen Personalvertretungsgesetz (WO)

10. für die Wahlvorschläge

    a) der Beschäftigten die Mindestzahl von wahlberechtigten Beschäftigten, von denen ein Wahlvorschlag unterzeichnet sein muss,

    b) der im Personalrat vertretenen Gewerkschaften den Hinweis, dass Wahlvorschläge von zwei Beauftragten der Gewerkschaft unterzeichnet sein müssen,

    sowie den Hinweis, dass jeder Beschäftigte für die Wahl des Personalrats nur auf einem Wahlvorschlag und nur mit seiner Zustimmung benannt werden kann,

11. den Hinweis, dass nur fristgerecht eingereichte Wahlvorschläge berücksichtigt werden und dass nur gewählt werden kann, wer in einen solchen Wahlvorschlag aufgenommen ist,

12. den Ort, an dem die Wahlvorschläge bekanntgegeben werden,

13. den Ort, den Tag und die Zeit der Stimmabgabe,

14. einen Hinweis auf die Möglichkeit der brieflichen Stimmabgabe, gegebenenfalls auf die Anordnung der brieflichen Stimmabgabe nach § 17 Satz 3,

15. den Ort und die Zeit der Sitzung des Wahlvorstandes, in der die Stimmen ausgezählt werden und das Wahlergebnis festgestellt wird (§ 18 Abs. 1),

16. den Ort, an dem Einsprüche, Anträge auf briefliche Stimmabgabe, Wahlvorschläge und andere Erklärungen gegenüber dem Wahlvorstand abzugeben sind,

17. den Hinweis, dass bei Gruppenwahl Erklärungen der Beschäftigten über den Anschluss an eine andere Gruppe (§ 13 Abs. 4 Satz 2 des Gesetzes) nur dann zur Berichtigung der Zahl der den Gruppen zustehenden Sitze führen, wenn sie dem Wahlvorstand innerhalb von fünf Tagen nach dem Erlass des Wahlausschreibens schriftlich abgegeben werden und sich dadurch die Zahl der den Gruppen zustehenden Personalratssitze ändert; der letzte Tag der Frist ist anzugeben,

18. den Hinweis, dass in den Fällen, in denen bei der Berücksichtigung der Geschlechter entsprechend ihrem Anteil an den wahlberechtigten Beschäftigten innerhalb einer Gruppe auf ein Geschlecht kein Sitz entfallen würde gleichwohl höchstens ein Angehöriger des in der Minderheit befindlichen Geschlechts auf einem Wahlvorschlag benannt werden kann.

(3) Der Wahlvorstand hat eine Abschrift oder einen Abdruck des Wahlausschreibens vom Tage des Erlasses des Wahlausschreibens bis zum Abschluss der Stimmabgabe an einer oder mehreren geeigneten, den Wahlberechtigten zugänglichen Stellen in der Dienststelle und in den Nebenstellen auszuhängen und in gut lesbarem Zustande zu

erhalten. Der Wahlvorstand hat ferner einen Abdruck des Hessischen Personalvertretungsgesetzes und dieser Wahlordnung vom Tage des Erlasses des Wahlausschreibens bis zum Ablauf von vierzehn Tagen nach dem Tage der Bekanntgabe des Wahlergebnisses an einer oder mehreren geeigneten, den Wahlberechtigten zugänglichen Stellen in der Dienststelle und in den Nebenstellen auszulegen.

(4) Offenbare Unrichtigkeiten des Wahlausschreibens können vom Wahlvorstand jederzeit berichtigt werden. Das Wahlausschreiben ist auch zu berichtigen, wenn innerhalb von fünf Tagen nach seinem Erlass bei Gruppenwahl die Angehörigen einer Gruppe, die nach § 13 Abs. 5 Satz 1 des Gesetzes keine Vertretung erhalten, dem Wahlvorstand schriftlich den Anschluss an eine andere Gruppe erklären und sich dadurch die Zahl der den Gruppen zustehenden Personalratssitze ändert.

(5) Mit Erlass des Wahlausschreibens ist die Wahl eingeleitet.

§ 7

(1) Zur Wahl des Personalrats können die wahlberechtigten Beschäftigten sowie die im Personalrat vertretenen Gewerkschaften Wahlvorschläge machen. Eine Gewerkschaft ist im Personalrat vertreten, wenn ein Mitglied des Personalrats der Gewerkschaft angehört.

(2) Die Wahlvorschläge sind innerhalb von achtzehn Tagen nach dem Erlass des Wahlausschreibens beim Wahlvorstand einzureichen. Bei Gruppenwahl sind für die einzelnen Gruppen getrennte Wahlvorschläge einzureichen.

§ 8

(1) Jeder Wahlvorschlag ist nach Geschlechtern zu trennen und soll mindestens doppelt so viele männliche Bewerber und doppelt so viele weibliche Bewerber enthalten, wie

1. bei Gruppenwahl in der jeweiligen Gruppe männliche oder weibliche Gruppenvertreter oder

2. bei gemeinsamer Wahl männliche oder weibliche Personalratsmitglieder in den Personalrat zu wählen sind.

Ist nach § 16 Abs. 4 Satz 2 des Gesetzes zu wählen (§ 25a), so muss jeder Wahlvorschlag

1. bei Gruppenwahl dem Verhältnis der in der jeweiligen Gruppe zu wählenden männlichen und weiblichen Gruppenvertreter,

2. bei gemeinsamer Wahl dem Verhältnis der in der Dienststelle zu wählenden männlichen und weiblichen Personalratsmitglieder

entsprechen.

(2) Die Namen der weiblichen Bewerber sind links, die Namen der männlichen Bewerber sind rechts auf dem Wahlvorschlag untereinan-

Wahlordnung zum Hessischen Personalvertretungsgesetz (WO)

der aufzuführen und mit fortlaufenden Nummern zu versehen. Außer dem Familiennamen sind der Vorname, das Geburtsdatum, die Amts- oder Berufsbezeichnung und die Gruppenzugehörigkeit anzugeben. Bei gemeinsamer Wahl sind in dem Wahlvorschlag die weiblichen Bewerber links und die männlichen Bewerber rechts jeweils nach Gruppen zusammenzufassen. Entfällt nach § 5 Abs. 5 innerhalb einer Gruppe auf ein Geschlecht kein Personalratsmitglied, so können die Wahlvorschläge gleichwohl höchstens einen Angehörigen des in der Minderheit befindlichen Geschlechts enthalten. Besteht der Personalrat aus einer Person, so entfällt die Trennung nach Geschlechtern bei der Aufstellung der Wahlvorschläge und bei der Berechnung der Mindestzahl der Bewerber. Satz 5 gilt entsprechend, wenn einer Gruppe nur ein Sitz zusteht.

(3) Jeder Wahlvorschlag der Beschäftigten muss

1. bei Gruppenwahl von mindestens einem Zwanzigstel der wahlberechtigten Gruppenangehörigen, jedoch mindestens von zwei wahlberechtigten Gruppenangehörigen,
2. bei gemeinsamer Wahl von mindestens einem Zwanzigstel der wahlberechtigten Beschäftigten, jedoch mindestens von zwei wahlberechtigten Beschäftigten,

unterzeichnet sein. In jedem Falle genügen bei Gruppenwahl die Unterschriften von fünfzig wahlberechtigten Gruppenangehörigen, bei gemeinsamer Wahl die Unterschriften von fünfzig wahlberechtigten Beschäftigten. Jeder Wahlvorschlag der im Personalrat vertretenen Gewerkschaften muss von zwei Beauftragten der Gewerkschaft unterzeichnet sein. Nach Einreichung des Wahlvorschlags kann eine darauf geleistete Unterschrift nicht mehr zurückgenommen werden; § 10 Abs. 4 bleibt unberührt.

(4) Aus dem Wahlvorschlag soll zu ersehen sein, welcher der Unterzeichner zur Vertretung des Vorschlags gegenüber dem Wahlvorstand und zur Entgegennahme von Erklärungen und Entscheidungen des Wahlvorstandes berechtigt ist (Listenvertreter). Fehlt eine Angabe hierüber, gilt der Unterzeichner als berechtigt, der an erster Stelle steht.

(5) Der Wahlvorschlag soll mit einem Kennwort versehen werden.

(6) Ein Wahlvorschlag kann nur geändert oder zurückgenommen werden, wenn die in § 7 Abs. 2 Satz 1 bestimmte Frist noch nicht abgelaufen ist und alle Unterzeichner der Änderung oder Zurücknahme schriftlich zustimmen; § 10 Abs. 3 bleibt unberührt.

§ 9

(1) Jeder Bewerber kann für die Wahl des Personalrats nur auf einem Wahlvorschlag benannt werden.

(2) Dem Wahlvorschlag ist die schriftliche Zustimmung der in ihm

Wahlordnung zum Hessischen Personalvertretungsgesetz (WO)

aufgeführten Bewerber zur Aufnahme in den Wahlvorschlag beizufügen; die Zustimmung kann nicht widerrufen werden.

(3) Jeder vorschlagsberechtigte Beschäftigte (§ 8 Abs. 3) kann seine Unterschrift zur Wahl des Personalrats rechtswirksam nur für einen Wahlvorschlag abgeben.

(4) Eine Verbindung von Wahlvorschlägen ist unzulässig.

§ 10

(1) Der Wahlvorstand vermerkt auf den Wahlvorschlägen den Tag und die Uhrzeit des Eingangs. Im Falle des Abs. 5 ist auch der Zeitpunkt des Eingangs des berichtigten Wahlvorschlags zu vermerken. Nach Ablauf der Frist nach § 7 Abs. 2 beschließt der Wahlvorstand über Zulassung oder Zurückweisung der Wahlvorschläge.

(2) Wahlvorschläge, die ungültig sind, weil sie bei der Einreichung nicht die erforderlichen Unterschriften (§ 8 Abs. 3) aufweisen oder weil sie nicht fristgerecht eingereicht worden sind, gibt der Wahlvorstand unverzüglich nach Eingang unter Angabe der Gründe zurück.

(3) Der Wahlvorstand hat einen Bewerber, der entgegen § 16 Abs. 6 des Gesetzes mit seiner schriftlichen Zustimmung auf mehreren Wahlvorschlägen benannt ist, von sämtlichen Wahlvorschlägen zu streichen.

(4) Der Wahlvorstand hat einen vorschlagsberechtigten Beschäftigten (§ 8 Abs. 3), der mehrere Wahlvorschläge unterzeichnet hat, aufzufordern, innerhalb von drei Arbeitstagen zu erklären, welche Unterschrift er aufrechterhält. Gibt der Beschäftigte diese Erklärung nicht fristgerecht ab, so sind seine Unterschriften auf allen Wahlvorschlägen ungültig.

(5) Wahlvorschläge, die den Erfordernissen des § 8 Abs. 1 und des § 16 Abs. 3 Satz 2 des Gesetzes nicht entsprechen, hat der Wahlvorstand mit der Aufforderung zurückzugeben, die Mängel innerhalb einer Frist von drei Arbeitstagen zu beseitigen. Ist aus der Sicht der Unterzeichner des Wahlvorschlags eine Beseitigung nicht möglich, so haben sie die dafür maßgebenden Gründe schriftlich darzulegen. Wird innerhalb der gesetzten Frist weder der Aufforderung nach Satz 1 entsprochen noch eine schriftliche Begründung für das Abweichen von § 8 Abs. 1 und des § 16 Abs. 3 Satz 2 des Gesetzes vorgelegt, so sind diese Wahlvorschläge ungültig.

(6) Wahlvorschläge, die

1. den Erfordernissen des § 8 Abs. 2 nicht entsprechen,
2. ohne die schriftliche Zustimmung der Bewerber eingereicht sind,
3. infolge von Streichungen nach Abs. 4 nicht mehr die erforderliche Anzahl von Unterschriften aufweisen,

hat der Wahlvorstand mit der Aufforderung zurückzugeben, die Mängel innerhalb einer Frist von drei Arbeitstagen zu beseitigen. Werden

Wahlordnung zum Hessischen Personalvertretungsgesetz (WO)

die Mängel nicht fristgerecht beseitigt, sind diese Wahlvorschläge ungültig; fehlen nur für einzelne Bewerber die nach § 8 Abs. 2 erforderlichen Angaben oder die schriftliche Zustimmungserklärung, so sind sie aus den Wahlvorschlägen zu streichen.

§ 11

(1) Ist nach Ablauf der in § 7 Abs. 2 und § 10 Abs. 5 Satz 1 und Abs. 6 Satz 1 genannten Fristen bei Gruppenwahl nicht für jede Gruppe ein gültiger Wahlvorschlag, bei gemeinsamer Wahl überhaupt kein gültiger Wahlvorschlag eingegangen, so gibt der Wahlvorstand dies sofort durch Aushang an den gleichen Stellen, an denen das Wahlausschreiben ausgehängt ist, bekannt. Gleichzeitig fordert er zur Einreichung von Wahlvorschlägen innerhalb einer Nachfrist von sechs Tagen auf.

(2) Im Falle der Gruppenwahl weist der Wahlvorstand in der Bekanntmachung nach Abs. 1 darauf hin, dass eine Gruppe keine Vertreter in den Personalrat wählen kann, wenn auch innerhalb der Nachfrist für sie kein gültiger Wahlvorschlag eingeht. Im Falle gemeinsamer Wahl weist der Wahlvorstand darauf hin, dass der Personalrat nicht gewählt werden kann, wenn auch innerhalb der Nachfrist kein gültiger Wahlvorschlag eingeht.

(3) Gehen auch innerhalb der Nachfrist gültige Wahlvorschläge nicht ein, so gibt der Wahlvorstand sofort bekannt:

1. bei Gruppenwahl, für welche Gruppe oder für welche Gruppen keine Vertreter gewählt werden können und wie sich die Sitze auf die anderen Gruppen verteilen,

2. bei gemeinsamer Wahl, dass diese Wahl nicht stattfinden kann.

§ 12

(1) Der Wahlvorstand versieht die Wahlvorschläge in der Reihenfolge ihres Eingangs mit Ordnungsnummern (Vorschlag 1 usw.). Wahlvorschläge, die vor Beginn der Einreichungsfrist (§ 7 Abs. 2) beim Wahlvorstand eingehen, gelten als mit Beginn dieser Frist eingegangen. Ist ein Wahlvorschlag berichtigt worden, so ist der Zeitpunkt des Eingangs des berichtigten Wahlvorschlags maßgebend. Sind mehrere Wahlvorschläge gleichzeitig eingegangen, so entscheidet das Los über die Reihenfolge. Finden Wahlen für Personalvertretungen mehrerer Stufen gleichzeitig statt, so ist für Wahlvorschläge mit demselben Kennwort für die Wahlen auf allen Stufen die auf der obersten Stufe festgelegte Reihenfolge maßgebend. Wahlvorschlägen, mit deren Kennwort bei der obersten Stufe kein Wahlvorschlag vorliegt, werden die folgenden Plätze auf dem Stimmzettel nach Maßgabe des Satz 1 bis 4 zugewiesen.

(2) Der Wahlvorstand bezeichnet die Wahlvorschläge mit dem Familien- und Vornamen der in dem Wahlvorschlag an erster und zweiter Stelle benannten Bewerber, bei gemeinsamer Wahl mit dem Familien-

Wahlordnung zum Hessischen Personalvertretungsgesetz (WO)

und Vornamen der für die Gruppen an erster Stelle benannten Bewerber. Bei Wahlvorschlägen, die mit einem Kennwort versehen sind, ist auch das Kennwort anzugeben.

§ 13

(1) Unverzüglich nach Ablauf der in § 7 Abs. 2, § 10 Abs. 5 Satz 1 und Abs. 6 Satz 1 sowie § 11 Abs. 1 Satz 2 genannten Fristen, spätestens jedoch zwei Wochen vor Beginn der Stimmabgabe, gibt der Wahlvorstand die als gültig anerkannten Wahlvorschläge durch Aushang bis zum Abschluss der Stimmabgabe an den gleichen Stellen wie das Wahlausschreiben bekannt. Bei Wahlvorschlägen, die nach § 10 Abs. 5 als gültig anerkannt worden sind, gibt der Wahlvorstand zugleich die von den Unterzeichnern des Wahlvorschlags genannten Gründe für das Abweichen von § 8 Abs. 1 durch Aushang bekannt. Die Stimmzettel sollen im Zeitpunkt der Bekanntgabe vorliegen.

(2) Die Namen der Unterzeichner der Wahlvorschläge werden nicht bekanntgemacht.

§ 14

Der Wahlvorstand fertigt über jede Sitzung, in der er einen Beschluss gefasst hat, eine Niederschrift, die mindestens den Wortlaut des Beschlusses enthält. Sie ist von sämtlichen Mitgliedern des Wahlvorstandes zu unterzeichnen.

§ 15

(1) Wählen kann nur, wer in die Wählerliste eingetragen ist.

(2) Das Wahlrecht wird durch Abgabe eines Stimmzettels, der mindestens einmal gefaltet sein muss, ausgeübt. Bei Gruppenwahl müssen die Stimmzettel für jede Gruppe, bei gemeinsamer Wahl alle Stimmzettel dieselbe Größe, Farbe, Beschaffenheit und Beschriftung haben. Dasselbe gilt für die bei brieflicher Stimmabgabe erforderlichen Wahlumschläge; sie müssen undurchsichtig sein. Für die Herstellung der Stimmzettel und die Bereitstellung der Wahlumschläge hat der Wahlvorstand zu sorgen.

(3) Hat der Wähler einen Stimmzettel verschrieben oder versehentlich unbrauchbar gemacht, so ist ihm auf Verlangen gegen Rückgabe des unbrauchbaren Stimmzettels ein neuer Stimmzettel auszuhändigen. Der Wahlvorstand hat den zurückgegebenen Stimmzettel unverzüglich in Gegenwart des Wählers zu vernichten.

§ 16

(1) Der Wahlvorstand trifft Vorkehrungen, dass der Wähler den Stimmzettel im Wahlraum unbeobachtet kennzeichnen und zusammenfalten kann. Für die Aufnahme der Stimmzettel sind Wahlurnen zu verwenden. Vor Beginn der Stimmabgabe hat der Wahlvorstand festzustellen, dass die Wahlurnen leer sind, und sie zu verschließen. Sie

Wahlordnung zum Hessischen Personalvertretungsgesetz (WO)

müssen so eingerichtet sein, dass die eingeworfenen Stimmzettel nicht vor Öffnung der Urne entnommen werden können. Findet Gruppenwahl statt, so kann die Stimmabgabe nach Gruppen getrennt durchgeführt werden; in jedem Falle sind jedoch getrennte Wahlurnen zu verwenden.

(2) Ein Wähler, der durch körperliches Gebrechen in der Stimmabgabe behindert ist, bestimmt eine Person seines Vertrauens, deren er sich bei der Stimmabgabe bedienen will, und gibt dies dem Wahlvorstand bekannt. Die Hilfeleistung hat sich auf die Erfüllung der Wünsche des Wählers zur Stimmabgabe zu beschränken. Die Vertrauensperson darf gemeinsam mit dem Wähler die Wahlzelle aufsuchen, soweit das zur Hilfeleistung erforderlich ist. Die Vertrauensperson ist zur Geheimhaltung der Kenntnisse verpflichtet, die sie bei der Hilfeleistung von der Wahl eines anderen erlangt hat. Wahlbewerber, Mitglieder des Wahlvorstandes und Wahlhelfer dürfen nicht zur Hilfeleistung herangezogen werden.

(3) Solange der Wahlraum zur Stimmabgabe geöffnet ist, müssen mindestens zwei Mitglieder des Wahlvorstandes im Wahlraum anwesend sein; sind Wahlhelfer bestellt (§ 1 Abs. 1), genügt die Anwesenheit eines Mitgliedes des Wahlvorstandes und eines Wahlhelfers.

(4) Vor Einwurf des Stimmzettels in die Urne ist festzustellen, ob der Wähler in die Wählerliste eingetragen ist. Ist dies der Fall, legt der Wähler den mindestens einmal zusammengefalteten Stimmzettel in die Wahlurne. Die Stimmabgabe ist in der Wählerliste zu vermerken.

(5) Wird die Wahlhandlung unterbrochen oder wird das Wahlergebnis nicht unmittelbar nach Abschluss der Stimmabgabe festgestellt, so hat der Wahlvorstand für die Zwischenzeit die Wahlurne so zu verschließen und aufzubewahren, dass der Einwurf oder die Entnahme von Stimmzetteln ohne Beschädigung des Verschlusses unmöglich ist. Bei Wiedereröffnung der Wahl oder bei Entnahme der Stimmzettel zur Stimmenzählung hat sich der Wahlvorstand davon zu überzeugen, dass der Verschluss unversehrt ist.

(6) Nach Ablauf der für die Durchführung der Wahlhandlung festgesetzten Zeit dürfen nur noch die Wahlberechtigten abstimmen, die sich in diesem Zeitpunkt im Wahlraum befinden. Sodann erklärt der Wahlvorstand die Wahlhandlung für beendet.

(7) Über Zweifelsfragen, die sich bei der Wahlhandlung ergeben, entscheidet der Wahlvorstand.

(8) Der Wahlraum muss allen Beschäftigten während der Dauer der Wahlhandlung zugänglich sein.

§ 16 a

(1) Einem wahlberechtigten Beschäftigten, der im Zeitpunkt der Wahl

Wahlordnung zum Hessischen Personalvertretungsgesetz (WO)

verhindert ist, seine Stimme persönlich abzugeben, hat der Wahlvorstand auf Verlangen

1. die Wahlvorschläge,
2. den Stimmzettel und den Wahlumschlag,
3. eine vorgedruckte, vom Wähler abzugebende Erklärung, in der dieser gegenüber dem Wahlvorstand versichert, dass er den Stimmzettel persönlich gekennzeichnet hat oder, soweit unter den Voraussetzungen des § 16 Abs. 2 erforderlich, durch eine Person seines Vertrauens hat kennzeichnen lassen,
4. einen größeren Briefumschlag, der die Anschrift des Wahlvorstandes und als Absender den Namen und die Anschrift des Wahlberechtigten sowie den Vermerk »Briefliche Stimmabgabe« trägt,

auszuhändigen oder zu übersenden. Der Wahlvorstand soll dem Wähler ferner ein Merkblatt über die Art und Weise der brieflichen Stimmabgabe (Abs. 2) aushändigen oder übersenden. Auf Antrag ist auch ein Abdruck des Wahlausschreibens und ein Freiumschlag zur Rücksendung des Wahlumschlags auszuhändigen oder zu übersenden. Der Wahlvorstand hat die Aushändigung oder Übersendung in der Wählerliste zu vermerken.

(2) Der Wähler gibt seine Stimme in der Weise ab, dass er

1. den Stimmzettel unbeobachtet persönlich kennzeichnet und gefaltet in den Wahlumschlag legt,
2. die vorgedruckte Erklärung unter Angabe des Ortes und des Datums unterschreibt und
3. den Wahlumschlag, in den der Stimmzettel gelegt ist, und die unterschriebene Erklärung (Abs. 1 Satz 1 Nr. 3) in dem Briefumschlag verschließt und diesen so rechtzeitig an den Wahlvorstand absendet oder übergibt, dass er vor Abschluss der Stimmabgabe vorliegt.

Der Wähler kann, soweit unter den Voraussetzungen des § 16 Abs. 2 erforderlich, die in Satz 1 Nr. 1 bis 3 bezeichneten Tätigkeiten durch eine Person seines Vertrauens verrichten lassen.

§ 16 b

(1) Unmittelbar vor Abschluss der Stimmabgabe öffnet der Wahlvorstand die bis zu diesem Zeitpunkt eingegangenen Briefumschläge und entnimmt ihnen die Wahlumschläge und die vorgedruckten Erklärungen (§ 16 a Abs. 1 Satz 1 Nr. 3). Ist die briefliche Stimmabgabe ordnungsgemäß erfolgt (§ 16 a Abs. 2), so legt der Wahlvorstand den Wahlumschlag nach Vermerk der Stimmabgabe in der Wählerliste ungeöffnet in die Wahlurne.

(2) Verspätet eingehende Briefumschläge hat der Wahlvorstand mit einem Vermerk über den Zeitpunkt des Eingangs ungeöffnet zu den

Wahlordnung zum Hessischen Personalvertretungsgesetz (WO)

Wahlunterlagen zu nehmen. Die Briefumschläge sind einen Monat nach Bekanntgabe des Wahlergebnisses ungeöffnet zu vernichten, wenn die Wahl nicht angefochten worden ist.

§ 17

Für die Beschäftigten von

1. nachgeordneten Stellen einer Dienststelle, die nicht nach § 7 Abs. 2 Satz 1 Halbsatz 2 des Gesetzes selbständig sind, oder

2. Nebenstellen oder Teilen einer Dienststelle, die räumlich weit von dieser entfernt liegen und nicht nach § 7 Abs. 1 Satz 2 oder Abs. 3 des Gesetzes als selbständige Dienststellen gelten oder dazu erklärt worden sind, oder

3. Stellen, die nach § 7 Abs. 4 des Gesetzes als eine Dienststelle gelten, oder

4. Dienststellen, die nach § 12 Abs. 2 des Gesetzes einer anderen Dienststelle zugeteilt worden sind,

kann der Wahlvorstand die Stimmabgabe in diesen Stellen durchführen. Ist wegen der geringen Zahl der Wahlberechtigten das Wahlgeheimnis gefährdet, so hat der Wahlvorstand anzuordnen, dass der Inhalt der hierbei verwendeten Wahlurnen vor Feststellung des Wahlergebnisses mit dem Inhalt der bei der allgemeinen Wahlhandlung verwendeten Wahlurnen vermischt wird. Statt das in Satz 1 und 2 vorgesehene Verfahren durchzuführen, kann der Wahlvorstand in den Fällen des Satz 1 die briefliche Stimmabgabe anordnen. Wird die briefliche Stimmabgabe angeordnet, so hat der Wahlvorstand den wahlberechtigten Beschäftigten die in § 16a Abs. 1 bezeichneten Unterlagen zu übersenden.

§ 18

(1) Unverzüglich nach Abschluss der Wahl nimmt der Wahlvorstand die Auszählung der Stimmen vor und stellt das Ergebnis fest.

(2) Nach Öffnung der Wahlurne vergleicht der Wahlvorstand die Zahl der in der Urne enthaltenen Wahlumschläge mit der Zahl der Stimmabgabevermerke in der Wählerliste (§ 16 Abs. 4) und prüft die Gültigkeit der Stimmzettel.

(3) Der Wahlvorstand zählt

1. im Falle der Verhältniswahl die auf jede Vorschlagsliste, im Falle der Wahl nach § 16 Abs. 4 Satz 2 des Gesetzes (§ 25a) zusätzlich die auf jeden einzelnen Bewerber innerhalb der Vorschlagslisten,

2. im Falle der Mehrheitswahl die auf jeden einzelnen Bewerber

entfallenen gültigen Stimmen zusammen.

(4) Ungültig sind Stimmzettel,

1. die nicht in einem Wahlumschlag abgegeben sind,

Wahlordnung zum Hessischen Personalvertretungsgesetz (WO)

2. die nicht den Erfordernissen des § 15 Abs. 2 Satz 2 entsprechen,
3. aus denen sich der Wille des Wählers nicht zweifelsfrei ergibt,
4. die ein auf die Person des Wählers hinweisendes Merkmal, einen Zusatz oder einen Vorbehalt enthalten,
5. die gegen die Bestimmungen des § 25a Abs. 3 Satz 2 und 3 oder § 26 Abs. 1 Satz 2 und Abs. 3 Satz 2 bis 5 verstoßen.

(5) Mehrere in einem Wahlumschlag für eine Wahl enthaltene Stimmzettel, die gleich lauten, werden als eine Stimme gezählt.

(6) Stimmzettel, über deren Gültigkeit oder Ungültigkeit der Wahlvorstand beschließt, weil sie zu Zweifeln Anlass geben, sind mit fortlaufender Nummer zu versehen und von den übrigen Stimmzetteln gesondert bei den Wahlunterlagen aufzubewahren.

(7) Die Sitzung, in der das Wahlergebnis festgestellt wird, muss den Beschäftigten zugänglich sein.

§ 19

(1) Über das Wahlergebnis fertigt der Wahlvorstand eine Niederschrift, die von sämtlichen Mitgliedern des Wahlvorstandes zu unterzeichnen ist. Die Niederschrift muss enthalten

1. bei Gruppenwahl die Summe der von jeder Gruppe abgegebenen Stimmen, bei gemeinsamer Wahl die Summe aller abgegebenen Stimmen,
2. bei Gruppenwahl die Summe der von jeder Gruppe abgegebenen gültigen Stimmen, bei gemeinsamer Wahl die Summe aller abgegebenen gültigen Stimmen,
3. bei Gruppenwahl die Zahl der für jede Gruppe abgegebenen ungültigen Stimmen, bei gemeinsamer Wahl die Summe aller abgegebenen ungültigen Stimmen,
4. die für die Gültigkeit oder Ungültigkeit zweifelhafter Stimmen maßgebenden Gründe,
5. im Falle der Verhältniswahl die Zahl der auf jede Vorschlagsliste entfallenen gültigen Stimmen sowie die Verteilung der Sitze auf die Vorschlagslisten, im Falle der Wahl nach § 16 Abs. 4 Satz 2 des Gesetzes (§ 25a) außerdem die Zahl der auf jeden Bewerber entfallenen gültigen Stimmen, im Falle der Mehrheitswahl die Zahl der auf jeden Bewerber entfallenen gültigen Stimmen,
6. die Namen der gewählten Bewerber,
7. die während der Wahlhandlung und der Feststellung des Wahlergebnisses gefassten Beschlüsse (§ 16 Abs. 7, § 18 Abs. 6).

(2) Besondere Vorkommnisse bei der Wahlhandlung oder der Feststellung des Wahlergebnisses sind in der Niederschrift zu vermerken.

Wahlordnung zum Hessischen Personalvertretungsgesetz (WO)

§ 20

Der Wahlvorstand benachrichtigt die als Personalratsmitglieder Gewählten unverzüglich schriftlich von ihrer Wahl.

§ 21

Der Wahlvorstand gibt das Wahlergebnis und die Namen der als Personalratsmitglieder gewählten Bewerber durch zweiwöchigen Aushang an den Stellen bekannt, an denen das Wahlausschreiben bekanntgemacht worden ist.

§ 22

Die Wahlunterlagen (Niederschriften, Bekanntmachungen, Stimmzettel, Briefumschläge für die briefliche Stimmabgabe usw.) werden vom Personalrat mindestens bis zur Durchführung der nächsten Personalratswahl aufbewahrt.

Zweiter Abschnitt
Besondere Vorschriften für die Wahl mehrerer Personalratsmitglieder oder Gruppenvertreter

Erster Titel
Wahlverfahren bei Vorliegen mehrerer Wahlvorschläge (Verhältniswahl)

§ 23

(1) Nach den Grundsätzen der Verhältniswahl (Listenwahl) ist zu wählen, wenn

1. bei Gruppenwahl für die betreffende Gruppe mehrere gültige Wahlvorschläge,

2. bei gemeinsamer Wahl mehrere gültige Wahlvorschläge

vorliegen. In diesen Fällen kann jeder Wähler seine Stimme nur für den gesamten Wahlvorschlag (Vorschlagsliste) abgeben.

(2) Auf dem Stimmzettel sind die Vorschlagslisten in der Reihenfolge der Ordnungsnummern unter Angabe von Familienname, Vorname,

Wahlordnung zum Hessischen Personalvertretungsgesetz (WO)

Amts- oder Berufsbezeichnung und Gruppenzugehörigkeit der an erster Stelle benannten männlichen und weiblichen Bewerber, bei gemeinsamer Wahl die für die Gruppen an erster Stelle benannten männlichen und weiblichen Bewerber untereinander aufzuführen; bei Listen, die mit einem Kennwort versehen sind, ist auch das Kennwort anzugeben.

(3) Der Wähler hat auf dem Stimmzettel die Vorschlagsliste anzukreuzen oder in sonstiger Weise zweifelsfrei zu kennzeichnen, für die er seine Stimme abgeben will.

§ 24

(1) Bei Gruppenwahl werden den einzelnen Vorschlagslisten jeder Gruppe so viele Sitze zugeteilt, wie ihnen im Verhältnis der auf sie entfallenen Stimmenzahlen zur Gesamtstimmenzahl aller an der Sitzverteilung der Gruppe teilnehmenden Wahlvorschläge zustehen. Dabei erhält jeder Wahlvorschlag zunächst so viele Sitze, wie sich für ihn ganze Zahlen ergeben. Sind danach noch Sitze zu vergeben, so sind sie in der Reihenfolge der höchsten Zahlenbruchteile, die sich bei der Berechnung nach Satz 1 ergeben, auf die Wahlvorschläge zu verteilen. Über die Zuteilung des letzten Sitzes entscheidet bei gleichen Zahlenbruchteilen das Los.

(2) Enthält eine Vorschlagsliste weniger Bewerber, als ihr nach Abs. 1 Sitze zustehen würden, so fallen die überschüssigen Sitze den übrigen Vorschlagslisten in der Reihenfolge der höchsten Zahlenbruchteile zu. Bei gleichen Zahlenbruchteilen oder wenn nur aufgrund von ganzen Zahlen zugeteilte Sitze vorhanden sind, entscheidet das Los.

(3) Bei der Verteilung der Sitze auf die Vorschlagslisten nach Abs. 1 und 2 sind die Geschlechter in folgender Weise zu berücksichtigen. Auf die Vorschlagslisten, die in der Reihenfolge der meisten auf sie entfallenen Stimmen geordnet werden, wird aus der nach § 5 Abs. 5 errechneten Zahl jeweils ein Sitz jedes Geschlechts gegebenenfalls mehrfach nacheinander zugeteilt, bis kein Sitz mehr vorhanden ist. Dabei erhält das Geschlecht, auf das der größte Beschäftigtenanteil in der Gruppe entfällt, den jeweils ersten Sitz; bei gleichem Beschäftigtenanteil entscheidet das Los. Enthält eine Vorschlagsliste für ein Geschlecht weniger Bewerber als ihm nach § 5 Abs. 5 Sitze zustehen würden, so fallen die überschüssigen Sitze dem anderen Geschlecht in derselben Vorschlagsliste in der Reihenfolge der benannten Bewerber zu. Innerhalb eines Geschlechts sind die Sitze auf die Bewerber in der Reihenfolge ihrer Benennung auf dem Wahlvorschlag (§ 8 Abs. 2 Satz 1) zu verteilen.

(4) Die Wahl eines Personalratsmitglieds nach § 8 Abs. 2 Satz 4 geht zu Lasten der Bewerber des anderen Geschlechts in seiner Gruppe.

Wahlordnung zum Hessischen Personalvertretungsgesetz (WO)

§ 25

(1) Bei gemeinsamer Wahl werden den einzelnen Vorschlagslisten so viele Sitze zugeteilt, wie ihnen im Verhältnis der auf sie entfallenen Stimmenzahlen zur Gesamtstimmenzahl aller an der Sitzverteilung teilnehmenden Wahlvorschläge zustehen. § 24 Abs. 1 Satz 2 bis 4 gilt entsprechend. Die den Gruppen zustehenden Sitze werden in folgender Weise ermittelt. Auf die Vorschlagslisten, die in der Reihenfolge der meisten auf sie entfallenen Stimmen geordnet werden, wird aus der nach § 5 Abs. 2 bis 4 bestimmten Zahl jeder Gruppe jeweils ein Sitz in der Reihenfolge Beamte, Arbeitnehmer gegebenenfalls mehrfach nacheinander zugeteilt, bis kein Sitz mehr vorhanden ist. Sind weitere Gruppen vorhanden (§ 97 Abs. 2 und § 104 Abs. 1 des Gesetzes), so gilt die Reihenfolge Beamte, Arbeitnehmer, wissenschaftliche Mitglieder, künstlerisch Beschäftigte.

(2) Enthält eine Vorschlagsliste weniger Bewerber einer Gruppe, als dieser nach Abs. 1 Sitze zustehen würden, so fallen die restlichen Sitze dieser Gruppe den Angehörigen derselben Gruppe auf den übrigen Vorschlagslisten in der Reihenfolge der höchsten Zahlenbruchteile zu. § 24 Abs. 2 Satz 2 gilt entsprechend.

(3) Innerhalb der Gruppen werden die Geschlechter in folgender Weise berücksichtigt: Auf die Vorschlagslisten, die in der Reihenfolge der meisten auf sie entfallenen Stimmen geordnet werden, wird aus der nach § 5 Abs. 5 errechneten Zahl jeweils ein Sitz jedes Geschlechts gegebenenfalls mehrfach nacheinander zugeteilt, bis kein Sitz mehr vorhanden ist. § 24 Abs. 3 Satz 3 bis 5 und Abs. 4 gilt entsprechend.

§ 25 a

(1) Für ab dem 1. Mai 1996 stattfindende örtliche Personalratswahlen ist bei Vorliegen mehrerer gültiger Wahlvorschläge im Sinne von § 23 Abs. 1 Satz 1 Nr. 1 und 2 nach den Grundsätzen des § 16 Abs. 4 Satz 2 des Gesetzes zu wählen (personalisierte Verhältniswahl), wenn die wahlberechtigten Angehörigen jeder Gruppe dies vor der Neuwahl in getrennten geheimen Abstimmungen, an denen mindestens die Hälfte aller wahlberechtigten Angehörigen jeder Gruppe teilgenommen hat, mit der Mehrheit der abgegebenen Stimmen beschließen. In diesem Fall richtet sich das Wahlverfahren nach Abs. 2 bis 6.

(2) Auf dem Stimmzettel sind die Vorschlagslisten in der Reihenfolge der Ordnungsnummern unter Angabe von Familienname, Vorname, Amts- und Berufsbezeichnung und Gruppenzugehörigkeit links der weiblichen und rechts der männlichen Bewerber untereinander aufzuführen; bei Listen, die mit einem Kennwort versehen sind, ist auch das Kennwort anzugeben.

(3) Der Wähler hat auf dem Stimmzettel die Namen der Bewerber anzukreuzen oder in sonstiger Weise zweifelsfrei zu kennzeichnen, für

Wahlordnung zum Hessischen Personalvertretungsgesetz (WO)

die er seine Stimme abgeben will. Es dürfen nur Bewerber aus einer Vorschlagsliste angekreuzt werden. Der Wähler darf

1. bei Gruppenwahl nicht mehr Namen von Bewerbern ankreuzen, als für die betreffende Gruppe Vertreter zu wählen sind, oder

2. bei gemeinsamer Wahl nicht mehr Namen von Bewerbern ankreuzen, als Personalratsmitglieder insgesamt zu wählen sind, jedoch innerhalb der einzelnen Gruppen nicht mehr Namen, als jeweils Vertreter dieser Gruppe zu wählen sind.

(4) Auf dem Stimmzettel ist zu vermerken, dass nur Bewerber aus einer Vorschlagsliste angekreuzt werden dürfen und wie viele Namen von Bewerbern, bei gemeinsamer Wahl auch bezüglich der einzelnen Gruppen, der Wähler höchstens ankreuzen darf.

(5) Bei Gruppenwahl werden den einzelnen Vorschlagslisten so viele Sitze zugeteilt, wie ihnen im Verhältnis der auf sie entfallenen Stimmenzahlen zur Gesamtstimmenzahl aller an der Sitzverteilung der Gruppe teilnehmenden Wahlvorschläge zustehen. § 24 Abs. 1 Satz 2 bis 4 und Abs. 2 findet Anwendung. Innerhalb der Vorschlagslisten werden die Sitze auf die Bewerber in der Reihenfolge der auf sie entfallenen Stimmen verteilt. Haben mehrere Bewerber die gleiche Stimmenzahl erhalten und ist nur noch ein Sitz zu verteilen oder sind auf einem Wahlvorschlag weniger Bewerber angekreuzt worden, als ihm Sitze zufallen, so entscheidet über die Vergabe dieser Sitze das Los.

(6) Bei gemeinsamer Wahl werden den einzelnen Vorschlagslisten so viele Sitze zugeteilt, wie ihnen im Verhältnis der auf sie entfallenen Stimmenzahlen zur Gesamtstimmenzahl aller an der Sitzverteilung teilnehmenden Wahlvorschläge zustehen. § 24 Abs. 1 Satz 2 bis 4 findet Anwendung. Die den Gruppen zustehenden Sitze werden in folgender Weise ermittelt. Auf die Vorschlagslisten, die in der Reihenfolge der meisten auf sie entfallenen Stimmzettel geordnet werden, wird aus der nach § 5 Abs. 2 bis 4 bestimmten Zahl jeder Gruppe jeweils ein Sitz in der Reihenfolge Beamte, Arbeitnehmer gegebenenfalls mehrfach nacheinander zugeteilt, bis kein Sitz mehr vorhanden ist. § 25 Abs. 1 Satz 5 und Abs. 2 findet Anwendung. Innerhalb der Vorschlagslisten werden die den einzelnen Gruppen zustehenden Sitze auf die Bewerber der entsprechenden Gruppen in der Reihenfolge der auf sie entfallenen Stimmen verteilt. Abs. 5 Satz 4 gilt entsprechend.

Wahlordnung zum Hessischen Personalvertretungsgesetz (WO)

Zweiter Titel
Wahlverfahren bei Vorliegen eines Wahlvorschlags (Mehrheitswahl)

§ 26

(1) Nach den Grundsätzen der Mehrheitswahl (Personenwahl) ist zu wählen, wenn

1. bei Gruppenwahl für die betreffende Gruppe nur ein gültiger Wahlvorschlag,

2. bei gemeinsamer Wahl nur ein gültiger Wahlvorschlag

vorliegt. In diesen Fällen kann jeder Wähler nur solche Bewerber wählen, die in dem Wahlvorschlag aufgeführt sind.

(2) In dem Stimmzettel werden links die Namen der weiblichen und rechts die Namen der männlichen Bewerber in unveränderter Reihenfolge unter Angabe des Familiennamens, Vornamens, der Amts- oder Berufsbezeichnung und der Gruppenzugehörigkeit aufgeführt.

(3) Der Wähler hat auf dem Stimmzettel die Namen der männlichen und weiblichen Bewerber anzukreuzen oder in sonstiger Weise zweifelsfrei zu kennzeichnen, für die er seine Stimme abgeben will. Der Wähler darf

1. bei Gruppenwahl nicht mehr Namen von männlichen und nicht mehr Namen von weiblichen Bewerbern ankreuzen oder kennzeichnen als für die betreffende Gruppe jeweils männliche und weibliche Vertreter zu wählen sind oder

2. bei gemeinsamer Wahl nicht mehr Namen von männlichen und nicht mehr Namen von weiblichen Bewerbern ankreuzen oder kennzeichnen als männliche und weibliche Personalratsmitglieder insgesamt zu wählen sind, jedoch innerhalb der einzelnen Gruppen nicht mehr Namen, als jeweils männliche oder weibliche Vertreter dieser Gruppe zu wählen sind.

Entfällt nach § 5 Abs. 5 innerhalb einer Gruppe auf ein Geschlecht kein Personalratsmitglied, so kann abweichend von Satz 2 auch der Name höchstens eines Bewerbers des in der Minderheit befindlichen Geschlechts angekreuzt werden. Die für das andere Geschlecht zu vergebenden Stimmen verringern sich im Falle des Satz 3 um eine Stimme.

(4) Auf dem Stimmzettel ist zu vermerken, wie viele Namen von männlichen und wie viele Namen von weiblichen Bewerbern der Wähler jeweils höchstens ankreuzen darf.

§ 27

(1) Bei Gruppenwahl sind die männlichen und weiblichen Bewerber in der Reihenfolge der höchsten auf sie entfallenen Stimmenzahlen gewählt. Bei gleicher Stimmenzahl entscheidet das Los.

(2) Bei gemeinsamer Wahl werden die den einzelnen Gruppen zustehenden Sitze mit denjenigen männlichen und weiblichen Bewerbern dieser Gruppen besetzt, auf die der Reihenfolge nach die höchsten Stimmenzahlen entfallen sind. Abs. 1 Satz 2 wird angewandt.

Dritter Abschnitt
Besondere Vorschriften für die Wahl eines Personalratsmitgliedes oder eines Gruppenvertreters (Mehrheitswahl)

§ 28

(1) Nach den Grundsätzen der Mehrheitswahl (Personenwahl) ist zu wählen, wenn

1. bei Gruppenwahl nur ein Vertreter,
2. bei gemeinsamer Wahl nur ein Personalratsmitglied zu wählen ist.

(2) In den Stimmzettel werden die Bewerber aus den Wahlvorschlägen in alphabetischer Reihenfolge unter Angabe von Familienname, Vorname, Amts- oder Berufsbezeichnung übernommen.

(3) Der Wähler hat auf dem Stimmzettel den Namen des männlichen oder weiblichen Bewerbers anzukreuzen oder sonst zweifelsfrei zu kennzeichnen, für den er seine Stimme abgeben will.

(4) Gewählt ist der männliche oder weibliche Bewerber, der die meisten Stimmen erhalten hat. Bei gleicher Stimmenzahl entscheidet das Los.

Vierter Abschnitt
(aufgehoben)

Wahlordnung zum Hessischen Personalvertretungsgesetz (WO)

Zweiter Teil
Wahl des Bezirkspersonalrats

§ 31

Für die Wahl des Bezirkspersonalrats gelten die Vorschriften der §§ 1 bis 28 mit Ausnahme des § 25 a entsprechend, soweit sich aus den §§ 32 bis 40 nichts anderes ergibt.

§ 32

(1) Der Bezirkswahlvorstand leitet die Wahl des Bezirkspersonalrats. Die Durchführung der Wahl in den einzelnen Dienststellen übernehmen die örtlichen Wahlvorstände im Auftrag und nach Richtlinien des Bezirkswahlvorstandes.

(2) Der örtliche Wahlvorstand gibt die Namen der Mitglieder des Bezirkswahlvorstandes und gegebenenfalls der Ersatzmitglieder, die dienstliche Anschrift seines Vorsitzenden und den letzten Tag der in § 4 Abs. 1 Satz 1 bestimmten Frist in der Dienststelle und in den Nebenstellen und Teilen der Dienststelle durch Aushang bis zum Abschluss der Stimmabgabe bekannt.

§ 33

(1) Die örtlichen Wahlvorstände stellen die Zahl der in den Dienststellen in der Regel beschäftigten Wahlberechtigten und deren Verteilung auf die Gruppen sowie innerhalb der Gruppen auf die Geschlechter fest und teilen diese Zahlen unverzüglich schriftlich dem Bezirkswahlvorstand mit.

(2) Die Aufstellung der Wählerlisten und die Behandlung von Einsprüchen ist Aufgabe der örtlichen Wahlvorstände. Sie teilen dem Bezirkswahlvorstand die Zahl der wahlberechtigten Beschäftigten, getrennt nach Gruppen (§ 2 Abs. 1) und innerhalb der Gruppen getrennt nach den Geschlechtern, unverzüglich schriftlich mit.

§ 34

(1) Der Bezirkswahlvorstand ermittelt die Zahl der zu wählenden Mitglieder des Bezirkspersonalrats (§ 50 Abs. 3 des Gesetzes) und die Verteilung der Sitze auf die Gruppen sowie innerhalb der Gruppen auf die Geschlechter.

(2) Ist eine abweichende Verteilung der Mitglieder des Bezirkspersonalrats auf die Gruppen nicht beschlossen worden und entfallen bei der Verteilung der Sitze nach § 5 Abs. 2 auf eine Gruppe weniger Sitze, als ihr nach § 50 Abs. 6 des Gesetzes mindestens zustehen, so erhält sie die in § 50 Abs. 6 des Gesetzes vorgeschriebene Zahl von Sitzen.

Wahlordnung zum Hessischen Personalvertretungsgesetz (WO)

§ 35

Die Wahl des Bezirkspersonalrats soll möglichst gleichzeitig mit der Wahl der Personalräte in demselben Bezirk stattfinden.

§ 36

(1) Der Bezirkswahlvorstand erlässt das Wahlausschreiben.

(2) Der örtliche Wahlvorstand gibt das Wahlausschreiben in der Dienststelle und in den Nebenstellen und Teilen der Dienststelle an einer oder mehreren geeigneten, den Wahlberechtigten zugänglichen Stellen durch Aushang in gut lesbarem Zustande bis zum Abschluss der Stimmabgabe bekannt.

(3) Das Wahlausschreiben muss enthalten

1. den Ort und den Tag seines Erlasses,
2. die Zahl der zu wählenden Mitglieder des Bezirkspersonalrats, getrennt nach Gruppen (§ 2 Abs. 1),
3. die Mindestzahl der männlichen und weiblichen Gruppenangehörigen, die jeder Wahlvorschlag enthalten muss,
4. Angaben darüber, ob die Angehörigen der einzelnen Gruppen ihre Vertreter in getrennten Wahlgängen (Gruppenwahl) oder in gemeinsamer Wahl wählen,
5. den Hinweis, dass nur Beschäftigte wählen können, die in die Wählerliste eingetragen sind,
6. die Aufforderung, Wahlvorschläge innerhalb von achtzehn Tagen nach dem Erlass des Wahlausschreibens beim Bezirkwahlvorstand einzureichen; der letzte Tag der Einreichungsfrist ist anzugeben,
7. für die Wahlvorschläge
   a) der Beschäftigten Mindestzahl von wahlberechtigten Beschäftigten, von denen ein Wahlvorschlag unterzeichnet sein muss,
   b) der im Bezirkspersonalrat vertretenen Gewerkschaften den Hinweis, dass Wahlvorschläge von zwei Beauftragten der Gewerkschaft unterzeichnet sein müssen,

   sowie den Hinweis, dass jeder Beschäftigte nur auf einen Wahlvorschlag und mit seiner Zustimmung benannt werden kann,
8. den Hinweis, dass nur fristgerecht eingereichte Wahlvorschläge berücksichtigt werden und dass nur gewählt werden kann, wer in einen solchen Wahlvorschlag aufgenommen ist,
9. den Tag oder die Tage der Stimmabgabe,
10. den Hinweis, dass bei Gruppenwahl Erklärung der Beschäftigten über den Anschluss an eine andere Gruppe (§ 50 Abs. 6 Satz 2 des Gesetzes) nur dann zur Berichtigung der Zahl der den Gruppen zustehenden Sitze führen, wenn sie dem Bezirkswahlvorstand

Wahlordnung zum Hessischen Personalvertretungsgesetz (WO)

innerhalb von fünf Tagen nach dem Erlass des Wahlausschreibens schriftlich abgegeben werden und sich dadurch die Zahl der den Gruppen zustehenden Personalratssitze ändert; der letzte Tag der Frist ist anzugeben,

11. einen Hinweis auf die Möglichkeit der brieflichen Stimmabgabe, gegebenenfalls auf die Anordnung der brieflichen Stimmabgabe nach § 17 Satz 3,

12. den Hinweis, dass ein Angehöriger eines in der Minderheit befindlichen Geschlechts auf einem Wahlvorschlag auch dann benannt werden kann, wenn bei der Berücksichtigung der Geschlechter entsprechend ihrem Anteil an den wahlberechtigten Beschäftigten innerhalb einer Gruppe auf dieses Geschlecht kein Sitz entfallen würde.

(4) Der örtliche Wahlvorstand ergänzt das Wahlausschreiben durch die folgenden Angaben:

1. die Angabe, wo und wann die für die örtliche Dienststelle aufgestellte Wählerliste, das Hessische Personalvertretungsgesetz und diese Wahlordnung zur Einsicht ausliegen,

2. den Hinweis, dass Einsprüche gegen die Wählerliste nur innerhalb einer Woche seit ihrer Auslegung schriftlich beim örtlichen Wahlvorstand eingelegt werden können; der letzte Tag der Einspruchsfrist ist anzugeben,

3. den Ort, an dem die Wahlvorschläge bekanntgegeben werden,

4. den Ort und die Zeit der Stimmabgabe,

5. den Ort und die Zeit der Stimmenauszählung,

6. den Ort, an dem Einsprüche, Anträge auf briefliche Stimmabgabe und andere Erklärungen gegenüber dem Wahlvorstand abzugeben sind.

(5) Der örtliche Wahlvorstand vermerkt auf dem Wahlausschreiben den ersten und letzten Tag des Aushanges.

(6) Offenbare Unrichtigkeiten des Wahlausschreibens können vom Bezirkswahlvorstand jederzeit berichtigt werden. Das Wahlausschreiben ist auch zu berichtigen, wenn innerhalb von fünf Tagen nach seinem Erlass bei Gruppenwahl die Angehörigen einer Gruppe, die nach § 13 Abs. 5 Satz 1 des Gesetzes keine Vertretung erhalten, dem Bezirkswahlvorstand schriftlich den Anschluss an eine andere Gruppe erklären und sich dadurch die Zahl der Gruppen zustehenden Sitze ändert.

(7) Mit Erlass des Wahlausschreibens ist die Wahl eingeleitet.

§ 37

Bekanntmachungen nach den §§ 11 und 13 sind in gleicher Weise wie das Wahlausschreiben in den Dienststellen auszuhängen.

Wahlordnung zum Hessischen Personalvertretungsgesetz (WO)

§ 38

(1) Der Bezirkswahlvorstand fertigt über jede Sitzung, in der er einen Beschluss gefasst hat, eine Niederschrift. Die Niederschrift ist von sämtlichen Mitgliedern des Bezirkswahlvorstandes zu unterzeichnen.

(2) Die Niederschrift über die Sitzungen, in denen über Einsprüche gegen die Wählerliste entschieden wird, fertigt der örtliche Wahlvorstand.

§ 39

Findet die Wahl des Bezirkspersonalrats zugleich mit der Wahl der Personalräte statt, so kann für die Stimmabgabe zu beiden Wahlen derselbe Umschlag verwendet werden. Für die Wahl des Bezirkspersonalrats sind Stimmzettel von anderer Farbe als für die Wahl des Personalrats zu verwenden.

§ 40

(1) Die örtlichen Wahlvorstände zählen die auf die einzelnen Vorschlagslisten oder, wenn Mehrheitswahl stattgefunden hat, die auf die einzelnen männlichen und weiblichen Bewerber entfallenen Stimmen. Sie fertigen eine Wahlniederschrift nach § 19.

(2) Die Niederschrift ist unverzüglich nach Feststellung des Wahlergebnisses dem Bezirkswahlvorstand eingeschrieben zu übersenden. Die bei der Dienststelle entstandenen Unterlagen für die Wahl des Bezirkspersonalrats werden zusammen mit einer Abschrift der Niederschrift vom Personalrat aufbewahrt (§ 22).

(3) Der Bezirkswahlvorstand zählt unverzüglich die auf jede Vorschlagsliste oder, wenn Mehrheitswahl stattgefunden hat, die auf jeden einzelnen männlichen oder weiblichen Bewerber entfallenen Stimmen zusammen und stellt das Ergebnis der Wahl fest.

(4) Sobald die Namen der als Mitglieder des Bezirkspersonalrats gewählten Bewerber feststehen, teilt sie der Bezirkswahlvorstand den örtlichen Wahlvorständen mit. Die örtlichen Wahlvorstände geben sie durch zweiwöchigen Aushang in der gleichen Weise wie das Wahlausschreiben bekannt.

Dritter Teil
Wahl des Hauptpersonalrats

§ 41

Für die Wahl des Hauptpersonalrats gelten die Vorschriften der §§ 31 bis 40 entsprechend, soweit sich aus den §§ 42 und 43 nichts anderes ergibt.

Wahlordnung zum Hessischen Personalvertretungsgesetz (WO)

§ 42

Der Hauptwahlvorstand leitet die Wahl des Hauptpersonalrats.

§ 43

(1) Der Hauptwahlvorstand kann die bei den Behörden der Mittelstufe bestehenden oder auf sein Ersuchen bestellten örtlichen Wahlvorstände beauftragen,

1. die von den örtlichen Wahlvorständen im Bereich der Behörde der Mittelstufe festzustellenden Zahlen der in der Regel beschäftigten Wahlberechtigten und deren Verteilung auf die Gruppen und innerhalb der Gruppen auf die Geschlechter zusammenzustellen,
2. die Zahl der im Bereich der Behörde der Mittelstufe wahlberechtigten Beschäftigten, getrennt nach Gruppen und innerhalb der Gruppen nach Geschlechtern (§ 2 Abs. 1), festzustellen,
3. die bei den Dienststellen im Bereich der Behörde der Mittelstufe festgestellten Wahlergebnisse zusammenzustellen,
4. Bekanntmachungen des Hauptwahlvorstandes an die übrigen örtlichen Wahlvorstände im Bereich der Behörde der Mittelstufe weiterzuleiten.

Die Wahlvorstände bei den Behörden der Mittelstufe unterrichten in diesen Fällen die übrigen örtlichen Wahlvorstände im Bereich der Behörde der Mittelstufe darüber, dass die in den Nr. 1 bis 3 genannten Angaben an sie einzusenden sind.

(2) Die Wahlvorstände bei den Behörden der Mittelstufe fertigen über die Zusammenstellung der Wahlergebnisse (Abs. 1 Satz 1 Nr. 3) eine Niederschrift.

(3) Die Wahlvorstände bei den Behörden der Mittelstufe übersenden dem Hauptwahlvorstand unverzüglich eingeschrieben die in Abs. 1 Satz 1 Nr. 1 und 2 genannten Zusammenstellungen und die Niederschrift über die Zusammenstellung der Wahlergebnisse (Abs. 2).

Vierter Teil
Wahl des Gesamtpersonalrats

§ 44

Für die Wahl des Gesamtpersonalrats gelten die §§ 31 bis 40 entsprechend.

Fünfter Teil
Wahl der Jugend- und Auszubildendenvertretung

§ 45

(1) Für die Vorbereitung und Durchführung der Wahl der Jugend- und Auszubildendenvertretung gelten die §§ 1 bis 3, 6 bis 23, 26 und 28 entsprechend mit der Abweichung, dass sich die Zahl der zu wählenden Jugend- und Auszubildendenvertreter ausschließlich aus § 54 Abs. 1 des Gesetzes ergibt, und dass die Vorschriften über Gruppenwahl (§ 16 Abs. 2 des Gesetzes), über den Minderheitenschutz (§ 13 Abs. 3 und 4 des Gesetzes) und über die Zusammenfassung der Bewerber in den Wahlvorschlägen nach Gruppen (§ 8 Abs. 2 Satz 3) nicht angewandt werden. Der Wahlvorstand ermittelt die Zahl der zu wählenden Jugend- und Auszubildendenvertreter.

(2) Sind mehrere Jugend- und Auszubildendenvertreter zu wählen und ist die Wahl aufgrund mehrerer Vorschlagslisten durchgeführt worden, so werden den einzelnen Vorschlagslisten so viele Sitze zugeteilt, wie ihnen im Verhältnis der auf sie entfallenen Stimmenzahlen zur Gesamtstimmenzahl aller an der Sitzverteilung teilnehmenden Wahlvorschläge zustehen. § 24 Abs. 1 Satz 2 bis 4, Abs. 2 und 3 gelten entsprechend.

(3) Sind mehrere Jugend- und Auszubildendenvertreter zu wählen und ist die Wahl auf Grund eines Wahlvorschlags durchgeführt worden, so sind die Bewerber in der Reihenfolge der jeweils höchsten auf sie entfallenen Stimmenzahlen gewählt; bei Stimmengleichheit entscheidet das Los.

§ 46

(1) Für die Wahl der Jugend- und Auszubildendenstufenvertretungen nach § 58 Abs. 1 des Gesetzes (Bezirksjugend- und -auszubildendenvertretung, Hauptjugend- und -auszubildendenvertretung) gelten die §§ 32 bis 40, 42, 43 und § 45 entsprechend, soweit in § 58 Abs. 1 Satz 3 bis 5 des Gesetzes nichts Abweichendes bestimmt ist. In Dienststellen, in denen weniger als fünf der in § 54 Abs. 1 Satz 1 des Gesetzes genannten Beschäftigten beschäftigt sind, führt der Bezirks- oder Hauptwahlvorstand die Wahl der Jugend- und Auszubildendenstufenvertretungen durch, in diesen Dienststellen werden keine Wahlvorstände bestellt; der Bezirks- oder Hauptwahlvorstand kann die briefliche Stimmabgabe anordnen. Ordnet der Bezirks- oder Hauptwahlvorstand im Falle des Satz 2 oder des § 58 Abs. 1 Satz 5 des Gesetzes die briefliche Stimmabgabe an, so hat er den in § 54 Abs. 1 Satz 1 des Gesetzes genannten Beschäftigten die in § 16a Abs. 1 bezeichneten Unterlagen zu übersenden.

(2) Für die Wahl der Gesamtjugend- und -auszubildendenvertretung nach § 58 Abs. 2 des Gesetzes gelten Abs. 1 und § 45 entsprechend.

Sechster Teil
Schlussvorschriften

§ 48

(1) Für die Berechnung der in dieser Verordnung festgelegten Fristen gelten die §§ 186 bis 193 des Bürgerlichen Gesetzbuches. Als Sonntag oder staatlich anerkannter Feiertag im Sinne des § 193 des Bürgerlichen Gesetzbuches gilt auch ein Tag, an dem in der Dienststelle allgemein nicht gearbeitet wird.

(2) Die in dieser Verordnung vorgeschriebene schriftliche Form kann nicht durch die elektronische Form ersetzt werden.

§ 49

Vorabstimmungen nach § 4, die mit der Neufassung des Gesetzes nicht in Einklang stehen, können wiederholt werden. Sie werden nur berücksichtigt, wenn ihr Ergebnis abweichend von der in § 4 Abs. 1 genannten Frist dem Wahlvorstand innerhalb von drei Wochen nach Inkrafttreten der Wahlordnung vorliegt. Wahlausschreiben, die mit der Neufassung des Gesetzes nicht in Einklang stehen, sind abweichend von § 6 Abs. 1 nach Ablauf von drei Wochen nach Inkrafttreten der Wahlordnung neu zu erlassen.

§ 51

Diese Verordnung tritt am Tage nach der Verkündung in Kraft.

§ 52

Diese Verordnung tritt mit Ablauf des 31. Dezember 2015 außer Kraft.

Stichwortverzeichnis

Die fett gedruckten Zahlen beziehen sich auf die jeweiligen Paragraphen des LPVG, die mager gedruckten Zahlen auf die jeweiligen Randnummern.

Abgebende Dienststelle **80** 7
Ablehnung eines Antrags auf Teilzeitbeschäftigung oder Beurlaubung **77** 56, 94
Abmahnung **60** 20
Abordnung **9** 11; **54** 5; **77** 34, 86
– Dauer **77** 35
Abordnung zu einer anderen Dienststelle für eine Dauer von mehr als 6 Monaten **77** 28
Abrufkräfte **5** 7
Abschließender Versagungskatalog **77** 12
Abstimmung **14** 4
Abstimmungsvorstand **14** 4; **16** 6
Aktives und passives Wahlrecht **92** 2
Aktives Wahlrecht **9** 1
Alimentationsprinzip **77** 23
Allgemeine Aufgaben der Personalvertretung **62** 2
Allgemeine Festlegung von Verfahren und Methoden von Wirtschaftlichkeits- und Organisationsprüfungen **81** 12
Allgemeine Grundsätze der Berufsausbildung und Fortbildung der Beschäftigten **74** 33
Allgemeine Aufgaben **30** 4
Allgemeines Gleichbehandlungsgesetz **61** 8
Allgemeine Grundsätze bei Maßnahmen des Arbeitsschutzes **74** 26
Allgemeines Antragsrecht **62** 3
Alter **77** 115
Altersteilzeit **77** 94
Ämter **77** 23
– im konkret-funktionellen Sinn **77** 23
– im statusrechtlichen Sinn **77** 23
Ämterbewertung **77** 23
Amtsbezeichnung **16** 22

Amtsenthebung **25** 8
Amtsermittlungsgrundsatz **22** 6
Amtszeit **23** 1; **51** 1
Amtszulage **77** 17
Änderungskündigung **77** 99
Anfechtung **22** 1
Anfechtung der Wahl **10** 12
Anfechtungsfrist **22** 7
Anforderungsprofil **77** 115
Angemessenheit des Mittel- und Personaleinsatzes **81** 12
Angestellter **71** 23
Anhörung **78** 9; **81** 36
Anhörungstermin **111** 13
Anlassbeurteilung **77** 123
Anordnung von Kurzarbeit **74** 55
Anregungen und Beschwerden von Beschäftigten **62** 8
Anspruch auf dauerhafte Überlassung **62** 21
Anstalt des öffentlichen Rechts **1** 10; **98** 2
Antrag auf Erlass einer einstweiligen Anordnung **111** 21
Antrag auf Erlass einer einstweiligen Verfügung **73** 7
Antragsberechtigung **111** 5
Anwesenheitskontrollen **74** 32
Anwesenheitsliste **34** 1; **38** 6
Arbeitgeberbefugnisse **74** 64
Arbeitgebervereinigungen **60** 8
Arbeitnehmer **2** 7
Arbeitnehmerähnliche Personen **3** 10; **5** 9
Arbeitsbeschaffungsmaßnahmen **9** 19
Arbeitsleben **61** 5
Arbeitsmethode **81** 5
– neue **81** 5
Arbeitsmittel **74** 90
Arbeitsplätze **74** 92
Arbeitsplatzumgebung **74** 90

Stichwortverzeichnis

Arbeitsschutz
– vorbeugender **74** 21
Arbeitssicherheitsgesetz **74** 25
Arbeitsstättenverordnung **74** 25
Arbeitsunfähigkeit **10** 2
Arbeitsunfähigkeitsbescheinigungen **74** 32
Arbeitsunfälle **74** 22
Arbeitsverdichtung im öffentlichen Dienst **74** 21
Arbeitsverfassung **2** 4
Arbeitsverhältnis **3** 1
Arbeitsvertrag **5** 4
Arbeitszeit **46** 1
– Gleitzeitrahmen **46** 1
– Kernarbeitszeit **46** 1
Arbeitszeitbezogene Mitbestimmung **74** 54
Assessment Center **77** 12
Auffangzuständigkeit **83** 11
Aufhebungsvertrag **9** 4; **77** 98
Aufnehmende Dienststelle **80** 7
Aufschiebende Wirkung **72** 19; **77** 41
Aufstellen allgemeiner Grundsätze für die Bemessung des Personalbedarfs **81** 9
Aufstellung des Urlaubsplans **74** 65
Aufstellung von Sozialplänen **74** 82
Aufwendungsersatz **21** 5
Ausbildungsdienststelle **107** 1
Ausländische Beschäftigte **54** 7
Aussagegenehmigung **68** 9
Ausschlussfrist **70** 2; **78** 15
Außerordentliche Kündigungen **66** 1
Aussetzungsantrag **36** 2
Aussetzungsfrist **37** 9
Auswahlentscheidung **77** 13
Auswahlgespräche **77** 12
Auswahlrichtlinie **77** 13
Auszubildende **5** 12

Beamte auf Widerruf im Vorbereitungsdienst **88** 1
Beamte auf Zeit in leitender Funktion **79** 2
Beamtenrechtliche Unfallfürsorgerichtlinien **67** 2
Beamtenstatusgesetz **84** 5
Beamtenverhältnis auf Lebenszeit **4** 1
Beamtenverhältnis auf Probe **4** 1
Beamtenverhältnis auf Widerruf **4** 1

Beamtenverhältnis auf Zeit **4** 1
Beamter **71** 23
Beauftragter der Gewerkschaften **105** 7
Beeinträchtigungen
– physisch-organische **74** 22
– psychische **74** 22
Beförderung **77** 17
Beförderungsauswahlentscheidungen **77** 21
Beförderungsrangfolgeliste **62** 21
Beförderungsrangliste **77** 21
Befristete Versetzungen **77** 82
Befristetes Arbeitsverhältnis **65** 2
Beginn und Ende
– der Pausen sowie die Verteilung der Arbeitszeit auf die einzelnen Wochentage **74** 39
Begründung eines Beamtenverhältnisses **77** 7
Begründung eines weiteren Beamtenverhältnisses **77** 10
Benachteiligungsverbot **61** 13; **64** 11
Beratungsrecht **55** 12
Berechnungsverfahren nach Hare-Niemeyer **13** 8
Bereitschaftsdienst **74** 56
Berufsausbildung **3** 3; **74** 34
Berufsausbildungsverhältnis **3** 1
Berufsbildung **55** 1
Berufsqualifikation **65** 2
Berufsrichter **112** 2
Beschäftigte **12** 1
Beschäftigungsverbote **77** 115
Beschäftigungszuwachs **12** 1
Beschleunigungsgrundsatz **111** 13
Beschluss der Einigungsstelle **74** 1
Beschlussfähigkeit **34** 5
Beschlussfassung **34** 1, 4
Beschlussverfahren **71** 45
Besoldungsgruppe **77** 17
Besonderes Feststellungsinteresse **111** 6
Bestellung und Abberufung
– Datenschutzbeauftragte **74** 12
– Fachkräfte für Arbeitssicherheit **74** 12
– Frauenbeauftragte **74** 12
– Sicherheitsbeauftragte **74** 12
– Vertrauens- und Betriebsärzte **74** 12
Beteiligungsfähigkeit **111** 3

Stichwortverzeichnis

Beteiligungsrecht **69** 2
Betriebe **1** 4; **7** 5
Betriebliches Eingliederungsmanagement (BEM) **62** 11; **77** 103
Betriebliche Lohngestaltung **74** 78
Betriebs- oder Arbeitsschutzpausen **74** 46
Betriebsänderung **74** 85
Betriebsärzte **76** 3
Betriebskrankenkassen **1** 14
Betriebsrat **98** 4
Betriebsverfassungsrecht **84** 6
Beurlaubte Beschäftigte **9** 9
Beurlaubung **26** 6; **77** 94
Beurteilungsmaßstab **77** 123
Beurteilungsrichtlinien **77** 121, 125
Bewerberliste **16** 11
Bewerbungsunterlagen **77** 115
Bewerbungsverfahrensanspruch **77** 21
Bezirksjugend- und -auszubildendenvertretungen **58** 1
Bezirkspersonalrat **50** 5
Bezirksrichterrat **80** 5
Bezirksstaatsanwaltsrat **80** 6
Bildschirmarbeitsverordnung **74** 25
Billigkeit **61** 3
Büropersonal **42** 16

Call-Center **74** 91
Chat-Programm **81** 8

Dauer der täglichen Arbeitszeit **74** 44
Dauer der wöchentlichen Arbeitszeit **74** 40
Demokratische Legitimation **71** 6
Deutsche Staatsangehörigkeit **54** 7
Deutsche Rentenversicherung Hessen **110** 1
Dezentralisierung der Ressourcenverantwortung **81** 3
Dienst- oder Werkvertrag **81** 17
Dienst- und Treueverhältnis **4** 3
Dienstbefreiung **40** 5; **46** 5
Dienstherrnfähigkeit **77** 38
Dienstleistungsüberlassungsvereinbarungen **81** 15
Dienstliche Gründe **77** 31
Dienstliche Beurteilungen **77** 21
Dienstordnungsangestellte **5** 5
Dienstort **77** 81
Dienstreise **42** 9
Dienststelle **7** 1 f.

Dienststellen
– im personalvertretungsrechtlichen Sinne **7** 2
Dienststelleninterne Ausschreibung **77** 118
Dienststellenleiter **8** 2
– Stellung des Dienststellenleiters **8** 2
Dienststellenübergreifende Maßnahme **83** 16
Dienstunfall **74** 21
Dienstvereinbarung **113** 7
Differenzierungsverbote **61** 6
Direktionsrecht des Arbeitgebers **77** 83
Diskriminierung einer Minderheit **61** 6
Diskriminierungen **61** 5
Disziplinarverfahren **9** 4; **60** 20
Doppeltes Wahlrecht **108** 1
Doppelwahlrecht **12** 3
Dreistufiger Verwaltungsaufbau **7** 7
Durchsetzung der tatsächlichen Gleichberechtigung **62** 18

E-Government **81** 4, 8
E-Workflow **81** 8
EG-Arbeitsschutzrichtlinie 89/391/EWG **81** 44
Ehrenamt **40** 1; **71** 20
Ehrenamtliche Beisitzer **112** 3
Ehrenbeamte **4** 2
Eigenbetriebe **7** 5; **52** 3
Ein-Euro-Kräfte **1** 1
Einfache Mehrheit **34** 4
Einführung automatisierter Personaldatenverarbeitung **81** 12
Einführung der Neuen Verwaltungssteuerung **81** 2
Einführung grundlegend neuer Arbeitsmethoden **81** 5
Einführung technischer Rationalisierungsmaßnahmen **81** 13
Einführung von Mitarbeitergesprächen mit Zielvereinbarungen **74** 32
Einführung, Anwendung, Änderung oder Erweiterung automatisierter Verarbeitung personenbezogener Daten der Beschäftigten **81** 19
Eingeschränkte Mitbestimmung **77** 1
Eingliederung **10** 1; **77** 9
Eingliederung und berufliche Entwicklung **62** 11
Eingruppierung **77** 69
Einigung **70** 4

441

Stichwortverzeichnis

Einigungsstelle **70** 7
Einrichtungsgegenstände **74** 90
Einsatz der Vollzugspolizei **89** 1
Einspruch **9** 20
Einstellung **77** 7, 61
Einstellung wissenschaftlicher Beschäftigter **100** 1
Einstufiger Verwaltungsaufbau **70** 9
Einstweilige Verfügung **45** 2
Einzelfallentscheidungen **77** 3
Einzelvereinbarungen **113** 5
Elektronische Datenverarbeitung **81** 8
Elternzeit **9** 10, 19; **77** 115
Empfehlender Charakter **74** 1
Entgeltschema **77** 69
Entlassung **77** 52
Entlohnungsgrundsätze **74** 77
Entscheidungsbefugnisse der Einigungsstellen **71** 11
Entsendungsbeschluss **40** 10; **42** 9
Erhebungsbögen **77** 112
Erhöhung der Arbeitszeit **77** 66
Erholungsurlaub **9** 19
Ermessensentscheidung **77** 43
Ermittlungsmaßnahmen **78** 14
Ernennungsurkunde **77** 8
Errichtung, Verwaltung und Auflösung von Sozialeinrichtungen ohne Rücksicht auf ihre Rechtsform **74** 70
Ersatzmitglied **17** 3; **28** 1
Erschwerniszulage **40** 3
Erstellung des Frauenförderplans **77** 132
EU-Richtlinien **62** 6
Evokationsrecht **69** 3
Externer Sachverstand **40** 15

Fachhochschule **97** 2
Fachkammer **112** 5
Fachkräfte für Arbeitssicherheit **76** 3
Fachlehreranwärter **108** 2
Fachsenat **112** 5
Fahrtkosten **21** 6
Faktisches Arbeitsverhältnis **77** 67
Familienstand **77** 115
Fehlerhafte Beteiligung **77** 101
Festsetzung der Akkord- und Prämiensätze **74** 79
Fiktive Nachzeichnung **64** 9
Fiktive Laufbahnnachzeichnung **64** 10
Föderalismusreform I **84** 4
Folgeschaden **67** 3

Förderung der Belange der jugendlichen und der in Ausbildung befindlichen Beschäftigten **62** 20
Förderung der Eingliederung ausländischer Beschäftigter **62** 19
Formalisierte Krankengespräche inklusive Krankenrückkehrgespräche **74** 32
Fortbildung **74** 34
Fragen der Lohngestaltung und Prämiensätze und vergleichbarer leistungsbezogener Entgelte einschließlich der Geldfaktoren **74** 74
Frauenförderplan **77** 132
Freier Mitarbeiter **77** 68
Freistellung **9** 10
Freistellungsphase **9** 2
Freistellungsstaffel **40** 25
Freizeitausgleichsanspruch **40** 6
Fremdpersonal **77** 65
Frieden in der Dienststelle **77** 139
Friedenspflicht **60** 17
Fristberechnung **69** 13
Fristlose Entlassungen **78** 10, 17
Führungskräfte **12** 4; **71** 1
Funktionsgleichwertigkeit **79** 1
Fürsorgepflicht **4** 3

Gebot der Sparsamkeit **40** 15
Gebot der vertrauensvollen Zusammenarbeit **111** 24
Gebündelte Bewertung **77** 26
Gefährdungbeurteilung **74** 26
Geltungsbereich des Gesetzes **1** 2
Gemeinden **1** 7
Gemeindevorstand **72** 17
Gemeinsame Beratung **35** 4
Gemeinsame Erörterung **72** 2
Gemeinsame Wahl **16** 3, 13
Generalstaatsanwaltschaft **80** 6
Generelles Betätigungsverbot **2** 10
Geringerwertige Tätigkeit **78** 7
Gesamtkonzept zur Arbeitssicherheit **76** 5
Gesamtpersonalrat **7** 9; **44** 5; **52** 6
Geschäftsbedarf **42** 15
Geschäftsführer **8** 11
Geschäftsordnung **39** 2
Geschäftsverteilungsplan **8** 3
Geschlechterproporz **13** 1
Gesetz **74** 3
Gesetzes- und Tarifvorbehalt **74** 39

Stichwortverzeichnis

Gesetzesvorbehalt **74** 25
Gestaltung der Arbeitsplätze **74** 89
Gestaltung von Arbeitsabläufen **81** 13
Gesundheitsgefährdung **77** 138
Gesundheitsgefahren durch Tabakrauch **74** 26
Gesundheitsschädigungen **74** 21
Gesundheitsschutz **74** 21
– präventiver Gesundheitsschutz **74** 24
Gewährleistung von Sicherheit und Gesundheit der Beschäftigten **76** 2
Gewährung von Unterstützungen und entsprechenden sozialen Zuwendungen **74** 6
Gewerkschaftliche Schulung **42** 10
Gewerkschaftsbegriff **2** 23
Gewerkschaftseigenschaft **2** 24
Gewerkschaftszeitung **60** 14
Gleichberechtigungsgebot **13** 2
Gleitende Arbeitszeit **74** 51
Gleittag **74** 51
Gleitzeit **74** 51
Grenzen des Informationsrechts **62** 23
Grobe Verstöße des Dienststellenleiters **111** 23
Grobe Verletzung **24** 4
Grobe Vernachlässigung **24** 4
Grundgehalt **77** 17
Grundprinzipien des Personalvertretungsrechts **64** 1
Grundrecht der freien Religionsausübung **116** 1
Grundsatz der Amtsermittlung **71** 33
Grundsatz der Partnerschaft **83** 3
Grundsatz der vertrauensvollen Zusammenarbeit **60** 1
Grundsätze des Verfahrens bei Stellenausschreibungen **77** 118
Grundsätze für die Bewertung von anerkannten Vorschlägen im Rahmen des betrieblichen Vorschlagswesens **74** 80
Grundsätze zur Auswahl von Personen **74** 34
Grundschulung **40** 16
Gruppen **13** 1
Gruppenbeschlüsse **34** 9
Gruppenprinzip **3** 11
Gruppenwahl **16** 14

Haftung **41** 9
Hauptamtliche Lehrkräfte **102** 1

Hauptjugend- und -auszubildendenvertretungen **58** 1
Hauptpersonalrat **50** 2
– beim Minister des Innern und für Sport **87** 4
Haushaltsrecht **74** 87
Hergebrachter Grundsatz des Berufsbeamtentums **77** 5
Hessischer Landesgesetzgeber **71** 4
Hessischer Rundfunk **84** 18
Hessisches Rundfunkgesetz **106** 1
Hilfskriterien **61** 18
Höher zu bewertende Tätigkeit **77** 24
Höhergruppierung **77** 71
Homepage **42** 15

Informations- und Unterrichtungsanspruch **68** 2
Informations- und Vorlageansprüche des Personalrats **105** 3
Informationspflichten der Dienststelle **62** 21
Inhalt von Personalfragebogen **77** 105
Initiative zum Abschluss einer Dienstvereinbarung **113** 2
Initiativrecht **69** 2
Innerbetriebliches Arbeitsschutzcontrolling **76** 2
Integrationsamt **78** 10
Intendant des HR **106** 2

Jugend- und Auszubildendenvertretung **31** 17
Jugendarrestanstalten **109** 2
Juniorprofessoren **97** 2
Justizvollzugsanstalten **109** 2

KAPOVAZ **74** 50
Kindertageseinrichtungen **83** 14
Kleindienststellen **12** 5
Koalition **2** 6
Koalitionsfreiheit **2** 1
Kollektiver Tatbestand **63** 2
Kommunale Berufsfeuerwehren **86** 2
Kompetenzen und verfassungsrechtliche Grenzen **77** 5
Konstituierende Sitzung **31** 3; **51** 5
Kontroll- und Weisungsrechte **44** 1
Körperschaften des öffentlichen Rechts **1** 8
Kosten der Wahl **21** 2
Krankenanstalten **52** 3

Stichwortverzeichnis

Krankheitsbedingte Kündigung **77** 138
Kreisausschuss **72** 17
Kündigung **9** 4; **77** 98
Kündigungsgrund **78** 14
Kündigungsschutzklage **77** 101
Kunsthochschulen **97** 2

Ladungsfrist **31** 14
Lage der Pausen und der Verteilung auf die Wochentage **74** 41
Landesbetrieb Hessen-Forst **90** 3
Laufbahnwechsel **77** 17, 19
Laufende Geschäfte **30** 2
Lebenszeitprinzip **77** 5; **79** 1
Lehrkräfte **77** 58
Leiharbeitnehmer **3** 8; **77** 64
Leistungsprinzip **77** 23
Leiter der Dienststelle **10** 6
Leiter von allgemeinbildenden und beruflichen Schulen
– von Schulen für Erwachsene **79** 4
Letztentscheidungsbefugnisse **69** 3
Listenwahl **13** 10; **16** 16
Lohn- bzw. Gehaltsgruppe **77** 69
Lohnausfallprinzip **46** 5
Lohngerechtigkeit **77** 75
Lohngestaltung **74** 76

Mandatsschutz **64** 14
Maßgeblicher Zeitpunkt **78** 15
Maßnahme **73** 5
– zur beruflichen Förderung Schwerbehinderter **62** 17
– zur Erleichterung des Arbeitsablaufs **74** 8
– zur Hebung der Arbeitsleistung **74** 8
– zur Verhütung von Dienst- und Arbeitsunfällen und sonstigen Gesundheitsschädigungen **74** 20
Mehrarbeit **74** 53
Mehrfachkandidatur **16** 18
Mehrheitswahl **16** 16
Mindestbedingungen der Arbeitsverhältnisse **113** 12
Missachtung der Mitwirkung **75** 6
Mitbestimmung in Personalangelegenheiten **77** 5, 59
Mitbestimmungszuständigkeit **73** 3
Mitglieder der vertragschließenden Gewerkschaft **113** 11
Mitgliedschaft in einer Kirche **77** 115
Mitspracherecht **72** 2

Mitwirkung **72** 1
– bei Arbeitsplatz- und Dienstpostenbewertung **81** 30
– bei Installation betrieblicher und Anschluss an öffentliche Informations- und Kommunikationsnetze **81** 35
– Mitwirkungstatbestand **72** 1
Mitwirkungsangelegenheiten **69** 25
Mitwirkungsbedürftiger Verwaltungsakt **77** 8
Monatsgespräche **30** 2
Mündliche Verhandlung der Einigungsstelle **71** 30
Mutterschutzfrist **9** 10, 19

Nachrücker **64** 14
Nachschieben von Verweigerungsgründen **77** 134
Nachschieben weiterer Ablehnungsgründe **69** 19
Nachwirkung der Dienstvereinbarung **113** 9
Nebenstellen **52** 1
Nebentätigkeit **78** 2
Negative Vorauswahlentscheidung **91** 3
Negative Koalitionsfreiheit **60** 12
Neu-, Um- und Erweiterungsbauten **81** 38
Neue Verwaltungssteuerung **81** 3
Neutralitätsgebot **45** 4
Neuwahlen der Personalräte **23** 2
Nichtzulassungsbeschwerde **111** 16
Niederlegung des Amts **26** 3
Niederschrift **38** 1
Niedriger zu bewertende Tätigkeit **77** 24
Novellierung des HPVG 1988 **122** 1

Oberste Dienstbehörde **70** 8
Offenkundigkeit **68** 12
Öffentlich-rechtlicher Vertrag **113** 4
Öffentliche Theater **103** 2
Öffnungsklauseln **113** 13
Ordentliche Kündigung außerhalb der Probezeit **77** 98
Ordentliche Kündigungen **66** 1
Ordnung in der Dienststelle **74** 31
Organisationsänderungen **81** 26
– organisatorische Veränderung **81** 26
Organisationsermessen eines Dienstherrn **81** 30

Stichwortverzeichnis

Organisationsplan **8** 3; **81** 12
Organisationsprüfungen **81** 12
Original **78** 12
Örtliche Zuständigkeit **111** 2
Outsourcing **3** 7

Parkplatzrichtlinien **74** 32
Passives Wahlrecht **9** 1
Personalabbau **74** 21
Personalakten **105** 4
Personalbedarfsbemessung **81** 9
Personalbedarfsberechnung **62** 21
Personalbeschaffungsplanung **81** 9
Personaleinsatzplanung **81** 9
Personalentwicklungskonzept **63** 7; **74** 38
Personalentwicklungsplanung **81** 9
Personalfragebogen **77** 105
Personalgestellungsverträge **81** 15
Personalratsschulung **42** 8
Personalvermittlungsstelle **81a** 2
Personalversammlung **17** 4; **44** 1
– außerordentliche **45** 6
Personalverteilungsentscheidungen **77** 28
Personalvertretungen **1** 16
Personalvertretungsrechtliche Schweigepflicht **68** 1
Personelle Einzelmaßnahmen **63** 8
Personelle Maßnahmen **71** 34
Personenbedingte Kündigung **77** 138
Pflegezeit **9** 10
Pflichtstundenzahl **93** 4
Planwidrige Regelungslücke **71** 9
Polizei **86** 3
Positive Koalitionsfreiheit **60** 12
Praktikanten **4** 8
Präsidialräte **80** 3
Prinzip der Fürsorge **60** 4
Privat-rechtlich organisierter Betrieb **74** 64
Privatisierung im öffentlichen Dienst **81** 15
Privatisierung kommunaler Einrichtungen **77** 92

Qualifikationsmerkmale **77** 14
Qualifizierungsmaßnahmen **78** 6

Rahmengesetzgebung **84** 1
Rationalisierungsmaßnahmen **74** 83; **81** 13

Recht auf informationelle Selbstbestimmung **81** 20
Rechts- und Verwaltungsvorschriften **62** 6
Rechtsanspruch auf Information **75** 3
Rechtsbeschwerde **111** 15
Rechtspfleger **3** 5
Rechtsschutz **61** 30
Rechtsschutzbedürfnis **22** 8
Rechtzeitige und eingehende Erörterung **69** 5
Rechtzeitige und umfassende Unterrichtung **55** 8
Rederecht der Schwerbehindertenvertretung **37** 3
Referendare **108** 2
Regelbeurteilung **77** 123
Regelmäßige wöchentliche Arbeitszeit **74** 39
Regelung
– der Ordnung und des Verhaltens der Beschäftigten in der Dienststelle **74** 28
– zur (privaten) Nutzung des Internets für E-Mails **74** 32
– zur Nutzung der Telefonanlage **74** 32
Regiebetriebe **7** 5
Reisekosten **42** 17
Reisekostenerstattungen **74** 61
Religionsgemeinschaft **1** 9
Religionsgesellschaft **116** 2
Repräsentationsgrundsatz **83** 3
Restmandat **24** 8
Richter **3** 4; **71** 22; **80** 2
Richterräte **80** 3
Rollenverständnis **71** 1
Rückäußerungsfrist **69** 5
Rückgruppierung **77** 72
Rückschrift **69** 20
Rufbereitschaft **74** 57
Ruhen der Mitgliedschaft **27** 1
Ruhepause **74** 45

Sabbatjahr **9** 19
Sachkundige Mitarbeiter **31** 16
Sachverständige **31** 16
Sanitärräume **74** 90
Schichtarbeit **74** 47
Schichtdienst **74** 47
Schichtplan **74** 47
Schichtsystem **74** 47

Stichwortverzeichnis

Schreibkraft **38** 8
Schriftform **78** 16
Schutz des Unterrichts **93** 2
Schutz von Leben und Gesundheit **76** 1
Schutz vor sexueller Belästigung **74** 32
Schwangerschaft **77** 115
Schwarze Listen **91** 3
Schweigepflicht **31** 12
Schwerbehindertenvertretung **31** 15
Schwerbehinderung **77** 115
Scientology **77** 115
Selbständige Orchester **103** 2
Selbsteintrittsrecht **83** 7
Sonderkündigungsschutz **77** 102
Sondersitzung **31** 13
Sozialeinrichtungen **74** 71
Soziale Interessen **60** 3
Soziale Zuwendungen **75** 1
Soziales Schutzrecht **2** 2
Sozialplan **74** 83
Sparsame Haushaltsführung **31** 16
Spezialschulung **40** 17
Spezieller Gleichheitsgrundsatz **61** 7
Spitzenorganisationen **2** 23
Sprechstunden **41** 1
Staatliche Schulämter **91** 3
Staatsanwälte **3** 4, 6; **80** 6
Staatsanwaltsräte **80** 6
Stammbehörde **9** 16
Ständige Vertreter **8** 6
Stellen- bzw. Dienstposten-
 beschreibung **77** 115
Stellenausschreibungen **77** 13
Stellenbeschreibungen **77** 112
Stellenplan **62** 21
Stiftungen des öffentlichen Rechts **1** 11
Stimmenauszählung **22** 3
Stimmengleichheit **34** 5
Stimmenthaltung **34** 4
Streikrecht für Beamte **2** 14
Streikverbot **2** 10, 18
Strenger Maßstab **73** 5
Stufenvertretungen **9** 1; **12** 1; **44** 5

Tagesordnung **31** 6
Tarifautomatik **77** 73
Tarifautonomie **2** 20, 24
Tariffähige Parteien **60** 22
Tariffähigkeit **2** 24
Tarifvertrag **74** 3
– über die Gewährung von Bestands-
 schutz **106** 4

Tätigkeitsbericht **45** 1
Technische Anlagen **74** 90
Technische Einrichtungen **74** 96
Teilabordnungen **9** 11
Teile einer Dienststelle **52** 1
Teilfreistellungen **40** 24, 26
Teilnahme an Schulungen und
 Seminaren **40** 8; **56** 3
Teilnahmerecht **33** 1; **37** 1; **60** 27
– an Besprechungen **37** 1
– des kommunalen Spitzenverbandes
 60 27
– im Rahmen von sog. Monats-
 gesprächen **37** 1
– von Gewerkschaftsbeauftragten **60** 27
– von Vertretern des Arbeitgeber-
 verbands **60** 27
Teilversammlungen **44** 7
Teilzeitbeschäftigte **40** 19; **54** 4
Teilzeitkräfte **5** 7
Telearbeit **74** 93
– alternierende **74** 93
– häusliche **74** 93
– mobile **74** 93
Telearbeitnehmer **3** 9
Telefonkonferenzen **34** 1
Teleheimbeschäftigte **5** 8
Topfwirtschaft **77** 15
Training of the job **74** 38
Training on the job **74** 38
TV-L **74** 58
TVöD **5** 2; **74** 58

Übergangsmandat **24** 6
Überstunden **74** 48
Überstundenvergütungen **40** 3
Übertragung einer höher oder niedriger
 zu bewertenden Tätigkeit **77** 23
Übertragung eines anderen Amts mit
 höherem Endgrundgehalt ohne
 Änderung der Amtsbezeichnung
 77 17
Überwachungsaufgaben **62** 6
Überwachungsgebot **61** 2
Umsetzung **77** 28, 42, 81
Umstrukturierungsmaßnahmen **77** 142
Umzugskostenvergütungen **74** 61
Uneingeschränkte Mitbestimmung
 74 2
Unfallschutz **46** 6
Unfalluntersuchungen **76** 8
Universitäten **97** 2

Stichwortverzeichnis

Universitätskliniken **98** 1
Unterlassungs- und Folgenbeseitigungsanspruch **111** 20
Unterlassungsanspruch **60** 21; **111** 19
Unterrichtsausfall **93** 4
Unterrichtsgarantie plus **91** 2
Unterrichtszeit **93** 1
Unterschriftenliste **16** 11
Untersuchungsgrundsatz **111** 9
Unverletzbarkeit der Wohnung **77** 51
Unzumutbarkeit der Weiterbeschäftigung **65** 8
Urlaubslisten **74** 66
Urlaubssperre **74** 69

Verbot der Benachteiligung Behinderter **61** 19
Verbot der parteipolitischen Betätigung **61** 24
Verbraucherverbände **2** 24
Vereinbarte oder tarifliche Altersgrenze **77** 63
Vereinigungsfreiheit **2** 1
Vergabe oder Privatisierung von Arbeiten und Aufgaben **81** 15
Vergütungsordnung **77** 69
Vergütungsverbot **40** 2
Verhalten der Beschäftigten **74** 31
Verhältniswahl **13** 8; **16** 16; **50** 9
Verhandlungsniederschrift **38** 6
Verlängerung eines befristeten Arbeitsverhältnisses **77** 63
Verleihung eines anderen Amts **77** 17f.
Verletzung des Beteiligungsrechts **111** 18
Verlust der Wählbarkeit **26** 7
Versagungskatalog **71** 34; **77** 1, 133
Versammlungsleiter **17** 5
Verschwiegenheitspflicht **25** 11
Verselbständigung von Nebenstellen **7** 8
Verselbständigungsbeschluss **7** 11
Versetzung **77** 29, 81
– zu einer anderen Dienststelle **77** 28
Versorgungsbetriebe **1** 13
Verstoß gegen ein Gesetz **77** 135
Vertrauensleute **88** 1
Vertretungsbefugnis **65** 6
Verwaltungen **1** 4
– mehrstufige **50** 1
Verwaltungsanordnungen **63** 1
Verwaltungsfachhochschulen **102** 1

Verwaltungsgerichtsbarkeit **80** 4
Verwaltungspraxis
– jahrelang ausgeübte **74** 57
Verwaltungsrechtsweg **67** 5
Verwaltungsstellen **7** 4
Verweigerungsgrund **61** 22
Verwirkungtatbestand **78** 11
Vollmacht **65** 6
Vollversammlung **44** 7
Vorabstimmungen **16** 7
Vorlage- und Informationspflicht **81** 11
Vorlageanspruch **105** 3
Vorlagepflicht **105** 3
Vorläufige Regelungen **73** 1
Vorläufiger Rechtsschutz **77** 43
Vorrang des Tarifvertrags **113** 2
Vorstand **8** 10
Vorzeitige Versetzung in den Ruhestand **78** 3

Wahl der Stellvertreter **29** 2
Wahl des Vorsitzenden **29** 1
Wahlanfechtung **7** 13; **10** 12
Wahlanfechtungsfrist **22** 2
Wahlanfechtungsverfahren **12** 7
Wahlberechtigte Beschäftigte **44** 3
Wahlberechtigung **10** 1
Wahlergebnis **22** 2
Wählerliste **9** 20
Wahlperiode **17** 1
Wahlverfahren **42** 7
Wahlvorschlag **16** 11, 15
Wahlvorstand **9** 20
Wechsel der Dienststelle **77** 81
Wechsel des Dienstortes **77** 84
Wegezeit **46** 4
Weiter Ermessensspielraum **78** 18
Weiterbeschäftigung **55** 1
– über die Altersgrenze hinaus **77** 96
Weiterbeschäftigungsanspruch **65** 7
Weiterleitung von Stellenanforderungen zum Haushaltsvoranschlag **81** 36
Werkvertrag **3** 7
Wiedereinstellung **9** 8
Wiederwahl **25** 17
Wirtschaftliche Nachteile **74** 86
Wissenschaftliches Personal im Angestelltenverhältnis **98** 4

Zeit, Ort und Art der Auszahlung der Dienstbezüge und Arbeitsentgelte **74** 60

447

Stichwortverzeichnis

Zeitweilige Verhinderung **28** 5
Zeugnisverweigerungsrecht **68** 8
Zielgerichtetheit der Maßnahme **74** 8
Zielvereinbarungen **74** 79
Zivilprozess **68** 8
Zugang der Kündigung **66** 3
Zugangsrecht zur Dienststelle **60** 11
Zustimmungsfiktion **64** 16
Zustimmungsverweigerung **77** 13
Zuweisung **9** 14; **77** 47, 90
Zuweisung von Dienst- und Pachtland
– Festsetzung der Nutzungsbedingungen **74** 19
Zwischenfeststellungsanträge **111** 8